Helmut Hörath
Gefährliche Stoffe
und Zubereitungen

Gefährliche Stoffe und Zubereitungen

Gefahrstoffverordnung – Chemikalien-Verbotsverordnung

Eine Einführung in die Gesetzes- und Giftkunde, zugleich eine Vorbereitung auf die Sachkenntnisprüfung

Von Helmut Hörath

Pharmaziedirektor bei der Regierung von Oberfranken, Bayreuth

4., völlig neu bearbeitete Auflage

Mit 13 Abbildungen
und 32 Tabellen

WVG

Wissenschaftliche Verlagsgesellschaft mbH Stuttgart 1995

Ein Markenzeichen kann warenzeichenrechtlich geschützt sein, auch wenn ein Hinweis auf etwa bestehende Schutzrechte fehlt.

Die Deutsche Bibliothek – CIP-Einheitsaufnahme

Hörath, Helmut:
Gefährliche Stoffe und Zubereitungen : Gefahrstoffverordnung – Chemikalien-Verbotsverordnung ; eine Einführung in die Gesetzes- und Giftkunde, zugleich eine Vorbereitung auf die Sachkenntnisprüfung / von Helmut Hörath. – 4., völlig neu bearb. Aufl. – Stuttgart : Wiss. Verl.-Ges., 1995
(Paperback Recht)

3. Aufl. u.d.T.: Hörath, Helmut: Giftige Stoffe
ISBN 3-8047-1360-2

Printed in Germany
Satz und Druck: Buch- und Offsetdruckerei Wagner GmbH, Nördlingen
Umschlaggestaltung: Hans Hug, Stuttgart

Vorwort

Die Bundesregierung hat 1986 von ihrem Recht nach Artikel 74 des Grundgesetzes Gebrauch gemacht und den Verkehr mit Giften in einer neuen Verordnung bundeseinheitlich geregelt. In dieser sog. „Gefahrstoffverordnung“ sind die arbeits- und giftrechtlichen Vorschriften unter Berücksichtigung von mehr als 20 Richtlinien der Europäischen Gemeinschaft zusammengefaßt und auf den neuesten Stand gebracht worden. Inzwischen ist das Chemikaliengesetz neu gefaßt, die Gefahrstoffverordnung viermal geändert und am 30. 10. 1993 in neuer Fassung bekanntgemacht worden. Die bisherige Gefahrstoffliste (= Anhang VI) der Gefahrstoffverordnung ist nicht mehr Bestandteil dieser Verordnung; sie wird künftig mit allen Änderungen im Bundesanzeiger veröffentlicht. Dadurch können neue Stoffe und Zubereitungen schneller an den technischen Fortschritt angepaßt werden.

Das Inverkehrbringen gefährlicher Stoffe ist nicht mehr in der Gefahrstoffverordnung, sondern in einer eigenen Verordnung, der „Chemikalien-Verbotsverordnung“ geregelt. Wer künftig gefährliche Stoffe in den Verkehr bringen will, muß somit folgende Vorschriften beachten:

- die Gefahrstoffverordnung
- die Chemikalien-Verbotsverordnung
- die Stoffliste der EG und ggf.
- die Technischen Regeln für Gefahrstoffe.

Da in der Gefahrstoffverordnung umfangreiche inhaltliche Änderungen vorgenommen und wichtige Vorschriften über das Inverkehrbringen gefährlicher Stoffe und Zubereitungen in der Chemikalien-Verbotsverordnung vom 14. Oktober 1993 geregelt worden sind, mußte die Broschüre erneut gründlich überarbeitet werden.

Folgende weitere Änderungen waren zu berücksichtigen: Die Gefahrenbezeichnung „Fruchtschädigend“ wurde durch die Bezeichnung „Fortpflanzungsschädlich“ (= „Reproduktionstoxisch“) ersetzt; dadurch sind auch die Gefahren für Männer berücksichtigt worden.

Die EG-Zubereitungsrichtlinie ist in nationales Recht überführt worden, so daß künftig nicht nur alle gefährlichen Stoffe, sondern auch alle gefährlichen Zubereitungen vor dem Inverkehrbringen eingestuft und gekennzeichnet werden müssen.

Es wurden neue R- und S-Sätze vorgeschrieben und ein Symbol für umweltgefährliche Stoffe eingeführt.

Behälter mit (sehr) giftigen und ätzenden Stoffen und Zubereitungen dürfen nur noch in Gefäßen mit kindergesicherten Verschlüssen und Tastzeichen an private Endverbraucher abgegeben werden.

Hersteller, Inverkehrbringer und Importeure wurden verpflichtet, den gewerblichen Anwendern mit der Lieferung gefährlicher Produkte ein sog. **Sicherheitsdatenblatt** mitzuliefern. In diesem Sicherheitsdatenblatt sind alle wichtigen Eigenschaften und gesetzlichen Anforderungen zusammengefaßt, so daß der Händler künftig seine Beratungspflicht besser erfüllen kann.

Der Aufbau der Broschüre hat sich bewährt; er konnte deshalb trotz vieler Änderungen im wesentlichen beibehalten werden. Die Giftkunde wurde aktualisiert und im Detail verbessert. Der Name der Broschüre wurde den neuen Gegebenheiten angepaßt.

Die Gefahrstoffverordnung ist insbesondere wegen ihrer umfangreichen Anhänge von Laien häufig nur schwer zu handhaben. Es mußten deshalb aus didaktischen Gründen gelegentlich Vereinfachungen vorgenommen werden. Im Zweifelsfall sollte daher stets auf die Originaltexte zurückgegriffen werden.

Wichtig für Apotheker, Chemiker, Drogisten und diejenigen, die sonst giftige Stoffe in den Verkehr bringen oder mit ihnen umgehen, ist es, daß ab sofort nicht nur alle giftigen Stoffe, sondern auch alle gefährlichen Zubereitungen entsprechend ihren Eigenschaften unter anderen mit je einem der Gefahrensymbole (Totenkopf, Andreaskreuz, Ätzzeichen und ggf. Flammensymbol u. a.), den Gefahrenbezeichnungen („Sehr giftig", „Giftig", „Gesundheitsschädlich", „Ätzend", „Reizend" u. ggf. „Hochentzündlich" oder „Brandfördernd") sowie den standardisierten Gefahrenhinweisen („R-Sätzen") und den Sicherheitsratschlägen („S-Sätzen") zu kennzeichnen sind. Das bedeutet, daß nahezu jeder giftige Stoff und jede giftige Zubereitung individuell einzustufen und dann zu kennzeichnen ist. Bei vielen giftigen Stoffen müssen zusätzlich die physikalisch-chemischen Eigenschaften und die Umweltgefahren bei der Einstufung und Kennzeichnung berücksichtigt werden.

Da auch heute noch viele gefährliche Stoffe, wie z. B. Ammoniaklösung, Lösemittel, Säuren und Laugen, Wasserstoffperoxid – um nur einige zu nennen – in Apotheken und Drogerien, Baumärkten u. dgl. vorrätig gehalten und verkauft werden, wird sich die Broschüre wie bisher als nützliches Hilfsmittel bei der richtigen Kennzeichnung und Abgabe gefährlicher Stoffe und Zubereitungen erweisen.

Die Broschüre ist so aufgebaut, daß auch alle bereits eingestuften gefährlichen Stoffe der Gefahrstoffverordnung mit Hilfe der EG-Stoffliste schnell und problemlos richtig gekennzeichnet werden können. Die EG-Stoffliste ist auf dem neuesten Stand.

Die **Kennzeichnung gefährlicher Stoffe** und bereits eingestufter Zubereitungen geschieht am einfachsten mit Hilfe der am Ende des Buches eingehefteten EG-Stoffliste und mit dem beiliegenden Buchzeichen. Dabei geht man folgendermaßen vor:

Man sucht zunächst in der EG-Stoffliste die Bezeichnung des zu kennzeichnenden Stoffes und kann dann mit Hilfe des Buchzeichens

- das Gefahrensymbol
- die Gefahrenbezeichnung
- die R- und S-Sätze und ggf.
- die Größe der Etiketten sowie
- die Anmerkungen A–G ablesen.

In der EG-Stoffliste nicht aufgeführte Stoffe und Zubereitungen müssen selbst eingestuft werden. Apotheker sollten beachten, daß gemäß § 1, letzter Halbsatz GefStoffV, bei der Kennzeichnung von Separanda und Venena in Apotheken die Kennzeichnungsvorschriften des Arzneibuches und der Apothekenbetriebsordnung beachtet werden müssen.

Bei feuergefährlichen Stoffen ist zusätzlich die Verordnung über brennbare Flüssigkeiten zu beachten.

Die *Kennzeichnung noch nicht eingestufter Zubereitungen* ist wesentlich komplizierter, insbesondere dann, wenn in dem einzustufenden Produkt mehrere Stoffe mit unterschiedlichen gefährlichen Eigenschaften enthalten sind. Die Einstufung solcher Zubereitungen erfolgt dann mit Hilfe des sog. **Leitfadens** (*Anhang I Nr. 1* in Verbindung mit *Anhang II* der Gefahrstoffverordnung). Diese ins einzelne gehenden Einstufungsvorschriften sind wegen ihres Umfanges nur beispielhaft besprochen worden.

Das vorliegende Paperback ist so aufgebaut, daß es sich wie bisher sowohl als Lehrbuch als auch zur Vorbereitung auf alle möglichen Sachkenntnisprüfungen über gefährliche Stoffe und Zubereitungen eignet; aus didaktischen Gründen kommen hin und wieder Vereinfachungen und Wiederholungen vor.

Die Broschüre ist kein Kommentar für Hersteller gefährlicher Zubereitungen. Die ausführliche Besprechung der Einstufung und Kennzeichnung von Zubereitungen aller gefährlichen Stoffe hätte den Rahmen dieser Broschüre gesprengt; es wird auf die weiterführende Literatur hingewiesen (s. Literaturverzeichnis).

Bei einigen aktuellen Stoffen wird die für Apotheker leicht zugängliche Spezialliteratur (DAZ, PZ) zitiert, um Interessierten die Möglichkeit zu geben, Quellenstudien zu betreiben.

Alle Angaben wurden mit großer Sorgfalt erarbeitet; trotzdem kann für eventuelle Fehler keine Haftung übernommen werden. Hersteller sollten ihre Produkte mit Hilfe der verbindlichen Verordnungstexte kennzeichnen.

Der Verfasser hofft, daß es ihm gelungen ist, das neue Gefahrstoffrecht verständlich darzustellen. Er möchte sich an dieser Stelle für die vielen Anregungen aus der Praxis und beim Verlag für die gute Ausstattung der Broschüre herzlich bedanken. Er ist gerne bereit, bei einer Neuauflage weitere Anregungen zu berücksichtigen.

Hof, November 1994 H. Hörath

Inhaltsverzeichnis

2. Weitere Rechtsvorschriften, Richtlinien und Bekanntmachungen 245

Verzeichnis der Tabellen und Abbildungen

1. Die Gefahrstoffverordnung (GefStoffV) und die Chemikalien-Verbotsverordnung (ChemVerbotsV)

1.1 Einführung in das neue Gefahrstoffrecht

Die Bundesregierung hat den Verkehr mit Giften durch die Verordnung über gefährliche Stoffe vom 26. August 1986 (Gefahrstoffverordnung) bundeseinheitlich geregelt und die Giftverordnungen der Länder außer Kraft gesetzt.

Die Gefahrstoffverordnung ist durch Verschmelzung großer Rechtsgebiete entstanden, nämlich der Arbeitsstoffverordnung, den Giftverordnungen der Länder und des alten Reichsrechts über hochgiftige Stoffe. Außerdem wurden u. a. Bestimmungen über die Heimarbeit in die Verordnung aufgenommen sowie über 20 Richtlinien der Europäischen Gemeinschaft in innerstaatliche Rechtsvorschriften umgesetzt.

Inzwischen wurde die Gefahrstoffverordnung viermal geändert und am 30. 10. 1993 in neuer Fassung im Bundesgesetzblatt bekanntgemacht. Das Inverkehrbringen gefährlicher Stoffe (= Handel mit diesen Stoffen) ist seit 1. 11. 1993 nicht mehr in der Gefahrstoffverordnung, sondern in der Chemikalien-Verbotsverordnung vom 14. 10. 1993 geregelt. Außerdem wurde die Gefahrstoffliste (Anhang VI) aus der Gefahrstoffverordnung herausgenommen; die bereits von der Europäischen Gemeinschaft eingestuften gefährlichen Stoffe werden künftig im Bundesanzeiger veröffentlicht (vgl. Bekanntmachung der Liste der gefährlichen Stoffe und Zubereitungen nach § 4 der Gefahrstoffverordnung vom 16. Sept. 1993 BAnz. v. 7. 12. 1993 Nr. 229a*); in dieser Broschüre abgekürzt als „**EG-Stoffliste**"). Außerdem sind bei der Einstufung und Kennzeichnung gefährlicher Stoffe und Zubereitungen die Technischen Regeln („**TRGS**") zu beachten, die vom Ausschuß für Gefahrstoffe (AGS) beschlossen und im Bundesarbeitsblatt veröffentlicht werden.

Somit stellt sich das neue Gefahrstoffrecht derzeit schematisch wie folgt dar:

*) Berichtigt und ergänzt am 11. Mai 1994, BAnz. v. 21. 6. 94 S. 113.

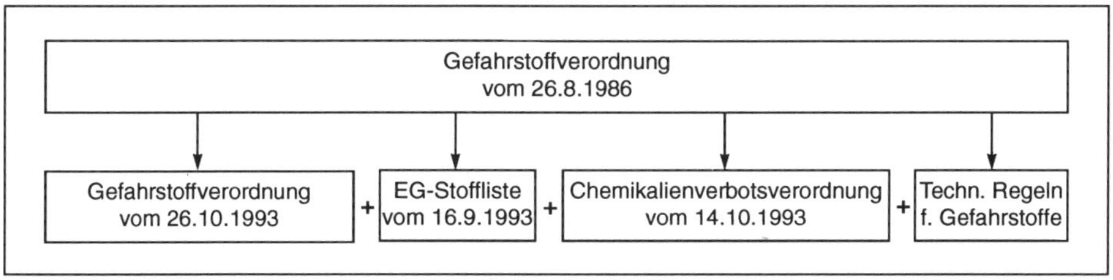

In materieller Hinsicht ergeben sich im Vergleich zu den bisherigen Vorschriften – wenn man die neueren Bestimmungen der EG-Zubereitungsrichtlinie und die neuen Regelungen über die Selbstbedienung mit gefährlichen Stoffen ausklammert – für den Handel mit gefährlichen Stoffen und Zubereitungen keine allzu schwerwiegenden Änderungen. Die Einstufung und Kennzeichnung von Stoffen und insbesondere der Zubereitungen setzt allerdings ein gründliches Studium der Verordnung und der umfangreichen Anhänge, insbesondere der Anhänge I und II der Gefahrstoffverordnung voraus. Die Verordnung ist aber wegen ihrer Anhänge und wegen der vielen Rechtsgebiete, die dort zusammengefaßt worden sind, für Ungeübte schwer zu handhaben.

Der Verfasser empfiehlt deshalb all denen, die sich in die Materie einarbeiten oder auf die Sachkenntnisprüfung vorbereiten möchten, zunächst die Seiten 13 bis 72 durchzuarbeiten und dann ihr Wissen durch das Studium der Originaltexte der Gefahrstoffverordnung, der Chemikalien-Verbotsverordnung und ggf. des Chemikaliengesetzes zu vertiefen. Nach dem gleichen System sollte in Schulen vorgegangen werden, wobei in Schulen die Technische Regel TRGS 450, an Hochschulen und PTA-Schulen die TRGS 451 zu beachten sind (vgl. Kapitel 2.17). Die bei den einzelnen Kapiteln am Rand angegebenen Paragraphen sollen ein schnelleres Auffinden der Bestimmungen im Originaltext erleichtern; sie sind nicht Gegenstand der Sachkenntnisprüfung. Zur besseren Übersicht wurden die Vorschriften des Verordnungstextes, die für die Abgabe gefährlicher Stoffe und Zubereitungen im Einzel- und Großhandel von besonderem Interesse sind, durch Raster hervorgehoben. Vorschriften dagegen, die für den Handel mit gefährlichen Stoffen ohne Bedeutung sind, wurden teilweise klein gedruckt oder weggelassen.*)

---

*) Die Originaltexte sind erhältlich bei der Deutschen Bundes-Verlags GmbH, Postfach 12 03 80, 53045 Bonn Tel. (02 28) 38 20 80 Telefax (02 28) 3 82 08-36:

Gefahrstoffverordnung: Bundesgesetzblatt I Nr. 57/1993 + Anlageband

Chemikalien-Verbotsverordnung Bundesgesetzblatt I Nr. 54/1993 + Nr. 42/1994

EG-Stoffliste: siehe Bundesanzeiger v. 7. 12. 93 Nr. 229a und vom 21. 6. 1994 Nr. 113.

Die **Technischen Regeln für Gefahrstoffe** werden im Bundesarbeitsblatt veröffentlicht, erhältlich beim Verlag W. Kohlhammer 70549 Stuttgart.

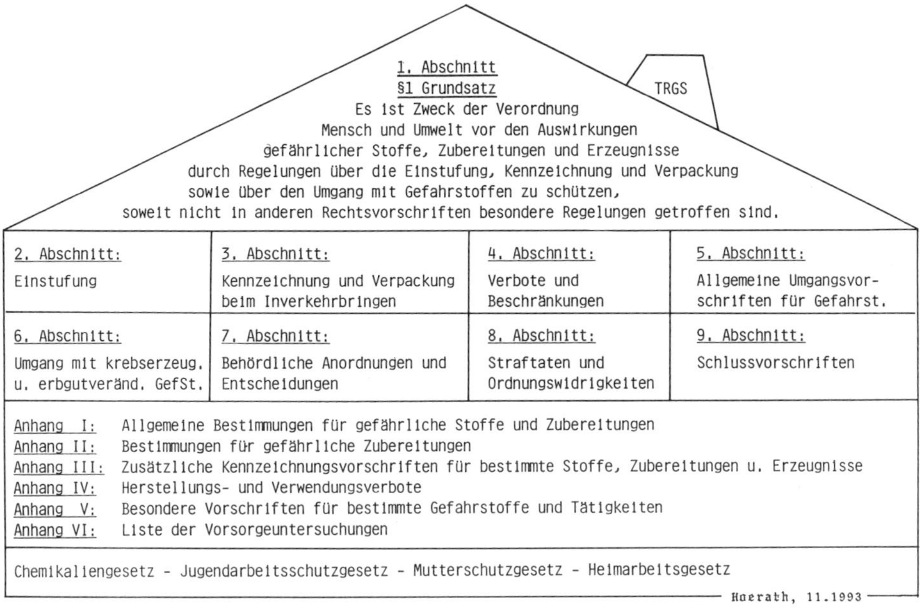

Abb. 1: Aufbau der Gefahrstoffverordnung

1.2 Aufbau der Gefahrstoffverordnung

Die Gefahrstoffverordnung läßt sich schematisch wie ein Gebäude darstellen (siehe Abb. 1), Rechtsgrundlage und quasi Fundament ist u. a. das Chemikaliengesetz. Das Haus selbst besteht aus einem Paragraphenteil mit 54 Paragraphen und einem Anlagenteil mit 6 Anhängen.

Im **1. Abschnitt** gibt § 1 den **Zweck der Verordnung** an, nämlich Mensch und Umwelt vor den Auswirkungen gefährlicher Stoffe, Zubereitungen und Erzeugnisse durch Regelungen über die Einstufung, Kennzeichnung und Verpackung sowie über den Umgang mit Gefahrstoffen zu schützen, soweit nicht in anderen Rechtsvorschriften (z. B. im Deutschen Arzneibuch) besondere Regelungen getroffen sind. Im § 2 sind die Anwendungsbereiche der einzelnen Abschnitte abgegrenzt und im § 3 findet man wichtige Begriffe, wie z. B. Umgang, Lagern, MAK-Wert, TRK-Wert u. a.

Der **2. Abschnitt** befaßt sich mit der **Einstufung** gefährlicher Stoffe und Zubereitungen, wobei Einstufung nach § 3 des Chemikaliengesetzes die Zuordnung zu einem Gefährlichkeitsmerkmal bedeutet. Im § 4 werden die einzelnen Gefährlichkeitsmerkmale definiert und in den §§ 4a und 4b stehen dann die Vorschriften über die Einstufung von Stoffen und Zubereitungen.

Der **3. Abschnitt** behandelt die **Kennzeichnung und Verpackung** gefährlicher Stoffe, Zubereitungen und Erzeugnisse beim Inverkehrbringen. § 14 bildet die Rechtsgrundlage für das EG-Sicherheitsdatenblatt (allgemeine Ausführungen dazu siehe Anhang I Nr. 5 und TRGS 220 „Sicherheitsdatenblatt für gefährliche Stoffe und Zubereitungen“, Bundesarbeitsblatt 9/1993).

Im **4. Abschnitt** geht es um **Verbote und Beschränkungen** von Gefahrstoffen, wie

Herstellungs- und Verwendungsverbote für Asbest, Arsen, Benzol, Tetrachlormethan u. a. Hier findet man auch die Beschäftigungsverbote und -beschränkungen für Jugendliche, Frauen u. dgl. Im § 15d sind die Vorschriften über **Begasungen** abgedruckt (z. B. mit Ethylenoxid im Krankenhaus); weitere Einzelheiten dazu siehe Anhang V Nr. 5.

Der **5. Abschnitt** regelt den **Umgang mit Gefahrstoffen**, also deren Herstellung, Gewinnung und Verwendung einschließlich der Aufbewahrung und Lagerung. Zu beachten ist, daß der 5. Abschnitt einen umfassenden Anwendungsbereich hat, d. h. z. B. auch für die Herstellung und Gewinnung von Arzneimitteln gilt.

Im **6. Abschnitt** werden zusätzliche Vorschriften für den Umgang mit krebserzeugenden und erbgutverändernden Gefahrstoffen behandelt.

Der **7. Abschnitt** faßt die behördlichen Anordnungen und Befugnisse zusammen.

Im **8. Abschnitt** sind die Straf- und Bußgeldvorschriften geregelt und im **9. Abschnitt** finden sich die Übergangsvorschriften.

Der **Anhang I** enthält den **Leitfaden zur Einstufung gefährlicher Stoffe und Zubereitungen**, also eine Anleitung, wie die gefährlichen Stoffe und Zubereitungen richtig gekennzeichnet werden. Hier sind die **Gefahrensymbole** abgebildet, die Hinweise auf besondere Gefahren (**R-Sätze**) und die Sicherheitsratschläge (**S-Sätze**) aufgelistet sowie Einzelheiten zur Erstellung der **Sicherheitsdatenblätter** angegeben.

Die neuen Vorschriften für die **Einstufung und Kennzeichnung gefährlicher Zubereitungen** mit 6 Tabellen und mehreren Summenformeln findet man im **Anhang II** Nr. 1; die Regelungen über die Einstufung und Kennzeichnung der Schädlingsbekämpfungsmittel sind nicht geändert worden (siehe Anh. II Nr. 2 GefStoffV).

Im **Anhang III** sind **die zusätzlichen Kennzeichnungsvorschriften** für bestimmte Stoffe, Zubereitungen und Erzeugnisse zusammengefaßt, wie z. B. für asbesthaltige Zubereitungen, für bleihaltige Farben, für cadmiumhaltige Legierungen, cyanacrylathaltige Klebstoffe, für formaldeydhaltige Wasch-, Reinigungs- und Pflegemittel, für Zubereitungen, die mehr als 1% Aktivchlor enthalten u. a.

Im **Anhang IV** stehen Einzelheiten zu den Herstellungs- und Verwendungsverboten für Asbest, Arsen, Benzidin, Benzol, Antifoulingfarben, Bleifarben, Quecksilberverbindungen, PCP, PCB, Teeröle u. a.

Der **Anhang V** enthält besondere Vorschriften für bestimmte Gefahrstoffe und Tätigkeiten. Zur Zeit gibt es auf diesem Gebiet nur Vorschriften für die Oberflächenbehandlung in Räumen und Behältern, über Ammonnitrat und seine Zubereitungen, über die Dioxine und Furane, über Blei; außerdem sind hier Einzelheiten über Begasungen, z. B. über die Anwendung von Ethylenoxid und Formaldehyd in Sterilisatoren im Krankenhaus festgelegt.

Der **Anhang VI** (Liste der Vorsorgeuntersuchungen) gibt tabellarisch an, in welchen Zeitspannen bei (meist krebserzeugenden) Gefahrstoffen Nachuntersuchungen vorgeschrieben sind.

Der bisherige Anhang VI mit den bereits eingestuften gefährlichen Stoffen und Zubereitungen ist weggefallen. Diese Gefahrstoffliste mit ca. 2000 Stoffen und Zubereitungen, die vom Gesetzgeber bereits eingestuft worden sind, wird künftig im Bundesanzeiger veröffentlicht.

Zur Gefahrstoffverordnung gibt es ein umfangreiches technisches Regelwerk, das die Vorschriften der Gefahrstoffverordnung erläutert und, soweit erforderlich, ergänzt. Diese **Technischen Regeln für Gefahrstoffe (TRGS)** werden vom Ausschuß für Gefahrstoffe (**AGS**) erarbeitet (§ 52 GefStoffV) und vom Bundesminister für Arbeit im Bundesarbeitsblatt bekanntgemacht.

Die Liste eingestufter gefährlicher Stoffe und Zubereitungen nach § 4a GefStoffV (früher Anhang VI) ist abgedruckt am Ende dieses Buches.

1.3 Begriffe

1.3.1 Gifte

Gifte sind im allgemeinen Sprachgebrauch Stoffe, die schon in niedrigen Dosen durch ihre physikalischen oder chemischen Eigenschaften im oder am Körper Funktionsstörungen und sonstige Schädigungen – sog. **„Vergiftungen“** – hervorrufen und so unter Umständen den Tod des Menschen herbeiführen können. Zur Entstehung einer Vergiftung sind also neben den stofflichen Eigenschaften des Giftes die aufgenommene Giftmenge und die Art der Einwirkung*) von entscheidender Bedeutung. Es gibt daher selbst für die stärksten Gifte, wie Blausäure, Akonitin usw. Dosen, die zu gering sind, um giftig zu wirken (z. B. Blausäure in Leinsamen). Andererseits können Arzneimittel und sogar Lebensmittel, wenn sie in zu großer Menge (bittere Mandeln, Schlafmittel, Alkohol, Kochsalz u. dgl.) dem Körper zugeführt werden, zu Vergiftungen und nach Einnahme höherer Dosen sogar zum Tode führen. Diese Eigenschaften der Gifte hat schon Paracelsus erkannt, als er feststellte:

> **Alle Dinge sind Gift**
> **und nichts ohn Gift;**
> **allein die Dosis macht,**
> **daß ein Ding kein Gift ist.**

*) Ein gutes Beispiel dafür, wie wichtig die Art der Einwirkung für die Gifteigenschaften eines Stoffes sein kann, ist das Pfeilgift Curare. Es wirkt peroral aufgenommen kaum giftig, da es im Magen-Darm-Kanal nicht resorbiert wird; über die Blutbahn führt es zu schweren Vergiftungen.

Der Begriff „Gift“ galt nach dem früheren Giftrecht der Länder als Oberbegriff, dem Gruppen von Giften, wie giftige Pflanzenschutzmittel, giftige Farben, giftige Lösemittel, giftige Pflanzen, hochgiftige Stoffe u. dgl. untergeordnet waren. Für eine rechtsverbindliche Definition eignet sich dieser Begriff nicht, da er zu ungenau ist. Hinzu kommt, daß nach den Giftverordnungen der Länder nur solche Stoffe zu den Giften gehörten, die in der Anlage aufgeführt waren. Folglich wurde eine große Zahl von Giften von den Giftverordnungen der Länder überhaupt nicht erfaßt.

Diese Mängel wurden durch Einführung folgender Begriffe beseitigt:

1.3.2 Gefährliche Stoffe

Das Chemikaliengesetz hat alle Gifte und alle gefährlichen Arbeitsstoffe unter dem Begriff „Gefährliche Stoffe“ zusammengefaßt:

Daraus ergibt sich, daß der Begriff „gefährlicher Stoff“ nicht nur alle giftigen Eigenschaften im weitesten Sinn umfaßt, sondern auch solche mit gefährlichen physikalisch-chemischen Eigenschaften, wie explosionsgefährlich, brandfördernd, hochentzündlich, leichtentzündlich usw.

Für den Handel mit sehr giftigen und giftigen Stoffen und für die Ablegung der Sachkenntnisprüfung über gefährliche Stoffe sind in erster Linie folgende gefährlichen Stoffe von Bedeutung:

- sehr giftige Stoffe
- giftige Stoffe
- gesundheitsschädliche Stoffe
- ätzende Stoffe

- reizende Stoffe
- krebserzeugende Stoffe
- fortpflanzungsgefährdende Stoffe
- erbgutverändernde Stoffe
- umweltgefährliche Stoffe
- hochentzündliche Stoffe
- brandfördernde Stoffe.

Diese Stoffe wurden je nach ihrer Gefährlichkeit nach objektiven Grundsätzen neu definiert, wobei sich die Einstufung der einzelnen giftigen Stoffe und Zubereitungen aus dem Grad ihrer Gefährlichkeit ergibt, der bei neuen Stoffen anhand von Tierversuchen ermittelt wird. Für bekannte Stoffe werden häufig sog. vereinbarte LD_{50}-Werte verwendet.

Tab. 1: Gefährliche Stoffe

Nach § 3a des Chemikaliengesetzes sind **gefährliche Stoffe:** 1. explosionsgefährliche Stoffe, 2. brandfördernde Stoffe, 3. hochentzündliche Stoffe, 4. leichtentzündliche Stoffe, 5. entzündliche Stoffe, 6. sehr giftige Stoffe, 7. giftige Stoffe, 8. gesundheitsschädliche Stoffe, 9. ätzende Stoffe, 10. reizende Stoffe, 11. sensibilisierende Stoffe, 12. krebserzeugende Stoffe, 13. fortpflanzungsgefährdende Stoffe, 14. erbgutverändernde Stoffe, 15. umweltgefährliche Stoffe. ausgenommen sind Stoffe mit gefährlichen Eigenschaften ionisierender Strahlen.
Umweltgefährlich sind Stoffe oder Zubereitungen, die selbst oder deren Umwandlungsprodukte geeignet sind, die Beschaffenheit des Naturhaushalts, von Wasser, Boden oder Luft, Klima, Tieren, Pflanzen oder Mikroorganismen derart zu verändern, daß dadurch sofort oder später Gefahren für die Umwelt herbeigeführt werden können.

Grundlage für die richtige Einstufung der gefährlichen Stoffe sind die **Gefährlichkeitsmerkmale** im § 4 der Gefahrstoffverordnung. Sie sind dort wie folgt definiert:

Stoffe und Zubereitungen sind:

- **sehr giftig**, wenn sie in sehr geringer Menge bei Einatmen, Verschlucken oder Aufnahme über die Haut zum Tode führen oder akute oder chronische Gesundheitsschäden verursachen können;

- **giftig**, wenn sie in geringer Menge bei Einatmen, Verschlucken oder Aufnahme über die Haut zum Tode führen oder akute oder chronische Gesundheitsschäden verursachen können;

- **gesundheitsschädlich**, wenn sie bei Einatmen, Verschlucken oder Aufnahme über die Haut zum Tode führen oder akute oder chronische Gesundheitsschäden verursachen können;

- **ätzend**, wenn sie lebende Gewebe bei Berührung zerstören können;

- **reizend**, wenn sie – ohne ätzend zu sein – bei kurzzeitigem, länger andauerndem oder wiederholtem Kontakt mit Haut oder Schleimhaut eine Entzündung hervorrufen können;

- **sensibilisierend**, wenn sie bei Einatmen oder Aufnahme über die Haut Überempfindlichkeitsreaktionen hervorrufen können, so daß bei künftiger Exposition gegenüber dem Stoff oder der Zubereitung charakteristische Störungen auftreten;

- **krebserzeugend**, wenn sie bei Einatmen, Verschlucken oder Aufnahme über die Haut Krebs erregen oder die Krebshäufigkeit erhöhen können;

- **fortpflanzungsgefährdend (reproduktionstoxisch),** wenn sie bei Einatmen, Verschlucken oder Aufnahme über die Haut nichtvererbbare Schäden der Nachkommenschaft hervorrufen oder deren Häufigkeit erhöhen (fruchtschädigend) oder eine Beeinträchtigung der männlichen oder weiblichen Fortpflanzungsfunktionen oder -fähigkeit zur Folge haben können;

- **erbgutverändernd**, wenn sie bei Einatmen, Verschlucken oder Aufnahme über die Haut vererbbare genetische Schäden zur Folge haben oder deren Häufigkeit erhöhen können;

- **auf sonstige Weise chronisch schädigend**, wenn sie bei wiederholter oder länger andauernder Exposition einen schweren Gesundheitsschaden verursachen können;

Eine genauere Definition der Gefährlichkeitsmerkmale steht im **Leitfaden zur Einstufung und Kennzeichnung gefährlicher Stoffe und Zubereitungen** (s. Anhang I Nr. 1 Gefahrstoffverordnung). Einen Überblick über die Gifteigenschaften gibt Tabelle 2.

Tab. 2: Einstufung sehr giftiger und giftiger Stoffe und Zubereitungen nach dem Leitfaden (Anh. I Nr. 1.3.2.1 bis 1.3.2.3 der GefStoffV)

Gefahrensymbole und Gefahrenbezeichnungen	LD_{50} **nach oraler Gabe** bei der Ratte in mg/kg Körpergewicht	LD_{50} **perkutane Anwendung** bei der Ratte oder beim Kaninchen in mg/kg Körpergewicht	LC_{50} **Inhalation der Stoffe** (Gase und Dämpfe) durch die Ratte in mg/Liter Luft in 4 Stunden
 Sehr giftig	≤ 25	≤ 50	$\leq 0{,}5$
 Giftig	$25 < LD_{50} \leq 200$	$50 < LD_{50} \leq 400$	$0{,}5 < LC_{50} \leq 2$
 Gesundheitsschädlich	$200 < LD_{50} \leq 2000$	$400 < LD_{50} \leq 2000$	$2 < LC_{50} \leq 20$

Die **tödliche Dosis (LD_{50})** im obigen Sinne ist die mittlere tödliche Menge eines Stoffes oder einer Zubereitung, die nach Verbringen in den Magen oder auf die Haut von Versuchstieren derselben Art von deren Körpern aufgenommen wird und den Tod der Hälfte der Versuchstiere erwarten läßt. Sie wird ausgedrückt in Milligramm pro Kilogramm Körpergewicht (mg/kg). Der Test wird so ausgeführt, daß den Tieren die zu prüfende Substanz in ansteigender Dosis verabreicht wird, bis die Dosis erreicht ist, bei der 50% der Versuchstiere an der Prüfsubstanz eingehen. In der Arzneimittelforschung wurde der LD_{50}-Test 1992 abgeschafft.

Ein zur Auffindung von LD_{50}-Werten häufig genutztes Nachschlagewerk ist der sog. **RTECS** (= Registry of Toxic Effects of Chemical Substances) des U.S.-Departments of Health and Human Services, National Institut for Occupational Safety and Health, Cincinnati, Ohio 45 226.

Die **tödliche Konzentration (LC_{50})** im obigen Sinne ist die mittlere tödliche Konzentration eines Stoffes oder einer Zubereitung, die nach Aufnahme über die Atemwege von Versuchstieren innerhalb eines bestimmten Zeitraumes den Tod der Hälfte der Versuchstiere erwarten läßt. Sie wird ausgedrückt in mg pro Liter Luft **(ppm)** in 4 Stunden und wird an der Ratte als Versuchstier bestimmt.

Mit Hilfe dieser Gefährlichkeitsmerkmale können die Eigenschaften giftiger Stoffe genauer charakterisiert werden als früher. Stoffe, welche diese Merkmale erfüllen, gehören zu den gefährlichen Stoffen, solche, die außerhalb der festgelegten Grenzen liegen, zählen nicht dazu.

Die LD_{50}-Werte sind allerdings nicht unproblematisch, da sie wegen des Tag- und Nacht-Rhythmus der Versuchstiere je nach Tageszeit differieren. Außerdem bestehen zwischen der tödlichen Dosis beim Versuchstier und der für Menschen schädlichen oder tödlichen Dosis oft keine eindeutigen, quantitativen Beziehungen.

Um trotzdem mit den LD_{50}-Werten arbeiten zu können, haben sich die Fachleute bei vielen Stoffen auf Mittelwerte geeinigt (Beispiel: **„vereinbarte LD_{50}-Werte“** in der Wirkstoffliste der Schädlingsbekämpfungsmittel in Anhang II Nr. 2.4 GefStoffV).

Diese Vorschriften gelten nicht für
- Lebensmittel, Tabakerzeugnisse und kosmetische Mittel
- Futtermittel und Zusatzstoffe
- Arzneimittel
- Abfälle und Altöle
- Abwasser
- radioaktive Abfälle

Beispiele:

a) Arzneimittel

Gefährliche Stoffe, die als Arzneimittel in den Verkehr gebracht werden, fallen nicht unter die Gefahrstoffverordnung, auch wenn sie in der EG-Stoffliste aufgeführt sind. Rechtsgrundlage dafür ist § 1 letzter Halbsatz der GefahrstoffV. Nach dieser Vorschrift gilt die Gefahrstoffverordnung nur, soweit nicht andere Rechtsvorschriften besondere Regelungen getroffen haben. Derartige Spezialvorschriften findet man **im Deutschen Arzneibuch** und in der Apothekenbetriebsordnung; diese Spezialvorschriften gehen den Vorschriften der Gefahrstoffverordnung vor.

Ein Beispiel: Phenol ist ein giftiger Stoff der in der EG-Stoffliste aufgeführt ist. Es wird sowohl arzneilich, als auch als gefährlicher Stoff verwendet. Dient Phenol als Reagens oder als Winterspritzmittel im Pflanzenschutz, so ist es ein gefährlicher Stoff, dessen Behältnis nach der Gefahrstoffverordnung u. a. mit dem Totenkopfsymbol zu kennzeichnen ist.

Wird Phenol zum Abtöten der Zahnpulpa in den Verkehr gebracht, so ist es kein gefährlicher Stoff i. S. der GefStoffV, sondern ein Arzneimittel. Es unterliegt dann nicht den Vorschriften der Gefahrstoffverordnung, sondern denen des Arzneimittelgesetzes. Die Kennzeichnung die-

Tab. 3: Weitere Beispiele (Gefährliche Stoffe in Arzneimitteln)

Wirkstoff	ist ein gefährlicher Stoff	ist ein Arzneimittel
Cumarinderivate	als Rodentizid	als Antikoagulans
Jodlösung	als Reagens	als Wunddesinfiziens
Lindan	als Insektizid	als Parasitenmittel am Tier
Quecksilber	in Thermometern	als Amalgan zu Zahnfüllungen
Salzsäure	als Reinigungsmittel	in Magenmitteln (verdünnt!)
Silbernitrat	als Reagens	als Ätzstift gegen Warzen
Strychninnitrat	als Rodentizid	in Bittermitteln
Wasserstoffperoxidlösung	als Bleichmittel	als Wunddesinfiziens (verdünnt!)

ses Arzneimittels mit dem Totenkopf wäre ein grober Fehler.

In der EG-Stoffliste sind eine ganze Reihe von Arzneimitteln aufgeführt, die als gefährliche Stoffe keine praktische Bedeutung mehr haben, wie Aconitin, Atropin, Digitoxin, Hyoscyamin, Pilocarpin und viele andere. Diese Stoffe wurden früher häufig auch zur Schädlingsbekämpfung eingesetzt. Sie konnten als Schädlingsbekämpfungsmittel erst aus dem Verkehr gezogen werden, seitdem die Industrie wirksame, für den Menschen jedoch relativ ungefährliche Synthetika entwikkelt hat.

So war Strychnin früher ein viel verwendetes Rodentizid; heute ist es als Mäusegift nicht mehr gebräuchlich. Auch Arsen, das bis in die sechziger Jahre hinein in Form von Kalkarsen als wirksames Schädlingsbekämpfungsmittel gegen Kartoffelkäfer mit großem Erfolg eingesetzt worden ist, konnte durch harmlosere Mittel ersetzt werden.

Damit ist auch die Frage zu beantworten, weshalb in der Gefahrstoffverordnung so viele Arzneimittel aufgeführt sind, die als gefährliche Stoffe keinerlei Bedeutung mehr haben:

Bei diesen Stoffen handelt es sich überwiegend um solche, die früher als Schädlingsbekämpfungsmittel verwendet, im Laufe der Jahre aber durch ungiftigere Substanzen ersetzt, wegen ihrer Gefährlichkeit aber aus Sicherheitsgründen in der EG-Stoffliste belassen worden sind.

b) Lebensmittel und Bedarfsgegenstände
Stoffe, Zubereitungen und Gegenstände, die dem Lebensmittel- und Bedarfsgegenständegesetz oder sonstigen lebensmittelrechtlichen Vorschriften unterliegen, fallen ebenfalls nicht unter die Gefahrstoffverordnung.

Beispiele:

1) Natriumnitrit ist in der EG-Stoffliste aufgeführt und als „Giftig" eingestuft. Diese Vorschrift ist auf **Nitrit-Pökelsalz**, nicht anzuwenden, da dieses als Lebensmittel von den lebensmittelrechtlichen Vorschriften erfaßt wird.
2) Dasselbe gilt für Essigsäure: 90%ige Essigsäure für technische Zwecke ist als gefährlicher Stoff zu kennzeichnen und u. a. mit der Gefahrenbezeichnung „Ätzend" zu versehen, ein als Lebensmittel aufgemachter Eisessig (**„Essigessenz"**) gleicher Konzentration bedarf dieser Kennzeichnung nicht.

Da die **Bedarfsgegenstände** im Gegensatz zu den Lebensmitteln nicht ausgenommen sind, werden auch die Reinigungs- und Pflegemittel für den Haushalt von der Gefahrstoffverordnung erfaßt.

1.3.3 Gefahrstoffe*)

Als Oberbegriff wurde der Begriff „Gefahrstoff" geschaffen, der den früheren

*) Gefahrstoff ist ein Begriff, den es in der EG nicht gibt; es ist ein rein nationaler Begriff.

Begriff Arbeitsstoff ersetzt und die Gifte der Giftverordnungen einschließt. Er ist wie folgt definiert:

§ 19 Abs. 2 ChemG

> **Gefahrstoffe** sind
> 1. gefährliche Stoffe und Zubereitungen nach § 3a sowie Stoffe und Zubereitungen, die sonstige chronisch schädigende Eigenschaften besitzen,
> 2. Stoffe, Zubereitungen und Erzeugnisse, die explosionsfähig sind,
> 3. Stoffe, Zubereitungen und Erzeugnisse,*) aus denen bei der Herstellung oder Verwendung gefährliche oder explosionsfähige Stoffe oder Zubereitungen entstehen oder freigesetzt werden können,
> 4. Stoffe, Zubereitungen und Erzeugnisse, die erfahrungsgemäß Krankheitserreger übertragen können.

Zu Nr. 4 der o. g. Definition gehören auch Klinikabfälle, Mikroorganismen, die pathogene Keime enthalten, HIV-verseuchtes Blut**) u. a.

Zum besseren Verständnis sind die Begriffe in der Tabelle 4 noch einmal übersichtlich dargestellt.

> **Umgang** ist das Herstellen einschließlich Gewinnen oder Verwenden im Sinne des Chemikaliengesetzes.
> **Verwenden** ist das Gebrauchen, Verbrauchen, Lagern, Aufbewahren, Be- und Verarbeiten, Abfüllen, Umfüllen, Mischen, Entfernen, Vernichten und innerbetriebliches Befördern (Einzelheiten s. Kapitel 1.16).

*) Es handelt sich also um ungefährliche Erzeugnisse, bei deren Verwendung gefährliche Stoffe entstehen, z. B. wenn bei der Herstellung von Eichenmöbeln aus dem ungefährlichen Eichenholz krebserzeugende Eichenholzstäube frei werden.

**) Blutkonserven sind Arzneimittel, HIV-verseuchtes Blut ist ein Gefahrstoff.

Tab. 4: Die neuen Begriffe der Gefahrstoffverordnung

Gefahrstoffe (§ 19 (2) ChemG)	1. **Gefährliche Stoffe und Zubereitungen** § 3 a ChemG sowie sonstige Stoffe und Zubereitungen die sonstige chronisch schädigende Eigenschaften besitzen	1. explosionsgefährliche Stoffe 2. brandfördernde Stoffe 3. hochentzündliche Stoffe 4. leichtentzündliche Stoffe 5. entzündliche Stoffe 6. sehr giftige Stoffe 7. giftige Stoffe 8. gesundheitsschädliche Stoffe 9. ätzende Stoffe 10. reizende Stoffe 11. sensibilisierende Stoffe 12. krebserzeugende Stoffe 13. fortpflanzungsgefährdende Stoffe 14. erbgutverändernde Stoffe 15. umweltgefährliche Stoffe.
	2. Stoffe, Zubereitungen und Erzeugnisse, die explosionsfähig sind, (z. B. Ammoniumnitrat in Düngemitteln)	
	3. (ungefährliche) Stoffe, Zubereitungen und Erzeugnisse, aus denen bei der Herstellung oder Verwendung gefährliche oder explosionsfähige Stoffe oder Zubereitungen entstehen oder freigesetzt werden können,	
	4. Stoffe, Zubereitungen und Erzeugnisse, die erfahrungsgemäß Krankheitserreger übertragen können.	

Weitere wichtige Begriffe der Gefahrstoffverordnung

1.3.4 Maximale Arbeitsplatzkonzentration (MAK-Wert)

> „Maximale Arbeitsplatzkonzentration (MAK) ist die Konzentration eines Stoffes in der Luft am Arbeitsplatz, bei der im allgemeinen die Gesundheit der Arbeitnehmer nicht beeinträchtigt wird."

Der MAK-Wert ist die höchstzulässige Konzentration eines Gefahrstoffes als Gas, Dampf oder Schwebstoff **in der Luft am Arbeitsplatz**, die nach dem gegenwärtigen Stand der Kenntnis auch bei wiederholter und langfristiger, in der Regel täglich 8-stündiger Exposition bei einer durchschnittlichen Wochenarbeitszeit von 40 Stunden, im allgemeinen die Gesundheit der Beschäftigten nicht beeinträchtigt und diese nicht unangemessen belästigt.

Die MAK-Werte dienen dem Schutz der Gesundheit am Arbeitsplatz. Sie werden für gesunde Personen im arbeitsfähigen Alter aufgestellt, wobei nach Möglichkeit die unterschiedliche Empfindlichkeit des arbeitsfähigen Menschen durch Alter, Geschlecht, Konstitution, Ernährungszustand, u. dgl. berücksichtigt werden. Die Überwachung der MAK-Werte kann durch systematische, quantitative Messungen der Konzentration des verwendeten Gefahrstoffes in der Luft am Arbeitsplatz erfolgen. Zusätzlich werden Analysen am biologischen Material (z. B. im Blut und Harn) durchgeführt und ausgewertet.

Beispiel: Formaldehyd: Der Grenzwert von Formaldehyd liegt bei 0,5 ppm = 0,6 mg/m^3. Dieser Grenzwert von 0,5 ppm darf während einer Schicht 8 × 5 Minuten lang in 2-facher Höhe („2 MAK") überschritten werden (s. Tabelle 5a).

Die angegebenen Zahlenwerte der Tabelle 5 dienen nur der Information; sie sind nicht Gegenstand der Sachkenntnisprüfung.

Tab. 5: Auszug aus der Grenzwertliste (TRGS 900; Stand: Juni 1994)*

Stoffidentität Bezeichnung	EINECS-Nr. CAS-Nr.	Grenzwert ml/m^3 (ppm)	mg/m^3	Spitzenbegr. Kategorie	Bemerkungen	Art/ Herkunft
Acetaldehyd	2008368 75-07-0	50	90	I		TRK (Kat. 3)
Ameisensäure	2005791 64-18-6	5	9	I		MAK (DFG, EU)
Ammoniak	2316353 7664-41-7	50	35	I	N	MAK (DFG)
Anilin	2005393 62-53-3	2	8	II, 2	H	TRK (Kat. 3)
Asbest (Chrysotil) mit Ausnahme von Abbrucharbeiten sowie Sanierungs- und Instandhaltungsarbeiten – Amphibol-Asbeste (Aktinolith, Amosit, Anthophyllit, Krokydolith, Tremolit)	3101276 1332-21-4		250 000 Fasern/m^3	VI	K, 9	TRK (AGS)
Benzo(a)pyren – Strangpechherstellung und -verladung Ofenbereich von Kokereien – im übrigen	2000285 50-32-8		 0,005 0,002	VI	K, 7	TRK (AGS)

*) Maßeinheit ppm siehe Kapitel 6.9.1

Tab. 5: Auszug aus der Grenzwertliste (TRGS 900; Stand: Juni 1994)*

Stoffidentität Bezeichnung	EINECS-Nr. CAS-Nr.	Grenzwert ml/m³ (ppm)	mg/m³	Spitzen-begr. Kategorie	Bemer-kungen	Art/ Herkunft
Chlor	2319595 7782-50-5	0,5	1,5	I	N	MAK (DFG)
Cyanwasserstoff	2008216 74-90-8	10	11	II, 1	H	MAK (DFG)
Diethylsulfat	2005896 64-67-5	0,03	0,2	VI	H, K	TRK (AGS)
Ethylenoxid	2008499 75-21-8	1	2	VI	H, K	TRK (AGS)
Formaldehyd	2000018 50-00-0	0,5	0,6	I	H, N	TRK (Kat. 3)
Hydrazin	2061149 302-01-2	0,1	0,13	VI	H, K	TRK (AGS)
Methanol	2006596 67-56-1	200	260	II, 1	H	MAK (DFG, EU)
Nicotin	2001933 54-11-5	0,07	0,5	II, 1	H, 1	MAK (DFG, EU)
Phosphorwasserstoff	2322608 7803-51-2	0,1	0,15	I		MAK (DFG)
Pyrethrum	2323198 8003-34-7		5 G	III		MAK (DFG, EU)
Quecksilber	2311067 7439-97-6	0,01	0,1	III		MAK (DFG)
Schwefelwasserstoff	2319773 7783-06-4	10	15	V		MAK (DFG)
Tetrachlormethan	2002628 56-23-5	10	65	II, 1	H	TRK (III B)

Verwendete Symbole und Ziffern
I–VI Kategorien für Kurzzeitwerte
1–42 Verzeichnis und Erläuterungen zu der Spalte „Bemerkungen" (nicht abgedruckt)

Abkürzungen
CAS Registriernummer des „Chemical Abstract Service"
EINECS Registriernummer des „European Inventory of Existing Chemical Substances" (= „Altstoffliste")

Spalte Grenzwerte
F gemessen im Feinstaub
G gemessen im Gesamtstaub

Spalte Bemerkungen
H hautresorptiv
K krebserzeugende oder erbgutverändernde Stoffe der Kategorien 1 und 2
N ein Risiko der Fruchtschädigung braucht bei Einhaltung des MAK-Wertes nicht befürchtet zu werden

Spalte Art (Herkunft)	
AGS	Ausschuß für Gefahrstoffe
ARW	Arbeitsplatzrichtwert der Chemischen Industrie, Gewerkschaften, Behörden u. a.
DFG	Senatskommission der Deutschen Forschungs-Gemeinschaft
EU	Kommission der Europäischen Union
MAK	Maximale Arbeitsplatzkonzentration
TRK	Technische Richtkonzentration

„MAK-Werte sind als 8-Stunden-Mittelwerte konzipiert. In der Praxis schwankt jedoch die aktuelle Konzentration der Arbeitsstoffe in der Atemluft häufig in erheblichem Ausmaß. Die Abweichung nach oben vom Mittelwert bedarf bei vielen Stoffen der Begrenzung, um Gesundheitsschäden zu verhüten. Der 8-Stunden-Mittelwert ist in jedem Falle einzuhalten. Unter dieser Voraussetzung gelten für die Begrenzung von Abweichungen von den Arbeitsplatzkonzentrationen nach oben folgende Kategorien:

Tab. 5a: Die Kategorien der Grenzwertliste

Kategorie		**Kurzzeitwert-**		**Häufigkeit pro Schicht**
		-höhe	**-dauer**	
I	Lokal reizende Stoffe	2 · MAK	5 min, Momentanwert*)	8
II	resorptiv wirksame Stoffe Wirkungseintritt innerhalb 2 h II,1: Halbwertszeit**) < 2 h	2 · MAK	30 min, Mittelwert	4
	II,2: Halbwertszeit 2 h bis Schichtlänge	5 · MAK	30 min, Mittelwert	2
III	resorptiv wirksame Stoffe Wirkungseintritt > 2 h Halbwertszeit > Schichtlänge (stark kumulierend)	10 · MAK	30 min, Mittelwert	1
IV	sehr schwaches Wirkungspotential MAK > 500 ml/m^3	2 · MAK	60 min, Momentanwert*)	3
V	geruchsintensive Stoffe	2 · MAK	10 min, Momentanwert*)	4
VI	Stoffe mit TRK-Wert	5 · TRK	15 min, Mittelwert	5

*) Der Momentanwert ist ein Wert, der von der Konzentration zu keiner Zeit überschritten werden darf. Er ist damit eine Zielvorgabe für eine technische Gestaltung des Arbeitsplatzes, die analytische Überprüfung kann dann über den Mittelwert geschehen.

**) Halbwertszeit = Zeitdauer, bis eine zur Zeit bestehende Konzentration auf die Hälfte abgesunken ist.

1.3.5 Biologischer Arbeitsplatztoleranzwert (BAT)

„Der Biologische Arbeitsplatztoleranzwert ist die Konzentration eines Stoffes oder seines Umwandlungsproduktes **im Körper** oder die dadurch ausgelöste Abweichung eines biologischen Indikators von seiner Norm, bei der im allgemeinen die Gesundheit der Arbeitnehmer nicht beeinträchtigt wird."

Dieser BAT-Wert ist – vereinfacht – die beim Menschen höchstzulässige Menge eines Gefahrstoffes, die nach dem gegenwärtigen Stand der wissenschaftlichen Kenntnis im allgemeinen die Gesundheit der Beschäftigten auch dann nicht beeinträchtigt, wenn sie durch Einflüsse des Arbeitsplatzes erzielt wird.

BAT-Werte dienen im Rahmen spezieller ärztlicher Vorsorgeuntersuchungen dem Schutz der Gesundheit am Arbeitsplatz. Sie werden in Körperflüssigkeiten gemessen (siehe auch Tabelle 6).

Tab. 6: Auszug aus der Stoffliste der BAT-Werte (TRGS 903; Stand: Juni 1994)

Arbeitsstoff [CAS-Nr.]	Parameter	BAT-Wert	Untersuchungsmaterial	Probennahme (Zeitpunkt)
Acetylcholinesterase-Hemmer	Acetylcholinesterase	Reduktion der Aktivität auf 70% des Bezugswertes	Erythrozyten	Expositionsende bzw. Schichtende bei Langzeitexposition: nach mehreren vorangegangenen Schichten
Blei [7439-92-1]	Blei	700 µg/dl 300 µg/dl (Frauen < 45 J.)	Vollblut	Keine Beschränkung
	δ-Aminolaevulinsäure	15 mg/l 6 mg/l (Frauen < 45 J.)	Harn	Keine Beschränkung
Fluorwasserstoff [7664-39-3] und anorgan. Fluorverbindungen (Fluoride)	Fluorid	7 mg/g Kreatinin	Harn	Expositionsende bzw. Schichtende
	Fluorid	4 mg/g Kreatinin	Harn	Vor nachfolgender Schicht
Methanol [67-56-1]	Methanol	30 mg/l	Harn	Bei Langzeitexposition: nach mehreren vorangegangenen Schichten – Expositionsende bzw. Schichtende
Parathion [56-38-2]	p-Nitrophenol plus Acetylcholinesterase	500 µg/l Reduktion der Aktivität auf 70% des Bezugswertes	Harn Erythrozyten	Bei Langzeitexposition: nach mehreren vorausgegangenen Schichten
Quecksilber [7439-97-6] metallische u. anorganische Quecksilberverbindungen	Quecksilber	50 µg/l	Vollblut	Keine Beschränkung
	Quecksilber	200 µg/l	Harn	Keine Beschränkung
Quecksilber, organische Quecksilberverbindungen	Quecksilber	100 µg/l	Vollblut	Keine Beschränkung
Tetrachlormethan (Tetrachlorkohlenstoff) [56-23-5]	Tetrachlormethan	1,6 ml/m³	Alveolarluft	1 Stunde nach Expositionsende
		70 µg/l	Vollblut	Expositionsende bzw. Schichtende bei Langzeitexposition nach mehreren vorangegangenen Schichten

1.3.6 Technische Richtkonzentration (TRK)

> „Die Technische Richtkonzentration (TRK) ist die Konzentration eines Stoffes **in der Luft am Arbeitsplatz**, die nach dem Stand der Technik erreicht werden kann.“

Für eine Reihe krebserzeugende und erbgutändernde Gefahrstoffe können MAK-Werte nicht ermittelt werden. Da bestimmte krebserzeugende Stoffe technisch unvermeidlich sind, benötigt man Richtwerte für die zu treffenden Schutzmaßnahmen und für die meßtechnische Überwachung.

Technische Richtkonzentrationen sind keine MAK-Werte, denn auch **bei Einhaltung dieser Richtkonzentrationen ist eine Gesundheitsgefährdung nicht vollständig auszuschließen.**

Unter Technischen Richtkonzentrationen eines gefährlichen Stoffes versteht man diejenige Konzentration als Gas, Dampf oder Schwebstoff in der Luft, die als Anhaltspunkt für die zu treffende Schutzmaßnahme und für die meßtechnische Überwachung am Arbeitsplatz heranzuziehen ist.

Die TRK-Werte von Gasen und Dämpfen werden in ml/m^3, von partikelförmigen Stoffen in mg/m^3 und von Fasern in Fasern/m^3 festgelegt. Die jeweiligen Grenzwerte sind der Grenzwertliste der TRGS 900 zu entnehmen. Welcher Stoff einen TRK-Wert besitzt, entnimmt man der Spalte 7 der TRGS 900 (s. auch Tab. 5).

Beispiel: Ethylenoxid hat einen TRK-Wert von 1 ppm = 2 mg/m^3, EO ist laut Spalte 6 ein krebserzeugender Stoff (K) mit hautresorptiven (H) Eigenschaften.

Die MAK-Werte, die BAT-Werte und die Technischen Richtkonzentrationen (TRK-Werte) werden laufend überarbeitet. Die Stoffliste mit diesen Grenzwerten erscheint jährlich neu als **TRSG 900**. Die Grenzwerte werden vom Ausschuß für Gefahrstoffe (AGS) beschlossen und im Bundesarbeitsblatt bekanntgegeben. Ein Auszug aus der TRGS 900 ist in der Tabelle 5 wiedergegeben.

1.3.7 Die Auslöseschwelle

> Die Auslöseschwelle ist die Konzentration eines Stoffes in der Luft am Arbeitsplatz oder im Sinne des Biologischen Arbeitsplatztoleranzwertes (BAT) im Körper, bei deren Überschreitung zusätzliche Maßnahmen zum Schutze der Gesundheit erforderlich sind.

Der Überschreitung der Auslöseschwelle steht es gleich, wenn Verfahren angewendet werden, bei denen Maßnahmen nach Satz 1 erforderlich sind oder wenn ein unmittelbarer Hautkontakt besteht. **Die Auslöseschwelle ist dauerhaft sicher eingeschalten, wenn jede Einzelmessung kleiner als 1/4 TRK-Wert ist.** Ziel der Auslöseschwelle ist es, das Restrisiko zu vermindern.

Weitere Einzelheiten zur Auslöseschwelle stehen in der TRGS 100 (s. Kapitel 2.17).

1.3.8 Inverkehrbringen

Der Begriff „Inverkehrbringen“ ist nicht in der Gefahrstoffverordnung, sondern in § 3 Nr. 9 des Chemikaliengesetzes definiert.

Inverkehrbringen ist die Abgabe an Dritte oder die Bereitstellung für Dritte.

Tab. 7: Der Begriff „Inverkehrbringen“

Beispiel: Ethylenoxid (EO)	
• Ethylenoxid in der Produktion	= kein Inverkehrbringen
• Abfüllen von Ethylenoxidkartuschen	= kein Inverkehrbringen
• Abgabe von EO von Produktion ins Lager	= kein Inverkehrbringen
• Konfektionierung von Ethylenoxid	= kein Inverkehrbringen
• Vorrätighalten im Zentrallager in Klinik	= kein Inverkehrbringen
• Vorrätighalten des abgefertigten Produktes im Verkaufslager	= Inverkehrbringen
• Verkauf an andere Firmen	= Inverkehrbringen
• Verkauf an eine andere Klinik	= Inverkehrbringen

Das Verbringen in die Bundesrepublik gilt ebenfalls als Inverkehrbringen, soweit es sich nicht lediglich um einen Transitverkehr handelt.

Einzelheiten über das Inverkehrbringen gefährlicher Stoffe und Zubereitungen sind u. a. geregelt im 2. und 3. Abschnitt der Gefahrstoffverordnung und in der Chemikalienverbotsverordnung.

Nach § 2 der Chemikalienverbotsverordnung benötigt derjenige eine Erlaubnis, der sehr giftige oder giftige Stoffe in den Verkehr bringen will. Das gilt nicht nur für den Einzelhändler! Auch ein Hersteller, der sehr giftige oder giftige Stoffe und Zubereitung in seinem Verkaufslager abgabefertig verpackt zur Abgabe an andere bereitstellt, bringt diese Produkte in den Verkehr. Er braucht keine Erlaubnis, wenn die Abgabe ausschließlich an Wiederverkäufer oder gewerbliche Verbraucher erfolgt (§ 2 ChemVerbotsV).

1.3.9 Arbeitgeber/Arbeitnehmer

Arbeitgeber ist, wer Arbeitnehmer beschäftigt einschließlich der zu ihrer Berufsbildung Beschäftigten. Dem Arbeitgeber steht gleich, wer in sonstiger Weise selbständig tätig wird, sowie der Auftraggeber und Zwischenmeister im Sinne des Heimarbeitsgesetzes. § 3 Abs. 4 GefStoffV

Arbeitnehmer ist jede in Lohn- oder Gehaltsverhältnis stehende Person, die eventuellen Belastungen durch Gefahrstoffe ausgesetzt sind, z. B. eine Zahnarzthelferin in einer Zahnarztpraxis.

Dem Arbeitnehmer stehen andere Beschäftigte, insbesondere Beamte und in Heimarbeit Beschäftigte sowie Schüler und Studenten gleich.

Dazu gehört der gesamte öffentliche Dienst, einschließlich der Bediensteten der Hochschulen und Universitäten. Somit ist jeder erfaßt, der in irgendeiner Weise mit Gefahrstoffen umgeht.

1.4 Gefahrensymbole und Gefahrenbezeichnungen

Anhang I Nr. 2

Hinsichtlich der Gefahren, die von Giften ausgehen, gibt es deutliche Unterschiede. Diesem Umstand hatte das alte Giftrecht dadurch Rechnung getragen, daß die Gifte je nach dem Grad ihrer Gefährlichkeit in 3 Abteilungen eingeteilt waren. Das Land Niedersachsen hat als erstes Bundesland im Jahr 1978 diese Einteilung der Gifte aufgegeben und die Kennzeichnung dem europäischen Recht angeglichen. Durch die Gefahrstoffverordnung wurden weitere, geringfügige Änderungen der Kennzeichnung gefährlicher Stoffe vorgenommen.

Nach der Gefahrstoffverordnung sind die gefährlichen Stoffe mit folgenden Gefahrenhinweisen zu kennzeichnen:

1.4.1 Sehr giftige Stoffe

Sehr giftig

Kennbuchstabe: T^+ (gesprochen: „T plus“)
Gefahrensymbol: (schwarzer Totenkopf auf orangegelbem Grund)
Gefahrenbezeichnung: **Sehr giftig**
Beispiele für sehr giftige Stoffe: Antu, Arsentrioxid, Blausäure, Dieldrin, Nikotin, Parathion, Strychnin u. a.

1.4.2 Giftige Stoffe

Giftig

Kennbuchstabe: **T**

Gefahrensymbol: (schwarzer Totenkopf auf organgegelbem Grund)

Gefahrenbezeichnung: **Giftig**

Beispiele für giftige Stoffe:
Arsen, Benzol, Chlor, Ethylenoxid,

↑ nicht akut giftig
LD50 oral rat ≥ 3000 mg/kg

Lindan, Methanol, Phenol, gelber Phosphor, Tetrachlormethan, Thallium u. a.
Mit dem Giftsymbol und der Gefahrenbezeichnung „Giftig“ werden auch die krebserzeugenden, erbgutverändernden und reproduktionstoxischen Stoffe der Kategorien 1 und 2 gekennzeichnet, auch wenn sie sonst keine giftigen Eigenschaften besitzen!

1.4.3 Ätzende Stoffe

Ätzend

Kennbuchstabe: **C**

Gefahrensymbol: (schwarzes Ätzzeichen auf orangegelbem Grund)

Gefahrenbezeichnung: **Ätzend**

Beispiele für ätzende Stoffe:
Ammoniaklösung ab 10%, Brom, Chromtrioxid, Essigsäure, Natronlauge ab 5%, Phosphorsäure ab 25%, Salpetersäure ab 5%, Salzsäure ab 25%, Schwefelsäure ab 15%, Silbernitrat, Wasserstoffperoxid ab 20%.

1.4.4 Gesundheitsschädliche Stoffe

Gesundheitsschädlich

Kennbuchstabe: **Xn**

Gefahrensymbol: (liegendes Kreuz – auch Andreaskreuz genannt – auf orangegelbem Grund)

Gefahrenbezeichnung: **Gesundheitsschädlich**

Beispiele für gesundheitsschädliche Stoffe:
Chloroform, Jod, Kaliumpermanganat, Natriumchlorat, Oxalsäure, Terpentinöl.
Auch krebserzeugende, erbgutverändernde und reproduktionstoxische Stoffe der Kategorie 3 werden mit dem liegenden Kreuz und der Gefahrenbezeichnung „Gesundheitsschädlich“ gekennzeichnet.

1.4.5 Reizende Stoffe

Reizend

Kennbuchstabe: **Xi**

Gefahrensymbol: (liegendes Kreuz auf orangegelbem Grund)

Gefahrenbezeichnung: **Reizend**

Beispiele für reizende Stoffe:
Kaliumdichromat, Kaliumhydroxidlösung 0,5–2%, Natriumdichromat, Natriumhydroxidlösung 0,5–2%, Phosphorsäure 10–25%, Schwefelsäure 5–15% u. a.

Die übrigen Gefahrensymbole und Gefahrenbezeichnungen der Gefahrstoffverordnung, wie z. B. das Flammensymbol mit der Gefahrenbezeichnung „Hochentzündlich“ oder „Leichtentzündlich“ sind im Anhang I Nr. 2. abgedruckt (siehe auch Kapitel 1.4.6).

Einige Hersteller haben die Giftfertigwaren nicht nur mit dem Gefahrensymbol, sondern auch mit dem jeweiligen Kennbuchstaben versehen, also z. B. neben dem Totenkopfzeichen den Kennbuchstaben „T“ angebracht. Die Kennbuchstaben T, Xn, Xi, C usw. sind nicht Teil der Kennzeichnung; sie brauchen deshalb auf den Abgabebehältnissen nicht angegeben zu werden. Die Angabe der Kennbuchstaben über bzw. im Gefahrensymbol und das

Anbringen der Gefahrenbezeichnung im Symbol sind nach der TRGS 200 zulässig.

1.4.6 Sonstige Gefahrensymbole

Neben den Gefahrensymbolen für Stoffe und Zubereitungen mit toxischen Eigenschaften gibt es 4 weitere Gefahrensymbole für die Einstufung und Kennzeichnung von Stoffen mit gefährlichen physikalisch-chemischen Eigenschaften, nämlich

E

Explosionsgefährlich

O

Brandfördernd

F+

Hochentzündlich

und

F

Leichtentzündlich

N

Umweltgefährlich

Mit Inkrafttreten der Chemikalien-Verbotsverordnung spielen auch hochentzündliche und brandfördernde Stoffe und Zubereitungen eine größere Rolle, weil für die Abgabe dieser Stoffe **Sachkenntnis** erforderlich ist.

Hochentzündliche Stoffe der EG-Gefahrstoffliste sind u. a.:
Butadien
Butan
Buten
Chlorethan
Chlormethan
Cyanwasserstoff
Diethylether
Dimethylether
Ethan
Ethylenoxid
Ethylmethylether
Kohlenmonoxid
Methan
Propan
Schwefelwasserstoff
Vinylchlorid
Wasserstoff

Einstufung hochentzündlicher Stoffe u. Zubereitungen
Stoffe und Zubereitungen werden als hochentzündlich eingestuft und mit dem Gefahrensymbol F^+ und der Gefahrenbezeichnung „Hochentzündlich" gekennzeichnet, wenn die Prüfergebnisse mit den in § 2 Abs. 4 ChemPrüfV genannten Kriterien übereinstimmen. Der R-Satz ist nach den folgenden Kriterien zuzuordnen:

R 12 Hochentzündlich:
Flüssige Stoffe und Zubereitungen, die einen **Flammpunkt unter 0°C und** einen **Siedepunkt** (oder bei einem Siedebereich einen **Siedebeginn**) bei **höchstens 35°C** haben.

Brandfördernde Stoffe
Stoffe und Zubereitungen sind brandfördernd, wenn sie in der Regel selbst nicht brennbar sind, aber bei Berührung mit brennbaren Stoffen durch Sauerstoffabgabe die Brandgefahr und die Heftigkeit eines Brandes dieser Stoffe beträchtlich erhöhen.
Zu den brandfördernden Stoffen gehören u. a.:
- anorganische Bromate
- anorganische Chlorate
- anorganische Chlorite
- anorganische Perchlorate
- anorganische Peroxide

- anorganische Nitrate,
- anorganische Permanganate
- Ammoniumdichromat
- Chromtrioxid
- Perjodsäure
- Kaliumnitrit
- Natriumnitrit
- Wasserstoffperoxid 20–60%

1.4.7 Zuordnung mehrerer Gefahrensymbole

Normalerweise reicht zur Charakterisierung giftiger Stoffe ein Gefahrensymbol und eine Gefahrenbezeichnung aus. Einige Chemikalien haben aber weitere, andersartige gefährliche Eigenschaften, so daß auf ihren Packungen gleichzeitig zwei Gefahrensymbole abgebildet werden müssen:

Beispiele:

Flußsäure
Brom

Giftig

Ätzend

Benzol
Schwefelkohlenstoff
Methanol
Vinylchlorid

Giftig

Leichtentzündlich

Kalium
Natrium

Ätzend

Leichtentzündlich

Kaliumnitrit
Natriumnitrit
Chromtrioxid

Giftig

Brandfördernd

Kaliumchlorat
Natriumchlorat
Kaliumpermanganat

Gesundheitsschädlich

Brandfördernd

Phosphor hat sogar 3 Gefahrensymbole:

F

Leichtentzündlich

T+

Sehr giftig

C

Ätzend

Wie man sieht, erweisen sich die Gefahrensymbole als sehr praktisch; sie können leicht aneinandergereiht und so die Verbraucher vor den vielfältigen Gefahren der Chemikalien auf anschauliche Weise warnen.

Da diese Symbole auf Richtlinien der Europäischen Gemeinschaft basieren, dürfen wir hoffen, daß auch die anderen europäischen Staaten nachziehen und zur Vereinheitlichung dieser Materie in Europa beitragen. Das ist nicht nur für den allgemeinen Warenverkehr wichtig, sondern erhöht auch die Sicherheit unserer Touristen beim Umgang mit diesen Stoffen im Ausland. Wenn nämlich die Gefahrensymbole erst einmal im Bewußtsein der Verbraucher verankert sind, spielen Sprachbarrieren beim Erkennen gefährlicher Stoffe im Ausland nicht mehr die Rolle wie heute. Das gilt schon jetzt für die Gastarbeiter in unserem Land.

Das liegende Kreuz, auch **Andreaskreuz** genannt, stellt allerdings zur Zeit im Bewußtsein unserer Bevölkerung noch kein Symbol für eine Gefahr dar. Es muß sich beim Verbraucher als Gefahrenzeichen erst wieder einführen. Anders war das im Mittelalter! Damals wurden Häuser, in denen die Pest ausgebrochen war, mit diesem Zeichen markiert. Solche alten **„Pestkreuze"** sind im Rathaus von Duderstadt, östlich von Göttingen, ausgestellt (s. Abb.).

1.5 Die R- und S-Sätze

1.5.1 Die Hinweise auf besondere Gefahren (R-Sätze)

Während früher nur Fachleute (z. B. Apotheker, Chemiker, Ärzte, Fachdrogisten) über die Gefahren der Gifte Bescheid wußten, will der Gesetzgeber durch Gefahrenhinweise auf den abgabefertigen Packungen dazu beitragen, daß auch die Verbraucher ohne den Rat eines Fachmannes die von den jeweiligen Giften ausgehenden Gefahren leicht erkennen können. Deshalb wurden Gefahrensätze in standardisierter Form in der Gefahrstoffverordnung aufgenommen.

Die R-Sätze geben wichtige Hinweise über die gefährlichen Eigenschaften eines Stoffes oder einer Zubereitung. Sie haben zusammen mit den Gefahrensymbolen und den Gefahrenbezeichnungen eine wichtige Warnfunktion für Verbraucher und Anwender.
Die R-Sätze bilden außerdem die Grundlage für die Einstufung von Zubereitungen gefährlicher Stoffe. **Ohne Kenntnis der entsprechenden R-Sätze ist eine Einstufung gefährlicher Zubereitungen nicht möglich.**

Wichtig ist die richtige Auswahl dieser R-Sätze, weil nur so die beabsichtigte Warnfunktion erreicht wird. Auf den Fertigpackungen brauchen i. d. R. nicht mehr als 4 R-Sätze angegeben zu werden, wobei Kombinationen der R-Sätze als ein Satz gelten (s. Anh. I Nr. 1.7.4.4 GefStoffV).

Beispiele:

R 7 Kann Brand verursachen (Fluor)
R 11 Leichtentzündlich (Benzol)
R 17 Selbstentzündlich an der Luft (Phosphor)
R 23 Giftig beim Einatmen (Chlor)
R 34 Verursacht Verätzungen (Phenol)
R 38 Reizt die Haut (Lindan)

Die Zahlenreihe 26/28 in der Stoffliste bei Atropin bedeutet beispielsweise, daß auf der abgabefertigen Packung dieses giftigen Stoffes folgender kombinierter R-Satz angegeben sein muß,*): „Sehr giftig beim Einatmen und Verschlucken.

Die vollständige Liste der R-Sätze ist im Anhang I Nr. 3 der Gefahrstoffverordnung abgedruckt (s. Seite 168).

1.5.2 Die Sicherheitsratschläge (S-Sätze)

Zusätzlich zu den Gefahrenhinweisen sind auf allen Produkten, die gefährliche Stoffe enthalten, sog. „Sicherheitsratschläge“ anzubringen. Ähnlich wie bei den Gefahrenhinweisen geben die Kennzahlen in der EG-Stoffliste bei den einzelnen gefährlichen Stoffen an, welche Sicherheitsratschläge auf den Packungen angegeben werden müssen.

Beispiele:

S 1 Unter Verschluß aufbewahren (Parathion)
S 2 Darf nicht in die Hände von Kindern gelangen (sehr häufiger Satz)
S 16 Vor Zündquellen fernhalten – Nicht rauchen (Methanol)
S 21 Bei der Arbeit nicht rauchen (Arsen)
S 24 Berührung mit der Haut vermeiden (Methanol)
S 39 Schutzbrille/Gesichtsschutz tragen (Allylalkohol)

Bei Chlor steht in Spalte 4 der Stoffliste folgende Zahlenreihe:
S: (1/2) -7/9 -45

*) Sind die Zahlen in den Spalten 3, 4 und 6 der EG-Stoffliste durch Schrägstriche getrennt, so sind die standardisierten Hinweise auf besondere Gefahren bzw. die Sicherheitsratschläge zu kombinieren. Sind die Zahlen in diesen beiden Spalten durch Bindestriche verbunden, so ist jeder R-Satz und jeder S-Satz einzeln auf der Packung anzugeben (s. Erläuterungen zur EG-Stoffliste).

Das bedeutet, daß jeder der 3 Sicherheitsratschläge auf der Packung einzeln anzugeben ist, also:

S (1/2) Unter Verschluß und für Kinder unzugänglich aufbewahren (Die Sicherheitsratschläge S 1 und S 2 sind in Klammern angegeben; sie können bei der Kennzeichnung weggelassen werden, wenn die Stoffe und Zubereitungen ausschließlich für industrielle Zwecke verkauft werden.)

S 7/9 Behälter dicht geschlossen an einem gut gelüfteten Ort aufbewahren.

S 45 Bei Unfall oder Unwohlsein sofort Arzt zuziehen (wenn möglich dieses Etikett vorzeigen).

Die vollständige Liste der standardisierten S-Sätze ist im Anhang I Nr. 4 der Gefahrstoffverordnung abgedruckt (s. Seite 171).

1.6 Die Einstufung gefährlicher Stoffe

Einstufung ist nach § 3 Nr. 6 Chemikaliengesetz die Zuordnung eines Stoffes zu einem Gefährlichkeitsmerkmal.
Beispiel: Ätzkali (Kaliumhydroxid)
Eigenschaften: ätzender Stoff
Einstufung laut EG-Stoffliste: C; R 35

C Ätzzeichen

Gefahrenbezeichnung: Ätzend

R-Satz R 35: Verursacht schwere Verätzungen

Nach der Giftdefinition der Giftverordnungen der Länder gehörten nur solche Stoffe zu den Giften, die in der Anlage der Giftverordnung aufgeführt waren. Stoffe dagegen, die in dieser Positivliste fehlten, waren unabhängig von ihrer Giftigkeit keine Gifte im Sinne dieser Ländergiftverordnungen. Diese Giftdefinition war unbefriedigend und wurde deshalb nicht in die Gefahrstoffverordnung übernommen.

Die Gefahrstoffverordnung hat dieses Problem dadurch gelöst, daß sie die giftigen Stoffe und alle übrigen gefährlichen Stoffe in 2 große Gruppen eingeteilt hat, nämlich in

1. gefährliche Stoffe, die der Gesetzgeber bereits eingestuft hat und
2. gefährliche Stoffe, die vom Gesetzgeber noch nicht eingestuft worden sind und deshalb vor dem Inverkehrbringen vom Hersteller selbst eingestuft werden müssen.

1.6.1 Gefährliche Stoffe, die bereits eingestuft sind

Stoffe, die auf Gemeinschaftsebene hinsichtlich ihrer Gefährlichkeit bereits eingestuft worden sind, stehen in der EG-Stoffliste. Diese Liste der gefährlichen Stoffe enthält über 2000 gefährliche Stoffe und erfaßt damit die meisten gebräuchlichen giftigen Stoffe. Sie wird im Bundesanzeiger veröffentlicht und laufend dem technischen Fortschritt angepaßt.

Hersteller, Importeure oder wer sonst einen bereits eingestuften und somit in der EG-Stoffliste aufgeführten Stoff in den Verkehr bringen will, braucht sein Produkt nur mit den dort vorgeschriebenen Angaben versehen (= **Einstufung nach dem Listenprinzip**).

Aus didaktischen Gründen erscheint es zweckmäßig, zunächst die **EG-Stoffliste** zu besprechen:.

1.6.2 Die EG-Stoffliste

Die EG-Stoffliste [= Anhang I der Richtlinie 67/548/EWG des Rates vom 16. August 1967; zuletzt geändert durch Richtlinie 92/32/EWG (ABl. EG Nr. L 154 S.1) der bereits eingestuften gefährlichen Stoffe und Zubereitungen] ist in 6 Spalten eingeteilt und folgendermaßen gegliedert:

Tab. 8: Aufbau der EG-Stoffliste

Die EG-Stoffliste der bereits eingestuften gefährlichen Stoffe und Zubereitungen ist in 6 Spalten eingeteilt und folgendermaßen gegliedert:

Stoffidentität:

Spalte 1:	Bezeichnung der Stoffe Anmerkungen dazu	
Spalte 2:	INDEX – Nummer EWG – Nummer CAS – Nummer	

Einstufung und Kennzeichnung der Stoffe

Spalte 3:	Einstufung:	Gefahrensymbole R-Sätze Krebs-Kategorien Mutagenitätskategorien Reproduktionstoxizität
Spalte 4:	Kennzeichnung:	Gefahrensymbole R-Sätze S-Sätze

Einstufung und Kennzeichnung der Zubereitungen

Spalte 5:	Konzentrationsgrenzen	
Spalte 6:	Einstufung und Kennzeichnung	Gefahrensymbole R-Sätze

In der **Spalte 1** stehen die Bezeichnungen der bereits eingestuften gefährlichen Stoffe in alphabetischer Reihenfolge und zwar entweder so, wie sie in das Europäische Verzeichnis der auf dem Markt vorhandenen Chemischen Stoffe (**„EINECS“** = Altstoffverzeichnis mit ca. 100.000 Stoffen) oder in der Europäischen Liste der angemeldeten neuen Stoffe (**„ELINCS“**) bezeichnet worden sind. Einträge, die nicht in die EINECS- oder ELINCS-Liste aufgenommen sind, werden mit einer international anerkannten chemischen Bezeichnung benannt (z. B. ISO, IUPAC).

Die Bedeutung der Anmerkungen A-G in Spalte 1 der Stoffliste ist in der Vorbemerkung der EG-Stoffliste erläutert (siehe Tabelle 10).

Einige Stoffe, die mehrere gängige Bezeichnungen haben, sind in dieser Liste zweimal aufgeführt, nämlich mit ihrer **bevorzugten Bezeichnung** und mit ihren gebräuchlichen Namen. Durch Verweisung wird auf die bevorzugte Bezeichnung hingewiesen und dort werden dann die Hinweise auf die Gefahrensymbole, Gefahrenbezeichnungen, R- u. S-Sätze und dgl. angegeben.

Beispiele: (siehe Tab. 9)

In **Spalte 2** stehen die INDEX-Nr., die EWG-Nummer und die CAS-Nummer der Stoffe. Die EWG-Nummern sind 7-stellig. Es handelt sich um die EINECS-Nr. oder ELINCS-Nr.

Die **CAS-Nummern** stellen die Registernummern des Chemical Abstracts Service dar, einer der American Chemical Society angehörenden Institution mit Sitz in Columbus, Ohio, USA.

Der Chemical Abstract Service hat jede Verbindung aus Primärliteratur seit 1962 registriert (und fortlaufend numeriert). Über die CAS-Nummer ist die Daten- und Literatur-Dokumentation des Chemical Abstracts Service zugänglich.

Die Chemical Abstracts Service Kunden in Deutschland, in Österreich und in der Schweiz werden von der VCH-Verlagsgesellschaft in 69469 Weinheim betreut.

Die CAS-Nummern dienen zur eindeutigen Identifizierung chemischer Verbindungen.

In der **Spalte 3** findet man die **Legaleinstufung** der einzelnen Stoffe durch die EG. Diese Einstufung gilt in ganz Europa; sie ist endgültig. Von ihr darf nicht abgewichen werden.

Die Kennbuchstaben T^+, T, C, Xn, Xi usw. stellen Abkürzungen für die Gefahrensymbole dar; sie verbinden den jeweili-

Tab. 9: Gebräuchliche Namen und bevorzugte Bezeichnungen gefährlicher Stoffe

Synonyma	Bevorzugte Bezeichnung
Ätzkali	Kaliumhydroxid
Blausäure	Cyanwasserstoff
Chloroform	Trichlormethan
Flußsäure	Fluorwasserstoffsäure
PCB	Polychlorierte Biphenyle
Phosgen	Carbonylchlorid
weißer Phosphor	Tetraphosphor
Schwefelkohlenstoff	Kohlendisulfid
Tetrachlorkohlenstoff	Tetrachlormethan

gen Stoff mit dem für ihn geltenden Gefahrensymbol und mit der entsprechenden Gefahrenbezeichnung. Die Kennbuchstaben sind nicht Bestandteil der Kennzeichnung und brauchen deshalb auf den Pakkungen nicht angegeben zu werden.

Kennbuchstabe $\mathbf{T^+}$ bedeutet:

Sehr giftig

Kennbuchstabe T bedeutet:

Giftig

Kennbuchstabe C bedeutet:

Ätzend

Kennbuchstabe Xn bedeutet:

Gesundheitsschädlich

Kennbuchstabe Xi bedeutet:

Reizend

Kennbuchstabe E bedeutet:

Explosionsgefährlich

Kennbuchstabe $\mathbf{F^+}$ bedeutet:

Hochentzündlich

Kennbuchstabe O bedeutet:

Brandfördernd

Kennbuchstabe F bedeutet:

Leichtentzündlich

Kennbuchstabe N bedeutet:

Umweltgefährlich

In der Spalte 1 stehen unter einigen Stoffbezeichnungen Anmerkungen; sie haben nach den Vorbemerkungen zur EG-Stoffliste folgende Bedeutung:

Tab. 10: Anmerkungen in Spalte 1 der EG-Stoffliste:

		Beispiele
Anmerkung A	Der Hersteller muß auf dem Kennzeichnungsschild die **korrekte Bezeichnung** angeben!	Berylliumchlorid anstatt Berylliumverbindungen
Anmerkung B	Der Hersteller muß bei Stoffen, die in verschiedenen **Konzentrationen** in den Verkehr kommen, die Konzentration in Gewichtsprozent angeben. Die zusätzliche Verwendung anderer Angaben, wie spezifisches Gewicht, Grad, Baumè oder rauchendes Konzentrat ist zulässig.	Salpetersäure **45%**
Anmerkung C	Der Hersteller hat bei Stoffen, die in mehreren **Isomeren** in den Verkehr kommen, anzugeben, um welches Isomer es sich handelt.	o-Xylol Xylol (Isomeren-Gemisch)
Anmerkung D	Falls der gefährliche Stoff in **nicht stabilisierter Form** in den Verkehr gebracht wird, hat der Hersteller dies anzugeben.	Methacrylsäure „nicht stabilisiert"
Anmerkung E	Bei bestimmten krebserzeugenden, erbgutverändernden oder fortpflanzungsgefährdenden Stoffen muß vor den **R-Sätzen** R 20 bis R 28, R 39, R 40, R 48 und deren Kombinationen das Wort **„auch"** vorangestellt werden.	R 23: **Auch** giftig beim Einatmen
Anmerkung F	Wenn diese Stoffe **Stabilisatoren** enthalten, welche die gefährlichen Eigenschaften verändern, so sind diese Stoffe nach den Regeln für gefährliche Zubereitungen zu kennzeichnen.	1,1,1-Trichlorethan
Anmerkung G	Es handelt sich um explosionsgefährliche Stoffe. Diese Eigenschaften müssen durch Prüfmethoden bestimmt werden; die Kennzeichnung muß einen entsprechenden Hinweis enthalten.	Ammoniumperchlorat

In der **Spalte 3** stehen außerdem die Kennziffern für die standardisierten Hinweise auf besondere Gefahren (R-Sätze) und **Hinweise zur Kategorisierung** krebserzeugender, erbgutverändernder und reproduktionstoxischer Stoffe. Einzelheiten über die Einstufung krebserzeugender Stoffe siehe Tabelle 11.

Aus der Spalte 3 „Einstufung" ergibt sich dann die Kennzeichnung der Stoffe. In der **Spalte 4** werden die Ergebnisse der Einstufung in die europaweit gültige Kennzeichnung der Stoffe übertragen und durch die Kennziffern für die standardisierten Sicherheitsratschläge (S-Sätze) ergänzt. Einzelheiten siehe Kapitel 1.5.2.

Tab. 11: Einstufung krebserzeugender Stoffe: Anhang I Nr.: 1.4.2.1

Kategorie 1 **Stoffe, die beim Menschen bekanntermaßen krebserzeugend wirken.** Es sind hinreichende Anhaltspunkte für einen Kausalzusammenhang zwischen der Exposition eines Menschen gegenüber dem Stoff und der Entstehung von Krebs vorhanden. Beispiele: Asbest, Benzidin, Benzol, Vinylchlorid	**Einstufung**  Giftig R 45: Kann Krebs erzeugen
Kategorie 2 **Stoffe, die als krebserzeugend für den Menschen angesehen werden sollten.** Es bestehen hinreichende Anhaltspunkte zu der begründeten Annahme, daß die Exposition eines Menschen gegenüber dem Stoff Krebs erzeugen kann. Diese Annahme beruht im allgemeinen auf – geeigneten Langzeit-Tierversuchen – sonstigen relevanten Informationen. Beispiele: Berylliumverbindungen, Benzo[a]pyren, Ethylenoxid, Urethan	 Giftig R 45: Kann Krebs erzeugen
Kategorie 3 **Stoffe, die wegen möglicher krebserregender Wirkung beim Menschen Anlaß zur Besorgnis geben, über die jedoch nicht genügend Information für eine befriedigende Beurteilung vorliegen.** Aus geeigneten Tierversuchen liegen einige Anhaltspunkte vor, die jedoch nicht ausreichen, um einen Stoff in Kategorie 2 einzustufen. Beispiele: Acetaldehyd, Anilin, Bleiazetat, Chlormethan, DDT, Formaldehyd, Tetrachlorkohlenstoff	 Gesundheitsschädlich R 40: Irreversibler Schaden möglich

Die **Spalten 5 und 6** gehören zusammen; sie dienen der **Kennzeichnung der Zubereitungen** gefährlicher Stoffe; siehe Kapitel 1.7.

Zusammenfassung

Zum besseren Verständnis ist der Aufbau der EG-Stoffliste anhand einer Ammoniaklösung in Abb. 2 noch einmal übersichtlich dargestellt. **Die Einstufung gefährlicher Stoffe ist für die in der EG-Stoffliste aufgeführten Stoffe abschließend festgesetzt!**

1.6.3 Gefährliche Stoffe, die noch nicht eingestuft sind

Wer gefährliche Stoffe in den Verkehr bringen will, die in der EG-Stoffliste nicht aufgeführt und somit vom Gesetzgeber noch nicht eingestuft worden sind, muß diese vor dem Inverkehrbringen mit Hilfe des Leitfadens (Anhang I Nr. 1 GefStoffV) selbst einstufen (**Einstufung nach dem Definitionsprinzip**).

Diese Einstufung ist nur dann möglich, wenn der Hersteller oder Importeur die wichtigsten Eigenschaften seiner Substanz oder seines Produktes kennt. Eine entscheidende Rolle für die Einstufung giftiger Stoffe spielt dabei deren Toxizität. Sie wird anhand von Tierversuchen ermittelt. Sind die LD_{50}-Werte bekannt, so kann die Einstufung mit Hilfe des Leitfadens (Anh. I Nr. 1 GefStoffV) vorgenommen werden. Selbstverständlich müssen bei der Einstufung neben der Toxizität auch die anderen Gefährlichkeitsmerkmale des Stoffes, wie z. B. „Hochentzündlich", berücksichtigt werden. Sind diese noch nicht hinreichend bekannt und nicht zu ermitteln, so ist der Stoff zusätzlich mit dem Hinweis zu versehen: **„Achtung – noch**

nicht vollständig geprüfter Stoff" (§ 6 Abs. 3 GefStoffV).

Beispiel: Aflatoxin

Ein Lebensmitteluntersuchungslabor bestellt in einer Apotheke als Vergleichssubstanz zur Untersuchung von Erdnüssen Aflatoxin. Die Substanz wird aus dem Ausland besorgt, ist aber nur mit „Aflatoxin" gekennzeichnet. Aflatoxin ist ein gefährlicher Stoff, der in der EG-Stoffliste nicht aufgeführt ist und deshalb vor dem Inverkehrbringen eingestuft und gekennzeichnet werden muß.

Durch Literaturstudien (DAZ-Giftlexikon: DAZ 1983 Seite 1534) hat der Apotheker ermittelt, daß Aflatoxin B_1 akut toxisch wirkt. Es gehört danach zu den am stärksten wirksamen krebserzeugenden Stoffen. Sein LD_{50}-Wert bei der Ratte beträgt 5 mg/kg Körpergewicht. Daraus ergibt sich folgende **Einstufung:**

Carc. Cat 1
T^+ = Sehr giftig
R 45 = Kann Krebs erzeugen

Nach dieser orientierenden Einstufung müssen die weiteren Eigenschaften anhand der R-Sätze mit Hilfe des Anhanges I Nr. 1 ermittelt werden:

R 39/26/27/28 = Sehr giftig: ernste Gefahr irreversiblen Schadens durch Einatmen, Berührung mit der Haut und durch Verschlucken.

Danach werden mit Hilfe des Anhangs I Nr. 1.6 die erforderlichen S-Sätze ermittelt:

S 1 – 20 – 36/37 – 45 – 53 (vgl. Tabelle).

Wenn weitere Informationen in der Apotheke nicht zu beschaffen sind und der Stoff nicht für Endverbraucher, sondern nur für ein Untersuchungslabor bestimmt ist, ergibt sich aus dieser Einstufung folgende **Mindestkennzeichnung:**

Sehr giftig

Aflatoxin	
Achtung – noch nicht vollständig untersuchter Stoff	
Kann Krebs erzeugen	R 45
Sehr giftig: ernste Gefahr irreversiblen Schadens durch Einatmen, Berührung mit der Haut und durch Verschlucken	R 39/26/27/28
Unter Verschluß aufbewahren	S 1
Bei der Arbeit nicht essen und trinken	S 20
Bei der Arbeit geeignete Schutzhandschuhe und Schutzkleidung tragen	S 36/37
Bei Unfall oder Unwohlsein sofort Arzt hinzuziehen (wenn möglich dieses Etikett vorzeigen)	S 45
Exposition vermeiden – vor Gebrauch besondere Anweisungen einholen	S 33
Gefahrstoffverordnung – Sonderbestimmungen des Sechsten Abschnitts beachten	§ 12 (3) GefStoffV
Name, vollständige Anschrift und Telefonnummer der Apotheke	

Abb. 3: Kennzeichnung von Aflatoxin

Hersteller, die i. d. R. bessere Möglichkeiten der Informationsbeschaffung haben, können den Stoff mit einer derartig knappen Kennzeichnung nicht in den Verkehr bringen. Sie müssen die übrigen gefährlichen Eigenschaften des Stoffes durch intensive Literaturstudien ermitteln und dann die Einstufung vervollkommnen.

Der folgende Ausschnitt aus der EG-Stoffliste bedeutet:

Stoffidentität		Stoff		Zubereitungen	
Bezeichnung	INDEX-Nr. EWG-Nr. CAS-Nr.	Einstufung	Kennzeichnung	Konzentrations-grenzen	Einstufung/ Kennzeichnung
1	2	3	4	5	6
Ammoniaklösung ...% Anm. B	007-001-01-2 215-647-6 1336-21-6	C; R 34 Xi; R 37	Symb.: C R: 34-37 S: (1/2)-7-26-45	10 % ≤ C 5 % ≤ C < 10 %	C; R 34-37 Xi; R 36/37/38

Spalte 1:	Bezeichnung des Stoffes: Anmerkung B:	Ammoniaklösung ... % Konzentration in % angegeben
Spalte 2:	INDEX-Nr. EWG-Nr. CAS-Nr.	007-001-01-2 215-647-6 (= EINECS-Nr.) 1336-21-6
Spalte 3:	Einstufung des Stoffes	C; R 34 Xi; R 37
Spatle 4:	Kennzeichnung d. Stoffes	Symbol: C R 34 und R 37 S (1/2)-7-26-45
	Der Kennbuchstabe C erfordert als Gefahren-symbol das **Ätzzeichen**	
	und die Gefahrenbezeichnung	Ätzend
	R 34 lautet:	Verursacht Verätzungen
	R 37 lautet:	Reizt die Atmungsorgane
	S (1/2)	Unter Verschluß und für Kinder unzugänglich aufbewahren
	S 7	Behälter dicht geschlossen halten
	S 26	Bei Berührung mit den Augen sofort gründlich mit Wasser abspülen u. Arzt konsultieren
	S 45	Bei Unfall oder Unwohlsein sofort Arzt hinzuziehen (wenn möglich dieses Etikett vorzeigen)
Spalte 5:	Konzentrationsgrenzen	**10% ≤ C**
Spalte 6:		führt zu folgender Einstufung (der Spalte 6): C; R 34-37 (= R 34 und 37!) **5% ≤ C < 10%** führt zu folgender Einstufung der Zubereitung (siehe Spalte 6) Xi; R 36/37/38 Die S-Sätze der Zubereitung werden mit Hilfe des Anh. I Nr. 1.6 ermittelt.

Abb. 2: Einstufung und Kennzeichnung einer Ammoniaklösung

1.7 Die Einstufung gefährlicher Zubereitungen EG-Stoffliste

Der Grundsatz, daß alle Stoffe der EG-Stoffliste gefährliche Stoffe sind, trifft zunächst nur auf reine Stoffe zu. Viele gefährliche Stoffe kommen aber nicht nur in reiner Form, sondern auch verdünnt oder zusammen mit anderen gefährlichen Stoffen als Zubereitungen in den Verkehr. Bei diesen Zubereitungen nimmt die Gefährlichkeit meist mit zunehmender Verdünnung ab, so daß für viele niedrig konzentrierte Zubereitungen der Gefahrstoffverordnung Erleichterungen bei der Einstufung und Kennzeichnung vorgesehen sind. Auch die Einstufung der Zubereitungen erfolgt, wie die der Stoffe, entweder nach dem **Listenprinzip** oder nach dem **Definitionsprinzip**. Das bedeutet, daß Zubereitungen entweder mit Hilfe der EG-Stoffliste (Listenprinzip) oder mittels Definitionen, Formeln und Tabellen (Definitionsprinzip ≠ **„konventionelle Methode"**) eingestuft und gekennzeichnet werden.

Bevor wir uns mit Einzelheiten der Einstufung gefährlicher Zubereitungen befassen, noch einige allgemeine Hinweise:

Gefährliche Zubereitungen werden entweder mit Hilfe der Angaben in den Spalten 5 und 6 der EG-Stoffliste eingestuft (und gekennzeichnet) oder mit Hilfe des Anhangs II der Gefahrstoffverordnung.

Anhang II Nr. 1 GefStoffV gilt für Zubereitungen, die einen Stoff mit mindestens einem Gefährlichkeitsmerkmal enthalten. **Schädlingsbekämpfungsmittel**, zu denen definitionsgemäß auch die **Pflanzenschutzmittel** gehören, werden nach Anhang II Nr. 2 GefStoffV eingestuft (siehe Kapitel 1.7.5).

Zubereitungen, die **gefährliche physikalisch-chemische Eigenschaften** besitzen (= explosionsgefährlich, brandfördernd, hochentzündlich, leichtentzündlich, entzündlich), werden aufgrund von Prüfungen dieser Eigenschaften eingestuft (siehe Kapitel 1.7.4)

Bei der Einstufung von Zubereitungen mit **toxischen Eigenschaften** wird den Ergebnissen toxikologischer Prüfungen der Vorzug gegeben. Liegen keine derartigen Prüfungen vor, so erfolgt die Einstufung der toxischen Eigenschaften nach der sog. konventionellen Methode (Anh. II Nr. 1.3.2 GefStoffV), d. h. unter Verwendung von Konzentrationsgrenzen.

Krebserzeugende, erbgutverändernde und fortpflanzungsgefährdende Eigenschaften von Zubereitungen werden ausschließlich nach der konventionellen Methode bewertet.

Bei der Einstufung der Zubereitungen werden Stoffe nicht berücksichtigt, wenn ihre Gewichtskonzentration folgende Werte unterschreitet (**„Berücksichtigungsgrenze"** s. Anh. II 1.3.1 (7) GefStoffV):

- 0,1% bei den als sehr giftig oder giftig eingestuften Stoffen
- 1% bei den als mindergiftig, ätzend oder reizend eingestuften Stoffen,

es sei denn, daß in der Gefahrstoffverordnung niedrigere Werte festgelegt sind.

1.7.1 Einstufung gefährlicher Zubereitungen mit der EG-Stoffliste

Die **Einstufung von Zubereitungen mit einem Wirkstoff nach dem Listenprinzip** ist einfach: Man sucht in der EG-Stoffliste den gewünschten Stoff; wenn in der Spalte 5 Konzentrationsgrenzen angegeben sind, kann man in der Spalte 6 die Kennbuchstaben für die Symbole und die R-Sätze für die Einstufung und Kennzeichnung der Zubereitung ablesen. Ergänzt werden müssen dann nur noch die S-Sätze, wobei man sich an den Angaben in der Spalte 4 orientieren kann..

Beispiele:

Salzsäure: In der EG-Stoffliste findet man dazu folgende Angaben:

Stoffidentität		Stoff		Zubereitungen	
Bezeichnung	INDEX-Nr. EWG-Nr. CAS-Nr.	Einstufung	Kennzeichnung	Konzentrations- grenzen	Einstufung/ Kennzeichnung
1	2	3	4	5	6
Salzsäure ... %	017-002-01-X	C; R34	Symb.: C	25 % ≤ C	C; R 34-37
Anm. B	231-595-7	Xi; R37	R: 34-37	10 ≤ C % < 25 %	Xi; R 36/37/38
			S: (1/2)-26-45		

Salzsäure ist in einer Konzentration ab 25% als Ätzend (C), in einer Konzentration ab 10 bis kleiner 25% als Reizend (Xi) eingestuft und entsprechend zu kennzeichnen.

Flußsäure: In der EG-Stoffliste sind folgende Angaben gemacht:

Stoffidentität		Stoff		Zubereitungen	
Bezeichnung	INDEX-Nr. EWG-Nr. CAS-Nr.	Einstufung	Kennzeichnung	Konzentrations- grenzen	Einstufung/ Kennzeichnung
1	2	3	4	5	6
Fluorwasserstoffsäure ... %	009-003-00-1	T^+; R 26/27/28	Symb.: T+, C	C ≥ 7 %	T+, C;
Anm. B					
Vgl..:	231-634-8	C; R 35	R: 26/27/28-35		R 26/27/28-35
Flußsäure ... %	7664-39-3		S: (1/2)-7/9-26-36/37-45	1 % ≤ C < 7%	T, C; R 23/24/25-34
				0,1 % ≤ C < 1%	Xn; R 20/21/22-36

Flußsäure ist eine sehr gefährliche Säure: In Konzentrationen ab 7% ist Flußsäure als „Sehr giftig" und „Ätzend" (T^+ + C), in Konzentrationen von 1 bis kleiner 7% als Giftig und Ätzend (T, C) und in Konzentrationen von 0,1 bis kleiner 1% als Gesundheitsschädlich (Xi) zu kennzeichnen. Konzentrationen unter 0,1% (z. B. in Rostentferner) brauchen nicht mit Gefahrensymbolen versehen werden.

Enthält eine Zubereitung mehrere gefährliche Stoffe, so müssen alle Eigenschaften dieser Stoffe bei der Einstufung und Kennzeichnung der Zubereitung berücksichtigt werden. Einzelheiten dazu siehe Kapitel 1.7.3.

1.7.2 Einstufung gefährlicher Zubereitungen mit den I–VI Tabellen

Wenn eine Zubereitung mit einem gefährlichen Stoff eingestuft werden soll, bei dem in der EG-Stoffliste keine Konzentrationsgrenzen angegeben sind, so wird die Einstufung mit Hilfe der Tabellen I – VI des Anhanges II vorgenommen. Grundlage für die richtige Einstufung sind die R-Sätze.

Beispiele:

1. **Einstufung einer Zubereitung mit einem Stoff mit akut letaler Wirkung.** Solchen Stoffen ist mindestens ein R-Satz der Reihe R 20 – R 28 zugeteilt, wie bei **Atropinsulfat.**
   In der EG-Stoffliste findet man dazu folgende Angaben:

Stoffidentität		Stoff		Zubereitungen	
Bezeichnung	INDEX-Nr. EWG-Nr. CAS-Nr.	Einstufung	Kennzeichnung	Konzentrations- grenzen	Einstufung/ Kennzeichnung
1	2	3	4	5	6
Atropin	614-010-00-3	T+; R 26/28	Symb.: T+		
Vgl.:	200-104-8		R: 26/28		
DL-Tropyl-tropat	51-55-8		S: (1/2)-25-45		
Salze von Atropin	614-011-00-9	T+; R26/28	Symb.: T+		
Anm. A			R: 26/28		
			S: (1/2)-25-45		

Atropinsulfat ist somit als T^+ eingestuft mit dem kombinierten R-Satz: R26/28 (Sehr giftig beim Einatmen und beim Berühren mit der Haut). Die Spalten 5 und 6 der EG-Stoffliste sind unbesetzt; die Einstufung erfolgt mit Hilfe der Tabelle I der Anlage II:

Tabelle 1

Einstufung des Stoffes	Einstufung der Zubereitung		
	T+	T	Xn
T+ mit R 26, R 27, R 28	Konz. ≥ 7 %	1 % ≤ Konz. < 7 %	0,1 % ≤ Konz. < 1 %
T mit R 23, R 24, R 25		Konz. ≥ 25 %	3 % ≤ Konz. < 25 %
Xn mit R 20, R 21, R22		Konz. ≥ 25 %	

Daraus folgt:
Eine wäßrige Atropinsulfatlösung ist ab 7% als sehr giftig einzustufen
von 1% – kleiner 7% als giftig
von 0,1 – kleiner 1% als gesundheitsschädlich.
Eine 0,09%ige Atropinsulfatlösung liegt unterhalb der **Berücksichtigungsgrenze** und ist somit nicht einzustufen.

2. **Einstufung einer Zubereitung mit einem Stoff mit ätzenden und reizenden Wirkungen einschließlich schwerer Augenschäden.** Diesen Stoffen ist mindestens ein R-Satz der Reihe R 34–38 und R 41 zugeteilt, wie bei

Dichloressigsäure: In der EG-Stoffliste findet man dazu folgende Angaben:

Stoffidentität		Stoff		Zubereitungen	
Bezeichnung	INDEX-Nr. EWG-Nr. CAS-Nr.	Einstufung	Kennzeichnung	Konzentrationsgrenzen	Einstufung/ Kennzeichnung
1	2	3	4	5	6
Dichloressigsäure	607-066-00-5 201-207--0 79-43-6	C; R 35	Symb: C R; 35 S: (1/2)-26-45		

Dichloressigsäure ist somit als C = Ätzend eingestuft mit dem R-Satz R 35 (Verursacht schwere Verätzungen). Die Spalten 5 und 6 sind unbesetzt; die Einstufung erfolgt mit Hilfe der Tabelle IV des Anhanges II.

Ergebnis:
Eine Lösung von Dichloressigsäure ist ab 10% als ätzend eingestuft; R 35 ist zwingend;
von 5 – kleiner 10% als ätzend: R 34 (Verursacht Verätzungen) ist zwingend;
zusätzlich ab 5% als reizend mit R 41 (Gefahr ernster Augenschäden) eingestuft;
von 1 – kleiner 5% als reizend, R 36/38 (Reizt die Augen und die Haut) ist zwingend.

Tabelle IV

Einstufung des Stoffes und R-Satz, der auf die jeweilige Gefahr hinweist	Einstufung der Zubereitung und R-Satz			
	C mit R 35	C mit R 34	Xi mit R 41	Xi mit R 36, R 37, R 38
C mit R 35	Konz. ≥ 10 % R 35 zwingend	5 % ≤ Konz. < 10 % R 34 zwingend	Konz. ≥ 5 %	1 % ≤ Konz. < 5% R 36/38 zwingend
C mit R 34		Konz. ≥ 10 % R 34 zwingend	Konz. ≥ 10 %	5 % ≤ Konz. < 10 % R 36/38 zwingend
Xi mit R 41			Konz. ≥ 10 % R 41 zwingend	5 % ≤ Konz. < 10 % R 36 zwingend
Xi mit R 36, R 37, R 38				Konz. ≥ 20 % R 36, R 37, R 38 zwingend je nach Konzentration, sofern sie für den betreffenden Stoff gelten

3. **Einstufung einer Zubereitung mit einem Stoff mit krebserzeugender Wirkung der Kategorie 1 oder 2.** Diesen Stoffen ist entweder der R-Satz R 45 oder R 49 zugeteilt, wie bei **Acrylamid:**

In der EG-Stoffliste findet man dazu folgende Angaben:

Stoffidentität		Stoff		Zubereitungen	
Bezeichnung	INDEX-Nr. EWG-Nr. CAS-Nr.	Einstufung	Kennzeichnung	Konzentrationsgrenzen	Einstufung/ Kennzeichnung
1	2	3	4	5	6
Acrylamid Anm. D, E	616-003-00-0 201-173-7 79-06-1	Carc. Cat. 2; R 45 Muta. Cat. 2; R 46 T; R 24/25-48/ 23/24/25	Symb.: T R: 45-46-24/52- 48/23/24/25		

Acrylamid ist somit als krebserzeugender Stoff der Kategorie 2 mit R 45 und als mutagener Stoff der Kategorie 2 mit R 46 sowie als giftiger Stoffe mit R 24/25-48/23/24/25 eingestuft; die Spalten 5 und 6 sind unbesetzt.

Die Einstufung erfolgt mit den Tabellen VI (wegen R 45 und R 46), Tabelle I (wegen R 24/25 und 23/24/25) und Tabelle III (wegen R 48).

Tabelle VI

Einstufung des Stoffes	Einstufung der Zubereitung als krebserzeugend, erbgutverändernd, fortpflanzungsgefährdend	
	Kategorie 1, 2	Kategorie 3
krebserzeugende Stoffe der Kategorie 1 oder 2 mit R 45 oder R 49	≥ 0,1 % R 45 oder R 49 zwingend, je nach Fall	
krebserzeugende Stoffe der Kategorie 3 mit R 40		≥ 1 % R 40 zwingend
erbgutverändernde Stoffe der Kategorie 1 oder 2 mit R 46	≥ 0,1 % R 46 zwingend	
erbgutverändernde Stoffe der Kategorie 3 mit R 40		≥ 1 % R 40 zwingend
fortpflanzungsgefährdende Stoffe der Kategorie 1 oder 2 mit R 60 (Fruchtbarkeit)	≥ 0,5 % Fruchtbarkeit: R 60 zwingend	
fortpflanzungsgefährdende Stoffe der Kategorie 3 mit R 62 (Fruchtbarkeit)		≥ 5 % Fruchtbarkeit: R 62 zwingend
fortpflanzungsgefährdende Stoffe der Kategorie 1 oder 2 mit R 61 (Entwicklung)	≥ 0,5 % Entwicklung: R 61 zwingend	
fortpflanzungsgefährdende Stoffe der Kategorie 3 mit R 63 (Entwicklung)		≥ 5 % Entwicklung: R 63 zwingend

Tabelle I: siehe bei Beispiel 1: Atropinsulfat!

Tabelle III

Einstufung des Stoffes	Einstufung der Zubereitung	
	T	Xn
T mit R 48/Expositionsweg	Konz. ≥ 10 % R 48 zwingend	1 % ≤ Konz. < 10 % R 48 zwingend
Xn mit r 48/Expositionsweg		Konz. ≥ 10 % R 48 zwingend

Daraus ergibt sich für eine **10%ige Acrylamid-Lösung:**

Tabelle VI: R 45 zwingend (Kann Krebs erzeugen)
R 46 zwingend (Kann vererbbare Schäden verursachen)

Tabelle I:	Xn	R 23/24/25	(Giftig beim Einatmen, Verschlucken und Berührung mit der Haut)
Tabelle III:	T	R 48 zwingend	(Gefahr ernster Gesundheitsschäden bei längerer Exposition)

Für eine **1%ige Acrylamid-Lösung** ergibt sich:

Tabelle VI:		R 45 zwingend	(Kann Krebs erzeugen)
		R 46 zwingend	(Kann vererbbare Schäden verursachen)
Tabelle I:		entfällt, da außerhalb der Berücksichtigungsgrenze von 3%!	
Tabelle III:	Xn	R 48 zwingend	(Gefahr ernster Gesundheitsschäden bei längerer Exposition)

1.7.3 Einstufung gefährlicher Zubereitungen mit Summenformeln

Wenn die Einstufung einer giftigen Zubereitung mit der EG-Stoffliste oder anhand der Tabellen I – VI der Anlage II der Gefahrstoffverordnung nicht möglich ist, so muß die Zubereitung mit Hilfe der in Anhang II Nr. 1.3.2 bis 1.3.7 GefStoffV vorgegebenen Summenformeln eingestuft werden. Dazu sind einige Grundkenntnisse notwendig, die anhand folgender **Summenformel für sehr giftige Stoffe** erläutert werden sollen:

$$\sum\left(\frac{P_{T}+}{L_{T}+}\right) \geq 1$$

P_T+ = Gewichtsprozentsatz jedes sehr giftigen Stoffes in der Zubereitung

L_T+ = der für jeden sehr giftigen Stoff festgelegte und in % ausgedrückte **Grenzwert**

Die Gewichtsprozente der Stoffe in der Rezeptur dürften leicht zu ermitteln sein. Sind sie nicht bekannt (z. B. einem erneuten Inverkehrbringer), so ist eine Einstufung der Zubereitung nicht möglich.

Die Grenzwerte L werden wie folgt ermittelt:

1. Sind dem gefährlichen Stoff in Spalte 5 der EG-Stoffliste **Konzentrationsgrenzen** zugeordnet, so sind diese Werte die Grenzwerte.
2. Sind bei den gefährlichen Stoffen in Spalte 5 der EG-Stoffliste **Konzentrationsintervalle** angegeben, so ist jeweils die **untere** Konzentrationsgrenze als Grenzwert heranzuziehen.
3. Sind den gefährlichen Stoffen in Spalte 5 der EG-Stoffliste keine Konzentrationsgrenzen oder -intervalle zugeordnet, so sind **die unteren Grenzwerte** aus den Tabellen I – VI des Anhangs II GefStoffV zu entnehmen.
4. Sind die gefährlichen Stoffe in der EG-Stoffliste nicht aufgeführt, so sind ebenfalls **die unteren Grenzwerte** aus den Tabellen I – VI zu entnehmen.

Beispiel: Blausäure 1% (siehe Cyanwasserstoff in der EG-Stoffliste) + **Methanol 5%**:

Stoffidentität		Stoff		Zubereitungen	
Bezeichnung	INDEX-Nr. EWG-Nr. CAS-Nr.	Einstufung	Kennzeichnung	Konzentrations-grenzen	Einstufung/ Kennzeichnung
1	2	3	4	5	6
Cyanwasserstoff . . . % Anm. B Vgl.: Blausäure . . . %	006-006-01-7 200-821-6 74-90-8	T+; R 26/27/28	Symb.: T+ R: 26/27/28 S: (1/2)-7/9-16-36/37-38-45	7 % ≤ C 1 % ≤ C ≤ 7% 0,1 % ≤ C ≤ 1 %	T+; R 26/27/28 T, R 23/24/25 Xn; R 20/21/22
Methanol Vgl.: Methylalkohol	603-001-00-X 200-659-6 67-56-1	F; R 11 T; R 23/25	Symb.: F, T R: 11-23/25 S: (1/2)-7-16-24-25	20 % ≤ C 3 % C < 20 %	T; R 23/25 Xn: R 20/22

Aus Spalte 5 ergeben sich folgende Grenzwerte L:

L_{T+} = 7% = Konzentrationsgrenze

L_T = 1% = untere Konzentrationsgrenze des Konzentrationsintervalls

L_{Xn} = 0,1% = untere Konzentrationsgrenze des Konzentrationsintervalls

Um eine **1%ige Blausäurelösung in 5% Methanol** einzustufen, benötigen wir die Formel, die beide Gefährlichkeitsmerkmale abdeckt, nämlich:

$$\sum\left(\frac{P_{T+}}{L_T} + \frac{P_T}{L_T}\right) \geq 1$$

P_{T+} = Gewichtsprozentsatz der Blausäure = 1%

P_T = Gewichtsprozentsatz des Methanols = 5%

L_T = der für jeden sehr giftigen und giftigen Stoff festgelegte Grenzwert
für 1%ige Blausäure = 1
für 5%iges Methanol = 20 [1)]
Setzt man diese Werte in die o.g. Formel ein, so erhält man

$$\sum\left(\frac{1}{1} + \frac{5}{20}\right) = (1 + {}^1/_4) = 1\,{}^1/_4$$

Da der Wert 1¼ größer ist als 1, ist die Zubereitung als giftig einzustufen. Da reines Methanol als leichtentzündlich eingestuft ist, müssen bei der Einstufung noch die physikalischen Eigenschaften berücksichtigt werden (siehe Kapitel 1.7.4).

Außerdem müssen für diese Rezeptur mit Hilfe des Anhanges I GefStoffV die R-Sätze ermittelt werden. Erst dann ist die Einstufung abgeschlossen. (s. 1.7.4.3)

1.7.4 Einstufung der physikalisch-chemischen Eigenschaften

Neben den toxischen Eigenschaften gefährlicher Stoffe und Zubereitungen müssen auch deren physikalisch-chemischen Eigenschaften ermittelt werden.

> Zubereitungen werden nach Anhang II Nr. 1.2 GefStoffV als explosionsgefährlich, brandfördernd, hochentzündlich, leichtentzündlich **nur aufgrund von Prüfungen** eingestuft.

Die Bestimmung der physikalisch-chemischen Eigenschaften ist dann nicht notwendig, wenn es wenig wahrscheinlich ist, daß die Zubereitung eine Gefahr darstellt (z. B eine 1%ige Nitroglycerinlösung als Reagens).

Auf die Bewertung der Eigenschaften von Gasgemischen kann hier nicht eingegangen werden (siehe ggf. Anh. II Nr. 1.2.1 und 1.2.2 GefStoffV).

Für die Praxis wichtig ist die **Flammpunkt-Bestimmung** von hochentzündlichen, leichtentzündlichen und entzündlichen Zubereitungen.

Der Flammpunkt ist die niedrigste Erwärmungstemperatur einer Substanz bei einem Luftdruck von 760 Torr, bei der aus einer Flüssigkeit ein Gas/Luft-Gemisch entsteht, das durch Einbringen einer Zündquelle (z. B. einer Gasflamme) auf der gesamten Tiegeloberfläche entflammt wird.

Beim klassischen Verfahren wird ein Gerät mit Gasheizung und Gaszündung verwendet; die Zündquelle wird durch eine kleine Öffnung im Tiegeldeckel eingeführt. Daneben gibt es heute noch elektrisch beheizte sowie halbautomatische und automatische Geräte. Das Prinzip der Flammpunkt-Bestimmung ist aus Abb. 4 ersichtlich.

Literatur: V. Wierzbicki, Berlin, GIT Spezial-Arbeitsschutz 2/93

1.7.5 Einstufung von Schädlingsbekämpfungsmitteln

Schädlingsbekämpfungsmittel werden nach Anhang II Nr. 2 GefStoffV eingestuft. Dort steht unter Nr. 2.1 Abs. 2 die Definition der Schädlingsbekämpfungsmittel.

1) Macht Sinn: Eine wäßrige MeOH-Lösung ist erst als T einzustufen, wenn 20/20 überschritten werden, eben C ≥ 20%.

Das gilt unbeschadet der Argumentation, daß 5% MeOH allein nur Xn wäre: Dann ist 5/20 = 1/4 < 1, so daß T nicht zutrifft.

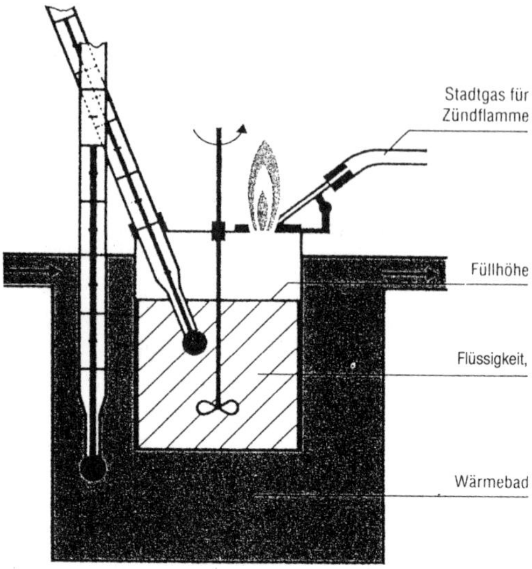

Beispiele

Stoff	Flammpunkt (°C)
Diethylether, Ottokraftstoff	< -20
Ethanol	12
Rum (40 %)	~27
Dieselkraftstoff, Heizöl EL	>55
Glycerin	160

Abb. 4: Flammpunktbestimmung
(aus Folienserie „Sicherheit in der chem. Industrie" Fonds der Chemischen Industrie, Frankfurt/Main, 1988)

Definition der Schädlingsbekämpfungsmittel:
Schädlingsbekämpfungsmittel sind Zubereitungen, die
1. Pflanzenschutzmittel im Sinne des Pflanzenschutzgesetzes sind oder
2. dazu bestimmt sind, Schädlinge und Schadorganismen – außer Schadorganismen im Sinne des Pflanzenschutzgesetzes – oder lästige Organismen unschädlich zu machen, zu vernichten oder ihrer Einwirkung vorzubeugen.

Schädlingsbekämpfungsmittel werden mittels Feststellung der akuten realen Toxizität der Zubereitung eingestuft, ausgedrückt in an der Ratte ermittelten LD_{50}-Werten.

Schädlingsbekämpfungsmittel, die nur einen Wirkstoff enthalten, werden aufgrund ihrer Bestandteile nach folgendem Berechnungsverfahren als sehr giftig, giftig oder mindergiftig eingestuft:

$$\frac{\mathbf{L \times 100}}{\mathbf{C}} = \mathbf{A}$$

Dabei sind
L = oraler LD_{50}-Wert des Wirkstoffes bei der Ratte
C = Wirkstoffkonzentration in %
A = Wert, der die Einstufung bestimmt
Ist der Wirkstoff in der Liste der Wirkstoffe der Nr. 2.4 GefStoffV aufgeführt, so ist für die Berechnung der unterstrichene, **vereinbarte LD_{50}-Wert** zugrunde zu legen. Ist der Wirkstoff in dieser Liste nicht genannt, so kann die Berechnung mit einem international vereinbarten LD_{50}-Wert erfolgen.

Tierversuche sind also für diese Berechnung nicht erforderlich.

Schädlingsbekämpfungsmittel, die mehrere Wirkstoffe enthalten, werden nach folgendem Berechnungsverfahren als giftig oder mindergiftig eingestuft:
$$\mathbf{(P \times I) = B}$$
Dabei sind

P = Massengehalte jedes einzelnen Stoffes in % des Schädlingsbekämpfungsmittels

I = Einstufungsindex für Schädlingsbekämpfungsmittel, zu entnehmen der Tabelle in Anhang II Nr. 2.2.2.2. GefStoffV

B = Wert, der die Einstufung des Schädlingsbekämpfungsmittels bestimmt.

Eine ausführliche Besprechung erübrigt sich, weil die Berechnungsverfahren nur für Hersteller von Schädlingsbekämpfungsmitteln von Interesse sein dürften. Einzelheiten siehe Anh. II Nr. 2 GefStoffV.

1.8 Kennzeichnung und Verpackung beim Inverkehrbringen

1.8.1 Grundpflichten (§ 5 GefStoffV)

Wer als Hersteller, Einführer oder Vertreiber gefährliche Stoffe oder Zubereitungen in den Verkehr bringt, muß diese vorher einstufen (§ 4a oder b GefStoffV) und entsprechend der Einstufung kennzeichnen und verpacken.

Ist der Informationsgehalt der Kennzeichnung einer Zubereitung oder Information über Verunreinigungen oder Beimengungen auf dem Kennzeichnungsschild für eine Weiterverarbeitung und Einstufung von Folgeprodukten nicht ausreichend, so hat der Inverkehrbringer der ursprünglichen Zubereitung auf begründete Anfrage unverzüglich alle für eine ordnungsgemäße Einstufung und Kennzeichnung der neuen Zubereitung erforderlichen Daten zur Verfügung zu stellen.

Stuft der Hersteller oder Einführer einen alten Stoff, der nicht in der EG-Stoffliste enthalten ist, als krebserzeugend, erbgutverändernd oder fortpflanzungsgefährdend ein, so hat er die seiner Einstufung zugrunde liegenden Daten unverzüglich der Anmeldestelle nach dem Chemikaliengesetz, das ist die Bundesanstalt für Arbeitsschutz in Dortmund, mitzuteilen. Das gilt auch dann, wenn der Hersteller oder Einführer über neue Daten zu alten Stoffen verfügt.

1.8.2 Kennzeichnung von Stoffen (§ 6 GefStoffV)

Gifte stellen für den Verbraucher immer eine Gefahr dar. Es ist deshalb wichtig, daß man leicht erkennen kann, wie gefährlich der Inhalt einer Packung ist. Diese Aufgabe erfüllen zunächst die **Gefahrensymbole und die dazugehörigen Gefahrenbezeichnungen.**

Daneben müssen aber auf den Behältnissen gefährlicher Stoffe weitere Angaben stehen, nämlich:

1. die **chemische Bezeichnung des Stoffes** z. B.: Kaliumhydroxid. Es darf auch die Bezeichnung Ätzkali verwendet werden, weil diese synonyme Bezeichnung ebenfalls in der EG-Stoffliste aufgeführt ist.
2. die **Hinweise auf besondere Gefahren (R-Sätze)***). Die R-Sätze weisen – wie ihr Name sagt – auf die mit dem jeweiligen Stoff verbundenen Gefahren hin. Sie sind für die Einstufung und Kennzeichnung der Zubereitungen unentbehrlich.
   Für Kaliumhydroxid ist beispielsweise der R-Satz 35 vorgeschrieben, er lautet: „Verursacht schwere Verätzungen“
3. **die Sicherheitsratschläge (S-Sätze)** sie lauten für Kaliumhydroxid:
   - S 1/2: Unter Verschluß und für Kinder unzugänglich aufbewahren!
   - S 26: Bei Berührung mit den Augen gründlich mit Wasser abspülen und Arzt konsultieren!
   - S 37/39: Bei der Arbeit geeignete Schutzhandschuhe und Schutzbrille/Gesichtsschutz tragen!

*) Siehe auch Kapitel 1.5.1

S 45: Bei Unfall oder Unwohlsein sofort Arzt hinzuziehen (wenn möglich dieses Etikett vorzeigen).

Diese S-Sätze sollen den Verbrauchern Hinweise auf richtige Verhaltensweisen geben.

Die im Gifthandel gängigen gefährlichen Stoffe sind in der EG-Stoffliste aufgeführt und damit bereits vorschriftsmäßig eingestuft. Gefährliche Stoffe, die in der EG-Stoffliste nicht aufgeführt sind, müssen vom Hersteller anhand des **Leitfadens** zur Einstufung und Kennzeichnung gefährlicher Stoffe und Zubereitungen (Anhang I Nr. 1) selbst eingestuft werden; dabei muß der Hersteller auch die richtigen R- und S-Sätze auswählen.

4. **Name, die vollständige Anschrift und die Telefonnummer** des Herstellers, des Importeurs oder des Vertriebsunternehmers,
   z. B. Chemische Fabrik Roth, 76185 Karlsruhe, Telefon (07 21) 5 60 60

Kaliumhydroxid rein **1 kg**

Ätzkali

R 35 Verursacht schwere Verätzungen.

S (1/2) Unter Verschluß und für Kinder unzugänglich aufbewahren

Ätzend

S 26 Bei Berührung mit den Augen sofort gründlich mit Wasser abspülen und Arzt konsultieren.

S 37/39 Bei der Arbeit geeignete Schutzhandschuhe und Schutzbrille/Gesichtsschutz tragen!

S 45 Bei Unfall oder Unwohlsein sofort Arzt hinzuziehen, wenn möglich diese Etikett vorzeigen.

EWG-Kennzeichnung; EWG-Nr.: 215-181-3

Chemische Fabrik Roth, 76185 Karlsruhe, Telefon Nr. 07 21-5 60 60

Abb. 5: Kennzeichnung von Ätzkali

5. die dem Stoff zugeordnete **EWG-Nummer** (EINECS- oder ELINCS-Nummer). Bei Stoffen, die in der EG-Stoffliste aufgelistet sind, ferner der Hinweis **„EWG-Kennzeichnung"**
6. Bei gefährlichen Stoffen, die nach § 5 (1) Chemikaliengesetz von der Anmeldung ausgenommen sind und deren Eigenschaften nicht hinreichend bekannt sind, ist der Hinweis **„Achtung, noch nicht vollständig geprüfter Stoff"**, auf der Verpackung anzubringen.
   Daraus ergibt sich für Ätzkali die nebenstehende Mindestkennzeichnung.
   Bei der Abgabe im Einzelhandel muß auf dem Behältnis zusätzlich eine Tastmarke (s. Abb. 6) angebracht sein (s. § 13 Abs. 4 GefStoffV).

1.8.3 Kennzeichnung von Zubereitungen (§ 7 GefStoffV)

Zubereitungen gefährlicher Stoffe werden mit Hilfe des Anhangs II gekennzeichnet. Es müssen angegeben werden:

1. der Handelsname oder bei Bezeichnung der Zubereitung,
2. die chemische Bezeichnung des gefährlichen Stoffes oder der gefährlichen Stoffe, die in der Zubereitung enthalten sind,
3. die Gefahrensymbole und die dazugehörigen Gefahrenbezeichnungen
4. die Hinweise auf die besonderen Gefahren (R-Sätze),
5. die Sicherheitsratschläge (S-Sätze),
6. der Name, die Anschrift und die Telefonnummer des Herstellers, Einführers oder Vertriebsunternehmers,
7. die Nennmenge (Masse oder Volumen) oder Füllmenge des Inhalts bei den für jedermann erhältlichen verpackten Zubereitungen

Enthält die Zubereitung einen noch nicht vollständig geprüften Stoffe, so muß zusätzlich der Satz angegeben werden **„Achtung – diese Zubereitung enthält einen noch nicht vollständig geprüften Stoff"**.

Nicht angegeben werden müssen somit die den Stoffen zugeordneten EWG-Nummern.

1.8.4 Kennzeichnung von Erzeugnissen (§ 8 GefStoffV)

Kennzeichnungsvorschriften gibt es zu folgenden Erzeugnissen:

1. **Asbesthaltige Erzeugnisse** (und Zubereitungen) müssen nach Anh. III Nr. 1 GefStoffV mit folgendem Symbol gekennzeichnet sein:
   Das Format dieses Symbols muß von angemessener Größe, mindestens jedoch 50 mm hoch (H) und 25 mm breit sein.

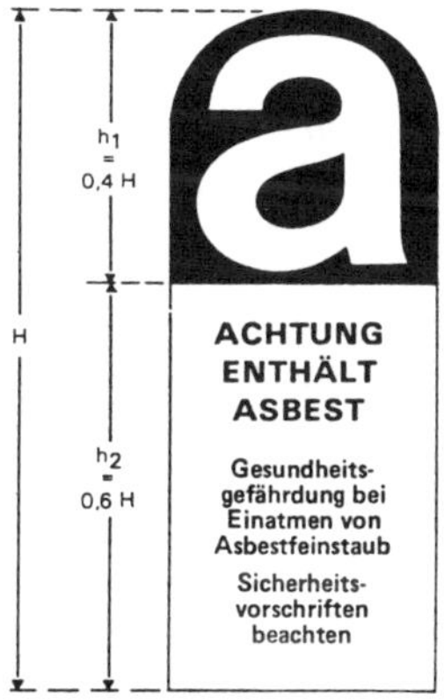

2. **Formaldehydhaltige Textilien**, die beim bestimmungsgemäßen Gebrauch mit der Haut in Berührung kommen und mit einer Ausrüstung versehen sind, mit einem Massengehalt von mehr als 0,15% Formaldehyd:.

> „**Enthält Formaldehyd.** Es wird empfohlen, das Kleidungsstück zur besseren Hautverträglichkeit vor dem ersten Tragen zu waschen."

3. Erzeugnisse, die **trichlorierte, höher chlorierte Biphenyle (PCB), polychlorierte Terphenyle (PCT)** oder deren Zubereitungen enthalten, sind nach Anh. III Nr. 11 GefStoffV u. a. mit den Buchstaben PCB zu kennzeichnen. Das gilt auch für Transformatoren, deren Isolierflüssigkeit ausgetauscht wird.

Fundstellen weiterer Kennzeichnungsvorschriften von Erzeugnissen siehe Tabelle 15 (Seite 65).

1.8.5 Krebserzeugende, erbgutverändernde und fortpflanzungsgefährdende Stoffe

1.8.5.1 Krebserzeugende Stoffe (s. Anhang I Nr. 1.4.2.1 GefStoffV)

Krebserzeugende Stoffe werden zur Einstufung und Kennzeichnung in drei Kategorien eingeteilt:

Kategorie 1:
Dazu gehören die Stoffe, die beim Menschen bekanntermaßen krebserzeugend wirken. Es sind hinreichende Anhaltspunkte für einen Kausalzusammenhang zwischen der Exposition eines Menschen gegenüber dem Stoff und der Entstehung von Krebs vorhanden.
Beispiele Asbest, Benzidin, Benzol, Chromtrioxid, Nickeldioxid, Vinylchlorid u. a.

Kategorie 2:
Stoffe, die als krebserzeugend für den Menschen angesehen werden sollten. Es bestehen hinreichende Anhaltspunkte zu der begründeten Annahme, daß die Exposition eines Menschen gegenüber dem Stoff Krebs erzeugen kann.
Beispiele: Berylliumverbindungen, Benzo(a)pyren, Ethylenoxid, Hydrazin, Urethan u. a.
Krebserzeugende Stoffe und Zubereitungen der Kategorien 1 und 2 müssen zusätzlich mit der Aufschrift **„Gefahrstoffverordnung, Sonderbestimmungen des Sechsten Abschnitts beachten"** gekennzeichnet werden (s. § 12 Abs. 3 GefStoffV). Bei krebserzeugenden Stoffen der Kategorie 1 und 2 muß ferner der Hinweis: **„Kann Krebs erzeugen"** angegeben sein.

Kategorie 3:
Stoffe, die wegen möglicher krebserregender Wirkung beim Menschen Anlaß zur Besorgnis geben, über die jedoch nicht genügend Informationen für eine befriedigende Beurteilung vorliegen.

Beispiele: Anilin, Acetaldehyd, Bleiazetat, Chlormethan, DDT, Dichlormethan, Formaldehyd, Pentachlorphenol, Tetrachlorkohlenstoff, Thioharnstoff u. a.
Für die krebserzeugenden Stoffe gelten folgende **Symbole und R-Sätze:**
Kategorie 1 und 2:
T; R 45 Kann Krebs erzeugen oder
T; R 49 Kann Krebs erzeugen beim Einatmen
Kategorie 3
Xn; R 40 Irreversibler Schaden möglich
Die jeweiligen Kategorien der krebserzeugenden Stoffe sind in der Spalte 3 „Einstufung" der EG-Stoffliste angegeben als **„Carc. Cat. ..."**

1.8.5.2 Erbgutverändernde Stoffe (s. Anhang I Nr. 1.4.2.2 GefStoffV)

Auch die erbgutverändernden Stoffe werden zur Einstufung und Kennzeichnung in drei Kategorien eingeteilt:
Kategorie 1:
Dazu gehören die Stoffe, die auf den Menschen bekanntermaßen erbgutverändernd wirken. Es sind hinreichende Anhaltspunkte für einen Kausalzusammenhang zwischen der Exposition eines Menschen gegenüber dem Stoff und vererbbaren Schäden vorhanden.
Beispiele: z. Z. kein Stoff eingestuft.
Kategorie 2:
Stoffe, die als erbgutverändernd für den Menschen angesehen werden sollten. Es bestehen hinreichende Anhaltspunkte zu der begründeten Annahme, daß die Exposition eines Menschen gegenüber dem Stoff zu vererbbaren Schäden führen kann.
Beispiele: Acrylamid, Benzo(a)pyren, Diethylsulfat, Ethylenoxid, Ethylenimin u. a.
Erbgutverändernde Stoffe und Zubereitungen der Kategorien 1 und 2 müssen zusätzlich mit der Aufschrift gekennzeichnet werden: **„Gefahrstoffverordnung, Sonderbestimmungen des Sechsten Abschnitts beachten"** (§ 12 GefStoffV).
Kategorie 3:
Stoffe, die wegen möglicher erbgutverändernder Wirkung auf den Menschen zu Besorgnis Anlaß geben; aus Mutagenitätsversuchen liegen einige Anhaltspunkte vor, die jedoch nicht ausreichen, um den Stoff in Kategorie 2 einzustufen.
Beispiele: Atrazin, Benomyl, DNOC, Carbendazim, Thiram, Ziram u. a.
Für die erbgutverändernden Stoffe gelten folgende **Symbole und R-Sätze:**
Kategorie 1 und 2:
T; R 46 Kann vererbbare Schäden verursachen
Kategorie 3:
Xn; R 40 Irreversibler Schaden möglich
Die jeweiligen Kategorien der erbgutverändernden Stoffe sind in der Spalte 3 „Einstufung" der EG-Stoffliste angegeben als **„Muta.Cat...".**

1.8.5.3 Fortpflanzungsgefährdende (reproduktionstoxische) Stoffe (Anh. I Nr. 1.4.2.3 GefStoffV)

Auch die fortpflanzungsgefährdenden Stoffe werden zur Einstufung und Kennzeichnung in drei Kategorien eingeteilt:
Kategorie 1:
- Stoffe, die beim Menschen die Fortpflanzungsfähigkeit (Fruchtbarkeit) beeinträchtigen;
- Stoffe, die beim Menschen fruchtschädigend (entwicklungsschädigend) wirken;

Beispiele: Warfarin, Bleiverbindungen u. a.
Kategorie 2:
- Stoffe, die als beeinträchtigend für die Fortpflanzungsfähigkeit (Fruchtbarkeit) des Menschen angesehen werden sollten
- Stoffe, die als fruchtschädigend (entwicklungsschädigend) für den Menschen angesehen werden sollten

Beispiele: Benzo(a)pyren, Binapacryl, Dinoterb, Ethylenthioharnstoff u. a.

Kategorie 3:
- Stoffe, die wegen möglicher Beeinträchtigung der Fortpflanzungsfähigkeit (Fruchtbarkeit) des Menschen zu Besorgnis Anlaß geben
- Stoffe, die wegen möglicher fruchtschädigender (entwicklungsschädigender) Wirkungen beim Menschen zu Besorgnis Anlaß geben.

Beispiele: Bromoxynil, Ioxynil, Schwefelkohlenstoff u. a.

Für die fortpflanzungsgefährdenden Stoffe gelten folgende **Symbole und R-Sätze:**

Kategorie 1 und 2:

T; R 60 Kann die Fortpflanzungsfähigkeit beeinträchtigen

T; R 61 Kann das Kind im Mutterleib schädigen

Kategorie 3:

Xn; R 62 Kann möglicherweise die Fortpflanzungsfähigkeit beeinträchtigen

Xn; R 63 Kann das Kind im Mutterleib möglicherweise schädigen

Die jeweiligen Kategorien der fortpflanzungsgefährdenden Stoffe sind in der Spalte 3 „Einstufung" der EG-Stoffliste angegeben als **„Repr.Cat...“**

1.8.6 Zusätzliche Kennzeichnungsvorschriften für bestimmte Stoffe und Zubereitungen

§ 12 (4) GefStoffV

1. **Aerosoldosen,** die gefährliche Stoffe enthalten, müssen folgende Warnhinweise tragen:
   - „Behälter steht unter Druck. Vor Sonnenbestrahlung und Temperaturen über 50° C schützen. Auch nach Gebrauch nicht gewaltsam öffnen oder verbrennen",
   - „Nicht gegen Flamme oder auf glühende Gegenstände sprühen", es sei denn, die Aerosolpackung ist ausdrücklich hierfür bestimmt,
   - „Brennbar oder das Gefahrensymbol für „Leichtentzündlich", wenn der Massengehalt an brennbaren Bestandteilen mehr als 45% oder mehr als 250 Gramm beträgt.
2. **Bleihaltige Anstrichmittel und Lacke,** deren Gesamtbleigehalt 0,15% des Gesamtgewichts der Zubereitung überschreitet, müssen nach Anh. III Nr. 2 GefStoffV folgende Aufschrift tragen:
   „Enthält Blei. Nicht für den Anstrich von Gegenständen verwenden, die von Kindern gekaut oder gelutscht werden können."
   Bei Verpackungen mit einem Inhalt von weniger als 125 Milliliter kann der Hinweis auch lauten: „Achtung! Enthält Blei."
3. **Cadmiumhaltige Zubereitung und Legierungen** zum Löten und Schweißen müssen nach Anh. III Nr. 3 GefStoffV folgende Aufschrift deutlich lesbar und unverwischbar tragen:
   „Vorsicht! Enthält Cadmium. Bei der Anwendung entstehen gefährliche Dämpfe. Anweisungen des Herstellers beachten. Sicherheitsanweisungen einhalten."
4. Die Verpackung **cyanacrylathaltiger Klebstoffe** muß gemäß Anh. III Nr. 4 GefStoffV folgende Aufschrift tragen: „Cyanacrylat. Gefahr! Klebt innerhalb von Sekunden Haut und Augenlider zusammen. Darf nicht in die Hände von Kindern gelangen."
5. Das Kennzeichnungsschild **isocyanathaltiger Zubereitungen** muß nach Anh. III Nr. 5 GefstoffV folgende Aufschrift tragen:
   „Enthält Isocyanate. Hinweise des Herstellers beachten."
6. **Pentachlorphenol** und seine Zubereitungen dürfen gemäß Anh. III Nr. 6 GefStoffV nur mit der Aufschrift „Nur für Fachleute im Bereich Forschung und Analyse" in den Verkehr gebracht werden.
7. **Zinnorganische Verbindungen** und deren Zubereitungen dürfen als Anti-

foulingfarben gemäß Anh. III Nr 7 GefStoffV nur in Verpackungen von 20 Litern oder mehr und mit folgender Aufschrift in den Verkehr gebracht werden:

1. „Nicht zu verwenden auf Schiffen mit einer Gesamtlänge von weniger als 25 m sowie auf Geräten und Einrichtungen jeder Art, die in der Fisch- und Muschelzucht eingesetzt werden" und
2. „Nur für gewerbliche Verbraucher."

8. Das Kennzeichnungsschild von bestimmten **epoxidhaltigen Verbindungen** muß gemäß Anh. III Nr. 8 folgende Aufschrift tragen: „Enthält epoxidhaltige Verbindungen, Hinweise des Herstellers beachten."
9. Zubereitungen, die 2-Naphthylamin, 4-Aminobiphenyl, **Benzidin** oder deren Salze oder 4-Nitrobiphenyl enthalten, sind mit der Aufschrift zu kennzeichnen: „Nur für gewerbliche Verbraucher" (Anh. III Nr. 10 GefStoffV).
10. Zubereitungen, die für jedermann erhältlich sind und **mehr als 1% Aktivchlor** enthalten, müssen nach Anhang III Nr. 13 GefStoffV auf der Verpackung folgenden Hinweis tragen:

Vorsicht! Nicht zusammen mit anderen Produkten verwenden, da gefährliche Gase (Chlor) freigesetzt werden können.

11. Wasch-, Reinigungs- und Pflegemittel mit einem Massengehalt von mehr als 0,1% Formaldehyd sind mit dem Hinweis: **„Enthält Formaldehyd"** zu versehen.

1.8.7 Kennzeichnung und Verpackung von Stoffen und Zubereitungen, die für jedermann erhältlich sind (§ 13 GefStoffV)

Bei der Kennzeichnung und Verpackung von Stoffen und Zubereitungen, die **für jedermann erhältlich** sind, müssen zusätzlich folgende Anforderungen erfüllt werden:

1. Neben den sonst erforderlichen **Sicherheitsratschlägen** sind die S-Sätze S 1, S 2, S 45 oder S 46 anzugeben.
2. Behälter, die gefährliche Stoffe oder Zubereitungen enthalten, dürfen weder eine Form oder **graphische Dekoration** aufweisen, die die aktive Neugierde von Kindern wecken oder fördern oder beim Verbraucher zu Verwechslungen führen können.
   Die Behälter dürfen auch keine Aufmachung oder Bezeichnung aufweisen, die für Lebensmittel, Futtermittel, Arzneimittel oder Kosmetika verwendet wird.
3. Behälter, die einen mit T^+, T oder C gekennzeichneten Stoff oder eine solche Zubereitung enthalten, müssen ungeachtet ihres Fassungsvermögens mit **kindergesicherten Verschlüssen** und mit einem **ertastbaren Warnzeichen** (siehe Abb. 6) versehen sein.
4. Folgende Behälter müssen **mit kindergesicherten Verschlüssen** versehen sein:
   a) Behälter, die bestimmte **aliphatische oder aromatische Kohlenwasserstoffe** ab 10% oder darüber enthalten. Sie sind zusätzlich mit dem S-Satz S 62 (= Bei Verschlucken kein Erbrechen herbeiführen. Sofort ärztlichen Rat einholen und Verpackung oder dieses Etikett vorzeigen.) Das gilt nicht für Aerosole.
   b) Behälter von Zubereitungen, die 3% oder mehr **Methanol** oder 1%

oder mehr **Dichlormethan** enthalten.

c) Behälter bis zu 3 Liter Fassungsvermögen, die als sehr giftig, giftig oder ätzend gekennzeichnete **Schädlingsbekämpfungsmittel** (einschließlich Pflanzenschutzmittel) enthalten.

5. Behälter, die einen Stoff oder eine Zubereitung enthalten, die mit Xn, F^+ oder F gekennzeichnet sind, müssen ungeachtet ihres Fassungsvermögens mit einem **ertastbaren Warnzeichen** versehen sein (s. Abb. 6).

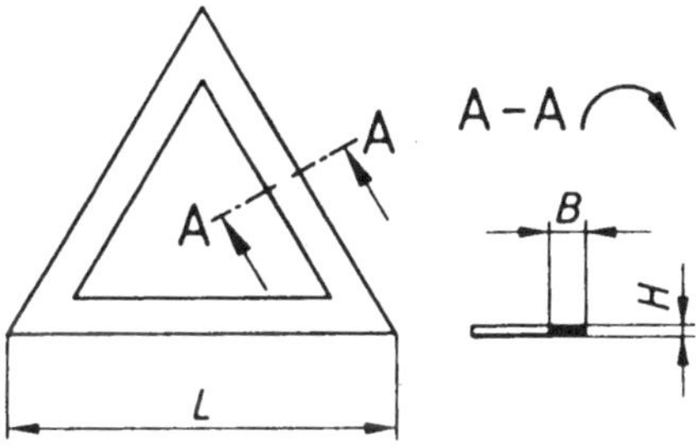

Abb. 6: Tastmarken

Die Länge *L* der Seite soll 18 mm ± 2 mm betragen.
Das Dreieck muß aus einem Rahmen bestehen, dessen Breite *B* 1,7 mm ± 0,2 mm beträgt.
Die Höhe *H* des Rahmenquerschnitts muß zwischen 0,25 mm und 0,5 mm liegen.
Die Mindestfläche des Rahmenquerschnitts beträgt ½ *H* × *B* und die Form des Querschnitts kann z. B. rechtwinklig oder halbkreisförmig sein (siehe Schnitt A-A).

6. Auf den Verpackungen von Zubereitungen, die als sehr giftig, giftig oder ätzend eingestuft sind, muß eine genaue und allgemein verständliche **Gebrauchsanweisung** angebracht sein, die auch Informationen über die ordnungsgemäße Entsorgung der Leerpackung umfassen muß. Falls das technisch nicht möglich ist, ist die Gebrauchsanweisung der Packung beizufügen.

§ 13 (10) GefStoffV

1.8.8 Weitere Kennzeichnungsvorschriften

Bei einer ganzen Reihe von Stoffen steht in der Spalte 1 der EG-Stoffliste der Hinweis **„Anmerkung"**. Er hat folgende Bedeutung.*)

Anmerkung A: Es ist die korrekte chemische Bezeichnung anzugeben.!

Anmerkung B: Es ist die genaue Konzentration in Gewichts-% anzugeben!

Anmerkung C: Es sind genaue Angaben erforderlich, um welches Isomere es sich handelt!

Anmerkung D: Bei Stoffen, die spontan polymerisieren oder sich zersetzen, ist der Hinweis erforderlich „nicht stabilisiert", wenn sie in nicht stabilisierter Form in den Verkehr gebracht werden.

Anmerkung E: Bei diesen Stoffen muß vor den R-Sätzen R 20 bis R 28 R 39, R 40 und R 48 das Wort **„auch"** stehen; diese Vorschrift gilt auch für die kombinierten R-Sätze.

Anmerkung F: Wenn Stabilisatoren die gefährlichen Eigenschaften verändern, so sind diese Stoffe nach den Regeln für gefährliche Zubereitungen zu kennzeichnen.

Anmerkung G: Diese Stoffe können explosionsgefährlich sein. Sie müssen einen Hinweis über die explosionsgefährlichen Eigenschaften enthalten.

---

*) Siehe auch Tabelle 10 Seite 36

Werden **gefährliche Stoffe in fester Form** unverpackt in den Verkehr gebracht, so ist jeder Liefereinheit eine Mitteilung für den Verbraucher mitzugeben, die eine vollständige Kennzeichnung enthält.

Gefahren verharmlosende Angaben, wie „Nicht giftig“, dürfen nicht gemacht werden.

Gefahren verharmlosende Angaben sind verboten! Beispiele:
Nicht giftig!
Nicht gesundheitsschädlich!
Nicht schädlich bei bestimmungsgemäßem Gebrauch!
Nicht umweltgefährlich!

Besteht ein Versandstück eines gefährlichen Stoffes aus einer einzigen Packung, so können die Gefahrsymbole und die Gefahrbezeichnungen entfallen, sofern die Verpackung statt dessen mit den entsprechenden **verkehrsrechtlichen Gefahrensymbolen** gekennzeichnet sind. Gemeint sind u. a. folgende Symbole:

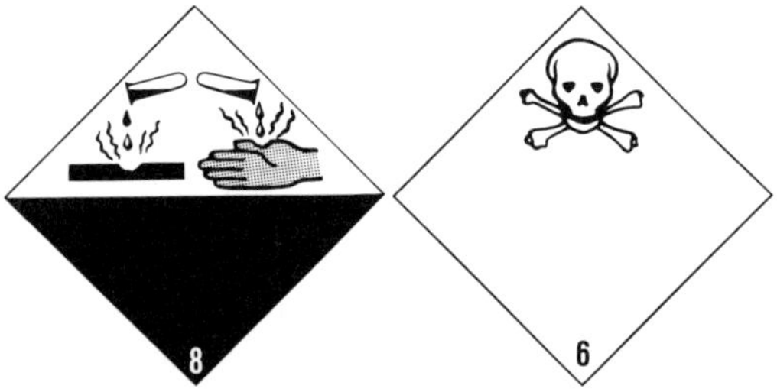

Abb. 7: Verkehrsrechtliche Gefahrensymbole

Wie muß die Kennzeichnung beschaffen sein?

Die Kennzeichnung gefährlicher Stoffe und Zubereitungen muß auf der Verpackung

- groß genug
- deutlich lesbar
- haltbar und
- in deutscher Sprache abgefaßt sein.

Deutlich lesbar ist eine Schrift dann, wenn sie von einer Person mit normaler Sehfähigkeit ohne Hilfsmittel mühelos gelesen werden kann.

Das BayObLG hat in einem Lebensmittelurteil vom 24. 8. 1956 (DLR 1957 S. 87) entschieden, daß 0,9 mm große Buchstaben keine deutlich lesbare Schrift darstellen. Das Amtsgericht Bonn verlangte in einem Urteil eine Schriftgröße von etwa Zeitungsdruck (LD Nr. 10 vom Oktober 1964).

Zu den Instruktionspflichten der Hersteller gefährlicher Produkte siehe auch BGH, Urteil v. 7. 10. 1986 – VI ZR 187/85 (Stuttgart), abgedruckt in NJW 1987 Seite 372.

Die Gefahrensymbole müssen mindestens 1 cm^2 groß sein und ein Zehntel der von der Kennzeichnung eingenommenen Fläche ausmachen. Sie müssen in schwarzer Farbe auf orangegelbem Untergrund aufgedruckt werden.

Folgende Abmessungen des Kennzeichnungsschildes dürfen nicht unterschritten werden (Tab. 12):

Tab. 12: Mindestgröße der Kennzeichnung gefährlicher Stoffe

Rauminhalt der Verpackung	Mindestgröße der Kennzeichnung
bis zu 0,25 Liter	angemessene Größe
von mehr als 0,25 bis 3 Liter	mindestens 52 × 74 mm
von mehr als 3 bis 50 Liter	mindestens 74 × 105 mm
von mehr als 50 bis 500 Liter	mindestens 105 × 148 mm
von mehr als 500 Liter	mindestens 148 × 210 mm.

Die Kennzeichnung ist auf einer oder mehreren Flächen der Verpackung so anzubringen, daß die Angaben gelesen werden können, wenn die Verpackung in der vorgesehenen Weise abgestellt oder abgelegt wird. Hinter diesem salomonischen Ausspruch verbirgt sich nichts anderes, als daß die Kennzeichnung gefährlicher Stoffe leicht lesbar sein muß.

Das Kennzeichnungsschild muß mit seiner ganzen Fläche auf der Verpackung haften.
Wenn die Beschaffenheit und die Abmessungen der Verpackung das Anbringen der Kennzeichnung in der u. g. Mindestgröße nicht zulassen, darf die Kennzeichnung auch auf einem mit der Verpackung verbundenem Schild angebracht sein.

Ist ein gefährlicher Stoff oder eine gefährliche Zubereitung mehrfach verpackt, so müssen sowohl das Behältnis als auch die Umhüllungen gekennzeichnet sein. Für Außenverpackungen und Versandkartons genügt die Kennzeichnung mit den entsprechenden **verkehrsrechtlichen Gefahrensymbolen** (siehe Abbildung 7).

Durchsichtige Umhüllungen, z. B. aus Cellophan, brauchen selbstverständlich nicht zusätzlich gekennzeichnet zu werden.

Wenn die **Verpackung nicht mehr als 125 ml** enthält, dürfen bei reizenden, brandfördernden, leichtentzündlichen und entzündlichen Stoffen oder Zubereitungen die R- und S-Sätze fehlen. Das gleiche gilt für mindergiftige Stoffe, die nicht im Einzelhandel erhältlich sind. Das bedeutet für Apotheken und sonstige Einzelhandelsgeschäfte, daß **Kleinpackungen**, die sehr giftige, giftige, mindergiftige oder ätzende Gefahrstoffe enthalten, vollständig gekennzeichnet sein müssen.

Manche Symbole schließen die Gefahren anderer Symbole ein. In diesen Fällen müssen nur die höherwertigen Gefahrensymbole und Gefahrenbezeichnungen angebracht werden, sofern in der EG-Stoffliste nichts anderes angegeben ist, z. B.:

Bei der Kennzeichnung „Sehr giftig“ und „Giftig“ kann „Reizend“ und „Ätzend“ entfallen (Ausnahme: Flußsäure!).

Bei der Kennzeichnung „Ätzend“ kann „Mindergiftig“ entfallen.

Bei der Kennzeichnung „Mindergiftig“ kann „Reizend“ entfallen.

Die zuständige Behörde kann gemäß § 42 GefStoffV auf Antrag Ausnahmen von der Kennzeichnungspflicht brandfördernder, leichtentzündlicher, entzündlicher, mindergiftiger und reizender Gefahrstoffe zulassen, wenn eine Gefährdung beim Umgang mit diesen Stoffen nicht zu befürchten ist.

Weitere Einzelheiten über die Kennzeichnung gefährlicher Stoffe sind in der **Technischen Regel 200** zusammengefaßt; diese Technische Regel dürfte nur für Hersteller von Bedeutung sein (siehe auch Kapitel 2.17).

Die Kennzeichnung gefährlicher Güter ist nach dem Urteil des BGH vom 7. 10. 1986 (NJW 1987 Heft 7 Seite 372) gelegentlich noch ergänzungsbedürftig.

1.8.9 Sicherheitsdatenblatt (§ 14 i. V.m. Anh. I Nr. 5 GefStoffV)

Das Sicherheitsdatenblatt ist eine Zusammenfassung wichtiger physikalisch-chemischer, sicherheitstechnischer, toxikologischer und ökologischer Daten und Umgangsempfehlungen. Es soll dem berufsmäßigen Benützer dazu dienen, die für den Gesundheitsschutz, die Sicherheit am Arbeitsplatz und dem Schutz der Umwelt erforderlichen Maßnahmen treffen zu können. Die Form des Sicherheitsdatenblattes ist vorgegeben (siehe Tab. 13).

Hersteller, Importeure und erneute Inverkehrbringer gefährlicher Stoffe und Zubereitungen müssen gemäß § 54(8) GefStoffV **seit 1. Mai 1994** spätestens bei der 1. Lieferung des Stoffes oder der Zubereitung **dem gewerblichen Abnehmer** ein Sicherheitsdatenblatt in Form eines

Tab. 13: Sicherheitsdatenblatt

Das Sicherheitsdatenblatt muß folgende Angaben in nachstehender Reihenfolge enthalten:

1. Stoff/Zubereitungs- und Firmenbezeichnung
2. Zusammensetzung/Angaben zu Bestandteilen
3. Mögliche Gefahren
4. Erste-Hilfe-Maßnahmen
5. Maßnahmen zur Brandbekämpfung
6. Maßnahmen bei unbeabsichtigter Freisetzung
7. Handhabung und Lagerung
8. Expositionsbegrenzung und persönliche Schutzausrüstungen
9. Physikalische und chemische Eigenschaften
10. Stabilität und Reaktivität
11. Angaben zur Toxikologie
12. Angaben zur Ökologie
13. Hinweise zur Entsorgung
14. Angaben zum Transport
15. Vorschriften
16. Sonstige Angaben

Schreibens oder auf Datenträger **kostenlos** übermitteln.

Ausführliche Hinweise zum Erstellen von Sicherheitsdatenblätter sind in der TRGS 220*) veröffentlicht. Danach muß das Sicherheitsdatenblatt u. a. folgende Informationen über gefährliche Stoffe und Zubereitungen enthalten:

- Angaben zum Stoff / zur Zubereitung,
- Angaben zum Hersteller, wie Telefon-, Notrufnummer, Ansprechpartner,
- Chemische Charakterisierung des Stoffes, CAS-Nummer, Nomenklatur nach der EG-Richtlinie, EG-Nummer oder EINECS-Nr.,
- Chemische Charakterisierung der Zubereitung, CAS-Nummern der Inhaltsstoffe, Gehalt, Kennbuchstaben der Gefahrensymbole, R-Sätze u. a. Alle gesundheitsgefährdenden Stoffe müssen angegeben sein, wenn sie bestimmte Konzentrationsgrenzen überschreiten. Das gilt insbesondere für die bekannten krebserzeugenden, erbgutverändernden und fortpflanzungsgefährdenden Stoffe,
- Hinweise auf mögliche Gefahren,
- Erste-Hilfe-Maßnahmen nach Einatmen, Hautkontakt, Augenkontakt oder Verschlucken, Hinweise für den Arzt,
- Maßnahmen zur Brandbekämpfung,
- Maßnahmen bei unbeabsichtigter Freisetzung,
- Lagerungshinweise,
- Persönliche Schutzausrüstung,
- Hinweise auf Grenzwerte, wie z. B. auf den MAK-Wert oder den TRK-Wert,
- Physikalische und chemische Eigenschaften, wie Erscheinungsbild des Stoffes, sicherheitsrelevante Daten (pH, Siedepunkt, Schmelzpunkt, Flammpunkt, Entzündlichkeit, Explosionsgefahr, Dichte, Löslichkeit, Viskosität u. a.),
- Stabilität des Stoffes,
- Angaben zur Toxikologie wie LD_{50}-Wert, Reizwirkung, Sensibilisierung, krebserzeugende, erbgutverändernde sowie fortpflanzungsgefährdende Wirkungen u. a.,
- Angaben zur Ökologie, wie Abbaubarkeit, CSB-Wert (= Chemischer Sauerstoffbedarf), Verhalten in Kläranlagen,
- Hinweise zur Entsorgung,
- Angaben zum Transport mit Hinweis auf die Transportvorschriften,
- Kennzeichnung: Kennbuchstabe, Gefahrenbezeichnung des Produktes, R- und S-Sätze, Besonderheiten der Kennzeichnung,
- Hinweise auf nationale Vorschriften, z. B. Klassifizierung nach der Verordnung über brennbare Flüssigkeiten, abgekürzt VbF, Wassergefährdungsklasse, Beschäftigungsbeschränkungen,
- Sonstige Angaben, insbesondere Quellen, die zur Erstellung des Sicherheitsdatenblattes verwendet wurden.

Das Sicheheitsdatenblatt muß nicht geliefert werden, wenn gefährliche Stoffe

*) siehe Kapitel 2.17

oder Zubereitungen, die für jedermann erhältlich sind, mit ausreichenden Informationen versehen sind, die es dem Benutzer ermöglichen, die erforderlichen Maßnahmen für den Gesundheitsschutz und die Sicherheit zu ergreifen.

Verlangt ein Abnehmer, der den gefährlichen Stoff oder die Zubereitung berufsmäßig verwendet, ein Sicherheitsdatenblatt, so muß ihm der Inverkehrbringer das Sicherheitsdatenblatt liefern. Das gilt nicht für private Abnehmer und für Schädlingsbekämpfungsmittel, einschließlich Pflanzenschutzmnittel.

1.9 Aufbewahrung und Lagerung der Gefahrstoffe

Für die Aufbewahrung und Lagerung der Gefahrstoffe gilt der Grundsatz:

> Gefahrstoffe sind in Betrieben so aufzubewahren oder zu lagern, daß sie die menschliche Gesundheit und die Umwelt nicht gefährden können und daß ein Mißbrauch oder ein Fehlgebrauch nach Möglichkeit ausgeschlossen ist.

Das bedeutet, daß die Behälter aus solchen Werkstoffen hergestellt sein müssen, die Beanspruchungen durch Stoß, Druck oder Feuchtigkeit sicher widerstehen und von dem Gefahrstoff nicht angegriffen werden.

Sie dürfen außerdem nicht in Behältern aufbewahrt oder gelagert werden, durch deren Form oder Bezeichnung der Inhalt mit Lebensmitteln verwechselt werden kann (z. B. Salzsäure in Bierflaschen).

Gefahrstoffe müssen weiter übersichtlich geordnet aufbewahrt werden; sie dürfen nicht in unmittelbarer Nähe von Arzneimitteln, Lebensmitteln oder Futtermitteln gelagert werden. Nahrungs- und Genußmittel dürfen mit Gefahrstoffen nicht in Berührung kommen.

Die Gefahrstoffverordnung definiert den Begriff Lagerung wie folgt:

Lagern ist das Aufbewahren zur späteren Verwendung sowie zur Abgabe an andere.

Die zeitliche Grenze liegt bei 24 Stunden (= Aufbewahren). Wer Stoffe länger als 24 Stunden vorrätig hält, lagert. Für das Wochenende verlängert sich diese Frist.

Besondere Sorgfalt ist beim Umgang mit Natrium, Kalium, Phosphor und Flußsäure notwendig:

Da **Natrium** und **Kalium** mit Wasser heftig reagieren, müssen beide unter einer sauerstofffreien Flüssigkeit (z. B. unter Paraffin, Petroleum oder dgl.) aufbewahrt werden.

Phosphor und seine Zubereitungen sind außerhalb des Giftschrankes an einem kühlen aber frostfreien Ort unter Verschluß in einem feuerfesten Behältnis (Mauernische mit Eisentür im Keller!) zu lagern.

Weißer Phosphor muß zusätzlich unter Wasser in einem Glasgefäß, das in einer mit Sand gefüllten Blechbüchse steht, aufbewahrt werden (siehe Abb. 13).

Flußsäure darf nicht in Glasgefäßen vorrätig gehalten werden. Flußsäure wird meist in Plastikflaschen oder innenparaffinierten Glasflaschen gehandelt.

Beachtet werden müssen auch die Forderung der Berufsgenossenschaften, wonach ätzende Stoffe, wie Säuren, Laugen und Wasserstoffperoxidlösung 30%, unter Augenhöhe zu lagern sind.

Sehr giftige und giftige Stoffe sind entweder unter Verschluß oder so aufzubewahren, daß nur fachkundige Personen Zugang haben.

In einem Betrieb, in dem nur fachkundige Personen tätig sind, brauchen demnach sehr giftige und giftige Stoffe nicht mehr wie früher in einem abgeschlossenen Giftschrank aufbewahrt zu werden.

Diese Vorschriften gelten nicht in Haushalten, weil dort eine Überwachung nicht möglich ist.

Nach der **TRGS 514** gelten für sehr giftige Stoffe über 50 kg und für giftige Stoffe (incl. der sehr giftigen Stoffe) über 200 kg strenge Lagervorschriften. (s. Kapitel 2.17).

1.10 Kennzeichnung der Vorratsgefäße

Gefährliche Stoffe müssen nicht nur beim Inverkehrbringen, sondern auch bei der Verwendung entsprechend den Vorschriften der Gefahrstoffverordnung gekennzeichnet werden. Das bedeutet, daß auch die Vorratsgefäße von Gefahrstoffen beim Hersteller, in Apotheken, Laboratorien, Drogerien, Großhandlungen u. dgl. mit den in der EG-Stoffliste vorgeschriebenen Angaben, nämlich der Bezeichnung des Stoffes, dem Gefahrensymbol, der Gefahrenbezeichnung, den R- und S-Sätzen usw. (siehe Kapitel 1.8) versehen sein müssen. Auch die Mindestabmessungen der Etiketten sind zu beachten.

Erleichterungen:

In – wissenschaftlichen Instituten und Laboratorien sowie in
– **Apotheken**

genügen für **Standflaschen**, in denen gefährliche Stoffe **in einer für den Handgebrauch erforderlichen Menge***) enthalten sind, folgende Angaben:

- die Bezeichnung des gefährlichen Stoffes bzw. der gefährlichen Zubereitung,
- die Bestandteile der Zubereitung
- das Gefahrensymbol und
- die Gefahrenbezeichnung.

Dasselbe gilt für Behälter, die mit dem Boden fest verbunden sind.

Diese Ausnahmeregelung gilt nicht für **Drogerien**. Das mag damit zusammenhängen, daß die gefährlichen Stoffe in der Apotheke in der Regel angewandt, in der Drogerie dagegen zur Abgabe vorrätig gehalten werden.

Weitergehende Vorschriften für die Kennzeichnung von Standgefäßen gibt es nicht mehr. So brauchen zum Beispiel Standgefäße mit giftigen Stoffen nicht mehr in weißer Farbe auf schwarzem Grund bzw. in roter Farbe auf weißem Grund beschriftet werden.

In Apotheken gelten im Hinblick auf § 1 letzter Halbsatz GefStoffV die Kennzeichnungsvorschriften der Apothekenbetriebsordnung und des Deutschen Arzneibuches für stark wirkende **Arzneistoffe** fort. Das bedeutet, daß Vorratsgefäße mit Giften in Apotheken nach wie vor in weißer Schrift auf schwarzem Grund und solche mit Separanda in roter Schrift auf weißem Grund zu kennzeichnen sind.

1.11 Die Verpackung gefährlicher Stoffe

Wer gefährliche Stoffe und Zubereitungen in den Verkehr bringen will, hat dafür zu sorgen, daß diese Stoffe so verpackt werden, daß bei ihrer bestimmungsgemäßen Verwendung Gefahren für Leben und Gesundheit des Menschen und seiner Umwelt vermieden werden. Es muß sichergestellt werden, daß die Verpackung den zu erwartenden Beanspruchungen sicher widersteht und aus Werkstoffen hergestellt ist, die von Giftstoffen nicht angegriffen werden bzw. keine gefährlichen Verbindungen mit ihnen eingehen.

Außerdem darf der Inhalt der Verpak-

*) Eine für den Handgebrauch erforderliche Menge entspricht einem Fassungsvermögen von höchstens 1 Liter (vgl. Merkblatt ZH 1/119 des Hauptverbandes der gewerblichen Berufsgenossenschaften).

kung nicht ungewollt nach außen gelangen. Das bedeutet, daß die giftigen Stoffe in Behältnisse verpackt werden müssen, die das Gift dicht umschließen und Beanspruchungen durch Stoß, Druck oder Feuchtigkeit sicher widerstehen. Giftgetreide in Papierbeuteln erfüllt diese Voraussetzungen nicht.

Bei manchen Giften ist darüber hinaus die Wahl des richtigen Werkstoffes entscheidend. So darf beispielsweise Flußsäure nicht in Glasgefäßen verpackt werden, weil Glas von Flußsäure angegriffen und aufgelöst würde (s. auch Kapitel 1.9).

Diese Verpackungsvorschriften gelten auch als erfüllt, wenn das Versandstück nach den verkehrsrechtlichen Vorschriften über die Beförderung gefährlicher Güter verpackt ist (s. Abb. 7).

Die o. g. Verpackungspflicht gilt nicht für das **Inverkehrbringen fester gefährlicher Stoffe**, wenn bei bestimmungsgemäßer Verwendung Gefahren für Leben und Gesundheit des Menschen und Gefahren für die Umwelt nicht entstehen. Solchen unverpackten gefährlichen Stoffen ist jedoch je Liefereinheit eine Mitteilung für den Verwender mitzugeben, die eine vollständige Kennzeichnung enthält.

Gefährliche Stoffe dürfen nur in solche Behältnisse verpackt oder bei der Abgabe abgefüllt werden, durch deren Form oder Bezeichnung der Inhalt mit Lebensmitteln nicht verwechselt werden kann (z. B. Salzsäure nicht in Getränkeflaschen umfüllen!).

Diese Verpackungs-Vorschriften gelten auch bei der Verwendung gefährlicher Stoffe. Ausgenommen sind

1. Stoffe, die sich im Produktionsgang befinden
2. Pflanzenschutzmittel, die sich in landwirtschaftlichen Geräten befinden.

1.12 Gifthandelserlaubnis und Anzeigepflicht (§ 2 ChemVerbotsV)

Wer mit Giften Handel treiben will, oder genauer:

> Wer sehr giftige oder giftige Stoffe und Zubereitungen gewerbsmäßig oder selbständig im Rahmen einer wirtschaftlichen Unternehmung in den Verkehr bringen will, benötigt dazu eine Erlaubnis der zuständigen Behörde.

Die Erlaubnis wird sowohl natürlichen Personen, als auch Firmen erteilt, die über Personen mit Sachkenntnis verfügen.

> Jeder Wechsel der Person mit Sachkenntnis ist der zuständigen Behörde unverzüglich anzuzeigen.

Eine Änderung der Erlaubnisurkunde ist nicht mehr erforderlich.

Voraussetzungen für die Erteilung der Erlaubnis:

1) Sachkenntnis nach § 5 ChemVerbotsV
2) Zuverlässigkeit
3) Mindestalter 18 Jahre

Die Erlaubnis kann auf einzelne gefährliche Stoffe und Zubereitungen sowie auf Gruppen gefährlicher Stoffe und Zubereitungen beschränkt werden.

Keiner Erlaubnis bedürfen

1) Apotheken,
2) Hersteller,
   Importeure,
   Händler,
   soweit sie sehr giftige und giftige Stoffe und Zubereitungen nur an Wiederverkäufer, gewerbliche Verbraucher oder öffentliche Forschungs-, Untersuchungs- und Lehranstalten abgeben sowie

3) Tankstellen und sonstige Betankungseinrichtungen für Ottokraftstoffe.

Hersteller, Importeure und Händler müssen aber das erstmalige Inverkehrbringen von sehr giftigen und giftigen Stoffen und Zubereitungen der zuständigen Behörde vor Aufnahme dieser Tätigkeit schriftlich **anzeigen** und gleichzeitig **mindestens eine Person mit Sachkenntnis** benennen. Das bedeutet, daß Hersteller, Importeure und Großhändler zwar keine Erlaubnis benötigen, wohl aber Personen mit Sachkenntnis.

Bei Unternehmen mit mehreren Betrieben muß in jedem Betrieb eine Person vorhanden sein, die
- die Sachkenntnis nachgewiesen hat
- zuverlässig ist
- mindestens 18 Jahre alt ist.

Erlaubnisse zum Inverkehrbringen giftiger Stoffe, die nach bisherigen Rechtsvorschriften erteilt worden sind, gelten im erteilten Umfang weiter. Das gilt auch für Erlaubnisse, die in der früheren **DDR** erteilt worden sind (siehe auch Einigungsvertrag).

1.13 Die Sachkenntnis (§ 5 ChemVerbotsV)

Voraussetzung für die Erteilung einer Erlaubnis zum Handel mit sehr giftigen und mit giftigen Stoffen und deren Zubereitungen ist die Ablegung einer Sachkenntnisprüfung.

Keine derartige Prüfung benötigen:

1) approbierte Apotheker
2) Apothekerassistenten
3) Pharmazieingenieure
4) pharmazeutisch technische Assistenten
5) Apothekenassistenten
6) Drogisten
7) Geprüfte Schädlingsbekämpfer*)
8) Hochschulabsolventen mit entsprechenden Prüfungen
9) Personen, die eine Prüfung nach früheren Vorschriften bestanden haben. Giftprüfungen, die vor Inkrafttreten der Gefahrstoffverordnung nach landesrechtlichen Vorschriften abgelegt worden sind, gelten im gleichen Umfang weiter, sofern sie der Sachkenntnisprüfung entsprechen. Dasselbe gilt für Giftprüfungen, die in der ehemaligen **DDR** abgelegt worden sind.
10) Für Personen aus den Mitgliedstaaten der Europäischen Gemeinschaft gilt der Nachweis der Sachkenntnis als erbracht, wenn der zuständigen Behörde die entsprechenden Nachweise vorgelegt worden sind.
11) Wer am 1. 10. 86 die Tätigkeit eines Herstellers, Importeurs oder Großhändler mit giftigen Stoffen ausgeübt und das bis zum 1. 12. 1986 der zuständigen Behörde angezeigt hat, gilt als sachkundig und braucht somit die o. g. Sachkenntnisprüfung nicht ablegen.

Den Nachweis der **Sachkunde für Begasungen** hat erbracht, wer an einem diesbezüglichen Lehrgang teilgenommen und die erforderliche Prüfung bestanden hat (vgl. Kapitel 7).

1.13.1 Umfang der Sachkenntnisprüfung

Die Sachkenntnisprüfung erstreckt sich
a) auf die allgemeinen Kenntnisse über die wesentlichen Eigenschaften der sehr giftigen, giftigen, ätzenden, brandfördernden, hochentzündlichen oder

*) Siehe Verordnung über die Prüfung zum anerkannten Abschluß Geprüfter Schädlingsbekämpfer/Geprüfte Schädlingsbekämpferin vom 19. 3. 1984 (BGBl I Seite 468).

gesundheitsschädlichen Stoffe und Zubereitungen mit dem R-Satz R 40 , R 62 oder R 63,

b) über die mit ihrer Verwendung verbundenen Gefahren und

c) auf die Kenntnis der einschlägigen Vorschriften.

Sie kann auf Gruppen von gefährlichen Stoffen und Zubereitungen beschränkt werden.

Nachgewiesene Fachkenntnisse (z. B. eines Chemikers) können berücksichtigt werden; das bedeutet, daß bei **Vorkenntnissen** eine vereinfachte Prüfung möglich ist.

> Die **Technische Regel**[*] **Sachkenntnis (TRGS 210)** TRGS 210 beschreibt das maximale Anforderungsspektrum, aus dem Prüfungsfragen bei der Sachkenntnisprüfung ausgewählt werden können.

1.14 Abgabe gefährlicher Stoffe und Zubereitungen (§§ 3 u. 4 ChemVerbotsV)

Die Abgabe gefährlicher Stoffe und Zubereitungen unterliegt schon immer strengen gesetzlichen Vorschriften.

Nach § 3 der Chemikalien-Verbotsverordnung dürfen gefährliche Stoffe und Zubereitungen, die nach der Gefahrstoffverordnung wie folgt gekennzeichnet sind:

T^+ = sehr giftig
T = giftig
C = ätzend
O = brandfördernd
F^+ = hochentzündlich
Xn + R 40 = gesundheitsschädlich
oder R 62
oder R 63

nur dann abgegeben werden, wenn

1. dem Abgebenden Name und Anschrift des Erwerbers bekannt sind oder bei (sehr) giftigen Stoffen der Erwerber sich entsprechend ausgewiesen hat
2. dem Abgebenden bekannt ist, daß der Erwerber die Stoffe und Zubereitungen
   a) als Handelsgewerbetreibender weiterveräußern oder
   b) als Endabnehmer in erlaubter Weise verwenden will u. keine Anhaltspunkte für eine unerlaubte Weiterveräußerung oder Verwendung bestehen,
3. der Erwerber mindestens 18 Jahre alt ist,
4. der Abgebende den Erwerber über
   - die mit dem Verwenden des Stoffes oder der Zubereitung verbundenen Gefahren,
   - die notwendigen Vorsichtsmaßnahmen beim bestimmungsgemäßem Gebrauch und für den Fall des unvorhergesehenen Verschüttens oder Freisetzens sowie
   - über die ordnungsgemäße Entsorgung

   unterrichtet hat.
5. **Begasungsmittel** dürfen nur dann abgegeben werden, wenn die Erlaubnis zur Anwendung dieser gefährlichen Stoffe vorgelegt wird.[**]

Diese Stoffe dürfen im Einzelhandel **nicht durch Automaten oder andere Formen der Selbstbedienung** in den Verkehr gebracht werden. Das gilt nicht für **ätzende Reinigungsmittel** in Verpackungen **mit kindergesicherten Verschlüssen**, für Zement und Kalk, für Druckgase mit dem Gefahrensymbol F^+ sowie für Wirkstoffe mit dem Gefahrensymbol O.

Durch diese Vorschrift soll erreicht werden, daß bestimmte gefährliche Stoffe und Zubereitungen nur durch die Hand eines Sachkundigen an die Verbraucher gelangen können und die erforderliche Sachauf-

*) Siehe auch Kapitel 2.17
**) Siehe auch Kapitel 7

klärung über die Gefahren dieser Stoffe und Zubereitungen an den Verbraucher weitergegeben wird.

Früher nahmen in fast allen Bundesländern die Ordnungsbehörden den Gifthändlern die Verantwortung ab, indem sie **Gifterlaubnisscheine** ausstellten. Gifte durften nur gegen **Giftempfangsschein** abgegeben werden. Das gibt es nicht mehr. Gifterlaubnisschein und Giftempfangsschein wurden abgeschafft; lediglich das **Giftbuch** wurde beibehalten.

Der Gifthändler muß prüfen, ob anzunehmen ist, daß der gefährliche Stoff in erlaubter Weise verwendet wird. Nach unserer Ansicht kann diese Verantwortung von einem sachkundigen Gifthändler (Apotheker, Drogist) auch besser getragen werden, als von einem Verwaltungsbeamten bei einer Behörde, der meist nur die Zuverlässigkeit des Antragstellers überprüfen kann.

Der Gifthändler weiß eben, daß Natriumchlorat von Schülern häufig zum Basteln von Raketen und nicht zur Unkrautvertilgung verwendet wird. Er wird seinem Kunden ein harmloseres Mittel empfehlen. Lehnt der Kunde dieses Mittel ab, so wird der Einzelhändler im eigenen Interesse die Abgabe verweigern.

Gefährliche Stoffe und Zubereitungen dürfen nur von Personen mit Sachkenntnis, die in dem Betrieb beschäftigt sind, abgegeben werden.

Hersteller, Importeure und Händler können weiterhin Personen ohne Sachkenntnisprüfung mit der Abgabe beauftragen, sofern sie die Stoffe und Zubereitungen nur an Wiederverkäufer, gewerbliche Verbraucher oder öffentliche Forschungs-, Untersuchungs- oder Lehranstalten abgeben.

Einzelhändler können die o.g gefährlichen Stoffe und Zubereitungen nur noch durch Personen mit Sachkenntnis abgeben lassen. **Die Beauftragung von Mitarbeitern ist im Einzelhandel nicht mehr erlaubt.**

Beauftragte müssen
- zuverlässig sein
- das 18. Lebensjahr vollendet haben und
- mindestens jährlich über die zu beachtenden Vorschriften belehrt werden. Die Belehrung ist schriftlich zu bestätigen.

Über die **Abgabe von sehr giftigen und giftigen Stoffen und Zubereitungen sind im Einzelhandel Aufzeichnungen zu führen.** Dieses **Abgabebuch**, früher als **„Giftbuch“** bezeichnet, muß folgende Angaben enthalten:
- Angaben über Art und Menge der (sehr) giftigen Stoffe und Zubereitungen
- das Abgabedatum
- den Verwendungszweck
- den Namen und die Anschrift des Erwerbers
- den Namen des Abgebenden.

Der Empfang der giftigen Stoffe oder Zubereitungen ist vom Erwerber im Abgabebuch oder auf einem gesonderten Empfangsschein durch Unterschrift zu bestätigen. **Diese Aufzeichnungen sind mindestens 3 Jahre lang nach der letzten Eintragung aufzubewahren.**

Bei richtiger Programmierung sind diese Aufzeichnungen auch mit **EDV**-Systemen möglich; die Unterschrift des Erwerbers muß jedoch in jedem Fall vorliegen; die kurzfristige Überprüfung der Aufzeichnungen muß möglich sein.

Dieses Giftbuch wird allerdings nur dann seinen Zweck erfüllen, wenn es sorgfältig geführt wird.

Hersteller, Importeure und Händler brauchen kein Abgabebuch zu führen, müssen aber in anderer Weise die Abgabe der sehr giftigen und giftigen Stoffe und Zubereitungen für mindestens 3 Jahre nachweisen können.

Die Aufzeichnungspflichten gelten nicht für Tankstellen.

1.15 Verbote und Beschränkungen

Mit der Novellierung des Gefahrstoffrechts wurden die wichtigsten Verbote und Beschränkungen zusammengefaßt, und zwar

1. die Verkehrsverbote im § 1 Chemikalien-Verbotsverordnung
2. die Herstellung- und Verwendungsverbote im § 15 und Anhang IV GefStoffV
3. Beschäftigungsverbote und -beschränkungen im § 15a und b GefStoffV
4. Verwendungsverbote für die Heimarbeit im § 15c GefStoffV
5. Begasungen im § 15d und Anhang V Nr. 5 GefStoffV (siehe Kapitel 7)
6. Schädlingsbekämpfung im § 15e GefStoffV

Im Rahmen dieser Broschüre wird auf die Verkehrsverbote und die Beschäftigungsverbote und -beschränkungen näher eingegangen. Hinweise auf die Fundstellen der übrigen Verbote und Beschränkungen sind in Tabelle 15 zusammengefaßt.

1.15.1 Verkehrsverbote

Nach § 1 der Chemikalien-Verbotsverordnung ist es verboten, bestimmte Stoffe, Zubereitungen und Erzeugnisse in den Verkehr zu bringen, und zwar:

1. **Asbesthaltige Stoffe mit Faserstruktur**, Zubereitungen und Erzeugnisse:
   1. Spielzeug,
   2. Fertigerzeugnisse in Pulverform,
   3. Raucherartikel wie Tabakpfeifen, Zigaretten- oder Zigarrenspitzen,
   4. katalytische Siebe und Isoliervorrichtungen, für Heizgeräte, die mit Flüssiggas betrieben werden,
   5. Anstrichstoffe,
   6. Stoffe oder Zubereitungen zum Aufsprühen oder Aufspitzen,
   7. Krokydolith (Blauasbest) und seine Zubereitungen und Erzeugnise.

2. **Formaldehyd**
   Holzwerkstoffe, wie Spanplatten, Tischlerplatten, Furnierplatten und Faserplatten, dürfen nicht in den Verkehr gebracht werden, wenn die durch sie verursachte Konzentration an Formaldehyd in der Luft eines Prüfraumes den festgesetzten Grenzwert von 0,1 ml/m³ (ppm) überschreitet.

   Dasselbe gilt für **Möbel**, die solche Werkstoffe enthalten. Diese Regelung verfolgt das Ziel, die Konzentration von Formaldehyd in der Luft von Aufenthaltsräumen zu senken. Geeignete Prüfverfahren sollen veröffentlicht werden.

   Auch **Wasch-, Reinigungs-** und **Pflegemittel** mit einem Gehalt von mehr als 0,2% Formaldehyd dürfen nicht in den Verkehr gebracht werden. Absch. 3 ChemVerbotsV

3. **Dioxine**
   Nicht in den Verkehr gebracht werden dürfen auch Stoffe, Zubereitungen oder Erzeugnisse, die mehr als 0,005 mg/kg (ppm) an bestimmten polychlorierten und polybromierten Dibenzo-p-dioxinen (PCDD) und -furanen (PCDF) enthalten. Zu dieser Gruppe gehört auch das sog. **„Seveso-Gift"**, das 2,3,7,8-Tetrachlordibenzo-p-dioxin (siehe Kapitel 6.9, Umweltgifte), für das ein eigener, noch niedrigerer Grenzwert von 0,002 mg/kg (ppm) festgelegt worden ist.
   Dieses Verbot gilt nicht für Stoffe und Zubereitungen, die nach dem Pflanzenschutzgesetz zugelassen worden sind.

4. **Weitere Verkehrsverbote**
   - flüssige Stoffe und Zubereitungen in **Dekorationsgegenständen,** die als gefährlich bzw. krebserzeugend eingestuft sind,
   - **Benzol** und seine Zubereitungen mit einem Massengehalt von 0,1% und mehr Benzol, ausgenommen Treibstoffe, industrielle Verfahren in geschlossenen Systemen, Stoffe für die Forschung, u. a.
   - **Aromatische Amine:** 2-Naphthylamin, 4-Aminobiphenyl, **Benzidin** und 4-Nitrodiphenyl,
   - **Quecksilberverbindungen** als Antifouling-Farben, als Holzschutzmittel, zur Imprägnierung von schweren industriellen Textilien und zur Aufbereitung von Wasser,

- **Arsenverbindungen** als Antifouling-Farben, als Holzschutzmittel, zur Aufbereitung von Wasser,
- **zinnorganische Verbindungen** als Antifouling-Farben, zur Aufbereitung von Wasser
- Di-μ-oxo-di-n-butylstanniohydroxyboran
- **Polychlorierte Biphenyle** (PCB) und **Polychlorierte Terphenyle** (PCT)
- **Vinylchlorid** als Treibgas für Aerosole
- **Pentachlorphenol**
- **Aliphatische Chlorkohlenwasserstoffe.** Die Stoffe Tetrachlorkohlenstoff, 1,1,2,2-Tetrachlorethan, 1,1,1,2-Tetrachlorethan, Pentachlorethan sowie Zubereitungen, die mehr als 0,1% der Stoffe enthalten, dürfen zur Verwendung durch den privaten Endverbraucher nicht in den Verkehr gebracht werden
- **Teeröle** als Holzschutzmittel
- **Cadmium und Cadmiumverbindungen** (eingefärbte Erzeugnisse oder Bestandteile aus Kunststoff mit mehr als 0,01% Cadmium)
- **Monomethyltetrachlordiphenylmethan** und deren Verwandte
- **Bleikarbonate und -sulfate** zur Verwendung als Farben; zur Wiederherstellung von Kunstwerken sind sie aber zugelassen.
- **DDT**

1.15.2 Herstellungs- und Verwendungsverbote (§ 15 GefStoffV)

Für eine ganze Reihe von Stoffen und ihre Verbindungen gibt es in der Gefahrstoffverordnung Herstellungs- und Verwendungsverbote. Es handelt sich um Asbest, aromatische Amine, Arsen, Benzol, Antifoulingfarben, Bleikarbonate, Quecksilber, zinnorganische Verbindungen, bestimmte Dekorationsgegenstände, PCP, Teeröle, PCB und PCT, Vinylchlorid, Kühlschmierstoffe u. a. Einzelheiten siehe Anhang IV GefStoffV und Tabelle 15.

1.15.3 Allgemeine Beschäftigungsverbote und -beschränkungen (§ 15a GefStoffV)

Arbeitnehmer dürfen bestimmten besonders gefährlichen krebserzeugenden Gefahrstoffen nicht ausgesetzt werden; dazu gehören u. a. Asbest, Benzidin, Cadmiumchlorid in atembarer Form. Das gilt nicht für Abbruch- Sanierungs- oder Instandhaltungsarbeiten an bestehenden Anlagen, Fahrzeugen, Gebäuden, Einrichtungen oder Geräten, die solche Stoffe enthalten, soweit die Einhaltung dieser Vorschriften nach dem Stand der Technik nicht möglich ist.

Diese Arbeiten dürfen nur durchgeführt werden, wenn sichergestellt ist, daß die personelle und sicherheitstechnische Ausstattung des Unternehmens für diese Arbeiten geeignet ist. Eine ausreichende personelle Ausstattung liegt nur vor, wenn sachkundige Personen beschäftigt werden, die den **Nachweis der Sachkunde** durch die erfolgreiche Teilnahme an einem von der zuständigen Behörde anerkannten Sachkundelehrgang erbracht haben.

1.15.4 Besondere Beschäftigungsbeschränkungen für besondere Personengruppen (§ 15b GefStoffV)

Besonders gefährdete Personengruppen, wie Jugendliche, werdende und stillende Mütter dürfen mit gefährlichen Stoffen nur unter ganz bestimmten Bedingungen beschäftigt werden. Die Voraussetzungen für Ausnahmen vom Beschäftigungsverbot für Jugendliche sind der Tabelle 14 zu entnehmen.

Tab. 14: Ausnahmen vom Beschäftigungsverbot für Jugendliche[x)] (nach Deden, Essen 1993)

		Jugendliche dürfen mit gefährlichen Stoffen nur beschäftigt werden, wenn				
		die Auslöseschwelle nicht überschritten ist	es zur Erreichung des Ausbildungszieles erforderlich ist	der Jugendliche mindestens 16 Jahre alt ist	die Beaufsichtigung durch Fachkundige gegeben ist	die Vorsorgeuntersuchung keine Bedenken ergeben hat
T+	a) sehr giftige Stoffe	x	x	x	x	x
T	b) giftige Stoffe	x	x	x	x	x
Xn	c) mindergiftige Stoffe	x	x x	x x	x x	
C	d) ätzende Stoffe	x	x x	x x	x x	
Xi	e) reizende Stoffe	x	x x	x x	x x	
E	f) explosionsgef. Stoffe		x	x	x	
O	g) brandfördernde Stoffe				x	
F+	h) hochentzündliche Stoffe		x	x	x	
F	i) leichtentzündliche Stoffe				x	
	j) entzündliche Stoffe				x	
R45	k) krebserzeugende Stoffe	x	x	x	x	x
R60	l) fruchtschädigende Stoffe	x	x	x	x	x
R	m) erbgutverändernde Stoffe	x	x	x	x	x
R40	n) sonst. chronisch schädigende Eigenschaften	x	x	x	x	x

x bedeutet, daß diese Bedingung erfüllt sein muß. x x gilt, wenn die Auslöseschwelle überschritten ist.

Jugendliche dürfen ferner nicht mit Stoffen beschäftigt werden, die erfahrungsgemäß Krankheitserreger übertragen können.

Weitere Beschäftigungsverbote gelten für werdende und stillende Mütter und für Frauen im gebärfähigen Alter.

Spezialliteratur: Beschäftigung Schwangerer in mediz. Laboratorien: BGesBl Nr. 1/1988 Seite 24.

Tab. 15: Fundstellen wichtiger Herstellungs-, Verwendungs- und Verkehrsverbote

Stoffe, Zubereitungen und Erzeugnisse	Herstellungs- und Verwendungsverbote nach Anh. IV GefStoffV Nr.	Verkehrsverbote nach Anh. der ChemVerbotsV Abschnitt	Zusätzliche Kennzeichnungsvorschriften nach Anh. III GefStoffV
Aktivchlor			Nr. 13
Alipathische Chlorkohlenwasserstoffe	11	16	
Antifoulingfarben	5		
Aromatische Amine	2	7	10
Arsen	3	10	
Asbest	1	2	1
Benzol	4	6	
Bleifarben	6	8	2
Cadmium	17	18	3
Cyanacrylat-Klebstoffe			4
DDT	20	1	
Dekorationsflüssigkeiten	10	5	
Dioxine u. Furane		4	

x) Jugendliche: nach dem JugendgerichtsG junge Menschen, die das 14., aber noch nicht das 18. Lebensjahr vollendet haben.

Tab. 15: Fundstellen wichtiger Herstellungs-, Verwendungs- und Verkehrsverbote

Stoffe, Zubereitungen und Erzeugnisse	Herstellungs- und Verwendungsverbote nach Anh. IV GefStoffV Nr.	Verkehrsverbote nach Anh. der ChemVerbotsV Abschnitt	Zusätzliche Kennzeichnungsvorschriften nach Anh. III GefStoffV
Di-μ-oxo-di-n-butyl stanniohydroxyboran	9	12	
Epoxide			8
Formaldehyd		3	9 + 12
Isocyanate			5
Isopropanolherstellung nach dem Starke Säure-Verfahren	16		
Kühlschmierstoffe	19		
Monomethyltetrachlordiphenylmethan u. dgl.	18	19	
Pentachlorphenol	12	15	6
PCB + PCT	14	13	11
Quecksilber	7	9	
Teeröle	13	17	
Vinylchlorid	15	14	
Zinnorganische Verbindungen	8	11	7

1.16 Umgang mit Gefahrstoffen

Auf den Umgang mit Gefahrstoffen (5. Abschnitt der Gefahrstoffverordnung) kann nur insoweit eingegangen werden, als die Vorschriften für Apotheken, Drogerien, Laboratorien, Schulen etc. von Interesse sind. Regelungen über die Unterrichtung und Anhörung der Arbeitnehmer oder des Personalrates (§ 21 GefStoffV), sowie über Vorsorgeuntersuchungen durch ermächtigte Ärzte (die §§ 28–35 GefStoffV beziehen sich ausschließlich auf die meist krebserzeugenden Stoffe des Anhanges VI) können in diesem Rahmen nicht näher behandelt werden.

*) Wer den Arbeitgeber an den Hochschulen repräsentiert, ist in den Ausführungsbestimmungen der Länder geregelt. In Nordrhein-Westfalen z. B. übernimmt diese Aufgabe der Kanzler der Universität.

Anwendungsbereich des 5. Abschnittes

Der 5. Abschnitt stellt in erster Linie auf die Gefährlichkeit für den Arbeitnehmer ab. Er gilt für alle Beschäftigten, also auch für die Schüler, Studenten, Auszubildende, Beamte und damit auch für Hochschullehrer*).

Die Umgangsregeln des 5. Abschnittes betreffen alle gefährlichen Stoffe, nicht nur die giftigen. Sie gelten für den Umgang mit Gefahrstoffen und für das Tätigwerden im Gefahrenbereich, sowie für Pflanzenschutzmittel, soweit keine pflanzenschutzrechtlichen Vorschriften bestehen. Der 5. Abschnitt gilt somit auch für **Raumpflegerinnen** in chemischen Laboratorien und wegen des Umgangs mit metallischem Quecksilber auch für Zahnarzthelferinnen in **Zahnarztpraxen**.

Der 5. Abschnitt gilt nicht für den Umgang mit Gefahrstoffen

1. in Betrieben des untertägigen Bergwesens, soweit dort gleichwertige Regelungen bestehen,
2. in Haushalten, weil dort eine Überwachung nicht möglich ist,
3. soweit sprengstoffrechtliche und atomrechtliche Vorschriften bestehen.*)

Was ist Umgang im Sinne der Gefahrstoffverordnung?

Umgang ist der Oberbegriff für das **Herstellen einschließlich Gewinnen oder das Verwenden von Gefahrstoffen** im Sinne § 3 Nr. 10 Chemikaliengesetz (§ 3 Abs. 2 GefStoffV).

Zum Begriff „Herstellen" gehören

das Herstellen gefährlicher Stoffe,	= Produzieren von Stoffen meist in besonderen Anlagen
das Gewinnen gefährlicher Stoffe,	= Urproduktion aus der belebten und unbelebten Welt, z. B. bergmännisches Gewinnen von Mineralfarben, Ernten von Giftpflanzen

Tab. 16: Das „Verwenden" gefährlicher Stoffe. Es ist nach § 3 Nr. 10 ChemG wie folgt definiert:

das Gebrauchen gefährlicher Stoffe	= Anwenden gefährlicher Stoffe
das Verbrauchen gefährlicher Stoffe	= die Stoffe hören auf zu bestehen
das **Lagern** gefährlicher Stoffe	= Aufbewahren für einen längeren Zeitraum
das **Aufbewahren** gefährlicher Stoffe	= das Zurverfügunghalten für die Dauer von 24 Stunden
das Bearbeiten gefährlicher Stoffe	= die wesentlichen Bestandteile bleiben erhalten
das Verarbeiten gefährlicher Stoffe	= die Bestandteile bleiben nicht erhalten, der Stoff wird wesentlich verändert
das Abfüllen gefährlicher Stoffe	= z. B. das Einfüllen in abgabefertige Packungen
das Umfüllen gefährlicher Stoffe	= das Verbringen von einem Gefäß in ein anderes
das Mischen gefährlicher Stoffe,	= das Vermengen von Teilen eines Stoffes mit Teilen eines anderen Stoffes
das Vernichten gefährlicher Stoffe	= Einwirkung auf einen Stoff in einer Art, daß er danach nicht mehr besteht
das **innerbetriebliche Befördern** gefährlicher Stoffe. Innerhalb des Betriebes gilt die GefStoffV, außerhalb gelten die Verkehrsvorschriften. Das **außerbetriebliche Befördern** gefährlicher Stoffe ist in den Transportvorschriften zur See, mit der Eisenbahn, auf der Straße oder in der Luft geregelt (s. auch Kapitel 2.16).	= Befördern auf dem eigenen Firmengelände oder von einer Krankenhausapotheke zu den einzelnen Stationen des Krankenhauses oder vom Keller in den Verkaufsraum.

*) Grund: Es gibt dort eigene Regelungen über den Umgang mit gefährlichen Stoffen.

1.16.1 Ermittlungspflicht des Arbeitgebers (§ 16 GefStoffV)

Neben dem Verkehrsverbot gibt es auch ein **Verwendungsverbot** für bestimmte gefährliche Stoffe. Es legt dem Arbeitgeber die Pflicht auf, sich zu vergewissern, ob es sich bei dem von ihm verwendeten Stoffen um Gefahrstoffe handelt.

Der Arbeitgeber kann davon ausgehen, daß die Kennzeichnung auf der Verpakkung des vorgesehenen Stoffes oder beigefügte Mitteilungen sowie Angaben auf einem Sicherheitsdatenblatt zutreffend sind.

Stellt er durch Anfrage beim Hersteller oder Einführer fest, daß Stoffe mit geringerem gesundheitlichen Risiko erhältlich sind, **soll** er den harmloseren Stoff verwenden, sofern das für ihn **zumutbar** ist.*) Nach dem Wortlaut der Verordnung handelt es sich bei dieser Vorschrift zwar um eine Soll-Vorschrift. Da aber das Ergebnis der Prüfung der zuständigen Behörde auf Verlangen vorzulegen ist, wird in der Regel aus der Sollvorschrift eine Mußvorschrift.

Beispiel:

Zum Nachweis von Blut in Harn und im Stuhl wurde früher auch in Apotheken und in Arztpraxen Benzidin verwendet. **Benzidin** ist laut EG-Stoffliste ein krebserzeugender Gefahrstoff der Kategorie 1. Da heute weniger risikoreiche Methoden zum Blutnachweis im Urin bzw. im Stuhl bekannt sind, darf Benzidin als Reagenz auf Blut nicht mehr verwendet werden.

Welche Maßnahmen zur Gefahrenabwehr zu treffen sind, hat der Arbeitgeber, bevor er mit Gefahrstoffen umgeht, zu regeln. Bei der Ermittlung und Beurteilung der vorgesehenen Maßnahmen und vor deren Ausführung sind die betroffenen Arbeitnehmer zu hören.

Eingefügt in § 16 Gefahrstoffverordnung wurde der Abs. 3a, wonach der Arbeitgeber verpflichtet ist, ein Verzeichnis aller Gefahrstoffe, mit denen Arbeitnehmer umgehen, anzulegen und auf dem aktuellen Stand zu halten (**„Gefahrstoffverzeichnis“**).

Dieses Verzeichnis muß mindestens folgende Angaben enthalten:

1. Bezeichnung des Gefahrstoffes,
2. Einstufung des Gefahrstoffes, oder Angabe der gefährlichen Eigenschaften
3. Mengenbereiche des Gefahrstoffes im Betrieb,
4. Arbeitsbereiche, in denen mit dem Gefahrstoff umgegangen wird.

In Apotheken mit der üblichen Grundausstattung an Prüfmitteln kann diese Verpflichtung mit Hilfe der Anlage 1 zur Apothekenbetriebsordnung leicht erfüllt werden.

Einzelheiten zum Gefahrstoffverzeichnis siehe in TRGS 222 (Bundesarbeitsblatt November 1994)

Welche Möglichkeiten der Informationsbeschaffung gibt es?

1. Kennzeichnung der Produkte: Symbole, Gefahrenbezeichnungen, R-und S-Sätze, sonstige Hinweise auf der Pakkung
2. **Sicherheitsdatenblatt**
3. Anhänge der Gefahrstoffverordnung
4. **Technischer Regeln für Gefahrstoffe**
5. MAK-Werte Liste der Deutschen Forschungsgemeinschaft
6. Merkblätter d. Berufsgenossenschaften
7. Handbücher über gefährliche Stoffe
8. Katalog der wassergefährdenden Stoffe (Umweltbundesamt Berlin)
9. **RTECS:** Registry of Toxic Effects of Chemical Substances von Tatken und Lewis (Es ist eine umfangreiche Liste mit LD_{50}-Werten, herausgegeben vom US Department of Health and Human Services, Cincinnati Ohio 45226; siehe auch Kapitel 9)

---

*) Die Verordnung fordert nicht, daß der Hersteller die genaue Zusammensetzung seines Produktes herausgeben muß; wichtig ist, daß dem Anwender die Schutzmaßnahmen mitgeteilt werden.
Unzumutbare Forderungen können nicht gestellt werden; unzumutbar wären ein sehr hoher Preis, der zum Schließen der Firma führen würde, Qualitätseinbußen, Erhöhung von Gefahren u. ä.

1.16.2 Allgemeine Schutzpflicht (§ 17 GefStoffV)

Der Arbeitgeber hat, wenn er mit Gefahrstoffen umgeht, die zum Schutze des menschlichen Lebens, der menschlichen Gesundheit und der Umwelt erforderlichen Maßnahmen nach den allgemeinen und besonderen Vorschriften der Gefahrstoffverordnung, einschließlich ihrer Anhänge zu treffen und dabei die geltenden Arbeitsschutz- und **Unfallverhütungsvorschriften** zu beachten.

Die Unfallverhütungsvorschriften müssen im Betrieb an geeigneter Stelle ausgelegt sein. In allen Betrieben müssen Personen mit einer **Erste-Hilfe-Ausbildung** vorhanden sein.

Da die Apotheken von dieser Verordnung nicht ausgenommen sind, gilt diese Vorschrift z. B. auch für das Verwenden gefährlicher Reagenzien im Apothekenlabor und bei der Herstellung von Zytastatika.

Der § 17 GefStoffV bildet außerdem die Rechtsgrundlage für die sog. **Technischen Regeln** (siehe Kapitel 2.17). Die sog. **„GLP-Richtlinien"** dienen als Grundlage für die „Gute Laborpraxis". Rechtsgrundlage ist § 19a des Chemikaliengesetzes.

1.16.3 Die Überwachungspflicht (§ 18 GefStoffV)

Diese Vorschrift regelt die allgemeine Meßverpflichtung am Arbeitsplatz. Ist das Auftreten gefährlicher Stoffe am Arbeitsplatz nicht sicher auszuschließen, so ist zu ermitteln, ob die MAK-, die TRK-Werte oder der BAT-Wert unterschritten oder die Auslöseschwelle überschritten sind. Wer derartige Messungen durchführt, muß über die notwendige **Sachkunde** und über geeignete Meßeinrichtungen verfügen*.

*) Ein Verzeichnis geeigneter außerbetrieblicher Meßstellen zur Durchführung von Messungen gefährlicher Stoffe in der Luft am Arbeitsplatz ist abgedruckt im Bundesarbeitsblatt 12/1993.
(mit Akkreditierung (+ Notizen))

Prüfröhrchen eignen sich nach Frau Prof. Lehmann, BAU, in der Regel nur für orientierende Übersichtsmessungen.

Die Meßergebnisse sind aufzuzeichnen und mindestens 30 Jahre lang aufzubewahren. Bei Betriebsstillegungen sind die Meßergebnisse den Unfallversicherungsträgern zu übergeben.

1.16.4 Rangfolge der Schutzmaßnahmen (§ 19 GefStoffV)

1) Beim Umgang mit gefährlichen Stoffen ist das Arbeitsverfahren durch technische, hygienische und organisatorische Maßnahmen nach Möglichkeit so zu gestalten, daß gefährliche Stoffe **nicht frei werden** und daß die Arbeitnehmer nicht in Hautkontakt mit solchen Stoffen kommen. Die Verfahren sollten also möglichst **in geschlossenen Systemen** ablaufen. **Beispiel:** Werkbank zur Herstellung von Zytostatika im Krankenhaus. In einer sog. Sicherheits-Werkbank der Klasse II wird Luft mit Hilfe eines Hochleistungsschwebstofffilters gereinigt und dann so geführt, daß sowohl die Arbeitnehmer als auch das Material vor Kontamination geschützt sind (siehe auch Abb. 8).

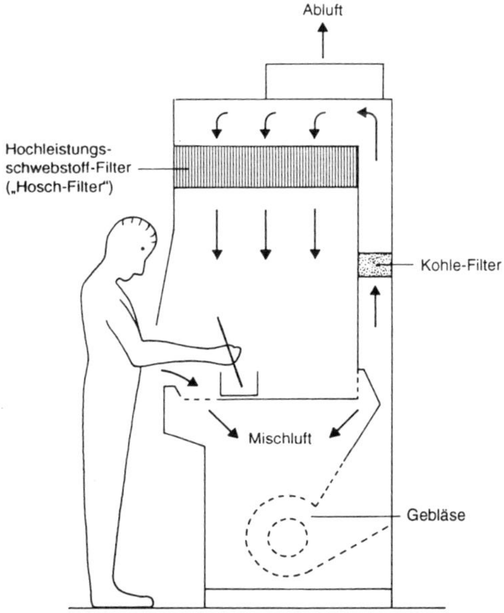

Abb. 8: Sicherheitswerkbank Klasse II

Zytostatika sind Arzneimittel, für deren Herstellung die Umgangsvorschriften der Gefahrstoffverordnung voll gelten. Damit sind sowohl die Vorschriften des 4. Abschnitts über Verbote und Beschränkungen als auch die des 5. Abschnitts über den Umgang mit Gefahrstoffen sowie des 6. Abschnitts über den Umgang mit krebserzeugenden und erbgutverändernden Gefahrstoffen in Apotheken und auf den Stationen der Krankenhäuser zu beachten. Diese Tätigkeiten werden in den meisten Bundesländern von den Gewerbeaufsichtsämtern überwacht. Das gilt insbesondere für den Personenschutz; d. h. es müssen geeignete Geräte für die Vorbereitung, Herstellung und Entsorgung der Zytostatika vorhanden sein. Im Hinblick auf die notwendigen Vorsorgeuntersuchungen ist es zweckmäßig, möglichst immer das gleiche Personal zur Herstellung einzusetzen.

2) Ist 1) nicht möglich, so sind die **gefährlichen Stoffe vollständig zu erfassen und** ohne Gefahr für Mensch und Umwelt zu **beseitigen. Beispiel:** Absaugen von Ethylenoxid nach der Sterilisation aus einem Sterilisator und Abbau durch
   - Katalysatoren
   - Oxidation (Verbrennung) oder
   - Absorption
3) Ist auch 2) nicht möglich, so sind allgemeine **Lüftungsmaßnahmen** zu treffen, die dem Stand der Technik entsprechen müssen.
4) Greifen diese Maßnahmen nicht mit der Folge, daß die MAK-Werte überschritten werden, so hat der Arbeitgeber geeignete **persönliche Schutzausrüstungen** zur Verfügung zu stellen und im gebrauchsfähigen, hygienisch einwandfreiem Zustand zu halten. Die Arbeitnehmer müssen diese Schutzausrüstung (zum Beispiel bei der Asbestsanierung) benutzen. Das Tragen von Atemschutz darf allerdings keine ständige Maßnahme sein.

1.16.5 Betriebsanweisung (§ 20 GefStoffV)

Der Arbeitgeber muß eine Betriebsanweisung in verständlicher Form und in der Sprache der Beschäftigten ausarbeiten und in der Betriebstätte bekanntmachen. Das gilt zum Beispiel auch für die Herstellung der Zytostatika im Krankenhaus oder in Apotheken sowie für Zahnärzte, die mit **Amalgam** arbeiten.

Beschäftigt der Arbeitgeber **Ausländer**, z. B. türkische Arbeitnehmer, so muß diese Betriebsanweisung auch in türkischer Sprache abgefaßt werden.

Diese Betriebsanweisung muß Angaben enthalten über

a) die beim Umgang mit Gefahrstoffen auftretenden Gefahren für Mensch und Umwelt,
b) erforderliche Schutzmaßnahmen und Verhaltensregeln,
c) die sachgerechte Entsorgung gefährlicher Abfälle,
d) das Verhalten im Gefahrenfalle,
e) Erste-Hilfe-Maßnahmen.

Die Arbeitnehmer z. B. Zahnarzthelferinnen, Mitarbeiter bei der Zytostatikaherstellung, Beschäftigte an Ethylenoxid- und Formaldehyd-Sterilisatoren müssen **vor Beschäftigung und mindestens 1 mal jährlich** anhand dieser Betriebsanweisung über die auftretenden Gefahren und über Schutzmaßnahmen **unterwiesen** werden. Gebärfähige Arbeitnehmerinnen sind zusätzlich über die für werdende Mütter möglichen Gefahren und Beschäftigungsbeschränkungen zu unterrichten.

Inhalt und Zeitpunkt der Unterweisung sind vom Unterwiesenen **durch Unterschrift zu bestätigen** (Einzelheiten siehe TRGS 555, Kapitel 2.17: das Muster einer tätigkeitsbezogenen Betriebsanweisung aus der TRGS 555 ist umseitig abgebildet (s. Abb. 9).

Literatur: Stapel, Betriebsanweisung, Govi-Verlag Frankfurt/Main.

1.16.6 Hygienische Maßnahmen (§ 22 GefStoffV)

Arbeitnehmer, die beim Umgang mit sehr giftigen, giftigen, krebserzeugenden, fruchtschädigenden oder erbgutverändernden Gefahrstoffen beschäftigt werden, dürfen **am Arbeitsplatz nicht essen,**

XY	BETRIEBSANWEISUNG 1 GEM. § 20 GEFSTOFFV	01.06.89
ARBEITSBEREICH: Kesselhaus	ARBEITSPLATZ: Wasseraufbereitung TÄTIGKEIT: Gebindewechsel; Dosierung	

GEFAHRSTOFFBEZEICHNUNG

O X Y S T O P P

Organischer Sauerstoffbinder,
Basis: Diethylhydroxylamin (DEHA)
Lieferant: Oxy-Chemie
Warenschlüssel-Nr.: 16 743

GEFAHREN FÜR MENSCH UND UMWELT

Reizt die Augen, Atmungsorgane und die Haut

Wassergefährdend, Wassergefährdungsklasse 2, darf nicht dem Abwasser zugeführt werden

SCHUTZMASSNAHMEN UND VERHALTENSREGELN

Transport des Gebindes auf die Arbeitsbühne nur mit Hebekorb und Hebezug

Beim Anschluß des Gebindes an die Zuleitung mit Hebepumpe Gummihandschuhe (Säureschutzhandschuhe) und Korbbrille tragen

VERHALTEN IM GEFAHRFALL

Leckagen im Dosiersystem sofort der Betriebsleitung melden

Beim Austritt größerer Mengen Oxystopp (z.B. durch Umstürzen des Behälters) Vollschutzmasken mit Kombinationsfilter A 2 - P 3 (braun) tragen

NOTRUF 333 Ausgetretene Flüssigkeit mit Hydroperl aufnehmen

ERSTE HILFE

Bei Berührung mit den Augen gründlich mit Wasser spülen und Werksarzt aufsuchen

Beschmutzte, getränkte Kleidung sofort ausziehen, benetzte Haut gründlich mit Wasser reinigen

NOTRUF 333 Bei Verschluchen sofort Werksarzt aufsuchen und Kennzeichnungsetikett oder Sicherheitsdatenblatt vorzeigen

SACHGERECHTE ENTSORGUNG

Oxystopp darf nicht in die Kanalisation gelangen

Bei Leckage mit Hydroperl aufnehmen und durch die Feuerwehr entsorgen lassen

TEL. 300 Entleerte Gebinde an das Magazin zurückgeben

Abb. 9: Muster einer Betriebsanweisung

trinken, rauchen oder schnupfen. Auch dürfen dort keine Lebensmittel und Tabakerzeugnisse aufbewahrt werden. Für diese Beschäftigte sind Bereiche einzurichten, in denen sie ohne Beeinträchtigung ihrer Gesundheit durch Gefahrstoffe essen, trinken, rauchen und schnupfen können. Außerdem sind Waschräume mit Duschen sowie Räume mit getrennten Aufbewahrungsmöglichkeiten für Straßen- und Arbeitskleidung zur Verfügung zu stellen. Diese Vorschrift gilt für Apotheken z. B. beim Gebrauch giftiger Reagenzien im Apothekenlabor bzw. für Arbeiten mit krebserzeugenden Stoffe in Krankenhausapotheken.

1.17 Behördliche Anordnungen und Entscheidungen (§§ 41–44 GefStoffV)

Mit der Novellierung der Gefahrstoffverordnung sind die behördlichen Anordnungen, Befugnisse und Entscheidungen in einem eigenen Abschnitt zusammengefaßt und dort übersichtlich dargestellt worden.

So kann zum Beispiel die zuständige Behörde eine Untersuchung durch einen Arzt anordnen, wenn damit zu rechnen ist, daß ein Arbeitnehmer beim Umgang mit Gefahrstoffen an seiner Gesundheit geschädigt werden kann.

Die zuständige Behörde kann weiter bei geringen Mengen brandfördernder, leichtentzündlicher, entzündlicher, mindergiftiger und reizender Stoffe und Zubereitungen Ausnahmen von den Kennzeichnungsvorschriften zulassen.

Die zuständige Behörde kann ferner auf schriftlichen Antrag des Arbeitgebers Ausnahmen von den Herstellungs- und Verwendungsverboten zulassen, wenn die Maßnahmen im Einzelfall zu einer unverhältnismäßigen Härte führen würden, vorausgesetzt, daß der Arbeitgeber eine ebenso wirksame Maßnahme trifft.

Die zuständige Behörde kann außerdem die Verwendung weiterer Begasungsmittel zulassen, wenn diese von der Biologischen Bundesanstalt für Land- und Forstwirtschaft zugelassen sind bzw. vom Bundesinstitut für gesundheitlichen Verbraucherschutz und Veterinärmedizin oder von der Bundesanstalt für Materialforschung- und -prüfung geprüft worden sind.

Auch von den allgemeinen Schutzpflichten kann die zuständige Behörde auf schriftlichen Antrag des Arbeitgebers Ausnahmen zulassen, wenn der Arbeitgeber eine andere, ebenso wirksame Maßnahme trifft oder wenn die Durchführung der Vorschriften zu einer unverhältnismäßigen Härte führen würde.

1.18. Verordnungstexte

1.18.1 Verordnung über Verbote und Beschränkungen des Inverkehrbringens gefährlicher Stoffe, Zubereitungen und Erzeugnisse nach dem Chemikaliengesetz (Chemikalien-Verbotsverordnung – ChemVerbotsV)

vom 14. Oktober 1993 (BGBl. I S. 1720),
zuletzt geändert am 25. Juli 1994 (BGBl. I S. 1689)

Inhaltsübersicht

§ 1
Verbote

(1) Das Inverkehrbringen

1. von Stoffen und Zubereitungen, die in Spalte 1 des Anhangs bezeichnet sind, sowie
2. von Stoffen, Zubereitungen und Erzeugnissen, die diese freisetzen können oder enthalten,

ist in dem in Spalte 2 des Anhangs genannten Umfang nach Maßgabe der in Spalte 3 des Anhangs aufgeführten Ausnahmen verboten.

(2) Die Verbote gelten nicht für die in § 2 Abs. 1 Nr. 1 und 2 und Abs. 2 Satz 1 des Chemikaliengesetzes aufgeführten Stoffe, Zubereitungen und Erzeugnisse sowie für Stoffe, Zubereitungen oder Erzeugnisse, die

1. zu Forschungs-, wissenschaftlichen Lehr- und Ausbildungszwecken sowie Analysezwecken in den dafür erforderlichen Mengen oder
2. zur ordnungsmäßigen Abfallentsorgung

in den Verkehr gebracht werden, sofern in Spalte 3 des Anhangs nicht etwas anderes bestimmt ist.

(3) Ist nach Spalte 3 des Anhangs eine Ausnahme von einer behördlichen Genehmigung abhängig, so entscheidet die zuständige Behörde auf Antrag. Die Genehmigung darf nur erteilt werden, wenn

1. ausreichende Sicherheitsvorkehrungen zum Schutz von Mensch und Umwelt getroffen sind und
2. eine geordnete Entsorgung gewährleistet ist.

Die Genehmigung kann mit Nebenbestimmungen versehen werden. Sie ist mit dem Vorbehalt des Widerrufes zu erlassen. Sie ist zu widerrufen, wenn die Voraussetzungen des Satzes 2 nicht mehr vorliegen.

(4) Beim Inverkehrbringen von Stoffen, Zubereitungen und Erzeugnissen, die einer Ausnahme von dem Verbot nach Absatz 1 unterliegen, sind die in Spalte 3 des Anhangs aufgeführten Handlungspflichten zu beachten.

§ 2
Erlaubnis- und Anzeigepflicht

(1) Wer gewerbsmäßig oder selbständig im Rahmen einer wirtschaftlichen Unternehmung Stoffe oder Zubereitungen in den Verkehr bringt, die nach der Gefahrstoffverordnung mit den Gefahrensymbolen T (giftig) oder T+ (sehr giftig) zu kennzeichnen sind, bedarf der Erlaubnis der zuständigen Behörde.

(2) Die Erlaubnis nach Absatz 1 erhält, wer

1. die Sachkenntnis nach § 5 nachgewiesen hat,
2. die erforderliche Zuverlässigkeit besitzt und
3. mindestens 18 Jahre alt ist.

(3) Unternehmen erhalten für ihre Einrichtungen und Betriebe die Erlaubnis nach Absatz 1, wenn sie über Personen verfügen, die die Anforderungen nach Absatz 2 erfüllen. Bei Unternehmen mit mehreren Betrieben muß in jedem Betrieb eine Person nach Satz 1 vorhanden sein. Jeder Wechsel dieser Personen ist der zuständigen Behörde unverzüglich anzuzeigen.

(4) Die Erlaubnis kann auf einzelne gefährliche Stoffe und Zubereitungen nach Absatz 1 oder auf

Gruppen von gefährlichen Stoffen und Zubereitungen beschränkt werden. Sie kann unter Auflagen erteilt werden. Auflagen können auch nachträglich angeordnet werden.

(5) Keiner Erlaubnis nach Absatz 1 bedürfen

1. Apotheken,
2. Hersteller, Einführer und Händler, die Stoffe und Zubereitungen nach Absatz 1 nur an Wiederverkäufer, gewerbliche Verbraucher oder öffentliche Forschungs-, Untersuchungs- oder Lehranstalten abgeben, sowie
3. Tankstellen und sonstige Betankungseinrichtungen, soweit sie Ottokraftstoffe zum unmittelbaren Verbrauch abgeben.

(6) Wer nach Absatz 5 Nr. 2 keiner Erlaubnis bedarf, hat der zuständigen Behörde das erstmalige Inverkehrbringen von Stoffen oder Zubereitungen nach Absatz 1 vor Aufnahme dieser Tätigkeit schriftlich anzuzeigen. In der Anzeige ist mindestens eine Person zu benennen, die die Anforderungen nach Absatz 2 erfüllt. Jeder Wechsel dieser Person ist der zuständigen Behörde unverzüglich schriftlich anzuzeigen.

(7) Eine nach früheren Rechtsvorschriften erteilte Erlaubnis, die einer Erlaubnis nach Absatz 1 entspricht, gilt im erteilten Umfang fort. Eine nach § 11 Abs. 7 oder § 45 Abs. 8 der Gefahrstoffverordnung in der bis zum 31. Oktober 1993 geltenden Fassung oder nach Anlage I Kapitel VIII Sachgebiet B Abschnitt III Nr. 14 Buchstabe g des Einigungsvertrages erstattete Anzeige gilt als Anzeige nach Absatz 6.

§ 3

Informations- und Aufzeichnungspflichten bei der Abgabe an Dritte

(1) Stoffe und Zubereitungen, die nach der Gefahrstoffverordnung mit den Gefahrensymbolen T (giftig) oder T+ (sehr giftig) oder C (ätzend) oder O (brandfördernd) oder F+ (hochentzündlich) oder mit dem Gefahrensymbol X_n (gesundheitsschädlich) und dem R-Satz R 40, R 62 oder R 63 zu kennzeichnen sind, dürfen nur abgegeben werden, wenn

1. dem Abgebenden Name und Anschrift des Erwerbers bekannt sind oder der Erwerber sich entsprechend ausgewiesen hat,
2. dem Abgebenden bekannt ist oder er sich vom Erwerber hat bestätigen lassen, daß dieser die Stoffe und Zubereitungen
   a) als Handelsgewerbetreibender weiterveräußern oder
   b) als Endabnehmer in erlaubter Weise verwenden

   will, und keine Anhaltspunkte für eine unerlaubte Weiterveräußerung oder Verwendung bestehen,
3. der Erwerber, sofern es sich um eine natürliche Person handelt, mindestens 18 Jahre alt ist,
4. der Erwerber, sofern er ein Begasungsmittel nach der Gefahrstoffverordnung erwerben will, die dort vorgeschriebene Erlaubnis vorgelegt hat und
5. der Abgebende den Erwerber über die mit dem Verwenden des Stoffes oder der Zubereitung verbundenen Gefahren, die notwendigen Vorsichtsmaßnahmen beim bestimmungsgemäßen Gebrauch und für den Fall des unvorhergesehenen Verschüttens oder Freisetzens sowie über die ordnungsgemäße Entsorgung unterrichtet hat.

Bei der Abgabe von Stoffen und Zubereitungen nach Satz 1, die nicht mit dem Gefahrensymbol T (giftig) oder T+ (sehr giftig) zu kennzeichnen sind, an natürliche Personen ist eine Identitätsfeststellung nach Satz 1 Nr. 1 nicht erforderlich; Satz 1 Nr. 3 bleibt unberührt.

(2) Die Abgabe nach Absatz 1 darf nur durch eine in dem Betrieb beschäftigte Person erfolgen, die die Anforderungen nach § 2 Abs. 2 erfüllt. Dies gilt nicht für Hersteller, Einführer und Händler, soweit sie die Stoffe und Zubereitungen nur an Wiederverkäufer, gewerbliche Verbraucher oder öffentliche Forschungs-, Untersuchungs- oder Lehranstalten abgeben und mit der Abgabe Personen beauftragen, die zuverlässig sind, das 18. Lebensjahr vollendet haben und mindestens jährlich über die zu beachtenden Vorschriften belehrt werden; die Belehrung ist schriftlich zu bestätigen.

(3) Über die Abgabe der Stoffe und Zubereitungen nach § 2 Abs. 1 ist ein Abgabebuch zu führen, das Angaben über Art und Menge der Stoffe und Zubereitungen, das Datum der Abgabe, den Verwendungszweck, den Namen und die Anschrift des Erwerbers und den Namen des Abgebenden enthält. Der Empfang der Stoffe und Zubereitungen ist vom Erwerber im Abgabebuch oder auf einem gesonderten Empfangsschein durch Unterschrift zu bestätigen. Das Abgabebuch ist vom Betriebsinhaber zusammen mit den Empfangsscheinen für mindestens 3 Jahre nach der letzten Eintragung aufzubewahren.

(4) Absatz 3 gilt nicht für Hersteller, Einführer und Händler, soweit sie die Stoffe und Zubereitungen nur an Wiederverkäufer, gewerbliche Verbraucher oder öffentliche Forschungs-, Untersuchungs- und Lehranstalten abgegeben und die in Absatz 3 Satz 1 aufgeführten Angaben in anderer Weise für mindestens 3 Jahre nachweisen können. Die nach Absatz 3 Satz 1 nachzuweisenden Angaben müssen bei Abgabe an öffentliche Anstalten nach Satz 1 die Angabe umfassen, ob die Abgabe zu Forschungs-, Analyse-, Ausbildungs- oder Lehrzwecken erfolgt. Die Absätze 1 bis 3 gelten nicht für Tankstellen und sonstige Betankungseinrichtungen, soweit sie Ottokraftstoffe zum unmittelbaren Verbrauch abgeben. Die Absätze 1 und 2 gelten nicht für

1. die mit dem Gefahrensymbol C (ätzend) zu kennzeichnenden Reinigungsmittel in Verpackungen mit kindergesicherten Verschlüssen, die den Anforderungen der Norm ISO 8317 (Ausgabe 1. Juli 1989) entsprechen,
2. Zement und Kalk sowie Zubereitungen, die aufgrund ihres Zement- oder Kalkgehaltes mit dem Gefahrensymbol C (ätzend) zu kennzeichnen sind,
3. Druckgase im Sinne der Druckbehälterverordnung, die nach der Gefahrstoffverordnung mit dem Gefahrensymbol F+ (hochentzündlich) zu kennzeichnen sind, sowie
4. Klebstoffe, Mehrkomponentenkleber und Mehrkomponenten-Reparaturspachtel, die aufgrund ihrer Zusammensetzung nach der Gefahrstoffverordnung mit dem Gefahrensymbol O (brandfördernd) zu kennzeichnen sind.

§ 4

Selbstbedienungsverbot

Stoffe und Zubereitungen nach § 3 Abs. 1 Satz 1 dürfen im Einzelhandel nicht durch Automaten oder durch andere Formen der Selbstbedienung in den Verkehr gebracht werden. Das Selbstbedienungsverbot nach § 22 Abs. 1 des Pflanzenschutzgesetzes bleibt unberührt. Satz 1 gilt nicht für

1. Ottokraftstoffe, die an Tankstellen und sonstigen Betankungseinrichtungen zum unmittelbaren Verbrauch abgegeben werden,
2. die mit dem Gefahrensymbol C (ätzend) zu kennzeichnenden Reinigungsmittel in Verpackungen mit kindergesicherten Verschlüssen, die den Anforderungen der Norm ISO 8317 (Ausgabe 1. Juli 1989) entsprechen,
3. Zement und Kalk sowie Zubereitungen, die aufgrund ihres Zement- oder Kalkgehaltes mit dem Gefahrensymbol C (ätzend) zu kennzeichnen sind,
4. Druckgase im Sinne der Druckbehälterverordnung, die nach der Gefahrstoffverordnung mit dem Gefahrensymbol F+ (hochentzündlich) zu kennzeichnen sind, sowie
5. Klebstoffe, Mehrkomponentenkleber und Mehrkomponenten-Reparaturspachtel, die aufgrund ihrer Zusammensetzung nach der Gefahrstoffverordnung mit dem Gefahrensymbol O (brandfördernd) zu kennzeichnen sind.

§ 5

Sachkenntnis

(1) Die erforderliche Sachkenntnis nach § 2 Abs. 2 Nr. 1 hat nachgewiesen, wer

1. die von der zuständigen Behörde durchgeführte Prüfung nach Absatz 2 bestanden hat,
2. die Approbation als Apotheker besitzt,
3. die Berechtigung hat, die Berufsbezeichnung Apothekerassistent oder Pharmazieingenieur zu führen,
4. die Erlaubnis zur Ausübung der Tätigkeit unter der Berufsbezeichnung pharmazeutisch-technischer Assistent oder Apothekenassistent besitzt,
5. die Abschlußprüfung nach der Verordnung über die Berufsausbildung zum Drogist/zur Drogistin vom 30. Juni 1992 (BGBl. I S. 1197) bestanden hat, sofern die Abschlußprüfung der Prüfung nach Absatz 2 entspricht,
6. die Prüfung zum anerkannten Abschluß Geprüfter Schädlingsbekämpfer/Geprüfte Schädlingsbekämpferin bestanden hat,
7. im Rahmen eines Hochschulstudiums ausweislich des Zeugnisses der Zwischenprüfung oder der Abschlußprüfung nach Teilnahme an entsprechenden Lehrveranstaltungen eine Prüfung bestanden hat, die der Prüfung nach Absatz 2 entspricht, oder
8. nach früheren Vorschriften eine Prüfung bestanden hat, die der Prüfung nach Absatz 2 entspricht.

(2) Die Prüfung der Sachkenntnis erstreckt sich auf die allgemeinen Kenntnisse über die wesentlichen Eigenschaften der gefährlichen Stoffe und Zubereitungen nach § 3 Abs. 1 Satz 1, über die mit ihrer Verwendung verbundenen Gefahren und auf die Kenntnis der einschlägigen Vorschriften. Sie kann auf Gruppen von gefährlichen Stoffen und Zubereitungen beschränkt werden. Sie kann auch unter Berücksichtigung nachgewiesener fachlicher Vorkenntnisse auf die Kenntnis der einschlägigen Vorschriften beschränkt werden. Eine Anerkennung oder ein Zeugnis nach der Pflanzenschutz-Sachkundeverordnung vom 28. Juli 1987 (BGBl. I S. 1752) kann als Nachweis der Sachkenntnis für die Abgabe von Pflanzenschutzmitteln anerkannt werden, auf die § 3 Abs. 1 Satz 1 Anwendung findet. Über die Prüfung wird ein Zeugnis ausgestellt.

(3) Der Sachkenntnisnachweis gilt als erbracht

1. für Personen aus den Mitgliedsstaaten der Europäischen Gemeinschaften oder anderen Vertragsstaaten des Abkommens über den Europäischen Wirtschaftsraum, wenn sie der zuständigen Behörde nachgewiesen haben, daß sie die Voraussetzungen des Artikels 2 der Richtlinie 74/556/EWG des Rates vom 4. Juni 1974 über die Einzelheiten der Übergangsmaßnahmen auf dem Gebiet der Tätigkeiten des Handels mit und der Verteilung von Giftstoffen und der Tätigkeiten, die die berufliche Verwendung dieser Stoffe umfassen, einschließlich der Vermittlertätigkeiten (ABl. EG Nr. L 307 S. 1) erfüllen, sowie
2. für Personen, die in einer Anzeige nach § 11 Abs. 7 der Gefahrstoffverordnung in der bis zum 31. Oktober 1993 geltenden Fassung benannt wurden.

§ 6

ISO-Normen

ISO-Normen, auf die in dieser Verordnung verwiesen wird, sind im Beuth-Verlag, Berlin, erschienen und beim Deutschen Patentamt in München archivmäßig gesichert niedergelegt.

§ 7

Ordnungswidrigkeiten

Ordnungswidrig im Sinne des § 26 Abs. 1 Nr. 7 des Chemikaliengesetzes handelt, wer vorsätzlich oder fahrlässig

1. entgegen § 1 Abs. 4 in Verbindung mit Abschnitt 4 Spalte 3 Abs. 2 Satz 2 oder 3 des Anhangs oder § 2 Abs. 6 eine Anzeige nicht, nicht richtig, nicht vollständig oder nicht rechtzeitig erstattet,
2. entgegen § 3 Abs. 1 Satz 1 Stoffe oder Zubereitungen abgibt, ohne daß die Voraussetzungen des § 3 Abs. 1 Satz 1 Nr. 1 bis 4 erfüllt sind,
3. entgegen § 3 Abs. 2 Satz 1 die in § 3 Abs. 1 Satz 1 bezeichneten gefährlichen Stoffe oder Zubereitungen
   a) abgibt, ohne in dem Betrieb beschäftigt zu sein, die erforderliche Sachkenntnis nachgewiesen zu haben oder mindestens 18 Jahre alt zu sein, oder
   b) durch eine Person abgeben läßt, die nicht in dem Betrieb beschäftigt ist, die erforderliche Sachkenntnis nicht nachgewiesen hat oder die nicht mindestens 18 Jahre alt ist,
4. entgegen § 3 Abs. 3 Satz 1 das Abgabebuch nicht oder nicht vollständig führt oder entgegen § 3 Abs. 3

Satz 3 das Abgabebuch oder die Empfangsscheine nicht oder nicht für die vorgeschriebene Dauer aufbewahrt oder

5. entgegen § 4 Satz 1 Stoffe oder Zubereitungen im Einzelhandel durch Automaten oder durch andere Formen der Selbstbedienung in den Verkehr bringt.

§ 8

Straftaten

Nach § 27 Abs. 1 Nr. 1 und Abs. 2 bis 4 des Chemikaliengesetzes wird bestraft, wer vorsätzlich oder fahrlässig

1. entgegen § 1 in Verbindung mit dem Anhang die dort aufgeführten Stoffe, Zubereitungen oder Erzeugnisse in den Verkehr bringt oder
2. entgegen § 2 Abs. 1 Stoffe oder Zubereitungen ohne Erlaubnis in den Verkehr bringt.

§ 9

Übergangsvorschrift

Setzt die Erfüllung der Anforderungen nach den §§ 3 und 4 für Stoffe und Zubereitungen, die nicht mit dem Gefahrensymbol T (giftig) oder T+ (sehr giftig) zu kennzeichnen sind, in einem Betrieb, der derartige Stoffe oder Zubereitungen bereits vor dem 1. November 1993 in den Verkehr gebracht hat, nicht nur unerhebliche betriebliche Veränderungen oder den erstmaligen Erwerb eines Sachkenntnisnachweises voraus, so müssen diese Anforderungen in dem Betrieb erst ab dem 1. Januar 1995 erfüllt werden.

Anhang
(zu § 1)

Spalte 1		Spalte 2	Spalte 3
Stoffe/Zubereitungen	CAS-Nummer	Verbote	Ausnahmen
Abschnitt 1: DDT			
1,1,1-Trichlor-2,2-bis(4-chlorphenyl)-ethan und seine Isomeren (DDT).		DDT und Zubereitungen, die unter Zusatz von DDT als Wirkstoff hergestellt wurden, dürfen nicht in den Verkehr gebracht werden.	Abweichend von § 1 Abs. 2 gilt das Verbot nach Spalte 2 auch für die in § 2 Abs. 1 Nr. 1 und 2 und Abs. 2 Satz 1 des Chemikaliengesetzes aufgeführten Stoffe und Zubereitungen. Die Ausnahme nach § 1 Abs. 2 Nr. 1 ist von einer Genehmigung des Bundesinstitutes für gesundheitlichen Verbraucherschutz und Veterinärmedizin abhängig. Das Bundesinstitut für gesundheitlichen Verbraucherschutz und Veterinärmedizin kann Ausnahmen von dem Verbot nach Spalte 2 zur Synthese anderer Stoffe zulassen.
Abschnitt 2: Asbest			
1. Aktinolith	77536-66-4	Stoffe nach Spalte 1 mit Faserstruktur, Zubereitungen, die diese Stoffe mit einem Massengehalt von insgesamt mehr als 0,1 % enthalten, und Erzeugnisse, die Stoffe nach Spalte 1 oder die genannten Zubereitungen enthalten, dürfen nicht in den Verkehr gebracht werden.	(1) Das Verbot nach Spalte 2 gilt nicht für chrysotilhaltige Ersatzteile zum Zwecke der Instandhaltung, soweit andere geeignete asbestfreie Ersatzteile nicht auf dem Markt angeboten werden, und für natürlich vorkommende mineralische Rohstoffe, die freie Asbestfasern mit einem Massengehalt von nicht mehr als 0,1 % enthalten. Ferner gilt es mit Ausnahme von Elektro-Speicherheizgeräten nicht für das erneute Inverkehrbringen von Fahrzeugen, Geräten und Anlagen, die asbesthaltige Erzeugnisse nach Spalte 2 enthalten und vor dem Inkrafttreten des jeweiligen Verbots hergestellt worden sind. (2) Das Verbot nach Spalte 2 gilt bis zum 20. April 1994 nicht für Stoffe, Zubereitungen und Erzeugnisse, die vor dem 20. Oktober 1993 hergestellt worden sind. Satz 1 gilt nicht für 1. Spielzeug, 2. Fertigerzeugnisse in Pulverform, die im Einzelhandel öffentlich verkauft werden, 3. Raucherartikel wie Tabakpfeifen, Zigaretten- oder Zigarrenspitzen,
2. Amosit	12172-73-5		
3. Anthophyllit	77536-67-5		
4. Chrysotil	12001-29-5		
5. Krokydolith	12001-28-4		
6. Tremolit	77536-68-6		

Spalte 1		Spalte 2	Spalte 3
Stoffe/Zubereitungen	CAS-Nummer	Verbote	Ausnahmen
			4. katalytische Siebe und Isoliervorrichtungen, die für mit Flüssiggas betriebene Heizgeräte bestimmt oder in diese eingebaut sind, 5. Anstrichstoffe, 6. Stoffe oder Zubereitungen zum Aufsprühen oder Aufspritzen, 7. Krokydolith und krokydolithhaltige Zubereitungen und Erzeugnisse. (3) Das Verbot nach Spalte 2 gilt bis zum 31. Dezember 1994 nicht für folgende chrysotilhaltige Zubereitungen und Erzeugnisse einschließlich der zu ihrer Herstellung benötigten asbesthaltigen Rohstoffe: 1. Schutzkleidung für das Hantieren mit feuerflüssigen Massen für Temperaturen über 1000 °C, 2. Kanal- und Druckrohre für den Tiefbaubereich, ausgenommen unbeschichtete Trinkwasserrohre, 3. Brunnenrohre für die Entwässerung von Braunkohletagebauen, 4. Kupplungsbeläge für Fahrzeuge und Bremsklotzsohlen für schienengebundene Fahrzeuge, soweit keine sicherheitstechnisch geeigneten asbestfreien Kupplungsbeläge oder verkehrsrechtlich zugelassenen asbestfreien Bremsklotzsohlen auf dem Markt angeboten werden, 5. duroplastische Formmassen zur Herstellung von Kommutatoren, 6. statische Dichtungen, dynamische Dichtungen, Packungen und Zylinderkopfdichtungen für Fahrzeuge und gewerbliche Anwendung, 7. Reibbeläge für gewerbliche Anwendungen und 8. poröse Massen für Acetylenflaschen. Vor dem 31. Dezember 1994 hergestellte Acetylenflaschen mit chrysotilhaltigen porösen Massen dürfen auch nach dem 31. Dezember 1994 in den Verkehr gebracht werden, wenn eine Exposition der Arbeitnehmer ausgeschlossen ist. (4) Das Verbot nach Spalte 2 gilt nicht für 1. chrysotilhaltige Diaphragmen für Elektrolyseprozesse einschließlich der zu ihrer Herstellung benötigten asbesthaltigen Rohstoffe bis zum 31. Dezember 1999 und 2. asbesthaltige Rohstoffe zur Herstellung von chrysotilhaltigen Diaphragmen für die Chloralkalielektrolyse in bestehenden Anlagen bis zum 31. Dezember 2010, soweit asbestfreie Ersatzstoffe, Zubereitungen und Erzeugnisse nicht auf dem Markt angeboten werden oder deren Verwendung zu einer unzumutbaren Härte führt.

Spalte 1		Spalte 2	Spalte 3
Stoffe/Zubereitungen	CAS-Nummer	Verbote	Ausnahmen
Abschnitt 3: Formaldehyd			
Formaldehyd	50-00-0	(1) Beschichtete und unbeschichtete Holzwerkstoffe (Spanplatten, Tischlerplatten, Furnierplatten und Faserplatten) dürfen nicht in den Verkehr gebracht werden, wenn die durch den Holzwerkstoff verursachte Ausgleichskonzentration des Formaldehyds in der Luft eines Prüfraums 0,1 ml/m³ (ppm) überschreitet. Die Ausgleichskonzentration ist nach einem Prüfverfahren zu messen, das dem Stand von Wissenschaft und Technik entspricht. Das Umweltbundesamt veröffentlicht im Einvernehmen mit der Bundesanstalt für Materialforschung und -prüfung nach Anhörung von Sachverständigen Prüfverfahren, die diesen Anforderungen entsprechen. (2) Möbel, die Holzwerkstoffe enthalten, die nicht den Anforderungen nach Absatz 1 entsprechen, dürfen nicht in den Verkehr gebracht werden. Absatz 1 gilt jedoch auch als erfüllt, wenn die Möbel die unter Absatz 1 genannte Ausgleichskonzentration bei einer Ganzkörperprüfung einhalten. (3) Wasch-, Reinigungs- und Pflegemittel mit einem Massengehalt von mehr als 0,2 % Formaldehyd dürfen nicht in den Verkehr gebracht werden.	(1) Die Verbote nach Spalte 2 Abs. 1 und 2 gelten nicht für das Inverkehrbringen zum Zwecke der Verwertung in einer nach dem Verfahren des § 6 oder § 15 genehmigten oder nach § 67 Abs. 7 des Bundes-Immissionsschutzgesetzes übergeleiteten Anlage. (2) Das Verbot nach Spalte 2 Abs. 1 gilt nicht für Platten, die ausschließlich zum Zwecke einer geeigneten Beschichtung in den Verkehr gebracht werden, sofern sichergestellt ist, daß sie nach der Beschichtung die in Spalte 2 Abs. 1 genannte Ausgleichskonzentration einhalten. (3) Das Verbot nach Spalte 2 Abs. 3 gilt nicht für Industriereiniger. (4) In dem in Artikel 3 des Einigungsvertrages genannten Gebiet gelten die Verbote nach Spalte 2 nicht für Möbel, die vor dem 31. Dezember 1991 hergestellt wurden.
Abschnitt 4: Dioxine und Furane			
1. a) 2,3,7,8-Tetrachlordibenzo-p-dioxin b) 1,2,3,7,8-Pentachlordibenzo-p-dioxin c) 2,3,7,8-Tetrachlordibenzofuran d) 2,3,4,7,8-Pentachlordibenzofuran 2. a) 1,2,3,4,7,8-Hexachlordibenzo-p-dioxin b) 1,2,3,7,8,9-Hexachlordibenzo-p-dioxin c) 1,2,3,6,7,8-Hexachlordibenzo-p-dioxin d) 1,2,3,7,8-Pentachlordibenzofuran e) 1,2,3,4,7,8-Hexachlordibenzofuran f) 1,2,3,7,8,9-Hexachlordibenzofuran g) 1,2,3,6,7,8-Hexachlordibenzofuran h) 2,3,4,6,7,8-Hexachlordibenzofuran 3. a) 1,2,3,4,6,7,8-Heptachlordibenzo-p-dioxin b) 1,2,3,4,6,7,8,9-Octachlordibenzo-p-dioxin		Stoffe, Zubereitungen und Erzeugnisse dürfen nicht in Verkehr gebracht werden, wenn die Summe der Gehalte 1. der in Spalte 1 Nr. 1 genannten chemischen Verbindungen den Wert von 1 µg/kg, 2. der in Spalte 1 Nr. 1 und 2 genannten chemischen Verbindungen den Wert von 5 µg/kg, 3. der in Spalte 1 Nr. 1, 2 und 3 genannten chemischen Verbindungen den Wert von 100 µg/kg, 4. der in Spalte 1 Nr. 4 genannten chemischen Verbindungen den Wert von 1 µg/kg oder 5. der in Spalte 1 Nr. 4 und 5 genannten chemischen Verbindungen den Wert von 5 µg/kg überschreitet. Die in Satz 1 Nr. 2, 3 und 5 genannten Grenzwerte gelten nur dann als eingehalten, wenn auch der in den jeweils vorhergehenden Nummern festgesetzte Grenzwert für die dort genannten Kongenerengruppen nicht überschritten wird.	(1) Das Verbot nach Spalte 2 gilt nicht für 1. die in § 2 Abs. 1 Nr. 4 und 5 des Chemikaliengesetzes genannten Stoffe, Zubereitungen und Erzeugnisse, 2. nach § 11 des Pflanzenschutzgesetzes zulassungsbedürftige Pflanzenschutzmittel, 3. Stoffe oder Zubereitungen, die zur Gewinnung von Nichteisenmetallen oder deren anorganischen Verbindungen durch Einsatz in nach dem Bundes-Immissionsschutzgesetz genehmigungsbedürftigen Anlagen in den Verkehr gebracht werden, 4. Reststoffe, die zur Erfüllung der Pflichten nach § 5 Abs. 1 Nr. 3 des Bundes-Immissionsschutzgesetzes in den Verkehr gebracht werden, 5. das Inverkehrbringen zum Zwecke der Rückgabe aufgrund einer Verordnung nach § 14 Abs. 1 Nr. 3 oder Abs. 2 Nr. 3 des Abfallgesetzes oder aufgrund einer freiwilligen Rücknahmeverpflichtung nach § 12 Abs. 2 des Abfallgesetzes, 6. Stoffe, Zubereitungen und Erzeugnisse, die vor dem 16. Juli 1994 hergestellt worden sind, sofern sie die in Spalte 2 in der bis zu diesem Zeitpunkt geltenden Fassung genannten

Spalte 1		Spalte 2	Spalte 3
Stoffe/Zubereitungen	CAS-Nummer	Verbote	Ausnahmen
c) 1,2,3,4,6,7,8-Heptachlor-dibenzofuran d) 1,2,3,4,7,8,9-Heptachlor-dibenzofuran e) 1,2,3,4,6,7,8,9-Octachlor-dibenzofuran 4. a) 2,3,7,8-Tetrabrom-dibenzo-p-dioxin b) 1,2,3,7,8-Pentabrom-dibenzo-p-dioxin c) 2,3,7,8-Tetrabrom-dibenzofuran d) 2,3,4,7,8-Pentabrom-dibenzofuran 5. a) 1,2,3,4,7,8-Hexabrom-dibenzo-p-dioxin b) 1,2,3,7,8,9-Hexabrom-dibenzo-p-dioxin c) 1,2,3,6,7,8-Hexabrom-dibenzo-p-dioxin d) 1,2,3,7,8-Pentabrom-dibenzofuran			Grenzwerte nicht überschreiten sowie 7. Erzeugnisse oder Teile derselben mit einer Masse von weniger als 50 Gramm, sofern sie die in Spalte 2 Nr. 1, 2 und 3 genannten Grenzwerte nicht überschreiten, bis zum 15. Juli 1999. (2) Das Verbot nach Spalte 2 gilt nicht für Stoffe, die dazu bestimmt sind, durch einen chemischen Prozeß umgewandelt zu werden (Zwischenprodukte). Wer Zwischenprodukte in den Verkehr bringt, deren Gehalt an Stoffen nach Spalte 1 die in Spalte 2 genannten Grenzwerte überschreitet, hat der zuständigen Behörde dies halbjährlich unter Angabe 1. der Handelsbezeichnung des Zwischenprodukts, 2. seines Gehalts an Stoffen nach Spalte 1 sowie 3. der insgesamt abgegebenen Menge anzuzeigen. Bei der erstmaligen Anzeige hat der Anzeigepflichtige zusätzlich Namen und Anschrift der inländischen Unternehmen, an die die Zwischenprodukte abgegeben werden, anzuzeigen, bei späteren Anzeigen auf Anforderung der zuständigen Behörde eine entsprechend aktualisierte Liste. (3) Abweichend von Spalte 2 Satz 1 Nr. 1 und 2 dürfen anthrachinoide Küpenfarbstoffe und anthrachinoide Pigmente bis zum 15. Juli 1997 in Verkehr gebracht werden, sofern sie die in Spalte 2 in der bis zum 16. Juli 1994 geltenden Fassung genannten Grenzwerte nicht überschreiten. (4) Abweichend von Spalte 2 Satz 1 Nr. 3 dürfen Farbstoffe und Pigmente, die über Chloranil als Zwischenprodukt hergestellt werden, bis zum 15. Juli 1997 in Verkehr gebracht werden, wenn die Summe der Gehalte der in Spalte 1 Nr. 1, 2 und 3 genannten Stoffe den Wert von 350 µg/kg nicht überschreitet. (5) Abweichend von Spalte 2 Satz 1 Nr. 4 und 5 dürfen Stoffe, Zubereitungen und Erzeugnisse bis zum 15. Juli 1999 in Verkehr gebracht werden, wenn die Summe der Gehalte der in Spalte 1 Nr. 4 genannten Stoffe den Wert von 10 µg/kg und wenn der Gehalt der in Spalte 1 Nr. 4 und 5 genannten Stoffe den Wert von 60 µg/kg nicht überschreitet. (6) Chloranil wird, soweit es bei der Herstellung von Farbstoffen und Pigmenten als Katalysator eingesetzt wird, bis zum 15. Juli 1997 als Zwischenprodukt im Sinne des Absatzes 2 betrachtet.

Spalte 1		Spalte 2	Spalte 3
Stoffe/Zubereitungen	CAS-Nummer	Verbote	Ausnahmen
Abschnitt 5: Gefährliche und krebserzeugende flüssige Stoffe und Zubereitungen			
Flüssige Stoffe und Zubereitungen, die nach der Gefahrstoffverordnung als gefährlich oder krebserzeugend einzustufen sind		Stoffe und Zubereitungen nach Spalte 1 in Dekorationsgegenständen und Spielen dürfen nicht in den Verkehr gebracht werden.	
Abschnitt 6: Benzol			
Benzol	71-43-2	Benzol und Zubereitungen mit einem Massengehalt von 0,1 % oder mehr Benzol dürfen nicht in den Verkehr gebracht werden.	Das Verbot nach Spalte 2 gilt nicht für 1. Treibstoffe, die zum Betrieb von Verbrennungsmotoren mit Fremdzündung bestimmt sind, 2. Stoffe und Zubereitungen, die zur Verwendung bei industriellen Verfahren in geschlossenen Systemen bestimmt sind, 3 Rohöl, Rohbenzin und Treibstoffkomponenten, die für die Herstellung der unter Nummer 1 genannten Treibstoffe bestimmt sind, 4. Stoffe und Zubereitungen, die zur Ausfuhr bestimmt sind, und 5. Lehr- und Ausbildungszwecke.
Abschnitt 7: Aromatische Amine			
1. 2-Naphthylamin und seine Salze	91-59-8	Stoffe nach Spalte 1 und Zubereitungen mit einem Massengehalt von 0,1 % oder mehr dieser Stoffe dürfen nicht in den Verkehr gebracht werden.	
2. 4-Aminobiphenyl und seine Salze	92-67-1		
3. Benzidin und seine Salze	92-87-5		
4. 4-Nitrobiphenyl	92-93-3		
Abschnitt 8: Bleikarbonate und -sulfate			
1. Wasserfreies neutrales Bleikarbonat	598-63-0	Stoffe nach Spalte 1 und Zubereitungen, die diese Stoffe enthalten, dürfen zur Verwendung als Farben nicht in den Verkehr gebracht werden.	Das Verbot nach Spalte 2 gilt nicht für Farben, die zur Erhaltung oder originalgetreuen Wiederherstellung von Kunstwerken und historischen Bestandteilen oder von Einrichtungen denkmalgeschützter Gebäude bestimmt sind, wenn die Verwendung von Ersatzstoffen nicht möglich ist.
2. Bleihydrokarbonat	1319-46-6		
3. Bleisulfate	7446-14-2 und 15739-80-7		
Abschnitt 9: Quecksilberverbindungen			
Quecksilberverbindungen		Quecksilberverbindungen und Zubereitungen, die diese Stoffe enthalten, dürfen für folgende Zwecke nicht in den Verkehr gebracht werden: 1. als Antifoulingfarbe (Stoff oder Zubereitung zur Verhinderung des Bewuchses durch Mikroorganismen, Pflanzen oder Tiere an Schiffskörpern oder sonstigen Geräten oder Einrichtungen, die völlig oder teilweise im Wasser untergetaucht werden), 2. zum Schutz von Holz, 3. zur Imprägnierung von schweren industriellen Textilien und von zu deren Herstellung vorgesehenen Garnen und 4. zur Aufbereitung von Wasser im industriellen, gewerblichen und kommunalen Bereich, unabhängig von seiner Verwendung.	

Spalte 1		Spalte 2	Spalte 3
Stoffe/Zubereitungen	CAS-Nummer	Verbote	Ausnahmen
Abschnitt 10: Arsenverbindungen			
Arsenverbindungen		Arsenverbindungen und Zubereitungen, die diese Stoffe enthalten, dürfen für folgende Zwecke nicht in den Vekehr gebracht werden: 1. als Antifoulingfarbe, 2. zum Schutz von Holz und 3. zur Aufbereitung von Wasser im industriellen, gewerblichen und kommunalen Bereich, unabhängig von seiner Verwendung.	Das Verbot nach Spalte 2 gilt nicht für anorganische Salze vom Typ Kupfer-Chrom-Arsen, die in Industrieanlagen im Vakuum oder unter Druck zur Imprägnierung von Holz zum Einsatz kommen.
Abschnitt 11: Zinnorganische Verbindungen			
Zinnorganische Verbindungen		Zinnorganische Verbindungen und Zubereitungen, die diese Stoffe enthalten, dürfen für folgende Zwecke nicht in den Verkehr gebracht werden: 1. als Antifoulingfarbe und 2. zur Aufbereitung von Wasser im industriellen, gewerblichen und kommunalen Bereich, unabhängig von seiner Verwendung.	Das Verbot nach Spalte 2 Nr. 1 gilt nicht für Antifoulingfarbe für Schiffskörper mit einer Gesamtlänge von mehr als 25 m.
Abschnitt 12: Di-μ-oxo-di-n-butyl-stanniohydroxyboran			
Di-μ-oxo-di-n-butyl-stanniohydroxyboran (DBB)	75113-37-0	Stoffe und Zubereitungen mit einem Massengehalt von 0,1 % oder mehr des Stoffes nach Spalte 1 dürfen nicht in den Verkehr gebracht werden.	
Abschnitt 13: Polychlorierte Biphenyle und Polychlorierte Terphenyle			
1. Trichlorierte und höher chlorierte Biphenyle (PCB) 2. Polychlorierte Terphenyle (PCT)	1336-36-3 61788-33-8	1. Stoffe nach Spalte 1, 2. Zubereitungen mit insgesamt mehr als 50 mg/kg der Stoffe nach Spalte 1, 3. Erzeugnisse, die Stoffe nach Nummer 1 oder Zubereitungen nach Nummer 2 enthalten, sowie 4. Zubereitungen und Erzeugnisse, bei denen der Verdacht besteht, daß sie unter Nummer 2 oder Nummer 3 fallen, so lange bis das Gegenteil bewiesen ist. dürfen nicht in den Verkehr gebracht werden. Das Bundesministerium für Umwelt, Naturschutz und Reaktorsicherheit gibt im Einvernehmen mit dem Bundesministerium für Arbeit und Sozialordnung und dem Bundesministerium für Wirtschaft analytische Verfahren für Probenahmen und Untersuchungen von PCB- oder PCT-haltigen Stoffen, Zubereitungen und Erzeugnissen bekannt, die wissenschaftlich anerkannten Prüfverfahren entsprechen.	(1) Das Verbot nach Spalte 2 gilt nicht für 1. die vorübergehende außerbetriebliche Überlassung von Transformatoren zum ausschließlichen Zweck einer zulässigen Instandhaltung, Beförderung, Neubefüllung oder Reinigung und 2. **das Inverkehrbringen zum Zwecke der thermischen Verwertung in einer nach dem Verfahren des § 6 oder des § 15 genehmigten oder nach § 67 Abs. 7 des Bundes-Immissionsschutzgesetzes übergeleiteten Anlage.** (2) Die zuständige Behörde kann für einen Zeitraum von bis zu zwei Jahren Ausnahmen von dem Verbot des Inverkehrbringens nach Spalte 2 Nr. 1 bis 4 zulassen, sofern die Stoffe, Zubereitungen und Erzeugnisse zum Zweck der Verarbeitung unter chemischer Umwandlung des in ihnen enthaltenen PCB und PCT als Ausgangs- oder Zwischenprodukte in einer nach § 6 oder § 15 des Bundes-Immissionsschutzgesetzes genehmigten Anlage eingesetzt werden sollen, und die Endprodukte nicht den Verboten nach Spalte 2 unterliegen; dieser Zeitraum kann jeweils um ein Jahr verlängert werden. (3) In besonders begründeten Einzelfällen kann die zuständige Behörde längstens für 5 Jahre mit der Möglichkeit der Verlängerung das Inverkehrbringen der Stoffe,

Spalte 1		Spalte 2	Spalte 3
Stoffe/Zubereitungen	CAS-Nummer	Verbote	Ausnahmen
			Zubereitungen und Erzeugnisse nach Spalte 2 Satz 1 genehmigen, wenn 1. PCB- oder PCT-haltige Hydraulikflüssigkeiten für untertägige Bergwerksanlagen gegen Hydraulikflüssigkeiten, die kein PCB oder PCT enthalten und weniger gefährlich sind als PCB oder PCT, ausgetauscht werden sollen, oder 2. PCB- oder PCT- haltige Transformatoren zum Ausgleich des normalen Schwunds der Kühlflüssigkeit mit Stoffen oder Zubereitungen, die kein PCB oder PCT enthalten und weniger gefährlich sind als PCB oder PCT, wieder aufgefüllt werden sollen, sofern sich die Geräte in gutem Betriebszustand befinden.
Abschnitt 14: Vinylchlorid			
Vinylchlorid (Chlorethen)	75-01-4	Erzeugnisse, die Vinylchlorid als Treibgas für Aerosole enthalten, dürfen nicht in den Verkehr gebracht werden.	
Abschnitt 15: Pentachlorphenol			
1. Pentachlorphenol 2. Pentachlorphenol, Natriumsalz sowie die übrigen Pentachlorphenolsalze und -verbindungen	87-86-5 131-52-2	1. Stoffe nach Spalte 1, 2. Zubereitungen mit einem Massengehalt von insgesamt mehr als 0,01 % der Stoffe nach Spalte 1 und 3. Erzeugnisse, die mit einer Zubereitung behandelt worden sind, die Stoffe nach Spalte 1 enthielt und deren von einer Behandlung erfaßten Teile mehr als 5 mg/kg (ppm) der Stoffe nach Spalte 1 enthalten, dürfen nicht in den Verkehr gebracht werden.	(1) Das Verbot nach Spalte 2 gilt nicht für Holzbestandteile von Gebäuden und Möbeln sowie Textilien, die vor dem 23. Dezember 1989 mit Zubereitungen behandelt wurden, die Stoffe nach Spalte 1 enthielten. In dem in Artikel 3 des Einigungsvertrages genannten Gebiet tritt an die Stelle des 23. Dezembers 1989 der 3. Oktober 1990. (2) Abweichend von § 1 Abs. 2 gilt das Verbot nach Spalte 2 auch für die in § 2 Abs. 1 Nr. 1 und 2 des Chemikaliengesetzes aufgeführten Stoffe, Zubereitungen und Erzeugnisse.
Abschnitt 16: Aliphatische Chlorkohlenwasserstoffe			
1. Tetrachlormethan (Tetrachlorkohlenstoff) 2. 1,1,2,2-Tetrachlorethan 3. 1,1,1,2-Tetrachlorethan 4. Pentachlorethan	56-23-5 79-34-5 630-20-6 76-01-7	1. Stoffe nach Spalte 1, 2. Zubereitungen und Erzeugnisse, a) denen die Stoffe nach Spalte 1 als Lösungsmittel zugesetzt wurden, oder b) mit einem Massengehalt von insgesamt mehr als 0,1 % der Stoffe nach Spalte 1 auch als Verunreinigung dürfen zur Verwendung durch den privaten Endverbraucher nicht in den Verkehr gebracht werden.	Abweichend von § 1 Abs. 2 gilt das Verbot nach Spalte 2 auch für die in § 2 Abs. 1 Nr. 1 und 2 des Chemikaliengesetzes aufgeführten Stoffe, Zubereitungen und Erzeugnisse.
Abschnitt 17: Teeröle			
Teeröle		1. Holzschutzmittel, die Teeröle oder Bestandteile aus Teerölen enthalten, und 2. Erzeugnisse, die ganz oder teilweise aus Holz oder Holzwerkstoffen bestehen und mit Holzschutzmitteln nach Nummer 1 behandelt worden sind, dürfen nicht in den Verkehr gebracht werden.	(1) Das Verbot nach Spalte 2 Nr. 1 gilt nicht für Holzschutzmittel mit einem Gehalt von 1. bis zu höchstens 5 mg/kg (ppm) Benzo(a)pyren, sofern die Holzschutzmittel a) nicht an den privaten Endverbraucher in den Verkehr gebracht werden sowie

Spalte 1		Spalte 2	Spalte 3
Stoffe/Zubereitungen	CAS-Nummer	Verbote	Ausnahmen
			b) nicht in Innenräumen verwendet werden, 2. mehr als 5 mg/kg (ppm) bis zu höchstens 50 mg/kg (ppm) Benzo(a)pyren a) zur Druckimprägnierung mit Schlußvakuum von Erzeugnissen aus Holz oder Holzwerkstoffen, b) für andere Imprägnierungsverfahren zur Teilimprägnierung von Holzpfählen, mit denen ein Tiefschutz gewährleistet ist, insbesondere die Einstelltränkung im Heiß-Kalt-Verfahren, wobei zum Schluß des Imprägnierungsvorganges der Gehalt an Teerölen auf der Oberfläche der Holzpfähle zu vermindern ist, oder c) zur Imprägnierung von Erzeugnissen aus Holz oder Holzwerkstoffen durch andere Verfahren, bei denen ein gleich guter oder besserer Schutz von Mensch und Umwelt sichergestellt ist, 3. mehr als 50 mg/kg (ppm) bis zu höchstens 500 mg/kg (ppm) Benzo(a)pyren zur Druckimprägnierung mit Schlußvakuum von Bahnschwellen und Leitungsmasten. (2) Holzschutzmittel nach Absatz 1 Nr. 1 bis 3 dürfen zur ausschließlichen Verwendung in Staaten, die auf Grund ihrer klimatischen Bedingungen erhöhte Anforderungen an den Holzschutz stellen, in den Verkehr gebracht werden. (3) Das Verbot nach Spalte 2 Nr. 2 gilt nicht für mit Holzschutzmitteln nach Abs. 1 Nr. 1 imprägnierte Erzeugnisse, sofern sie 1. nicht für den privaten Endverbraucher bestimmt sind und nicht durch Aufstreichen, Aufspritzen oder Tauchen behandelt wurden, 2. nicht zur Verwendung in Innenräumen bestimmt sind und 3. keine Bedarfsgegenstände im Sinne des § 5 Abs. 1 Nr. 1 bis 6 des Lebensmittel- und Bedarfsgegenständegesetzes sind. (4) Das Verbot nach Spalte 2 Nr. 2 gilt nicht für mit Holzschutzmitteln nach Abs. 1 Nr. 2 imprägnierte Erzeugnisse, sofern sie 1. nicht für Innenräume, Kinderspielplätze und sonstige mit regelmäßigem menschlichem Hautkontakt verbundene Zwecke bestimmt sowie 2. keine Bedarfsgegenstände im Sinne des § 5 Abs. 1 Nr. 1 bis 6 des Lebensmittel- und Bedarfsgegenständegesetzes sind.

Spalte 1		Spalte 2	Spalte 3
Stoffe/Zubereitungen	CAS-Nummer	Verbote	Ausnahmen
			(5) Das Verbot nach Spalte 2 Nr. 2 gilt nicht für mit Holzschutzmitteln nach Absatz 1 Nr. 3 imprägnierte 1. Bahnschwellen nur zur Verwendung innerhalb von Gleisen und 2. Leitungsmasten, die in Staaten verbracht werden, die auf Grund ihrer klimatischen Bedingungen erhöhte Anforderungen an den Holzschutz stellen. (6) Bahnschwellen, Leitungsmasten und Pfähle, die mit Holzschutzmitteln nach Spalte 2 Nr. 1 imprägniert worden sind, dürfen erneut in den Verkehr gebracht werden, sofern 1. die letzte Imprägnierung vor mehr als 15 Jahren stattgefunden hat, 2. frische Schnittstellen dauerhaft versiegelt oder abgedeckt sind, 3. sie nicht für Innenräume, Kinderspielplätze oder sonstige mit regelmäßigem menschlichen Hautkontakt verbundene Zwecke bestimmt sind, 4. sie nicht für Zwecke des privaten Endverbrauchers bestimmt sind und 5. sie keine Bedarfsgegenstände im Sinne des § 5 Abs. 1 Nr. 1 bis 6 des Lebensmittel- und Bedarfsgegenständegesetzes sind. (7) Die Ausnahmen nach § 1 Abs. 2 Nr. 1 und 2 sind von einer behördlichen Genehmigung abhängig.
Abschnitt 18: Cadmium			
1. Cadmium 2. Cadmiumverbindungen	7440-43-9	(1) Mit Stoffen nach Spalte 1 eingefärbte Erzeugnisse oder ihre Bestandteile, die aus 1. Polyvinylchlorid (PVC) 2. Polyurethan (PUR) 3. Polyethylen niedriger Dichte mit Ausnahme des für die Herstellung von Pigmentpräparationen („master batch") verwendeten Polyethylens niedriger Dichte, 4. Celluloseacetat (CA), 5. Celluloseacetobutyrat (CAB), 6. Epoxydharzen, 7. Melaminformaldehydharz (MF), 8. Harnstofformaldehyd (UF), 9. ungesättigten Polyestern (UP), 10. Polyethylenterephthalat (PET), 11. Polybutylenterephthalat (PBT), 12. Polystyrol glasklar/Standard, 13. Acrylnitrilmethylmethacrylat (AMMA), 14. vernetztem Polyethylen (VPE), 15. Polystyrol, schlagfest (SB), oder 16. Polypropylen (PP)	**(1) Die Verbote nach Spalte 2 Abs. 1 und 3 gelten nicht für Erzeugnisse, soweit sie aus Sicherheitsgründen mit Stoffen nach Spalte 1 gefärbt oder stabilisiert werden müssen. Das Verbot nach Spalte 2 gilt ferner nicht für das erneute Inverkehrbringen von cadmiumhaltigen Erzeugnissen, die vor dem Inkraftreten des jeweiligen Verbots hergestellt worden sind.** (2) Das Verbot nach Spalte 2 Abs. 2 gilt nicht für Zubereitungen mit einem hohen Zinkanteil, sofern der Massengehalt von Stoffen nach Spalte 1 so niedrig wie möglich gehalten wird und 0,1 % nicht übersteigt. (3) Das Verbot nach Spalte 2 Abs. 4 gilt nicht für 1. Erzeugnisse und deren Bestandteile, sofern die Anwendung a) in der Luft- und Raumfahrt, b) im Bergbau, c) in der off-shore-Technik sowie d) im Kernenergiebereich ein hohes Sicherheitsniveau erfordert,

Spalte 1		Spalte 2	Spalte 3
Stoffe/Zubereitungen	CAS-Nummer	Verbote	Ausnahmen
		hergestellt wurden, dürfen nicht in den Verkehr gebracht werden, wenn der Anteil der Stoffe nach Spalte 1 (Cd-Metall) 0,01 % Massengehalt des Kunststoffs übersteigt. (2) Anstrichfarben und Lacke mit einem Massengehalt der Stoffe nach Spalte 1 von über 0,01 % dürfen nicht in den Verkehr gebracht werden. (3) Folgende Erzeugnisse oder ihre Bestandteile aus Vinylchloridpolymeren und -copolymeren, die mit Stoffen nach Spalte 1 stabilisiert wurden, dürfen nicht in den Verkehr gebracht werden, wenn der Anteil der Stoffe nach Spalte 1 (Cd-Metall) 0,01 % Massengehalt des Polymers übersteigt: 1. Verpackungsmaterial, 2. Bürobedarf und Schulbedarf, 3. Beschläge, 4. Bekleidung und Accessoires (einschließlich Handschuhe), 5. Boden- und Wandverkleidungen, 6. imprägnierte, bestrichene oder beschichtete Textilien, 7. Kunstleder, 8. Schallplatten, 9. Rohre und Anschlußteile, 10. Pendeltüren, 11. Innen- und Außenverkleidungen sowie Karosserieböden von Straßenverkehrsmitteln, 12. Beschichtung von im Baugewerbe oder in der Industrie verwendeten Stahlblechen und 13. Kabelisolierungen. (4) Folgende Erzeugnisse und ihre Bestandteile, deren Oberfläche mit Stoffen nach Spalte 1 behandelt wurden, dürfen nicht in den Verkehr gebracht werden: 1. Haushaltsgeräte, 2. Möbel, 3. sanitäre Anlagen, 4. Zentralheizungen und Klimaanlagen, 5. in der Materialflußtechnik eingesetzte Einrichtungen, 6. Personenkraftwagen und landwirtschaftliche Fahrzeuge, 7. Schienenfahrzeuge, 8. Schiffe, 9. Geräte und Maschinen zur Herstellung von a) Erzeugnissen im Sinne der Nummern 1 bis 4, b) Erzeugnissen im Sinne der Nummern 5 bis 8, c) Textilien und Bekleidung,	2. Komponenten von Sicherheitseinrichtungen in a) Straßenverkehrsmitteln, b) landwirtschaftlichen Fahrzeugen, c) Schienenfahrzeugen und d) Schiffen sowie 3. elektrische Kontakte von Geräten, wenn es für deren Zuverlässigkeit erforderlich ist. (4) Die Verbote nach Spalte 2 Abs. 1 Nr. 7 bis 16 und Abs. 2 gelten bis zum 31. Dezember 1995 nicht. (5) Das Verbot nach Spalte 2 Abs. 3 gilt bis zum 30. Juni 1994 nicht. (6) Das Verbot nach Spalte 2 Abs. 4 gilt bis zum 30. Juni 1995 nicht für die Erzeugnisse und deren Bestandteile nach Spalte 2 Abs. 4 Nr. 5 bis 8 und 9 Buchstabe b bis d.

Spalte 1		Spalte 2	Spalte 3
Stoffe/Zubereitungen	CAS-Nummer	Verbote	Ausnahmen
		d) Papier und Pappe, e) Lebensmitteln sowie 10. Geräte und Maschinen für a) die Landwirtschaft, b) das Gefrieren und Tiefgefrieren, c) Druckereien und Buchbindereien.	

Abschnitt 19: Monomethyltetrachlordiphenylmethan, Monomethyldichlordiphenylmethan, Monomethyldibromdiphenylmethan

1. Monomethyltetrachlordiphenylmethan (Ugilec 141) 2. Monomethyldichlordiphenylmethan (Ugilec 121 oder 21) 3. Monomethyldibromdiphenylmethan (DBBT)	76253-60-6 99688-47-8	1. Stoffe nach Spalte 1, 2. Zubereitungen mit insgesamt mehr als 50 mg/kg (ppm) der Stoffe nach Spalte 1 und 3. Erzeugnisse, die Stoffe nach Spalte 1 oder Zubereitungen nach Nummer 2 enthalten, dürfen nicht in den Verkehr gebracht werden.	Das Verbot nach Spalte 2 gilt für den Stoff nach Spalte 1 Nr. 1 sowie die ihn enthaltenden Zubereitungen und Erzeugnisse bis zum 18. Juni 1994 nicht.

1.18.2 Verordnung zum Schutz vor gefährlichen Stoffen (Gefahrstoffverordnung - GefStoffV)

Vom 26. Oktober 1993 (BGBl. I Seite 1782) zuletzt geändert am 19. September 1994 (BGBl. I Seite 2557)

Inhaltsverzeichnis

Anhang V
Besondere Vorschriften für bestimmte Gefahrstoffe und Tätigkeiten

Nr. 1 Oberflächenbehandlung in Räumen und Behältern
Nr. 2 Ammoniumnitrat
Nr. 3 Polyhalogenierte Dibenzo-p-dioxine und Dibenzofurane
Nr. 4 Blei
Nr. 5 Begasungen
Nr. 6 Schädlingsbekämpfung

Anhang VI
Liste der Vorsorgeuntersuchungen

Erster Abschnitt
Zweck, Anwendungsbereich und Begriffsbestimmungen

§ 1
Grundsatz

Zweck dieser Verordnung ist es, durch Regelungen über die Einstufung, über die Kennzeichnung und Verpackung von gefährlichen Stoffen, Zubereitungen und bestimmten Erzeugnissen sowie über den Umgang mit Gefahrstoffen den Menschen vor arbeitsbedingten und sonstigen Gesundheitsgefahren und die Umwelt vor stoffbedingten Schädigungen zu schützen, insbesondere sie erkennbar zu machen, sie abzuwenden und ihrer Entstehung vorzubeugen, soweit nicht in anderen Rechtsvorschriften besondere Regelungen getroffen sind.

§ 2
Anwendungsbereich

(1) Der Zweite und Dritte Abschnitt gelten

1. für gefährliche Stoffe und Zubereitungen im Sinne des § 3a des Chemikaliengesetzes,
2. für Stoffe und Zubereitungen nach Anhang III,
3. für die in § 8 aufgeführten Erzeugnisse.

Satz 1 Nr. 1 und 2 gilt für Stoffe und Zubereitungen, die brandfördernd, hochentzündlich, leichtentzündlich oder entzündlich sind, lediglich insoweit, als das Inverkehrbringen gewerbsmäßig, im Rahmen sonstiger wirtschaftlicher Unternehmungen oder unter Beschäftigung von Arbeitnehmern erfolgt.

(2) Der Dritte Abschnitt gilt nicht für Stoffe, Zubereitungen oder Erzeugnisse, die in § 2 Abs. 1 und 2 des Chemikaliengesetzes aufgeführt sind mit Ausnahme der in § 2 Abs. 2 Satz 2 des Chemikaliengesetzes genannten Futtermittel und Zusatzstoffe sowie der dort genannten Lebensmittel, die aufgrund ihrer stofflichen Eigenschaften in unveränderter Form nicht zum unmittelbaren Verzehr durch den Verbraucher im Sinne des § 6 Abs. 1 des Lebensmittel- und Bedarfsgegenständegesetzes bestimmt sind.

(3) Die §§ 15a bis 15e und der Fünfte Abschnitt gelten für den Umgang mit Gefahrstoffen einschließlich Tätigkeiten in deren Gefahrenbereich. Der Sechste Abschnitt gilt zusätzlich für den Umgang mit krebserzeugenden und erbgutverändernden Gefahrstoffen nach § 35 mit Ausnahme von solchen der Kategorie 3 nach Anhang I Nr. 1.4.2.1 und 1.4.2.2 (Stoffe mit begründetem Verdacht auf krebserzeugende oder erbgutverändernde Wirkung). Für die nach Satz 2 ausgenommenen Gefahrstoffe gelten die Vorschriften des Vierten und Fünften Abschnitts für gesundheitsschädliche Gefahrstoffe entsprechend.

(4) Die §§ 15a bis 15e und der Fünfte und Sechste Abschnitt gelten nicht für den Umgang

1. in Betrieben des untertägigen Bergwesens, soweit dort die Gesundheitsschutz-Bergverordnung auf die Verhältnisse des Bergbaues abgestimmte gleichwertige Regelungen enthält,
2. in Haushalten.

§ 3
Begriffsbestimmungen

(1) Gefahrstoffe sind die in § 19 Abs. 2 des Chemikaliengesetzes bezeichneten Stoffe, Zubereitungen und Erzeugnisse.

(2) Umgang ist das Herstellen, einschließlich Gewinnen oder das Verwenden im Sinne des § 3 Nr. 10 des Chemikaliengesetzes.

(3) Lagern ist das Aufbewahren zur späteren Verwendung sowie zur Abgabe an andere. Es schließt die Bereitstellung zur Beförderung ein, wenn diese nicht binnen 24 Stunden nach ihrem Beginn oder am darauffolgenden Werktag erfolgt. Ist dieser Werktag ein Sonnabend, so endet die Frist mit Ablauf des nächsten Werktages.

(4) Arbeitgeber ist, wer Arbeitnehmer beschäftigt einschließlich der zu ihrer Berufsbildung Beschäftigten. Dem Arbeitgeber steht gleich, wer in sonstiger Weise selbständig tätig wird, sowie der Auftraggeber und Zwischenmeister im Sinne des Heimarbeitsgesetzes. Dem Arbeitnehmer stehen andere Beschäftigte, insbesondere Beamte und in Heimarbeit Beschäftigte sowie Schüler und Studenten gleich.

(5) Maximale Arbeitsplatzkonzentration (MAK) ist die Konzentration eines Stoffes in der Luft am Arbeitsplatz, bei der im allgemeinen die Gesundheit der Arbeitnehmer nicht beeinträchtigt wird.

(6) Biologischer Arbeitsplatztoleranzwert (BAT) ist die Konzentration eines Stoffes oder seines Umwandlungsproduktes im Körper oder die dadurch ausgelöste Abweichung eines biologischen Indikators von seiner Norm, bei der im allgemeinen die Gesundheit der Arbeitnehmer nicht beeinträchtigt wird.

(7) Technische Richtkonzentration (TRK) ist die Konzentration eines Stoffes in der Luft am Arbeitsplatz, die nach dem Stand der Technik erreicht werden kann.

(8) Auslöseschwelle ist die Konzentration eines Stoffes in der Luft am Arbeitsplatz oder im Sinne des Absatzes 6 im Körper, bei deren Überschreitung zusätzliche Maßnahmen zum Schutze der Gesundheit erforderlich sind. Der Überschreitung der Auslöseschwelle steht es gleich, wenn Verfahren angewendet werden, bei denen Maßnahmen nach Satz 1 erforderlich sind oder wenn ein unmittelbarer Hautkontakt besteht.

(9) Stand der Technik im Sinne dieser Verordnung ist der Entwicklungsstand fortschrittlicher Verfahren, Einrichtungen oder Betriebsweisen, der die praktische Eignung einer Maßnahme zum Schutz der Gesundheit der Beschäftigten gesichert erscheinen läßt. Bei der Bestimmung des Standes der Technik sind insbesondere vergleichbare Verfahren, Einrichtungen oder Betriebsweisen heranzuziehen, die mit Erfolg in der Praxis erprobt worden sind. Gleiches gilt für den Stand der Arbeitsmedizin und Hygiene.

Zweiter Abschnitt
Einstufung

§ 4
Gefährlichkeitsmerkmale

(1) Gefährlich sind Stoffe und Zubereitungen, die eine oder mehrere der in § 3a Abs. 1 des Chemikaliengesetzes genannten und in Anhang I Nr. 1 näher bestimmten Eigenschaften aufweisen. Sie sind

1. explosionsgefährlich, wenn sie in festem, flüssigem, pastenförmigem oder gelatinösem Zustand auch ohne Beteiligung von Luftsauerstoff exotherm und unter schneller Entwicklung von Gasen reagieren können und unter festgelegten Prüfbedingungen detonieren, schnell deflagrieren oder beim Erhitzen unter teilweisem Einschluß explodieren,
2. brandfördernd, wenn sie in der Regel selbst nicht brennbar sind, aber bei Berührung mit brennbaren Stoffen oder Zubereitungen, überwiegend durch Sauerstoffabgabe, die Brandgefahr und die Heftigkeit eines Brandes beträchtlich erhöhen,
3. hochentzündlich, wenn sie
   a) in flüssigem Zustand einen extrem

niedrigen Flammpunkt und einen niedrigen Siedepunkt haben,

b) als Gase bei gewöhnlicher Temperatur und Normaldruck in Mischung mit Luft einen Explosionsbereich haben,

4. leichtentzündlich, wenn sie
   a) sich bei gewöhnlicher Temperatur an der Luft ohne Energiezufuhr erhitzen und schließlich entzünden können,
   b) in festem Zustand durch kurzzeitige Einwirkung einer Zündquelle leicht entzündet werden können und nach deren Entfernen in gefährlicher Weise weiterbrennen oder weiterglimmen,
   c) in flüssigem Zustand einen sehr niedrigen Flammpunkt haben,
   d) bei Berührung mit Wasser oder mit feuchter Luft hochentzündliche Gase in gefährlicher Menge entwickeln,
5. entzündlich, wenn sie in flüssigem Zustand einen niedrigen Flammpunkt haben,
6. sehr giftig, wenn sie in sehr geringer Menge bei Einatmen, Verschlucken oder Aufnahme über die Haut zum Tode führen oder akute oder chronische Gesundheitsschäden verursachen können,
7. giftig, wenn sie in geringer Menge bei Einatmen, Verschlucken oder Aufnahme über die Haut zum Tode führen oder akute oder chronische Gesundheitsschäden verursachen können,
8. gesundheitsschädlich, wenn sie bei Einatmen, Verschlucken oder Aufnahme über die Haut zum Tode führen oder akute oder chronische Gesundheitsschäden verursachen können,
9. ätzend, wenn sie lebende Gewebe bei Berührung zerstören können,
10. reizend, wenn sie – ohne ätzend zu sein – bei kurzzeitigem, länger andauerndem oder wiederholtem Kontakt mit Haut oder Schleimhaut eine Entzündung hervorrufen können,
11. sensibilisierend, wenn sie bei Einatmen oder Aufnahme über die Haut Überempfindlichkeitsreaktionen hervorrufen können, so daß bei künftiger Exposition gegenüber dem Stoff oder der Zubereitung charakteristische Störungen auftreten,
12. krebserzeugend, wenn sie bei Einatmen, Verschlucken oder Aufnahme über die Haut Krebs erregen oder die Krebshäufigkeit erhöhen können,
13. fortpflanzungsgefährdend (reproduktionstoxisch), wenn sie bei Einatmen, Verschlucken oder Aufnahme über die Haut nichtvererbbare Schäden der Nachkommenschaft hervorrufen oder deren Häufigkeit erhöhen (fruchtschädigend) oder eine Beeinträchtigung der männlichen oder weiblichen Fortpflanzungsfunktionen oder -fähigkeit zur Folge haben können,
14. erbgutverändernd, wenn sie bei Einatmen, Verschlucken oder Aufnahme über die Haut vererbbare genetische Schäden zur Folge haben oder deren Häufigkeit erhöhen können,
15. umweltgefährlich, wenn sie selbst oder ihre Umwandlungsprodukte geeignet sind, die Beschaffenheit des Naturhaushalts, von Wasser, Boden oder Luft, Klima, Tieren, Pflanzen oder Mikroorganismen derart zu verändern, daß dadurch sofort oder später Gefahren für die Umwelt herbeigeführt werden können.

(2) Gefahrstoffe im Sinne des § 19 Abs. 2 des Chemikaliengesetzes sind auch Stoffe und Zubereitungen, die explosionsfähig oder auf sonstige Weise chronisch schädigend sind. Sie sind

1. explosionsfähig,
   – wenn sie auch ohne Luft durch Zündquellen wie äußere thermische Einwirkungen, mechanische Beanspruchungen oder Detonationsstöße zu einer chemischen Umsetzung gebracht werden können, bei der hochgespannte Gase in so kurzer Zeit entstehen, daß ein sprunghafter Temperatur- und Druckanstieg hervorgerufen wird, oder
   – im Gemisch mit Luft, wenn nach Wirksamwerden einer Zündquelle eine selbsttätig sich fortpflanzende Flammenausbreitung stattfindet, die im all-

gemeinen mit einem sprunghaften Temperatur- und Druckanstieg verbunden ist,

2. auf sonstige Weise chronisch schädigend, wenn sie bei wiederholter oder länger andauernder Exposition einen in den Nummern 12 bis 14 nicht genannten Gesundheitsschaden verursachen können.

§ 4a
Einstufung von Stoffen

(1) Stoffe, die in Anhang I der Richtlinie 67/548/EWG des Rates vom 16. August 1967 zur Angleichung der Rechts- und Verwaltungsvorschriften für die Einstufung, Verpackung und Kennzeichnung gefährlicher Stoffe (ABI. EG Nr. 196 S. 1), zuletzt geändert durch die Richtlinie 92/32/EWG (ABl. EG Nr. L 154 S. 1) aufgeführt sind, veröffentlicht das Bundesministerium für Arbeit und Sozialordnung im Bundesanzeiger. Für die Stoffe, die im Bundesanzeiger bekanntgegeben sind, gilt die dort festgelegte Einstufung.

(2) Wird Anhang I der Richtlinie 67/548/EWG im Verfahren nach ihren Artikeln 28 und 29 an den technischen Fortschritt angepaßt, so gilt er in der geänderten, im Bundesanzeiger veröffentlichten Fassung. Die Änderungen sind spätestens vom ersten Tage des neunten auf die Veröffentlichung im Bundesanzeiger folgenden Monats an anzuwenden.

(3) Stoffe, die nicht in der Bekanntmachung nach § 4a Abs. 1 aufgeführt sind, muß der Hersteller oder Einführer nach Anhang I Nr. 1 dieser Verordnung einstufen. Bei der Einstufung der Stoffe hat er alle gefährlichen Eigenschaften nach

1. den Ergebnissen der Prüfungen nach den §§ 7, 9 und 9a des Chemikaliengesetzes oder
2. gesicherter wissenschaftlicher Erkenntnis durch Zuordnung zu den Gefährlichkeitsmerkmalen des § 4 oder
3. den in einem Zulassungsverfahren gewonnenen Erkenntnissen

zu berücksichtigen. Ferner hat er für Stoffe, die zwar in der Chemikalien-Altstoffverordnung (ChemAltstoffV) aufgeführt sind, aber noch nicht in der Bekanntmachung nach § 4a Abs. 1, Nachforschungen anzustellen, um sich die einschlägigen und zugänglichen Angaben zu den Eigenschaften dieser Stoffe zu beschaffen.

(4) Stoffe, die Verunreinigungen, Beimengungen oder einzelne Bestandteile enthalten, werden nach Anhang I Nr. 1 eingestuft.

(5) Die Absätze 1 bis 4 gelten entsprechend bei der Ermittlung nach § 16 Abs. 1.

§ 4b
Einstufung von Zubereitungen

(1) Zubereitungen, die einen Stoff mit mindestens einem Gefährlichkeitsmerkmal nach § 4 enthalten, sind nach Anhang II Nr. 1 in Verbindung mit Anhang I Nr. 1 einzustufen.

(2) Abweichend von Absatz 1 sind Schädlingsbekämpfungsmittel nach Anhang II Nr. 2 einzustufen.

(3) Die Absätze 1 und 2 gelten entsprechend bei der Ermittlung nach § 16 Abs. 1.

Dritter Abschnitt
Kennzeichnung und Verpackung beim Inverkehrbringen

§ 5
Grundpflichten

(1) Wer als Hersteller oder Einführer gefährliche Stoffe oder Zubereitungen in den Verkehr bringt hat sie zuvor nach § 4a oder § 4b einzustufen und entsprechend der Einstufung zu verpacken und zu kennzeichnen. Die Verpflichtungen des Herstellers oder Einführers nach den Vorschriften des Dritten Abschnitts gelten im Fall des erneuten Inverkehrbringens nach Maßgabe des § 15 des Chemikaliengesetzes auch für den Vertreiber.

(2) Ist der Informationsgehalt der Kennzeichnung einer Zubereitung oder die Infor-

mation über eine Verunreinigung oder Beimengung auf dem Kennzeichnungsschild eines Stoffes nicht ausreichend, um anderen Herstellern, die die Zubereitung oder den Stoff als Bestandteil einer oder mehrerer eigener Zubereitungen verwenden möchten, eine ordnungsgemäße Einstufung und Kennzeichnung zu ermöglichen, hat der für das Inverkehrbringen der ursprünglichen Zubereitung Verantwortliche den anderen Herstellern auf begründete Anfrage unverzüglich alle für eine ordnungsgemäße Einstufung und Kennzeichnung der neuen Zubereitung erforderlichen Daten über die enthaltenen gefährlichen Stoffe zur Verfügung zu stellen.

(3) Stuft der Hersteller oder Einführer einen alten Stoff im Sinne des § 3 Nr. 2 des Chemikaliengesetzes, der nicht in der Bekanntmachung nach § 4a Abs. 1 aufgeführt ist, aufgrund der Kriterien in Anhang I Nr. 1 als krebserzeugend, erbgutverändernd oder fortpflanzungsgefährdend ein, so hat er die seiner Einstufung zugrunde liegenden Daten unverzüglich der Anmeldestelle nach dem Chemikaliengesetz mitzuteilen.

(4) Verfügt der Hersteller oder Einführer zu alten Stoffen im Sinne des § 3 Nr. 2 des Chemikaliengesetzes, die in der Bekanntmachung nach § 4a Abs. 1 aufgeführt sind, über neue Daten, die für eine Einstufung als krebserzeugend, erbgutverändernd oder fortpflanzungsgefährdend von Bedeutung sind, hat er diese Daten unverzüglich der Anmeldestelle nach dem Chemikaliengesetz mitzuteilen.

(5) Die nach den Absätzen 3 und 4 zu übermittelnden Daten sollten eine Bibliographie aller wichtigen Literaturangaben enthalten und jegliche einschlägigen unveröffentlichten Daten einschließen.

§ 6
Kennzeichnung von Stoffen

(1) Als Kennzeichnung müssen angegeben werden:

1. die chemische Bezeichnung des Stoffes nach Anhang I Nr. 1,
2. die Gefahrensymbole und die dazugehörigen Gefahrenbezeichnungen nach Anhang I Nr. 2,
3. die Hinweise auf besondere Gefahren (R-Sätze) nach Anhang I Nr. 3,
4. die Sicherheitsratschläge (S-Sätze) nach Anhang I Nr. 4,
5. der Name, die vollständige Anschrift und die Telefonnummer des Herstellers, des Einführers oder des Vertriebsunternehmers; bei Herstellern mit Sitz außerhalb der Europäischen Gemeinschaften Name und vollständige Anschrift dessen, der den Stoff in die Europäischen Gemeinschaften einführt oder erneut in den Verkehr bringt,
6. die dem Stoff zugeordnete EWG-Nummer (EINECS oder ELINCS-Nummer),
7. bei Stoffen, die in der Bekanntmachung nach § 4a Abs. 1 aufgeführt sind, der Hinweis „EWG-Kennzeichnung".

(2) Die in der Bekanntmachung nach § 4a Abs. 1 aufgeführten Stoffe sind mit den dort festgelegten Angaben zu kennzeichnen.

(3) Die in der Bekanntmachung nach § 4a Abs. 1 nicht aufgeführten Stoffe sind entsprechend der nach den Kriterien in Anhang I Nr. 1 erfolgten Einstufung zu kennzeichnen.

(4) Stoffe, die nach § 5 Abs. 1 des Chemikaliengesetzes von der Anmeldung ausgenommen sind und deren Eigenschaften nicht hinreichend bekannt sind, sind mit dem Satz „Achtung – noch nicht vollständig geprüfter Stoff" zu kennzeichnen. Zusätzlich ist eine Kennzeichnung nach Absatz 1 anzubringen, soweit die Angaben bekannt sind.

(5) Werden Metalle mit gefährlichen Eigenschaften in kompakter Form in den Verkehr gebracht und stellen sie in dieser Form keine Gesundheitsgefahr für den Menschen durch Einatmen, Verschlucken oder Hautkontakt dar, ist eine Kennzeichnung nach Absatz 1 nicht erforderlich. Der für das Inverkehrbringen Verantwortliche hat den Abnehmern alle Informationen, die in der Kennzeichnung hätten aufgeführt werden müssen, in dem Sicherheitsdatenblatt nach § 14 zu übermitteln. Satz 2 gilt nicht für die private Abnahme.

§ 7
Kennzeichnung von Zubereitungen

(1) Als Kennzeichnung müssen nach Maßgabe des Anhangs II angegeben werden:

1. der Handelsname oder die Bezeichnung der Zubereitung,
2. die chemische Bezeichnung des gefährlichen Stoffes oder der gefährlichen Stoffe, die in der Zubereitung enthalten sind, nach Anhang I Nr. 1 in Verbindung mit Anhang II Nr. 1,
3. die Gefahrensymbole und die dazugehörigen Gefahrenbezeichnungen nach Anhang I Nr. 2,
4. die Hinweise auf die besonderen Gefahren (R-Sätze) nach Anhang I Nr. 3,
5. die Sicherheitsratschläge (S-Sätze) nach Anhang I Nr. 4,
6. der Name, die Anschrift und die Telefonnummer des Herstellers, des Einführers oder des Vertriebsunternehmers; bei Herstellern mit Sitz außerhalb der Europäischen Gemeinschaften Name und Anschrift dessen, der die Zubereitung in die Europäischen Gemeinschaften einführt oder erneut in den Verkehr bringt,
7. die Nennmenge (Nennmasse oder Nennvolumen) oder Füllmenge des Inhalts bei den für jedermann erhältlichen verpackten Zubereitungen.

(2) Die Auswahl der chemischen Bezeichnung des Stoffes, der Gefahrensymbole und der R-Sätze nach Absatz 1 Nr. 2, 3 und 4 hat nach den Bestimmungen des Anhangs II Nr. 1 in Verbindung mit Anhang I Nr. 1 zu erfolgen. Die Auswahl der S-Sätze nach Absatz 1 Nr. 5 hat nach den Bestimmungen des Anhangs I Nr. 1 zu erfolgen.

(3) Abweichend von Absatz 2 kann im Hinblick auf die Auswahl der chemischen Bezeichnungen sensibilisierender Stoffe

1. bei konzentrierten Zubereitungen, die ausschließlich für die Parfümindustrie bestimmt sind, von den sensibilisierenden Inhaltsstoffen nur der Stoff bezeichnet werden, der vorrangig für die Gefahr der Sensibilisierung ausschlaggebend ist, oder
2. bei Naturstoffen eine Bezeichnung wie „ätherisches Öl aus …", „…-extrakt" anstatt der Namen der sensibilisierenden Bestandteile dieses ätherischen Öls oder Extrakts verwendet werden.

(4) Für Schädlingsbekämpfungsmittel nach Anhang II Nr. 2 hat die Auswahl der chemischen Bezeichnung des Stoffes, der Gefahrensymbole, der R-Sätze und S-Sätze nach Absatz 1 Nr. 2, 3, 4 und 5 nach den in Anhang II Nr. 2 festgelegten Bestimmungen in Verbindung mit Anhang I Nr. 1 zu erfolgen.

(5) Werden Legierungen, Mischungen von Polymeren oder Mischungen von Elastomeren mit gefährlichen Eigenschaften in den Verkehr gebracht und stellen sie in dieser Form keine Gesundheitsgefahr für den Menschen durch Einatmen, Verschlucken oder Hautkontakt dar, ist eine Kennzeichnung nach Absatz 1 nicht erforderlich. Der für das Inverkehrbringen Verantwortliche hat den Abnehmern alle Informationen, die in der Kennzeichnung hätten aufgeführt werden müssen, in dem Sicherheitsdatenblatt nach § 14 zu übermitteln. Satz 2 gilt nicht für die private Abnahme.

(6) Kann der Hersteller oder Einführer von Zubereitungen nach Anhang II Nr. 1 nachweisen, daß seine Geschäfts- oder Betriebsgeheimnisse dadurch gefährdet werden, daß die chemische Identität eines gesundheitschädlichen Stoffes auf dem Etikett angegeben wird, so ist er befugt, den Hinweis auf diesen Stoff mittels einer Bezeichnung für die wichtigsten funktionellen chemischen Gruppen oder mittels einer anderen Bezeichnung vorzunehmen. Satz 1 gilt nicht für Zubereitungen mit Stoffen, denen einer oder mehrere der R-Sätze 39, 40, 42, 43, 42/43, 45, 46, 48, 49, 60, 61, 62 oder 63 zugeteilt sind.

(7) Der Hersteller oder Einführer muß die ursprüngliche und die abweichende Kennzeichnung sowie den Nachweis nach Absatz 6 der Anmeldestelle nach dem Chemikaliengesetz vorlegen, soweit das erstmalige Inverkehrbringen der Zubereitung im Geltungsbereich dieser Verordnung erfolgt. Die

Angaben des Herstellers oder Einführers sind vertraulich zu behandeln.

(8) Enthält eine Zubereitung einen Stoff, der nach § 6 Abs. 4 den Hinweis „Achtung – noch nicht vollständig geprüfter Stoff" trägt, in einer Konzentration größer oder gleich 1 Hundertteil, so ist diese Zubereitung, unbeschadet einer Kennzeichnung nach Absatz 1, zusätzlich mit dem Satz „Achtung – diese Zubereitung enthält einen noch nicht vollständig geprüften Stoff" zu kennzeichnen.

§ 8
Kennzeichnung von Erzeugnissen

(1) Asbesthaltige Erzeugnisse sind nach Anhang III Nr. 1 zu kennzeichnen.

(2) Erzeugnisse, die Formaldehyd freisetzen, sind nach Anhang III Nr. 9 zu kennzeichnen.

(3) Erzeugnisse, die trichlorierte, höher chlorierte Biphenyle (PCB), polychlorierte Terphenyle (PCT) oder deren Zubereitungen enthalten, sind nach Anhang III Nr. 11 zu kennzeichnen.

§ 9
Ausführung der Kennzeichnung

(1) Die Kennzeichnung gefährlicher Stoffe und Zubereitungen muß auf der Verpackung haltbar angegeben und in deutscher Sprache abgefaßt sein. Die Angaben müssen groß genug und deutlich lesbar sein. Die Abmessungen der Kennzeichnung müssen bei einem Rauminhalt der Verpackung

1. bis zu 0,25 Liter einem Format in angemessener Größe,
2. von mehr als 0,25 Liter bis 3 Liter mindestens dem Format 52 mm x 74 mm,
3. von mehr als 3 Liter bis 50 Liter mindestens dem Format 74 mm x 105 mm,
4. von mehr als 50 Liter bis 500 Liter mindestens dem Format 105 mm x 148 mm,
5. von mehr als 500 Liter mindestens dem Format 148 mm x 210 mm

entsprechen. Die Gefahrensymbole sind in schwarzem Aufdruck auf orangegelbem Untergrund anzubringen. Jedes Gefahrensymbol muß mindestens 1 cm^2 groß sein und mindestens ein Zehntel der von der Kennzeichnung eingenommenen Fläche ausmachen. Die Kennzeichnung darf außer den in dieser Verordnung vorgeschriebenen Angaben ergänzende Angaben zur Hygiene und Sicherheit sowie in anderen Rechtsvorschriften zur Kennzeichnung vorgeschriebene Angaben enthalten; in diesem Falle sind die Abmessungen nach Satz 3 entsprechend zu vergrößern.

(2) Ist nach der Einstufung eines Stoffes oder einer Zubereitung die Zuordnung mehrerer Gefahrensymbole und Gefahrenbezeichnungen erforderlich, kann

1. bei Kennzeichnung mit dem Symbol T oder T+ die Kennzeichnung mit dem Symbol Xi, Xn oder C entfallen,
2. bei Kennzeichnung mit dem Symbol C die Kennzeichnung mit dem Symbol Xi oder Xn entfallen und
3. bei Kennzeichnung mit dem Symbol E die Kennzeichnung mit dem Symbol F, F+ oder O enffallen,

soweit die Bekanntmachung nach § 4a nichts anderes vorsieht. Ist ein Stoff oder eine Zubereitung gleichzeitig als gesundheitschädlich und reizend einzustufen, ist der Stoff oder die Zubereitung mit dem Symbol Xn zu kennzeichnen; zur Kennzeichnung der mindergiftigen und reizenden Eigenschaften sind die entsprechenden R-Sätze nach Anhang I Nr. 1.3 zu verwenden.

(3) Die Kennzeichnung ist auf einer oder mehreren Flächen der Verpackung so anzubringen, daß die Angaben gelesen werden können, wenn die Verpackung in der vorgesehenen Weise abgestellt oder abgelegt wird. Ein Kennzeichnungsschild muß mit seiner ganzen Fläche auf der Verpackung haften. Die Kennzeichnung darf auf einem mit der Verpackung verbundenen Schild angebracht sein, wenn Beschaffenheit und Abmessungen der Verpackung das Anbringen einer Kennzeichnung nach Absatz 1 nicht zulassen.

(4) Ist ein gefährlicher Stoff oder eine gefährliche Zubereitung mehrfach verpackt, so muß jede Verpackung gekennzeichnet

sein. Für die Außenverpackung (Versandverpackung) genügt die Kennzeichnung nach den verkehrsrechtlichen Vorschriften. Satz 1 gilt nicht für eine durchsichtige Verpackung, unter der sich eine Verpackung mit einer auch von außen lesbaren Kennzeichnung befindet.

(5) Werden gefährliche Stoffe und Zubereitungen nach § 10 Abs. 2 unverpackt in den Verkehr gebracht, ist jeder Liefereinheit eine Mitteilung für den Verwender mitzugeben, die eine vollständige Kennzeichnung enthält.

(6) Ist die Verpackung eines Versandstücks die einzige Verpackung, so können die Gefahrensymbole und die zugehörigen Gefahrenbezeichnungen durch die entsprechenden gleichwertigen verkehrsrechtlichen Gefahrensymbole ersetzt werden.

(7) Abweichend von Absatz 1 können bei Druckgasflaschen für gefährliche Stoffe und Zubereitungen mit einem Volumen von bis zu 150 Litern Format und Abmessung des Kennzeichnungsschildes auch den Bestimmungen der ISO Norm ISO/DP 7225 (Beschluß vom 2. April 1993) entsprechen. In diesem Fall kann auf dem Kennzeichnungsschild der Gattungsname oder die Industrie-/Handelsbezeichnung der Zubereitung aufgeführt sein, vorausgesetzt, daß die gefährlichen Bestandteile der Zubereitung auf der Gasflasche eindeutig und unverwischbar angegeben sind.

(8) Die Verpackung, die Kennzeichnung, das Sicherheitsdatenblatt oder die Mitteilung nach Absatz 5 dürfen keine die Gefahren verharmlosenden Angaben wie „Nicht giftig", „Nicht gesundheitsschädlich", „Nicht kennzeichnungspflichtig", „Nicht schädlich bei bestimmungsgemäßem Gebrauch", „Nicht umweltgefährlich" oder ähnliche Angaben aufweisen.

(9) Die Kennzeichnung gefährlicher Stoffe und Zubereitungen, die ausschließlich zum Verbringen außerhalb des Geltungsbereiches dieser Verordnung bestimmt sind, muß soweit wie möglich in der Sprache oder in einer oder mehreren Hauptsprachen des Bestimmungslandes oder der vorgesehenen Einsatzgebiete abgefaßt sein. Eine Kennzeichnung in deutscher Sprache ist nicht erforderlich.

§ 10
Verpackung

(1) Die Verpackungen gefährlicher Stoffe und Zubereitungen müssen so beschaffen sein, daß vom Inhalt nichts ungewollt nach außen gelangen kann. Die Verpackungen müssen den zu erwartenden Beanspruchungen sicher widerstehen und aus Werkstoffen hergestellt sein, die von dem Stoff oder der Zubereitung nicht angegriffen werden und keine gefährlichen Verbindungen mit ihnen eingehen. Diese Voraussetzungen gelten als erfüllt, wenn die Verpackung des Versandstücks den verkehrsrechtlichen Vorschriften entspricht.

(2) Die Vorschriften über die Verpackung gelten nicht für feste gefährliche Stoffe oder Zubereitungen, wenn bei bestimmungsgemäßer Verwendung Gefahren für Leben und Gesundheit des Menschen und die Umwelt nicht entstehen.

(3) Gefährliche Stoffe und Zubereitungen dürfen nicht in solche Behälter verpackt oder bei der Abgabe abgefüllt werden, durch deren Form oder Bezeichnung der Inhalt mit Lebensmitteln verwechselt werden kann.

§ 11
Ausnahmen von der Kennzeichnungspflicht

(1) Bei brandfördernden, leichtentzündlichen, entzündlichen oder reizenden Stoffen und Zubereitungen ist es nicht notwendig, auf die besonderen Gefahren hinzuweisen und Sicherheitsratschläge zu erteilen, wenn die Verpackung nicht mehr als 125 Milliliter enthält. Das gleiche gilt für gesundheitschädliche Stoffe in der gleichen Menge, die nicht für jedermann erhältlich sind.

(2) Die Kennzeichnungs- und Verpackungsvorschriften des Dritten Abschnitts gelten nicht für Stoffe, Zubereitungen und Erzeugnisse, die zum Verbringen in Staaten außerhalb der Europäischen Ge-

meinschaft bestimmt sind, wenn die Vorschriften des einführenden Bestimmungslandes sicherstellen, daß alle für die Verwendung nach dieser Verordnung erforderlichen Gesundheits-, Sicherheits- und Umweltdaten angegeben sind.

§ 12
Zusätzliche Anforderungen an die Kennzeichnung und Verpackung von bestimmten Stoffen und Zubereitungen

(1) Wer als Hersteller oder Einführer die in Anhang III bezeichneten Stoffe in den Verkehr bringt, hat diese unbeschadet der Einstufung nach § 4a und der Kennzeichnungsvorschriften nach § 6 zusätzlich nach den in Anhang III festgelegten Maßgaben zu kennzeichnen.

(2) Wer als Hersteller oder Einführer die in Anhang III bezeichneten Zubereitungen in den Verkehr bringt, hat diese unbeschadet der Einstufung nach § 4b und der Kennzeichnungsvorschriften nach § 7 zusätzlich entsprechend den in Anhang III festgelegten Maßgaben zu kennzeichnen.

(3) Krebserzeugende und erbgutverändernde Stoffe der Kategorien 1 oder 2 sowie krebserzeugende und erbgutverändernde Zubereitungen, die Stoffe der Kategorien 1 oder 2 enthalten, sind, unbeschadet einer Kennzeichnung nach den §§ 6 und 7, zusätzlich mit dem Satz „Gefahrstoffverordnung – Sonderbestimmungen des Sechsten Abschnitts beachten" zu kennzeichnen. Satz 1 gilt nicht für Stoffe und Zubereitungen, die ausschließlich zum Verbringen außerhalb des Geltungsbereiches dieser Verordnung bestimmt sind.

(4) Aerosolpackungen und die Verpackungen der einzelnen Aerosolpackungen sind mit folgenden Hinweisen zu kennzeichnen:
„Behälter steht unter Druck. Vor Sonnenbestrahlung und Temperaturen über 50 °C schützen. Auch nach Gebrauch nicht gewaltsam öffnen oder verbrennen."

(5) Enthalten Aerosolpackungen hochentzündliche, leichtentzündliche oder entzündliche Stoffe oder Zubereitungen, sind die Aerosolpackungen oder die Verpackungen der einzelnen Aerosolpackungen oder die Verpackungen der einzelnen Aerosolpackungen zusätzlich mit

1. den Hinweisen „Nicht gegen Flamme oder auf glühenden Gegenstand sprühen. Von Zündquellen fernhalten – nicht rauchen. Darf nicht in die Hände von Kindern gelangen." und
2. dem Gefahrensymbol und der Gefahrenbezeichnung nach Anhang I Nr. 2 sowie abweichend von § 11 Abs. 1 Satz 1 mit den Gefahrenhinweisen (R-Sätze) nach Anhang I Nr. 3 entsprechend der Einstufung der Stoffe oder der Zubereitungen in der Aerosolpackung einschließlich des Treibmittels nach Anhang I Nr. 1

zu versehen
Satz 1 gilt nicht, wenn anhand geeigneter Versuche oder Analysen nachgewiesen werden kann, daß die betreffenden Aerosolpackungen zwar entzündliche Bestandteile enthalten, aber unter normalen oder vernünftigerweise vorhersehbaren Verwendungsbedingungen kein Entzündungsrisiko besteht. Die Versuchs- oder Analyseunterlagen sind der zuständigen Behörde auf Verlangen vorzulegen. In diesem Fall sind die in der Aerosolpackung enthaltenen entzündlichen Bestandteile in folgender Form anzugeben:
„Enthält X Massenprozent entzündliche Bestandteile"."

(6) Gefährliche Zubereitungen nach Anhang II Nr. 1 und gefährliche Stoffe, die durch Verspritzen oder Versprühen aufgetragen werden, sind zusätzlich mit dem Sicherheitsratschlag S23 und mit einem der Sicherheitsratschläge S38 oder S51 nach den Maßgaben des Anhangs I Nr. 1 zu kennzeichnen.

(7) Enthält eine gefährliche Zubereitung nach Anhang II Nr. 1 mindestens einen Stoff, dem der R-Satz R33 zugeordnet wurde, so ist bei der Kennzeichnung der Zubereitung der R-Satz R33 anzugeben, wenn der Stoff in der Zubereitung in einer Konzentration größer oder gleich 1 vom Hundert

enthalten ist, soweit in der Bekanntmachung nach § 4a Abs. 1 keine anderen Werte festgelegt sind.

(8) Enthält eine Zubereitung nach Anhang II Nr. 1 mindestens einen Stoff, dem der R-Satz R64 zugeordnet wurde, so ist bei der Kennzeichnung der Zubereitung der R-Satz R64 anzugeben, wenn der Stoff in der Zubereitung in einer Konzentration größer oder gleich 1 vom Hundert enthalten ist, soweit in der Bekanntmachung nach § 4a Abs. 1 keine anderen Werte festgelegt sind.

§ 13
Zusätzliche Anforderungen an die Kennzeichnung und Verpackung von Stoffen und Zubereitungen, die für jedermann erhältlich sind

(1) Bei der Kennzeichnung und Verpackung von Stoffen und Zubereitungen, die für jedermann erhältlich sind, müssen die in den Absätzen 2 bis 10 genannten zusätzlichen Anforderungen erfüllt werden.

(2) Bei der Kennzeichnung gefährlicher Stoffe oder gefährlicher Zubereitungen nach Anhang II Nr. 1 sind, neben den sonst erforderlichen Sicherheitsratschlägen, die S-Sätze S1, S2, S45 oder S46 nach der Maßgabe des Anhangs I Nr. 1 anzugeben.

(3) Behälter, die gefährliche Stoffe oder Zubereitungen nach Anhang II Nr. 1 enthalten, dürfen

1. weder eine Form oder graphische Dekoration aufweisen, die die aktive Neugierde von Kindern wecken oder fördern oder die beim Verbraucher zu Verwechslung führen können,
2. noch Aufmachungen oder Bezeichnungen aufweisen, die für Lebensmittel, Futtermittel, Arzneimittel oder Kosmetika verwendet werden.

(4) Behälter, die einen mit T+, T oder C gekennzeichneten Stoff oder eine mit T+, T oder C gekennzeichnete Zubereitung nach Anhang II Nr. 1 enthalten, müssen ungeachtet ihres Fassungsvermögens mit kindergesicherten Verschlüssen und einem ertastbaren Warnzeichen versehen sein.

(5) Behälter folgender Zubereitungen müssen mit kindergesicherten Verschlüssen versehen sein:

1. flüssige Zubereitungen mit einer durch ein Rotationsviskosimeter nach der ISO-Norm 3219 (Ausgabe 15. Dezember 1977) gemessenen kinematischen Viskosität, die bei 40 °C weniger als 7×10^{-6} m^2/sec beträgt und die aliphatische oder aromatische Kohlenwasserstoffe in einer Konzentration von insgesamt 10 Hundertteilen oder darüber enthalten,
2. Zubereitungen, die gleich oder mehr als 3 Hundertteile Methanol oder gleich oder mehr als 1 Hundertteil Dichlormethan enthalten.

Satz 1 Nr. 1 gilt nicht für Zubereitungen in Form von Aerosolen.

(6) Flüssige Zubereitungen nach Absatz 5 Nr. 1 und flüssige Stoffe, die die Kriterien des Absatzes 5 Nr. 1 erfüllen, sind zusätzlich

1. mit dem S-Satz S 62 und,
2. wenn sie als Lampenöle verwendet werden, mit den Warnhinweisen „Gefüllte Lampen und Leuchten für Kinder unzugänglich aufbewahren!" und „Bei Kleinkindern kann schon ein Schluck Lampenöl – auch durch Saugen am Docht – lebensgefährliche Lungenschäden hervorrufen:"

zu kennzeichnen. Dies gilt nicht für Aerosole."

(7) Behälter bis zu 3 Liter Fassungsvermögen, die als sehr giftig, giftig oder ätzend gekennzeichnete Schädlingsbekämpfungsmittel nach Anhang II Nr. 2 enthalten, müssen mit kindergesicherten Verschlüssen versehen sein.

(8) Behälter, die einen mit Xn, F+ oder F gekennzeichneten Stoff oder eine mit Xn, F+ oder F gekennzeichnete Zubereitung nach Anhang II Nr. 1 enthalten, müssen ungeachtet ihres Fassungsvermögens mit einem ertastbaren Warnzeichen versehen sein.

(9) Die nach den Absätzen 4, 5 und 7 erforderlichen kindergesicherten Verschlüsse von wiederverschließbaren Behältern müssen den Anforderungen der Norm ISO 8317 (Ausgabe 1. Juli 1989) entsprechen. Die

nach den Absätzen 4 und 8 erforderlichen, bei der Berührung ertastbaren Warnzeichen müssen den Anforderungen der Norm CEN 272 (Ausgabe 20. August 1989) entsprechen.

(10) Auf Aerosolpackungen, der Verpackung der einzelnen Aerosolpackungen und auf der Verpckung von Zubereitungen nach Anhang II Nr. 1, die als sehr giftig, giftig oder ätzend eingestuft sind, ist eine genaue und allgemeinverständliche Gebrauchsanweisung anzubringen. Falls dies technisch nicht möglich ist, ist eine entsprechende Gebrauchsanweisung beizufügen. Die Gebrauchsanweisung muß auch Informationen über die ordnungsgemäße Entsorgung der Leerverpackungen umfassen."

§ 14
Sicherheitsdatenblatt

(1) Wer als Hersteller, Einführer oder erneuter Inverkehrbringer gefährliche Stoffe oder Zubereitungen in den Verkehr bringt, hat den Abnehmern spätestens bei der ersten Lieferung des Stoffes oder der Zubereitung ein Sicherheitsdatenblatt nach Anhang I Nr. 5 zu übermitteln. Satz 1 gilt auch für Zubereitungen nach Anhang III Nr. 2, 3, 4, 5, 8 und 13. Für Zubereitungen mit den in § 35 Abs. 3 genannten krebserzeugenden Stoffen ist ein Sicherheitsdatenblatt zu übermitteln, wenn die Konzentration des Stoffes in der Zubereitung gleich oder größer als die dort genannte Konzentrationsgrenze ist. Die Sätze 1 bis 3 gelten nicht

1. für die private Abnahme und
2. für Schädlingsbekämpfungsmittel nach Anhang II Nr. 2.

Das Sicherheitsdatenblatt ist

1. in deutscher Sprache abzufassen,
2. kostenlos dem Abnehmer zu übermitteln,
3. mit Datum zu versehen.

(2) Wird das Sicherheitsdatenblatt aufgrund wichtiger neuer Informationen im Zusammenhang mit der Sicherheit, dem Gesundheitsschutz oder der Umwelt überarbeitet,ist es allen Abnehmern, die den Stoff oder die Zubereitung in den vergangenen 12 Monaten erhalten haben, zu übermitteln. Die überarbeitete Fassung des Sicherheitsdatenblattes ist mit den Angaben „überarbeitet ... (Datum)" zu versehen.

(3) Das Sicherheitsdatenblatt kann als Schreiben oder auf Datenträgern übermittelt werden.

(4) Das Sicherheitsdatenblatt muß nicht geliefert werden, wenn gefährliche Stoffe oder Zubereitungen, die für jedermann erhältlich sind, mit ausreichenden Informationen versehen sind, die es dem Benutzer ermöglichen, die erforderlichen Maßnahmen für den Gesundheitsschutz und die Sicherheit zu ergreifen. Verlangt ein Abnehmer, der den Stoff oder die Zubereitung berufsmäßig verwendet, ein Sicherheitsdatenblatt, so muß ihm der Inverkehrbringer das Sicherheitsdatenblatt liefern.

(5) Für die Angaben im Sicherheitsdatenblatt ist der im Sicherheitsdatenblatt aufgeführte Inverkehrbringer des Stoffes oder der Zubereitung, im Falle eines ausländischen Inverkehrbringers der im Geltungsbereich dieser Verordnung ansässige Einführer verantwortlich.

(6) Sicherheitsdatenblätter für gefährliche Stoffe und Zubereitungen, die ausschließlich zum Verbringen außerhalb des Geltungsbereichs dieser Verordnung bestimmt sind, müssen soweit wie möglich in der Sprache oder in einer oder mehreren Hauptsprachen des Bestimmungslandes oder der vorgesehenen Einsatzgebiete abgefaßt sein. Ein Sicherheitsdatenblatt in deutscher Sprache ist nicht erforderlich. § 11 Abs. 2 findet entsprechend Anwendung.

(7) Die zuständige Behörde kann verlangen, daß ihr bestimmte Sicherheitsdatenblätter vorgelegt werden.

Vierter Abschnitt
Verbote und Beschränkungen

§ 15
Herstellungs- und Verwendungsverbote

(1) Nach Maßgabe des Anhangs IV bestehen Herstellungs- und Verwendungsverbote für:

1. Asbest,
2. 2-Naphthylamin, 4-Aminobiphenyl, Benzidin, 4-Nitrobiphenyl,
3. Arsen und seine Verbindungen,
4. Benzol,
5. Antifoulingfarben,
6. Bleikarbonate,
7. Quecksilber und seine Verbindungen,
8. zinnorganische Verbindungen,
9. Di-μ-oxo-di-n-butylstanniohydroxyboran,
10. Dekorationsgegenstande, die flüssige gefährliche Stoffe oder Zubereitungen enthalten,
11. aliphatische Chlorkohlenwasserstoffe,
12. Pentachlorphenol und seine Verbindungen,
13. Teeröle,
14. polychlorierte Biphenyle, polychlorierte Terphenyle,
15. Vinylchlorid,
16. Starke Säure-Verfahren zur Herstellung von Isopropanol,
17. Cadmium und seine Verbindungen,
18. Monomethyltetrachlordiphenylmethan, Monomethyldichlordiphenylmethan, Monomethyldibromdiphenylmethan,
19. Kühlschmierstoffe.
20. DDT.

(2) Absatz 1 gilt nicht für die ordnungsgemäße Abfallentsorgung, sofern in § 43 Abs. 2 und 3 oder Anhang IV nicht etwas besonderes bestimmt ist.

§ 15a
Allgemeine Beschäftigungsverbote und -beschränkungen

(1) Arbeitnehmer dürfen den nachfolgend genannten besonders gefährlichen krebserzeugenden Gefahrstoffen nicht ausgesetzt sein:
- 6-Amino-2-ethoxynaphthalin,
- 4-Aminobiphenyl und seinen Salzen,
- Asbest,
- Benzidin und seinen Salzen,
- Bis(chlormethyl)ether,
- Cadmiumchlorid (in atembarer Form),
- Chlormethyl-methylether,
- Dimethylcarbamoylchlorid,
- Hexamethylphosphorsäuretriamid,
- 2-Naphthylamin und seinen Salzen,
- 4-Nitrodiphenyl,
- 1,3-Propansulton,
- N-Nitrosaminverbindungen,
- Tetranitromethan, 1,2,3- Trichlorpropan

Satz 1 gilt nicht
1. für Abbruch-, Sanierungs- oder Instandhaltungsarbeiten an bestehenden Anlagen, Fahrzeugen, Gebäuden, Einrichtungen oder Geräten, die die in Satz 1 genannten Gefahrstoffe enthalten, soweit die Einhaltung des Gebotes nach Satz 1 nach dem Stand der Technik nicht möglich ist,
2. für die besonders gefährlichen krebserzeugenden Nitrosamine nach Satz 1, die nach dem Stand der Technik unvermeidbar entstehen,
3. für
   - N-Nitroso-methyl-tert.butylamin,
   - N-Nitroso-dibenzylamin,
   - N-Nitroso-dicyclohexylamin,
   - N-Nitroso-ethyl-tert.butylamin,
   - N-Nitroso-n-butyl-tert.butylamin,
   - N-Nitroso-diallylamin,
   - N-Nitroso-prolin,
   - N-Nitroso-N-methyl-3-aminopyridin,
   - N-Nitroso-N-methyl-4-aminopyridin,
   - Dinitrosopentamethylentetramin

und soweit sich bei den in Satz 1 genannten N-Nitrosaminverbindungen in Prüfungen ein Hinweis auf krebserzeugende Wirkungen nicht ergeben hat.

(2) Bei Sanierungs- und Instandhaltungsarbeiten müssen beim Austausch die besonders gefährlichen krebserzeugenden Gefahrstoffe nach dem Stand der Technik durch Stoffe, Zubereitungen oder Erzeugnisse mit einem geringeren gesundheitlichen Risiko ersetzt werden.

(3) Abbruch-, Sanierungs- und Instandhaltungsarbeiten im Sinne des Absatzes 1 Satz 2 Nr. 1 dürfen nur durchgeführt werden, wenn sichergestellt ist, daß die personelle und sicherheitstechnische Ausstattung

des Unternehmens für diese Arbeiten geeignet ist. Eine ausreichende personelle Ausstattung liegt nur vor, wenn sachkundige Personen beschäftigt werden. Der Nachweis der Sachkunde wird durch die erfolgreiche Teilnahme an einem von der zuständigen Behörde anerkannten Sachkundelehrgang erbracht. Abweichend von Satz 3 bedarf ein Sachkundelehrgang für Instandhaltungsarbeiten mit geringer Exposition der Arbeitnehmer nicht der behördlichen Anerkennung.

(4) Wird die Auslöseschwelle für krebserzeugende Gefahrstoffe überschritten, dürfen Arbeitnehmer ohne persönliche Schutzausrüstung nicht mit Arbeiten beschäftigt werden, bei denen es aufgrund des Arbeitsverfahrens, der Arbeitsorganisation oder der räumlichen oder klimatischen Verhältnisse am Arbeitsplatz zu einer erhöhten Aufnahme der Gefahrstoffe über die Atmungsorgane oder die Haut kommen kann.

(5) Wird die Auslöseschwelle für krebserzeugende Gefahrstoffe überschritten, dürfen Arbeitnehmer täglich nicht länger als 8 Stunden und wöchentlich nicht länger als 40 Stunden – bei Vierschichtbetrieben 42 Stunden pro Woche im Durchschnitt von vier aufeinanderfolgenden Wochen – beschäftigt werden.

§ 15b
Besondere Beschäftigungsbeschränkungen für besondere Personengruppen

(1) Der Arbeitgeber darf Jugendliche mit leichtentzündlichen, entzündlichen oder brandfördernden Gefahrstoffen nicht beschäftigen. Satz 1 gilt nicht, wenn sie durch einen Fachkundigen beaufsichtigt werden.

(2) Der Arbeitgeber darf Jugendliche mit explosionsgefährlichen oder hochentzündlichen Gefahrstoffen nicht beschäftigen. Satz 1 gilt nicht, wenn

1. der Umgang mit diesen Gefahrstoffen zur Erreichung des Ausbildungszieles erforderlich ist,
2. die Jugendlichen mindestens 16 Jahre alt sind und
3. die Jugendlichen durch einen Fachkundigen beaufsichtigt werden.

(3) Der Arbeitgeber darf Jugendliche mit gesundheitsschädlichen, ätzenden oder reizenden Gefahrstoffen nicht beschäftigen, wenn die Auslöseschwelle überschritten ist. Satz gilt nicht, wenn

1. der Umgang mit diesen Gefahrstoffen zur Erreichung des Ausbildungszieles erforderlich ist,
2. die Jugendlichen mindestens 16 Jahre alt sind und
3. die Jugendlichen durch einen Fachkundigen beaufsichtigt werden.

(4) Der Arbeitgeber darf Jugendliche mit sehr giftigen, giftigen, krebserzeugenden, fruchtschädigenden, erbgutverändemden oder in sonstiger Weise den Menschen chronisch schädigenden Gefahrstoffen nicht beschäftigen. Satz 1 gilt nicht, wenn

1. die Auslöseschwelle nicht überschritten wird,
2. der Umgang mit diesen Gefahrstoffen zur Erreichung des Ausbildungsziels erforderlich ist,
3. die Jugendlichen mindestens 16 Jahre alt sind,
4. die Jugendlichen durch einen Fachkundigen beaufsichtigt werden und
5. die Jugendlichen von einem Arzt innerhalb von 12 Wochen vor Beginn der Beschäftigung untersucht worden sind und dem Arbeitgeber eine vom Arzt ausgestellte Bescheinigung darüber vorliegt daß gesundheitliche Bedenken gegen die Beschäftigung nicht bestehen; soweit die gefährlichen Stoffe oder Zubereitungen nach Satz 1 in Anhang VI aufgeführt sind, dürfen die Untersuchungen in der Regel nur von einem ermächtigten Arzt im Sinne des § 30 durchgeführt werden.

(5) Der Arbeitgeber darf Jugendliche mit Stoffen, Zubereitungen und Erzeugnissen, die ihrer Art nach erfahrungsgemäß Krankheitserreger übertragen können, nicht beschäftigen, wenn sie den Krankheitserregern ausgesetzt sind; Absatz 4 Satz 2 Nr. 2 bis 5 gilt entsprechend.

(6) Der Arbeitgeber darf werdende oder

stillende Mütter mit sehr giftigen, giftigen, gesundheitsschädlichen oder in sonstiger Weise den Menschen chronisch schädigenden Gefahrstoffen nicht beschäftigen. Satz 1 gilt nicht, wenn die Auslöseschwelle nicht überschritten wird. Der Arbeitgeber darf werdende oder stillende Mütter mit Stoffen, Zubereitungen oder Erzeugnissen, die ihrer Art nach erfahrungsgemäß Krankheitserreger übertragen können, nicht beschäftigen, wenn sie den Krankheitserregern ausgesetzt sind. § 4 Abs. 2 Nr. 6 des Mutterschutzgesetzes bleibt unberührt.

(7) Der Arbeitgeber darf werdende Mütter mit krebserzeugenden, fruchtschädigenden oder erbgutverändernden Gefahrstoffen nicht beschäftigen. Satz 1 gilt nicht, wenn die werdenden Mütter bei bestimmungsgemäßem Umgang den Gefahrstoffen nicht ausgesetzt sind. Der Arbeitgeber darf stillende Mütter mit Gefahrstoffen nach Satz 1 nicht beschäftigen, wenn die Auslöseschwelle überschritten ist.

(8) Der Arbeitgeber darf gebärfähige Arbeitnehmerinnen beim Umgang mit Gefahrstoffen, die

1. Blei oder
2. Quecksilberalkyle

enthalten, nicht beschäftigen, wenn die Auslöseschwelle nicht unterschritten wird.

§ 15c
Verwendungsverbote für die Heimarbeit

(1) Sehr giftige, giftige, explosionsgefährliche, hochentzündliche, krebserzeugende, fruchtschädigende, erbgutverändernde oder in sonstiger Weise den Menschen chronisch schädigende Gefahrstoffe oder Gefahrstoffe, die ihrer Art nach erfahrungsgemäß Krankheitserreger übertragen können, dürfen nicht zur Verwendung in Heimarbeit überlassen werden.

(2) In Heimarbeit Beschäftigte dürfen nur solche Gefahrstoffe verwenden, die ihnen vom Auftraggeber oder Zwischenmeister überlassen worden sind.

(3) Wer Heimarbeit ausgibt oder weitergibt, hat für die in Heimarbeit Beschäftigten in der nach § 20 Abs. 1 aufzustellenden Betriebsanweisung auch Maßnahmen festzulegen, die nach Art der Heimarbeit, der verwendeten Arbeitseinrichtungen und Arbeitsverfahren zur Erfüllung der Vorschriften der §§ 17, 19 und 22 erforderlich sind. Die Betriebsanweisung ist den in Heimarbeit Beschäftigten vom Auftraggeber oder Zwischenmeister auszuhändigen.

§ 15d
Begasungen

(1) Begasungen mit sehr giftigen und giftigen Stoffen und Zubereitungen (Begasungsmitteln) dürfen nur mit folgenden Stoffen und Zubereitungen durchgeführt werden:

1. Brommethan (Methylbromid),
2. Cyanwasserstoff (Blausäure) sowie Stoffen und Zubereitungen, die zum Entwickeln oder Verdampfen von Cyanwasserstoff oder leicht flüchtigen Cyanwasserstoffverbindung dienen,
3. Ethylenoxid,
4. Phosphorwasserstoff und Phosphorwasserstoff entwickelden Stoffen und Zubereitungen,
5. Formaldehyd sowie Stoffen und Zubereitungen, die zum Entwickeln oder Verdampfen von Formaldehyd dienen.

Die Verwendung der in Satz 1 Nr. 1 bis 5 genannten Stoffe und Zubereitungen als Begasungsmittel darf nur unter den Voraussetzungen der Absätze 2 bis 4 erfolgen. Für portionsweise verpackte Zubereitungen, die nicht mehr als 15 Gramm Phosphorwasserstoff entwickeln und zur Schädilingsbekämpfung im Freien verwendet werden, bedarf es lediglich eines Befähigungsscheines nach Anhang V Nr. 5. Satz 2 gilt auch, wenn die zuständige Behörde andere Begasungsmittel nach § 43 Abs. 8 zugelassen hat. Die Verwendung von Brommethan darf nur erfolgen zum Holzschutz in Bauwerken sowie für Erzeugnisse zum Export in Staaten, die eine Begasung mit Brommethan zwingend vorschreiben.“

(2) Wer Begasungen mit den in Absatz 1 aufgeführten Begasungsmitteln durch-

führen will, bedarf der Erlaubnis der zuständigen Behörde entsprechend der Maßgabe des Anhangs V Nr. 5.2. Bei allen Begasungen nach Satz 1 sind die allgemeinen und besonderen Vorschriften dieser Verordnung, insbesondere Anhang V Nr. 5 zu beachten.

(3) Als Begasungsmittel nach Absatz 1 Satz 1 Nr. 1, 2 und 3 dürfen nur solche Stoffe und ihre Zubereitungen verwendet werden, die von der Biologischen Bundesanstalt für Land- und Forstwirtschaft zugelassen sind; in anderen Fällen kann die zuständige Behörde eine Prüfung durch das Bundesinstitut für gesundheitlichen Verbraucherschutz und Veterinärmedizin oder die Bundesanstalt für Materialforschung und -prüfung verlangen.

(4) Während der Beförderung dürfen Schiffe nur mit Phosphorwasserstoff und Transportbehälter nur mit Phosphorwasserstoff und Brommethan begast werden. Ethylenoxid darf nur in vollautomatischen Begasungsanlagen verwendet werden.

§ 15e
Schädlingsbekämpfung

Wer gewerbsmäßig, im Rahmen sonstiger wirtschaftlicher Unternehmungen oder unter Beschäftigung von Arbeitnehmern Schädlingsbekämpfung durchführt, hat die allgemeinen und besonderen Vorschriften der Verordnung, insbesondere Anhang V Nummer 6 zu beachten.

Fünfter Abschnitt
Allgemeine Umgangsvorschriften für Gefahrstoffe

§ 16
Ermittlungspflicht

(1) Der Arbeitgeber, der mit einem Stoff, einer Zubereitung oder einem Erzeugnis umgeht, hat festzustellen, ob es sich im Hinblick auf den vorgesehenen Umgang um einen Gefahrstoff handelt. Der Arbeitgeber, der nicht über andere Erkenntnisse verfügt, kann davon ausgehen, daß eine Kennzeichnung, die sich auf der Verpackung befindet, und daß Angaben, die in einer beigefügten Mitteilung oder einem Sicherheitsdatenblatt enthalten sind, zutreffend sind. Das Ergebnis der Ermittlung nach Satz 1 ist, soweit dabei Gefahrstoffe festgestellt worden sind, der zuständigen Behörde auf Verlangen darzulegen.

(2) Der Arbeitgeber muß prüfen, ob Stoffe, Zubereitungen oder Erzeugnisse mit einem geringeren gesundheitlichen Risiko als die von ihm in Aussicht genommenen erhältlich sind. Ist ihm die Verwendung dieser Stoffe, Zubereitungen und Erzeugnisse zumutbar und ist die Substitution zum Schutz von Leben und Gesundheit der Arbeitnehmer erforderlich, so darf er nur diese verwenden. Kann der Schutz von Leben und Gesundheit der Arbeitnehmer vor Gefährdung durch das Auftreten von Gefahrstoffen am Arbeitsplatz nicht durch andere Maßnahmen gewärleistet werden, muß der Arbeitgeber prüfen, ob durch Änderung des Herstellungs- und Verwendungsverfahrens oder durch den Einsatz von emissionsarmen Verwendungsformen von Gefahrstoffen deren Auftreten am Arbeitsplatz verhindert oder vermindert werden kann. Ist dies technisch möglich und dem Arbeitgeber zumutbar, muß der Arbeitgeber die erforderliche Verfahrensänderung vornehmen oder die emissionsarmen Verwendungsformen anwenden. Das Ergebnis der Prüfung nach den Sätzen 1 und 3 ist schriftlich festzuhalten und der zuständigen Behörde auf Verlangen vorzulegen.

(3) Verbleiben bei der Ermittlung nach Absatz 1 Ungewißheiten über die Gefährdung, hat der Hersteller oder Einführer dem Arbeitgeber auf Verlangen die gefährlichen Inhaltsstoffe der Gefahrstoffe sowie die von den Gefahrstoffen ausgehenden Gefahren und die zu ergreifenden Maßnahmen mitzuteilen. Der Arbeitgeber kann, auch soweit diese Angaben nach den Vorschriften des Dritten Abschnitts oder nach anderen Rechtsvorschriften nicht erforderlich sind, mindestens Angaben entsprechend Anhang I Nr. 5 verlangen.

(3a) Der Arbeitgeber ist verpflichtet, ein Verzeichnis aller nach den Absätzen 1 und 3 ermittelten Gefahrstoffe zu führen. Dies gilt nicht für Gefahrstoffe, die im Hinblick auf ihre gefährlichen Eigenschaften und Menge keine Gefahr für die Beschäftigten darstellen. Das Verzeichnis muß mindestens folgende Angaben enthalten:

1. Bezeichnung des Gefahrstoffes,
2. Einstufung des Gefahrstoffes oder Angabe der gefährlichen Eigenschaften,
3. Mengenbereiche des Gefahrstoffes im Betrieb,
4. Arbeitsbereiche, in denen mit dem Gefahrstoff umgegangen wird.

Die Angaben können schriftlich fesgehalten oder auf elektronischen Datenträgern gespeichert werden. Das Verzeichnis ist bei wesentlichen Anderungen fortzuschreiben und mindestens einmal jährlich zu überprüfen. Es ist kurzfristig verfügbar aufzubewahren und der zuständigen Behörde auf Verlangen vorzulegen.

(4) Bevor der Arbeitgeber Arbeitnehmer beim Umgang mit Gefahrstoffen beschäftigt, hat er zur Feststellung der erforderlichen Maßnahmen die mit dem Umgang verbundenen Gefahren zu ermitteln und zu beurteilen. Welche Maßnahmen zur Abwehr der Gefahren zu treffen sind, die beim Umgang mit Gefahrstoffen entstehen können, hat der Arbeitgeber zu regeln, bevor er mit Gefahrstoffen umgeht.

§ 17
Allgemeine Schutzpflicht

(1) Der Arbeitgeber, der mit Gefahrstoffen umgeht, hat die zum Schutz des menschlichen Lebens, der menschlichen Gesundheit und der Umwelt erforderlichen Maßnahmen nach den allgemeinen und besonderen Vorschriften des Fünften und Sechsten Abschnitts einschließlich der dazugehörigen Anhänge und den für ihn geltenden Arbeitsschutz- und Unfallverhütungsvorschriften zu treffen. Im übrigen sind die allgemein anerkannten sicherheitstechnischen, arbeitsmedizinischen und hygienischen Regeln einschließlich der Regeln über Einstufung, Sicherheitsinfornation und Arbeitsorganisation sowie die sonstigen gesicherten arbeitswissenschaftlichen Erkenntnisse zu beachten.

(2) Maßnahmen zur Abwehr unmittelbarer Gefahren sind unverzüglich zu treffen.

(3) Bei den zu treffenden Schutzmaßnahmen sind die Kennzeichnungen nach den §§ 6 bis 8, insbesondere die Hinweise auf die besonderen Gefahren (R-Sätze) und die Sicherheitsratschläge (S-Sätze) nach § 6 Abs. 1 Nr. 3 und 4 sowie § 7 Abs. 1 Nr. 4 und 5 sowie die Angaben in den Sicherheitsdatenblättern nach § 14 zu beachten.

§ 18
Überwachungspflicht

(1) Ist das Auftreten eines oder verschiedener gefährlicher Stoffe in der Luft am Arbeitsplatz nicht sicher auszuschließen, so ist zu ermitteln, ob die Maximale Arbeitsplatzkonzentration, die Technische Richtkonzentration oder der Biologische Arbeitsplatztoleranzwert unterschritten oder die Auslöseschwelle überschritten sind. Die Gesamtwirkung verschiedener gefährlicher Stoffe in der Luft am Arbeitsplatz ist zu beurteilen.

(2) Wer Messungen durchführt, muß über die notwendige Sachkunde und über die notwendigen Einrichtungen verfügen. Der Arbeitgeber, der eine außerbetriebliche Meßstelle beauftragt, kann davon ausgehen, daß die von einer Meßstelle festgestellten Erkenntnisse zutreffend sind, wenn die Meßstelle von den Ländern anerkannt ist. Die Länder regeln einvernehmlich das Verfahren der Anerkennung. Das Bundesministerium für Arbeit und Sozialordnung gibt die anerkannten Meßstellen im Bundesarbeitsblatt bekannt.

(3) Die Ergebnisse der Ermittlungen und Messungen nach den Absätzen 1 und 2 sind aufzuzeichnen und mindestens dreißig Jahre aufzubewahren. Sie sind der zuständigen Behörde auf Verlangen mitzuteilen; hinsichtlich der Biologischen Arbeitsplatztole-

ranzwerte gilt § 31 Abs. 1 entsprechend. Bei Betriebsstillegung sind die Aufzeichnungen dem zuständigen Unfallversicherungsträger auszuhändigen.

(4) Der Arbeitgeber hat bei den Ermittlungen und Messungen nach den Absätzen 1 und 2 die vom Ausschuß für Gefahrstoffe aufgestellten Verfahren und Meßregeln heranzuziehen, in die die Verfahren und Meßregeln der Richtlinien

1. 88/642/EWG des Rates vom 16. Dezember 1988 zur Änderung der Richtlinie 80/1107/EWG zum Schutz der Arbeitnehmer vor der Gefährdung durch chemische, physikalische und biologische Arbeitsstoffe bei der Arbeit (ABl. EG Nr. L 356 S. 74),
2. 91/322/EWG der Kommission vom 29. Mai 1991 zur Durchführung der Richtlinie 88/642/EWG (ABl. EG Nr. L 177 S. 22),
3. 82/605/EWG des Rates vom 28. Juli 1982 über den Schutz der Arbeitnehmer gegen Gefährdung durch metallisches Blei und seine Ionenverbindungen am Arbeitsplatz (ABl. EG Nr. L 247 S. 12),
4. 78/610/EWG des Rates vom 29. Juni 1978 zur Angleichung der Rechts- und Verwaltungsvorschriften der Mitgliedstaaten über den Schutz der Gesundheit von Arbeitnehmern, die Vinylchlorid ausgesetzt sind (ABl. EG Nr. L 197 S. 12),
5. 83/477/EWG des Rates vom 19. September 1983 über den Schutz der Arbeitnehmer gegen Gefährdung durch Asbest am Arbeitsplatz (ABl. EG Nr. L 263 S. 25)

in ihrer jeweiligen geänderten, im Amtsblatt der Europäischen Gemeinschaften veröffentlichten Fassung übernommen sind. Die Verfahren und Meßregeln werden vom Bundesministerium für Arbeit und Sozialordnung im Bundesarbeitsblatt bekanntgemacht.

(5) Die Absätze 1 bis 4 gelten nicht, wenn die Auslöseschwelle für Gefahrstoffe bei bestimmungsgemäßer Anwendung behördlich oder berufsgenossenschaftlich anerkannter Verfahren oder Geräte nicht überschritten wird. Satz 1 gilt nicht für die besonders gefährlichen krebserzeugenden Gefahrstoffe nach § 15a Abs. 1.

§ 19
Rangfolge der Schutzmaßnahmen

(1) Das Arbeitsverfahren ist so zu gestalten, daß gefährliche Gase, Dämpfe oder Schwebstoffe nicht frei werden, soweit dies nach dem Stand der Technik möglich ist. Das Arbeitsverfahren ist ferner so zu gestalten, daß die Arbeitnehmer mit gefährlichen festen oder flüssigen Stoffen oder Zubereitungen nicht in Hautkontakt kommen, soweit dies nach dem Stand der Technik möglich ist.

(2) Kann durch Maßnahmen nach Absatz 1 nicht unterbunden werden, daß gefährliche Gase, Dämpfe oder Schwebstoffe frei werden, sind diese an ihrer Austritts- oder Entstehungsstelle vollständig zu erfassen und anschließend ohne Gefahr für Mensch und Umwelt zu entsorgen, soweit dies nach dem Stand der Technik möglich ist.

(3) Ist eine vollständige Erfassung nach Absatz 2 nicht möglich, so sind die dem Stand der Technik entsprechenden Lüftungsmaßnahmen zu treffen.

(4) Ist die Sicherheitstechnik eines Arbeitsverfahrens fortentwickelt worden, hat sich diese bewährt und erhöht sich die Arbeitssicherheit hierdurch erheblich, so hat der Arbeitgeber das nicht entsprechende Arbeitsverfahren soweit zumutbar innerhalb einer angemessenen Frist dieser Fortentwicklung anzupassen.

(5) Werden nach Durchführung der Maßnahmen nach den Absätzen 1 bis 3 die Maximale Arbeitsplatzkonzentration oder der Biologische Arbeitsplatztoleranzwert nicht unterschritten, hat der Arbeitgeber

1. wirksame und hinsichtlich ihrer Trageeigenschaften geeignete persönliche Schutzausrüstungen zur Verfügung zu stellen und diese in gebrauchsfähigem, hygienisch einwandfreiem Zustand zu halten und
2. dafür zu sorgen, daß die Arbeitnehmer nur so lange beschäftigt werden, wie es

das Arbeitsverfahren unbedingt erfordert und es mit dem Gesundheitsschutz vereinbar ist.

Satz 1 gilt auch, wenn mit allergischen Reaktionen zu rechnen ist. Die Arbeitnehmer müssen die zur Verfügung gestellten persönlichen Schutzausrüstungen benutzen. Das Tragen von Atemschutz und von Vollschutzanzügen darf keine ständige Maßnahme sein.

(6) Die Absätze 1 bis 3 und 5 gelten nicht für Verfahren, bei denen bestimmungsgemäß Gefahrstoffe freigesetzt werden und Lüftungsmaßnahmen dem Verwendungszweck entgegenstehen. Die Überwachungspflicht nach § 18 Abs. 1 entfällt in diesen Fällen. Werden in diesen Fällen die Maximale Arbeitsplatzkonzentration oder der Biologische Arbeitsplatztoleranzwert nicht unterschritten, sind Maßnahmen nach Absatz 5 zu treffen.

§ 20
Betriebsanweisung

(1) Der Arbeitgeber hat eine arbeitsbereichs- und stoffbezogene Betriebsanweisung zu erstellen, in der auf die mit dem Umgang mit Gefahrstoffen verbundenen Gefahren für Mensch und Umwelt hingewiesen wird sowie die erforderlichen Schutzmaßnahmen und Verhaltensregeln festgelegt werden; auf die sachgerechte Entsorgung entstehender gefährlicher Abfälle ist hinzuweisen. Die Betriebsanweisung ist in verständlicher Form und in der Sprache der Beschäftigten abzufassen und an geeigneter Stelle in der Arbeitsstätte bekanntzumachen. In der Betriebsanweisung sind auch Anweisungen über das Verhalten im Gefahrfall und über die Erste Hilfe zu treffen.

(2) Arbeitnehmer, die beim Umgang mit Gefahrstoffen beschäftigt werden, müssen anhand der Betriebsanweisung über die auftretenden Gefahren sowie über die Schutzmaßnahmen unterwiesen werden. Gebärfähige Arbeitnehmerinnen sind zusätzlich über die für werdende Mütter möglichen Gefahren und Beschäftigungsbeschränkungen zu unterrichten. Die Unterweisungen müssen vor der Beschäftigung und danach mindestens einmal jährlich mündlich und arbeitsplatzbezogen erfolgen. Inhalt und Zeitpunkt der Unterweisungen sind schriftlich festzuhalten und von den Unterwiesenen durch Unterschrift zu bestätigen. Der Nachweis der Unterweisung ist zwei Jahre aufzubewahren.

§ 21
Unterrichtung und Anhörung der Arbeitnehmer in besonderen Fällen

(1) Der Arbeitgeber hat die betroffenen Arbeitnehmer oder, wenn ein Betriebs- oder Personalrat vorhanden ist, diesen

1. bei der Ermittlung und Beurteilung nach § 16 Abs. 2 und 4 Satz 1 sowie bei der Regelung der Maßnahmen nach § 16 Abs. 4 Satz 2 und § 17 Abs. 2 zu hören,
2. wenn er Messungen nach § 18 durchführt, über das Ergebnis der Messungen zur Überwachung der Maximalen Arbeitsplatzkonzentrationen, der Technischen Richtkonzentrationen oder über das nicht personenbezogene Ergebnis der Messungen zur Überwachung der Biologischen Arbeitsplatztoleranzwerte zu unterrichten, Einsicht in die Aufzeichnungen dieser Ergebnisse zu gewähren und Auskünfte über deren Bedeutung zu geben,
3. wenn er persönliche Schutzausrüstungen nach § 19 Abs. 5 zur Verfügung zu stellen hat, zur Auswahl der geeigneten Schutzausrüstungen und den Bedingungen, unter denen sie zu benutzen sind, zu hören.

Satz 1 Nr. 1 gilt entsprechend bei den Ermittlungen und Beurteilungen nach § 36 Abs. 1 und Satz 1 und 2 sowie bei der Regelung der Maßnahmen nach § 36 Abs. 2 Satz 3.

(2) Eine Überschreitung der Maximalen Arbeitsplatzkonzentration, der Technischen Richtkonzentration oder der Auslöseschwelle hat der Arbeitgeber den betroffenen Arbeitnehmern und dem Betriebs- oder

Personalrat unverzüglich unter Angabe der Gründe mitzuteilen. Arbeitnehmer und Betriebs- oder Personalrat sind zu den zu treffenden Maßnahmen zu hören. In dringenden Fällen hat der Arbeitgeber sie über die getroffenen Maßnahmen unverzüglich zu unterrichten. Satz 2 gilt auch, wenn Maßnahmen nach der Überprüfung des Arbeitsplatzes nach § 33 getroffen werden.

(3) Über Messungen nach § 18 zur Überwachung der Maximalen Arbeitsplatzkonzentration oder der Technischen Richtkonzentration sind Meßprotokolle zu erstellen. Abschriften der Meßprotokolle hat der Arbeitgeber dem Betriebs- oder Personalrat zugänglich zu machen. Er hat Abschriften der Meßprotokolle dem Betriebs- oder Personalrat auf Verlangen zu überlassen.

(4) Die Betriebs- oder Personalräte haben das Recht, über die in den Vorschriften der §§ 16 bis 20 vorgesehenen Maßnahmen hinaus zur Abwendung gesundheitlicher Schäden dem Arbeitgeber im Einzelfall zusätzliche Schutzmaßnahmen vorzuschlagen. Unterrichtungs- und Beteiligungspflichten nach anderen Rechtsvorschriften bleiben unberührt.

(5) Unterrichtungs- und Beteiligungspflichten gegenüber dem Betriebs- oder Personalrat sowie den Arbeitnehmern bestehen nur insoweit, als die betroffenen Arbeitnehmer Arbeitnehmer oder Beschäftigte im Sinne des Betriebsverfassungsgesetzes oder der Personalvertretungsgesetze sind.

(6) Wird die Maximale Arbeitsplatzkonzentration oder die Technische Richtkonzentration oder der Biologische Arbeitsplatztoleranzwert nicht unterschritten und hilft der Arbeitgeber der dagegen erhobenen oder veranlaßten Beschwerde nicht unverzüglich ab, so kann sich der einzelne Arbeitnehmer nach Ausschöpfung der innerbetrieblichen Möglichkeiten unmittelbar an die für die Überwachung zuständigen Stellen wenden. Besteht durch die Überschreitungen nach Satz 1 eine unmittelbare Gefahr für Leben oder Gesundheit, hat der einzelne Arbeitnehmer das Recht, die Arbeit zu verweigern. Aus der Ausübung der in den Sätzen 1 und 2 genannten Rechte dürfen dem Arbeitnehmer keine Nachteile entstehen.

§ 22
Hygienemaßnahmen

(1) Für den Verbrauch durch Arbeitnehmer im Betrieb bestimmte Nahrungs- und Genußmittel dürfen nur so aufbewahrt werden, daß sie mit Gefahrstoffen nicht in Berührung kommen.

(2) Arbeitnehmer, die beim Umgang mit sehr giftigen, giftigen, krebserzeugenden, fruchtschädigenden oder erbgutverändernden Gefahrstoffen beschäftigt werden, dürfen in Arbeitsräumen oder an ihren Arbeitsplätzen im Freien keine Nahrungs- und Genußmittel zu sich nehmen. Für diese Arbeitnehmer sind Bereiche einzurichten, in denen sie Nahrungs- und Genußmittel ohne Beeinträchtigung ihrer Gesundheit durch Gefahrstoffe zu sich nehmen können.

(3) Arbeitnehmern, die beim Umgang mit sehr giftigen, giftigen, krebserzeugenden, fruchtschädigenden oder erbgutverändernden Gefahrstoffen beschäftigt werden, sind Waschräume sowie Räume mit getrennten Aufbewahrungsmöglichkeiten für Straßen- und Arbeitskleidung zur Verfügung zu stellen. Wenn es aus gesundheitlichen Gründen erforderlich ist, sind Umkleideräume für Straßen- und Arbeitskleidung zur Verfügung zu stellen, die durch einen Waschraum mit Duschen voneinander getrennt sind. Arbeits- und Schutzkleidung ist vom Arbeitgeber zu reinigen. Erforderlichenfalls ist sie geordnet zu entsorgen und vom Arbeitgeber zu ersetzen.

§ 23
Verpackung und Kennzeichnung beim Umgang

(1) Gefährliche Stoffe, Zubereitungen und Erzeugnisse, die nach dem Dritten Abschnitt verpackungs- und kennzeichnungspflichtig sind, sind auch bei der Verwendung entsprechend dem Dritten Abschnitt zu kennzeichnen und zu verpacken.

(1a) Sichtbar verlegte Rohrleitungen, in denen nach dem Dritten Abschnitt kennzeichnungspflichtige gefährliche Stoffe oder Zubereitungen transportiert werden, sind entsprechend diesen Vorschriften zu kennzeichnen. Die Kenmnzeichnung muß in ausreichender Häufigkeit und gut sichtbar in unmittelbarer Nähe der gefahrenträchtigen Stellen, wie Schiebern und Anschlußstellen, angebracht werden.

(2) Ammoniumnitrat und ammoniumnitrathaltige Zubereitungen nach Anhang V Nr. 2 sind mit der Aufschrift „Gefahrstoffverordnung" und der Bezeichnung „Ammoniumnitrat" oder „Düngemittel mit Ammoniumnitrat" und der Gruppe nach Anhang V Nr. 2.2 zu kennzeichnen.

(3) Abweichend von Absatz 1 sind

1. Behälter, die mit dem Boden fest verbunden sind,
2. in Laboratorien und wissenschaftlichen Instituten sowie in Apotheken Standflaschen, in denen gefährliche Stoffe und Zubereitungen in einer für den Handgebrauch erforderlichen Menge enthalten sind,

mindestens mit der Angabe

a) der Bezeichnung des Stoffes nach § 6 Abs. 1 Nr. 1, der Zubereitung nach § 7 Abs. 1 Nr. 1 und der Bestandteile der Zubereitung nach § 7 Abs. 1 Nr. 2,
b) des Gefahrensymbols mit der zugehörigen Gefahrenbezeichnung nach Anhang I Nr. 2

zu kennzeichnen.

(4) Absatz 1 gilt nicht für

1. Stoffe und Zubereitungen, die sich als Ausgangsstoffe oder Zwischenprodukte im Produktionsgang befinden, sofern den beteiligten Arbeitnehmern bekannt ist, um welche gefährlichen Stoffe oder Zubereitungen es sich handelt,
2. zugelassene Pflanzenschutzmittel, die sich in Pflanzenschutzgeräten befinden.

(5) Die Kennzeichnung muß wegen ihrer Warnfunktion jederzeit gut lesbar sein; sie ist bei Bedarf zu reinigen, zu überprüfen und zu erneuern.

§ 24
Aufbewahrung, Lagerung

(1) Gefahrstoffe sind so aufzubewahren oder zu lagern, daß sie die menschliche Gesundheit und die Umwelt nicht gefährden. Es sind dabei geeignete und zumutbare Vorkehrungen zu treffen, um den Mißbrauch oder einen Fehlgebrauch nach Möglichkeit zu verhindern. Bei der Aufbewahrung zur Abgabe oder zur sofortigen Verwendung müssen die mit der Verwendung verbundenen Gefahren erkennbar sein.

(2) Gefahrstoffe dürfen nicht in solchen Behälter, durch deren Form oder Bezeichnung der Inhalt mit Lebensmitteln verwechselt werden kann, aufbewahrt oder gelagert werden. Gefahrstoffe dürfen nur übersichtlich geordnet und nicht in unmittelbarer Nähe von Arzneimitteln, Lebens- oder Futtermitteln einschließlich der Zusatzstoffe aufbewahrt oder gelagert werden.

(3) Mit T+ oder T gekennzeichnete Stoffe und Zubereitungen sind unter Verschluß oder so aufzubewahren oder zu lagern, daß nur fachkundige Personen Zugang haben. Satz 1 gilt nicht für Ottokraftstoffe an Tankstellen.

§ 25
Besondere Vorschriften für den Umgang mit bestimmten Gefahrstoffen

Wer als Arbeitgeber die in Anhang V bezeichneten Gefahrstoffe herstellt oder verwendet oder den dort genannten Tätigkeiten nachgeht, hat unbeschadet der Vorschriften des Vierten und Fünften Abschnitts die in Anhang V festgelegten Vorschriften zu beachten.

§ 26
Sicherheitstechnik, Maßnahmen bei Betriebsstörungen und Unfällen

(1) Werden Herstellungs- oder Verwendungsverfahren eingesetzt, bei denen mit Gefahrstoffen in technischen Anlagen oder unter Verwendung von technischen Arbeits-

mitteln umgegangen wird, hat der Arbeitgeber die zu Schutz der Arbeitnehmer erforderlichen Maßnahmen und Vorkehrungen nach dem Stand der Technik zu treffen.

(2) Der Arbeitgeber hat die erforderlichen Vorkehrungen zu treffen, um Betriebsstörungen, bei denen Arbeitnehmer gefährdet werden können, zu verhindern und bei Betriebsstörungen und bei Unfällen die Gefahren für die Arbeitnehmer nach dem Stand der Technik zu begrenzen. Satz 1 gilt nicht, soweit entsprechende Vorschriften nach dem Bundes-Immissionsschutzgesetz bestehen.

(3) Der Arbeitgeber hat die Arbeitnehmer unverzüglich zu unterrichten, wenn diese bei Betriebszuständen, die vom Normalbetrieb abweichen, außergewöhnlich erhöhten Konzentrationen von Gefahrstoffen ausgesetzt sein können. Dies kann insbesondere der Fall sein bei Betriebsstörungen, bestimmten Instandhaltungsarbeiten oder Unfällen.

(4) Solange die außergewöhnlich erhöhten Konzentrationen nicht beseitigt und dadurch Arbeitnehmer gefährdet sind, dürfen nur die für Reparaturen und sonstige notwendige Arbeiten benötigten Arbeitnehmer Zugang zu den betroffenen Arbeitsbereichen haben. Den Arbeitnehmern müssen Schutzkleidung und Atemschutzgeräte zur Verfügung gestellt werden. Die Exposition darf nicht von unbegrenzter Dauer sein und ist für jeden Arbeitnehmer auf das unbedingt erforderliche Mindestmaß zu beschränken. Arbeitnehmer ohne persönliche Schutzausrüstung dürfen nicht in den betroffenen Arbeitsbereichen beschäftigt werden.

(5) Die Arbeitnehmer sind verpflichtet, die nach Absatz 4 zur Verfügung gestellten persönlichen Schutzausrüstungen zu benutzen.

§ 27
(entfällt)

§ 28
Vorsorgeuntersuchungen

Vorsorgeuntersuchungen sind

1. arbeitsmedizinische Erstuntersuchungen vor Aufnahme der Beschäftigung und
2. arbeitsmedizinische Nachuntersuchungen während dieser Beschäftigung

durch einen ermächtigten Arzt nach § 30.

(2) Wird am Arbeitsplatz die Auslöseschwelle für die in Anhang VI aufgeführten gefährlichen Stoffe oder Zubereitungen überschritten, so dürfen Arbeitnehmer dort nur beschäftigt werden, wenn sie innerhalb der in Anhang VI genannten Fristen Vorsorgeuntersuchungen unterzogen worden sind. Soweit ein arbeitsmedizinisch begründeter stoffspezifischer Wert festgelegt ist, tritt dieser an die Stelle der Auslöseschwelle nach Satz 1. Der Arbeitgeber hat die Untersuchungen auf seine Kosten zu veranlassen.

(3) Das Benutzen von Atemschutzgeräten befreit nicht von der Verpflichtung nach Absatz 2 Satz 1.

(4) Der Arbeitgeber hat dem Arzt auf Verlangen die zur Durchführung der Vorsorgeuntersuchungen erforderlichen Auskünfte über die Arbeitsplatzverhältnisse zu erteilen und eine Besichtigung des Arbeitsplatzes zu ermöglichen.

§ 29
Zeitpunkt der Vorsorgeuntersuchungen

(1) Die Erstuntersuchung muß vor Beginn der Beschäftigung vorgenommen werden. Sie darf nicht länger als 12 Wochen zurückliegen.

(2) Die Frist für die Nachuntersuchung beginnt mit dem Zeitpunkt der letzten Vorsorgeuntersuchung. Nachuntersuchungen müssen innerhalb von 6 Wochen vor Ablauf der Nachuntersuchungsfrist vorgenommen werden. Abweichend von Satz 1 ist eine vorzeitige Nachuntersuchung erforderlich, wenn

1. eine Bescheinigung über eine Vorsorgeuntersuchung nach § 31 Abs. 2 befristet oder unter einer entsprechenden Bedingung erteilt worden ist oder

2. eine Erkrankung oder eine körperliche Beeinträchtigung eine vorzeitige Nachuntersuchung angezeigt erscheinen läßt oder
3. Arbeitnehmer, die einen ursächlichen Zusammenhang zwischen ihrer Erkrankung und ihrer Tätigkeit am Arbeitsplatz vermuten, eine Untersuchung wünschen.

(3) Ist der Arbeitnehmer innerhalb von sechs Monaten nach dieser Verordnung oder nach anderen Rechtsvorschriften mehr als einmal einer Nachuntersuchung zu unterziehen, können die Nachuntersuchungen an einem Termin vorgenommen werden. Satz 1 gilt nicht, wenn die Nachuntersuchungsfrist weniger als 1 Jahr beträgt.

§ 30
Ermächtigte Ärzte

Ärzte, die Vorsorgeuntersuchungen vornehmen, müssen von der zuständigen Behörde nach § 41 Abs. 5 hierzu ermächtigt sein.

§ 31
Ärztliche Bescheinigungen

(1) Der Arzt hat den Untersuchungsbefund schriftlich festzuhalten und den Untersuchten über den Untersuchungsbefund zu unterrichten.

(2) Der Arzt hat dem Arbeitgeber und dem untersuchten Arbeitnehmer eine Bescheinigung darüber auszustellen, ob und inwieweit der Arbeitnehmer zur Verwendung an dem Arbeitsplatz geeignet ist (Bescheinigung über das Untersuchungsergebnis) und dieser Bescheinigung etwaige Empfehlungen nach Absatz 3 Nr. 1 beizufügen. In der Bescheinigung ist darauf hinzuweisen, daß eine Entscheidung der zuständigen Behörde nach Absatz 5 herbeigeführt werden kann, wenn die Bescheinigung für unzutreffend gehalten wird.

(3) Im Falle gesundheitlicher Bedenken hat der Arzt

1. dem Arbeitgeber schriftlich eine Überprüfung des Arbeitsplatzes zu empfehlen, wenn der untersuchte Arbeitnehmer infolge der Arbeitsplatzverhältnisse gefährdet erscheint, und
2. den untersuchten Arbeitnehmer in schriftlicher Form medizinisch zu beraten.

(4) Hat der Arzt dem Arbeitgeber eine Bescheinigung mit einer Empfehlung nach Absatz 3 Nr. 1 ausgestellt, hat der Arbeitgeber dies dem Betriebs- oder Personalrat mitzuteilen. Im Falle eines Beschäftigungsverbotes hat er auch die zuständige Behörde zu unterrichten.

(5) Hält der Arbeitgeber oder der untersuchte Arbeitnehmer die vom Arzt ausgestellte Bescheinigung für unzutreffend, so kann er die Entscheidung der zuständigen Behörde beantragen.

§ 32
(entfällt)

§ 33
Maßnahmen nach der Vorsorgeuntersuchung

Hat der Arzt eine Bescheinigung mit einer Empfehlung nach § 31 Abs. 3 Nr. 1 erteilt, darf der Arbeitgeber den Untersuchten an seinem Arbeitsplatz nur beschäftigen oder weiterbeschäftigen, wenn die Wirksamkeit der Maßnahmen nach § 19 überprüft worden ist und für den Untersuchten gesundheitliche Bedenken nicht mehr bestehen. Auf dem Arbeitsplatz dürfen andere Arbeitnehmer nur beschäftigt werden, wenn feststeht, daß sie durch Maßnahmen nach § 19 ausreichend geschützt werden können.

§ 34
Vorsorgekartei und Aufbewahren der ärztlichen Bescheinigungen

(1) Für Arbeitnehmer, die nach dieser Verordnung ärztlich untersucht worden sind, ist von ihrem Arbeitgeber eine Vorsorgekartei zu führen. Der betroffene Arbeitnehmer oder eine von ihm bevollmächtigte Person hat das Recht auf Einsichtnahme in die ihn betreffenden Angaben.

(2) Die Kartei muß für jeden Arbeitnehmer folgende Angaben enthalten:

1. Vor- und Familienname, Geburtsdatum des betroffenen Arbeitnehmers,
2. Wohnanschrift,
3. Tag der Einstellung und des Ausscheidens,
4. Ordnungsnummer,
5. zuständiger Krankenversicherungsträger,
6. Art der vom Arbeitsplatz ausgehenden Gefährdungsmöglichkeiten,
7. Art der Tätigkeit mit Angabe des Beginns und des Endes der Tätigkeit,
8. Angabe von Zeiten über frühere Tätigkeiten, bei denen eine Gefährdungsmöglichkeit bestand (soweit bekannt),
9. Datum und Ergebnis der ärztlichen Vorsorgeuntersuchungen,
10. Datum der nächsten regelmäßigen Nachuntersuchung,
11. Name und Anschrift des untersuchenden Arztes,
12. Name dessen, der die Vorsorgekartei führt.

Die Angaben können in Dateiform auch auf sonstigen Datenträgern gespeichert werden.

(3) Der Arbeitgeber hat die Karte und die ärztlichen Bescheinigungen für jeden Arbeitnehmer bis zu dessen Ausscheiden aufzubewahren. Danach sind dem Arbeitnehmer der ihn betreffende Auszug aus der Karte und die ärztlichen Bescheinigungen auszuhändigen. Der Arbeitgeber hat einen Abdruck des dem Arbeitnehmer ausgehändigten Auszugs wie Personalunterlagen aufzubewahren.

(4) Der Arbeitgeber hat die Kartei so aufzubewahren, daß Unbefugte keinen Zugang haben. Die in der Karte enthaltenen Angaben dürfen unbefugten Dritten nicht offenbart werden.

Sechster Abschnitt
Zusätzliche Vorschriften für den Umgang mit krebserzeugenden und erbgutverändernden Gefahrstoffen

§ 35
Begriffsbestimmungen

(1) Krebserzeugende oder erbgutverändernde Gefahrstoffe im Sinne des Sechsten Abschnitts sind Stoffe und Zubereitungen, die krebserzeugend oder erbgutverändernd sind, sowie Stoffe, Zubereitungen und Erzeugnisse, aus denen bei der Herstellung oder Verwendung krebserzeugende oder erbgutverändernde Stoffe oder Zubereitungen entstehen oder freigesetzt werden können.

(2) Stoffe sind krebserzeugend im Sinne des Absatzes 1, wenn sie mit den Hinweisen auf besondere Gefahren R45 oder R49 gekennzeichnet sind oder in der Bekanntmachung nach § 4a Abs. 1 mit R45 oder R49 bezeichnet oder aufgrund sonstiger Erkenntnisse des Arbeitgebers als krebserzeugend in die Kategorie 1 oder 2 nach Anhang I Nr. 1.4.2.1 einzustufen sind. Die Bekanntmachungen des Bundesministeriums für Arbeit und Sozialordnung nach § 52 Abs. 3 sind zu beachten.

(3) Zubereitungen sind als krebserzeugend im Sinne des Absatzes 1 anzusehen, sofern der Massengehalt an einem krebserzeugenden Stoff gleich oder größer als 0,1 vom Hundert beträgt soweit nicht in der Bekanntmachung nach § 4a Abs. 1 andere stoffspezifische Konzentrationsgrenzen festgelegt sind. Abweichend von Satz 1 gelten für die nachfolgend genannten krebserzeugenden Stoffe die jeweils zugeordneten besonderen Gehaltsgrenzen für den Massengehalt in der Zubereitung in Hundertteilen:

– 6-Amino-2-ethoxynaphthalin	0,01
– o-Aminoazotoluol	0,01
– 4-Aminobiphenyl und seine Salze	0,01
– Alpha,alpha,alpha-trichlortoluol	0,01

– Gemische von Alpha-chlor-toluolen 0,01
– Benzidin und seine Salze 0,01
– Benzo[a]pyren 0,005
– Bis(chlormethylether) 0,0005
– 2,4-Butansulton 0,01
– Cadmiumchlorid (in atembarer Form) 0,01
– Chlormethyl-methylether 0,01
– 4-Chlor-o-toluidin 0,01
– 1,4-Dichlorbuten-2 0,01
– 2,2'-Dichlordiethylsulfid 0,01
– 3,3'-Dimethoxybenzidin und seine Salze 0,05
– 3,3'-Dimethylbenzidin und seine Salze 0,05
– Dimethylcarbamoylchlorid 0,0005
– 1,2-Dimethylhydrazin 0,01
– Hexamethylphosphorsäure-triamid 0,0005
– p-Kresidin 0,01
– N-Methyl-bis(2-chlorethyl) amin 0,01
– 2-Naphthylamin und seine Salze 0,01
– 4-Nitrodiphenyl 0,01
– N-Nitrosodiethanolamin 0,0005
– N-Nitrosodiethylamin 0,0001
– N-Nitrosodimethylamin 0,0001
– N-Nitrosodi-n-butylamin 0,0001
– N-Nitrosodi-n-propylamin 0,0001
– N-Nitrosodi-i-propylamin 0,0005
– N-Nitrosoethylphenylamin 0,0001
– N-Nitrosomethylethylamin 0,0001
– N-Nitrosomethylphenylamin 0,0001
– N-Nitrosomorpholin 0,0001
– N-Nitrosopiperidin 0,0001
– N-Nitrosopyrrolidin 0,0005
– 1,3-Propansulton 0,01
– 2,3,7,8-Tetrachlordibenzo-p-dioxin 0,0000002
– Tetranitromethan 0,00,1
– 1,2,3-Trichlorpropan 0,01

(4) Krebserzeugende Gefahrstoffe im Sinne des Sechsten Abschnitts sind auch

1. Buchenholzstaub und Eichenholzstaub. Die Vorschriften der §§ 36 bis 38 gelten jedoch nur dann, wenn in einem Betrieb, Betriebsteil oder Arbeitsbereich, bezogen auf den gesamten jährlichen Holzeinsatz, in erheblichem Umfang Buchen- oder Eichenholz be- oder verarbeitet wird,
2. Azofarbstoffe mit einer krebserzeugenden Aminkomponente. Zubereitungen von Azofarbstoffen mit krebserzeugender Aminkomponente sind nach Absatz 3 entsprechend ihrem Gehalt an potentiell durch reduktive Azospaltung freisetzbarem krebserzeugenden Amin und dem Gehalt des Azofarbstoffes in der Zubereitung als krebserzeugend einzustufen,
3. Pyrolyseprodukte aus organischem Material. Es ist zulässig, als Bezugssubstanz für Pyrolyseprodukte mit krebserzeugenden polyzyklischen aromatischen Kohlenwasserstoffen den Stoff Benzo[a]pyren zu wählen,
4. Dieselmotoremissionen.

(5) Den krebserzeugenden Gefahrstoffen gleichgestellt sind ferner

a) die Herstellung von Auramin,
b) Arbeiten, bei denen Arbeitnehmer Staub, Rauch oder Nebel beim Rösten oder bei der elektrolytischen Raffination von Nickelmatte ausgesetzt sind.

(6) Stoffe sind erbgutverändernd im Sinne des Absatzes 1, wenn sie beim Inverkehrbringen mit den Hinweisen auf besondere Gefahren R46 gekennzeichnet oder in der Bekanntmachung nach § 4a Abs. 1 mit R46 bezeichnet oder aufgrund sonstiger Erkenntnisse des Arbeitgebers nach Anhang I Nr. 1.4.2.2 in die Kategorie 1 oder 2 als erbgutverändernd einzustufen sind. Die Bekanntmachungen des Bundesministeriums für Arbeit und Sozialordnung nach § 52 Abs. 3 sind zu beachten.

(7) Zubereitungen sind erbgutverändernd im Sinne des Absatzes 1, sofern der Massengehalt an einem erbgutverändernden Stoff gleich oder größer als 0,1 vom Hundert beträgt, soweit nicht in der Bekanntmachung nach § 4a Abs. 1 andere stoffspezifische Konzentrationsgrenzen festgelegt sind. Abweichend von Satz 1 gelten für die in Absatz 3 Satz 2 genannten Stoffe die dort zugeordneten besonderen Gehaltsgrenzen.

Auramin (für die Mikroskopie)

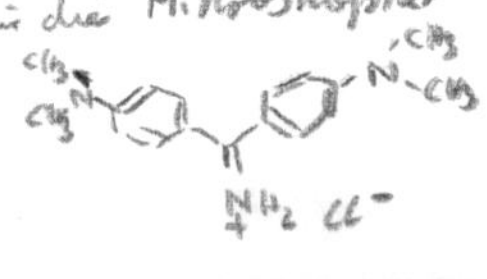

T
R45.3
-22-41
S53-26

§ 36
Zusätzliche Ermittlungspflichten, Vorsorge- und Schutzmaßnahmen beim Umgang mit krebserzeugenden Gefahrstoffen

(1) Der Arbeitgeber hat vor dem Umgang mit krebserzeugenden Gefahrstoffen zur umfassenden Bewertung aller Gefahren für jede Tätigkeit, bei der eine Exposition gegenüber krebserzeugenden Gefahrstoffen auftreten kann, Art, Ausmaß und Dauer der Exposition der Arbeitnehmer zu ermitteln. Diese Bewertung muß in regelmäßigen Abständen und bei jeder Änderung der Bedingungen, die sich auf die Exposition der Arbeitnehmer gegenüber krebserzeugenden Gefahrstoffen auswirken können, erneut vorgenommen werden.

(2) Krebserzeugende Gefahrstoffe müssen, soweit dies zumutbar und nach dem Stand der Technik möglich ist, durch Stoffe, Zubereitungen oder Erzeugnisse mit einem geringeren gesundheitlichen Risiko ersetzt werden, auch wenn dies mit einer Änderung des Herstellungs- oder Verwendungsverfahrens verbunden ist. Das Herstellungs- und Verwendungsverfahren muß, soweit dies zumutbar und nach dem Stand der Technik möglich ist, geändert werden, wenn dadurch auf die Verwendung des krebserzeugenden Gefahrstoffes verzichtet oder das Auftreten des krebserzeugenden Gefahrstoffes am Arbeitsplatz verhindert werden kann. Ist eine Substitution nach Satz 1 oder 2 nicht möglich, so sind zur Vermeidung der Exposition der Arbeitnehmer technische und organisatorische Maßnahmen nach den Absätzen 3 bis 8 zu treffen.

(3) Ist eine Substitution nach Absatz 2 Satz 1 oder 2 nicht möglich, so sind krebserzeugende Gefahrstoffe in geschlossenen Anlagen herzustellen oder zu verwenden, soweit dies nach dem Stand der Technik möglich ist. Arbeitnehmer dürfen krebserzeugenden Gefahrstoffen nur ausgesetzt werden, wenn dies nach dem Stand der Technik unvermeidbar ist. Am Ende der Reaktion oder des Arbeitsvorgangs dürfen krebserzeugende Gefahrstoffe als Verunreinigung oder Beimischung im isolierten End- oder Zwischenprodukt nur in einer Konzentration vorhanden sein, die nach dem Stand der Technik unvermeidbar ist.

(4) Zur Einhaltung des Expositionsverbotes nach § 15a Abs. 1 dürfen besonders gefährliche krebserzeugende Gefahrstoffe nur in geschlossenen Anlagen hergestellt oder verwendet werden. Werden Arbeitnehmer im Rahmen der Ausnahmebestimmungen des § 15a Abs. 1 Satz 2, des § 43 Abs. 7 oder der Übergangsbestimmungen des § 54 Abs. 1 und 2 den besonders gefährlichen krebserzeugenden Gefahrstoffen ausgesetzt, so muß Bildung und Ausbreitung der Gefahrstoffe nach dem Stand der Technik soweit wie möglich begrenzt werden.

(5) Ist eine Exposition gegenüber krebserzeugenden Stoffen unvermeidbar, so hat der Arbeitgeber dafür zu sorgen, daß die Technische Richtkonzentration unterschritten wird. Wird die Technische Richtkonzentration nicht unterschritten, gilt § 19 Abs. 5 entsprechend. Wird die Auslöseschwelle nicht unterschritten, gilt § 19 Abs. 5 Satz 1, 2 und 4 entsprechend.

(6) Beim Umgang mit krebserzeugenden Gefahrstoffen am Arbeitsplatz sind zusätzlich folgende Maßnahmen zu ergreifen:

1. Die Menge der krebserzeugenden Gefahrstoffe am Arbeitsplatz ist so weit wie möglich zu begrenzen.
2. Die Zahl der in den betroffenen Arbeitsbereichen jeweils tätigen Arbeitnehmer ist so gering wie möglich zu halten.
3. Arbeitsbereiche, in denen mit krebserzeugenden Stoffen umgegangen wird, sind von anderen Arbeitsbereichen deutlich abzugrenzen und nur solchen Arbeitnehmern zugänglich zu machen, die sie zur Ausübung ihrer Arbeit oder zur Durchführung bestimmter Aufgaben betreten müssen. Unbefugten ist der Zutritt zu untersagen. Die betroffenen Arbeitsbereiche sind so zu gestalten, daß ihre Reinigung jederzeit möglich ist.

4. Arbeitsbereiche in denen mit krebserzeugenden Gefahrstoffen umgegangen wird, sind durch geeignete Warn- und Sicherheitszeichen, sowie mit dem Zeichen „Essen, Trinken und Rauchen verboten" zu kennzeichnen.
5. Krebserzeugende Gefahrstoffe sind in geeigneten, dicht verschließbaren und gekennzeichneten Behältern zu lagern, aufzubewahren und zu transportieren.
6. Reststoffe und Abfälle, die krebserzeugende Gefahrstoffe enthalten, sind in geeigneten, sicher verschließbaren und gekennzeichneten Behältern ohne Gefahr für Mensch und Umwelt zu sammeln, zu lagern und zu entsorgen. Im Falle von Buchenholzstaub und Eichenholzstaub ist eine Kennzeichnung der Behälter nicht erforderlich.
7. Die Behälter für krebserzeugende Gefahrstoffe und für Abfälle, die krebserzeugende Gefahrstoffe enthalten, sind beim Umgang klar, eindeutig und sichtbar mindestens mit den Angaben
   a) der Bezeichnung des Stoffes, der Zubereitung und der Bestandteile der Zubereitung nach § 6 Abs. 1 Nr. 1, § 7 Abs.1 Nr. 1 und 2 und
   b) der Gefahrensymbole und der dazugehörigen Gefahrenbezeichnungen nach § 6 Abs. 1 Nr. 2 und § 7 Abs. 1 Nr. 3

   zu kennzeichnen. Satz 1 gilt nicht in den Fällen des § 23 Abs. 4. Bei Behältern für Abfälle aus Laboratorien, die krebserzeugende Gefahrstoffe enthalten, kann die Kennzeichnung nach § 7 Abs. 1 Nr. 2 entfallen; diese sind mit einer charakterisierenden Bezeichnung des Abfalls, die weitgehend die enthaltenen Stoffe und Stoffgruppen berücksichtigt, und den Gefahrensymbolen und -bezeichnungen zu versehen. Bei der Einstufung der Abfälle hinsichtlich der krebserzeugenden und reproduktionstoxischen Eigenschaften ist von der höchsten zu erwartenden Gefahr auszugehen.
8. Für Notfälle, bei denen Arbeitnehmer ungewöhnlich hohen Konzentrationen an krebserzeugenden Gefahrstoffen ausgesetzt sein können, sind geeignete Vorkehrungen zu treffen.
9. Alle Räume, Anlagen und Geräte sind regelmäßig zu reinigen.

(7) In Arbeitsbereiche, in denen mit krebserzeugenden Gefahrstoffen umgegangen wird, darf abgesaugte Luft nicht zurückgeführt werden. Abweichend von Satz 1 darf die in einem Arbeitsbereich abgesaugte Luft dorthin zurückgeführt werden, wenn sie unter Anwendung behördlicher oder berufsgenossenschaftlich anerkannter Verfahren oder Geräte ausreichend von krebserzeugenden Stoffen gereinigt ist. Die Luft muß dann so geführt oder gereinigt werden, daß krebserzeugende Stoffe nicht in die Atemluft anderer Arbeitnehmer gelangen.

(8) Absatz 7 Satz 2 und 3 gilt nicht für die besonders gefährlichen krebserzeugenden Gefahrstoffe nach § 15a Abs. 1. Satz 1 gilt nicht für Asbest, sofern bei Arbeiten nach § 15a Abs. 1 Satz 2 Nr. 1 eine Entsorgung nur mit ortsbeweglichen Einrichtungen, deren Abluft nach dem Stand der Technik nicht ins Freie geleitet werden kann, möglich ist.

§ 37
Anzeige

(1) Der zuständigen Behörde sind unverzüglich, spätestens 14 Tage vor Beginn der Herstellung oder Verwendung anzuzeigen:
1. Herstellungsverfahren, in welchen ein krebserzeugender Gefahrstoff vorkommt, entstehen oder freigesetzt werden kann, sowie die
2. Verwendung eines krebserzeugenden Gefahrstoffes.

(2) Die Anzeige muß insbesondere folgende Angaben enthalten:
1. die Stoffidentität, die Eigenschaften und die Menge des krebserzeugenden Gefahrstoffes,
2. eine Beschreibung des Herstellungs- oder des Verwendungsverfahrens oder der Verwendung einschließlich der durchzuführenden Tätigkeiten, des Verwendungszwecks, der Verwendungsart sowie

der vorgesehenen Funktion des Gefahrstoffes,
3. die getroffenen Schutzmaßnahmen und, falls vorgesehen, Art und Qualität der zu verwendenden Schutzausrüstung,
4. das Ergebnis der Ermittlung nach § 36 Abs. 1 und begründende Angaben, warum
   a) keine Substitution nach § 36 Abs. 2 Satz 1 möglich ist,
   b) das Auftreten des Gefahrstoffs am Arbeitsplatz nicht zu vermeiden ist,
5. die Zahl der Arbeitnehmer, die mit dem Gefahrstoff umgehen,
6. Art und Ausmaß der Exposition durch den Gefahrstoff, insbesondere Meßergebnisse, soweit sie vorliegen.

(3) Der zuständigen Behörde ist unverzüglich nach Auswertung, spätestens jedoch innerhalb von 6 Monaten nach der erstmaligen Anzeige, das Ergebnis der Ermittlungen nach § 18 Abs. 1 mitzuteilen.

(4) In der Anzeige ist bei Abbruch-, Sanierungs- oder Instandhaltungsarbeiten an und in bestehenden Anlagen, Einrichtungen, Fahrzeugen (mit Ausnahme von Straßenfahrzeugen), Gebäuden oder Geräten, die besonders gefährliche krebserzeugende Gefahrstoffe nach § 15a Abs. 1 enthalten, zusätzlich der Nachweis zu erbringen, daß die personelle und sicherheitstechnische Ausstattung des Unternehmens nach § 15a Abs. 3 für diese Arbeiten geeignet ist. Abweichend von Satz 1 kann bei zugelassenen Unternehmen nach § 39 Abs. 1 die Beifügung der Zulassung in der Anzeige genügen.

(5) Die Anzeige nach Absatz 2 ist zu wiederholen beim Wechsel der Arbeitsstätte sowie bei wesentlichen Änderungen
1. des Herstellungsverfahrens oder der Verwendung,
2. der Schutzmaßnahmen,
3. der Zahl der Arbeitnehmer, die mit dem Gefahrstoff umgehen,
4. des Ergebnisses der Prüfung nach § 16 Abs. 2 in Verbindung mit § 36 Abs. 2,

spätestens jedoch nach fünf Jahren. Satz 1 gilt nicht für gleichartige Tätigkeiten geringen Umfanges.

(6) Der Arbeitgeber hat den betroffenen Arbeitnehmern oder wenn ein Betriebs- oder Personalrat vorhanden ist, diesem Abdrucke der Anzeigen nach den Absätzen 1 bis 5 zur Kenntnis zu geben.

(7) Die Absätze 1 und 2 gelten nicht, wenn krebserzeugende Gefahrstoffe
1. zum Zweck der Überprüfung ihrer Eigenschaften oder ihrer Zusammensetzung oder
2. als Vergleichssubstanz für analytische Untersuchungen verwendet werden.

(8) Die Absätze 1 und 2 gelten nicht, wenn krebserzeugende Gefahrstoffe zum Zweck der Forschung oder für Lehr- und Ausbildungszwecke hergestellt und verwendet werden, soweit es sich bezogen auf den krebserzeugenden Gefahrstoff und das Arbeitsziel nicht um regelmäßig wiederkehrende Tätigkeiten handelt. Die nach Satz 1 notwendigen Anzeigen für regelmäßig wiederkehrende Tätigkeiten sind abweichend von Absatz 1 bereitzuhalten und zu aktualisieren und der zuständigen Behörde auf Anfrage zu übermitteln.

(9) Die Absätze 1 und 5 gelten nicht für den Umgang mit Dieselmotoremissionen im Freien und die Abgabe von benzolhaltigen Ottokraftstoffen an Tankstellen.

§ 38
(entfällt)

§ 39
Umgang mit Asbest bei Abbruch- und Sanierungsarbeiten

(1) Abbruch- und Sanierungsarbeiten an oder in bestehenden Anlagen, Bauten oder Fahrzeugen, die schwach gebundene Asbestprodukte enthalten, dürfen nur von Unternehmen durchgeführt werden, die von der zuständigen Behörde zur Durchführung dieser Arbeiten zugelassen worden sind. Die Zulassung ist auf schriftlichen Antrag des Unternehmers zu erteilen, wenn die Nachweise nach § 37 Abs. 4 im notwendigen Umfang vorgelegt wurden.

(2) Vor dem Beginn von Abbruch- und Sanierungsarbeiten an baulichen Anlagen

und vor dem Entfernen von asbesthaltigen Materialien aus Gebäuden, Geräten sowie auf Schiffen ist ein Arbeitsplan aufzustellen und mit der Anzeige nach § 37 der zuständigen Behörde vorzulegen. Der Arbeitsplan muß mindestens folgende Angaben enthalten:

1. Art und voraussichtliche Dauer der Arbeiten,
2. Ort und Ausführung der Arbeiten,
3. vorgesehene Arbeitsweise und die vorgesehenen Schutzmaßnahmen,
4. Angaben über persönliche Schutzausrüstungen,
5. Einrichtungen zum Schutz und zur Dekontamination der Arbeitnehmer und anderer Personen, die im Gefahrenbereich tätig sind,
6. Nachweis über die vorgesehene ordnungsgemäße Entsorgung.

Vor dem Beginn von Abbrucharbeiten an baulichen Anlagen sind asbesthaltige Produkte nach dem Stand der Technik zu entfernen und geordnet zu entsorgen. Bei Sanierungsarbeiten sind vor dem Beginn der Arbeiten asbesthaltige Produkte, soweit notwendig, zu entfernen sowie geordnet zu entsorgen.

§40
Erbgutverändernde Gefahrstoffe

Für den Umgang mit erbgutverändernden Gefahrstoffen gelten die Vorschriften der §§ 36 bis 38 entsprechend.

Siebter Abschnitt
Behördliche Anordnungen und Entscheidungen

§ 41
Behördliche Anordnungen und Befugnisse

(1) Ist damit zu rechnen, daß ein Arbeitnehmer an seiner Gesundheit geschädigt werden kann, wenn er mit Gefahrstoffen umgeht, kann die zuständige Behörde anordnen, daß der Arbeitnehmer nur weiterbeschäftigt werden darf, nachdem er von einem Arzt untersucht worden ist. Die Vorschriften der §§ 28 bis 34 sind entsprechend anzuwenden.

(2) Die zuständige Behörde kann die in dieser Verordnung vorgesehenen Fristen für Vorsorgeuntersuchungen

1. für Arbeitnehmer verkürzen, für die festgestellt worden ist, daß sie den Gefahrstoffen in besonders starkem Maße ausgesetzt sind oder für die es der Arzt infolge ihres Gesundheitszustandes für notwendig hält,
2. für Arbeitnehmer verlängern, für die festgestellt worden ist, daß sie Gefahrstoffen in besonders geringem Maße ausgesetzt sind.

(3) Die zuständige Behörde kann verlangen, daß sie von dem Arzt der eine arbeitsmedizinische Vorsorgeuntersuchung durchgeführt hat, in anonymisierter Form über den Untersuchungsbefund unterrichtet wird, soweit es sich um die Konzentration eines Stoffes oder seines Umwandlungsproduktes im Körper oder die dadurch ausgelöste Abweichung eines biologischen Indikators von seiner Norm handelt.

(4) Die zuständige Behörde kann vor einer Entscheidung nach § 31 Abs. 5 ein ärztliches Gutachten einholen. Die Kosten des ärztlichen Gutachtens sind vom Arbeitgeber zu tragen.

(5) Die zuständige Behörde kann die Ermächtigung nach § 30 erteilen, wenn der Antragsteller

1. zur Ausübung des ärztlichen Berufes berechtigt ist,
2. die erforderlichen besonderen Fachkenntnisse besitzt und
3. über die notwendige Einrichtung und Ausstattung verfügt.

(6) Die zuständige Behörde kann über die nach § 23 des Chemikaliengesetzes möglichen Anordnungen hinaus die Maßnahmen anordnen, die der Arbeitgeber im Einzelfall zur Erfüllung der sich aus dem Vierten, Fünften und Sechsten Abschnitt dieser Verordnung ergebenden Pflichten zu treffen

hat. Dabei kann sie insbesondere anordnen, daß der Arbeitgeber

1. unabhängig von einer bestehenden Rechtsverordnung nach § 19 des Chemikaliengesetzes die zur Abwendung besonderer Gefahren notwendigen Maßnahmen treffen muß,
2. festzustellen hat, ob und in welchem Umfang ein vermuteter Gefahrenzustand tatsächlich besteht und welche Maßnahmen zur Abwendung der Gefahren getroffen werden müssen,
3. die Arbeit einzustellen hat, bei der die Arbeitnehmer gefährdet sind, wenn er die zur Abwendung der Gefahr angeordneten notwendigen Maßnahmen nicht innerhalb der gesetzten Frist oder sofort ausführt.

Bei Gefahr im Verzug können die Anordnungen auch gegen Aufsichtspersonen erlassen werden.

(7) Die zuständige Behörde kann im Einzelfall über die Verpflichtung des Arbeitgebers nach § 18 Abs. 1 hinaus verlangen zu ermitteln, ob sowohl die Maximale Arbeitsplatzkonzentration oder die Technische Richtkonzentration als auch der Biologische Arbeitsplatztoleranzwert unterschritten werden.

(8) Die zuständige Behörde kann dem Arbeitgeber die Verwendung krebserzeugender Gefahrstoffe untersagen:

1. bei besonders gefährlichen krebserzeugenden Gefahrstoffen nach § 15a Abs. 1, wenn deren Verwendung nicht erforderlich ist,
2. bei krebserzeugenden sowie erbgutverändernden Gefahrstoffen der Kategorie 1 oder 2 mit Ausnahme der in Nummer 1 genannten, wenn deren Verwendung nicht erforderlich ist und durch ein Verbot keine unverhältnismäßige Härte entstehen würde.

Satz 1 gilt nicht, wenn krebserzeugende oder erbgutverändernde Gefahrstoffe zum Zwecke der Forschung hergestellt oder verwendet werden oder zum Zweck der Prüfung ihrer Eigenschaften oder ihrer Zusammensetzung oder als Vergleichssubstanz für analytische Untersuchungen verwendet werden.

(9) Die zuständige Behörde kann, soweit es zum Schutz von Leben und Gesundheit des Menschen oder zum Schutz der Umwelt erforderlich ist, dem Arbeitgeber die Anwendung von Verfahren untersagen, bei denen die in Anhang V Nr. 3.1 Abs. 1 genannten Stoffe, Zubereitungen oder Erzeugnisse den dort festgesetzten Grenzwert überschreiten. Satz 1 gilt nicht, wenn die genannten Stoffe, Zubereitungen oder Erzeugnisse zum Zwecke der Forschung hergestellt oder verwendet werden oder zum Zwecke der Prüfung ihrer Eigenschaften oder als Vergleichssubstanz für analytische Untersuchungen verwendet werden.

(10) Die zuständige Behörde kann verlangen, daß Verzeichnisse, die auf elektronischen Datenträgern bereit gehalten werden, jederzeit lesbar gemacht werden.

§ 42
Ausnahmen von den Vorschriften des Dritten Abschnitts

Die zuständige Behörde kann im Einzelfall zulassen, daß die Vorschriften der §§ 6, 7 und 9 Abs. 1 bis 6 auf das Inverkehrbringen von Stoffen oder Zubereitungen ganz oder teilweise nicht angewendet werden, wenn es sich um brandfördernde, leichtentzündliche, entzündliche, gesundheitschädliche oder reizende Stoffe oder Zubereitungen in so geringer Menge handelt, daß eine Gefährdung beim Umgang nicht zu befürchten ist.

§ 43
Ausnahmen von den Vorschriften des Vierten Abschnitts

(1) Die zuständige Behörde kann auf schriftlichen Antrag des Arbeitgebers Ausnahmen von den Verboten des § 15a Abs. 4 und 5, der §§ 15b, 15c und 15d sowie des Anhangs IV Nr.3, 4, 5, 6, 7, 8, 10 und 11 Abs. 1 in Verbindung mit § 15 zulassen, wenn

1. der Arbeitgeber eine andere, ebenso wirksame Maßnahme trifft oder
2. die Durchführung der Vorschrift im Einzelfall zu einer unverhältnismäßigen Härte führen würde und die Abweichung mit dem Schutz der betroffenen Arbeitnehmer vereinbar ist.

(2) Die zuständige Behörde kann auf schriftlichen Antrag Ausnahmen von den Verboten des Anhangs IV Nr. 12 Abs. 1 zulassen, wenn die Stoffe, Zubereitungen oder Erzeugnisse

1. zur Synthese anderer Stoffe eingesetzt werden oder als Nebenprodukt anfallen oder
2. zu Forschungszwecken verwendet werden

und ausreichende Sicherheitsvorkehrungen zum Schutz der Arbeitnehmer und der Umwelt getroffen sind, sowie die schadlose Abfallentsorgung gewährleistet ist.

(3) Die zuständige Behörde kann auf schriftlichen Antrag Ausnahmen von den Verboten des Anhangs IV Nr. 13.1 Abs. 1 und 2

1. für die Verwendung zur ordnungsgemäßen Entsorgung als Abfall oder
2. für Forschungs- und Analysezwecke zulassen, wenn ausreichende Sicherheitsvorkehrungen zum Schutz der Arbeitnehmer und der Umwelt getroffen worden sind.

(4) Die zuständige Behörde kann die Frist nach § 54 Abs. 4 Nr. 2 für einen begrenzten Zeitraum verlängern, soweit eine gesicherte Entsorgung nicht gewährleistet ist. Die zuständige Behörde kann auf schriftlichen Antrag die Frist nach Satz 1 aus wichtigem Grund verlängern, wenn hierdurch der Zweck der Verordnung nicht gefährdet wird.

(5) Die zuständige Behörde kann auf schriftlichen Antrag für einen Zeitraum von bis zu zwei Jahren Ausnahmen von dem Verbot der Verwendung nach Anhang IV Nr. 14 Abs. 1 zulassen, sofern die dort genannten Stoffe, Zubereitungen und Erzeugnisse zum Zweck der Verarbeitung unter chemischer Umwandlung des in ihnen enthaltenen PCB und PCT als Ausgangs- oder Zwischenprodukte in einer nach § 6 oder § 15 des Bundes-Immissionsschutzgesetzes genehmigten Anlage eingesetzt werden sollen, die Endprodukte nicht dem Verbot des Anhangs IV Nr. 14 Abs. 1 unterliegen und Gefahren für Leben oder Gesundheit des Menschen oder für die Umwelt nicht entstehen können; dieser Zeitraum kann auf schriftlichen Antrag jeweils um ein Jahr verlängert werden.

(6) In besonders begründeten Einzelfällen kann die zuständige Behörde auf schriftlichen Antrag längstens für fünf Jahre mit der Möglichkeit der Verlängerung, Ausnahmen von dem Verbot der Verwendung nach Anhang IV Nr. 14 Abs. 1 zulassen, wenn

1. PCB- oder PCT-haltige Hydraulikflüssigkeiten für untertägige Bergwerksanlagen gegen Hydraulikflüssigkeiten, die kein PCB oder PCT enthalten oder weniger gefährlich sind als PCB oder PCT, ausgetauscht werden sollen oder
2. PCB- oder PCT-haltige Transformatoren zum Ausgleich des normalen Schwunds der Kühlflüssigkeit mit Stoffen oder Zubereitungen, die kein PCB oder PCT enthalten oder weniger gefährlich sind als PCB oder PCT, wieder aufgefüllt werden sollen,

sofern sich die Geräte in gutem Betriebszustand befinden und Vorkehrungen getroffen sind, daß Gefahren für Leben oder Gesundheit des Menschen oder für die Umwelt nicht entstehen können.

(7) Die zuständige Behörde kann im Einzelfall auf schriftlichen Antrag Ausnahmen von den Verboten des § 15a Abs. 1 und Anhang IV Nr. 1 zulassen, wenn nach dem Stand der Technik die Einhaltung der Verbote nicht möglich ist.

(8) Die zuständige Behörde kann im Einzelfall auf schriftlichen Antrag des Arbeitgebers abweichend von § 15d Abs. 1 die Verwendung anderer Begasungsmittel zulassen, wenn diese von der Biologischen Bundesanstalt für Land- und Forstwirtschaft zugelassen sind; in anderen Fällen kann die zuständige Behörde eine Prüfung durch das Bundesinstitut für gesundheitlichen Verbraucherschutz und Veterinärmedi-

zin oder die Bundesanstalt für Materialforschung und -prüfung verlangen. Satz 1 gilt auch für Begasungen, die zur Prüfung und Anerkennung von Begasungsverfahren mit neuen Begasungsmitteln erforderlich sind.

(9) Das Bundesinstitut für gesundheitlichen Verbraucherschutz und Veterinärmedizin kann Ausnahmen von dem Verbot nach Anhang IV Nr. 20 in Verbindung mit § 15 Abs. 1 zu Forschungs- und Analysezwecken sowie zur Synthese anderer Stoffe zulassen. Die Genehmigung kann unter Bedingungen erteilt und mit Auflagen verbunden werden.

§44
Ausnahmen von den Vorschriften des Fünften und Sechsten Abschnitts

(1) Die zuständige Behörde kann auf schriftlichen Antrag des Arbeitgebers Ausnahmen von den Vorschriften des § 17 Abs. 1 Satz 1 zulassen, wenn

1. der Arbeitgeber eine andere, ebenso wirksame Maßnahme trifft oder
2. die Durchführung der Vorschrift im Einzelfall zu einer unverhältnismäßigen Härte führen würde und die Abweichung mit dem Schutz der betroffenen Arbeitnehmer vereinbar ist.

(2) Von den in § 17 Abs. 1 Satz 2 genannten Regeln und Erkenntnissen darf abgewichen werden, wenn eine ebenso wirksame Maßnahme getroffen wird. Auf Verlangen der zuständigen Behörde ist dies im Einzelfall nachzuweisen.

(3) Die zuständige Behörde kann auf schriftlichen Antrag des Arbeitgebers abweichend von § 37 Abs. 2 eine vereinfachte Anzeige zulassen.

Achter Abschnitt
Straftaten und Ordnungswidrigkeiten

§ 45
Jugendarbeitsschutzgesetz

(1) Ordnungswidrig im Sinne des § 58 Abs. 1 Nr. 26 Buchstabe a des Jugendarbeitsschutzgesetzes handelt, wer vorsätzlich oder fahrlässig einen Jugendlichen entgegen § 15b Abs. 1 Satz 1, Abs. 2 Satz 1, Abs. 3 Satz 1 oder Abs. 4 Satz 1 mit einem der dort genannten Stoffe beschäftigt oder entgegen § 15b Abs. 5 Krankheitserregern aussetzt.

(2) Wer durch eine in Absatz 1 bezeichnete vorsätzliche Zuwiderhandlung einen Jugendlichen in seiner Gesundheit oder Arbeitskraft gefährdet, ist nach § 58 Abs. 5, 6 des Jugendarbeitsschutzgesetzes strafbar.

§ 46
Mutterschutzgesetz

(1) Ordnungswidrig im Sinne des § 21 Abs. 1 Nr. 4 des Mutterschutzgesetzes handelt, wer vorsätzlich oder fahrlässig eine Frau entgegen § 15b Abs. 6 Satz 1 oder Abs. 7 Satz 1 oder Satz 3 mit einem der dort genannten Stoffe beschäftigt oder entgegen § 15b Abs. 6 Satz 3 Krankheitserregern aussetzt.

(2) Wer durch eine in Absatz 1 bezeichnete vorsätzliche Zuwiderhandlung eine Frau in ihrer Arbeitskraft oder Gesundheit gefährdet, ist nach § 21 Abs. 3, 4 des Mutterschutzgesetzes strafbar.

§ 47
Heimarbeitsgesetz

(1) Ordnungswidrig im Sinne des § 32 Abs. 1 Nr. 1 des Heimarbeitsgesetzes handelt, wer vorsätzlich oder fahrlässig

1. entgegen § 15c Abs. 1 die dort genannten Stoffe zur Verwendung in Heimarbeit überläßt oder
2. entgegen § 15c Abs. 3 Satz 2 einem in Heimarbeit Beschäftigten keine Betriebsanweisung aushändigt.

(2) Wer durch eine in Absatz 1 bezeichnete vorsätzliche Zuwiderhandlung einen in Heimarbeit Beschäftigten in seiner Arbeitskraft oder Gesundheit gefährdet, ist nach § 32 Abs. 3, 4 des Heimarbeitsgesetzes strafbar.

§ 48
Chemikaliengesetz
– Kennzeichnung und Verpackung

(1) Ordnungswidrig im Sinne des § 26 Abs. 1 Nr. 5c des Chemikaliengesetzes handelt, wer vorsätzlich oder fahrlässig

1. entgegen § 8 in Verbindung mit Anhang III Nr. 1, 9 oder 11 Abs. 1 Satz 1, Abs. 2 oder 3 die dort genannten Erzeugnisse nicht oder nicht in der vorgeschriebenen Weise kennzeichnet,
2. entgegen § 6 Abs. 5 Satz 2 oder § 7 Abs. 5 Satz 2 Informationen nicht, nicht richtig oder nicht vollständig übermittelt,
3. einer Vorschrift des § 14 Abs. 1 Satz 1, 2, 3 oder 5, Abs. 2 oder 4 Satz 2 über das Sicherheitsdatenblatt zuwiderhandelt oder
4. als Verantwortlicher nach § 14 Abs. 5 entgegen § 14 Abs. 1 Satz 1, 2 oder 3 in Verbindung mit Anhang I Nr. 5 im Sicherheitsdatenblatt erforderliche Angaben nicht, nicht vollständig oder nicht zutreffend übermittelt.

§ 49
Chemikaliengesetz – Anzeige

(1) Ordnungswidrig im Sinne des § 26 Abs. 1 Nr. 7 des Chemikaliengesetzes handelt, wer vorsätzlich oder fahrlässig

1. entgegen § 17 Abs. 1 in Verbindung mit Anhang V Nr. 2.4.2.3 Abs. 1 oder 2, jeweils auch in Verbindung mit Abs. 3, oder Nr. 3.2 Abs. 1, 2 oder 4 oder Nr. 5.2 Abs. 1 Satz 2 oder Nr. 5.2.2 Abs. 1 Satz 1 oder Abs. 2 oder Nr. 6.3.2 Abs. 1 in Verbindung mit Abs. 2 oder
2. entgegen § 37 Abs. 1, 2, 3 oder 4 Satz 1 oder Abs. 5

eine Anzeige nicht, nicht richtig, nicht vollständig oder nicht rechtzeitig erstattet.

§ 50
Chemikaliengesetz – Umgang

(1) Ordnungswidrig im Sinne des § 26 Abs. 1 Nr. 8 Buchstabe b des Chemikaliengesetzes handelt, wer als Arbeitgeber vorsätzlich oder fahrlässig

1. entgegen § 15a Abs. 1 Satz 1 Arbeitnehmer den dort genannten Gefahrstoffen aussetzt,
2. entgegen § 15a Abs. 2 nicht die dort genannten Gefahrstoffe durch die vorgeschriebenen Stoffe, Zubereitungen und Erzeugnisse ersetzt,
3. entgegen § 15a Abs. 3 Satz 1 bis 3 Abbruch-, Sanierungs- und Instandhaltungsarbeiten ohne die dort geforderte personelle Ausstattung des Unternehmens durchführt,
4. entgegen § 15a Abs. 4 Arbeitnehmer ohne persönliche Schutzausrüstung bei Überschreiten der Auslöseschwelle mit den dort genannten Arbeiten beschäftigt.
5. entgegen § 15b Abs. 6 Satz 1 oder Abs. 7 Satz 1 oder 3 Frauen mit einem der dort genannten Stoffe beschäftigt oder entgegen § 15b Abs. 6 Satz 3 Krankheitserregern aussetzt, wenn die Handlung nicht nach § 46 geahndet werden kann,
6. entgegen § 15b Abs. 8 gebärfähige Arbeitnehmerinnen mit den dort genannten Gefahrstoffen beschäftigt,
7. entgegen § 16 Abs. 2 Satz 5 das Ergebnis der Prüfung nicht vorlegt,
8. entgegen § 16 Abs. 3a Satz 1 in Verbindung mit Satz 3 ein Verzeichnis nicht, nicht richtig oder nicht vollständig führt,
9. entgegen § 17 Abs. 1 in Verbindung mit Anhang V Nr. 1.2.1.1 Abs. 1 Nr. 2, 3, 4, 5, 6 oder 7 einen Arbeitnehmer mit den dort genannten Arbeiten an Innenflächen und Einbauten von Räumen und Behältern beschäftigt,
10. entgegen § 17 Abs. 1 in Verbindung mit Anhang V Nr. 3.3 die dort genannten Schutzmaßnahmen nicht beachtet,
11. entgegen § 17 Abs. 1 in Verbindung mit Anhang V Nr. 4.2.1 nicht dafür sorgt, daß Waschräume mit Duschen zur Verfügung gestellt werden,
12. entgegen § 18 Abs. 3 Satz 2 erster Halbsatz die ermittelten Werte nicht, nicht richtig, nicht vollständig oder nicht rechtzeitig mitteilt,
13. entgegen § 19 Abs. 5 Satz 1 Nr. 1, auch in Verbindung mit Abs. 6 Satz 3, geeignete persönliche Schutzausrüstungen nicht zur Verfügung stellt oder nicht in ordnungsgemäßem Zustand hält,
14. entgegen § 20 Abs. 1 Satz 1 eine Betriebsanweisung nicht erstellt oder entgegen § 20 Abs. 1 Satz 2 nicht in der Sprache der Beschäftigten abfaßt oder

nicht an geeigneter Stelle bekanntmacht,

15. entgegen § 20 Abs. 2 Satz 1, 3 oder 4 die Arbeitnehmer nicht vor der Beschäftigung oder danach mindestens einmal jährlich unterweist oder Inhalt oder Zeitpunkt der Unterweisungen nicht schriftlich festhält oder nicht durch Unterschrift bestätigen läßt,
16. entgegen § 20 Abs. 2 Satz 2 gebärfähige Arbeitnehmerinnen nicht oder nicht vollständig unterrichtet,
17. entgegen § 23 Abs. 1 oder 2 dort bezeichnete Stoffe, Zubereitungen oder Erzeugnisse nicht vorschriftsgemäß verpackt oder kennzeichnet,
18. entgegen § 23 Abs. 3 ortsfeste Behälter oder Standflaschen nicht oder nicht in der vorgeschriebenen Weise kennzeichnet,
19. entgegen § 24 Abs. 3 Satz 1 die dort aufgeführten Stoffe oder Zubereitungen nicht in der vorgeschriebenen Weise aufbewahrt oder lagert,
20. entgegen § 28 Abs. 2 Satz 1 einen Arbeitnehmer, bei dem die Vorsorgeuntersuchung nicht vorgenommen worden ist, beschäftigt oder weiterbeschäftigt,
21. entgegen § 33 Satz 1 oder 2 einen Arbeitnehmer beschäftigt oder weiterbeschäftigt oder
22. entgegen § 39 Abs. 1 Satz 1 die dort genannten Arbeiten ohne Zulassung durch die zuständige Behörde durchführt.

(2) Wer durch eine in Absatz 1 bezeichnete Handlung das Leben oder die Gesundheit eines anderen oder fremde Sachen von bedeutendem Wert gefährdet, ist nach § 27 Abs. 2 bis 4 des Chemikaliengesetzes strafbar.

§ 51
Chemikaliengesetz – Herstellungs- und Verwendungsverbote

Nach § 27 Abs. 1 Nr. 1, Abs. 2 bis 4 des Chemikaliengesetzes wird bestraft, wer vorsätzlich oder fahrlässig

1. entgegen § 15 in Verbindung mit Anhang IV Nr. 1 Abs. 1, Nr. 2 Satz 1, Nr. 9 Satz 1, Nr. 12 Abs. 1, Nr. 13.1 Abs. 1, Nr. 14 Abs. 1, Nr. 15 Satz 1, Nr. 18 Abs. 1 oder Nr. 20 die dort aufgeführten Stoffe, Zubereitungen oder Erzeugnisse herstellt oder verwendet,
2. entgegen § 15 in Verbindung mit Anhang IV Nr. 4 Satz 1, Nr. 5 Abs. 1, Nr. 13.1 Abs. 2, Nr. 17.1 Abs. 2 Satz 1 oder Nr. 19 Abs. 1 die dort aufgeführten Stoffe, Zubereitungen oder Erzeugnisse verwendet,
3. entgegen § 15 in Verbindung mit Anhang IV Nr. 3 Abs. 1 oder 2, Nr. 6 Abs. 1, Nr. 7, Nr. 8, Nr. 17.1 Abs. 1 Satz 1, Nr. 17.2 Abs. 1 oder Nr. 17.3 Abs. 1 die dort aufgeführten Stoffe, Zubereitungen oder Erzeugnisse zu den in diesen Vorschriften jeweils genannten Zwecken verwendet,
4. entgegen § 15 in Verbindung mit Anhang IV Nr. 10 die dort genannten Dekorationsgegenstände herstellt,
5. entgegen § 15 in Verbindung mit Anhang IV Nr. 11 Abs. 1 die dort aufgeführten Stoffe, Zubereitungen oder Erzeugnisse außerhalb geschlossener Anlagen verwendet,
6. entgegen § 15 in Verbindung mit Anhang IV Nr. 11 Abs. 2 Satz 1 die dort aufgeführten Stoffe, Zubereitungen oder Erzeugnisse in anderen als gewerblich genutzten Räumen verwendet,
7. entgegen § 15 in Verbindung mit Anhang IV Nr. 16 Isopropanol nach dem Starke Säure-Verfahren herstellt,
8. entgegen § 15d Abs. 1 Satz 1, 2, 4 oder 5 Begasungen durchführt oder
9. entgegen § 15d Abs. 2 Satz 1 Begasungen ohne Erlaubnis durchführt.

Neunter Abschnitt
Schlußvorschriften

§ 52
Ausschuß für Gefahrstoffe

(1) Zur Beratung in Fragen des Arbeitsschutzes einschließlich der Einstufung und Kennzeichnung nach dieser Verordnung

wird beim Bundesministerium für Arbeit und Sozialordnung der Ausschuß für Gefahrstoffe gebildet, der sich aus folgenden sachverständigen Mitgliedern zusammensetzt

- 7 Vertreter der Gewerkschaften,
- 1 Vertreter der Bundesvereinigung der Deutschen Arbeitgeberverbände,
- 1 Vertreter des Bundesverbandes der Deutschen Industrie,
- 1 Vertreter des Verbandes der Chemischen Industrie,
- 2 Vertreter der Hersteller von Gefahrstoffen,
- 2 Vertreter von Betrieben, die Gefahrstoffe in den Verkehr bringen,
- 2 Vertreter von Betrieben, in denen mit Gefahrstoffen umgegangen wird,
- 6 Vertreter der zuständigen Behörden der Länder,
- 1 Vertreter der Bergbehörden,
- 3 Vertreter der Träger der gesetzlichen Unfallversicherung,
- 1 Vertreter der Kommission zur Prüfung gesundheitsschädlicher Arbeitsstoffe der Deutschen Forschungsgemeinschaft,
- 1 Vertreter der Bundesanstalt für Arbeitsschutz,
- 1 Vertreter der Bundesanstalt für Arbeitsmedizin,
- 1 Vertreter der Biologischen Bundesanstalt für Land und Forstwirtschaft,
- 1 Vertreter der Bundesanstalt für Materialforschung und -prüfung,
- 1 Vertreter des Umweltbundesamtes,
- 1 Vertreter des Bundesinstituts für gesundheitlichen Verbraucherschutz und Veterinärmedizin,
- 1 Vertreter der Physikalisch-Technischen Bundesanstalt,
- 1 Vertreter des Verbandes Deutscher Werks- und Betriebsärzte,
- 1 Vertreter des Vereins Deutscher Sicherheitsingenieure,
- 3 Vertreter der Wissenschaft,
- 1 Vertreter der Hochschulverwaltungen,
- 1 Vertreter der Arbeitsgemeinschaft der Verbraucher.

(2) Zu den Aufgaben des Ausschusses nach Absatz 1 gehört es,

1. die in § 17 Abs. 1 Satz 2 bezeichneten Regeln und Erkenntnisse über den Umgang mit Gefahrstoffen zu ermitteln,
2. zu ermitteln, wie die in den Vorschriften der Verordnung gestellten Anforderungen erfüllt werden können,
3. dem jeweiligen Stand von Wissenschaft, Technik und Medizin entsprechende Vorschriften vorzuschlagen.

Das Bundesministerium für Arbeit und Sozialordnung kann die in § 17 Abs. 1 Satz 2 bezeichneten Regeln und Erkenntnisse, insbesondere die vom Ausschuß für Gefahrstoffe nach Satz 1 Nr. 1 ermittelten Regeln und Erkenntnisse sowie die vom Ausschuß für Gefahrstoffe nach Satz 1 Nr. 2 ermittelten Verfahrensregeln zur Erfüllung der von der Verordnung gestellten Anforderungen im Bundesarbeitsblatt bekanntgeben.

(3) Das Bundesministerium für Arbeit und Sozialordnung kann nach Beratung durch den Ausschuß für Gefahrstoffe Stoffe bekanntgeben, bei denen nach gesicherter wissenschaftlicher Erkenntnis von einer krebserzeugenden, erbgutverändernden oder fortpflanzungsgefährdenden Wirkung für die Beschäftigten auszugehen ist.

(4) Das Bundesministerium für Arbeit und Sozialordnung kann nach Beratung durch den Ausschuß für Gefahrstoffe die Maximalen Arbeitsplatzkonzentrationen, die Technischen Richtkonzentrationen und die Biologischen Arbeitsplatztoleranzwerte sowie den arbeitsmedizinisch begründeten stoffspezifischen Wert nach § 28 Abs. 2 bekanntgeben.

(5) Die Mitgliedschaft im Ausschuß für Gefahrstoffe ist ehrenamtlich.

(6) Das Bundesministerium für Arbeit und Sozialordnung beruft die Mitglieder des Ausschusses und für jedes Mitglied einen Stellvertreter. Der Ausschuß gibt sich eine Geschäftsordnung und wählt den Vorsitzenden aus seiner Mitte. Die Geschäftsordnung und die Wahl des Vorsitzenden bedürfen der Zustimmung des Bundesministeriums für Arbeit und Sozialordnung.

(7) Die Bundesministerien sowie die zuständigen obersten Landesbehörden haben

das Recht, zu den Sitzungen des Ausschusses Vertreter zu entsenden. Diesen Vertretern ist auf Verlangen in der Sitzung das Wort zu erteilen.

(8) Die Geschäfte des Ausschusses führt die Bundesanstalt für Arbeitsschutz.

§ 53
ISO- und DIN-Normen

ISO- und DIN-Normen, auf die in dieser Verordnung verwiesen wird, sind im Beuth-Verlag GmbH, Berlin, erschienen und beim Deutschen Patentamt in München archivmäßig niedergelegt.

§ 54
Übergangsvorschriften

(1) Anhang IV Nr.1 Abs. 1, § 15a Abs.1 und § 37 Abs. 2 Nr. 4 gelten bis zum 31. Dezember 1993 nicht für die Herstellung und bis zum 31. Dezember 1994 nicht für das Verwenden folgender chrysotilhaltiger Zubereitungen und Erzeugnisse einschließlich der zu ihrer Herstellung benötigten asbesthaltigen Rohstoffe:

1. Schutzkleidung für das Hantieren mit feuerflüssigen Massen für Temperaturen über 1000 °C,
2. Kanal- und Druckrohre für den Tiefbaubereich, ausgenommen unbeschichtete Trinkwasserrohre,
3. Brunnenrohre für die Entwässerung von Braunkohletagebauen,
4. Kupplungsbeläge für Fahrzeuge und Bremsklotzsohlen für schienengebundene Fahrzeuge, soweit keine sicherheitstechnisch geeigneten asbestfreien Kupplungsbeläge oder verkehrsrechtlich zugelassenen asbestfreien Bremsklotzsohlen auf dem Markt angeboten werden,
5. duroplastische Formmassen zur Herstellung von Kommutatoren,
6. statische Dichtungen, dynamische Dichtungen, Packungen und Zylinderkopfdichtungen für Fahrzeuge und gewerbliche Anwendung,
7. Reibbeläge für gewerbliche Anwendungen,
8. poröse Massen für Acetylenflaschen. Vor dem 31. Dezember 1994 hergestellte Acetylenflaschen mit chrysotilhaltigen porösen Massen dürfen auch nach dem 31. Dezember 1994 in den Verkehr gebracht und verwendet werden, wenn eine Exposition der Arbeitnehmer ausgeschlossen ist.

(2) Anhang IV Nr.1 Abs. 1, § 15a Abs.1 und § 37 Abs. 2 Nr. 4 gelten bis zum 31. Dezember 2010 nicht für die Herstellung und für das Verwenden chrysotilhaltiger Diaphragmen für die Chloralkalielektrolyse in bestehenden Anlagen einschließlich der zu ihrer Herstellung benötigten asbesthaltigen Rohstoffe, soweit

1. asbestfreie Ersatzstoffe, Zubereitungen oder Erzeugnisse nicht auf dem Markt angeboten werden oder
2. die Verwendung der asbestfreien Ersatzstoffe, Zubereitungen oder Erzeugnisse zu einer unzumutbaren Härte führt und

sofern die Konzentration an Asbestfeinstaub in der Luft am Arbeitsplatz unterhalb 1000 F/m^3 liegt.

(3) Abweichend von Anhang IV Nr. 13.1 Abs. 2 dürfen die dort genannten Erzeugnisse, die bis zum 1. April 1992 in den Verkehr gebracht worden sind, weiter verwendet werden.

(4) Ausgenommen von dem Verbot des Anhangs IV Nr. 14 Abs. 1 ist das Verwenden einschließlich der innerbetrieblichen Instandhaltung der vor dem 29. Juli 1989 in den Verkehr gebrachten

1. Kondensatoren mit mehr als 1 Liter PCB-haltiger Flüssigkeit längstens bis 31. Dezember 1993,
2. Erzeugnisse nach Anhang IV Nr. 14 Abs. 1 Nr. 4 bis zu ihrer Außerbetriebnahme, längstens bis zum 31. Dezember 1999.

(5) Die Verbote für die in Anhang IV Nr. 17.1 Abs. 1 Nr. 7 bis 16 und Abs. 2 genannten Ausgangsstoffe und Zubereitungen gelten nicht bis zum 31. Dezember 1995. Die Verbote in Anhang IV Nr. 17.2 Abs. 1 gelten nicht bis zum 30. Juni 1994. Die Verbote in Anhang IV Nr. 17.3 Abs. 1 Nr. 4 Buchstabe f bis l gelten nicht bis zum 30. Juni 1995.

(6) Das Verbot in Anhang IV Nr. 18 Abs. 1 gilt für Monomethyltetrachlordiphenylmethan (Ugilec 141) sowie die diesen Stoff enthaltenden Zubereitungen und Erzeugnisse bis zum 18. Juni 1994 nicht. Abweichend von Satz 1 gilt dieses Verbot für Monomethyltetrachlordiphenylmethan (Ugilec 141) bis zum 31. Dezember 1996 nicht für Anlagen, die sich am 18. Juni 1994 bereits im Betrieb befanden.

(7) Wer gefährliche Stoffe oder Zubereitungen in den Verkehr bringt oder verwendet, darf diese vom 1. November 1993 nach den Vorschriften der Verordnung zur Novelierung der Gefahrstoffverordnung, zur Aufhebung der Gefährlichkeitsmerkmaleverordnung und zur Änderung der Ersten Verordnung zum Sprengstoffgesetz vom 26. Oktober 1993 (BGB. I S. 1782) kennzeichnen. Vor dem 1. November 1993 in den Verkehr gebrachte gefährliche Stoffe und Zubereitungen dürfen noch bis zum 30. April 1994 nach den bis 31. Oktober 1993 geltenden Vorschriften gekennzeichnet sein. Wer gefährliche Stoffe oder Zubereitungen in den Verkehr bringt oder verwendet, für die bis zum 31. Oktober 1993 eine Kennzeichnungspflicht nicht bestand, muß diese spätestens vom 1. Mai 1994 an kennzeichnen.

(8) Das Sicherheitsdatenblatt nach § 14 muß spätestens vom 1. Mai 1994 an mitgeliefert werden.

(9) Eine außerbetriebliche Meßstelle, die nach den bisher geltenden Vorschriften in ein vom Bundesministerium fur Arbeit und Sozialordnung im Bundesarbeitsblatt bekanntgemachtes Verzeichnis aufgenommen worden ist und einem Erfahrungsaustauschkreis angehört, gilt bis zum 31. Dezember 1996 als anerkannte Meßstelle nach § 18 Abs. 2.

(10) Die Vorschriften des Sechsten Abschnitts für die in § 35 Abs. 4 genannten Dieselmotoremissionen gelten für Betriebe des untertägigen Bergbaus nicht bis zum 1. Januar 2000.

(11) Die §§ 5, 6, 9 und 10 gelten bis zum 30. April 1997 nicht für bewegliche Gasbehälter, die Butan, Propan oder Flüssiggas enthalten.

(12) Abweichend von § 15d Abs. 4 Satz 2 darf Ethylenoxid bis zum 31. Dezember 1994 auch in Begasungsanlagen verwendet werden, die nicht vollautomatisch arbeiten.

(13) Anhang IV Nr. 11 Abs. 1 gilt bis zum 1. Januar 1996 nicht für Tetrachlormethan in Stoffen, Zubereitungen und Erzeugnissen, die in fester Form im gewerblichen Bereich verwendet werden.

(14) § 15e in Verbindung mit Anhang V Nr. 6 tritt 6 Monate nach dem 1. November 1993 in Kraft. Abweichend von Anhang V Nr. 6.3.2 Abs. 5 darf, wer bisher Schädlingsbekämpfung durchgeführt hat, seine Tätigkeit bis zum Ablauf von 2 Jahren nach dem 1. November 1993 weiter ausüben.

(15) Für Betriebe, die bis zum 30. Oktober 1993 regelmäßig Arbeiten nach § 39 Abs. 1 ausgeführt haben, ist die Zulassung innerhalb von 6 Monaten nach dem 30. Oktober 1993 zu beantragen. Bis zur Entscheidung über den Antrag gelten sie als zugelassen.

(16) Gesundheitsschädliche Stoffe und Zubereitungen dürfen bis zum 31. Juli 1995 noch mit der bisherigen Gefahrenbezeichnung „mindergiftig" gekennzeichnet werden. Stoffe und Zubereituungen, die vor diesem Zeitpunkt mit der Gefahrenbezeichnung „mindergiftig" gekennzeichnet worden sind, dürfen weiterhin mit dieser Kennzeichnung in den Verkehr gebracht oder verwendet werden, sofern die Kennzeichnung nicht aus einem anderen Grund geändert oder erneuert werden muß."

(17) Stoffe und Zubereitungen nach § 13 Abs. 6, die zum Zeitpunkt des Inkrafttretens dieser Verordnung bereits mit Warnhinweisen versehen sind, die den in § 13 Abs. 6 Nr. 2 vorgeschriebenen Warnhinweisen vergleichbar sind, oder deren Art und Weise der Kennzeichnung zwar nicht den Anforderungen dieser Verordnung entspricht, aber eine vergleichbare Unterrichtung des Verbrauchers gewährleistet, dürfen noch bis zum 1. Dezember 1994 mit einer deratrigen Kennzeichnung in den Verkehr gebracht werden."

(18) Abweichend von § 12 Abs. 4 und 5 sowie §13 Abs. 10 dürfen Aerosolpackun-

gen und die Verpackungen einzelner Aerosolpackungen bis 31. März 1995 noch nach den bis zum (Tag vor dem Inkrafttreten der Änderungsverordnung) geltenden Vorschriften gekennzeichnet werden."

(19) Wer gefährliche Stoffe oder Zubereitungen in Rohrleitungen transportiert, muß diese spätestens 6 Monate nach Inkrafttreten dieser Vorschrift entsprechen § 23 Abs. 1 a kennzeichnen."

Inkrafttreten, Außerkrafttreten

(1) Diese Verordnung tritt am 1. November 1993 in Kraft.

(2) Mit dem Inkrafttreten treten
1. die Verordnung über gefährliche Stoffe (Gefahrstoffverordnung) in der Fassung der Bekanntmachung vom 25. September 1991 (BGBl. I S. 1931), geändert durch Artikel 100 des Gesetzes vom 27. April 1993 (BGBl. I S. 512),
2. die Verordnung über die Gefährlichkeitsmerkmale von Stoffen und Zubereitungen nach dem Chemikaliengesetz (Gefährlichkeitsmerkmaleverordnung – ChemGefMerkV) vom 17. Juli 1990 (BGBl. I S. 1422)

außer Kraft.

Anhänge I bis VI zur Verordnung zum Schutz vor gefährlichen Stoffen (Gefahrstoffverordnung – GefStoffV) vom 26. Oktober 1993

Inhaltsübersicht

Anhang I: Allgemeine Bestimmungen für gefährliche Stoffe und Zubereitungen

Inhaltsverzeichnis

Anhang I Nr. 1
Leitfaden für die Einstufung und Kennzeichnung gefährlicher Stoffe und Zubereitungen

Inhaltsverzeichnis

1.1 Allgemeine Einleitung

1.1 Ziel der Einstufung ist die Bezeichnung aller physikalisch-chemischen, toxischen und ökotoxischen Eigenschaften eines Stoffes sowie der toxischen und physikalisch-chemischen Eigenschaften von Zubereitungen, die bei gebräuchlicher Handhabung oder Verwendung eine Gefahr darstellen können.

1.1.2 In diesem Anhang sind die allgemeinen Grundsätze für die Einstufung und Kennzeichnung von Stoffen und Zubereitungen festgelegt, auf die im Zweiten und Dritten Abschnitt dieser Verordnung Bezug genommen wird.

1.1.3 (1) Die Einstufung und Kennzeichnung soll der Allgemeinheit und den Beschäftigten erste wesentliche Informationen über gefährliche Stoffe und Zubereitungen vermitteln. Die Kennzeichnung weist Personen, die mit Stoffen und Zubereitungen umgehen, auf die mit ihnen verbundenen Gefahren hin.
(2) Die Kennzeichnung soll auch dazu dienen, die Aufmerksamkeit auf ausführliche Produkt-Informationen über Sicherheit und Verwendung zu lenken, die in anderer Form verfügbar sind.

1.1.4 Die Kennzeichnung berücksichtigt alle potentiellen Gefahren, die bei der gebräuchlichen Handhabung und Verwendung gefährlicher Stoffe und Zubereitungen auftreten können, wenn diese in einer Form vorliegen, in der sie in den Verkehr gebracht werden. Sie bezieht sich aber nicht unbedingt auf eine Form, in der diese Stoffe und Zubereitungen letztendlich verwendet werden können (z. B. verdünnt). Auf die Hauptgefahren weisen Gefahrensymbole hin; auf diese Gefahren sowie auf die, die sich aus anderen gefährlichen Eigenschaften ergeben, wird durch standardisierte Bezeichnungen der besonderen Gefahren (R-Sätze) hingewiesen. Hinweise auf notwendige Vorsichtsmaßnahmen werden durch Sicherheitsratschläge (S-Sätze) gegeben.

1.1.5 Hersteller, Vertreiber und Einführer von gefährlichen Stoffen, die noch nicht in der Bekanntmachung nach § 4a Abs. 1 aufgenommen, aber im EINECS aufgeführt sind, haben Nachforschungen anzustellen, um sich die einschlägigen und zugänglichen Angaben zu den Eigenschaften dieser Stoffe zu verschaffen. Anhand dieser Informationen haben sie dafür Sorge zu tragen, daß diese Stoffe nach den Bestimmungen der §§ 6 bis 13 sowie den Kriterien dieses Anhangs verpackt und vorläufig gekennzeichnet werden.

1.1.6 (1) Die für die Einstufung und Kennzeichnung der Stoffe erforderlichen Angaben sind auf folgende Weise zu erhalten:

a) bei Stoffen, für die Informationen gemäß § 3 Nr. 1 und § 4 Nr. 1 ChemPrüfV erforderlich sind, finden sich die meisten der notwendigen Angaben für Einstufung und Kennzeichnung in der Grundprüfung. Diese Einstufung und Kennzeichnung muß gegebenenfalls überprüft werden, wenn ergänzende Informationen vorliegen (§§ 5 und 6 ChemPrüfV).)

b) bei anderen Stoffen (z. B. den in Nummer 1.1.5 genannten) können die erforderlichen Daten für die Einstufung und Kennzeichnung gegebenenfalls aus unterschiedlichen Quellen entnommen werden, wie z. B.: Ergebnisse früherer Untersuchungen, Informationen, die im Rahmen der internationalen

Regelung der Beförderung gefährlicher Güter erforderlich sind, Informationen aus Referenzarbeiten und aus der Literatur oder Informationen aufgrund praktischer Erfahrungen.

(2) Die Daten, die für die Einstufung und Kennzeichnung von Zubereitungen erforderlich sind, können auf folgende Weise gewonnen werden:

a) physikalisch-chemische Daten: durch Anwendung der Prüfmethoden nach § 2 Abs. 4 ChemPrüfV, bei gasförmigen Zubereitungen kann das Berechnungsverfahren zur Bestimmung entzündlicher und brandfördernder Eigenschaften angewendet werden (s. Anhang II Nr. 1.2).

b) Daten über Auswirkungen auf die Gesundheit:
   - durch Anwendung der Prüfmethoden nach § 2 Abs. 4 ChemPrüfV oder durch Anwendung der Konventionellen Methode nach Anhang II Nr. 1.3; (Definitionsprinzip)
   - durch Bewertung der krebserzeugenden, erbgutverändernden und fruchtschädigenden Eigenschaften nach der konventionellen Methode nach Anhang II Nr. 1.3.

Definitionsprinzip (wenn Listenprinzip nicht greift)

1.1.7 Anwendung der Kriterien des Leitfadens

(1) Die Einstufung muß die toxischen und die physikalisch-chemischen Eigenschaften von Stoffen und Zubereitungen und zusätzlich die ökotoxischen Eigenschaften von Stoffen umfassen.

(2) Die Einstufung von Stoffen und Zubereitungen erfolgt auf der Grundlage der Kriterien der Nummern 1.2 bis 1.4, die von Stoffen zusätzlich anhand der Kriterien in der Nummer 1.5 dieses Anhangs. Es sind alle Gefahrenarten zu berücksichtigen. So bedeutet eine Einstufung unter Nummer 1.3.2.1 z. B. nicht, daß Nummer 1.3.2.2 oder Nummer 1.3.2.4 unbeachtet bleiben können.

(3) Der Sinn der Auswahl der Bezeichnungen der besonderen Gefahren besteht darin, sicherzustellen, daß die charakteristischen möglichen Gefahren, die bei der Einstufung festgestellt wurden, auf dem Kennzeichnungsschild zum Ausdruck gebracht werden.

(4) Unbeschadet der unter Nummern 1.2.2.3, 1.2.2.4 und 1.2.2.5 angeführten Kriterien fallen Stoffe und Zubereitungen in Form von Aerosolen unter die in § 12 Abs. 4 und 5 genannten Kriterien zur Brennbarkeit.

1.1.7.1 Begriffsbestimmungen

(1) „Stoffe" im Sinne des § 3 Nr. 1 ChemG sind chemische Elemente und ihre Verbindungen in natürlicher Form oder hergestellt durch ein Produktionsverfahren, einschließlich der zur Wahrung der Produktstabilität notwendigen Zusatzstoffe und der bei der Herstellung unvermeidbaren Verunreinigungen, mit Ausnahme von Lösungsmitteln, die von dem Stoff ohne Beeinträchtigung seiner Stabilität und ohne Änderung seiner Zusammensetzung abgetrennt werden können;

(2) Ein Stoff kann chemisch sehr genau definiert (z. B. Aceton) oder ein komplexes Gemisch von Bestandteilen unterschiedlicher Zusammensetzung (z. B. aromatische Destillate) sein. Für bestimmte komplexe Stoffe wurden einzelne Bestandteile ermittelt.

(3) **„Zubereitungen"** sind Gemenge, Gemische und Lösungen, die aus zwei oder mehreren Stoffen bestehen;

Leitfaden Stoffe

1.1.7.2 Anwendung der Kriterien auf Stoffe

Die Kriterien in diesem Anhang sind unmittelbar anwendbar, wenn die Daten anhand von Prüfmethoden gewonnen wurden, die denen in § 2 Abs. 4 ChemPrüfV vergleichbar sind. In den anderen Fällen sind die verfügbaren Daten durch einen Vergleich der angewandten Methoden mit den in § 2 Abs. 4 Chem-

PrüfV genannten und mit den Vorschriften dieses Anhangs zu bewerten, um die geeignete Einstufung und Kennzeichung vornehmen zu können.

1.1.7.2.1 Einstufung von Stoffen, die Verunreinigungen, Beimengungen oder einzelne Bestandteile enthalten

(1) Werden Verunreinigungen, Beimengungen oder einzelne Bestandteile von Stoffen ermittelt, sind diese zu berücksichtigen, wenn ihre Konzentration gleich oder größer als die festgelegten Konzentrationsgrenzwerte sind:

- 0,1% für Stoffe, die als sehr giftig, giftig, oder als krebserzeugend, erbgutverändernd oder fortpflanzungsgefährdend der Kategorie 1 oder 2 eingestuft sind
- 1% für Stoffe, die als gesundheitsschädlich, ätzend, reizend, sensibilisierend, oder als krebserzeugend, erbgutverändernd oder fortpflanzungsgefährdend der Kategorie 3 eingestuft sind

sofern stoffspezifisch in der Bekanntmachung nach § 4a Abs. 1 keine niedrigeren Werte festgelegt sind.

(2) Mit Ausnahme der Stoffe, die in der Bekanntmachung nach § 4a Abs. 1 ausdrücklich genannt sind, erfolgt die Einstufung und Kennzeichnung nach physikalisch-chemischen Eigenschaften und nach Gesundheitsgefahren gemäß Anhang II Nr. 1.

(3) Die Einstufung aufgrund physikalisch-chemischer Eigenschaften wird nach den Kriterien in Nummer 1.2 und aufgrund der Gefahren für die Umwelt anhand der Kriterien in Nummer 1.5 dieses Anhangs vorgenommen.

(4) Absatz 3 gilt nicht für Asbest, solange in der Bekanntmachung nach § 4a Abs. 1 kein entsprechender Grenzwert festgelegt ist. Stoffe, die Asbest enthalten, sind nach gesicherter wissenschaftlicher Erkenntnis einzustufen und zu kennzeichnen.

1.1.7.3 Anwendung der Kriterien dieses Leitfadens auf Zubereitungen

(1) Die Kriterien dieses Anhangs sind unmittelbar anwendbar, wenn die Daten anhand von Prüfmethoden gewonnen wurden, die denen in § 2 Abs. 4 ChemPrüfV vergleichbar sind. Ausgenommen sind die Kriterien der Nummer 1.4, für die ausschließich die konventionelle Methode anzuwenden ist. In den anderen Fällen sind die verfügbaren Daten durch einen Vergleich der angewandten Methoden mit den in § 2 Abs. 4 ChemPrüfV genannten Methoden und mit den Vorschriften dieses Anhangs zu bewerten, um die geeignete Einstufung und Kennzeichnung vornehmen zu können.

(2) Werden die Gesundheitsgefahren durch Anwendung der konventionellen Methode nach Anhang II Nr. 1.3 bewertet, so sind als stoffbezogene Konzentrationsgrenzen die in folgenden Quellen festgelegten Werte zu verwenden:

- Bekanntmachung nach § 4a Abs. 1 oder
- Anhang II Nr. 1,5, falls der bzw. die Stoffe in der Bekanntmachung nach § 4a Abs. 1 nicht oder ohne Angabe von Konzentrationsgrenzen aufgeführt sind.

(3) Bei Zubereitungen, die Gasgemische enthalten, wird die Einstufung nach den Gesundheitsgefahren durch die Berechnungsmethode auf der Grundlage der stoffbezogenen Konzentrationsgrenzen in der Bekanntmachung nach § 4a Abs. 1 oder, falls diese Grenzwerte nicht in der Bekanntmachung nach § 4a Abs. 1 aufgeführt sind, auf der Grundlage der Kriterien des Anhangs II Nr. 1 vorgenommen.

1.2 Einstufung aufgrund physikalisch-chemischer Eigenschaften

1.2.1 Einleitung

(1) Die in § 2 Abs. 4 ChemPrüfV aufgeführten Prüfmethoden zur Bestimmung explosionsgefährlicher, brandfördender und entzündlicher Eigenschaften sollen den allgemeinen Definitionen in § 4 Abs. 1 Nr. 1 bis 5 einen konkreten Inhalt geben. Die Kriterien ergeben sich unmittelbar aus den Prüfmethoden in § 2 Abs. 4 ChemPrüfV, soweit diese dort aufgeführt sind.

(2) Liegen ausreichende Erfahrungen aus der Praxis darüber vor, daß die physikalisch-chemischen Eigenschaften der Stoffe und Zubereitungen (mit Ausnahme der organischen Peroxide) sich von denen unterscheiden, die durch die Prüfmethoden in § 2 Abs. 4 ChemPrüfV ermittelt wurden, sind diese Stoffe und Zubereitungen entsprechend der möglichen Gefahr einzustufen, die sie für Personen, die mit diesen Stoffen und Zubereitungen umgehen oder für andere Personen darstellen.

1.2.2 Einstufungskriterien und Auswahl der Gefahrensymbole, Gefahrenbezeichnungen sowie der Bezeichnungen der besonderen Gefahren

Bei Zubereitungen sind die in Anhang II Nr. 1 genannten Kriterien zu berücksichtigen.

1.2.2.1 Explosionsgefährlich

Stoffe und Zubereitungen werden als explosionsgefährlich eingestuft und mit dem Gefahrensymbol „E" und der Gefahrenbezeichnung „Explosionsgefährlich" gekennzeichnet, wenn die Prüfergebnisse mit den in § 2 Abs. 4 ChemPrüfV genannten Kriterien übereinstimmen und sofern die Stoffe und Zubereitungen explosionsgefährlich sind in der Form, in der sie in den Verkehr gebracht werden. Ein R-Satz ist obligatorisch, er ist unter Beachtung folgender Regeln auszuwählen:

R2 Durch Schlag, Reibung, Feuer oder andere Zündquellen explosionsgefährlich

- Stoffe und Zubereitungen, außer den nachstehend genannten Ausnahmen.

R3 Durch Schlag, Reibung, Feuer oder andere Zündquellen besonders explosionsgefährlich

- besonders empfindliche Stoffe und Zubereitungen wie z. B. Salze der Pikrinsäure, Nitropenta

1.2.2.2 Brandfördernd

Stoffe und Zubereitungen werden als brandfördernd eingestuft und mit dem Gefahrensymbol O und der Gefahrenbezeichnung „Brandfördernd" gekennzeichnet, wenn die Prüfergebnisse mit den in § 2 Abs. 4 ChemPrüfV genannten Kriterien übereinstimmen. Ein R-Satz ist obligatorisch, er ist auf der Grundlage der Prüfergebnisse unter Beachtung folgender Regeln auszuwählen:

R7 kann Brand verursachen

- organische Peroxide, die brennbar sind, auch wenn sie nicht mit anderen brennbaren Materialien in Berührung kommen.

R8 Feuergefahr bei Berührung mit brennbaren Stoffen

- sonstige brandfördernde Stoffe und Zubereitungen, einschließlich anorganischer Peroxide, die bei Berührung mit brennbaren Materialien diese entzünden können oder die Feuergefahr vergrößern.

R9 Explosionsgefahr bei Mischung mit brennbaren Stoffen

- sonstige Stoffe und Zubereitungen, einschließlich anorganischer Peroxide, die explosionsgefährlich werden, wenn sie mit brennbaren Materialien gemischt werden (z. B. bestimmte Chlorate).

1.2.2.2.1 Peroxide

(1) Für organische Peroxide können die in § 2 Abs. 4 ChemPrüfV zur Ermittlung der brandfördernden Eigenschaften verfügbaren Methoden nicht angewendet werden.

(2) Bei Stoffen werden organische Peroxide auf der Grundlage ihrer chemischen Struktur (z. B. R-O-O-H; R_1-O-O-R_2) als brandfördernd eingestuft.

(3) Zubereitungen werden unter Verwendung der Berechnungsmethode auf der Grundlage von aktivem Sauerstoff eingestuft.

(4) Das Berechnungsverfahren nach Absatz 5 auf der Grundlage des vorhandenen aktiven Sauerstoffs ist zu verwenden.

(5) Der verfügbare Sauerstoffgehalt (%) einer organischen Peroxidverbindung wird durch folgende Formel ausgedrückt:

$$16 \times (n_i \times c_i/m_i)$$

wobei:

n_i = Anzahl der Peroxidgruppen pro Molekül des organischen Peroxids i,
c_i = Konzentration (in Massen-%) des organischen Peroxids i,
m_i = relative Molekülmasse des organischen Peroxids i
ist.

(6) Jedes organische Peroxid oder jede Zubereitung, die organisches Peroxid enthält, ist als brandfördernd einzustufen, wenn das Peroxid oder die Zubereitung

- über 5% organischen Peroxids oder
- über 0,5% verfügbaren Sauerstoff aus den organischen Peroxiden und nicht mehr als 5% Wasserstoffperoxid

enthält.

1.2.2.3 Hochentzündlich

Stoffe und Zubereitungen werden als hochentzündlich eingestuft und mit dem Gefahrensymbol „F+“ und der Gefahrenbezeichnung „Hochentzündlich“ gekennzeichnet, wenn die Prüfergebnisse mit den in § 2 Abs. 4 ChemPrüfV genannten Kriterien übereinstimmen. Der R-Satz ist nach den folgenden Kriterien zuzuordnen:

R12 Hochentzündlich

- flüssige Stoffe und Zubereitungen, die einen Flammpunkt unter 0 °C und eine Siedepunkt (oder bei einem Siedebereich einen Siedebeginn) von höchstens 35 °C haben.
- gasförmige Stoffe und Zubereitungen, die bei gewöhnlicher Temperatur und normalem Druck bei Luftkontakt entzündlich sind.

1.2.2.4 Leichtentzündlich

Stoffe und Zubereitungen werden als leichtentzündlich eingestuft und mit dem Gefahrensymbol „F“ und der Gefahrenbezeichnung „Leichtentzündlich“ gekennzeichnet, wenn die Prüfergebnisse mit den in § 2 Abs. 4 ChemPrüfV genannten Kriterien übereinstimmen. Die R-Sätze werden nach folgenden Kriterien zugeordnet:

R11 Leichtentzündlich

- feste Stoffe und Zubereitungen, die durch kurzzeitige Einwirkung einer Zündquelle leicht entzündet werden können und nach deren Entfernung weiterbrennen oder weiterglimmen können.
- flüssige Stoffe und Zubereitungen, die einen Flammpunkt unter 21 °C haben, aber nicht hochentzündlich sind.

R15 Reagiert mit Wasser unter Bildung hochentzündlicher Gase
- Stoffe und Zubereitungen, die bei Berührung mit Wasser oder mit feuchter Luft hochentzündliche Gase in gefährlicher Menge (Mindestmenge 1 l / kg / h) entwickeln.

R17 Selbstentzündlich an der Luft
- Stoffe und Zubereitungen, die sich bei gewöhnlicher Temperatur an der Luft ohne Energiezufuhr erhitzen und schließlich entzünden können.

1.2.2.5 Entzündlich

(1) Stoffe und Zubereitungen werden als entzündlich eingestuft, wenn die Prüfergebnisse mit den in § 2 Abs. 4 ChemPrüfV genannten Kriterien übereinstimmen. Der R-Satz wird nach folgenden Kriterien zugeordnet:

R10 Entzündlich
- flüssige Stoffe und Zubereitungen, die einen Flammpunkt von mindestens 21 °C und höchstens 55 °C haben.

(2) In der Praxis hat sich jedoch gezeigt, daß eine Zubereitung mit einem Flammpunkt von mindestens 21 °C und höchstens 55 °C nicht als entzündlich eingestuft werden muß, wenn sie in keiner Weise die Verbrennung unterhält und wenn beim Umgang mit dieser Zubereitung eine Gefährdung für jedermann ausgeschlossen werden kann.

1.2.2.6 Sonstige physikalisch-chemische Eigenschaften

(1) Für Stoffe und Zubereitungen, die entsprechend den Kriterien der Nummern 1.2.2.1 bis 1.2.2.5 oder der Nummern 1.3, 1.4 und 1.5 eingestuft worden sind, werden nach den folgenden Kriterien zusätzliche Bezeichnungen der besonderen Gefahren ausgewählt:

R1 In trockenem Zustand explosionsgefährlich
für explosionsgefährliche Stoffe und Zubereitungen, die in Lösung oder in feuchter Form in den Verkehr gebracht werden; z. B. Nitrozellulose mit mehr als 12,6% Stickstoff.

R4 Bildet hochempfindliche explosionsgefährliche Metallverbindungen
für Stoffe und Zubereitungen, die hochempfindliche explosionsgefährliche Metallverbindungen bilden können, z. B. Pikrinsäure, Styphninsäure.

R5 Beim Erwärmen explosionsfähig
für wärmeinstabile Stoffe und Zubereitungen, die nicht als explosionsgefährlich eingestuft sind, z. B. Perchlorsäure 50%.

R6 Mit und ohne Luft explosionsfähig
für Stoffe und Zubereitungen, die bei Umgebungstemperatur instabil sind, z. B. Acetylen.

R7 Kann Brand verursachen
für reaktive Stoffe und Zubereitungen, z. B. Fluor, Natriumhydrosulfit.

R14 Reagiert heftig mit Wasser
für Stoffe und Zubereitungen, die heftig mit Wasser reagieren, z. B. Acetylchlorid, Alkalimetalle, Titantetrachlorid.

R16 Explosionsgefährlich in Mischung mit brandfördernden Stoffen
für Stoffe und Zubereitungen, die mit brandfördernden Materialien explosiv reagieren können, z. B. roter Phosphor.

R18 Bei Gebrauch Bildung explosionsfähiger / leichtentzündicher Dampf-Luftgemische möglich
für Zubereitungen, die als solche nicht als entzündlich eingestuft sind, die jedoch flüchtige, in der Luft entzündliche Bestandteile enthalten.

R19 Kann explosionsfähige Peroxide bilden
für Stoffe und Zubereitungen, die bei Lagerung explosionsfähige Peroxide bilden können, z. B. Diethylether, 1,4-Dioxan.
R30 Kann bei Gebrauch leichtentzündlich werden
für Zubereitungen, die als solche nicht als entzündlich eingestuft sind, die jedoch durch den Verlust nicht entzündlicher flüchtiger Bestandteile leichtentzündlich werden können.
R44 Explosionsgefährlich bei Erhitzen unter Einschluß
für Stoffe und Zubereitungen, die nach Nummer 1.2.2.1 als solche nicht als explosionsgefährlich eingestuft sind, in der Praxis aber dennoch explodieren können, wenn sie unter ausreichendem Einschluß erwärmt werden. So zeigen z. B. bestimmte Stoffe, die sich in einer Stahlblechtrommel bei Erhitzen explosionsartig zersetzen, diese Eigenschaft nicht, wenn sie in schwächerer Verpakkung erhitzt werden.
(2) Weitere Bezeichnungen besonderer Gefahren siehe Nummer 1.3.2.7.

1.3 Einstufung aufgrund toxischer Eigenschaften

1.3.1 Einleitung

1.3.1.1 (1) Die Einstufung umfaßt akute und Langzeitwirkungen der Stoffe und Zubereitungen, unabhängig davon, ob diese Wirkungen auf eine einzige oder auf wiederholte oder längere Expositionen zurückzuführen sind.
(2) Liegen ausreichende Erfahrungen aus der Praxis vor, daß sich die toxischen Wirkungen der Stoffe und Zubereitungen auf den Menschen von denen unterscheiden oder wahrscheinlich unterscheiden, die sich aus den Ergebnissen der Tierversuche oder aufgrund der konventionellen Methode nach Anhang II Nr. 1.3 ergeben, sind diese Stoffe und Zubereitungen entsprechend ihrer Toxizität für den Menschen einzustufen. Am Menschen sollten jedoch keine Versuche vorgenommen werden; solche Versuche dürfen in der Regel nicht als Gegenbeweis zu positiven Daten aus Tierversuchen herangezogen werden.

1.3.1.2 Stoffe werden auf der Grundlage der verfügbaren experimentellen Daten entsprechend den folgenden Kriterien unter Berücksichtigung der Wirkungsstärke eingestuft:
- bei akuter Toxizität (tot oder irreversible Schäden nach einmaliger Exposition) sind die in den Nummern 1.3.2.1 bis 1.3.2.3 angegebenen Kriterien zu verwenden;
- bei subakuter, subchronischer oder chronischer Toxizität sind die Kriterien den Nummern 1.3.2.2 bis 1.3.2.3 zu verwenden;
- bei ätzender und reizender Wirkung sind die Kriterien der Nummern 1.3.2.4 und 1.3.2.5 zu verwenden;
- bei sensibilisierender Wirkung sind die Kriterien der Nummer 1.3.2.6 zu verwenden;
- bei besonderen Gefahren für die Gesundheit (krebserzeugende, erbgutverändernde und fortpflanzungsgefährdende Wirkung) sind die Kriterien der Nummer 1.4 zu verwenden.

1.3.1.3 (1) Zubereitungen werden eingestuft nach den Gefahren für die Gesundheit
(a) auf der Grundlage der konventionellen Methode nach Anhang II Nr. 1.3, wenn experimentelle Daten fehlen. In diesem Fall beruht die Einstufung auf den stoffbezogenen Konzentrationsgrenzen, die

– entweder aus der Bekanntmachung nach § 4a Abs. 1 oder
– aus Anhang II Nr. 1.5, wenn der oder die Stoffe in der Bekanntmachung nach § 4a Abs. 1 nicht oder ohne Angabe von Konzentrationsgrenzen aufgeführt sind,

zu entnehmen sind,

(b) oder wenn experimentelle Daten vorliegen, nach den unter Nummer 1.3.1.2 beschriebenen Kriterien; ausgenommen sind die krebserzeugenden, erbgutverändernden und fortpflanzungsgefährdenden Eigenschaften nach Nummer 1.3.1.2 fünfter Anstrich, die nach der konventionellen Methode gemäß Anhang II Nr. 1.3 bewertet werden müssen.

(2) Unabhängig davon, welches Verfahren zur Bewertung der Gefahr, die von einer Zubereitung ausgeht, herangezogen wird, müssen alle gesundheitsgefährdenden Wirkungen gemäß Anhang II Nr. 1 berücksichtigt werden.

1.3.1.4 Wird die Einstufung aufgrund der Ergebnisse aus Tierversuchen vorgenommen, so sollten in erster Linie die Ergebnisse solcher Versuche verwendet werden, die die Gefährdung des Menschen in entsprechender Weise widerspiegeln.

1.3.1.5 (1) Die akute orale Toxizität eines in den Verkehr gebrachten Stoffes oder einer Zubereitung kann entweder durch Bestimmung des LD_{50}-Wertes oder durch Bestimmung der kritischen Dosis (Fest-Dosis-Methode) festgestellt werden.

(2) Die höchste nichtletale Dosis ist die Dosis, die eine evidente Toxizität, jedoch keine Mortalität, bewirkt und muß einem der in § 2 Abs. 4 ChemPrüfV aufgeführten Dosiswerten (5, 50, 500 oder 2000 mg je kg Körpergewicht) entsprechen.

(3) Mit dem Begriff „evidente Toxizität" werden toxische Wirkungen nach Verabreichung der Prüfsubstanz bezeichnet, die so schwerwiegend sind, daß die Verabreichung der nächsthöheren festgelegten Dosis wahrscheinlich zur Mortalität führen würde.

(4) Bei einer bestimmten Dosis können sich folgende Prüfergebnisse ergeben:
– weniger als 100%ige Überlebensrate
– 100%ige Überlebensrate, jedoch offensichtliche Vergiftungserscheinungen
– 100%ige Überlebensrate, keine offensichtlichen Vergiftungserscheinungen.

(5) Die Prüfmethode erfordert in einigen Fällen eine Prüfung mit höheren oder niedrigeren Dosen, wenn nicht bereits mit der entsprechenden Dosis geprüft wurde (siehe auch die Bewertungstabelle der Prüfmethode BI bis in § 2 Abs. 4 ChemPrüfV).

(6) Bei den in den Nummern 1.3.2.1, 1.3.2.2 und 1.3.2.3 angegebenen Kriterien wird nur das endgültige Prüfergebnis angegeben. Die Dosis 2000 mg/kg sollte in erster Linie verwendet werden, um Informationen über die toxischen Wirkungen von Stoffen mit geringer akuter Toxizität zu erhalten, die nicht aufgrund ihrer akuten Toxizität eingestuft wurden.

1.3.2 Einstufungskriterien und Auswahl der Gefahrensymbole, Gefahrenbezeichnungen sowie der Bezeichnungen der besonderen Gefahren

1.3.2.1 Sehr giftig

(1) Stoffe und Zubereitungen werden als sehr giftig eingestuft mit dem Gefahrensymbol „T+" und der Gefahrenbezeichnung „Sehr giftig" gemäß den nachstehenden Kriterien gekennzeichnet.

(2) Die R-Sätze werden nach den folgenden Kriterien ausgewählt:

1. **R28 Sehr giftig beim Verschlucken**

Akute Toxizität:

- LD_{50} oral, Ratte $\leq$ 25 mg/kg
- weniger als 100%ige Überlebensrate bei 5 mg/kg oral Ratte nach der Fest-Dosis-Methode

2. **R27 Sehr giftig bei Berührung mit der Haut**

Akute Toxizität:

- LD_{50} dermal, Ratte oder Kaninchen $\leq$ 50 mg/kg

3. **R26 Sehr giftig beim Einatmen**

Akute Toxizität:

- LC_{50} inhalativ, Ratte, für Aerosole oder Stäube: $\leq$ 0,25 mg/1/4 h
- LC_{50} inhalativ, Ratte, für Gase und Dämpfe: $\leq$ 0,5 mg/1/4 h

4. **R39 Ernste Gefahr irreversiblen Schadens**

- erhebliche Anhaltspunkte, daß irreversible Gesundheitsschäden anderer Art als die in Nummer 1.4 genannten durch eine einmalige Verabreichung über einen geeigneten Aufnahmeweg im allgemeinen im Bereich der o. g. Dosen verursacht werden können. Zur Angabe des Aufnahmeweges/der Art der Verabreichung ist eine der folgenden Kombinationen zu verwenden: R39/26, R39/27, R39/28, R39/26/27, R39/26/28, R39/27/28, R39/26/27/28.

1.3.2.2 Giftig

(1) Stoffe und Zubereitungen werden als giftig eingestuft und mit dem Gefahrensymbol „T" und der Gefahrenbezeichnung „Giftig", gemäß den nachstehenden Kriterien, gekennzeichnet.

(2) Die R-Sätze werden nach den folgenden Kriterien ausgewählt:

1. **R25 Giftig beim Verschlucken**

Akute Toxizität:

- LD_{50} oral, Ratte: 25 < LD_{50} $\leq$ 200 mg/kg
- kritische Dosis, oral, Ratte, 5 mg/kg: 100%ige Überlebensrate, jedoch offensichtliche Vergiftungserscheinungen

2. **R24 Giftig bei Berührung mit der Haut**

Akute Toxizität:

- LD_{50} dermal, Ratte oder Kaninchen: 50 < LD_{50} $\leq$400 mg/kg

3. **R23 Giftig beim Einatmen**

Akute Toxizität:

- LC_{50} inhalativ, Ratte, für Aerosole oder Stäube: 0,25 < LC_{50} $\leq$ 1 mg/l/4 h
- LC_{50} inhalativ, Ratte, für Gase und Dämpfe: 0,5 < LC_{50} $\leq$ 2 mg/1/l/4 h

4. **R39 Ernste Gefahr irreversiblen Schadens**

- erhebliche Anhaltspunkte, daß irreversible Gesundheitsschäden anderer Art, als die in Nummer 1.4 genannten durch eine einmalige Verabreichung über einen geeigneten Aufnahmeweg im allgemeinen im Bereich der o. g. Dosen verursacht werden können.

  Zur Angabe des Aufnahmeweges/der Art der Verabreichung ist eine der folgenden Kombinationen zu verwenden: R39/23, R39/24, R39/25, R39/23/24, R39/23/25, R39/24/25, R39/23/24/25.

5. **R48 Gefahr ernster Gesundheitsschäden bei längerer Exposition**

- schwerer Gesundheitsschaden (eindeutige funktionelle Störungen oder morphologische Veränderungen von toxikologischer Bedeutung) kann bei wiederholter oder längerer Exposition über einen geeigneten Aufnahmeweg verursacht werden. Stoffe und Zubereitungen werden mindestens als giftig eingestuft, wenn diese Schäden durch deutlich niedrigere Dosen (z. B. zehnmal niedriger) als die für R48 in Nummer 1.3.2.3 genannten, verursacht werden. Zur Angabe des Aufnahmeweges/der Art der Verabreichung ist eine der folgenden Kombinationen zu verwenden: R48/23, R48/24, R48/25, R48/23/24, R48/23/25, R48/24/25, R48/23/24/25.

1.3.2.3 Gesundheitsschädlich

(1) Stoffe und Zubereitungen werden als minderwertig eingestuft und mit dem Gefahrensymbol „Xn" und der Gefahrenbezeichnung „Gesundheitsschädlich" gemäß den nachstehenden Kriterien gekennzeichnet.

(2) Die R-Sätze werden nach den folgenden Kriterien ausgewählt:

1. **R22 Gesundheitsschädlich beim Verschlucken**

Akute Toxizität:

- LD_{50} oral, Ratte: 200 < LD_{50} ≤ 2000 mg/kg
- kritische Dosis, oral, Ratte, 50 mg/kg: 100%ige Überlebensrate, jedoch offensichtliche Vergiftungserscheinungen
- weniger als 100%ige Überlebensrate bei 500 mg/kg oral Ratte nach der Fest-Dosis-Methode (siehe auch die Bewertungstabelle der Prüfmethode BI bis in § 2 Abs. 4 ChemPrüfV).

2. **R21 Gesundheitsschädlich bei Berührung mit der Haut**

Akute Toxizität:

- LD_{50} dermal, Ratte oder Kaninchen: 400 < LD_{50} ≤2000 mg/kg

3. **R20 Gesundheitsschädlich beim Einatmen**

Akute Toxizität:

- LC_{50} inhalativ, Ratte, für Aerosole oder Stäube: 1 < LC_{50} ≤ 5 mg/l/4 h
- LC_{50} inhalativ, Ratte, für Gase und Dämpfe: 2 < LC_{50} ≤ 20 mg/l/4 h

4. **R40 Irreversibler Schaden möglich**

- erhebliche Anhaltspunkte, daß irreversible Gesundheitsschäden anderer Art als die in Nummer 1.4 genannten durch eine einmalige Verabreichung über einen geeigneten Aufnahmeweg im allgemeinen im Bereich der o. g. Dosen verursacht werden können.

  Zur Angabe des Aufnahmeweges/der Art der Verabreichung, ist eine der folgenden Kombinationen zu verwenden: R40/20, R40/21, R40/22, R40/20/21, R40/20/22, R40/21/22, R40/20/21/22.

5. **R48 Gefahr ernster Gesundheitsschäden bei längerer Exposition**

- schwerer Gesundheitsschaden (eindeutige funktionelle Störungen oder morphologische Veränderung von toxikologischer Bedeutung) kann bei wiederholter oder längerer Exposition über einen geeigneten Aufnahmeweg verursacht werden.

  Stoffe und Zubereitungen werden mindestens als gesundheitsschädlich eingestuft, wenn diese Schäden durch Dosen in der Größenordnung von
  - oral, Ratte ≤ 50 mg/kg (Körpergewicht)/Tag
  - dermal, Ratte oder Kaninchen ≤ 100 mg/kg (Körpergewicht)/Tag
  - inhalativ, Ratte ≤ 0,25 mg/l, 6 h/Tag

  beobachtet werden.

  Die vorgenannten Richtwerte können unmittelbar gelten, wenn schwere Schäden bei einer subchronischen (90 Tage) Toxizitätsstudie beobachtet wurden. Werden die Ergebnisse einer subakuten (28 Tage) Toxizitätsstudie bewertet, sind die Werte etwa um das Dreifache zu erhöhen. Liegt eine chronische (2 Jahre) Toxizitätsstudie vor, sollte eine fallweise Bewertung vorgenommen werden. Stehen Ergebnisse von Studien mit unterschiedlichen Untersuchungszeiträumen zur Verfügung, sollten in der Regel die Ergebnisse der Studie mit dem längsten Untersuchungszeitraum verwendet werden.

Zur Angabe des Aufnahmeweges/der Art der Verabreichung, ist eine der folgenden Kombinationen zu verwenden: R48/20, R48/21, R48/22, R48/20/21, R48/20/22, R48/21/22, R48/20/21/22.

1.3.2.3.1 Anmerkungen zu sehr flüchtigen Stoffen

(1) Für bestimmte Stoffe mit hoher Sättigungskonzentration des Dampfes können Nachweise für Wirkungen vorliegen, die zu Besorgnis Anlaß geben. Solche Stoffe können nach den in diesem Leitfaden angegebenen Kriterien für die Eigenschaft „Gesundheitsschädlich" nicht eingestuft werden. Liegen jedoch geeignete Nachweise dafür vor, daß solche Stoffe bei gebräuchlicher Handhabung eine Gefahr darstellen können, kann eine Einstufung als „Gesundheitsschädlich" von Fall zu Fall mit dem entsprechenden Satz erforderlich sein.

(2) Stoffe nach Absatz 1 werden in der Bekanntmachung nach § 4a Abs. 1 mit geeigneten Konzentrationsgrenzwerten eingestuft, bis genauere Kriterien erarbeitet worden sind.

1.3.2.3.2 Anmerkung zur Verwendung von R48

(1) Die Verwendung dieses R-Satzes bezieht sich auf den besonderen Bereich biologischer Wirkungen, wie sie nachfolgend beschrieben werden. Bei der Anwendung dieser Bezeichnung der besonderen Gefahren schließt ein schwerer Gesundheitsschaden auch den Tod, eindeutige funktionelle Störungen oder morphologische Veränderungen von toxikologischer Bedeutung ein, insbesondere dann, wenn diese Veränderungen irreversibel sind. Darüber hinaus sind nicht nur spezifische schwere Veränderungen an einem einzigen Organ oder einem biologischen System, sondern auch weniger schwere allgemeine Veränderungen mehrerer Organe oder schwere Veränderungen des Allgemeinzustandes zu berücksichtigen.

(2) Bei der Bewertung, ob es Anhaltspunkte für diese Art von Schäden gibt, sollten die folgenden Leitlinien herangezogen werden.

1. Anhaltspunkte für die Verwendung von R48:
   - a) Stoffbedingte Todesfälle,
   - b) i) bedeutende funktionelle Veränderungen im zentralen oder peripheren Nervensystem, einschließlich Seh-, Hör- und Geruchsvermögen, die durch klinische Beobachtungen oder andere geeignete Verfahren (z. B. elektrophysiologisch) festgestellt wurden,
     - ii) bedeutende funktionelle Veränderungen in anderen Organsystemen (z. B. Lunge),
   - c) jegliche übereinstimmende Veränderung klinisch biochemischer, hämatologischer oder Harnparameter, die auf eine schwere organische Funktionsstörung hinweisen. Hämatologische Störungen besondere bedeutsam angesehen, wenn Anhaltspunkte dafür vorliegen, daß sie auf einer verminderten Produktion von Blutzellen des Knochenmarks beruhen.
   - d) schwere Organschäden, die nach mikroskopischer Begutachtung nach einer Autopsie festgestellt werden:
     - i) ausgedehnte oder schwere Nekrose, Fibrose oder Granulombildung in lebenswichtigen Organen mit Regenerationsvermögen (z. B. Leber),
     - ii) schwere morphologische Veränderungen, die möglicherweise reversibel sind, aber eindeutig auch eine ausgeprägte organische Funktions-

störung darstellen (z. B. schwere Fetteinlagerungen in der Leber, schwere akute Tubulus-Nephrose in der Niere, ulcerative Gastritis),

iii) Anhaltspunkte für ein merkliches Absterben von Zellen in lebenswichtigen Organen, die nicht zur Regeneration fähig sind (z. B. Fibrose des Herzmuskels, Absterben eines Nervs) oder in Stammzell-Populationen (z. B. Aplasie oder Hypoplasie des Knochenmarks).

(3) Die Anhaltspunkte nach Absatz 2 Nr. 1 werden in den meisten Fällen aus Tierexperimenten gewonnen. Werden Erfahrungen aus der Praxis herangezogen, sollte die Höhe der Exposition besonders beachtet werden.

2. Anhaltspunkte, bei denen R48 nicht angewendet werden sollte:
Die Verwendung dieser Bezeichnung der besonderen Gefahren ist auf „ernste Gesundheitsschäden bei längerer Exposition“ beschränkt. Sowohl beim Menschen als auch beim Tier können zahlreiche stoffbedingte Wirkungen beobachtet werden, die die Verwendung von R48 nicht rechtfertigen. Diese Wirkungen sind aber von Bedeutung, wenn für einen chemischen Stoff die Dosis ohne Wirkung (NOEL) bestimmt werden soll. Im folgenden werden einige Beispiele für gut dokumentierte Veränderungen genannt, die, unabhängig von ihrer statistischen Bedeutung, in der Regel keine Einstufung in R48 rechtfertigen würden:

a) klinische Beobachtungen oder Veränderungen der Gewichtszunahme, Futter oder Wasseraufnahme, die zwar toxikologisch bedeutsam sein können, jedoch als solche nicht auf „ernste Schäden“ hindeuten,
b) geringfügige Veränderungen klinisch-chemischer, hämatologischer oder Harnparameter von zweifelhafter oder geringer toxikologischer Bedeutung,
c) Organgewichtsveränderungen ohne Anzeichen einer organischen Funktionsstörung,
d) adaptive Reaktion (z. B. Migration von Macrophagen in die Lunge, Leberhypertrophie und Enzyminduktion, hyperplastische Reaktionen auf Reizstoffe). Lokale Wirkungen auf der Haut nach wiederholter dermaler Verabreichung eines Stoffes sind richtigerweise besser mit R38 „Reizt die Haut“ einzustufen,
e) ein speziesspezifischer Toxizitätsmechanismus wurde nachgewiesen (z. B. spezifische Stoffwechselwege).

1.3.2.4 Ätzend

(1) Ein Stoff oder eine Zubereitung gilt als ätzend, wenn bei Aufbringung auf die gesunde intakte Haut von Versuchstieren nach der in § 2 Abs. 4 ChemPrüfV beschriebene Prüfmethode für die Hautreizung oder einer gleichwertigen Methode bei mindestens einem Versuchstier die Zerstörung der Haut in ihrer gesamten Dicke hervorgerufen wird oder wenn dieses Ergebnis vorausgesagt werden kann, z. B. bei starken sauren oder alkalischen Reaktionen (nachgewiesener pH-Wert von 2 oder weniger bzw. 11,5 oder mehr; eine alkalische oder saure Reserve ost ebenfalls zu berücksichtigen).

(2) Die Einstufung kann auch aufgrund der Ergebnisse gut validierter in-vitro Tests erfolgen.

(3) Der Stoff oder die Zubereitung wird als ätzend eingestuft und mit dem Gefahrensymbol „C“ und der Gefahrenbezeichnung „Ätzend“ gekennzeichnet. Die R-Sätze werden nach den nachstehenden Kriterien ausgewählt:

1. **R35 Verursacht schwere Verätzungen**
- wenn bei Aufbringen auf die gesunde intakte Haut von Versuchstieren nach einer Einwirkungszeit von höchstens 3 Minuten Zerstörung des Hautgewebes in seiner gesamten Dicke hervorgerufen wird oder wenn dieses Ergebnis vorausgesagt werden kann.

2. **R34 Verursacht Verätzungen**
- wenn bei Aufbringen auf die gesunde intakte Haut von Versuchstieren nach einer Einwirkungszeit bis zu 4 Stunden Zerstörung des Hautgewebes in seiner gesamten Dicke hervorgerufen wird oder wenn dieses Ergebnis vorausgesagt werden kann
- organische Hydroperoxide, außer wenn gegenteilige Nachweise vorliegen.

1.3.2.5 Reizend

Stoffe und Zubereitungen werden als reizend eingestuft und mit dem Gefahrensymbol „Xi" und der Gefahrenbezeichnung „Reizend" gemäß den nachstehenden Kriterien gekennzeichnet.

1.3.2.5.1 (1) Entzündung der Haut

Der folgende R-Satz ist gemäß den nachstehenden Kriterien zuzuordnen:

R38 Reizt die Haut

- Stoffe und Zubereitungen, die eine deutliche Entzündung der Haut hervorrufen, die nach einer Einwirkungszeit von bis zu 4 Stunden mindestens 24 Stunden anhält und nach der in § 2 Abs. 4 ChemPrüfV genannten Methode des Hautreizungstests am Kaninchen festgestellt wird.

  Eine deutliche Entzündung liegt dann vor,
  - wenn der Mittelwert der Ergebnisse aus Rötung und Schorfbildung oder Ödembildung auf alle Versuchstiere bezogen 2 oder mehr beträgt,
  - oder, falls der Test nach § 2 Abs. 4 ChemPrüfV mit 3 Versuchstieren durchgeführt wurde, wenn das Ergebnis entweder für Rötung und Schorfbildung oder für Ödembildung bei mindestens 2 Versuchstieren einen Wert von 2 oder mehr (für jedes Tier einzeln berechnet) erreicht.

  In beiden Fällen sollten alle Ergebnisse zu jedem Ablesezeitpunkt (nach 24, 48 und 72 Stunden) zur Berechnung der jeweiligen Mittelwerte herangezogen werden.

  Eine deutliche Entzündung liegt auch dann vor, wenn die Entzündung bei mindestens zwei Versuchstieren am Ende der Beobachtungszeit noch vorhanden ist. Besondere Wirkungen wie z. B. Hyperplasie, Schuppenbildung, Verfärbung, Risse, Schorf und Haarausfall sollten berücksichtigt werden.
- Stoffe und Zubereitungen, die nach praktischer Erfahrung beim Menschen zu deutlichen Entzündungen der Haut führen;
- organische Peroxide, außer wenn gegenteilige Nachweise vorliegen.

(2) Reizung aufgrund der entfettenden Eigenschaften eines Stoffes:

Führen die Testergebnisse oder praktische Erfahrungen zu Reizungen gemäß den Kriterien nach Absatz 1, so sind die entsprechenden R-Sätze zu verwenden. Demgegenüber sind S-Sätze zu verwenden, wenn anzunehmen ist, daß die entfettenden Eigenschaften zu Reizungen beim Menschen führen, auch wenn die Kriterien nach Absatz 1 nicht erfüllt sind oder eine ungeeignete Prüfmethode angewendet wurde.

1.3.2.5.2 Schädigung der Augen

Folgende R-Sätze sind gemäß den nachstehenden Kriterien zuzuordnen:

1. **R36 Reizt die Augen**
- Stoffe und Zubereitungen, die beim Einbringen in das Auge von Versuchstieren innerhalb von 72 Stunden nach der Exposition deutliche Augenschäden hervorrufen und die 24 Stunden oder länger anhalten.
  Deutliche Augenschäden liegen vor, wenn bei dem in § 2 Abs. 4 ChemPrüfV genannten Test einer der folgenden Mittelwerte erreicht werden:
  - Hornhauttrübung größer oder gleich 2 aber kleiner als 3;
  - Regenbogenhautentzündung größer oder gleich 1 aber nicht größer als 1,5;
  - Bindehautrötung größer oder gleich 2,5;
  - Bindehautschwellung (Chemosis) größer oder gleich 2;

  oder, falls der Test mit 3 Versuchstieren durchgeführt wurde, wenn bei mindestens 2 Versuchstieren einer der oben genannten Werte erreicht wird, mit Ausnahme der Werte für Regenbogenhautentzündung, die größer oder gleich 1 aber kleiner als 2 sein müssen und Bindehautrötung, die größer oder gleich 2,5 sein müssen.
  In beiden Fällen sollten alle Ergebnisse zu jedem Ablesezeitpunkt (nach 24, 48 und 72 Stunden) zur Berechnung der jeweiligen Mittelwerte herangezogen werden.
- Stoffe und Zubereitungen, die nach praktischer Erfahrung beim Menschen zu deutlichen Augenschäden führen;
- organische Peroxide, außer wenn gegenteilige Nachweise vorliegen.

2. **R41 Gefahr ernster Augenschäden**
- Stoffe und Zubereitungen, die beim Einbringen in das Auge von Versuchstieren innerhalb von 72 Stunden nach der Exposition schwere Augenschäden hervorrufen und die 24 Stunden oder länger anhalten.

Schwere Augenschäden liegen vor, wenn bei dem Test nach § 2 Abs. 4 ChemPrüfV eine der folgenden Mittelwerte erreicht werden:
- Hornhauttrübung größer oder gleich 3;
- Regenbogenhautentzündung gleich 1,5;

oder falls der Test mit 3 Versuchstieren durchgeführt wurde, wenn bei mindestens 2 Versuchstieren einer der folgenden Werte erreicht wird:
- Hornhauttrübung größer oder gleich 3;
- Regenbogenhautentzündung gleich 2.

In beiden Fällen sollten alle Ergebnisse zu jedem Ablesezeitpunkt (nach 24, 48 und 72 Stunden) zur Berechnung der jeweiligen Mittelwerte herangezogen werden.
Augenschäden sind auch dann schwere Augenschäden, wenn sie am Ende der Beobachtungszeit noch vorhanden sind.
Eine schwere Schädigung der Augen liegt auch vor, wenn der Stoff oder die Zubereitung zu einer irreversiblen Verfärbung der Augen führt.
- Stoffe und Zubereitungen, die nach praktischer Erfahrung beim Menschen zu schweren Augenschäden führen.

Anmerkung:
Wird ein Stoff oder eine Zubereitung als ätzend eingestuft und mit R34 oder R35 gekennzeichnet, so wird die Gefahr schwerer Augenschäden als implizit angesehen und R41 auf dem Kennzeichnungsschild nicht angegeben. Im Falle einer Zubereitung sind zur Berechnung der Summe der Quotienten nach der Formel gemäß Anhang II Nr. 1.3.7 Ziffer 2 und 4 als ätzend eingestufte Stoffe allerdings so zu betrachten, als wären sie mit R41 gekennzeichnet.

1.3.2.5.3 Reizung der Atemwege
Der folgende R-Satz wird gemäß dem nachstehenden Kriterium zugeordnet:
R37 Reizt die Atmungsorgane
- Stoffe und Zubereitungen, die zu deutlichen Reizungen der Atmungsorgane führen, in der Regel auf der Grundlage praktischer Erfahrungen beim Menschen.

1.3.2.6 Sensibilisierend

1.3.2.6.1 Sensibilisierend durch Einatmen
Stoffe und Zubereitungen werden als sensibilisierend eingestuft und mit dem Gefahrensymbol „Xn", der Gefahrenbezeichnung „Gesundheitsschädlich" und der Bezeichnung der besonderen Gefahren R42 gemäß den nachstehenden Kriterien gekennzeichnet.
R42 Sensibilisierend durch Einatmen möglich
- wenn praktische Erfahrungen zeigen, daß die Stoffe und Zubereitungen beim Menschen durch Einatmen eine Sensibilisierung in größerer Häufigkeit induzieren können, als bei der Durchschnittsbevölkerung erwartet würde;
- wenn der Stoff ein Isocyanat ist außer es liegt ein Nachweis darüber vor, daß der Stoff keine Sensibilisierung durch Einatmen bewirkt.

1.3.2.6.2 Sensibilisierung durch Hautkontakt
Stoffe und Zubereitungen werden als sensibilisierend eingestuft und mit dem Gefahrensymbol „Xi", der Gefahrenbezeichnung „Reizend" und der Bezeichnung der besonderen Gefahren R43 gemäß dem nachstehenden Kriterium gekennzeichnet:
R43 Sensibilisierung durch Hautkontakt möglich
- wenn praktische Erfahrungen zeigen, daß Stoffe und Zubereitungen eine Sensibilisierungsreaktion bei einer erheblichen Anzahl von Personen durch Hautkontakt hervorrufen können oder auf der Grundlage positiver Ergebnisse in Tierversuchen.

Bei Anwendung der in der ChemPrüfV beschriebenen Adjuvans-Prüfmethode zur Sensibilisierung der Haut oder vergleichbarer Adjuvans-Tests gilt ein Ergebnis bei mindestens 30% der Versuchstiere als positiv. Bei anderen Prüfmethoden gilt ein Ergebnis von mindestens 15% als positiv.

1.3.2.6.3 Wird das Gefahrensymbol „Xn" und die Gefahrenbezeichnung „Gesundheitsschädlich" verwendet, sind das Gefahrensymbol „Xi" und die Gefahrenbezeichnung „Reizend" fakultativ.

1.3.2.7 Sonstige toxische Eigenschaften
(1) Für die Stoffe und Zubereitungen, die entsprechend den Kriterien der Nummern 1.2.2.1 bis 1.3.2.7 oder Nummer 1.4 und 1.5 eingestuft worden sind, werden nach den folgenden Kriterien zusätzliche Bezeichnungen der besonderen Gefahren ausgewählt.
R29 Entwickelt bei Berührung mit Wasser giftige Gase
für Stoffe und Zubereitungen, die bei Berührung mit Wasser oder feuchter Luft sehr giftige/giftige Gase in gefährlicher Menge freisetzen, z. B. Aluminiumphosphid, Phosphor (V)-sulfid.
R31 Entwickelt bei Berührung mit Säure giftige Gase
für Stoffe und Zubereitungen, die mit Säuren reagieren und giftige Gase in gefährlicher Menge freisetzen, z. B. Natriumhypochlorit, Bariumpolysulfid.

Bei Stoffen, die von der Allgemeinheit benutzt werden, sollte vorzugsweise S50 (Nicht mischen mit... (vom Hersteller anzugeben)) verwendet werden.

R32 Entwickelt bei Berührung mit Säure sehr giftige Gase
für Stoffe und Zubereitungen, die mit Säuren reagieren und sehr giftige Gase in gefährlicher Menge freisetzen, z. B. die Salze der Cyanwasserstoffsäure, Natriumazid. Bei Stoffen, die von der Allgemeinheit benutzt werden, sollte vorzugsweise S 50 (Nicht mischen mit... (vom Hersteller anzugeben)) verwendet werden.

R33 Gefahr kumulativer Wirkungen
für Stoffe und Zubereitungen, die sich im menschlichen Körper anreichern können und zu Besorgnis Anlaß geben, die aber nicht die Verwendung von R48 rechtfertigt.

R64 Kann Säuglinge über die Muttermilch schädigen
für Stoffe und Zubereitungen, die von Frauen aufgenommen werden und die Laktation beeinträchtigen können oder die in solchen Mengen in der Muttermilch (einschließlich Stoffwechselprodukten) vorhanden sein können, daß sie die Gesundheit eines gestillten Säuglings besorgniserregend beeinträchtigen können.
Erläuterungen zur Verwendung dieses R-Satzes (und in einigen Fällen R33) siehe Nummer 1.4.2.3.3.
(2) Weitere R-Sätze siehe Nummer 1.2.2.6.

1.4 Einstufung aufgrund bestimmter spezifischer Gesundheitsschäden

1.4.1 Einleitung

1.4.1.1 Verfahren zur Einstufung von Stoffen, die die in dieser Nummer 1.4 erwähnten Wirkungen haben.
Liegen einem Hersteller oder seinem Vertreter Informationen vor, daß ein Stoff gemäß den in Nummer 1.4.2.1, 1.4.2.2 oder 1.4.2.3 genannten Kriterien eingestuft und gekennzeichnet werden sollte, so hat er oder sein Vertreter den Stoff vorläufig gemäß diesen Kriterien zu kennzeichnen, es sei denn, die nach Anwendung der Kriterien unter Nummer 1.3.2.1 bis 1.3.2.5 gewonnenen Erkenntnisse erfordern eine strengere Einstufung.

1.4.2 Einstufungskriterien und Auswahl der Gefahrensymbole sowie der zugehörigen Gefahrenbezeichnungen nach Anh. I Nr. 2 und der Bezeichnungen besonderer Gefahren

1.4.2.1 Krebserzeugende Stoffe
Zur Einstufung und Kennzeichnung werden diese Stoffe beim derzeitigen Stand der Kenntnisse in drei Kategorien eingeteilt:

Kategorie 1
Stoffe, die bei Menschen bekanntermaßen krebserzeugend wirken. Es sind hinreichende Anhaltspunkte für einen Kausalzusammenhang zwischen der Exposition eines Menschen gegenüber dem Stoff und der Entstehung von Krebs vorhanden.

Kategorie 2
Stoffe, die als krebserzeugend für den Menschen angesehen werden sollten. Es bestehen hinreichende Anhaltspunkte zu der begründeten Annahme, daß die Exposition eines Menschen gegenüber dem Stoff Krebs erzeugen kann. Diese Annahme beruht im allgemeinen auf:

– geeigneten Langzeit-Tierversuchen,
– sonstigen relevanten Informationen.

Kategorie 3

Stoffe, die wegen möglicher krebserregender Wirkung beim Menschen Anlaß zur Besorgnis geben, über die jedoch gegenüber Informationen für eine befriedigende Beurteilung vorliegen. Aus geeigneten Tierversuchen liegen einige Anhaltspunkte vor, die jedoch nicht ausreichen, um einen Stoff in Kategorie 2 einzustufen.

1.4.2.1.1 Es gelten die folgenden Symbole und R-Sätze:

Kategorie 1 und 2

T; R45 Kann Krebs erzeugen

Für Stoffe und Zubereitungen, bei denen nur dann die Gefahr einer krebserzeugenden Wirkung besteht, wenn sie eingeatmet werden, z. B. als Staub, Dampf oder Rauch (andere Aufnahmewege z. B. Verschlucken oder Berührung mit der Haut stellen keine Krebsgefahr dar), ist das folgende Symbol und der entsprechende R-Satz zu verwenden:

T; R49 Kann Krebs erzeugen beim Einatmen

Kategorie 3

Xn; R40 Irreversibler Schaden möglich

1.4.2.1.2 Anmerkungen zur Kategorisierung krebserzeugender Stoffe

(1) Die Aufnahme eines Stoffes in Kategorie 1 erfolgt aufgrund epidemiologischer Daten; die Aufnahme in die Kategorie 2 und 3 beruht vor allem auf Tierversuchen.

(2) Für eine Einstufung als krebserzeugender Stoff der Kategorie 2 sollten entweder positive Ergebnisse für zwei Tierarten oder ein eindeutig positiver Nachweis für eine Tierart und unterstützende Hinweise, wie Genotoxizitätsdaten, Stoffwechsel- oder biochemische Untersuchungen, Auslösung gutartiger Tumoren, Strukturbeziehung zu anderen bekannten krebserzeugenden Stoffen oder Daten aus epidemiologischen Untersuchungen, die einen Zusammenhang nahelegen, vorliegen.

(3) Kategorie 3 umfaßt derzeit zwei Untergruppen:

(a) Stoffe, die gut untersucht sind, für die jedoch der Nachweis einer tumorauslösenden Wirkung nicht ausreicht, um sie in Kategorie 2 einzustufen. Von zusätzlichen Versuchen werden keine weiteren für die Einstufung relevanten Informationen erwartet;

(b) Stoffe, die unzureichend untersucht sind. Die vorhandenen Daten sind unzureichend, sie geben jedoch Anlaß zu Besorgnis für den Menschen. Diese Einstufung ist vorläufig. Zur endgültigen Entscheidung sind weitere Untersuchungen erforderlich.

(4) Zur Unterscheidung zwischen Kategorie 2 und 3 sind die nachfolgend genannten Argumente wichtig, die die Bedeutung der experimentellen Tumorauslösung im Hinblick auf eine mögliche Exposition des Menschen verringern. In den meisten Fällen würden diese Argumente, vor allem kombiniert, zu einer Einstufung in Kategorie 3 führen, auch wenn bei Tieren Tumore ausgelöst wurden:

– krebserzeugende Wirkungen nur bei sehr hohen Dosen, die die „maximal verträgliche Dosis“ überschreiten. Die maximal verträgliche Dosis ist gekennzeichnet durch toxische Wirkungen, die zwar noch nicht die Lebenserwartung verringern, aber mit physischen Veränderungen wie z. B. einer etwa 10%igen Verringerung der Gewichtszunahme einhergehen

- Auftreten von Tumoren, besonders bei hohen Dosen, nur in besonderen Organen bestimmter Spezies, die bekanntermaßen zu einer hohen spontanen Tumorbildung neigen
- Auftreten von Tumoren nur am Applikationsort in sehr empfindlichen Testsystemen (z. B. i. p. oder s. c. Verabreichung bestimmter lokal wirksamer Verbindungen), wenn das jeweilige Zielorgan für den Menschen nicht relevant ist
- keine Genotoxizität in Kurzzeit-Versuchen in vivo und in vitro
- Vorhandensein eines sekundären Wirkungsmechanismus aus dem ein Schwellenwert abgeleitet werden kann (z. B. hormonelle Wirkungen auf Zielorgane oder auf physiologische Regulationsmechanismen, chronische Stimulation von Zellwachstum)
- Bestehen eines speziespezifischen Mechanismus der Tumorbildung (z. B. über spezifische Stoffwechselwege), der für den Menschen nicht von Bedeutung ist.

(5) Zur Unterscheidung zwischen Kategorie 3 und keiner Einstufung gelten folgende Argumente, bei denen ein Anlaß zur Besorgnis für den Menschen ausgeschlossen wird:

- ein Stoff sollte in keine der Kategorien eingestuft werden, wenn der Mechanismus der Tumorbildung im Versuch eindeutig ermittelt wurde und nachgewiesen ist, daß er nicht auf den Menschen extrapoliert werden kann
- liegen lediglich Daten über Lebertumoren bei bestimmten besonders empfindlichen Mäuserassen ohne sonstige zusätzliche Anhaltspunkte vor, wird der Stoff in keine der Kategorien eingestuft
- Fälle, in denen lediglich Tumordaten über Neoplasien an Lokalisationen und bei Stämmen vorliegen, bei denen sie bekanntermaßen mit einer hohen Spontanrate auftreten, sollten besondere Beachtung finden.

1.4.2.2 Erbgutverändernde Stoffe

1.4.2.2.1 Zur Einstufung und Kennzeichnung werden diese Stoffe beim derzeitigen Stand der Kenntnisse in drei Kategorien unterteilt:

Kategorie 1

Stoffe, die auf den Menschen bekanntermaßen erbgutverändernd wirken.

Es sind hinreichende Anhaltspunkte für einen Kausalzusammenhang zwischen der Exposition eines Menschen gegenüber dem Stoff und vererbbaren Schäden vorhanden.

Kategorie 2

Stoffe, die als erbgutverändernd für den Menschen angesehen werden sollten.

Es bestehen hinreichende Anhaltspunkte zu der begründeten Annahme, daß die Exposition eines Menschen gegenüber dem Stoff zu vererbbaren Schäden führen kann. Diese Annahme beruht im allgemeinen auf folgendem:

- geeignete Tierversuche
- sonstige relevante Informationen

Kategorie 3

Stoffe, die wegen möglicher erbgutverändernder Wirkung auf den Menschen zu Besorgnis Anlaß geben. Aus geeigneten Mutagenitätsversuchen liegen einige Anhaltspunkte vor, die jedoch nicht ausreichen, um den Stoff in Kategorie 2 einzustufen.

1.4.2.2.2 Es gelten folgende Symbole und R-Sätze:
Kategorie 1:
T; R46 Kann vererbbare Schäden verursachen
Kategorie 2:
T; R46 Kann vererbbare Schäden verursachen
Kategorie 3:
Xn; R40 Irreversibler Schaden möglich

1.4.2.2.3 Anmerkungen zur Kategorisierung erbgutverändernder Stoffe
Begriffsbestimmungen:
(1) Eine Mutation ist eine dauerhafte Veränderung der Menge oder Struktur des Erbmaterials eines Organismus, die sich in einer Veränderung der phänotypischen Eigenschaften des Organismus niederschlägt. Die Veränderung kann ein einzelnes Gen, einen Genblock oder ein ganzes Chromosom betreffen. Veränderungen einzelner Gene können die Folge von Wirkungen auf einzelne DNA-Basen (Punktmutationen) oder großer Veränderungen, einschließlich Deletionen innerhalb des Gens sein.
(2) Wirkungen auf ganze Chromosome können strukturelle oder numerische Veränderungen umfassen. Eine Mutation in den Keimzellen der Fortpflanzungsorgane kann auf die Nachkommen übergehen. Ein erbgutverändernder Stoff ist ein Stoff, der zu einem vermehrten Auftreten von Mutationen führt.
(3) Insbesondere werden die Stoffe als erbgutverändernd eingestuft, die vererbbare Schäden verursachen können. Allerdings werden die Ergebnisse, die zur Einstufung chemischer Stoffe in Kategoerie 3 „Auslösung genetisch relevanter Vorgänge in Körperzellen" führen, in der Regel auch als Warnhinweis auf mögliche krebserzeugende Wirkung angesehen.
(4) Die Entwicklung von Methoden zur Prüfung erbgutverändernder Stoffe ist ein fortlaufender Prozeß. Für viele neue Tests gibt es noch keine standardisierten Protokolle und Bewertungskriterien. Bei der Bewertung von Daten über erbgutverändernde Wirkungen muß die Qualität der Testdurchführung und die Aussagefähigkeit des Testverfahrens berücksichtigt werden.
Kategorie 1
Um eine Verbindung in Kategorie 1 aufzunehmen, sind hinreichende Anhaltspunkte aus epidemiologischen Untersuchungen über Mutationen beim Menschen erforderlich. Beispiele für solche Stoffe sind bisher nicht bekannt. Es wird eingeräumt, daß es außerordentlich schwierig ist, aus Untersuchungen zur Häufigkeit von Mutationen in menschlichen Populationen bzw. zur Erhöhung der Häufigkeit verläßliche Informationen zu erhalten.
Kategorie 2
Zur Einstufung eines Stoffes in Kategorie 2 sind positive Ergebnisse aus Untersuchungen, die folgendes nachweisen können, erforderlich a) erbgutverändernde Wirkungen oder b) andere zellulare Wechselwirkungen, die für eine Erbgutveränderung relevant sind, in Keimzellen von Säugern in Vivo, oder c) erbgutverändernde Wirkungen in Somazellen von Säugern in vivo zusammen mit hinreichenden Anhaltspunkten, daß der Stoff oder ein relevanter Metabolit die Keimzellen erreicht.
Zur Einstufung in Kategorie 2 sind derzeit folgende Verfahren geeignet:
2a. Mutagenitätstest an Keimzellen in vivo:
- Test zur spezifischen Lokusmutation
- Test zur vererbbaren Translokation
- Test zur dominant-letalen Mutation.

Die Testsysteme nach Ziffer 2 a. zeigen auf, ob die Nachkommenschaft betroffen ist oder ob ein Defekt im sich entwickelnden Embryo auftritt;

2 b. In vivo Untersuchungen, die relevante Wechselwirkungen mit Keimzellen, in der Regel DNA, aufzeigen:
   - Untersuchungen von Chromosomenanomalien, wie sie bei zytogenetischen Analysen festgestellt werden, einschließlich Aneuploidie aufgrund einer Chromosomenfehlverteilung
   - Test auf Schwesterchromatid-Austausch (SCE)
   - Test auf außerplanmäßige DNA-Synthese (UDS)
   - Untersuchung auf (kovalente) Bindungen des mutagenen Stoffes an die Keimzellen-DNA
   - Untersuchung auf andere Arten von DNA-Schäden.

Die Untersuchungen nach Ziffer 2 b. liefern mehr oder weniger indirekte Anhaltspunkte. Positive Ergebnisse bei diesen Untersuchungen werden in der Regel durch positive Ergebnisse aus in vivo Mutagenitätsuntersuchungen an Somazellen von Säugern oder dem Menschen (vgl. auch Nummer 1.3, bevorzugte Verfahren wie unter Ziffer 3 a. unterstützt.

2 c. In vivo Untersuchungen, die die erbgutverändernden Wirkungen auf Somazellen von Säugern (vgl. Ziffer 3 a.) zeigen, in Verbindung mit toxikokinetischen oder anderen Verfahren, mit denen gezeigt werden kann, daß der Stoff oder ein relevanter Metabolit die Keimzellen erreicht.

Positive Ergebnisse aus Host-Mediated-Assay-Versuchen oder der Nachweis zweifelsfreier Wirkungen in in-vitro Untersuchungen können zur Unterstützung der Ergebnisse gemäß Ziffer 2 b. und 2 c. herangezogen werden.

Kategorie 3

Um einen Stoff in Kategorie 3 aufzunehmen, sind positive Ergebnisse aus Untersuchungen erforderlich, mit denen a) erbgutverändernde Wirkungen oder b) andere zellulare Wechselwirkungen, die für die Mutagenität von Bedeutung sind, in Somazellen von Säugern in vivo nachgewiesen werden können. Insbesondere letztere werden in der Regel durch positive Ergebnisse aus in vitro Mutagenitätsuntersuchungen gestützt.

Für den Nachweis von Wirkungen in vivo sind zur Zeit folgende Verfahren geeignet:

3 a. Mutagenitätsuntersuchungen in vivo:
   - Mikrokerntest am Knochenmark oder Metaphasenanalyse
   - Metaphasenanalyse an peripheren Lymphozyten
   - Fellfleckentest auf Mäusen,

3 b. Untersuchungen zu DNA-Wechselwirkungen in vivo:
   - Test auf Schwesterchromatid-Austausch (SCE) an Somazellen
   - Test auf außerplanmäßige DNA-Synthese (UDS) an Somazellen
   - Untersuchungen von DNA-Schäden, z. B. alkalische Elution, in Somazellen.

Stoffe, die nur bei einem oder mehreren in vitro Mutagenitätsversuchen positive Ergebnisse liefern, sollten in der Regel nicht eingestuft werden. Allerdings sind weitere Untersuchungen durch in vivo Untersuchungen unbedingt geboten. In Ausnahmefällen, z. B. bei einer Verbindung, die in mehreren in vitro Untersuchungen deutliche Effekte liefert, für die keine relevanten in vivo

Daten zur Verfügung stehen, und die Ähnlichkeiten mit bekanten mutagenen bzw. karzinogenen Stoffen aufweist, kann eine Einstufung in Kategorie 3 in Erwägung gezogen werden.

1.4.2.3 Reproduktionstoxische (fortpflanzungsgefährdende) Stoffe

1.4.2.3.1 Zur Einstufung und Kennzeichnung unter Berücksichtigung des derzeitigen Kenntnisstandes werden reproduktionstoxische Stoffe in drei Kategorien eingeteilt:

Kategorie 1

- Stoffe, die beim Menschen die Fortpflanzungsfähigkeit (Fruchtbarkeit) bekanntermaßen beeinträchtigen
  Es sind hinreichende Anhaltspunkte für einen Kausalzusammenhang zwischen der Exposition eines Menschen gegenüber dem Stoff und einer Beeinträchtigung der Fortpflanzungsfähigkeit vorhanden.
- Stoffe, die beim Menschen bekanntermaßen fruchtschädigend (entwicklungsschädigend) wirken
  Es sind hinreichende Anhaltspunkte für einen Kausalzusammenhang zwischen der Exposition einer schwangeren Frau gegenüber dem Stoff und schädlichen Auswirkungen auf die Entwicklung der direkten Nachkommenschaft vorhanden.

Kategorie 2

- Stoffe, die als beeinträchtigend für die Fortpflanzungsfähigkeit (Fruchtbarkeit) des Menschen angesehen werden sollten
  Es bestehen hinreichende Anhaltspunkte zu der begründeten Annahme, daß die Exposition eines Menschen gegenüber dem Stoff zu einer Beeinträchtigung der Fortpflanzungsfähigkeit führen kann. Diese Annahme beruht im allgemeinen auf
  - eindeutigen tierexperimentellen Nachweisen einer Beeinträchtigung der Fortpflanzungsfähigkeit ohne Vorliegen anderer toxischer Wirkungen, oder Nachweis einer Beeinträchtigung der Fortpflanzungsfähigkeit bei etwa denselben Dosierungen, bei denen andere toxische Effekte auftreten, wobei jedoch die beobachtete furchtbarkeitsbeeinträchtigende Wirkung nicht sekundäre unspezifische Folge der anderen toxischen Effekte ist
  - sonstigen relevanten Informationen.
- Stoffe, die als fruchtschädigend (entwicklungsschädigend) für den Menschen angesehen werden sollten
  Es bestehen hinreichende Anhaltspunkte zu der begründeten Annahme, daß die Exposition einer schwangeren Frau gegenüber dem Stoff zu schädlichen Auswirkungen auf die Entwicklung der Nachkommenschaft führen kann. Diese Annahme beruht im allgemeinen auf
  - eindeutigen Nachweisen aus Tierversuchen, in denen eine fruchtschädigende Wirkung ohne Anzeichen ausgeprägter maternaler Toxizität beobachtet wurde, oder fruchtschädigende Wirkungen in einem Dosisbereich mit maternal toxischen Effekten, wobei jedoch die fruchtschädigende Wirkung nicht sekundäre Folge der maternalen Toxizität ist
  - sonstigen relevanten Informationen.

Kategorie 3

- Stoffe, die wegen möglicher Beeinträchtigung der Fortpflanzungsfähigkeit (Fruchtbarkeit) des Menschen zu Besorgnis Anlaß geben
  Diese Annahme beruht im allgemeinen auf

- Ergebnissen aus geeigneten Tierversuchen, die hinreichende Anhaltspunkte für den starken Verdacht auf eine Beeinträchtigung der Fortpflanzungsfähigkeit in einem Dosisbereich ohne Vorliegen anderer toxischer Wirkungen liefern, oder entsprechende Hinweise auf eine Beeinträchtigung der Fortpflanzungsfähigkeit in einem Dosisbereich, in dem andere toxische Effekte auftreten, wobei jedoch die beobachtete Beeinträchtigung der Fortpflanzungsfähigkeit nicht sekundäre unspezifische Folge der anderen toxischen Wirkungen ist; und der Nachweis der Befunde für eine Einstufung des Stoffes in Kategorie 2 nicht ausreicht.
- sonstigen relevanten Informationen.

- Stoffe, die wegen möglicher fruchtschädigender (entwicklungsschädigender) Wirkungen beim Menschen zu Besorgnis Anlaß geben

  Diese Annahme beruht im allgemeinen auf
  - Ergebnissen aus geeigneten Tierversuchen, die hinreichende Anhaltspunkte für einen starken Verdacht auf eine fruchtschädigende Wirkung ohne ausgeprägte maternale Toxizität liefern, bzw. die solche Anhaltspunkte in maternal toxischen Dosisbereichen liefern, wobei jedoch die beobachtete fruchtschädigende Wirkung nicht sekundäre Folge der maternalen Toxizität ist; und der Nachweis der Befunde für eine Einstufung des Stoffes in Kategorie 2 nicht ausreicht.
  - sonstigen relevanten Informationen.

1.4.2.3.2 Es gelten die folgenden Symbole und R-Sätze:

Kategorie 1

- Stoffe, die beim Menschen die Fortpflanzungsfähigkeit (Fruchtbarkeit) bekanntermaßen beeinträchtigen:

  T; R60 Kann die Fortpflanzungsfähigkeit beeinträchtigen
- Stoffe, die beim Menschen bekanntermaßen fruchtschädigend (entwicklungsschädigend) wirken:

  T; R61 Kann das Kind im Mutterleib schädigen

Kategorie 2

- Stoffe, die als beeinträchtigend für die Fortpflanzungsfähigkeit (Fruchtbarkeit) des Menschen angesehen werden sollten:

  T; R60; Kann die Fortpflanzungsfähigkeit beeinträchtigen
- Stoffe, die als fruchtschädigend (entwicklungsschädigend) für den Menschen angesehen werden sollten:

  T; R61; Kann das Kind im Mutterleib schädigen

Kategorie 3

- Stoffe, die wegen möglicher Beeinträchtigung der Fortpflanzungsfähigkeit (Fruchtbarkeit) des Menschen zu Besorgnis Anlaß geben:

  Xn; R62: Kann möglicherweise die Fortpflanzungsfähigkeit beeinträchtigen
- Stoffe, die wegen möglicher fruchtschädigender (entwicklungsschädigender) Wirkungen beim Menschen zu Besorgnis Anlaß geben:

  Xn; R63; Kann das Kind im Mutterleib möglicherweise schädigen

1.4.2.3.3 Anmerkungen zur Kategorisierung reproduktionstoxischer (fortpflanzungsgefährdender) Stoffe

(1) Der Begriff „Reproduktionstoxizität“ umfaßt sowohl die Beeinträchtigung der männlichen und weiblichen Fortpflanzungsfähigkeit als auch die vorgeburtliche Verursachung von nicht durch Vererbung verursachten Schädigungen der Nachkommenschaft. Somit lassen sich die beiden folgenden Aspekte

unterscheiden: 1. Beeinträchtigung der weiblichen und männlichen Fruchtbarkeit und 2. Entwicklungsschäden.

1. Die Beeinträchtigung der weiblichen und männlichen Fortpflanzungsfähigkeit beinhaltet nachteilige Auswirkungen auf die Libido, das Sexualverhalten, alle Aspekte der Spermatogenese oder Oogenese, auf den Hormonhaushalt oder auf physiologische Reaktionen, die im Zusammenhang mit der Befruchtungsfähigkeit, der Befruchtung selbst oder der Entwicklung der befruchteten Eizelle bis zur Einnistung im Uterus stehen.
2. Der Begriff „Entwicklungsschäden" wird im weitesten Sinne verstanden und schließt dabei alle schädlichen Wirkungen auf die Entwicklung der Nachkommenschaft ein, die während der Schwangerschaft verursacht werden und sich prä- oder postnatal manifestieren. Zu diesen entwicklungs-, oder fruchtschädigenden Wirkungen gehören: Embryo- oder fetotoxische Wirkungen wie geringeres Körpergewicht, Wachstums- und Entwicklungsstörungen und Organschäden, ferner letale Effekte und Aborte, Mißbildungen (Teratogenität), funktionelle Schädigungen, per- und postnatale Schäden und die Beeinträchtigung der postnatalen geistigen und physischen Entwicklung bis zum Abschluß der pubertären Entwicklung.

(2) Die Einstufung von Stoffen als reproduktionstoxisch soll für solche Stoffe erfolgen, die die charakteristische oder spezifische Eigenschaft besitzen, derartige toxische Wirkungen zu verursachen. Stoffe, bei denen solche Wirkungen nur als sekundäre und unspezifische Folge anderer toxischer Wirkungen auftreten, sollten nicht als reproduktionstoxisch eingestuft werden. Als besonders kritisch werden die Stoffe eingeschätzt, deren reproduktionstoxische Wirkung bereits in einem Dosisbereich auftritt, in dem keine anderen Anzeichen von Toxizität beobachtet werden.

(3) Die Einstufung eines Stoffes in Kategorie 1 unter den Aspekten der Beeinträchtigung der Fortpflanzungsfähigkeit und/oder fruchtschädigenden Wirkung erfolgt auf der Grundlage von Erfahrungen am Menschen. Die Einstufung eines Stoffes in Kategorie 2 oder 3 erfolgt in erster Linie auf der Grundlage von tierexperimentellen Daten. Daten aus in vitro Untersuchungen oder aus Untersuchungen an Hühnerkeimen haben in der Regel lediglich einen ergänzenden Hinweischarakter und können beim Fehlen von in vivo Daten nur im Ausnahmefall eine Einstufung begründen.

(4) Wie bei bestimmten anderen Arten von toxischen Wirkungen wird auch bei den hier behandelten reproduktionstoxischen Stoffen davon ausgegangen, daß es eine Wirkungsschwelle gibt, unterhalb derer nachteilige Wirkungen nicht nachweisbar sind. Selbst wenn im Tierexperiment eindeutige Wirkungen nachgewiesen wurden, muß die Bedeutung dieser Befunde für den Menschen kritisch geprüft werden. Diesbezüglich zu berücksichtigende Aspekte sind die Verursachung reproduktionstoxischer Wirkungen ausschließlich bei hohen Dosierungen, deutliche toxikokinetische Unteschiede zwischen Tier und Mensch oder nicht geeignete Verabreichungswege. Aus diesen oder ähnlichen Gründen kann eine Einstufung in Kategorie 3 oder auch keine diesbezügliche Einstufung angemessen sein.

(5) In § 2 Abs. 4 ChemPrüfV wird ein Limit-Test für Stoffe mit geringer Toxizität beschrieben. Liefert eine Dosis von mindestens 1000 mg/kg (oral) keinen Hinweis auf reproduktionstoxische Wirkungen, werden Untersuchungen in anderen Dosisbereichen nicht unbedingt als erforderlich angesehen. Liegen Daten aus Untersuchungen vor, die mit höheren als der oben genannten Grenzdosis durchgeführt wurden, müssen diese zusammen mit anderen relevanten

Daten bewertet werden. Im Regelfall wird davon ausgegangen, daß reproduktionstoxische Wirkungen, die nur bei Dosen oberhalb der genannten Grenzdosis durchgeführt wurden, müssen diese zusammen mit anderen relevanten Daten bewertet werden.

1.4.2.3.4 Beeinträchtigung der Fortpflanzungsfähigkeit (Fruchtbarkeit)

(1) Zur Einstufung eines Stoffes in Kategorie 2 unter dem Aspekt der Beeinträchtigung der Fortpflanzungsfähigkeit sollte in der Regel ein eindeutiger Nachweis der diesbezüglichen Wirkung an einer Tierart in Verbindung mit zusätzlichen, im folgenden genannten Hinweisen vorliegen: Unterstützende Daten zum Wirkungsmechanismus oder Wirkungsort, oder eine chemische Verwandtschaft zu anderen bekannten, die Fruchtbarkeit beeinträchtigenden Stoffen, oder sonstige diesbezügliche Erfahrungen am Menschen, die die Schlußfolgerung erlauben, daß solche Wirkungen mit einer gewissen Wahrscheinlichkeit beim Menschen erwartet werden können. Liegen Untersuchungen lediglich an einer Tierart ohne unterstützende Hinweise vor, kann eine Einstufung in Kategorie 3 gerechtfertigt sein.

(2) Da eine Beeinträchtigung der Fortpflanzungsfähigkeit als sekundäre, unspezifische Folge einer ausgeprägten allgemeinen Toxizität oder infolge einer starken Entkräftung der Versuchstiere auftreten kann, sollte eine Einstufung in Kategorie 2 nur vorgenommen werden, wenn eine gewisse Spezifität der Wirkung auf das Reproduktionssystem belegt ist. Wenn die Beeinträchtigung der Fortpflanzungsfähigkeit auf einer Störung des Paarungsverhaltens beruht, sind für die Einstufung in Kategorie 2 in der Regel Kenntnisse über den zugrundeliegenden Wirkungsmechanismus erforderlich, um beurteilen zu können, ob der jeweilige primäre toxische Effekt (z. B. eine toxisch bedingte Änderung des Hormonspiegels) möglicherweise auch beim Menschen auftreten kann.

1.4.2.3.5 Entwickungsschäden (fruchtschädigende Wirkung)

(1) Zur Einstufung eines Stoffes in Kategorie 2 unter dem Aspekt der fruchtschädigenden Wirkung sollte ein eindeutiger Nachweis der diesbezüglichen Wirkung in valide durchgeführten Untersuchungen mit einer oder mehreren Tierarten vorliegen. Da eine fruchtschädigende Wirkung infolge maternaler Toxizität, verminderter Futter- oder Wasseraufnahme, Streß oder mangelnder Fürsorge der Muttertiere, spezifischen Nahrungsmangels, mangelhafter Tierhaltung, zwischenzeitlicher Infektionen und anderer Einflüsse auftreten kann, ist es für die Beurteilung der experimentellen Befunde von wesentlicher Bedeutung, daß die Untersuchungen valide durchgeführt werden und die fruchtschädigende Wirkung in einem Dosisbereich ohne ausgeprägte maternale Toxizität auftritt. Der Verabreichungsweg einer Prüfsubstanz ist ebenfalls von Bedeutung. So kann die interperitoneale Injektion eines reizenden Stoffes zu einer lokal bedingten Schädigung des Uterus und der Feten führen. Die Ergebnisse solcher Studien müssen kritisch bewertet werden und führen als isolierte Befunde in der Regel nicht zu einer Einstufung.

(2) Die Einstufungskriterien für Kategorie 3 unterscheiden sich nicht grundsätzlich von denen für die Kategorie 2. Die Einstufung in Kategorie 3 kann jedoch dann gerechtfertigt sein, wenn die Untersuchung methodische Mängel aufweist, so daß eine Bewertung der Befunde nur mit deutlichen Einschränkun-

gen möglich ist, oder wenn die Möglichkeit nicht ausgeschlossen werden kann, daß die fruchtschädigende Wirkung die Folge unspezifischer Einflüsse wie z. B. allgemeiner Toxizität ist.

(3) In der Regel erfolgt eine Einstufung in Kategorie 3 oder keine Einstufung dann, wenn als einzige Wirkung geringfügige Änderungen der Inzidenz spontaner Defekte, geringfügige als Variationen gewertete Skelettveränderungen oder geringfügige Einflüsse auf die postnatal untersuchte Entwicklung der Nachkommen festgestellt werden.

1.4.2.3.6 Wirkungen während der Stillzeit

(1) Stoffe, die als fortpflanzungsgefährdend eingestuft wurden und deren Wirkungen auch im Zusammenhang mit dem Stillen zu Besorgnis Anlaß geben, sollten zusätzlich mit R64 gekennzeichnet werden (vgl. Kriterien in Nummer 1.3.2.8).

(2) Toxische Wirkungen auf die Nachkommen, die ausschließlich nach Aufnahme über die Muttermilch auftreten, oder toxische Wirkungen, die sich aus direkter Exposition der Kinder ergeben, führen nicht zur Einstufung als „fortpflanzungsgefährdend", es sei denn, diese Wirkungen äußern sich in einer Beeinträchtigung der Entwicklung der Nachkommen.

(3) Stoffe, die nicht als fortpflanzungsgefährdend eingestuft werden, aber aufgrund ihrer schädlichen Wirkungen bei Aufnahme durch den Säugling während der Stillzeit zu Besorgnis Anlaß geben, werden mit R64 gekennzeichnet (vgl. Kriterien in Nummer 1.3.2.8). Dieser R-Satz kann auch für Stoffe geeignet sein, die die Menge oder die Qualität der Milch beeinflussen.

R64 wird in der Regel auf folgender Grundlage zugeordnet:

a) toxikokinetische Untersuchungen, die auf die Wahrscheinlichkeit hinweisen, daß der Stoff in möglicherweise toxischen Mengen in der Muttermilch vorhanden ist, und/oder
b) Ergebnisse von tierexperimentellen Untersuchungen über eine oder zwei Generationen, die auf nachteilige Wirkungen bei den Nachkommen infolge Aufnahme des Stoffes über die Muttermilch hinweisen, und/oder
c) Anhaltspunkte beim Menschen, die auf eine Gefahr für den Säugling während der Stillzeit hinweisen.

Stoffe, die sich bekanntermaßen im Körper anreichern und dann während der Stillzeit in der Milch freigesetzt werden können, sollten mit R33 und R64 gekennzeichnet werden.

1.4.2.4 Verfahren zur Einstufung von Zubereitungen nach spezifischen Gesundheitsschäden

Enthält eine Zubereitung einen oder mehrere Stoffe, die entsprechend den Kriterien der Nummer 1.4 dieses Anhangs eingestuft sind, ist sie gemäß den in Anhang II Nr. 1.3.9 bis 1.3.11 genannten Kriterien einzustufen.

1.5 Einstufung aufgrund bestimmter Auswirkungen auf die Umwelt

1.5.1 Einleitung

(1) Die Kriterien nach Nummer 1.5.2 ergeben sich aus den in § 2 Abs. 4 ChemPrüfV dargestellten Prüfmethoden, soweit diese dort genannt sind. Für die Grundprüfung gemäß § 4 ChemPrüfV ist eine begrenzte Anzahl von Prüfmethoden verfügbar. Die hieraus gewonnenen Informationen können für eine ordnungsgemäße Einstufung unzureichend sein. Für die Einstufung können zusätzliche Daten aus der Stufe 1 (§ 5 ChemPrüfV) oder sonstiger gleichwertiger

Untersuchungen erforderlich sein. Darüber hinaus können bereits eingestufte Stoffe aufgrund anderer neuer Daten überarbeitet werden.

(3) Zur Einstufung und Kennzeichnung werden diese Stoffe entsprechend dem Stand der Kenntnisse in zwei Gruppen gemäß ihrer akuten oder langfristigen Wirkungen in aquatischen Systemen bzw. ihrer akuten oder langfristigen Wirkungen in nicht aquatischen Systemen eingeteilt.

1.5.2 Einstufungskriterien und Auswahl der Gefahrenbezeichnungen sowie der Bezeichnungen der besonderen Gefahren

1.5.2.1 Gewässer

1.5.2.1.1 Stoffe werden als gefährlich für die Umwelt eingestuft, mit dem Gefahrensymbol „N" und der Gefahrenbezeichnung „Umweltgefährlich" und gemäß den nachstehenden Kriterien mit der jeweiligen R-Sätzen versehen:

R50 Sehr giftig für Wasserorganismen
und
R53 Kann in Gewässern längerfristig schädliche Wirkungen haben
Akute Toxizität: 96 h LC_{50} (Fisch) $\leq$ 1 mg/l
oder 48 h EC_{50} (Daphnia) $\leq$ 1 mg/l
oder 72 h IC_{50} (Alge) $\leq$ 1 mg/l
und der Stoff ist nicht leicht abbaubar
oder der log Pow (log Oktanol/Wasser Verteilungskoeffizient) $\geq$ 3,0
(es sei denn, der experimentell bestimmte BCF $\leq$ 100).

R50 Sehr giftig für Wasserorganismen
Akute Toxizität: 96 h LC_{50} (Fisch) $\leq$ 1 mg/l
oder 48 h EC_{50} (Daphnia) $\leq$ 1 mg/l
oder 72 h IC_{50} (Alge) $\leq$ 1 mg/l

R51 Giftig für Wasserorganismen
und
R53 Kann in Gewässern längerfristig schädliche Wirkungen haben
Akute Toxizität: 96 h LC_{50} (Fisch) 1 mg/l < $LC_{50} \leq$ 10 mg/l
oder 48 h EC_{50} (Daphnia) 1 mg/l < $EC_{50} \leq$ 10 mg/l
oder 72 h IC_{50} (Alge) 1 mg/l < $IC_{50} \leq$ 10 mg/l
und der Stoff ist nicht leicht abbaubar oder log Pow $\geq$ 3,0
(es sei denn, der experimentell bestimmte BCF $\leq$ 100).

1.5.2.1.2 (1) Stoffe sind gemäß den folgenden Kriterien als gefährlich für die Umwelt einzustufen Die R-Sätze werden nach den folgenden Kriterien ausgewählt:

R52 Schädlich für Wasserorganismen
und
R53 Kann in Gewässern längerfristig schädliche Wirkungen haben
Akute Toxizität: 96 h LC_{50} (Fisch) 10 mg/l < $LC_{50} \leq$ 100 mg/l
oder 48 h EC_{50} (Daphnia) 19 mg/l < $EC_{50} \leq$ 100 mg/l
oder 72 h IC_{50} (Alge) 10 mg/l < $IC_{50} \leq$ 100 mg/l
und der Stoff ist nicht leicht abbaubar.

(2) Das Kriterium nach Absatz 1 gilt, falls kein zusätzlicher wissenschaftlicher Nachweis über die Abbaubarkeit und/oder Toxizität vorliegt, mit dem sicher festgestellt werden kann, daß weder der Stoff noch seine Abbauprodukte eine potentielle längerfristige oder späteinsetzende Gefahr für Gewässer darstellen. Ein solcher zusätzlicher wissenschaftlicher Nachweis sollte in der Regel auf Untersuchungen, die für Stufe 1 (§ 5 ChemPrüfV) gefordert werden, oder gleichwertigen Untersuchungen beruhen und kann folgendes einschließen:

BCF = Biokonzentrationsfaktor:
Der Quotient aus der Konzentration (bzw. dem Massenanteil) eines angereicherten Stoffs im Organismus (oder einem seiner Teile) und der Konzentration (bzw. dem Massenanteil) in der Umgebung

i) nachgewiesene Möglichkeit, in Gewässern schnell abgebaut zu werden;
ii) keine chronischen toxischen Wirkungen bei einer Konzentration von 1,0 mg / l, z. B. eine Konzentration, bei der keine Wirkung zu beobachten ist (NOEC), von über 1,0 mg / l, bestimmt in einer verlängerten Toxizitätsprüfung an Fisch oder Daphnia.

R52 Schädlich für Wasserorganismen

Stoffe, die den in diesem Kapitel genannten Kriterien nicht entsprechen, die jedoch aufgrund der vorliegenden Nachweise über ihre Toxizität eine Gefahr für die Struktur / das Funktionieren aquatischer Ökosysteme darstellen können.

R53 Kann in Gewässern längerfristig schädliche Wirkungen haben

Stoffe, die nicht von den obengenannten Kriterien erfaßt werden, aber aufgrund vorliegender Nachweise über ihre Persistenz und Akkumulierbarkeit sowie vorhergesagtem oder beobachtetem Verhalten in der Umwelt eine unmittelbare oder längerfristige oder spät einsetzende Gefahr für die Struktur oder das Funktionieren aquatischer Ökosysteme darstellen können.

(3) Schwer wasserlösliche Stoffe, z. B. Stoffe mit einer Löslichkeit von weniger als 1 mg / l, fallen unter diese Kriterien, wenn
a) sie nicht leicht abbaubar sind und
b) der log Pow $\geq$ 3,0 (es sei denn, der experimentell bestimmte BCF $\leq$ 100).

(4) Das Kriterium nach Absatz 3 gilt, falls kein zusätzlicher wissenschaftlicher Nachweis über die Abbaubarkeit und / oder Toxizität vorliegt, mit dem sicher festgestellt werden kann, daß weder der Stoff noch seine Abbauprodukte eine potentielle längerfristige oder späteinsetzende Gefahr für Gewässer darstellen.

(5) Der zusätzliche wissenschaftliche Nachweis nach Absatz 4 sollte in der Regel auf Untersuchungen, die für Stufe 1 (§ 5 ChemPrüfV) gefordert werden, oder gleichwertigen Untersuchungen beruhen und kann folgendes einschließen:
i) nachgewiesene Möglichkeit, in Gewässern schnell abgebaut zu werden:
ii) keine chronischen toxischen Wirkungen bei der Löslichkeitsgrenze, z. B. eine Konzentration, bei der keine Wirkung zu beobachten ist (NOEC), über der Löslichkeitsgrenze, bestimmt in einer verlängerten Toxizitätsprüfung an Fisch oder Daphnia.

1.5.2.1.3 Bemerkungen zur Bestimmung der IC_{50} für Algen und der Abbaubarkeit

- Kann im Fall von Stoffen mit hoher Farbintensität nachgewiesen werden, daß das Algenwachstum ausschließlich durch eine Verringerung der Lichtintensität gehemmt wird, sollten 72 h IC_{50} für Algen nicht als Grundlage für die Einstufung verwendet werden.
- Stoffe gelten als leicht abbaubar, wenn eines der nachstehenden Kriterien erfüllt ist:
  a) Wenn in einer 28tägigen Bioabbaubarkeitsuntersuchung folgende Abbauwerte erreicht werden:
     - Tests mit gelösten organischen Kohlenstoffen: 70%
     - Tests mit Sauerstoffentzug oder Kohlendioxidbildung: 60% des theoretischen Maximums

     Diese Werte der Bioabbaubarkeit müssen innerhalb von 10 Tagen nach dem Beginn des Abbauprozesses (Zeitpunkt, zu dem 10% des Stoffes abgebaut sind) erreicht sein.
  b) Falls nur CSB und BSB5 Daten vorliegen, wenn das Verhältnis BSB5 / CSB größer oder gleich 0,5 ist.
  c) Falls andere stichhaltige wissenschaftliche Nachweise darüber vorliegen, daß der Stoff in Gewässern in 28 Tagen zu einem Grad von > 70% (biotisch und / oder abiotisch) abgebaut werden kann.

1.5.2.2 Nicht-aquatische Umwelt

1.5.2.2.1 Stoffe werden gemäß den folgenden Kriterien als gefährlich für die Umwelt eingestuft und mit dem Gefahrensymbol „N“, der Gefahrenbezeichnung „Umweltgefährlich“ und den jeweiligen R-Sätzen versehen:

R54 Giftig für Pflanzen

R55 Giftig für Tiere

R56 Giftig für Bodenorganismen

R57 Giftig für Bienen

R58 Kann längerfristig schädliche Wirkungen auf die Umwelt haben

Stoffe können aufgrund der vorliegenden Nachweise über ihre Toxizität, Persistenz, Akkumulierbarkeit und vorhergesagter oder beobachteter Umweltbelastung bzw. ihres Verhaltens in der Umwelt eine unmittelbare oder längerfristige oder späteinsetzende Gefahr für die Struktur und das Funktionieren anderer natürlicher Ökosysteme als der unter Nummer 1.5.2.1 genannten darstellen. Genauere Kriterien werden zu einem späteren Zeitpunkt erarbeitet.

R59 Gefährlich für die Ozonschicht

Stoffe, die aufgrund der vorliegenden Nachweise über ihre Eigenschaften und ihres vorhergesagten oder beobachteten Verbleibs bzw. Verhaltens in der Umwelt eine Gefahr für die Struktur und/oder das Funktionieren der stratosphärischen Ozonschicht darstellen können. Hierzu gehören die in Anhang I, Gruppe I, II, III, IV und V der Verordnung des Rates (EWG) Nr. 594/91 über Stoffe, die zu einem Abbau der Ozonschicht führen (ABl. EG Nr. L 67 vom 14. März 1991, S. 1) geändert durch Verordnung (EWG) Nr. 3952/92 des Rates vom 30. Dezember 1992 genannten Stoffe.

1.5.2.2.2 Stoffe werden gemäß den nachstehenden Kriterien als gefährlich für die Umwelt eingestuft. Der R-Satz wird ebenfalls gemäß dem folgenden Kriterium hinzugefügt:

R59 Gefährlich für die Ozonschicht

Stoffe, die nicht unter die Kriterien der Nummer 1.5.2.2.1 fallen und die aufgrund der vorliegenden Nachweise über ihre Eigenschaften und ihres vorhergesagten oder beobachteten Verbleibs bzw. Verhaltens in der Umwelt eine Gefahr für die Struktur und/oder das Funktionieren der stratosphärischen Ozonschicht darstellen können. Hierzu gehören die in Anhang I, Gruppe VI der Verordnung des Rates (EWG) Nr. 594/91 über Stoffe, die zu einem Abbau der Ozonschicht führen (ABl. EG Nr. L67 vom 14. März 1991, S. 1), geändert durch Verordnung (EWG) Nr. 3952/92 des Rates vom 30. Dezember 1992 (ABl. EG Nr. L 405 vom 31. Dezember 1992, S. 41), genannten Stoffe.

1.6 Auswahl der Sicherheitsratschläge

1.6.1 Einleitung

Die Sicherheitsratschläge (S-Sätze) werden für gefährliche Stoffe und Zubereitungen entsprechend den folgenden allgemeinen Kriterien ausgewählt. Für einige Zubereitungen sind darüber hinaus die in §§ 12 und 13 sowie in Anhang II Nr. 1 sowie Anhang III genannten Sicherheitsratschläge verbindlich.

1.6.2 Sicherheitsratschläge für Stoffe und Zubereitungen

S1 Unter Verschluß aufbewahren

Anwendungsbereich:
- sehr giftige, giftige und ätzende Stoffe und Zubereitungen

Verwendung:
- **obligatorisch** für sehr giftige, giftige und ätzende Stoffe und Zubereitungen, wenn sie für die allgemeine Öffentlichkeit bestimmt sind

S2 Darf nicht in die Hände von Kindern gelangen

Anwendungsbereich:
- Alle gefährlichen Stoffe und Zubereitungen

Verwendung:
- **obligatorisch** für alle gefährlichen Stoffe und Zubereitungen, die für die allgemeine Öffentlichkeit bestimmt sind mit Ausnahme der Stoffe, die nur als gefährlich für die Umwelt eingestuft wurden

S3 Kühl aufbewahren

Anwendungsbereich:
- organische Peroxide
- sonstige gefährliche Stoffe und Zubereitungen mit einem Siedepunkt von höchstens 40 °C

Verwendung:
- **obligatorisch** für organische Peroxide, außer bei Verwendung von S47
- empfohlen für die anderen oben genannten Stoffe und Zubereitungen mit einem Siedepunkt von höchstens 40 °C

S4 Von Wohnplätzen fernhalten

Anwendungsbereich:
- sehr giftige und giftige Stoffe und Zubereitungen

Verwendung:
- normalerweise beschränkt auf sehr giftige und giftige Stoffe und Zubereitungen, wenn es ratsam ist, S13 zu ergänzen; z. B. wenn die Gefahr des Einatmens besteht und der Stoff oder die Zubereitung von Wohnplätzen ferngehalten werden sollte. Der Ratschlag soll den sachgemäßen Gebrauch des Stoffes oder der Zubereitung in Wohnplätzen aber nicht ausschließen

S5 Unter... aufbewahren (geeignete Flüssigkeit vom Hersteller anzugeben)

Anwendungsbereich:
- selbstentzündliche feste Stoffe und Zubereitungen

Verwendung:
- normalerweise beschränkt auf Sonderfälle, z. B. Natrium, Kalium oder weißer Phosphor

S6 Unter... aufbewahren (inertes Gas vom Hersteller anzugeben)

Anwendungsbereich:
- gefährliche Stoffe und Zubereitungen, die unter Inertgas aufbewahrt werden müssen

Verwendung:
- normalerweise beschränkt auf Sonderfälle, z. B. metallorganische Verbindungen

S7 Behälter dicht geschlossen halten

Anwendungsbereich:
- organische Peroxide
- Stoffe und Zubereitungen, die sehr giftige, giftige, gesundheitsschädliche oder hochentzündliche Gase freisetzen können

- Stoffe und Zubereitungen, die bei der Berührung mit Feuchtigkeit hochentzündliche Gase freisetzen
- leichtentzündliche feste Stoffe

Verwendung:
- **obligatorisch** für organische Peroxide
- empfohlen für die anderen oben genannten Anwendungsbereiche

S8 Behälter trocken halten

Anwendungsbereich:
- Rohstoffe und Zubereitungen, die heftig mit Wasser reagieren können
- Stoffe und Zubereitungen, die bei der Berührung mit Wasser hochentzündliche Gase freisetzen
- Stoffe und Zubereitungen, die bei der Berührung mit Wasser sehr giftige oder giftige Gase freisetzen

Verwendung:
- normalerweise beschränkt auf die oben genannten Anwendungsbereiche, wenn es notwendig ist, die Warnungen durch R14, insbesondere R15 und R29 zu verstärken

S9 Behälter an einem gut gelüfteten Ort aufbewahren

Anwendungsbereich:
- flüchtige Stoffe und Zubereitungen, die sehr giftige, giftige oder gesundheitsschädliche Dämpfe freisetzen können
- hoch- oder leichtentzündliche flüssige Stoffe und hochentzündliche Gase

Verwendung:
- empfohlen für flüchtige Stoffe und Zubereitungen, die sehr giftige, giftige oder gesundheitsschädliche Dämpfe freisetzen können
- empfohlen für hoch- oder leichtentzündliche Flüssigkeiten oder hochentzündliche Gase

S12 Behälter nicht gasdicht verschließen

Anwendungsbereich:
- Stoffe und Zubereitungen, die Gase oder Dämpfe freisetzen, die die Verpakkung zum Bersten bringen können

Verwendung:
- normalerweise beschränkt auf diese Sonderfälle

S13 Von Nahrungsmitteln, Getränken und Futtermitteln fernhalten

Anwendungsbereich:
- sehr giftige, giftige und gesundheitsschädliche Stoffe und Zubereitungen

Verwendung
- empfohlen für Stoffe und Zubereitungen, die wahrscheinlich von der allgemeinen Öffentlichkeit verwendet werden

S14 Von... fernhalten (inkompatible Substanzen sind vom Hersteller anzugeben)

Anwendungsbereich:
- organische Peroxide

Verwendung:
- **obligatorisch** für organische Peroxide und normalerweise auf diese beschränkt. Kann jedoch in außergewöhnlichen Fällen nützlich sein, wenn Imkompatibilität zu einer besonderen Gefahr führen kann

S15 Vor Hitze schützen
Anwendungsbereich:
- Stoffe und Zubereitungen, die sich unter Einwirkung von Wärme zersetzen und spontan reagieren können

Verwendung
- normalerweise beschränkt auf Sonderfälle, z. B. Monomere, aber nicht erforderlich, wenn R2, R3 und/oder R5 bereits vorgesehen sind

S16 Von Zündquellen fernhalten – Nicht rauchen
Anwendungsbereich:
- hochentzündliche oder leichtentzündliche Flüssigkeiten und hochentzündliche Gase

Verwendung:
- empfohlen für die o. g. Stoffe und Zubereitungen, nicht erforderlich, wenn R2, R3 und/oder R5 bereits vorgesehen sind

S17 Von brennbaren Stoffen fernhalten
Anwendungsbereich:
- Stoffe und Zubereitungen, die mit brennbaren Stoffen explosionsfähige oder selbstentzündliche Mischungen bilden können

Verwendung:
- verfügbar zur Verwendung in Sonderfällen, z. B. zur Verstärkung von R8 und R9

S18 Behälter mit Vorsicht öffnen und handhaben
Anwendungsbereich
- Stoffe und Zubereitungen, die in der Verpackung einen Überdruck entwikkeln können
- Stoffe und Zubereitungen, die explosionsfähige Peroxide bilden können

Verwendung:
- normalerweise beschränkt auf die o. g. Fälle, wenn die Gefahr von Augenschäden besteht und/oder wenn die Stoffe und Zubereitungen für die allgemeine Öffentlichkeit bestimmt sind

S20 Bei der Arbeit nicht essen und trinken
Anwendungsbereich:
- sehr giftige, giftige und ätzende Stoffe und Zubereitungen

Verwendung:
- normalerweise beschränkt auf Sonderfälle (z. B. Arsen und Arsenverbindungen; Fluoracetate), insbesondere, wenn die Stoffe und Zubereitungen für die allgemeine Öffentlichkeit bestimmt sind

S21 Bei der Arbeit nicht rauchen
Anwendungsbereich:
- Stoffe und Zubereitungen, die bei Verbrennung giftige Produkte freisetzen

Verwendung:
- normalerweise beschränkt auf Sonderfälle (z. B. halogenierte Verbindungen)

S22 Staub nicht einatmen
Anwendungsbereich:
- alle festen gesundheitsgefährlichen Stoffe und Zubereitungen

Verwendung:
- **obligatorisch** für die o. g. Stoffe und Zubereitungen, die mit R42 gekennzeichnet sind

- empfohlen für die o. g. Stoffe und Zubereitungen, die in Form von Stäuben vorliegen, die eingeatmet werden können und deren Gesundheitsgefahren durch Einatmen noch nicht bekannt sind

S23 Gas/Rauch/Dampf/Aerosol nicht einatmen (geeignete Bezeichnung(en) vom Hersteller anzugeben)
Anwendungsbereich:
- alle flüssigen oder gasförmigen gesundheitsgefährlichen Stoffe und Zubereitungen

Verwendung:
- **obligatorisch** für die o. g. Stoffe und Zubereitungen, die mit R42 gekennzeichnet sind
- **obligatorisch** für Stoffe und Zubereitungen, die zur Verwendung als Aerosole bestimmt sind; entweder S38 und S51 sind zusätzlich zu verwenden
- empfohlen, wenn es notwendig ist, den Verbraucher auf Gefahren beim Einatmen aufmerksam zu machen, die nicht in den jeweiligen Gefahrenhinweisen erwähnt werden

S24 Berührung mit der Haut vermeiden
Anwendungsbereich:
- alle gesundheitsgefährlichen Stoffe und.Zubereitungen

Verwendung:
- **obligatorisch** für Stoffe und Zubereitungen, die mit R43 gekennzeichnet sind, es sei denn, sie sind auch mit S36 gekennzeichnet
- empfohlen, wenn es notwendig ist, den Verbraucher auf Gefahren bei Berührung mit der Haut aufmerksam zu machen, die nicht in den jeweiligen Gefahrenhinweisen erwähnt werden. Kann auch in außergewöhnlichen Fällen zur Verstärkung solcher Gefahrenhinweise dienen

S25 Berührung mit den Augen vermeiden
Anwendungsbereich:
- ätzende oder reizende Stoffe und Zubereitungen

Verwendung:
- normalerweise beschränkt auf Sonderfälle, d. h. wenn es als wesentlich erachtet wird, verstärkt auf die Gefahr für die Augen, auf die bereits durch R34, R35, R36 oder R41 hingewiesen wird, aufmerksam zu machen. Wichtig, wenn diese Stoffe und Zubereitungen für die allgemeine Öffentlichkeit bestimmt sind und kein Augen- oder Gesichtsschutz möglich ist.

S26 Bei Berührung mit den Augen sofort gründlich mit Wasser abspülen und Arzt konsultieren
Anwendungsbereich:
- ätzende oder reizende Stoffe und Zubereitungen

Verwendung:
- **obligatorisch** für ätzende Stoffe und Zubereitungen und wenn der Gefahrenhinweis R41 vorgesehen ist
- empfohlen für reizende Stoffe und Zubereitungen, für die bereits der Gefahrenhinweis R36 vorgesehen ist

S27 Beschmutzte, getränkte Kleidung sofort ausziehen
Anwendungsbereich:
- sehr giftige, giftige oder ätzende Stoffe und Zubereitungen

Verwendung:
- empfohlen für sehr giftige und giftige Stoffe und Zubereitungen, die von der Haut leicht absorbiert werden, und für ätzende Stoffe und Zubereitungen; sollte allerdings nicht verwendet werden, wenn bereits S36 zugeordnet wurde

S28 Bei Berührung mit der Haut sofort abwaschen mit viel... (vom Hersteller anzugeben)
Anwendungsbereich:
- sehr giftige, giftige oder ätzende Stoffe und Zubereitungen

Verwendung:
- **obligatorisch** für sehr giftige Stoffe und Zubereitungen
- empfohlen für sonstige o. g. Stoffe und Zubereitungen, insbesondere, wenn Wasser nicht die geeignete Spülflüssigkeit ist

S29 Nicht in die Kanalisation gelangen lassen
Anwendungsbereich:
- hoch- oder leichtentzündliche flüssige Stoffe und Zubereitungen, die sich nicht mit Wasser vermischen

Verwendung:
- empfohlen für die o. g. Stoffe und Zubereitungen, die für die allgemeine Öffentlichkeit bestimmt sind

S30 Niemals Wasser hinzugießen
Anwendungsbereich:
- Stoffe und Zubereitungen, die heftig mit Wasser reagieren

Verwendung:
- normalerweise beschränkt auf Sonderfälle (z. B. Schwefelsäure); kann auch verwendet werden, um die klarstmögliche Information zu vermitteln, entweder als Verstärkung von R14 oder als Alternative zu R14

S33 Maßnahmen gegen elektrostatische Aufladungen treffen
Anwendungsbereich:
- hoch- oder leichtentzündliche Stoffe und Zubereitungen

Verwendung:
- empfohlen für Stoffe und Zubereitungen, die für industrielle Zwecke bestimmt sind und keine Feuchtigkeit aufnehmen. Nicht erforderlich, wenn Stoffe und Zubereitungen für die allgemeine Öffentlichkeit bestimmt sind

S35 Abfälle und Behälter müssen in gesicherter Weise beseitigt werden
Anwendungsbereich:
- explosionsgefährliche Stoffe und Zubereitungen
- sehr giftige oder giftige Stoffe und Zubereitungen
- umweltgefährliche Stoffe

Verwendung:
- **obligatorisch** für explosionsgefährliche Stoffe und Zubereitungen außer organischen Peroxiden
- empfohlen für sehr giftige und giftige Stoffe und Zubereitungen, besonders wenn sie für die allgemeine Öffentlichkeit bestimmt sind
- empfohlen für umweltgefährliche Stoffe und Zubereitungen, auf die S56 nicht zutrifft, wenn sie für die allgemeine Öffentlichkeit bestimmt sind

S36 Bei der Arbeit geeignete Schutzkleidung tragen
Anwendungsbereich:
- organische Peroxide

- sehr giftige, giftige oder gesundheitsschädliche Stoffe und Zubereitungen
- ätzende Stoffe und Zubereitungen

Verwendung:
- **obligatorisch** für sehr giftige und ätzende Stoffe und Zubereitungen
- **obligatorisch** für Stoffe und Zubereitungen, denen entweder R21 oder R24 zugeordnet wurden
- **obligatorisch** für krebserzeugende, erbgutverändernde und fortpflanzungsgefährdende Stoffe der Kategorie 3, es sei denn, die Wirkungen treten ausschließlich beim Einatmen des Stoffes oder der Zubereitung auf
- **obligatorisch** für organische Peroxide
- empfohlen für giftige Stoffe und Zubereitungen, wenn der LD_{50}-Wert dermal nicht bekannt ist, der Stoff oder die Zubereitung jedoch aller Wahrscheinlichkeit nach bei Berührung mit der Haut giftig ist
- empfohlen für Stoffe und Zubereitungen, die zu industriellen Zwecken verwendet werden und bei längerer Exposition zu Schäden führen können

S37 Geeignete Schutzhandschuhe tragen

Anwendungsbereich:
- sehr giftige, giftige, gesundheitsschädliche oder ätzende Stoffe und Zubereitungen
- organische Peroxide
- hautreizende Stoffe und Zubereitungen

Verwendung:
- **obligatorisch** für sehr giftige, giftige und ätzende Stoffe und Zubereitungen
- **obligatorisch** für Stoffe und Zubereitungen, die entweder mit R21, R24 oder R43 gekennzeichnet sind
- **obligatorisch** für krebserzeugende, erbgutverändernde und fortpflanzungsgefährdende Stoffe der Kategorie 3, es sei denn, die Wirkungen werden ausschließlich beim Einatmen des Stoffes oder der Zubereitung hervorgerufen
- **obligatorisch** für organische Peroxide
- empfohlen für giftige Stoffe und Zubereitungen, wenn der LD_{50}-Wert dermal nicht bekannt ist, aber der Stoff oder die Zubereitung aller Wahrscheinlichkeit nach bei Berührung mit der Haut giftig ist
- empfohlen für Stoffe und Zubereitungen, die aufgrund ihrer entfettenden Eigenschaften die Haut reizen

S38 Bei unzureichender Belüftung Atemschutzgerät anlegen

Anwendungsbereich:
- sehr giftige oder giftige Stoffe und Zubereitungen

Verwendung:
- normalerweise beschränkt auf besondere Fälle, bei denen der Gebrauch der o. g. Stoffe und Zubereitungen für industrielle oder landwirtschaftliche Zwecke notwendig ist.

S39 Schutzbrille / Gesichtsschutz tragen

Anwendungsbereich:
- organische Peroxide
- ätzende Stoffe und Zubereitungen, einschließlich reizender Stoffe, bei denen die Gefahr schwerer Augenschäden besteht
- sehr giftige und giftige Stoffe und Zubereitungen

Verwendung:
- **obligatorisch** für Stoffe und Zubereitungen, die mit R34, R35 und R41 gekennzeichnet sind

- **obligatorisch** für organische Peroxide
- empfohlen, wenn die Aufmerksamkeit des Benutzers auf Gefahren bei Berührung mit den Augen, die in den jeweiligen Bezeichnungen der besonderen Gefahren nicht erwähnt werden, gelenkt werden soll
- normalerweise beschränkt auf außergewöhnliche Fälle bei sehr giftigen und giftigen Stoffen und Zubereitungen, wenn vor eventuellen Spritzern gewarnt werden soll und die Stoffe und Zubereitungen leicht von der Haut absorbiert werden können

S40 Fußboden und verunreinigte Gegenstände mit... reinigen (Material vom Hersteller anzugeben)
Anwendungsbereich:
- alle gefährlichen Stoffe und Zubereitungen

Verwendung:
- normalerweise beschränkt auf die Stoffe und Zubereitungen, für die Wasser nicht das geeignete Reinigungsmittel ist (z. B. wo Absorption durch ein staubförmiges Material oder die Auflösung durch Lösungsmittel usw. notwendig ist) und für die aus Gesundheits- und/oder Sicherheitsgründen eine Warnung auf dem Kennzeichnungsschild notwendig ist

S41 Explosions- und Brandgase nicht einatmen
Anwendungsbereich:
- gefährliche Stoffe und Zubereitungen, die bei Verbrennung sehr giftige oder giftige Gase freisetzen

Verwendung:
- normalerweise beschränkt auf Sonderfälle

S42 Räuchern/Versprühen geeignetes Atemschutzgerät anlegen (geeignete Bezeichnung(en) vom Hersteller anzugeben)
Anwendungsbereich:
- Stoffe und Zubereitungen, die zu solchen Zwecken genutzt werden sollen, ohne Vorsichtsmaßnahmen aber Gesundheit und Sicherheit des Benutzers gefährden

Verwendung:
- normalerweise beschränkt auf Sonderfälle

S43 Zum Löschen... (vom Hersteller anzugeben) **verwenden** (wenn kein Wasser die Gefahr erhöht, anfügen: Kein Wasser verwenden)
Anwendungsbereich:
- hoch-, leicht- und entzündliche Stoffe und Zubereitungen

Verwendung:
- **obligatorisch** für Stoffe und Zubereitungen, die bei Berührung mit Wasser oder feuchter Luft hochentzündliche Gase freisetzen
- empfohlen, wenn die o. g. Stoffe und Zubereitungen nicht mit Wasser mischbar sind

S45 Bei Unfall oder Unwohlsein sofort Arzt zuziehen (wenn möglich, dieses Etikett vorzeigen)
Anwendungsbereich:
- sehr giftige, giftige und ätzende Stoffe und Zubereitungen

Verwendung:
- obligatorisch für alle sehr giftigen und ätzenden Stoffe und Zubereitungen

S46 Bei Verschlucken sofort ärztlichen Rat einholen und Verpackung oder Etikett vorzeigen
Anwendungsbereich:
- alle gefährlichen Stoffe und Zubereitungen außer den sehr giftigen, giftigen, ätzenden oder umweltgefährlichen

Verwendung:
- **obligatorisch** für alle o. g. Stoffe und Zubereitungen, die für die allgemeine Öffentlichkeit bestimmt sind, es sei denn, eine Gefahr beim Verschlucken – insbesondere bei Kindern – ist nicht zu befürchten

S47 Nicht bei Temperaturen über ... °C aufbewahren (vom Hersteller anzugeben)
Anwendungsbereich:
- Stoffe und Zubereitungen, die bei einer bestimmten Temperatur instabil werden

Verwendung:
- normalerweise beschränkt auf Sonderfälle (z. B. bestimmte organische Peroxide)

S48 Feucht halten mit ... (geeignetes Mittel vom Hersteller anzugeben)
Anwendungsbereich:
- Stoffe und Zubereitungen, die bei Austrocknung sehr empfindlich auf Funken, Reibung oder Stöße reagieren können

Verwendung:
- normalerweise beschränkt auf Sonderfälle, z. B. Nitrozellulosen

S49 Nur im Originalbehälter aufbewahren
Anwendungsbereich:
- Stoffe und Zubereitungen, die anfällig für beschleunigte Zersetzung sind

Verwendung:
- Stoffe und Zubereitungen, die anfällig für beschleunigte Zersetzung sind (z. B. bestimmte organische Peroxide)

S50 Nicht mischen mit ... (vom Hersteller anzugeben)
Anwendungsbereich:
- Stoffe und Zubereitungen, die mit dem angegebenen Produkt unter Freisetzung sehr giftiger oder giftiger Gase reagieren können
- organische Peroxide

Verwendung:
- empfohlen für die o. g. Stoffe und Zubereitungen, wenn sie für die allgemeine Öffentlichkeit bestimmt sind und S50 angemessener erscheint als R31 oder R32
- **obligatorisch** für bestimmte Peroxide, die mit Akzeleratoren oder Promotoren heftig reagieren können

S51 Nur in gut gelüfteten Bereichen verwenden
Anwendungsbereich:
- Stoffe und Zubereitungen, die Dämpfe, Stau, Aerosole, Rauch, Dunst, usw. erzeugen können oder sollen, wodurch die Gefahr des Einatmens, eines Brandes oder einer Explosion entsteht

Verwendung:
- empfohlen, wenn S38 nicht geeignet ist; wichtig, wenn die o. g. Stoffe und Zubereitungen für die allgemeine Öffentlichkeit bestimmt sind

S52 Nicht großflächig für Wohn- und Aufenthaltsräume verwenden
Anwendungsbereich:
- sehr giftige, giftige und gesundheitsschädliche flüchtige Stoffe und Zubereitungen, die solche Stoffe enthalten

Verwendung:
- empfohlen, wenn Gesundheitsschäden bei längerer Exposition verursacht werden können, dadurch, daß sich diese Stoffe von großen behandelten Oberflächen in Wohnräumen oder anderen geschlossenen Räumen, in denen sich Personen aufhalten, verflüchtigen

S53 Exposition vermeiden – vor Gebrauch besondere Anweisungen einholen
Anwendungsbereich:
- krebserzeugende, erbgutverändernde und/oder fortpflanzungsgefährdende Stoffe und Zubereitungen

Verwendung:
- **obligatorisch** für die obengenannten Stoffe und Zubereitungen, für die mindestens einer der folgenden R-Sätze vorgesehen ist: R45, R46, R49, R60 oder R61

S56 Diesen Stoff und seinen Behälter der Problemabfallentsorgung zuführen
Anwendungsbereich:
- umweltgefährliche Stoffe

Verwendung:
- empfohlen für Stoffe, die mit dem Gefahrensymbol „N" gekennzeichnet sind und für die allgemeine Öffentlichkeit bestimmt sind

S57 Zur Vermeidung einer Kontamination der Umwelt geeigneten Behälter verwenden
Anwendungsbereich:
- Stoffe, die mit dem Gefahrensymbol „N" gekennzeichnet sind

Verwendung:
- normalerweise auf Stoffe beschränkt, die nicht für die allgemeine Öffentlichkeit bestimmt sind

S59 Informationen zur Wiederverwendung/Wiederverwertung beim Hersteller/Lieferanten erfragen
Anwendungsbereich:
- umweltgefährliche Stoffe

Verwendung:
- **obligatorisch** für Stoffe, die gefährlich für die Ozonschicht sind
- empfohlen für sonstige mit dem Gefahrensymbol „N" gekennzeichnete Stoffe, für die eine Wiederverwendung/Wiederverwertung empfohlen wird

560 Dieser Stoff und/oder sein Behälter sind als gefährlicher Abfall zu entsorgen
Anwendungsbereich:
- umweltgefährliche Stoffe

Verwendung:
- empfohlen für Stoffe, die mit dem Gefahrensymbol „N" gekennzeichnet sind und nicht für die allgemeine Öffentlichkeit bestimmt sind

S61 Freisetzung in die Umwelt vermeiden. Besondere Anweisungen einholen/Sicherheitsdatenblatt zu Rate ziehen
Anwendungsbereich:
- umweltgefährliche Stoffe

Verwendung:
- normalerweise für Stoffe, die mit dem Gefahrensymbol „N“ gekennzeichnet werden
- empfohlen für alle als umweltgefährlich eingestuften Stoffe, die nicht oben erfaßt werden

S62 Bei Verschlucken kein Erbrechen herbeiführen. Sofort ärztlichen Rat einholen und Verpackung oder dieses Etikett vorzeigen
Anwendungsbereich:
- flüssige Stoffe und Zubereitungen mit einer kinematischen Viskosität von weniger als 7×10^{-6} m^2/s bei 40 °C (gemessen mit Hilfe der Rotationsviskosimetrie gemäß ISO-Norm 3219 oder einem gleichwertigen Verfahren), die außerdem aliphatische, alizyklische und/oder aromatische Kohlenwasserstoffe in einer Gesamtkonzentration von $\geq$ 10% enthalten
- nicht für Stoffe und Zubereitungen, die in Aerosol-Behältern in den Verkehr gebracht werden

Verwendung:
- **obligatorisch** für die o. g. Stoffe und Zubereitungen, wenn sie an die allgemeine Öffentlichkeit abgegeben werden oder für diese bestimmt sind
- empfohlen für die o. g. Stoffe und Zubereitungen, wenn sie zu industriellen Zwecken verwendet werden.

1.7 Kennzeichnung

1.7.1 Einleitung
Ist ein Stoff oder eine Zubereitung eingestuft, wird die entsprechende Kennzeichnung gemäß den Anforderungen der §§ 6 und 7 festgelegt. In dieser Nummer 7 wird erläutert, wie die Kennzeichnung ermittelt wird; insbesondere werden Leitlinien für die Auswahl der entsprechenden Bezeichnung der besonderen Gefahren (R-Sätze) und Sicherheitsratschläge (S-Sätze) gegeben.

1.7.1.1 Endgültige Auswahl der R- und S-Sätze
Obwohl die endgültige Auswahl der geeignetsten R- und S-Sätze in erster Linie von der Notwendigkeit abhängt, alle erforderlichen Informationen zu erteilen, sollte auch die Verständlichkeit und die Wirkung des Kennzeichnungsschildes nicht außer acht gelassen werden. Im Hinblick auf die Verständlichkeit sollten die notwendigen Informationen in möglichst wenigen Sätzen gegeben werden.

1.7.2 Chemische Bezeichnung(en) auf dem Kennzeichnungsschild
Ist der Stoff nicht in der Bekanntmachung nach § 4 a Abs. 1 aufgeführt, so muß bei der Angabe des Namens eine international anerkannte chemische Nomenklatur vorzugsweise nach dem Europäischen Verzeichnis der auf dem Markt vorhandenen chemischen Stoffen (EINECS) oder nach der Europäischen Liste der angemeldeten chemischen Stoffe (ELINCS) verwendet werden.

1.7.2.1 Bei Zubereitungen richtet sich die Wahl der auf dem Kennzeichnungsschild anzugebenden Namen nach Anhang II Nr. 1.4 und 2.3.

1.7.3 Auswahl der Gefahrensymbole

1.7.3.1 Die Gefahrensymbole und -bezeichnungen müssen Anhang I Nr. 2 dieser Verordnung entsprechen. Das Symbol ist in schwarzem Aufdruck auf orangegelbem Grund anzubringen.

1.7.3.2 Für Stoffe, die in der Bekanntmachung nach § 4 a Abs. 1 aufgeführt sind, gelten die dort festgelegten Gefahrensymbole und -bezeichnungen

1.7.4 Wahl der R-Sätze

Der Wortlaut der R-Sätze muß den Angaben in Anhang I Nr. 3 dieser Verordnung entsprechen. Gegebenenfalls sind die in diesem Anhang genannten Kombinationen von R-Sätzen zu verwenden.

1.7.4.1 Für Stoffe, die in der Bekanntmachung nach § 4 a Abs. 1 aufgeführt sind, gelten die dort festgelegten R-Sätze.

1.7.4.2 Stoffen, die nicht in der Bekanntmachung nach § 4 a Abs. 1 aufgeführt sind, werden die R-Sätze nach den folgenden Kriterien und Prioritäten zugeordnet:

(a) Gesundheitsgefahren

(i) R-Sätze, die dem durch ein Symbol dargestellten Gefährlichkeitsmerkmal entsprechen, müssen auf dem Kennzeichnungsschild angegeben werden.

(ii) R-Sätze, die anderen Gefährlichkeitsmerkmalen entsprechen, die nicht durch ein Symbol dargestellt sind,

(b) Gefahren aufgrund physikalisch-chemischer Eigenschaften:

– es gelten die unter Buchstabe a) genannten Kriterien; die R-Sätze „Hochentzündlich" oder „Leichtentzündlich" müssen nicht aufgeführt werden,wenn sie eine Wiederholung der Gefahrenbezeichnung des Symbols darstellen;

(c) Umweltgefahren:

– die R-Sätze, die dem Gefährlichkeitsmerkmal „Umweltgefährlich" entsprechen, müssen auf dem Kennzeichnungsschild angegeben werden.

1.7.4.3 Bei Zubereitungen werden die R-Sätze nach den folgenden Kriterien und Prioritäten ausgewählt:

(a) Gesundheitsgefahren:

(i) R-Sätze, die dem durch ein Symbol dargestellten Gefährlichkeitsmerkmal entsprechen. In bestimmten Fällen müssen die R-Sätze nach den Tabellen des Anhangs II Nr. 1.5 dieser Verordnung angepaßt werden. Insbesondere müssen die R-Sätze des/der Bestandteils/Bestandteile, der/die für die Zuordnung eines Gefährlichkeitsmerkmals ausschlaggebend ist/sind, auf dem Kennzeichnungsschild erscheinen;

(ii) R-Sätze, die den anderen Gefahrenkategorien entsprechen und den Bestandteilen zugeordnet wurden, die aber gemäß § 9 Abs. 2 nicht durch ein Symbol dargestellt sind;

(b) Gefahren aufgrund physikalisch-chemischer Eigenschaften:

– es gelten die unter Buchstabe a) genannten Kriterien; die R-Sätze „Hochentzündlich" oder „Leichtentzündlich" müssen nicht aufgeführt werden, wenn sie eine Wiederholung der Gefahrenbezeichnung des Symbols darstellen.

1.7.4.4 In der Regel sind für Zubereitungen vier Sätze ausreichend, um die Gefahren zu beschreiben; zu diesem Zweck werden die im Anhang I Nr. 3 angegebenen Kombinationen von Sätzen als ein Satz betrachtet. Allerdings müssen die Standardsätze alle wichtigen Gefahren der Zubereitung abdecken.

1.7.4.5 Ist der Hersteller jedoch der Ansicht, daß auf Umweltgefahren hingewiesen werden muß, sind zusätzlich entsprechende R-Sätze anzugeben.

1.7.5 Sicherheitsratschläge

1.7.5.1 Der Wortlaut der S-Sätze muß den Angaben in Anhang I Nr. 4 dieser Verordnung entsprechen. Gegebenenfalls sind die in diesem Anhang genannten Kombinationen von S-Sätzen zu verwenden.

1.7.5.2 Für Stoffe, die in der Bekanntmachung nach § 4 a Abs. 1 aufgeführt sind, gelten die im Anhang I Nr. 4 genannten S-Sätze. Sind keine S-Sätze angegeben, kann der Hersteller / Einführer den / die jeweils angemessenen S-Satz / Sätze hinzufügen.

1.7.5.3 Wahl der S-Sätze
Bei der endgültigen Auswahl der Sicherheitsratschläge muß den R-Sätzen auf dem Kennzeichnungsschild und dem vorgesehenen Gebrauch des Stoffes oder der Zubereitung Rechnung getragen werden:

- in der Regel sind 4 S-Sätze ausreichend, um den geeigneten Sicherheitsratschlag zu erteilen; zu diesem Zweck werden die in Anhang I Nr. 4 angegebenen Kombinationen von Sätzen als je ein Satz betrachtet
- für Umweltgefahren sollte mindestens ein und höchstens vier S-Sätze verwendet werden
- bei einer sorgfältigen Auswahl der S-Sätze werden einige R-Sätze überflüssig und umgekehrt; S-Sätze, die offensichtlich R-Sätzen entsprechen, sollten nur dann auf dem Kennzeichnungsschild aufgeführt werden, wenn sie einer spezifischen Warnung besonderen Nachdruck verleihen sollen
- bei der Auswahl der S-Sätze ist den vorhersehbaren Bedingungen bei der Verwendung bestimmter Stoffe und Zubereitungen besondere Aufmerksamkeit zu widmen, z. B. beim Versprühen oder anderen Vorgängen, bei denen Aerosole entstehen können; die S-Sätze sollten unter Beachtung des vorgesehenen Gebrauchs ausgewählt werden.

Anhang I Nr. 2
Gefahrensymbole und Gefahrenbezeichnungen

Hierbei handelt es sich um die folgenden Gefahrensymbole und Gefahrenbezeichnungen:

E

Explosionsgefährlich

O

Brandfördernd

F+

Hochentzündlich

F

Leichtentzündlich

T+

Sehr giftig

T

Giftig

C

Ätzend

Xi

Reizend

Xn

Gesundheitsschädlich

N

Umweltgefährlich

Anhang I Nr. 3
Hinweise auf besondere Gefahren (R-Sätze)

R 1	In trockenem Zustand explosionsgefährlich.
R 2	Durch Schlag, Reibung, Feuer oder andere Zündquellen explosionsgefährlich.
R 3	Durch Schlag, Reibung, Feuer oder andere Zündquellen besondes explosionsgefährlich.
R 4	Bildet hochempfindliche explosionsgefährliche Metallverbindungen.
R 5	Beim Erwärmen explosionsfähig.
R 6	Mit und ohne Luft explosionsfähig.
R 7	Kann Brand verursachen.
R 8	Feuergefahr bei Berührung mit brennbaren Stoffen.
R 9	Explosionsgefahr bei Mischung mit brennbaren Stoffen.
R 10	Entzündlich.
R 11	Leichtentzündlich.
R 12	Hochentzündlich.
R 14	Reagiert heftig mit Wasser.
R 15	Reagiert mit Wasser unter Bildung hochentzündlicher Gase.
R 16	Explosionsgefährlich in Mischung mit brandfördernden Stoffen.
R 17	Selbstentzündlich an der Luft.
R 18	Bei Gebrauch Bildung explosionsfähiger/leichtentzündlicher Dampf-Luftgemische möglich.
R 19	Kann explosionsfähige Peroxyde bilden.
R 20	Gesundheitsschädlich beim Einatmen.
R 21	Gesundheitsschädlich bei Berührung mit der Haut.
R 22	Gesundheitsschädlich beim Verschlucken.
R 23	Giftig beim Einatmen.
R 24	Giftig bei Berührung mit der Haut.
R 25	Giftig beim Verschlucken.
R 26	Sehr giftig beim Einatmen.
R 27	Sehr giftig bei Berührung mit der Haut.
R 28	Sehr giftig beim Verschlucken.
R 29	Entwickelt bei Berührung mit Wasser giftige Gase.
R 30	Kann bei Gebrauch leicht entzündlich werden.
R 31	Entwickelt bei Berührung mit Säure giftige Gase.
R 32	Entwickelt bei Berührung mit Säure sehr giftige Gase.
R 33	Gefahr kumulativer Wirkungen.
R 34	Verursacht Verätzungen.
R 35	Verursacht schwere Verätzungen.
R 36	Reizt die Augen.
R 37	Reizt die Atmungsorgane.
R 38	Reizt die Haut.
R 39	Ernste Gefahr irreversiblen Schadens.
R 40	Irreversibler Schaden möglich.
R 41	Gefahr ernster Augenschäden.
R 42	Sensibilisierung durch Einatmen möglich.
R 43	Sensibilisierung durch Hautkontakt möglich.
R 44	Explosionsgefahr bei Erhitzen unter Einschluß.
R 45	Kann Krebs erzeugen.
R 46	Kann vererbbare Schäden verursachen.

R 48*)	Gefahr ernster Gesundheitsschäden bei längerer Exposition.
R 49	Kann Krebs erzeugen beim Einatmen.
R 50	Sehr giftig für Wasserorganismen.
R 51	Giftig für Wasserorganismen.
R 52	Schädlich für Wasserorganismen.
R 53	Kann in Gewässern längerfristig schädliche Wirkungen haben.
R 54	Giftig für Pflanzen.
R 55	Giftig für Tiere.
R 56	Giftig für Bodenorganismen.
R 57	Giftig für Bienen.
R 58	Kann längerfristig schädliche Wirkungen auf die Umwelt haben.
R 59	Gefährlich für die Ozonschicht.
R 60	Kann die Fortpflanzungsfähigkeit beeinträchtigen.
R 61	Kann das Kind im Mutterleib schädigen.
R 62	Kann möglicherweise die Fortpflanzungsfähigkeit beeinträchtigen.
R 63	Kann das Kind im Mutterleib möglicherweise schädigen.
R 64	Kann Säuglinge über die Muttermilch schädigen.

*) R 47 wurde durch R 60–R64 ersetzt!

Kombination der R-Sätze

R 14/15	Reagiert heftig mit Wasser unter Bildung hochentzündlicher Gase.
R 15/29	Reagiert mit Wasser unter Bildung giftiger und hochentzündlicher Gase.
R 20/21	Gesundheitsschädlich beim Einatmen und bei Berührung mit der Haut.
R 20/22	Gesundheitsschädlich beim Einatmen und Verschlucken.
R 20/21/22	Gesundheitsschädlich beim Einatmen, Verschlucken und Berührung mit der Haut.
R 21/22	Gesundheitsschädlich bei Berührung mit der Haut und beim Verschlucken.
R 23/24	Giftig beim Einatmen und bei Berührung mit der Haut.
R 23/25	Giftig beim Einatmen und Verschlucken.
R 23/24/25	Giftig beim Einatmen, Verschlucken und Berührung mit der Haut.
R 24/25	Giftig bei Berührung mit der Haut und beim Verschlucken.
R 26/27	Sehr giftig beim Einatmen und bei Berührung mit der Haut.
R 26/28	Sehr giftig beim Einatmen und Verschlucken.
R 26/27/28	Sehr giftig beim Einatmen, Verschlucken und Berührung mit der Haut.
R 27/28	Sehr giftig bei Berührung mit der Haut und beim Verschlucken.
R 36/37	Reizt die Augen und die Atmungsorgane.
R 36/38	Reizt die Augen und die Haut.
R 36/37/38	Reizt die Augen, Atmungsorgane und die Haut.
R 37/38	Reizt die Atmungsorgane und die Haut.
R 39/23	Giftig: ernste Gefahr irreversiblen Schadens durch Einatmen.
R 39/24	Giftig: ernste Gefahr irreversiblen Schadens bei Berührung mit der Haut.
R 39/25	Giftig: ernste Gefahr irreversiblen Schadens durch Verschlucken.
R 39/23/24	Giftig: ernste Gefahr irreversiblen Schadens durch Einatmen und bei Berührung mit der Haut.
R 39/23/25	Giftig: ernste Gefahr irreversiblen Schadens durch Einatmen und durch Verschlucken.
R 39/24/25	Giftig: ernste Gefahr irreversiblen Schadens bei Berührung mit der Haut und durch Verschlucken.

R 39/23/24/25	Giftig: ernste Gefahr irreversiblen Schadens durch Einatmen, Berührung mit der Haut und durch Verschlucken.
R 39/26	Sehr giftig: ernste Gefahr irreversiblen Schadens durch Einatmen.
R 39/27	Sehr giftig: ernste Gefahr irreversiblen Schadens bei Berührung mit der Haut.
R 39/28	Sehr giftig: ernste Gefahr irreversiblen Schadens durch Verschlucken.
R 39/26/27	Sehr giftig: ernste Gefahr irreversiblen Schadens durch Einatmen und bei Berührung mit der Haut.
R 39/26/28	Sehr giftig: ernste Gefahr irreversiblen Schadens durch Einatmen und durch Verschlucken.
R 39/27/28	Sehr giftig: ernste Gefahr irreversiblen Schadens bei Berührung mit der Haut und durch Verschlucken.
R 39/26/27/28	Sehr giftig: ernste Gefahr irreversiblen Schadens durch Einatmen, Berührung mit der Haut und durch Verschlucken.
R 40/20	Gesundheitsschädlich: Möglichkeit irreversiblen Schadens durch Einatmen.
R 40/21	Gesundheitsschädlich: Möglichkeit irreversiblen Schadens bei Berührung mit der Haut.
R 40/22	Gesundheitsschädlich: Möglichkeit irreversiblen Schadens durch Verschlucken.
R 40/20/21	Gesundheitsschädlich: Möglichkeit irreversiblen Schadens durch Einatmen und bei Berührung mit der Haut.
R 40/20/22	Gesundheitsschädlich: Möglichkeit irreversiblen Schadens durch Einatmen und durch Verschlucken.
R 40/21/22	Gesundheitsschädlich: Möglichkeit irreversiblen Schadens bei Berührung mit der Haut und durch Verschlucken.
R 40/20/21/22	Gesundheitsschädlich: Möglichkeit irreversiblen Schadens durch Einatmen, Berührung mit der Haut und durch Verschlucken.
R 42/43	Sensibilisierung durch Einatmen und Hautkontakt möglich.
R 48/20	Gesundheitsschädlich: Gefahr ernster Gesundheitsschäden bei längerer Exposition durch Einatmen.
R 48/21	Gesundheitsschädlich: Gefahr ernster Gesundheitsschäden bei längerer Exposition durch Berührung mit der Haut.
R 48/22	Gesundheitsschädlich: Gefahr ernster Gesundheitsschäden bei längerer Exposition durch Verschlucken.
R 48/20/21	Gesundheitsschädlich: Gefahr ernster Gesundheitsschäden bei längerer Exposition durch Einatmen und durch Berührung mit der Haut.
R 48/20/22	Gesundheitsschädlich: Gefahr ernster Gesundheitsschäden bei längerer Exposition durch Einatmen und durch Verschlucken.
R 48/21/22	Gesundheitsschädlich: Gefahr ernster Gesundheitsschäden bei längerer Exposition durch Berührung mit der Haut und durch Verschlucken.
R 48/20/21/22	Gesundheitsschädlich: Gefahr ernster Gesundheitsschäden bei längerer Exposition durch Einatmen, Berührung mit der Haut und durch Verschlucken.
R 48/23	Giftig: Gefahr ernster Gesundheitsschäden bei längerer Exposition durch Einatmen.
R 48/24	Giftig: Gefahr ernster Gesundheitsschäden bei längerer Exposition durch Berührung mit der Haut.
R 48/25	Giftig: Gefahr ernster Gesundheitsschäden bei längerer Exposition durch Verschlucken.

R 48/23/24	Giftig: Gefahr ernster Gesundheitsschäden bei längerer Exposition durch Einatmen und durch Berührung mit der Haut.
R 48/23/25	Giftig: Gefahr ernster Gesundheitsschäden bei längerer Exposition durch Einatmen und durch Verschlucken.
R 48/24/25	Giftig: Gefahr ernster Gesundheitsschäden bei längerer Exposition durch Berührung mit der Haut und durch Verschlucken.
R 48/23/24/25	Giftig: Gefahr ernster Gesundheitsschäden bei längerer Exposition durch Einatmen, Berührung mit der Haut und durch Verschlucken.
R 50/53	Sehr giftig für Wasserorganismen, kann in Gewässern längerfristig schädliche Wirkungen haben.
R 51/53	Giftig für Wasserorganismen, kann in Gewässern längerfristig schädliche Wirkungen haben.
R 52/53	Schädlich für Wasserorganismen, kann in Gewässern längerfristig schädliche Wirkungen haben.

Anhang I Nr. 4
Sicherheitsratschläge (S-Sätze)

S 1	Unter Verschluß aufbewahren.
S 2	Darf nicht in die Hände von Kindern gelangen.
S 3	Kühl aufbewahren.
S 4	Von Wohnplätzen fernhalten.
S 5	Unter... aufbewahren (geeignete Flüssigkeit vom Hersteller anzugeben).
S 6	Unter... aufbewahren (inertes Gas vom Hersteller anzugeben).
S 7	Behälter dicht geschlossen halten.
S 8	Behälter trocken halten.
S 9	Behälter an einem gut gelüfteten Ort aufbewahren.
S 12	Behälter nicht gasdicht verschließen.
S 13	Von Nahrungsmitteln, Getränken und Futtermitteln fernhalten.
S 14	Von... fernhalten (Inkompatible Substanzen sind vom Hersteller anzugeben).
S 15	Vor Hitze schützen.
S 16	Von Zündquellen fernhalten – Nicht rauchen.
S 17	Von brennbaren Stoffen fernhalten.
S 18	Behälter mit Vorsicht öffnen und handhaben.
S 20	Bei der Arbeit nicht essen und trinken.
S 21	Bei der Arbeit nicht rauchen.
S 22	Staub nicht einatmen.
S 23	Gas/Rauch/Dampf/Aerosol nicht einatmen (geeignete Bezeichnung(en) vom Hersteller anzugeben).
S 24	Berührung mit der Haut vermeiden.
S 25	Berührung mit den Augen vermeiden.
S 26	Bei Berührung mit den Augen sofort gründlich mit Wasser abspülen und Arzt konsultieren.
S 27	Beschmutzte, getränkte Kleidung sofort ausziehen.
S 28	Bei Berührung mit der Haut sofort abwaschen mit viel... (vom Hersteller anzugeben).
S 29	Nicht in die Kanalisation gelangen lassen.
S 30	Niemals Wasser hinzugießen.

S 33	Maßnahmen gegen elektrostatische Aufladungen treffen.
S 35	Abfälle und Behälter müssen in gesicherter Weise beseitigt werden.
S 36	Bei der Arbeit geeignete Schutzkleidung tragen.
S 37	Geeignete Schutzhandschuhe tragen.
S 38	Bei unzureichender Belüftung Atemschutzgerät anlegen.
S 39	Schutzbrille / Gesichtsschutz tragen.
S 40	Fußboden und verunreinigte Gegenstände mit... reinigen (Material vom Hersteller anzugeben).
S 41	Explosions- und Brandgase nicht einatmen.
S 42	Bei Räuchen / Versprühen geeignetes Atemschutzgerät anlegen u. (geeignete Bezeichnung(en) vom Hersteller anzugeben).
S 43	Zum Löschen... (vom Hersteller anzugeben) verwenden (wenn Wasser die Gefahr erhöht, anfügen: „Kein Wasser verwenden“).
S 45	Bei Unfall oder Unwohlsein sofort Arzt hinzuziehen (wenn möglich dieses Etikett vorzeigen).
S 46	Bei Verschlucken sofort ärztlichen Rat einholen und Verpackung oder Etikett vorzeigen.
S 47	Nicht bei Temperaturen über... °C aufbewahren (vom Hersteller anzugeben).
S 48	Feucht halten mit... (geeignetes Mittel vom Hersteller anzugeben).
S 49	Nur im Originalbehälter aufbewahren.
S 50	Nicht mischen mit... (vom Hersteller anzugeben).
S 51	Nur in gut gelüfteten Bereichen verwenden.
S 52	Nicht großflächig für Wohn- und Aufenthaltsräume zu verwenden.
S 53	Exposition vermeiden – vor Gebrauch besondere Anweisungen einholen.
S 56	Diesen Stoff und seinen Behälter der Problemabfallentsorgung zuführen.
S 57	Zur Vermeidung einer Kontamination der Umwelt geeigneten Behälter verwenden.
S 59	Information zur Wiederverwendung / Wiederverwertung beim Hersteller / Lieferanten erfragen.
S 60	Dieser Stoff und sein Behälter sind als gefährlicher Abfall zu entsorgen.
S 61	Freisetzung in die Umwelt vermeiden. Besondere Anweisungen einholen / Sicherheitsdatenblatt zu Rate ziehen.
S 62	Bei Verschlucken kein Erbrechen herbeiführen. Sofort ärztlichen Rat einholen und Verpackung oder dieses Etikett vorzeigen.

Kombination der S-Sätze

S 1/2	Unter Verschluß und für Kinder unzugänglich aufbewahren.
S 3/7	Behälter dicht geschlossen halten und an einem kühlen Ort aufbewahren.
S 3/9	Behälter an einem kühlen, gut gelüfteten Ort aufbewahren.
S 3/9/14	An einem kühlen, gut gelüfteten Ort, entfernt von... aufbewahren (die Stoffe, mit denen Kontakt vermieden werden muß, sind vom Hersteller anzugeben).
S 3/9/14/49	Nur im Originalbehälter an einem kühlen, gut gelüfteten Ort, entfernt von... aufbewahren (die Stoffe, mit denen Kontakt vermieden werden muß, sind vom Hersteller anzugeben).
S 3/9/49	Nur im Originalbehälter an einem kühlen, gut gelüfteten Ort aufbewahren.
S 3/14	An einem kühlen, von... entfernten Ort aufbewahren (die Stoffe, mit denen Kontakt vermieden werden muß, sind vom Hersteller anzugeben).

S 7/8	Behälter trocken und dicht geschlossen halten.
S 7/9	Behälter dicht geschlossen an einem gut gelüfteten Ort aufbewahren.
S 7/47	Behälter dicht geschlossen und nicht bei Temperaturen über... °C aufbewahren (vom Hersteller anzugeben).
S 20/21	Bei der Arbeit nicht essen, trinken, rauchen. Diesen Stoff und seinen Behälter der Problemabfallentsorgung zuführen.
S 24/25	Berührung mit den Augen und der Haut vermeiden.
S 29/56	Nicht in die Kanalisation gelangen lassen. Diesen Stoff und seinen Behälter der Problemabfallentsorgung zuführen.
S 36/37	Bei der Arbeit geeignete Schutzhandschuhe und Schutzkleidung tragen.
S 36/37/39	Bei der Arbeit geeignete Schutzkleidung, Schutzhandschuhe und Schutzbrille/Gesichtsschutz tragen.
S 36/39	Bei der Arbeit geeignete Schutzkleidung und Schutzbrille/Gesichtsschutz tragen.
S 37/39	Bei der Arbeit geeignete Schutzhandschuhe und Schutzbrille/Gesichtsschutz tragen.
S 47/49	Nur im Originalbehälter bei einer Temperatur von nicht über... °C (vom Hersteller anzugeben) aufbewahren.

Anhang I Nr. 5
Sicherheitsdatenblatt

Das Sicherheitsdatenblatt muß Artikel 3 der Richtlinie 91/155/EWG der Kommission vom 5. März 1991 zur Festlegung der Einzelheiten eines besonderen Informationssystems für gefährliche Zubereitungen gemäß Artikel 10 der Richtlinie 88/379/EWG des Rates (ABl. EG Nr. L 187 vom 16. Juli 1988 S. 14) entsprechen. Wird Artikel 3 der Richtlinie oder der in Bezug genommene Anhang geändert, gelten sie in der geänderten, im Amtsblatt der Europäischen Gemeinschaft veröffentlichten Fassung. Die Änderungen gelten vom ersten Tage des neunten auf die Veröffentlichung folgenden Monats an.

5.1 (1) Das Sicherheitsdatenblatt nach § 14 muß folgende Angaben enthalten:

1. Stoff/Zubereitungs- und Firmenbezeichnung
2. Zusammensetzung/Angaben zu Bestandteilen
3. Mögliche Gefahren
4. Erste-Hilfe-Maßnahmen
5. Maßnahmen zur Brandbekämpfung
6. Maßnahmen bei unbeabsichtigter Freisetzung
7. Handhabung und Lagerung
8. Expositionsbegrenzung und persönliche Schutzausrüstungen
9. Physikalische und chemische Eigenschaften
10. Stabilität und Reaktivität
11. Angaben zur Toxikologie
12. Angaben zur Ökologie
13. Hinweise zur Entsorgung
14. Angaben zum Transport
15. Vorschriften
16. Sonstige Angaben

(2) Die Angaben nach Absatz 1 werden entsprechend den Erläuterungen in Nummer 5.2.1 bis 5.2.16 zusammengestellt.

---

*) Ziffer 5.1–5.2.16 sind entfallen und durch Art. 3 der Richtlinie 91/155 EWG ersetzt worden.

5.2 Leitfaden zur Erstellung des Sicherheitsdatenblattes

(1) Die folgenden Erläuterungen sollen als Anleitung dienen. Es soll sichergestellt werden, daß die zwingenden Angaben zu jedem in Nummer 5.1 Abs. 1 aufgeführten Punkt es dem Abnehmer ermöglichen, die notwendigen Maßnahmen für den Gesundheitsschutz und die Sicherheit am Arbeitsplatz zu ergreifen.

(2) Die Angaben sind kurz und klar abzufassen.

(3) Angesichts der Vielfalt der Eigenschaften von Stoffen oder Zubereitungen können in einigen Fällen zusätzliche Informationen erforderlich sein. Sind in anderen Fällen Informationen über bestimmte Eigenschaften erwiesenermaßen ohne Bedeutung oder aus technischen Gründen nicht zu ermitteln, so kann auf ihre Nennung unter Angabe von Gründen verzichtet werden.

(4) Die Reihenfolge der in Nr. 5.1 Abs. 1 aufgeführten Punkte ist nicht zwingend, sie wird jedoch empfohlen.

(5) Die Änderungen, die bei der Überarbeitung eines Sicherheitsdatenblattes vorgenommen werden, sind dem Abnehmer nach § 14 Abs. 2 zur Kenntnis zu bringen.

5.2.1 Stoff / Zubereitungs- und Firmenbezeichnung

1. Bezeichnung des Stoffes oder der Zubereitung
   Die verwendete Bezeichnung muß mit der bei der Kennzeichnung des Stoffes nach § 6 Abs. 1 Nr. 1 oder der Zubereitung nach § 7 Abs. 1 Nr. 1 verwendeten Angabe übereinstimmen. Gibt es andere Bezeichnungen, so können diese zusätzlich aufgeführt werden.
2. Firmenbezeichnung
   Der Name, die Anschrift und die Telefonnummer des Herstellers oder des Einführers oder des Vertriebsunternehmers (Inverkehrbringer im Sinne des § 14 Abs. 5); bei Herstellern mit Sitz außerhalb der Europäischen Gemeinschaften Name und Anschrift dessen, der den Stoff oder die Zubereitungen in die Europäische Gemeinschaften einführt oder erneut in den Verkehr bringt.
3. Zur Vervollständigung dieser Angaben ist die Notrufnummer der Gesellschaft und / oder eines Informations- und Behandlungszentrums für Vergiftungen anzugeben.

5.2.2 Zusammensetzung / Angaben zu Bestandteilen

(1) Anhand der Angaben sollte der Abnehmer ohne Schwierigkeiten die Gefährdungen durch den Stoff oder die Zubereitung erkennen können.

(2) Bei einer Zubereitung gilt:

1. Es ist nicht unbedingt die vollständige Zusammensetzung (Art der Bestandteile und ihre jeweilige Konzentration) anzugeben:
2. Folgende Bestandteile müssen jedoch mit ihren jeweiligen Konzentrationen oder Konzentrationsbereichen angegeben werden:
   a) gefährliche Stoffe mit zumindest einem Gefährlichkeitsmerkmal nach § 4 Nr. 6 bis 14, wenn ihr Gehalt in der Zubereitung die im Anhang II Nr. 1.3.1 Abs. 7 festgelegten Grenzen erreicht oder übersteigt. Für bestimmte krebserzeugende Stoffe sind die stoffspezifischen Konzentrationsgrenzen nach § 35 Abs. 3 anzuwenden.
   b) Stoffe, für die Maximale Arbeitsplatzkonzentrationen, Technische Richtkonzentrationen oder Biologische Arbeitsplatztoleranzwerte entsprechend der Bekanntmachung nach § 52 Abs. 4 gelten, die jedoch nicht unter Buchstabe a fallen.

3. Für die in Nr. 2a genannten Stoffe ist die jeweilige Einstufung in Form der zutreffenden Gefahrensymbole und R-Sätze anzugeben.
4. Ist die Identität von Stoffen nach § 7 Abs. 6 vertraulich zu behandeln, so sind zur Gewährleistung einer sicheren Handhabung ihre chemischen Eigenschaften zu beschreiben. Es ist diejenige Stoffbezeichnung anzugeben, die bei der Anwendung des vorgenannten Verfahrens festgelegt wurde.

5.2.3 Mögliche Gefahren

(1) Die wichtigsten Gefährdungen, die von dem Stoff oder der Zubereitung insbesondere für Mensch und Umwelt ausgehen, sind kurz und klar zu beschreiben.

(2) Die wichtigsten schädlichen Auswirkungen auf die menschliche Gesundheit sowie die Symptome, die bei der Verwendung und einem absehbaren Mißbrauch auftreten können, sind zu beschreiben.

(3) Die Angaben sollen von den Angaben in der Kennzeichnung ausgehen, müssen diese jedoch nicht wiederholen.

5.2.4 Erste-Hilfe-Maßnahmen

(1) Anzugeben sind die erforderlichen Erste-Hilfe-Maßnahmen und ob eine sofortige ärztliche Untersuchung notwendig ist.

(2) Die Anweisungen für die Erste Hilfe müssen für Opfer, Umstehende und Erste-Hilfe-Leistende kurz, klar und verständlich formuliert sein. Symptome und Auswirkungen sind kurz zu beschreiben. Aus den Angaben muß hervorgehen, welche Sofortmaßnahmen bei Unfällen zu ergreifen sind und ob mit möglichen verzögerten Wirkungen aufgrund der Exposition gerechnet werden muß.

(3) Die Informationen sind mit Hilfe von Unterüberschriften nach den verschiedenen Expositionswegen, d. h. Einatmen, Haut- und Augenkontakt und Verschlucken zu unterteilen. Es ist anzugeben, ob eine ärztliche Betreuung erforderlich oder angeraten ist oder am Arbeitsplatz besondere Mittel verfügbar sein müssen, um eine gezielte und sofortige Behandlung zu gewährleisten.

5.2.5 Maßnahmen zur Brandbekämpfung

Anzugeben sind die Anforderungen an die Bekämpfung eines Brandes, der von einem Stoff oder einer Zubereitung ausgeht oder diese betreffen könnte, insbesondere:
- geeignete Löschmittel,
- aus Sicherheitsgründen ungeeignete Löschmittel,
- besondere Gefährdungen durch den Stoff oder die Zubereitung selbst, seine Verbrennungsprodukte, oder entstehende Gase,
- besondere Schutzausrüstung bei der Brandbekämpfung.

5.2.6 Maßnahmen bei unbeabsichtigter Freisetzung

(1) Entsprechend der Eigenschaften der Stoffe oder Zubereitungen sind folgende Informationen anzugeben:
- Personenbezogene Vorsichtsmaßnahmen:
  z. B. Entfernen von Zündquellen, Sicherstellen einer ausreichenden Belüftung/eines ausreichenden Atemschutzes, Vermeiden von Staubentwicklung, Verhindern von Haut- und Augenkontakt.
- Umweltschutzmaßnahmen: z. B. Verhütung des Eindringens in die Kanalisation, in Oberflächen und Grundwasser sowie in den Boden, eventuelle Alarmierung der Nachbarschaft.

- Verfahren zur Reinigung: z. B. Einsatz absorbierender Stoffe (z. B. Sand, Kieselgur, saure Bindemittel, Universalbindemittel, Sägemehl...), Niederschlagen von Gas und Rauch mit Wasser, Verdünnung.

Außerdem ist möglicherweise auf Mittel, die keinesfalls verwendet werden dürfen, oder auf geeignete Neutralisierungsmittel hinzuweisen, z. B. „keinesfalls verwenden"..., „Neutralisieren mit".

(2) Gegebenenfalls ist auf Nummer 5.2.8 und 5.2.13 zu verweisen.

5.2.7 Handhabung und Lagerung

(1) Handhabung

Anzugeben sind Schutzmaßnahmen für den sicheren Umgang einschließlich Empfehlungen für technische Maßnahmen, wie zum Beispiel örtliche Absaugung und Lüftungsmaßnahmen, Maßnahmen zur Verhinderung von Aerosol und Staubbildung, Brandschutzmaßnahmen sowie weitere spezifische Anforderungen oder im Zusammenhang mit dem Stoff oder der Zubereitung (z. B. geeignete oder nicht zulässige Arbeitsverfahren und Geräte). DieArt der Maßnahme sollte nach Möglichkeit kurz beschrieben werden.

(2) Lagerung

Anzugeben sind die Bedingungen für eine sichere Lagerung wie z. B. spezielle Anforderungen an Lagerräume oder -behälter (einschließlich Rückhaltewände und Belüftung), unverträgliche Materialien, Zusammenlagerverbote, Lagerbedingungen (Temperatur und Feuchtigkeitsgrenze/bereich, Licht, Inertgas...), besondere Anforderungen an elektrische Anlagen und Geräte sowie Maßnahmen gegen statische Aufladung. Anzugeben sind, falls erforderlich, Mengenbegrenzung in Abhängigkeit von den Lagerbedingungen. Anzugeben sind insbesondere Spezialinformationen, wie die Art des Materials, das für die Verpackung/die Behältnisse des Stoffes oder der Zubereitung verwendet wird.

5.2.8 Expositionsbegrenzung und persönliche Schutzausrüstungen

(1) Maßnahmen zur Begrenzung und Überwachung der Exposition umfassen alle Maßnahmen, die während der Verwendung des Stoffes oder der Zubereitung zu ergreifen sind, um die Exposition der Beschäftigten so gering wie möglich zu halten.

(2) Technische Maßnahmen haben Vorrang vor dem Einsatz persönlicher Schutzausrüstungen. Deshalb sind Angaben über die Gestaltung der technischen Anlagen zu machen, z. B. geschlossene Anlagen.

(3) Diese Angaben sollen die bereits in Nummer 5.2.7 Abs. 1 empfohlenen Maßnahmen ergänzen. Anzugeben sind spezifische zu überwachende Parameter z. B. Grenzwerte in der Luft oder in biologischem Material sowie Meßverfahren und die entsprechende Methode. Ist eine persönliche Schutzausrüstung erforderlich, so ist die Art der Ausrüstung anzugeben, die einen angemessenen Schutz gewährleistet:

- Atemschutz:
  Bei gefährlichen Gasen, Dämpfen oder Staub ist auf die geeignete Schutzausrüstung, wie beispielsweise umluftunabhängige Atemschutzgeräte, geeignete Masken und Filter hinzuweisen.
- Handschutz:
  Anzugeben ist die Art der bei der Handhabung des Stoffes oder der Zubereitung erforderlichen Schutzhandschuhe. Falls erforderlich, sind zusätzliche Hand- und Hautschutzmaßnahmen anzugeben.

- Augenschutz:
  Anzugeben ist die Art des erforderlichen Augenschutzes, wie zum Beispiel Sicherheitsglas, Schutzbrillen, Gesichtsschild.
- Körperschutz:
  Anzugeben sind für den Schutz anderer Hautpartien als der Hände die erforderliche Art und Qualität der Schutzausrüstung, wie zum Beispiel Vollschutz, Schutzanzug, Schürze, Stiefel.
  Falls erforderlich, sind besondere hygienische Maßnahmen anzugeben.

5.2.9 Physikalische und chemische Eigenschaften

Dieser Teil umfaßt – soweit zutreffend – die nachfolgenden Angaben zu dem Stoff oder der Zubereitung.

Aussehen: Aggregatzustand (fest, flüssig, gasförmig) und Farbe des Stoffes oder der Zubereitung im Lieferzustand.

Geruch: Ist ein Geruch wahrnehmbar, so ist dieser kurz zu beschreiben.

pH-Wert: pH-Wert des Stoffes oder der Zubereitung im Lieferzustand oder in wässriger Lösung. Im letzteren Fall ist die Konzentration anzugeben.

Siedepunkt / Siedebereich: Schmelzpunkt / Schmelzbereich: Flammpunkt:

Entzündlichkeit (fest, gasförmig):

Selbstentzündlichkeit:

Explosionsgefahr:

Brandfördernde Eigenschaften:

Dampfdruck:

relative Dichte:

Löslichkeit: Wasserlöslichkeit, Fettlöslichkeit (Lösungsmittel angeben)

Verteilungskoeffizient: n-Oktanol / Wasser

sonstige Angaben: anzugeben sind sicherheitsrelevante Parameter wie Dampfdichte, Mischbarkeit, Verdampfungsgeschwindigkeit, Leitfähigkeit, Viskosität, usw.

Die vorgenannten Eigenschaften werden auf der Grundlage von Prüfungen nach der Verordnung über Prüfnachweise und Anmelde- und Mitteilungsunterlagen nach dem Chemikaliengesetz (Prüfnachweisverordnung) bestimmt. Aussehen, Geruch, pH-Wert oder sonstige Angaben können auch nach jeder anderen vergleichbaren Methode bestimmt werden.

5.2.10 Stabilität und Reaktivität

(1) Anzugeben sind die Stabilität des Stoffes oder der Zubereitung sowie eventuelle gefährliche Reaktionen unter bestimmten Bedingungen.

- Zu vermeidende Bedingungen:
  Anzugeben sind Bedingungen wie Temperatur, Druck, Licht, Erschütterung usw., die zu einer gefährlichen Reaktion führen können. Wenn möglich, ist die Reaktion kurz zu beschreiben.
- Zu vermeidende Stoffe:
  Anzugeben sind Stoffe wie Wasser, Luft, Säuren, Basen, Oxidationsmittel oder jeder andere Stoff, der zu einer gefährlichen Reaktion führen kann. Wenn möglich, sind die Reaktionen kurz zu beschreiben.
- Gefährliche Zersetzungsprodukte:
- Anzugeben sind gefährliche Stoffe, die bei der Zersetzung eines Stoffes in Mengen entstehen können, die mit einem gesundheitlichen Risiko verbunden sein können.

(2) Insbesondere sind anzugeben:

- Die Notwendigkeit von Stabilisatoren und ihr Vorhandensein.

- Die Möglichkeit einer gefährlichen exothermen Reaktion.
- Auswirkungen einer Änderung des Aggregatzustands des Stoffes oder der Zubereitung auf die Sicherheit.
- Gegebenenfalls gefährliche Zersetzungsprodukte bei Kontakt mit Wasser.
- Mögliche Zersetzung zu instabilen Produkten.

5.2.11 Angaben zur Toxikologie

(1) Dieser Abschnitt umfaßt die kurze, aber vollständige und verständliche Beschreibung der verschiedenen toxischen Wirkungen (auf die Gesundheit), die sich beim Kontakt mit dem Stoff oder der Zubereitung für den Verwender ergeben können.

(2) Anzugeben sind schädliche Auswirkungen durch Exposition gegenüber dem Stoff oder der Zubereitung, wobei von Erfahrungen aus der Praxis oder/und den Ergebnissen wissenschaftlicher Versuche auszugehen ist. Die Wirkungen sind entsprechend den physikalischen, chemischen und toxischen Eigenschaften nach Expositionswegen (Einatmen, Verschlucken, Haut- und Augenkontakt) getrennt zu beschreiben. Dabei sind die sofort oder verzögert auftretenden Wirkungen sowie die chronischen Wirkungen nach kurzer oder länger anhaltender Exposition zu berücksichtigen, z. B. Sensibilisierung, krebserzeugende, erbgutverändernde, fortpflanzungsgefährdende und narkotische Wirkungen.

(3) Unter Berücksichtigung der Angaben in Nummer 5.2.2 kann es erforderlich sein, auf besondere Wirkungen bestimmter Bestandteile einer Zubereitung hinzuweisen.

5.2.12 Angaben zur Ökologie

(1) Vorzulegen ist eine Bewertung der möglichen Auswirkungen, des Verhaltens und des Verbleibs des Stoffes oder der Zubereitung in der Umwelt.

(2) Zu beschreiben sind die wichtigsten Eigenschaften, die sich auf die Umwelt auswirken können in Abhängigkeit von der Beschaffenheit und den wahrscheinlichen Verwendungsarbeiten des Stoffes oder der Zubereitung:
- Mobilität
- Persistenz und Abbaubarkeit
- Bioakkumulationspotential
- aquatische Toxizität und weitere Daten über die
- Ökotoxizität, z. B. Verhalten in Abwasserbehandlungsanlagen.

Anmerkungen

Solange noch keine Kriterien für die Bewertung der Umweltgefährlichkeit von Zubereitungen verfügbar sind, sollten Informationen zu den obengenannten Eigenschaften für diejenigen Stoffe geliefert werden, die in einer Zubereitung enthalten und als umweltgefährlich eingestuft sind.

5.2.13 Hinweise zur Entsorgung

(1) Stellt die Entsorgung eines Stoffes oder einer Zubereitung (Restmengen oder Abfälle aus der absehbaren Verwendung) eine Gefährdung dar, müssen die Rückstände genannt und Hinweise für ihre sichere Handhabung gegeben werden.

(2) Anzugeben sind die geeigneten Entsorgungsverfahren für den Stoff und die Zubereitung und für verunreinigtes Verpackungsmaterial (Verbrennung, Wiederverwertung, Deponie, usw.).

5.2.14 Angaben zum Transport

(1) Anzugeben sind die besonderen Vorsichtsmaßnahmen, die der Verwender bezüglich des Transports oder Transportbehälter innerhalb oder außerhalb seines Betriebsgeländes zu kennen oder zu beachten hat.

(2) Informationen gemäß der UN-Empfehlung und sonstiger internationaler Übereinkommen über die Beförderung und die Verpackung gefährlicher Güter können als ergänzende Hinweise geliefert werden.

5.2.15 Vorschriften

(1) Die in der Kennzeichnung der gefährlichen Stoffe und Zubereitungen angegebenen Informationen sind anzugeben.

(2) Gelten für Stoffe und Zubereitungen, die in diesem Sicherheitsdatenblatt aufgeführt sind, besondere Bestimmungen zum Gesundheits- und Umweltschutz (z. B. Verwendungs- und Inverkehrbringensbeschränkungen, Grenzwerte für die Exposition am Arbeitsplatz) dann sollten diese soweit wie möglich angegeben werden.

5.2.16 Sonstige Angaben

(1) Hier können alle weiteren Informationen gegeben werden, die für die Sicherheit und den Gesundheitsschutz von Bedeutung sein könnten, wie zum Beispiel:

- Schulungshinweise
  empfohlene Verwendung und Beschränkungen
- weitere Informationen (schriftliche Quellen und/oder Kontaktstellen für technische Informationen)
- Quellen der wichtigsten Daten, die zur Erstellung des Merkblatts verwendet wurden.

(2) Falls nicht anderweitig vermerkt, ist ferner das Ausstellungsdatum des Merkblatts anzugeben.

Anhang II Nr. 1
Einstufung und Kennzeichnung gefährlicher Zubereitungen

Inhaltsübersicht

1.1 Anwendungsbereich

(1) Anhang II Nummer 1 gilt für Zubereitungen die

1. einen Stoff mit mindestens einem Gefährlichkeitsmerkmal nach § 4 enthalten und
2. nach Nummer 1.2 oder 1.3 als gefährlich eingestuft sind.

(2) Anhang II Nummer 1 gilt nicht für Zubereitungen, die dazu bestimmt sind, als Schädlingsbekämpfungsmittel nach Anhang II Nummer 2 verwendet zu werden.

1.2 Einstufung von Zubereitungen aufgrund physikalisch-chemischer Eigenschaften

(1) Zubereitungen werden als explosionsgefährlich, brandfördernd, hochentzündlich, leichtentzündlich oder entzündlich aufgrund von Prüfungen in Verbindung mit Anhang I Nummer 1.2 eingestuft und gekennzeichnet.

(2) Die Bestimmung der explosionsgefährlichen, brandfördernden, hochentzündlichen, leichtentzündlichen oder entzündlichen Eigenschaften einer Zubereitung ist jedoch nicht notwendig, sofern keiner der Bestandteile derartige Eigenschaften aufweist und es aufgrund der Informationen, über die der Hersteller verfügt, wenig wahrscheinlich ist, daß die Zubereitung eine derartige Gefahr darstellt.

1.2.1 Bewertung brandfördernder Eigenschaften von Gasgemischen

(1) Das Grundprinzip des Verfahrens besteht im Vergleich der brandfördernden Wirkung von Gasen in einem Gemisch mit der brandfördernden Wirkung von Sauerstoff in der Luft. Die Konzentrationen der Gase in dem Gemisch werden in Volumenprozenten ausgedrückt.

(2) Es wird davon ausgegangen, daß ein Gasgemisch genauso oder stärker brandfördernd ist als Luft, wenn die folgende Bedingung erfüllt ist:

$$\sum_i x_i C_i > 21$$

wobei: X_i die Konzentration des Gases i in Volumenprozenten
und C_i der Koeffizient der Sauerstoff-Äquivalenz ist.
In diesem Fall wird die Zubereitung als brandfördernd eingestuft und mit R 8 gekennzeichnet.

(3) Die bei der Berechnung der brandfördernden Wirkung bestimmter Gase in einem Gemisch, bezogen auf die brandfördernde Wirkung von Sauerstoff in der Luft, verwendeten Äquivalenzkoeffizienten, die in Abschnitt 5.2 der ISO Norm ISO 10156 (Ausgabe 15. 12. 1990) aufgeführt sind, lauten wie folgt:
O_2 1
N_2O 0,6

(4) Wenn in der vorgenannten ISO Norm ein C_i-Koeffizient nicht genannt ist, wird dem Koeffizient der Wert 40 zugeordnet.

1.2.2 Bewertung entzündlicher Eigenschaften von Gasgemischen

(1) Abweichend von Nummer 1.2 Abs. 1 kann in Fällen, in denen gasförmige Zubereitungen auf Bestellung in geringen Mengen hergestellt werden, die Entzündlichkeit dieser Gasgemische nach den folgenden Berechnungsmethoden ermittelt werden:

(2) Für die Berechnung des Gasgemisches gilt:

$$A_1F_1 + \ldots + A_iF_i + \ldots A_nF_n + B_1I_1 + \ldots + B_iI_i + \ldots B_pI_p$$

wobei A_i und B_i die molaren Anteile
F_i das entzündliche Gas
I_i das inerte Gas
n die Anzahl der entzündlichen Gase
p die Anzahl der inerten Gase sind.
Die Gleichung kann so umgeformt werden, daß alle I_i (inerte Gase) durch ein Stickstoff-Äquivalent ausgedrückt werden, bei dem ein Koeffizient K_i, verwendet wird und der äquivalente Gehalt an brennbarem Gas A'_i durch folgende Berechnungsformel ausgedrückt wird:

$$A'_i = A_i \, X \left(\frac{100}{A_i + K_i B_i} \right)$$

(3) Durch Verwendung des Wertes für den maximalen Gehalt eines entzündlichen Gases, das in einem Gemisch mit Stickstoff eine Zusammensetzung ergibt, die an der Luft nicht entzündlich ist (Tci), erhält man folgende Gleichung:

$$\sum_i A'/\,Tci \leqslant 1$$

Das Gasgemisch ist entzündlich, wenn der Wert der vorstehenden Gleichung größer als 1 ist und wird als hochentzündlich eingestuft, darüber hinaus wird der Satz R 12 zugeordnet.
(4) Die Werte der Äquivalenzkoeffizienten K_i zwischen den inerten Gasen und Stickstoff sind den Tabellen 1 und 2 der ISO Norm ISO 10156 zu entnehmen.
(5) Die Werte für die maximalen Gehalte entzündlicher Gase (Tci) können der Tabelle 2 der ISO Norm ISO 10156 entnommen werden. Ist in der oben genannten Norm für ein brennbares Gas kein Tci-Wert angegeben, wird der entsprechende untere Explosionswert (LEL = lower explosivity limit) angewandt. Existiert kein LEL-Wert, so wird der Tci-Wert auf 1% des Volumens festgelegt.
(6) Bei der Anwendung der Nummer 1.2.1 und 1.2.2 ist folgendes zu beachten:

1. Zwar kann die Berechnungsformel des Gasgemisches verwendet werden, um eine ordnungsgemäße Kennzeichnung zu ermöglichen, sie kann jedoch nicht als Ersatz für Versuche zur Bestimmung der sicherheitstechnischen Parameter angesehen werden.
2. Die Berechnungsformel gibt auch keine Information darüber, ob ein Gemisch mit brandfördernden Gasen sicher hergestellt werden kann. Bei der Beurteilung der Entzündlichkeit werden diese brandfördernden Gase nicht berücksichtigt.
3. Die Berechnungsformel führt nur dann zu verläßlichen Ergebnissen, wenn die entzündlichen Gase sich nicht gegenseitig in ihrer Entzündlichkeit beeinflussen. Dies ist z. B. bei halogenierten Kohlenwasserstoffen zu berücksichtigen.

1.3 Einstufung von Zubereitungen aufgrund toxischer Eigenschaften

1.3.1 Allgemeine Bestimmungen

(1) Zubereitungen sind

1. nach den Ergebnissen von toxikologischen Prüfungen in Verbindung mit Anhang I Nummer 1 oder

2. durch Anwendung der konventionellen Methode nach Nummer 1.3.2 unter Verwendung von Konzentrationsgrenzen einzustufen.

(2) Alle toxischen Eigenschaften einer Zubereitung sind nach einer der in Absatz 1 genannten Methode zu bewerten.

(3) Ist eine toxische Eigenschaft einer Zubereitung nach beiden in Absatz 1 genannten Methoden bestimmt worden, ist die Einstufung nach den Ergebnissen der toxikologischen Prüfung vorzunehmen.

(4) Abweichend von Absatz 3 erfolgt die Bewertung der krebserzeugenden, erbgutverändernden und fortpflanzungsgefährdenden Eigenschaften von Zubereitungen nur nach der konventionellen Methode.

(5) In den Fällen, in denen nachgewiesen werden kann, daß

- die toxischen Wirkungen auf den Menschen sich von den toxischen Wirkungen unterscheiden, auf die eine toxikologische Bestimmung oder eine konventionelle Bewertung hindeutet, ist die betreffende Zubereitung nach ihren Wirkungen auf den Menschen einzustufen
- bei einer konventionellen Bewertung aufgrund von zum Beispiel potenzierenden Wirkungen die Gefahren für die Gesundheit unterschätzt würden, ist die Zubereitung unter Berücksichtigung dieser Wirkung einzustufen
- bei einer konventionellen Bewertung aufgrund von zum Beispiel antagonistischen Wirkungen die Gefahren für die Gesundheit überschätzt würden, ist die betreffende Zubereitung unter Berücksichtigung dieser Wirkungen einzustufen.

(6) Im Falle von Zubereitungen mit bekannter Zusammensetzung, die nach den Ergebnissen von toxikologischen Prüfungen eingestuft wurden, ist eine neue Bewertung der Gesundheitsgefährdung entweder durch eine Prüfung oder durch Anwendung der konventionellen Methode vorzunehmen, wenn der Hersteller die Zusammensetzung in der Weise ändert, daß

- von der ursprünglichen Konzentration eines oder mehrerer Bestandteile mit zumindest einem Gefährlichkeitsmerkmal nach § 4 Nummer 6 bis 14 entsprechend der nachstehenden Tabelle abgewichen wird;

Bereich der ursprünglichen Konzentration des Bestandteils		Zulässige Abweichung der ursprünglichen Konzentration des Bestandteils
	≤ 2,5%	± 15 %
> 2,5	≤ 10 %	± 10 %
> 10	≤ 25 %	± 6 %
> 25	≤ 50 %	± 5 %
> 50	≤ 100 %	± 2,5%

- ein oder mehrere Bestandteile ersetzt oder hinzugefürt werden; dies gilt unabhängig davon, ob die betreffenden Bestandteile nach § 4 gefährlich sind.

(7) Bei der Einstufung der Zubereitungen werden Stoffe unabhängig davon, ob sie als Verunreinigung oder Beimengungen vorhanden sind, nicht berücksichtigt, wenn ihre Gewichtskonzentration folgende Werte unterschreitet:

- 0,1% bei den als sehr giftig, giftig eingestuften Stoffen,
- 1% bei den als gesundheitsschädlich, ätzend, reizend eingestuften Stoffen,

es sei denn, daß für die in der Bekanntmachung nach § 4 a Abs. 1 aufgeführten Stoffe dort niedrigere Werte oder für Gase in Nummer 1.5.1 bis 1.5.6 niedrigere Werte festgelegt sind.

1.3.2 Anwendung der konventionellen Methode

(1) Die Bewertung der Gefahren für die Gesundheit nach der konventionellen Methode erfolgt unter Verwendung von Konzentrationsgrenzen.

(2) Sind gefährlichen Stoffen, die in der Bekanntmachung nach § 4 a Abs. 1 aufgeführt sind, die für die Anwendung der nachstehend beschriebenen Bewertungsmethode erforderlichen Konzentrationsgrenzen zugeordnet worden, sind diese Grenzwerte zu verwenden.

(3) Sind gefährlichen Stoffen, die in der Bekanntmachung nach § 4 a Abs. 1 aufgeführt sind, die für die Anwendung der nachstehend beschriebenen Bewertungsmethode erforderlichen Konzentrationsgrenzen nicht zugeordnet worden, sind die Grenzwerte der Nummer 1.5.1 bis 1.5.6 zu entnehmen.

(4) Bei gefährlichen Stoffen, die nicht in der Bekanntmachung nach § 4 a Abs. 1 aufgeführt sind, sind die Konzentrationsgrenzen der Nummer 1.5.1 bis 1.5.6 zu entnehmen.

(5) Enthält eine Zubereitung mindestens einen Stoff, der nach § 6 Abs. 4 den Hinweis „Achtung – noch nicht vollständig geprüfter Stoff" trägt, so ist bei der Anwendung der konventionellen Methode dieser Stoff in gleicher Weise zu berücksichtigen wie die übrigen in der Zubereitung enthaltenen Stoffe, wenn seine Kennzeichnung zumindest einen Hinweis auf Gesundheitsgefahren enthält.

(6) Einige Stoffe können zugleich unterschiedliche gefährliche Eigenschaften für die Gesundheit aufweisen, z. B. gesundheitsschädlich / reizend, ätzend / gesundheitsschädlich, ätzend / gesundheitsschädlich / sensibilisierend; folglich muß jede dieser Eigenschaften durch ihre spezifische Konzentrationsgrenze bestimmt werden.

(7) Für Stoffe nach Absatz 3, 4 und 5 hat der Hersteller oder Einführer die Konzentrationsgrenzen nach Nummer 1.5 festzulegen.

1.3.3 Sehr giftig

Als sehr giftig werden Zubereitungen eingestuft, die

1. einen oder mehrere aufgrund akut letaler Wirkungen als sehr giftig eingestufte Stoffe in einer Konzentration enthalten die,
   - bei Stoffen nach Nummer 1.3.2 Abs. 2 größer oder gleich ist als die dort festgelegte stoffspezifische Konzentrationsgrenze,
   - bei Stoffen nach Nummer 1.3.2 Abs. 3, 4 und 5 größer oder gleich ist als die in Nummer 1.5.1 festgelegte Konzentrationsgrenze,
2. mehrere aufgrund akut letaler Wirkungen als sehr giftig eingestufte Stoffe in einer Einzelkonzentration enthalten, die die in Nummer 1 festgelegten Konzentrationsgrenzen nicht überschreiten, wenn die Summe der Quotienten, die durch Division des Gewichtsprozentsatzes jedes in der Zubereitung enthaltenen sehr giftigen Stoffes durch den für diesen Stoff festgelegten Grenzwert erhalten wird, größer als oder gleich 1 ist, d. h.:

$$\sum \left(\frac{P_{T^+}}{L_{T^+}} \right) \geq 1$$

Dabei ist:

P_{T+} = der Gewichtsprozentsatz jedes sehr giftigen Stoffes in der Zubereitung,

L_{T+} = der für jeden sehr giftigen Stoff festgelegte und in Prozent ausgedrückte Grenzwert,

3. einen oder mehrere gefährliche Stoffe enthalten, die nach einer einmaligen Exposition eine irreversible nicht letale Wirkung zeigen, und deren Einzelkonzentration
   - bei Stoffen nach Nummer 1.3.2 Abs. 2, größer als gleich oder gleich ist als die dort festgelegte stoffspezifische Konzentrationsgrenze,
   - bei Stoffen nach Nummer 1.3.2 Abs. 3, 4 und 5 größer oder gleich ist als die in Nummer 1.5.2 festgelegte Konzentrationsgrenze.

1.3.4 Giftig

Als giftig werden Zubereitungen eingestuft, die

1. einen oder mehrere aufgrund akut letaler Wirkungen als sehr giftig oder giftig eingestufte Stoffe in einer Konzentration enthalten, die
   - bei Stoffen nach Nummer 1.3.2 Abs. 2 größer oder gleich ist als die dort festgelegte stoffspezifische Konzentrationsgrenze,
   - bei Stoffen nach Nummer 1.3.2 Abs. 3, 4 und 5 größer oder gleich ist als die in Nummer 1.5.1 festgelegte Konzentrationsgrenze,
2. mehrere aufgrund akut letaler Wirkungen als sehr giftig oder giftig eingestufte Stoffe in einer Einzelkonzentration enthalten, die die in Nummer 1 festgelegten Konzentrationsgrenzen nicht überschreitet, wenn die Summe der Quotienten, die durch Division des Gewichtsprozentsatzes jedes in der Zubereitung enthaltenen Stoffes durch den für diesen Stoff festgelegten Grenzwert der Giftigkeit erhalten wird, größer als oder gleich 1 ist, d. h.:

$$\sum \left(\frac{P_{T^+}}{P_{T^+}} + \frac{P_T}{L_T} \right) \geq 1$$

Dabei ist:

P_{r+} der Gewichtsprozentsatz jedes sehr giftigen Stoffes in der Zubereitung;
P_T der Gewichtsprozentsatz jedes giftigen Stoffes in der Zubereitung;
L_T der für jeden sehr giftigen oder giftigen Stoff festgelegte und in Prozent ausgedrückte Grenzwert.

3. einen oder mehrere gefährliche Stoffe enthalten, die nach einer einmaligen Exposition eine irreversible nicht letale Wirkung zeigen und deren Einzelkonzentration
   - bei Stoffen nach Nummer 1.3.2 Abs. 2 größer oder gleich ist als die dort festgelegte stoffspezifische Konzentrationsgrenze,
   - bei Stoffen nach Nummer 1.3.2 Abs. 3, 4 und 5 größer oder gleich ist als die in Nummer 1.5.2 festgelegte Konzentrationsgrenze,
4. aufgrund ihrer schwerwiegenden Wirkungen nach wiederholter oder längerer Exposition einen oder mehrere gefährliche Stoffe enthalten, die nach wiederholter oder längerer Exposition schwerwiegende Wirkungen zeigen, und deren Einzelkonzentration
   - bei Stoffen nach Nummer 1.3.2 Abs. 2 größer oder gleich ist als die dort festgelegte stoffspezifische Konzentrationsgrenze,
   - bei Stoffen nach Nummer 1.3.2 Abs. 3, 4 und 5 größer oder gleich ist als die in Nummer 1.5.3 festgelegte Konzentrationsgrenze.

1.3.5 Gesundheitsschädlich

Als gesundheitsschädlich werden Zubereitungen eingestuft, die

1. einen oder mehrere aufgrund akut letaler Wirkungen als sehr giftig, giftig oder gesundheitsschädlich eingestufte Stoffe in einer Konzentration enthalten, die

- bei Stoffen nach Nummer 1.3.2 Abs. 2 größer oder gleich ist als die dort festgelegte stoffspezifische Konzentrationsgrenze,
- bei Stoffen nach Nummer 1.3.2 Abs. 3, 4 und 5 größer oder gleich ist als die in Nummer 1.5.1 festgelegte Konzentrationsgrenze,

2. mehrere aufgrund akut letaler Wirkungen als sehr giftig, giftig oder gesundheitsschädlich eingestufte Stoffe in einer Einzelkonzentration enthalten, die die in Nummer 1 festgelegten Konzentrationsgrenzen nicht überschreitet, wenn die Summe der Quotienten, die durch Division des Gewichtsprozentsatzes jedes in der Zubereitung enthaltenen Stoffes durch den für diesen Stoff festgelegten Grenzwert der Gesundheitsschädlichkeit erhalten wird, größer oder gleich 1 ist, d. h.

$$\sum \left(\frac{P_{T^+}}{L_{Xn}} + \frac{P_T}{L_{Xn}} + \frac{P_{Xn}}{L_{Xn}} \right) \geq 1$$

Dabei ist:
P_{r+} der Gewichtsprozentsatz jedes sehr giftigen Stoffes in der Zubereitung,
P_T der Gewichtsprozentsatz jedes giftigen Stoffes in der Zubereitung,
P_n der Gewichtsprozentsatz jedes gesundheitsschädlichen Stoffes in der Zubereitung,
L_{Xn} der für jeden sehr giftigen, giftigen oder gesundheitsschädlichen Stoff festgelegte und in Prozent ausgedrückte Grenzwert.

3. die einen oder mehrere gefährliche Stoffe enthalten, die nach einer einmaligen Exposition eine irreversible nicht letale Wirkung zeigen, und deren Einzelkonzentration
   - bei Stoffen nach Nummer 1.3.2 Abs. 2 größer oder gleich ist als die dort festgelegte stoffspezifische Konzentrationsgrenze,
   - bei Stoffen nach Nummer 1.3.2 Abs. 3, 4 und 5 größer oder gleich ist als die in Nummer 1.5.2 festgelegte Konzentrationsgrenze,
4. die einen oder mehrere gefährliche Stoffe enthalten, die nach wiederholter oder längerer Exposition schwerwiegende Wirkungen zeigen, und deren Einzelkonzentration
   - bei Stoffen nach Nummer 1.3.2 Abs. 2 größer oder gleich ist als die dort festgelegte stoffspezifische Konzentrationsgrenze,
   - bei Stoffen nach Nummer 1.3.2 Abs. 3, 4 und 5 größer oder gleich ist als die in Nummer 1.5.3 festgelegte Konzentrationsgrenze.

1.3.6 Ätzend

Als ätzend werden Zubereitungen eingestuft, die

1. einen oder mehrere als ätzend eingestufte Stoffe, denen der R-Satz R 35 zugeteilt wurde, in einer Konzentration enthalten, die
   - bei Stoffen nach Nummer 1.3.2 Abs. 2 größer oder gleich ist als die dort festgelegte stoffspezifische Konzentrationsgrenze,
   - bei Stoffen nach Nummer 1.3.2 Abs. 3, 4 und 5 größer oder gleich ist als die in Nummer 1.5.4 festgelegte Konzentrationsgrenze,
2. die mehrere als ätzend eingestufte Stoffe, denen der R-Satz R 35 zugeteilt wurde, in einer Einzelkonzentration enthalten, die die in Nummer 1 festgelegten Konzentrationsgrenzen nicht überschreitet, wenn die Summe der Quotienten, die durch Division des Gewichtsprozentsatzes jedes in der Zubereitung enthaltenen ätzenden Stoffes durch den für diesen Stoff festgelegten Grenzwert der Ätzung erhalten wird, größer als oder gleich 1 ist, d. h.

$$\sum \left(\frac{P_{C,\,R35}}{L_{C,\,R34}} + \frac{P_{C,\,R34}}{L_{C,\,R34}} \right) \geq 1$$

Dabei ist:

$P_{C,R35}$ der Gewichtsprozentsatz jedes ätzenden Stoffes in der Zubereitung, dem der R-Satz R 35 zugeteilt wurde,

$L_{C,R35}$ der in Gewichtsprozent ausgedrückte Grenzwert der Ätzung, der für jeden ätzenden Stoff, dem der R-Satz R 35 zugeteilt wurde, festgelegt worden ist.

3. die einen oder mehrere als ätzend eingestufte Stoffe, denen der R-Satz R 34 zugeteit wurde, in einer Konzentration enthalten, die
   - bei Stoffen nach Nummer 1.3.2 Abs. 2 größer oder gleich ist als die dort festgelegte stoffspezifische Konzentrationsgrenze,
   - bei Stoffen nach Nummer 1.3.2 Abs. 3, 4 und 5 größer oder gleich ist als die in Nummer 1.5.4 festgelegte Konzentrationsgrenze,
4. die mehrere als ätzend eingestufte Stoffe, denen der R-Satz R 34 zugeteilt wurde, in einer Einzelkonzentration enthalten, die die in Nummer 3 festgelegten Konzentrationsgrenzen nicht überschreitet, wenn die Summe der Quotienten, die durch Division des Gewichtsprozentsatzes jedes in der Zubereitung enthaltenen ätzenden Stoffes durch den für diesen Stoff festgelegten Grenzwert der Ätzung erhalten wird, größer als oder gleich 1 ist, d. h.

$$\sum \left(\frac{P_{C,\,R35}}{L_{C,\,R34}} + \frac{P_{C,\,R34}}{L_{C,\,R34}} \right) \geq 1$$

Dabei ist:

$O_{C,R35}$ der Gewichtsprozentsatz jedes ätzenden Stoffes in der Zubereitung, dem der R-Satz R 35 zugeteilt wurde,

$P_{C,R34}$ der Gewichtsprozentsatz jedes ätzenden Stoffes in der Zubereitungen, dem der R-Satz R 34 zugeteilt wurde,

$L_{C,R34}$ der in Gewichtsprozent ausgedrückte Grenzwert der Ätzung, der für jeden ätzenden Stoff, dem der R-Satz R 34 zugeteilt wurde, festgelegt worden ist.

1.3.7 Reizend

Als reizend werden Zubereitungen eingestuft, die

1. einen oder mehrere als reizend eingestufte Stoffe, denen der R-Satz R 41 zugeteilt wurde, in einer Konzentration enthalten, die
   - bei Stoffen nach Nummer 1.3.2 Abs. 2 größer oder gleich ist als die dort festgelegte stoffspezifische Konzentrationsgrenze, (EG-Liste)
   - bei Stoffen nach Nummer 1.3.2 Abs. 3, 4 und 5 größer oder gleich ist als die in Nummer 1.5.4 festgelegte Konzentrationsgrenze, (EG-Liste ohne Grenze, oder nicht in EG-Liste)
2. die mehrere als ätzend oder reizend eingestufte Stoffe, denen die Standardaufschrift R 41 zugeteilt wurde, in einer Einzelkonzentration enthalten, die die in Nummer 1 festgelegten Konzentrationsgrenzen nicht überschreitet, wenn die Summe der Quotienten, die durch Division des Gewichtsprozentsatzes jedes in der Zubereitung enthaltenen Stoffes durch den für diesen Stoff festgelegten Grenzwert der Reizung erhalten wird, größer oder gleich 1 ist, d. h.

R 35: Verursacht schwere Verätzungen
R 34: Verursacht Verätzungen
R 41: Gefahr ernster Augenschäden
R 36: Reizt die Augen

$$\sum \left(\frac{P_{C,\,R35}}{L_{Xi,\,R41}} + \frac{P_{C,\,R34}}{L_{Xi,\,R41}} + \frac{P_{Xi,\,R41}}{L_{Xi,\,R41}} \right) \geq 1$$

Nach Anhang I Nr. 1 ist bei ätzenden und mit R 35 oder R 34 gekennzeichneten Stoffen der R-Satz R 41 als Implizit anzusehen. Enthält die Zubereitung ätzende Stoffe mit R 35 oder R 34 unterhalb der Konzentrationsgrenzen für eine Einstufung der Zubereitung als ätzend, so können diese Stoffe beitragen zur Einstufung der Zubereitung als „reizend" mit R 41 oder R 36.

Dabei ist:

$P_{C,R35}$ der Gewichtsprozentsatz jedes ätzenden Stoffes in der Zubereitungen, dem der R-Satz R 35 zugesteilt wurde,

$O_{C,R34}$ der Gewichtsprozentsatz jedes ätzenden Stoffes in der Zubereitungen, dem der R-Satz R 34 zugeteilt wurde,

$P_{Xi,R41}$ der Gewichtsprozentsatz jedes reizenden Stoffes der Zubereitungen, dem der R-Satz R 41 zugeteilt wurde,

$L_{Xi,R41}$ der in Gewichtsprozent ausgedrückte Grenzwert der Reizung, der für jeden ätzenden Stoff und reizenden Stoff, dem der R-Satz R 41 zugeteilt wurde, festgelegt worden ist.

3. die einen oder mehrere als reizend eingestufte Stoffe, denen der R-Satz R 41 oder R 36 zugeteilt wurde, in einer Konzentration enthalten, die
   - bei Stoffen nach Nummer 1.3.2 Abs. 2 größer oder gleich ist als die dort festgelegte stoffspezifische Konzentrationsgrenze,
   - bei Stoffen nach Nummer 1.3.2 Abs. 3, 4 und 5 größer oder gleich ist als die in Nummer 1.5.4 festgelegte Konzentrationsgrenze,
4. die mehrere als reizend eingestufte Stoffe, denen der R-Satz R 41 oder R 36 zugeteilt wurde, in einer Einzelkonzentration enthalten, die die in Nummer 3 festgelegten Konzentrationsgrenzen nicht überschreitet, wenn die Summe der Quotienten, die durch Division des Gewichtsprozentsatzes jedes in der Zubereitung enthaltenen Stoffes durch für diesen Stoff festgelegten Grenzwert der Reizung erhalten wird, größer als oder gleich 1 ist, d. h.

$$\sum \left(\frac{P_{C,\,R35}}{L_{Xi,\,R36}} + \frac{P_{C,\,R34}}{L_{Xi,\,R36}} + \frac{P_{Xi,\,R41}}{L_{Xi,\,R36}} + \frac{P_{Xi,\,R36}}{L_{Xi,R36}} \right) \geq 1$$

Nach Anhang I Nr. 1 ist bei ätzenden und mit R 35 oder R 34 gekennzeichneten Stoffen der R-Satz R 41 als Implizit anzusehen. Enthält die Zubereitung ätzende Stoffe mit R 35 oder R 34 unterhalb der Konzentrationsgrenzen für eine Einstufung der Zubereitung als ätzend, so können diese Stoffe beitragen zur Einstufung der Zubereitung als „reizend" mit R 41 oder R 36.

Dabei ist:

$P_{C,R35}$ der Gewichtsprozentsatz jedes ätzenden Stoffes in der Zubereitungen, dem der R-Satz R 35 zugeteilt wurde,

$P_{C,R34}$ der Gewichtsprozentsatz jedes ätzenden Stoffes in der Zubereitungen, dem der R-Satz R 34 zugeteilt wurde,

$P_{Xi,R41}$ der Gewichtsprozentsatz jedes reizenden Stoffes in der Zubereitung, dem der R-Satz R 41 zugeteilt wurde,

$P_{Xi,R36}$ der Gewichtsprozentsatz jedes reizenden Stoffes in der Zubereitung, dem der R-Satz R 36 zugeteilt wurde,

$L_{Xi,R36}$ der in Gewichtsprozent ausgedrückte Grenzwert der Reizung, der für jeden ätzenden Stoff und reizenden Stoff, dem der R-Satz R 41 oder R 36 zugeteilt wurde, festgelegt worden ist.

5. die einen oder mehrere als ätzend oder reizend eingestufte Stoffe, denen der R-Satz R 38 zugeteilt wurde, in einer Konzentration enthalten, die
   - bei Stoffen nach Nummer 1.3.2 Abs. 2 größer oder gleich ist als die dort festgelegte stoffspezifische Konzentrationsgrenze,
   - bei Stoffen nach Nummer 1.3.2 Abs. 3, 4 und 5 größer oder gleich ist als die in Nummer 1.5.4 festgelegte Konzentrationsgrenze,
6. die mehrere als ätzend oder reizend eingestufte Stoffe, denen der R-Satz R 38 zugeteilt wurde, in einer Einzelkonzentration enthalten, die die in Nummer 5 festgelegten Konzentrationsgrenzen nicht überschreitet, wenn die Summe der Quotienten, die durch Division des Gewichtsprozentsatzes jedes in der Zubereitung enthaltenen Stoffes durch den für diesen Stoff festgelegten Grenzwert der Reizung erhalten wird, größer als oder gleich 1 ist, d. h.

R 38 = Reizt die Augen

$$\sum\left(\frac{P_{C,R35}}{L_{Xi,R38}}+\frac{P_{C,R34}}{L_{Xi,R38}}+\frac{P_{Xi,R38}}{L_{Xi,R38}}\right)\geq 1$$

(Beispiel: Ameisensäure)

Dabei ist:

$P_{c,R35}$ der Gewichtsprozentsatz jedes ätzenden Stoffes in der Zubereitung, dem der R-Satz R 35 zugeteilt wurde,

$P_{C,R34}$ der Gewichtsprozentsatz jedes ätzenden Stoffes in der Zubereitung, dem der R-Satz R 34 zugeteilt wurde,

$P_{Xi,R38}$ der Gewichtsprozentsatz jedes reizenden Stoffes in der Zubereitung, dem der R-Satz R 38 zugeteilt wurde,

$L_{Xi,R38}$ der in Gewichtsprozent ausgedrückte Grenzwert der Reizung, der für jeden ätzenden oder reizenden Stoff, dem der R-Satz R 38 zugeteilt wurde, festgelegt worden ist;

7. die einen oder mehrere als reizend eingestufte Stoffe, denen der R-Satz R 37 zugeteilt wurde, in einer Konzentration enthalten die,
   - bei Stoffen nach Nummer 1.3.2 Abs. 2 größer oder gleich ist als die dort festgelegte stoffspezifische Konzentrationsgrenze,
   - bei Stoffen nach Nummer 1.3.2 Abs. 3, 4 und 5 größer oder gleich ist als die in Nummer 1.5.4 festgelegte Konzentrationsgrenze,
8. die mehrere als reizend eingestufte Stoffe, denen der R-Satz R 37 zugeteilt wurde, in einer Einzelkonzentration enthalten, die die in Nummer 7 festgelegten Konzentrationsgrenzen nicht überschreitet, wenn die Summe der Quotienten, die durch Division des Gewichtsprozentsatzes jedes in der Zubereitung enthaltenen Stoffes durch den für diesen Stoff festgelegten Grenzwert der Reizung erhalten wird, größer als oder gleich 1 ist, d. h.

R 37 = Reizt die Atmungsorgane

$$\sum\left(\frac{P_{Xi,R37}}{L_{Xi,R37}}\right)\geq 1$$

Dabei ist:

$P_{Xi,R37}$ der Gewichtsprozentsatz jedes reizenden Stoffes in der Zubereitung, dem der R-Satz R 37 zugeteilt wurde,

$L_{Xi,R37}$ der in Gewichtsprozent ausgedrückte Grenzwert der Reizung, der für jeden reizenden Stoff, dem der R-Satz R 37 zugeteilt wurde, festgelegt worden ist.

1.3.8 Sensibilisierend

Als sensibilisierend werden Zubereitungen eingestuft, die

1. mindestens einen beim Einatmen sensibilisierenden Stoff enthalten, dem der R-Satz R 42 zugeteilt wurde, und dessen Einzelkonzentration
   - bei Stoffen nach Nummer 1.3.2 Abs. 2 größer oder gleich ist als die dort festgelegte stoffspezifische Konzentrationsgrenze,
   - bei Stoffen nach Nummer 1.3.2 Abs. 3, 4 und 5 größer oder gleich ist als die in Nummer 1.5.5 festgelegte Konzentrationsgrenze.

Diese Zubereitungen werden mit dem Gefahrensymbol „Xn", der Gefahrenbezeichnung „Gesundheitsschädlich" und dem R-Satz nach Nummer 1.5.5 gekennzeichnet.

2. mindestens einen durch Hautkontakt sensibilisierenden Stoff enthalten, dem der R-Satz R 43 zugeteilt wurde, und dessen Einzelkonzentration
   - bei Stoffen nach Nummer 1.3.2 Abs. 2 größer oder gleich ist als die dort festgelegte stoffspezifische Konzentrationsgrenze,
   - bei Stoffen nach Nummer 1.3.2 Abs. 3, 4 und 5 größer oder gleich ist als die in Nummer 1.5.5 festgelegte Konzentrationsgrenze.

   Diese Zubereitungen werden mit dem Gefahrensymbol „Xi", der Gefahrenbezeichnung „Reizend" und dem R-Satz nach Nummer 1.5.5 gekennzeichnet.

1.3.9 Krebserzeugend

(1) Zubereitungen werden als krebserzeugend eingestuft und zumindest mit dem Gefahrensymbol sowie der Gefahrenbezeichnung „Giftig" und dem R-Satz nach Nummer 1.5.6 gekennzeichnet, wenn sie einen Stoff mit derartigen Wirkungen, dem der R-Satz R 45 oder R 49 zugeteilt wurde, der auf krebserzeugende Stoffe der Kategorien 1 und 2 hinweist, in einer Konzentration enthalten, die

- bei Stoffen nach Nummer 1.3.2 Abs. 2 größer oder gleich ist als die dort festgelegte stoffspezifische Konzentrationsgrenze,
- bei Stoffen nach Nummer 1.3.2 Abs. 3, 4 und 5 größer oder gleich ist als die in Nummer 1.5.6 festgelegte Konzentrationsgrenze.

(2) Zubereitungen werden als krebserzeugend eingestuft und zumindest mit dem Gefahrensymbol sowie der Gefahrenbezeichnugn „Gesundheitsschädlich" und dem R-Satz nach Nummer 1.5.6 gekennzeichnet, wenn sie einen Stoff mit derartigen Wirkungen, dem der R-Satz R 40 zugeteilt wurde, der auf krebserzeugende Stoffe der Kategorie 3 hinweist, in einer Konzentration enthalten, die

- bei Stoffen nach Nummer 1.3.2 Abs. 2 größer oder gleich ist als die dort festgelegte stoffspezifische Konzentrationsgrenze.
- bei Stoffen nach Nummer 1.3.2 Abs. 3, 4 und 5 größer oder gleich ist als die in Nummer 1.5.6 festgelegte Konzentrationsgrenze.

1.3.10 Erbgutverändernd

(1) Zubereitungen werden als erbgutverändernd eingestuft und zumindest mit dem Gefahrensymbol sowie der Gefahrenbezeichnung „Giftig" und dem R-Satz nach Nummer 1.5.6 gekennzeichnet, wenn sie einen Stoff mit derartigen Wirkungen, dem der R-Satz R 46 zugeteilt wurde, der auf erbgutverändernde Stoffe der Kategorie 1 oder 2 hinweist, in einer Konzentration enthalten, die

- bei Stoffen nach Nummer 1.3.2 Abs. 2 größer oder gleich ist als die dort festgelegte stoffspezifische Konzentrationsgrenze,
- bei Stoffen nach Nummer 1.3.2 Abs. 3, 4 und 5 größer oder gleich ist als die in Nummer 1.5.6 festgelegte Konzentrationsgrenze.

(2) Zubereitungen werden als erbgutverändernd eingestuft und zumindest mit dem Gefahrensymbol sowie der Gefahrenbezeichnung „Gesundheitsschädlich" und dem R-Satz nach Nummer 1.5.6 gekennzeichnet, wenn sie einen Stoff mit derartigen Wirkungen, dem der R-Satz R 40 zugeteilt wurde, der auf erbgutverändernde Stoffe der Kategorie 3 hinweist, in einer Konzentration enthalten, die
- bei Stoffen nach Nummer 1.3.2 Abs. 2 größer oder gleich ist als die dort festgelegte stoffspezifische Konzentrationsgrenze,
- bei Stoffen nach Nummer 1.3.2 Abs. 3, 4 und 5 größer oder gleich ist als die in Nummer 1.5.6 festgelegte Konzentrationsgrenze.

1.3.11 Fortpflanzungsgefährdend

(1) Zubereitungen werden als fortpflanzungsgefährdend eingestuft und zumindest mit dem Gefahrensymbol sowie der Gefahrenbezeichnung „Giftig" und dem R-Satz nach Nummer 1.5.6 gekennzeichnet, wenn sie einen Stoff mit derartigen Wirkungen, dem einer der R-Sätze R 60 oder R 61 zugeteilt wurde, der auf Stoffe der Kategorie 1 und 2 hinweist, in einer Konzentration enthalten, die
- bei Stoffen nach Nummer 1.3.2 Abs. 2 größer oder gleich ist als die dort festgelegte stoffspezifische Konzentrationsgrenze,
- bei Stoffen nach Nummer 1.3.2 Abs. 3, 4 und 5 größer oder gleich ist als die in Nummer 1.5.6 festgelegte Konzentrationsgrenze.

(2) Zubereitungen werden als fortpflanzungsgefährdend eingestuft und zumindest mit dem Gefahrensymbol sowie der Gefahrenbezeichnung „Gesundheitsschädlich" und dem R-Satz nach Nummer 1.5.6 gekennzeichnet, wenn sie einen Stoff mit derartigen Wirkungen, dem einer der R-Sätze R 62 oder R 63 zugeteilt wurde, der auf Stoffe der Kategorie 3 hinweist, in einer Konzentration enthalten ist, die
- bei Stoffen nach Nummer 1.3.2 Abs. 2 größer oder gleich ist als die dort festgelegte stoffspezifische Konzentrationsgrenze,
- bei Stoffen nach Nummer 1.3.2 Abs. 3, 4 und 5 größer oder gleich ist als die in Nummer 1.5.6 festgelegte Konzentrationsgrenze.

1.4 Kennzeichnung der Verpackung von Zubereitungen

Werden gefährliche Zubereitungen verpackt in den Verkehr gebracht, so ist bei der Kennzeichnung nach §§ 7 und 9 dieser Verordnung die chemische Bezeichnung des Stoffes oder der Stoffe, die in den Zubereitungen sind, nach folgenden Bestimmungen anzugeben:

1. Bei den als sehr giftig, giftig oder gesundheitsschädlich eingestuften Zubereitungen müssen nur die sehr giftigen, giftigen und mindergiftigen Stoffe berücksichtigt werden, deren Konzentration mindestens gleich ihrem jeweils niedrigsten Grenzwert (Grenzwert Xn)
   - bei Stoffen nach Nummer 1.3.2 Abs. 2, die für den jeweiligen Stoff dort festgelegte stoffspezifische Konzentrationsgrenze,
   - bei Stoffen nach Nummer 1.3.2 Abs. 3, 4 und 5, die in Nummer 1.5 festgelegte Konzentrationsgrenze,

   ist.
2. Bei den als ätzend eingestuften Zubereitungen müssen nur die ätzenden Stoffe berücksichtigt werden, deren Konzentration mindestens gleich ihrem jewiels niedrigsten Grenzwert (Grenzwert Xi)

- bei Stoffen nach Nummer 1.3.2 Abs. 2, die für den jeweiligen Stoff dort festgelegte stoffspezifische Konzentrationsgrenze,
- bei Stoffen nach Nummer 1.3.2 Abs. 3, 4 und 5, die in Nummer 1.5 festgelegte Konzentrationsgrenze,

ist.

3. Bei den als sensibilisierend eingestuften Zubereitungen müssen nur die sensibilisierenden Stoffe berücksichtigt werden, deren Konzentration mindestens gleich ihrem jeweils niedrigsten Grenzwert
   - bei Stoffen nach Nummer 1.3.2 Abs. 2, die für den jeweiligen Stoff dort festgelegte stoffspezifische Konzentrationsgrenze,
   - bei Stoffen nach Nummer 1.3.2 Abs. 3, 4 und 5, die in Nummer 1.5 festgelegte Konzentrationsgrenze,

   ist.
4. In der Regel brauchen nicht mehr als vier chemische Namen angegeben zu werden, um die Stoffe zu ermitteln, auf die die Hauptgefahren für die Gesundheit im wesentlichen zurückzuführen sind, welche zu der Einstufung und der Wahl der entsprechenden R-Sätze geführt haben. In bestimmten Fällen können mehr als vier chemische Namen erforderlich sein.
   Wenn die Zubereitung nach Nummer 1.3 eine der Standardaufschriften R 39, R 40, R 42, R 43, R 42/43, R 45, R 46, R 48, R 49, R 60, R 61, R 62 oder R 63 trägt, so muß die Bezeichnung des Stoffes (der Stoffe) angegeben werden.
5. Die Nummer 1.3.1 Abs. 7 gilt entsprechend für die Kennzeichnung.

1.5 Konzentrationsgrenzen bei der Anwendung der konventionellen Methode zur Bewertung der Gefahren für die Gesundheit

(1) Es muß eine Bewertung aller gefährlichen Wirkungen auf die Gesundheit durchgeführt werden, die ein Stoff aufweisen kann. Hierzu wurden die gefährlichen Wirkungen auf die Gesundheit unterteilt in:

- akute letale Wirkungen,
- irreversible nichtletale Wirkungen nach einer einmaligen Exposition,
- schwerwiegende Wirkungen nach wiederholter oder längerer Exposition,
- ätzende Wirkungen,
- reizende Wirkungen,
- sensibilisierende Wirkungen,
- krebserzeugende Wirkungen,
- erbgutverändernde Wirkungen,
- fortpflanzungsgefährdende Wirkungen.

2) Die systematische Bewertung aller gefährlichen Wirkungen auf die Gesundheit erfolgt mit Hilfe von Konzentrationsgrenzen, die als Gewichts-% oder Gewichtsanteil angegeben sind; hiervon ausgenommen sind gasförmige Zubereitungen (Tabelle A) für die sie in Abhängigkeit der Einstufung des Stoffes als Volumen-% angegeben werden.

(3) Die Einstufung des Stoffes ist entweder mit Hilfe eines Gefahrensymbols und eines oder mehrerer R-Sätze angegeben, oder mit Hilfe von Kategorien (Kat. 1, Kat. 2 oder Kat. 3), denen im Falle von Stoffen mit krebserzeugender, erbgutverändernder oder die fruchtbarkeitsgefährdender Wirkung ebenfalls R-Sätze zugeordnet werden. Daher ist es erforderlich, zusätzlich zum Symbol, auch alle den einzelnen Stoffen zugeordneten Hinweise auf besondere Gefahren (R-Sätze) zu berücksichtigen.

1.5.1 Akute, letale Wirkungen

(1) Die Konzentrationsgrenzen in Tabelle I bestimmen die Einstufung der Zubereitung entsprechend der Einzelkonzentration des (der) in ihr enthaltenen Stoffes (Stoffe), dessen (deren) Einstufung ebenfalls angegeben ist.

Tabelle I

Einstufung des Stoffes	Einstufung der Zubereitung		
	T^+	T	X_n
T^+ mit R 26, R 27, R 28	Konz. ≥ 7%	1% ≤ Konz. ≤ 7%	0,1% ≤ Konz. < 1%
T mit R 23, R 24, R 25		Konz. ≥ 25%	3% ≤ Konz. < 25%
X_n mit R 20, R 21, R 22			Konz. ≥ 25%

(2) Gasförmige Zubereitungen
Zur Einstufung der gefährlichen Zubereitung aufgrund der Konzentration des vorhandenen Gases oder der vorhandenen Gase, deren Einstufung ebenfalls angegeben ist, sind die in Tabelle I A als Volumen / Volumenprozentsatz angegebenen Grenzen der Einzelkonzentrationen anzuwenden.

Tabelle I A

Einstufung des Stoffes (Gases)	Einstufung der gasförmigen Zubereitung		
	T^+	T	X_n
T^+ mit R 26, R 27, R 28	Konz. ≥ 1%	0,2% ≤ Konz. < 1%	0,02% ≤ Konz. < 0,2%
T mit R 23, R 24, R 25		Konz. ≥ 5%	0,5% ≤ Konz. < 5%
X_n mit R 20, R 21, R 22			Konz. ≥ 5%

(3) Die R-Sätze werden der Zubereitung nach folgenden Kriterien zugeordnet:
- das Kennzeichnungsschild muß einen oder mehrere der obengenannten R-Sätze gemäß der verwendeten Einstufungen aufweisen;
- generell sind die R-Sätze für den Stoff bzw. die Stoffe anzuwenden, deren Konzentrationen die strengste Einstufung erfordern.

1.5.2 Irreversible nichtletale Wirkungen nach einmaliger Exposition

(1) Bei Stoffen, die die irreversiblen nichtletalen Wirkungen nach einmaliger Exposition hervorrufen (R 39 Expositionsweg/R 40 Expositionsweg), bestimmen die in Tabelle II angegebenen Grenzen der Einzelkonzentration gegebenenfalls die Einstufung der Zubereitung und den jeweils anwendbaren R-Satz.

Tabelle II

Einstufung des Stoffes	Einstufung der Zubereitung		
	T^+	T	X_n
T^+ mit R 39/ Expositionsweg	Konz. ≥ 10% R 39 zwingend	1% ≤ Konz. < 10% R 39 zwingend	0,1% ≤ Konz. < 1% R 40 zwingend
T mit R 39/ Expositionsweg		Konz. ≥ 10% R 39 zwingend	1% ≤ Konz. < 10% R 40 zwingend
X_n mit R 40/ Expositionsweg			Konz. ≥ 10% R 40 zwingend

(2) Gasförmige Zubereitungen
Bei Gasen, die eine irreversible nicht letale Wirkung nach einer einzigen Exposition hervorrufen (R 39 Expositionsweg/R 40 Expositionsweg), bestimmen die in Tabelle II A als Volumen/Volumenprozentsätze angegebenen Grenzen der Einzelkonzentrationen gegebenenfalls die Einstufung der Zubereitung und den jeweils anwendbaren R-Satz.

Tabelle II A

Einstufung des Stoffes (Gases)	Einstufung der gasförmigen Zubereitung		
	T^+	T	X_n
T^+ mit R 39/ Expositionsweg	Konz. ≥ 1% R 39 zwingend	0,2% ≤ Konz. < 1% R 39 zwingend	0,02% ≤ Konz. < 0,2% R 40 zwingend
T mit R 39/ Expositionsweg		Konz. ≥ 5% R 30 zwingend	0,5% ≤ Konz. < 5% R 40 zwingend
X_n mit R 40/ Expositionsweg			Konz. ≥ 5% R 40 zwingend

(3) Zur Angabe des Weges der Verabreichung bzw. der Exposition sind die kombinierten R-Sätze nach Anhang I Nr. 1 anzuwenden.

1.5.3 Schwerwiegende Wirkungen nach wiederholter oder längerer Exposition

(1) Bei Stoffen, die nach wiederholter oder längerer Exposition schwerwiegende Wirkungen hervorrufen (R 48/Expositionsweg), bestimmen die in Tabelle III genannten Grenzen der Einzelkonzentration gegebenenfalls die Einstufung der Zubereitung und den jeweils anwendbaren R-Satz.

Tabelle III

Einstufung des Stoffes	Einstufung der Zubereitung	
	T	X_n
T mit R 48/Expositionsweg	Konz. ≥ 10% R 48 zwingend	1% ≤ Konz. < 10% R 48 zwingend
X_n mit R 48/Expositionsweg		Konz. ≥ 10% R 48 zwingend

(2) Gasförmige Zubereitungen
Bei Gasen, die nach wiederholter oder längerer Exposition schwerwiegende Wirkungen hervorrufen (R 48/Expositionsweg), bestimmen die in Tabelle III A als Volumen/Volumenprozentsätze angegebenen Grenzen der Einzelkonzentration gegebenenfalls die Einstufung der Zubereitung und den jeweils anwendbaren R-Satz.

Tabelle III A

Einstufung des Stoffes (Gases)	Einstufung der gasförmigen Zubereitung	
	T	X_n
T mit R 48/Expositionsweg	Konz. ≥ 5% R 48 zwingend	0,5% ≤ Konz. < 5% R 48 zwingend
X_n mit R 48/Expositionsweg		Konz. ≥ 5% R 48 zwingend

1.5.4 Ätzende und reizende Wirkungen einschließlich schwerer Augenschäden

(1) Bei Stoffen, die ätzende Wirkungen (R 34, R 35) oder reizende Wirkungen (R 36, R 37, R 38, R 41) hervorrufen, bestimmen die in Tabelle IV angegebenen Grenzen der Einzelkonzentrationen, die Einstufung der Zubereitung und den jeweils anwendbaren R-Satz.

Tabelle IV

Einstufung des Stoffes und R-Satz, der auf die jeweilige Gefahr hinweist	Einstufung der Zubereitung und R-Satz			
	C mit R 35	C mit R 34	Xi mit R 41	Xi mit R 36, R 37, R 38
C mit R 35	Konz. ≥ 10% R 35 zwingend	5% ≤ Konz. < 10% R 34 zwingend	Konz. ≥ 5%	1% ≤ Konz. < 5% R 36/38 zwingend
C mit R 34		Konz. ≥ 10% R 34 zwingend	Konz. ≥ 10%	5% ≤ Konz. < 10% R 36/38 zwingend
Xi mit R 41			Konz. ≥ 10% R 41 zwingend	5% ≤ Konz. < 10% R 36 zwingend
Xi mit R 36, R 37, R 38				Konz. ≥ 20% R 36, R 37, R 38, zwingend je nach Konzentration, sofern sie für den betreffenden Stoff gelten

(2) Gasförmige Zubereitungen

Bei Gasen, die solche Wirkungen hervorrufen (R 34, R 35 oder R 36, R 37, R 38, R 41), bestimmen die in Tabelle IV A als Volumen/Volumenprozentsätze angegebenen Grenzen der Einzelkonzentrationen die Einstufung der Zubereitung und den jeweils anwendbaren R-Satz.

Tabelle IV A

Einstufung des Stoffes (Gases) und R-Satz, der auf die jeweilige Gefahr hinweist	Einstufung der gasförmigen Zubereitung			
	C mit R 35	C mit R 34	Xi mit R 41	Xi mit R 36, R 37, R 38
C mit R 35	Konz. ≥ 1% R 35 zwingend	0,2% ≤ Konz. < 1% R 34 zwingend	Konz. ≥ 0,2%	0,02% ≤ Konz. < 0,2% R 37 zwingend
C mit R 34		Konz. ≥ 5% R 34 zwingend	Konz. ≥ 5%	0,5% ≤ Konz. < 5% R 36 zwingend
Xi mit R 41			Konz. ≥ 5% R 41 zwingend	0,5% ≤ Konz. < 5% R 36 zwingend
Xi mit R 36, R 37, R 38				Konz. ≥ 5% R 36, R 37, R 38, zwingend je nach Fall

1.5.5 Sensibilisierende Wirkungen

(1) Bei Stoffen, die sensibilisierende Wirkungen hervorrufen (R 42, R 43, R 42 / 43), bestimmen die in Tabelle V angegebenen Grenzen der Einzelkonzentration die Einstufung der Zubereitung und den jeweils anzuwendenden R-Satz.

Tabelle V

Einstufung des Stoffes	Einstufung der Zubereitung: sensibilisierend	
	Kennzeichnung sensibilisierend mit R 42	Kennzeichnung sensibilisierend Xi mit R 43
sensibilisierend mit R 42	Konz. ≥ 1% R 42 zwingend	
sensibilisierend mit R 43		Konz. ≥ 1% R 43 zwingend
sensibilisierend mit R 42 / 43	Konz. ≥ 1% R 42 / 43 zwingend	

(2) Gasförmige Zubereitungen

Bei Gasen, die derartige Wirkungen hervorrufen (R 42, R 42 / 43), bestimmen die in Tabelle V A als Volumen / Volumenprozentsätze angegebenen Grenzen der Einzelkonzentrationen die Einstufung der Zubereitung und den jeweils anwendbaren R-Satz.

Tabelle V A

Einstufung des Stoffes (Gases)	Einstufung der gasförmigen Zubereitung	
	sensibilisierend mit R 42	sensibilisierend mit R 43
sensibilisierend mit R 42	Konz. ≥ 0,2% R 42 zwingend	
sensibilisierend mit R 43 / 43	Konz. ≥ 0,2% R 42 / 43 zwingend	

1.5.6 Krebserzeugende / erbgutverändernde / fortpflanzungsgefährdende Wirkungen

(1) Bei Stoffen, die krebserzeugende, erbgutverändernde oder fortpflanzungsgefährdende Wirkungen hervorrufen, bestimmen die in Tabelle VI angegebenen Konzentrationsgrenzen die Einstufung der Zubereitung und den jeweils anwendbaren zwingend vorgeschriebenen R-Satz.

Tabelle VI

Einstufung des Stoffes	Einstufung der Zubereitung als krebserzeugend, erbgutverändernd, fortpflanzungsgefährdend	
	Kategorie 1, 2	Kategorie 3
krebserzeugende Stoffe der Kategorie 1 oder 2 mit R 45 oder R 49	≥ 0,1% R 45 oder R 49 zwingend je nach Fall	
krebserzeugende Stoffe der Kategorie 3 mit R 40		> 1% R 40 zwingend
erbgutverändernde Stoffe der Kategorie 1 oder 2 mit R 46	≥ 0,1% R 46 zwingend	
erbgutverändernde Stoffe der Kategorie 3 mit R 40		> 1% R 40 zwingend
fortpflanzungsgefährdende Stoffe der Kategorie 1 oder 2 mit R 60 (Fruchtbarkeit)	≥ 0,5% Fruchtbarkeit: R 60 zwingend	
fortpflanzungsgefährdende Stoffe der Kategorie 3 mit R 62 (Fruchtbarkeit)		≥ 5% Fruchtbarkeit: R 62 zwingend
fortpflanzungsgefährdende Stoffe der Kategorie 1 oder 2 mit R 61 (Entwicklung)	≥ 0,5% Entwicklung: R 61 zwingend	
fortpflanzungsgefährdende Stoffe der Kategorie 3 mit R 63 (Entwicklung)		≥ 5% Entwicklung: R 63 zwingend

(2) Gasförmige Zubereitungen
Bei Gasen, die krebserzeugende, erbgutverändernde oder fortpflanzungsgefährdende Wirkungen hervorrufen, bestimmen die in Tabelle VI A als Volumen/Volumenprozentsätze angegebenen Grenzen der Einzelkonzentrationen die Einstufung der Zubereitung und den jeweils anwendbaren zwingend vorgeschriebenen R-Satz.

Tabelle VI A

Einstufung des Stoffes (Gases)	Einstufung der Zubereitung als krebserzeugend, erbgutverändernd, fortpflanzungsgefährdend	
	Kategorie 1, 2	Kategorie 3
krebserzeugende Stoffe der Kategorie 1 oder 2 mit R 45 oder R 49	≥ 0,1% R 45, R 49 zwingend, je nach Fall	
krebserzeugende Stoffe der Kategorie 3 mit R 40		≥ 1% R 40 zwingend
erbgutverändernde Stoffe der Kategorie 1 oder 2 mit R 46	≥ 0,1% R 46 zwingend	
erbgutverändernde Stoffe der Kategorie 3 mit R 40		> 1% R 40 zwingend
fortpflanzungsgefährdende Stoffe der Kategorie 1 oder 2 mit R 60 (Fruchtbarkeit)	≥ 0,2% Fruchtbarkeit: R 60 zwingend	
fortpflanzungsgefährdende Stoffe der Kategorie 3 mit R 62 (Fruchtbarkeit)		≥ 1% Fruchtbarkeit: R 62 zwingend
fortpflanzungsgefährdende Stoffe der Kategorie 1 oder 2 mit R 61 (Entwicklung)	≥ 0,2% Entwicklung: R 61 zwingend	
fortpflanzungsgefährdende Stoffe der Kategorie 3 mit R 63 (Entwicklung)		≥ 1% Entwicklung: R 63 zwingend

Anhang II Nr. 2
Schädlingsbekämpfungsmittel

2.1 Geltungsbereich

(1) Anhang II Nummer 2 gilt für Zubereitungen, die dazu bestimmt sind, als Schädlingsbekämpfungsmittel verwendet zu werden.

(2) Schädlingsbekämpfungsmittel im Sinne dieses Anhangs sind Zubereitungen, die

1. Pflanzenschutzmittel im Sinne des Pflanzenschutzgesetzes sind oder
2. dazu bestimmt sind, Schädlinge und Schadorganismen – außer Schadorganismen im Sinne des Pflanzenschutzgesetzes – oder lästige Organismen unschädlich zu machen, zu vernichten oder ihrer Einwirkung vorzubeugen.

2.2 Einstufung der Zubereitungen

2.2.1 (1) Schädlingsbekämpfungsmittel werden mittels Feststellung der akuten realen Toxizität der Zubereitung, ausgedrückt in an der Ratte ermittelten oralen oder dermalen LD_{50}-Werten oder im Inhalationstest an der Ratte ermittelten LC_{50}-Werten, eingestuft.

1. Für gasförmige Schädlingsbekämpfungsmittel oder für solche in Form von Flüssiggas sowie für Räuchermittel und Aerosole gelten die an der Ratte im Inhalationstest (Dauer: vier Stunden) ermittelten LC_{50}-Werte.
2. Bei staubförmigen Schädlingsbekämpfungsmitteln, deren Partikeldurchmesser 50 Mikrometer nicht übersteigt, sind die Werte im Inhalationstest zu ermitteln. Sind diese Schädlingsbekämpfungsmittel jedoch am 1. Oktober 1986 bereits in den Verkehr gebracht worden, so können sie nach den Bestimmungen für flüssige Mittel eingestuft werden.
3. Für Schädlingsbekämpfungsmittel, die durch die Haut resorbiert werden können oder deren dermaler LD_{50}-Wert zu einer restriktiveren Einstufung führen würde als der orale LD_{50}-Wert oder der im Inhalationstest ermittelte LC_{50}-Wert, gelten die im Hauttest an der Ratte oder am Kaninchen ermittelten Werte.

(2) Als sehr giftig gelten Zubereitungen, die

1. als Mittel in fester Form (ausgenommen Köder und Schädlingsbekämpfungsmittel in Tablettenform) einen LD_{50}-oral-Wert von 5 mg/kg Körpergewicht und weniger haben, oder die
   einen LD_{50}-dermal-Wert von 10 mg/kg Körpergewicht und weniger haben,
2. als Mittel in flüssiger Form (einschließlich Köder und Schädlingsbekämpfungsmittel in Tablettenform) einen LD_{50}-oral-Wert von 25 mg/kg Körpergewicht und weniger haben, oder die
   einen LD_{50}-dermal-Wert von 50 mg/kg Körpergewicht und weniger haben, oder
3. als gasförmige Mittel oder in Form von Flüssiggas, Räuchermittel und Aerosol einen LC_{50}-Wert von 0,5 mg/l Luft und weniger haben.

(3) Als giftig gelten Zubereitungen, die

1. als Mittel in fester Form (ausgenommen Köder und Schädlingsbekämpfungsmittel in Tablettenform) einen LD_{50}-oral-Wert über 5, jedoch nicht mehr als 50 mg/kg Körpergewicht haben, oder die
   einen LD_{50}-dermal-Wert über 10, jedoch nicht mehr als 100 mg/kg Körpergewicht haben,

2. als Mittel in flüssiger Form (einschließlich Köder und Schädlingsbekämpfungsmittel in Tablettenform) einen LD_{50}-oral-Wert über 25, jedoch nicht mehr als 200 mg / kg Körpergewicht haben, oder die
einen LD_{50}-dermal-Wert über 50, jedoch nicht mehr als 400 mg / kg Körpergewicht haben, oder
3. als gasförmige Mittel oder in Form von Flüssiggas, Räuchermittel und Aerosol einen LC_{50}-Wert von 0,5 mg / l Luft, jedoch nicht mehr als 2 mg / l Luft haben.

(4) Als gesundheitsschädlich gelten Zubereitungen, die
1. als Mittel in fester Form (ausgenommen Köder und Schädlingsbekämpfungsmittel in Tablettenform) einen LD_{50}-oral-Wert über 50, jedoch nicht mehr als 500 mg / kg Körpergewicht haben, oder die
einen LD_{50}-dermal-Wert über 100, jedoch nicht mehr als 1000 mg / kg Körpergewicht haben,
2. als Mittel in flüssiger Form (einschließlich Köder und Schädlingsbekämpfungsmittel in Tablettenform) einen LD_{50}-oral-Wert über 200, jedoch nicht mehr als 2000 mg / kg Körpergewicht haben, oder die
einen LD_{50}-dermal Wert über 400, jedoch nicht mehr als 4000 mg / kg Körpergewicht haben, oder
3. als gasförmige Mittel oder in Form von Flüssiggas, Räuchermittel und Aerosol einen LC_{50}-Wert über 2 mg / l Luft, jedoch nicht mehr als 20 mg / l Luft haben.

(5) Als ätzend gelten Zubereitungen, die die Kriterien des Anhangs I Nr. 1.3.2.4 erfüllen.

(6) Als reizend gelten Zubereitungen, die die Kriterien des Anhangs I Nr. 1.3.2.5 erfüllen.

(7) Als brandfördernd gelten Zubereitungen, die die Kriterien des Anhangs I Nr. 1.2.2.2 erfüllen.

(8) Als hochentzündlich gelten Zubereitungen, die die Kriterien des Anhangs I Nr. 1.2.2.3 erfüllen.

(9) Als leichtentzündlich gelten Zubereitungen, die die Kriterien des Anhangs I Nr. 1.2.2.4 erfüllen.

(10) Als entzündlich gelten Zubereitungen, die die Kriterien des Anhangs I Nr. 1.2.2.5 erfüllen.

(11) Die Prüfungen sind nach den Richtlinien für die amtliche Prüfung von Pflanzenschutzmitteln oder den Maßgaben des § 2 Abs. 4 Prüfnachweisverordnung nach international anerkannten Methoden durchzuführen, soweit diese vorliegen.

2.2.2 Schädlingsbekämpfungsmittel können abweichend von Nummer 2.2.1 Abs. 1 eingestuft werden.

2.2.2.1 Schädlingsbekämpfungsmittel, die nur einen Wirkstoff enthalten

(1) Diese werden auf Grund ihrer Bestandteile nach dem folgenden Berechnungsverfahren als sehr giftig, giftig oder gesundheitsschädlich eingestuft:

$$\frac{L \times 100}{C} = A$$

Dabei sind
L = oraler LD_{50}-Wert des Wirkstoffes bei der Ratte,
C = Wirkstoffkonzentration in Hundertteilen der Masse,
A = Wert, der die Einstufung des Schädlingsbekämpfungsmittels nach Nummer 2.2.1 Abs. 2 bis 4 nach oralen LD_{50}-Werten bestimmt.

(2) Ist der Wirkstoff in der Liste der Nummer 2.4 genannt, ist für die Berechnung der in der Liste unterstrichene LD_{50}-Wert zugrunde zu legen. Das kann ausnahmsweise der dermale LD_{50}-Wert sein. Dann ist für A der dermale LD_{50}-Wert als Bezugswert einzusetzen.
(3) Ist der Wirkstoff in der Liste der Nummer 2.4 nicht genannt, kann die Berechnung mit einem international vereinbarten LD_{50}-Wert durchgeführt werden.
(4) Das Schädlingsbekämpfungsmittel darf neben dem Wirkstoff einen oder mehrere inerte Träger- oder Hilfsstoffe enthalten.

2.2.2.2 (1) Schädlingsbekämpfungsmittel, die mehrere Wirkstoffe enthalten, werden aufgrund ihrer Bestandteile nach dem folgenden Berechnungsverfahren als giftig oder gesundheitsschädlich eingestuft:

$$\sum (P \times I) = B$$

Dabei sind:
P = Massengehalt jedes einzelnen der in der Nummer 2.4 der Liste aufgeführten Stoffe in Hundertteilen des Schädlingsbekämpfungsmittels,
I = Einstufungsindex für die Unterklasse des Stoffes, dem der Vomhundertsatz zuzuordnen ist, wobei zu setzen ist
I_1 für feste Schädlingsbekämpfungsmittel,
I_2 für flüssige oder gasförmige Schädlingsbekämpfungsmittel,
B = Wert, der die Einstufung des Schädlingsbekämpfungsmittels nach Absatz 3 bis 5 bestimmt.
(2) Die einzelnen Werte für I_1 und I_2 sind in nachstehender Tabelle aufgeführt, die für den jeweiligen Stoff geltende Klasse / Unterklasse ist in Nummer 2.4 angegeben.

Tabelle für den Einstufungsindex

Stoffklasse	Einstufungsindex für die Schädlingsbekämpfungsmittel	
	fest	flüssig / gasförmig
	I_1	I_2
Klasse I		
I / a	500	500
I / b	100	125
I / c	15	25
Klasse II		
II / a	5	10
II / b	2	4
II / c	1	2
II / d	0,5	1

(3) Als giftig gelten feste, flüssige oder gasförmige Schädlingsbekämpfungsmittel, deren Wert B größer ist als 500.

(4) Als gesundheitsschädlich gelten
- feste Schädlingsbekämpfungsmittel, wenn der Wert B größer ist als 25, jedoch kleiner oder gleich 500,
- flüssige oder gasförmige Schädlingsbekämpfungsmittel, wenn der Wert B größer ist als 40, jedoch kleiner oder gleich 500.

(5) Ergibt die Berechnung für feste Schädlingsbekämpfungsmittel einen Wert B von 25 oder weniger, oder für flüssige oder gasförmige Schädlingsbekämpfungsmittel einen Wert B von 40 oder weniger, wird das Schädlingsbekämpfungsmittel nicht eingestuft.

2.2.2.3 Schädlingsbekämpfungsmittel, die einem nach Nummer 2.2.1 Abs. 1 eingestuften Schädlingsbekämpfungsmittel der Zusammensetzung nach sehr ähnlich sind, werden entsprechend eingestuft.

2.2.3 Die zuständige Behörde kann statt der Berechnung die Durchführung toxikologischer Tests nach Nummer 2.2.1 verlangen, wenn die Richtigkeit der Einstufung zweifelhaft erscheint oder die begründete Annahme besteht, daß die sich durch Berechnung ergebende Einstufung wesentlich von derjenigen abweicht, die sich bei Durchführung des biologischen Tests nach Nummer 2.2.1 ergeben würde.

2.2.4 Für die Einstufung des Schädlingsbekämpfungsmittels müssen zusätzliche toxikologische Daten herangezogen werden, wenn

1. Tatsachen die Annahme rechtfertigen, daß bei einem Schädlingsbekämpfungsmittel für den Menschen die Gefahr besteht, daß es bei bestimmungsgemäßem Gebrauch Gesundheitsschäden verursacht, oder
2. feststeht, daß die Ratte für ein bestimmtes Schädlingsbekämpfungsmittel nicht das geeignetste Versuchstier darstellt und eine andere Art beispielsweise offenbar empfindlicher ist oder Reaktionen aufweist, die denen des Menschen verwandter sind, oder
3. es unzweckmäßig ist, die oral oder dermal ermittelten LD_{50}-Werte des Schädlingsbekämpfungsmittels als Hauptgrundlage fr die Einstufung zu benutzen (in bestimmten Fällen zum Beispiel bei Aerosol, sonstigen Zubereitungen, pulverförmigen Mitteln oder Räuchermitteln).

2.2.5 Kann nachgewiesen werden, daß das Schädlingsbekämpfungsmittel eine geringere Toxizität aufweist als es die Toxizität der Wirkstoffe erwarten läßt, so ist diese Tatsache bei der Einstufung ebenfalls zu berücksichtigen.

2.3 Kennzeichnung der Zubereitungen

(1) Werden gefährliche Zubereitungen verpackt in den Verkehr gebracht, so ist auf der Verpackung die Kennzeichnung nach §§ 7 und 9 dieser Verordnung unter Berücksichtigung folgender Maßgaben anzubringen:

1. Für jeden in der Zubereitung enthaltenen Wirkstoff Name des Wirkstoffes und der jeweilige Gehalt dieses Wirkstoffes, und zwar
   - bei Schädlingsbekämpfungsmitteln, die Feststoffe, Aerosole, flüchtige Flüssigkeiten (Siedepunkt bzw. Siedebeginn max. 50 °C) oder zähflüssige Flüssigkeiten (nicht weniger als 1 Pa s bei 20 °C) sind: in Hundertteilen der Masse;
   - bei anderen Flüssigkeiten: in Hundertteilen der Masse und in g/l bei 20 °C;
   - bei Gasen: in Hundertteilen des Volumens;

2. Neben den Wirkstoffen die Bezeichnung aller in der Zubereitung enthaltenen sehr giftigen, giftigen, gesundheitsschädlichen und ätzenden Stoffe mit einem Massengehalt
   - bei sehr giftigen und giftigen Stoffen von mehr als 0,2 vom Hundert,
   - bei mindergiftigen Stoffen von mehr als 5 vom Hundert,
   - bei ätzenden Stoffen von mehr als 5 vom Hundert,
   - für Lösemittel gelten die Hundertsätze des Anhangs II Nummer 1;

   der chemische Name muß einer in der Bekanntmachung nach § 4a Abs. 1 aufgeführten Bezeichnung entsprechen; die Bezeichnung der vorgenannten Stoffe braucht nicht angegeben zu werden, wenn die Zubereitung nur als hochentzündlich, leichtentzündlich oder entzündlich eingestuft ist;
3. Nettomenge der Zubereitung, ausgedrückt in Einheiten des gesetzlichen Maßsystems;
4. Bezeichnung der Charge;
5. Bei sehr giftigen, giftigen und gesundheitsschädlichen Schädlingsbekämpfungsmitteln der Hinweis, daß die Verpackung nicht wiederverwendet werden darf, außer bei Behältern, die speziell für eine Wiederverwendung, Neubeladung oder Nachfüllung durch den Hersteller oder Vertreiber bestimmt sind;
6. Die Hinweise auf besondere Gefahren und die Sicherheitsratschläge werden, soweit die Schädlingsbekämpfungsmittel einer Zulassung unterliegen, von der zuständigen Stelle angegeben. Anderenfalls muß der Hersteller oder jede andere Person, die die Zubereitung in den Verkehr bringt, diese nach Anhang I Nr. 1 kennzeichnen.

(2) Die als gesundheitsschädlich eingestuften Schädlingsbekämpfungsmittel sind mit dem Sicherheitsratschlag S 44 zu kennzeichnen.

(3) Die als sehr giftig, giftig, gesundheitsschädlich, ätzend oder reizend eingestuften Schädlingsbekämpfungsmittel sind zusätzlich mit den Sicherheitsratschlägen zu kennzeichnen: S 2 – 13 –20/21.

(4) Schädlingsbekämpfungsmittel, die Phosphorsäureester enthalten, sind mit dem Sicherheitsratschlag S 28 zu kennzeichnen.

(5) Folgende Sicherheitsratschläge sind entsprechend der Eigenart des durch das Schädlingsbekämpfungsmittel gegebenen Risikos zusätzlich anzugeben:
S 22, S 23   S 27, S 36   S 37, S 42

(6) Gegebenenfalls können weitere Hinweise auf besondere Gefahren und Sicherheitsratschläge nach Anhang I Nr. 3 und 4 zusätzlich ausgewählt werden.

(7) Sind jeweils zwei oder mehrere Sätze notwendig, so können die Kombinationssätze nach Anhang I Nr. 3 und 4 verwendet werden.

(8) Sehr giftige und giftige Zubereitungen, die Stoffe nach der Bekanntmachung nach § 4a Abs. 1 enthalten, müssen als Schädlingsbekämpfungsmittel einen vom Genuß abschreckenden Geschmack oder Geruch aufweisen; ausgenommen sind Mittel, deren Verwendungszweck dies ausschließt. Als Fraß- und Kontaktgifte zur Nagetierbekämpfung, Giftgetreide und Saatgutbeizmittel müssen sie auffallend, dauerhaft und so gefärbt sein, daß die nicht mit Lebensmitteln oder Futtermitteln verwechselt werden können.

2.4 Liste der eingestuften gefährlichen Stoffe in Schädlingsbekämpfungsmitteln

Erläuterungen

1. Die oralen und dermalen LD_{50}-Werte werden in mg / kg Körpergewicht angegeben.

Die LC_{50}-Werte werden in mg/l Luft angegeben und beziehen sich auf eine Inhalationsdauer von 4 Stunden.

2. Bei den unterstrichenen Werten handelt es sich um jene, die für die Anwendung des Berechnungsverfahrens nach Nummer 2.2.2.1 Abs. 2 in Betracht kommen. Die anderen Werte werden als Hinweise angegeben, um die Bezeichnungen für das Vorliegen besonderer Gefahren und die Sicherheitsratschläge, die auf dem Kennzeichnungsschild stehen müssen, wählen zu können.
3. Die Angabe „NR" bedeutet, daß die Werte zwar bekannt, aber für die Einstufung und die Kennzeichnung der Zubereitung belanglos sind, weil sie die in Nummer 2.2.1 Abs. 2 bis 4 festgelegten Grenzwerte überschreiten.
4. Die Angabe „(NT)" bedeutet, daß Schädlingsbekämpfungsmittel, die so gekennzeichnete Stoffe enthalten, bei Anwendung des Berechnungsverfahrens nach Nummer 2.2.2.2 keiner anderen Klasse als die Stoffe zugeordnet werden dürfen.
5. Fußnoten zur Liste

1) Die angegebenen LD_{50}-/LC_{50}-Werte wurden nicht auf experimenteller Grundlage festgelegt.
2) LD_{50}-/LC_{50}-Werte sowie eine Klasse/Unterklasse wurden diesem Stoff nicht zugeteilt, weil die Gefährlichkeit des Stoffes durch seine ätzende/reizende Eigenschaft bestimmt wird.

Liste der Wirkstoffe

Bezeichnung des Stoffes	vereinbarte Werte			Klasse/Unterklasse
	LD_{50} oral	LD_{50} derm	LC_{50} inh	
Acephat	945	NR		II/c
Alachlor	1200	NR		II/d
Aldrin	46	98		I/b
Allethrin	920	NR		II/c
Allidochlor	700	360		II/c
Aluminiumphosphid [1]	0,4		0,004	I/a (NT)
Amitrol	2000			II/d
Ametryn	1405	NR	NR	II/d
Amedithion	600			II/b
2-Amino-butan (sec. Butylamin)	380	2500		II/a
Aminocarb	50	275		I/b
Ammoniumpolysulfide [2]				
Antu	2	NR		I/a (NT)
Azinphos-ethyl	12	250		I/a
Azinphos-methyl	16	250		I/a
Barban	1300	NR	NR	II/d
Briumkarbonat	650			II/c
Bariumpolysulfide [2]				
Bensulid	770	3950		II/c

Liste der Wirkstoffe (Fortsetzung)

Bezeichnung des Stoffes	vereinbarte Werte			Klasse / Unter-klasse
	LD_{50} oral	LD_{50} derm	LC_{50} inh	
Bentazon	1100	NR		II/d
Benzthiazuron	1280			II/d
Binapacryl	421	720		II/b
Brommethan[1] (Methylbromid)	*0,4*		0,004	I/a (NT)
Bromofenoxim	1217	NR		II/d
Bromophos	1600	2191		II/d
Bromophos-ethyl	71	1000		I/b
Bromoxynil	190			I/c
Calciumpolysulfide[2]				
Camphechlor	80	1075		I/c
Carbaryl	300	NR		II/a
Carbofuran	8	120		I/a
Carbophenothion	32	27		I/b
Chlordan	460	700		II/b
Chlordecon	114	475		I/c
Chlordimeform	340	640		II/a
Chlorfenac	575	3160		II/b
Chlorfenethol	930			II/c
Chlorfenprop-methyl	1190			II/d
Chlorfenvinphos	10	108		I/a
Chlorfonium-Salze	178	750		I/c
Chlorphacinon	2	200		I/a (NT)
Chlorpyrifos	135	202		I/c
Chlorthiamid	757			II/c
Cumaphos	16	860		I/a
Crimidin	1,25			I/a (NT)
Crotoxyphos	74	202		I/b
Crufomat	770	2000		II/c
Cumachlor	900			II/c
Cumatetralyl	17			I/a
Cumithoat	67			I/b
Cyanazin	182	NR		I/c
Cyanophos	610	800		II/b
Cyanthoat	3,2	105		I/a (NT)
Cycloheximid	2			I/a (NT)
Cyhexatin	540	2200		II/b
2,4-D	375	1500		II/a
Dazomet	640			II/b
2,4-DB	700	800		II/c
DDT	113	2510		I/c
Demeton-0	1,7			I/a (NT)
Demeton-0-methyl	180			I/c
Demeton-S	1,7			I/a (NT)

Liste der Wirkstoffe (Fortsetzung)

Bezeichnung des Stoffes	vereinbarte Werte LD50 oral	LD50 derm	LC50 inh	Klasse / Unter-klasse
Demeton-S-methyl	40	302		I/b
Demeton-S-methylsulfon	37			I/b
Desmetryn	1390	1000		II/d
Dialifos	5	145		I/a (NT)
Diallat	395			II/a
Diazinon	300	900		II/a
1,2-Dibrom-3-chlorpropan	170	1420		I/c
1,2-Dibromethan[1] (Ethylendibromid)	0,4		0,004	I/a (NT)
Dichlofenthion	270	NR		II/a
Dichlofluanid[2]				
Dichlon	1300			II/d
1,2-Dichlorethan (Ethylenchlorid)	670	2800		II/c
Dichlorprop	800	1400		II/c
Dichlorvos	56	107		I/b
Dicofol	690	1870		II/c
Dicrotophos	22	181		I/a
Dieldrin	*38*	10		I/a
Difenamid	970			II/d
Dimefox	1	5		I/a (NT)
Dimetan	120			I/c
Dimethoat	425			II/b
Dimetilan	47	600		I/b
Dinobuton	140	NR		I/c
Dinocap	980	NR		II/d
Dinoseb	58	200		I/b
Dinoseb-Salze und -Ester	60			I/b
Dinoterb	25			I/b
Dinoterb-Salze und -Ester	25			I/b
Dioxacarb	90	3000		I/c
Dioxathion	23	63		I/a
Disulfoton	2,6	20		I/a (NT)
Dithianon	640			II/b
DNOC	25	200		I/a
Dodin	1000	NR		II/d
Drazoxolon	126	NR		I/c
Endosulfan	80	359		I/c
Endothal-Natrium	51	750		I/b
Endothion	30	400		I/b
Endrin	7	60		I/a
EPN	14	25		I/a
EPTC	1652	3200		II/d
Erbon	1120	98		II/d
Ethion	161	915		I/c

Liste der Wirkstoffe (Fortsetzung)

Bezeichnung des Stoffes	vereinbarte Werte			Klasse / Unterklasse
	LD_{50} oral	LD_{50} derm	LC_{50} inh	
Ethoat-methyl	340	1000		II / a
Ethoprophos	*62*	26		I / a
Ethylenoxid[1]		0,004		I / a (NT)
Fenaminosulf	60	1000		I / b
Fenazaflor	283	700		II / a
Fenchlorphos	1740	2000		II / d
Fenitrothion	503			II / b
Fenoprop	650			II / c
Fensulfothion	3,5	3,5		I / a (NT)
Fenthion	190	1680		I / c
Fentin-acetat	125	500		I / c
Fentin-hydroxid	108			I / c
Fluenetil	*6*	4		I / a (NT)
Fonofos	8	25		I / a
Formothion	365			II / a
Heptachlor	100	159		I / c
Heptachlor epoxid	34			I / b
Hexachloraceton	1550	2980		II / d
8-Hydroxychinolin-sulfat	1200			II / d
Ioxynil	110	809		I / c
Ioxynil-octanoat	390			II / a
Isobenzan	*4,8*	4		I / a (NT)
Isolan	11	5,6		I / a
Kaliumpolysulfide[2]				
Kelevan	240	314		II / a
Kohlendisulfid[1] (Schwefelkohlenstoff)	0,4			I / a (NT)
Lindan	88	900		I / c
Malathion mit einem Isomalathiongehalt von mehr als 1,8%	885			II / c
Malathion mit einem Isomalathiongehalt von 1,8% oder weniger	2000			II / d
MCPA	700			II / c
MCPA-Salze und -Ester	700			II / c
MCPB	680			II / c
MCPB-Salze und -Ester	680			II / c
Mecarbam	36			I / b
Mecoprop	930	900		II / c
Mephosfolan	9	9,7		I / a
Mercaptodimethur	35	400		I / b
Metaldehyd	*630*			II / b
Methamidophos	7,5	110		I / a
Methidation	25	1546		I / a

Liste der Wirkstoffe (Fortsetzung)

Bezeichnung des Stoffes	vereinbarte Werte			Klasse / Unter- klasse
	LD_{50} oral	LD_{50} derm	LC_{50} inh	
Methomyl	17	NR		I / a
Methyl-isothiocyanat	175	2780		I / c
Mevinphos	*4*	4		I / a (NT)
Molinat	720			II / c
Monocrotophos	14	112		I / a
Monofluor-acetamid	13	80		I / a
Monolinuron	1800			II / d
Monuron	1480			II / d
Morphamquat und seine Salze	325			II / a
Nabam	395			II / a
Naled	430	800		II / b
Natriumpolysulfide[2)]				
Nikotin	*50*	50		I / a
Norbormid	4,4			I / a (NT)
Omethoat	50	700		I / b
Parathion	2	6,8		I / a (NT)
Parathion-methyl	6	67		I / a (NT)
Pebulat	1120			II / d
Pentachlorphenol	27	105		I / a
Phenthoat	400	700		II / a
Phorat	2	2,5		I / a (NT)
Phosmet	230	1150		II / a
Phosphamidon	17	374		I / a
Phospholan	9	23		I / a
Phoxim	1845	NR		II / d
Pirimiphos-ethyl	140	1000		I / c
Promecarb	74			I / b
Promurit	0,28			I / a (NT)
Propanil	1400	NR		II / d
Propargit	1500			II / d
2-Propenal (Acrolein)	46	562		I / b
2-Propen-1-ol (Allylalkohol)	64	90		I / b
Propoxur	95	NR		I / c
Prothoat	8	14		I / a
Quecksilber(1)-chlorid (Kalomel)	210			II / a
Schradan	9	15		I / a
Strychnin	5			I / a
Sulfallat	850			II / c
Sulfotep	5	20		I / a (NT)
2,4,5-T	500			II / b
2,4,5-T-Salze und -Ester	500	NR		II / b
2,3,6-TBA	1500			II / d
TEPP	1,1	2,4		I / a (NT)

Liste der Wirkstoffe (Fortsetzung)

Bezeichnung des Stoffes	vereinbarte Werte			Klasse / Unter- klasse
	LD_{50} oral	LD_{50} derm	LC_{50} inh	
Tetrachlormethan[1)] (Tetrachlorkohlenstoff)	0,4			I/a (NT)
Thiometon	120	700		I/c
Thionazin	*12*	11		I/a (NT)
Thiram	560	2000		II/b
Triallat	1700			II/d
Triamifos	20	48		I/a
Trichloronat	16	135		I/a
Trichlorfon	560	NR		II/b
Tridemorph	650	NR		II/b
Trifenmorph	1400			II/d
Vamidothion	103	1160		I/c
Warfarin	3			I/a (NT)
Zinkphosphid[1]	0,4		0,004	I/a (NT)
Ziram	1400			II/d

Anhang III
Zusätzliche Kennzeichnungsvorschriften für bestimmte Stoffe, Zubereitungen und Erzeugnisse

Inhaltsübersicht

Anhang III Nr. 1
Asbesthaltige Zubereitungen und Erzeugnisse

1.1 (1) Asbesthaltige Zubereitungen und Erzeugnisse bzw. ihre Verpackung müssen mit folgender Kennzeichnung versehen sein:

(2) Das Format der Kennzeichnung muß von angemessener Größe, mindestens jedoch 50 mm hoch (H) und 25 mm breit sein. Der obere Teil (h_1 = 0,4 H) der Kennzeichnung enthält das Symbol (Buchstabe „a"), weiß auf schwarzem Grund; der untere Teil (h_2 = 0,6 H) enthält die Hinweise auf die besonderen Gefahren schwarz oder weiß auf rotem Grund. Wird die Kennzeichnung unmittelbar auf die Zubereitung oder auf das Erzeugnis aufgedruckt, so genügt eine Farbe, die sich von der Farbe der Unterlage deutlich unterscheiden muß.

(3) Enthält die Zubereitung oder das Erzeugnis Krokydolith, so ist die Angabe „Enthält Asbest" durch die Angabe „Enthält Blauasbest/Krokydolith" zu ersetzen.

(4) Die Kennzeichnung nach Absatz 1 bis 3 muß auf jeder kleinsten Liefereinheit erfolgen. Enthält eine Zubereitung oder ein Erzeugnis asbesthaltige Bestandteile, so genügt es, wenn die Bestandteile gekennzeichnet sind. Auf die Kennzeichnung kann verzichtet werden, wenn wegen der geringen Abmessungen oder wegen sonstiger ungünstiger Beschaffenheit eine Kennzeichnung des Bestandteils nicht möglich ist.

1.2 (1) Bei verpackten asbesthaltigen Zubereitungen muß auf der Verpackung folgende Kennzeichnung angebracht sein:

a) Name und Anschrift dessen, der die asbesthaltige Zubereitung oder das asbesthaltige Erzeugnis hergestellt und eingeführt hat oder vertreibt;
b) das Symbol und die dazugehörigen Hinweise auf die besonderen Gefahren nach Nummer 1.1 Abs. 1 bis 3;
c) Sicherheitsratschläge, die nach Nummer 1.4 auszuwählen sind, sofern sie für die jeweilige asbesthaltige Zubereitung oder für das jeweilige asbesthaltige Erzeugnis in Frage kommen.

Sofern auf der Verpackung weitere Sicherheitshinweise gegeben werden, dürfen diese die Angaben nach Satz 1 Buchstaben b und c weder abschwächen noch ihnen entgegenstehen.

(2) Die Kennzeichnung nach Absatz 1 muß
- auf einem fest auf der Verpackung haftenden Kennzeichnungsschild oder
- auf einem fest mit der Verpackung verbundenen Anhängeschild (Anhänger) oder
- unmittelbar durch Aufdruck auf die Verpackung

erfolgen.

(3) Asbesthaltige Zubereitungen oder Erzeugnisse, die nur lose in Plastikfolie oder dergleichen verpackt sind, gelten als verpackte Zubereitungen oder Erzeugnisse und sind nach Absatz 2 zu kennzeichnen. Werden einzele Zubereitungen oder Erzeugnisse solchen Verpackungen entnommen und unverpackt in den Verkehr gebracht, so ist mit jeder kleinsten Liefereinheit eine Mitteilung, die eine Kennzeichnung nach Absatz 1 enthält, so zu verbinden, daß die Mitteilung in die Hand dessen gelangt, der die asbesthaltige Zubereitung oder das asbesthaltige Erzeugnis selbständig oder unselbständig verwendet.

1.3 Kennzeichnung unverpackter asbesthaltiger Zubereitungen oder Erzeugnisse
Bei unverpackten asbesthaltigen Zubereitungen oder Erzeugnissen muß die Kennzeichnung nach Nummer 1.2 Abs. 1
- auf einem fest auf der asbesthaltigen Zubereitung oder dem asbesthaltigen Erzeugnis haftenden Kennzeichnungsschild oder
- auf einem fest mit der asbesthaltigen Zubereitung oder dem asbesthaltigen Erzeugnis verbundenen Anhängeschild (Anhänger) oder
- unmittelbar durch Aufdruck auf die asbesthaltige Zubereitung oder das asbesthaltige Erzeugnis

oder, wenn diese Verfahren sich nicht sinnvoll anwenden lassen (z. B. wegen der geringen Abmessungen der Zubereitung oder des Erzeugnisses, wegen sonstiger ungünstiger Beschaffenheit oder wegen bestimmter technischer Schwierigkeiten), durch eine Mitteilung mit einer Kennzeichnung nach Nummer 1.2 Abs. 1 erfolgen. Diese Mitteilung ist mit jeder kleinsten Liefereinheit so zu verbinden, daß sie in die Hand dessen gelangt, der die asbesthaltige Zubereitung oder das asbesthaltige Erzeugnis selbständig oder unselbständig verwendet.

1.4 Zusätzliche Kennzeichnung durch Sicherheitsratschläge
(1) Asbesthaltige Zubereitungen oder Erzeugnisse, die im Rahmen ihrer Verwendung weiter be- oder verarbeitet werden können, sind entsprechend Nummer 1.2 Abs. 1 Buchstabe c mit Sicherheitsratschlägen zu kennzeichnen, die für die betreffende Zubereitung oder für das betreffende Erzeugnis in Frage kommen, insbesondere mit folgenden Angaben:

„Nach Möglichkeit im Freien oder in gelüfteten Räumen arbeiten!"

„Möglichst handbetriebene oder langsamlaufende Geräte, erforderlichenfalls mit Staubauffangvorrichtung, verwenden! Werden schnellaufende Geräte verwendet, sollten diese stets mit solchen Vorrichtungen versehen sein."

„Vor dem Schneiden oder Bohren möglichst befeuchten!"

„Staub befeuchten, in ein gut schließendes Behältnis füllen und gefahrlos beseitigen!"

(2) Asbesthaltige Zubereitungen oder Erzeugnisse, die zur Verwendung im Haushalt bestimmt sind, nicht unter Absatz 1 fallen und bei denen während ihrer Verwendung Asbestfasern freigesetzt werden können, sind entsprechend Nummer 1.2 Abs. 1 Buchstabe c, falls erforderlich, mit folgendem Sicherheitsratschlag zu kennzeichnen: „Bei Abnutzung ersetzen!"

Anhang III Nr. 2
Bleihaltige Zubereitungen

(1) Das Kennzeichnungsschild der Verpackung bleihaltiger Anstrichmittel und Lacke, deren Gesamtbleigehalt – bestimmt nach der Norm ISO-DIN-6503-1984 – 0,15% (ausgedrückt in Gewicht des Metalls) des Gesamtgewichts der Zubereitung überschreitet, muß folgende Aufschrift tragen:

„Enthält Blei, Nicht für den Anstrich von Gegenständen verwenden, die von Kindern gekaut oder gelutscht werden können."
(2) Bei Verpackungen mit einem Inhalt von weniger als 125 Milliliter kann der Hinweis wie folgt lauten:
„Achtung! Enthält Blei."

Anhang III Nr. 3
Cadmiumhaltige Zubereitungen und Legierungen, die zum Löten und Schweißen verwendet werden

Auf der Verpackung von cadmiumhaltigen Zubereitungen und Legierungen, die zum Löten und Schweißen verwendet werden, müssen folgende Angaben deutlich lesbar und unverwischbar angebracht sein:
„Vorsicht! Enthält Cadmium. Bei der Anwendung entstehen gefährliche Dämpfe. Anweisungen des Herstellers beachten. Sicherheitsanweisungen einhalten."

Anhang III Nr. 4
Cyanacrylathaltige Zubereitungen

(1) Das Kennzeichnungsschild der Verpackung, die unmittelbar Klebstoffe auf der Grundlage von Cyanacrylat enthält, muß folgende Aufschrift tragen:
,,Cyanacrylat. Gefahr!
Klebt innerhalb von Sekunden Haut und Augenlider zusammen.
Darf nicht in die Hände von Kindern gelangen."
(2) Entsprechende Sicherheitsratschäge müssen der Verpackung beigegeben werden.

Anhang III Nr. 5
Isocyanathaltige Zubereitungen

Das Kennzeichnungsschild der Verpackung von Zubereitungen, die Isocyanate enthalten (Monomere, Oligomere, Vorpolymere usw., die als solche oder als Gemisch vorkommen), muß die nachstehende Aufschrift tragen:
,,Enthält Isocyanate.
Hinweise des Herstellers beachten."

Anhang III Nr. 6
Pentachlorphenol und Zubereitungen die Pentachlorphenol enthalten

Pentachlorphenol, seine Salze und Ester sowie Zubereitungen, die diese Stoffe enthalten, dürfen nur mit nachfolgender Aufschrift in den Verkehr gebracht werden:
,,Nur für Fachleute im Bereich Forschung und Analyse".

Anhang III Nr. 7
Zinnorganische Verbindungen und deren Zubereitungen

Zinnorganische Verbindungen und Zubereitungen, die zinnorganische Verbindungen enthalten, dürfen als Antifouling-Farben nach Anhang IV Nr. 5 nur in Verpackungen von 20

Litern oder mehr und mit den nachfolgenden Aufschriften in den Verkehr gebracht werden:

1. „Nicht zu verwenden auf Schiffen mit einer Gesamtlänge von weniger als 25 m sowie auf Geräten und Einrichtungen jeder Art, die in der Fisch- und Muschelzucht eingesetzt werden.“
   und
2. „Nur für gewerbliche Verbraucher.“

Anhang III Nr. 8
Zubereitungen, die epoxidhaltige Verbindungen mit einem mittleren Molekulargewicht ≤ 700 enthalten

Das Kennzeichnungsschild der Verpackung von Zubereitungen, die epoxidhaltige Verbindungen mit einem mittleren Molekulargewicht ≤ 700 enthalten, muß die nachstehenden Angaben enthalten:

„Enthält epoxidhaltige Verbindungen.
Hinweise des Herstellers beachten.“

Anhang III Nr. 9
Erzeugnisse, die Formaldehyd freisetzen

Textilien mit einem Massengehalt von mehr als 0,15 vom Hundert an freiem Formaldehyd, die beim bestimmungsgemäßen Gebrauch mit der Haut in Berührung kommen und mit einer Ausrüstung versehen sind, sind mit dem Satz zu kennzeichnen:

„Enthält Formaldehyd. Es wird empfohlen, das Kleidungsstück zur besseren Hautverträglichkeit vor dem ersten Tragen zu waschen.“

Anhang III Nr. 10
Zubereitungen, die 2-Naphthylamin, 4-Aminobiphenyl, Benzidin oder deren Salze oder 4-Nitrobiphenyl enthalten

Zubereitungen, die

1. 2-Naphthylamin oder seine Salze,
2. 4-Aminobiphenyl oder seine Salze,
3. Benzidin oder seine Salze oder
4. 4-Nitrodiphenyl

enthalten, sind zu kennzeichnen mit

„Nur für gewerbliche Verbraucher.“

Anhang III Nr. 11
Erzeugnisse, die trichlorierte, höherchlorierte Biphenyle (PCB), polychlorierte Terphenyle (PCT) oder deren Zubereitungen enthalten

(1) Erzeugnisse die,

1. trichlorierte oder höherchlorierte Biphenyle (PCB),
2. polychlorierte Terphenyle (PCT) oder
3. Zubereitungen mit insgesamt mehr als 50 mg/kg PCB oder PCT

enthalten und deren Inhalt mehr als 5 Liter PCB-haltiger Flüssigkeit beträgt, sind durch ein leicht erkennbar angebrachtes Warnschild nach DIN 825 Teil 1, Ausgabe Juli 1983, mit den Buchstaben PCB zu kennzeichnen. Das Schild soll mindestens die Abmessungen 148× 297 mm haben und aus emailliertem Stahlblech bestehen. Es soll auf gelbem oder weißem Grund schwarze Buchstaben tragen und schwarz umrandet sein. Die Buchstabenhöhe soll 80 mm und die Buchstabenbreite 15 mm betragen.

(2) Bilden mehrere Erzeugnisse auf Grund ihres engen räumlichen Zusammenhangs eine Gruppe mit einem Gesamtinhalt von mehr als 5 Liter PCB-haltiger Flüssigkeit, gilt Absatz 1 für diese Gruppe entsprechend.

(3) Sind PCB-haltige Erzeugnisse in einem besonderen Betriebsraum untergebracht, ist auch dieser an den Zugängen gemäß Absatz 1 zu kennzeichnen.

(4) Wird ein Transformator, der nach Absatz 1 zu kennzeichnen ist, nach Anhang IV Nr. 14 Abs. 2 Nr. 6 oder Abs. 3 durch Austausch der Isolierflüssigkeit behandelt, so ist die Kennzeichnung nach Absatz 1 so lange beizubehalten, bis der Kennzeichnungspflichtige durch eine Messung nach Anhang IV Nr. 14 Abs. 2 Nr. 6 Halbsatz 2 oder Abs. 3 Satz 4 festgestellt hat, daß die PCB-Konzentration der Isolierflüssigkeit den Grenzwert nach Anhang IV Nr. 14 Abs. 1 Nr. 3 nicht überschreitet. Der Transformator ist danach dauerhaft und deutlich mit folgenden Angaben zu kennzeichnen:

„PCB-haltige Isolierflüssigkeit ausgetauscht am....... (Datum).

Ergebnis der Kontrolluntersuchung vom.......... (Datum: Isolierflüssigkeit enthält.... mg/kg.“

Anhang III Nr. 12
Wasch-, Reinigungs- und Pflegemittel, die Formaldehyd enthalten

Wasch-, Reinigungs- und Pflegemittel mit einem Massengehalt von mehr als 0,1 vom Hundert Formaldehyd sind mit dem Satz zu kennzeichnen:

„Enthält Formaldehyd“

Anhang III Nr. 13
Zubereitungen, die mehr als 1% Aktivchlor enthalten

Zubereitungen, die einen Massengehalt von mehr als 1 v. H. Aktivchlor enthalten, sind mit dem Hinweis zu kennzeichnen: „Vorsicht! Nicht zusammen mit anderen Produkten verwenden, da gefährliche Gase (Chlor) freigesetzt werden können“.

Anhang IV
Herstellungs- und Verwendungsverbote

Inhaltsübersicht

Nr. 7 Quecksilber und seine Verbindungen
Nr. 8 Zinnorganische Verbindungen
Nr. 9 Di-μ-oxo-di-n-butylstanniohydroxyboran
Nr. 10 Dekorationsgegenstände, die flüssige gefährliche Stoffe oder Zubereitungen enthalten
Nr. 11 Aliphalische Chlorkohlenwasserstoffe
Nr. 12 Pentachlorphenol und seine Verbindungen
Nr. 13 Teeröle
Nr. 14 Polychlorierte Biphenyle, polychlorierte Terphenyle
Nr. 15 Vinylchlorid
Nr. 16 Stark-Säure-Verfahren zur Herstellung von Isopropanol
Nr. 17 Cadmium und seine Verbindungen
Nr. 18 Monomethyltetrachlordiphenylmethan, Monomethyldichlordiphenylmethan, Monomethyldibromdiphenylmethan
Nr. 19 Kühlschmierstoffe
Nr. 20 DDT

Anhang IV Nr. 1
Asbest

(1) Folgende asbesthaltige Gefahrstoffe dürfen nicht hergestellt und verwendet werden:
1. Asbest,
2. Zubereitungen, die einen Massengehalt von mehr als 0,1 vom Hundert Asbest enthalten und
3. Erzeugnisse, die Asbest oder Zubereitungen nach Nummer 2 enthalten.

Asbest sind folgende Silikate mit Faserstruktur:
1. Chrysotil,
2. Amphibol-Asbeste (Aktinolith, Amosit, Anthophyllit, Krokydolith, Tremolit).

(2) Absatz 1 gilt nicht für
1. die Verwendung asbesthaltiger Gefahrstoffe für analytische Untersuchungen,
2. die Forschung an asbesthaltigen Gefahrstoffen,
3. Abbrucharbeiten,
4. Sanierungs- oder Instandhaltungsarbeiten an bestehenden Anlagen, Fahrzeugen, Gebäuden, Einrichtungen oder Geräten mit Ausnahme der Bearbeitung von Asbesterzeugnissen mit Arbeitsgeräten, die deren Oberfläche abtragen, wie z. B. Abschleifen, Hoch- und Niederdruckreinigen oder Abbürsten.

Anhang IV Nr. 2
2-Naphthylamin, 4-Aminobiphenyl, Benzidin, 4-Nitrobiphenyl

Gefahrstoffe die
1. 2-Naphthylamin oder seine Salze,
2. 4-Aminobiphenyl oder seine Salze,
3. Benzidin oder seine Salze oder
4. 4-Nitrobiphenyl

mit einem Massengehalt von gleich oder mehr als 0,1 vom Hundert enthalten, dürfen nicht hergestellt oder nicht verwendet werden. Satz 1 gilt nicht
1. für die Herstellung und Verwendung ausschließlich zu Forschungs- und wissenschaftlichen Versuchszwecken, einschließlich Analysen,

2. für die Herstellung und Verwendung, wenn die Stoffe während einer chemischen Reaktion in einem geschlossenen System entstehen und umgewandelt werden, so daß sie am Ende der Reaktion oder des Arbeitsvorgangs im Endprodukt in einer Konzentration von weniger als 0,1 vom Hundert vorhanden sind.

Anhang IV Nr. 3
Arsen und seine Verbindungen

(1) Gefahrstoffe mit einem Massengehalt von gleich oder mehr als 0,3 vom Hundert Arsen dürfen nicht verwendet werden
1. zum Reinigen in befahrbaren Behältern und anderen engen Räumen,
2. in Farbmitteln und Anstrichstoffen,
3. in Schädlingsbekämpfungsmitteln,
4. beim Herstellen von Flachglas (z. B. Fensterglas) und Verpackungsglas für Lebensmittel,
5. bei der Lederherstellung, der Aufbereitung von Rauchwaren, der Textilveredelung und der Tierpräparation,
6. bei der Herstellung von Emaille,
7. in Beiz- und Reinigungsmitteln, ausgenommen Phosphorsäurebeizen,
8. bei der chemischen (reduktiven) Metallabscheidung zur Oberflächenbehandlung,
9. bei der Herstellung von pryotechnischen Gegenständen,
10. in Metallklebern.

(2) Arsenverbindungen und Zubereitungen, die Arsenverbindungen enthalten, dürfen nicht verwendet werden
1. als Holzschutzmittel,
2. zur Aufbereitung von Wasser im industriellen, gewerblichen und kommunalen Bereich, unabhängig von seiner Verwendung.

(3) Das Verbot des Absatzes 2 Nr. 1 gilt nicht für anorganische Salze vom Typ Kupfer-Chrom-Arsen, die in Industrieanlagen im Vakuum oder unter Druck zur Imprägnierung von Holz zur Verwendung im Außenbereich zum Einsatz kommen.

Anhang IV Nr. 4
Benzol

Gefahrstoffe mit einem Massengehalt von gleich oder mehr als 0,1 vom Hundert Benzol dürfen nicht verwendet werden. Satz 1 gilt nicht für
1. Treibstoffe, die zum Betrieb von Verbrennungsmotoren mit Fremdzündung bestimmt sind,
2. die Verwendung von Stoffen und Zubereitungen, die bei industriellen Verfahren in geschlossenen Systemen zur Anwendung kommen,
3. die Verwendung von Rohöl, Rohbenzin und Treibstoffkomponenten, die bei industriellen Verfahren zur Anwendung kommen,
4. die Herstellung und Verwendung ausschließlich zu Forschungs-, Entwicklungs- und Analyse- sowie Lehr- und Ausbildungszwecken.

Anhang IV Nr. 5
Antifoulingfarben

(1) Antifoulingfarben, die folgende Stoffe oder ihre Zubereitungen enthalten, dürfen nicht verwendet werden:

1. Quecksilberverbindungen,
2. Arsenverbindungen,
3. Zinnorganische Verbindungen oder
4. Hexachlorcyclohexan (HCH).

(2) Abweichend von Absatz 1 dürfen Antifouling-Farben, die zinnorganische Verbindungen enthalten, für Bootskörper mit einer Gesamtlänge von 25 m und mehr eingesetzt werden.

Anhang IV Nr. 6
Bleikarbonate, Bleisulfate

(1) Gefahrstoffe, die folgende Bleiverbindungen enthalten, dürfen nicht als Farben verwendet werden:
1. wasserfreies neutrales Bleikarbonat,
2. Bleihydrokarbonat,
3. Bleisulfate.

(2) Absatz 1 gilt nicht für die Verwendung als Farben, die zur Erhaltung oder originalgetreuen Wiederherstellung von Kunstwerken und historischen Bestandteilen oder von Einrichtungen denkmalgeschützter Gebäude bestimmt sind, wenn die Verwendung von Ersatzstoffen nicht möglich ist.

Anhang IV Nr. 7
Quecksilber und seine Verbindungen

Gefahrstoffe, die Quecksilberverbindungen enthalten, dürfen nicht verwendet werden
1. zum Schutz von Holz,
2. zur Imprägnierung von schweren industriellen Textilien und von zu deren Herstellung vorgesehenen Garnen,
3. zur Aufbereitung von Wasser im industriellen, gewerblichen und kommunalen Bereich, unabhängig von seiner Verwendung.

Anhang IV Nr. 8
Zinnorganische Verbindungen

Gefahrstoffe, die zinnorganische Verbindungen enthalten, dürfen nicht zur Aufbereitung von Wasser im industriellen, gewerblichen und kommunalen Bereich, unabhängig von seiner Verwendung, verwendet werden.

Anhang IV Nr. 9
Di-μ-oxo-di-n-butylstanniohydroxyboran

Gefahrstoffe mit einem Massengehalt von gleich oder mehr als 0,1 vom Hundert Di-μ-oxo-di-n-butylstanniohydroxyboran dürfen nicht hergestellt oder verwendet werden. Satz 1 gilt nicht für
1. die Verarbeitung zu Endprodukten, in denen die Di-μ-oxo-di-n-butylstanniohydroxyboran in einer Konzentration von weniger als 0,1 vom Hundert enthalten ist und
2. die Herstellung und Verwendung ausschließlich zu Forschungs-, Entwicklungs- und Analysezwecken.

Anhang IV Nr. 10
Dekorationsgegenstände, die flüssige gefährliche Stoffe oder Zubereitungen enthalten

Dekorationsgegenstände mit flüssigen Stoffen oder Zubereitungen, die nach dem Zweiten Abschnitt dieser Verordnung als gefährlich eingestuft oder einzustufen sind, dürfen nicht hergestellt werden.

Anhang IV Nr. 11
Aliphatische Chlorkohlenwasserstoffe

(1) Folgende Stoffe, Zubereitungen und Erzeugnisse dürfen nur in geschlossenen Anlagen verwendet werden:
1. Tetrachlormethan (Tetrachlorkohlenstoff),
2. 1,1,2,2-Tetrachlorethan,
3. 1,1,1,2-Tetrachlorethan,
4. Pentachlorethan,
5. Zubereitungen, die einen Massengehalt von insgesamt mehr als 0,1 vom Hundert der in Nummern 1 bis 4 genannten Stoffe,
6. Erzeugnisse, die Stoffe nach Nummer 1 bis 4 oder Zubereitungen nach Nummer 5 enthalten.

(2) Die Verwendung der in Absatz 1 Nr. 1 bis 4 genannten Stoffe, Zubereitungen und Erzeugnisse,
a) denen die in Absatz 1 Nr. 1 bis 4 genannten Stoffe als Lösungsmittel zugesetzt wurden, oder
b) die einen Massengehalt von insgesamt mehr als 0,1 vom Hundert der in Absatz 1 Nr. 1 bis 4 genannten Stoffe auch als Verunreinigung enthalten.

ist in nicht gewerblich genutzten Räumen verboten. Satz 1 gilt nicht für die Verwendung zu Forschungs-, Analyse- sowie Lehr- und Ausbildungszwecken.

Anhang IV Nr. 12
Pentachlorphenol und seine Verbindungen

(1) Folgende Stoffe, Zubereitungen und Erzeugnisse dürfen nicht gewerbsmäßig, im Rahmen sonstiger wirtschaftlicher Unternehmungen oder unter Beschäftigung von Arbeitnehmern hergestellt oder verwendet werden:
1. Pentachlorphenol,
2. Pentachlorphenolnatrium sowie die übrigen Pentachlorphenolsalze und -verbindungen,
3. Zubereitungen mit einem Massengehalt von insgesamt mehr als 0,01 vom Hundert der in den Nummern 1 und 2 genannten Stoffe sowie
4. Erzeugnisse, die mit einer Zubereitung behandelt worden sind, die Stoffe nach Nummer 1 oder 2 enthielt und deren von einer Behandlung erfaßten Teile mehr als 5 mg/kg (ppm) der Stoffe nach Nummer 1 oder 2 enthalten.

(2) Das Verbot nach Absatz 1 gilt nicht für Holzbestandteile von Gebäuden und Möbeln sowie für Textilien, die vor dem 23. Dezember 1989 mit Zubereitungen behandelt wurden, die Stoffe nach Absatz 1 Nr. 1 oder 2 enthielten. In dem in Artikel 3 des Einigungsvertrages genannten Gebiet tritt an die Stelle des 23. Dezember 1989 der 3. Oktober 1990.

Anhang IV Nr. 13

Teeröle

13.1 Verbote

(1) Holzschutzmittel, die Rohteere, Teeröle oder deren Bestandteile oder Destillationsrückstände (Pech) aus Teerölen enthalten, dürfen nicht hergestellt oder verwendet Werden.

(2) Erzeugnisse, die ganz oder teilweise aus Holz oder Holzwerkstoffen bestehen und die mit den in Absatz 1 genannten Holzschutzmitteln behandelt worden sind, dürfen nicht verwendet werden.

13.2 Ausnahmen bei Holzschutzmitteln

(1) Das Verbot nach Nummer 13.1 Abs. 1 gilt nicht für das Herstellen und das Verwenden in geschlossenen Anlagen von Holzschutzmitteln mit einem Gehalt von

1. bis zu höchstens 5 mg/kg (ppm) an Benzo(a)pyren, sofern die Holzschutzmittel
   a) nicht an den privaten Endverbraucher in den Verkehr gebracht werden sowie
   b) nicht in Innerräumen verwendet werden,
2. mehr als 5 mg/kg (ppm) bis zu höchstens 50 mg/kg (ppm) Benzo(a)pyren
   a) zur Druckimprägnierung mit Schlußvakuum von Erzeugnissen aus Holz oder Holzwerkstoffen,
   b) zu anderen Imprägnierungsverfahren zur Teilimprägnierung von Holzpfählen, mit denen ein Tiefschutz gewährleistet ist, insbesondere die Einstelltränkung im Heiß-Kalt-Verfahren, wobei zum Schluß des Imprägnierungsvorganges der Gehalt an Teerölen auf der Oberfläche der Holzpfähle zu vermindern ist, oder
   c) zur Imprägnierung von Erzeugnissen aus Holz oder Holzwerkstoffen durch andere Verfahren, bei denen ein gleich guter oder besserer Schutz von Mensch und Umwelt sichergestellt ist,
3. mehr als 50 mg/kg (ppm) bis zu höchstens 500 mg/kg (ppm) Benzo(a)pyren nur zur Druckimprägnierung mit Schlußvakuum von Bahnschwellen und Leitungsmasten.

(2) Die in Absatz 1 Nr. 1 bis 3 genannten Holzschutzmittel dürfen ferner zur ausschließlichen Verwendung in Staaten, die aufgrund ihrer klimatischen Bedingungen erhöhte Anforderungen an den Holzschutz stellen, hergestellt werden.

13.3 Ausnahmen bei Erzeugnissen

(1) Das Verbot nach Nummer 13.1 Abs. 2 gilt nicht für mit Holzschutzmitteln nach Nummer 13.2 Abs. 1 Nr. 1 imprägnierte Erzeugnisse, sofern sie

1. nicht für den privaten Endverbraucher bestimmt sind und durch Aufstreichen, Aufspritzen und Tauchen behandelt wurden,
2. nicht zur Verwendung in Innenräumen bestimmt sind und
3. keine Bedarfsgegenstände im Sinne des § 5 Abs. 1 Nr. 1 bis 6 des Lebensmittel- und Bedarfsgegenständegesetzes sind.

(2) Das Verbot nach Nummer 13.1 Abs. 2 gilt nicht für mit Holzschutzmitteln nach Nummer 13.2 Abs. 1 Nr. 2 imprägnierte Erzeugnisse, wenn sie

1. nicht für Innenräume, Kinderspielplätze oder sonstige mit regelmäßigem menschlichen Hautkontakt verbundene Zwecke bestimmt sind und
2. keine Bedarfsgegenstände im Sinne des § 5 Abs. 1 Nr. 1 bis 6 des Lebensmittel- und Bedarfsgegenständegesetzes sind.

(3) Abweichend von Nummer 13.1 Abs. 2 dürfen Bahnschwellen, Leitungsmasten und Pfähle, die mit Holzschutzmitteln nach Nummer 13.1 Abs. 1 imprägniert worden sind, erneut verwendet werden, wenn

1. die letzte Imprägnierung vor mehr als 15 Jahren stattgefunden hat,

2. frische Schnittstellen dauerhaft versiegelt oder abgedeckt sind,
3. sie nicht für Innenräume, Kinderspielplätze oder sonstige mit regelmäßigem menschlichem Hautkontakt verbundene Zwecke bestimmt sind,
4. sie nicht für Zwecke des privaten Endverbrauchers bestimmt sind und
5. sie keine Bedarfsgegenstände im Sinne des § 5 Abs. 1 Nr. 1 bis 6 des Lebensmittel- und Bedarfsgegenständegesetzes sind.

Anhang IV Nr. 14
Polychlorierte Biphenyle, polychlorierte Terphenyle

(1) Folgende Stoffe, Zubereitungen und Erzeugnisse dürfen nicht gewerbsmäßig, im Rahmen sonstiger wirtschaftlicher Unternehmungen oder unter Beschäftigung von Arbeitnehmern hergestellt oder verwendet werden:
1. Trichlorierte und höher chlorierte Biphenyle (PCB),
2. Polychlorierte Terphenyle (PCT),
3. Zubereitungen mit insgesamt mehr als 50 mg/kg (ppm) PCB oder PCT,
4. Erzeugnisse, die Stoffe nach Nummer 1 oder 2 oder Zubereitungen nach Nummer 3 enthalten,
5. Zubereitungen und Erzeugnisse, bei denen der Verdacht besteht, daß sie unter Nummer 3 oder 4 fallen, so lange, bis das Gegenteil bewiesen ist.

(2) Das Verbot nach Absatz 1 gilt nicht für
1. die in § 2 Abs. 1 Nr. 1 und 2 Absatz 2 Satz 1 des Chemikaliengesetzes aufgeführten Stoffe und Zubereitungen,
2. das Mischen gleicher Stoffe, Zubereitungen oder Erzeugnisse nach Absatz 1, sofern es nicht dem Wiederauffüllen von Erzeugnissen dient, die PCB oder PCT enthalten,
3. die Herstellung und die Verwendung zu Forschungs- oder Analysezwecken,
4. die Verwendung zum Zwecke der ordnungsgemäßen Entsorgung als Abfall oder der thermischen Verwertung in einer nach § 6 oder § 15 genehmigten oder nach § 67 Abs. 7 des Bundes-Immissionsschutzgesetzes übergeleiteten Anlage.
5. die vorübergehende außerbetriebliche Überlassung von Transformatoren zum ausschließlichen Zweck einer erlaubten Instandhaltung, Beförderung oder Neubefüllung,
6. das einmalige Neubefüllen von PCB- oder PCT-kontaminierten Transformatoren mit Isolierflüssigkeiten, die kein PCB oder PCT enthalten, wenn
   a) die PCB-Konzentration in der auszutauschenden Isolierflüssigkeit einen Wert von 2000 mg/kg (ppm) nicht überschreitet und
   b) die PCB-Konzentration der Isolierflüssigkeit nach der Neubefüllung auch nach einer Betriebszeit von 6 Monaten den in Absatz 1 Nr. 3 genannten Grenzwert nicht überschreiten wird; nach Ablauf dieses Zeitraumes hat der Betreiber die Einhaltung des Grenzwertes nach Absatz 1 Nr. 3 durch eine Messung der PCB-Konzentration der Isolierflüssigkeit zu überprüfen.

(3) Das Verbot nach Absatz 1 gilt nicht für die Reinigung und anschließende Neubefüllung von Transformatoren, die Isolierflüssigkeiten mit mehr als 1000 mg/kg PCB enthalten, wenn
1. die PCB-Konzentration der Isolierflüssigkeit nach Beendigung des Reinigungsprozesses, der einmaligen Neubefüllung mit Isolierflüssigkeiten, die kein PCB oder PCT enthalten, und erforderlichenfalls einer Nachreinigung ohne Neubefüllung den Grenzwert nach Absatz 1 Nr. 3 dauerhaft nicht überschreiten wird,
2. die insgesamt bei der Entleerung und Reinigung anfallende Menge flüssiger Abfälle das 1,2-fache der maximal zulässigen Füllstandsmenge des Transformators nicht überschreitet,
3. die ordnungsgemäße Entsorgung der anfallenden Abfälle sichergestellt ist,
4. die bei Außerbetriebnahme des gereinigten Transformators anfallende Isolierflüssigkeit ordnungsgemäß verwertet wird, und

5. Gefahren für Leben und Gesundheit des Menschen oder für die Umwelt nicht zu besorgen sind.

Der Betreiber des Transformators hat die Reinigung nach Satz 1 der zuständigen Behörde sechs Wochen vor Beginn anzuzeigen sowie mitzuteilen, wer die Reinigung durchführt, welches Verfahren dabei angewendet wird und welcher zeitliche Ablauf vorgesehen ist. Die Reinigung darf nur von einem behördlich anerkannten Betrieb durchgeführt werden. Das angewandte Reinigungsverfahren ist auch im Verfahren zur Anerkennung des Betriebes darzulegen. Die Anerkennung ist zu erteilen, wenn keine Bedenken gegen die Zuverlässigkeit des Betriebes und die Eignung des Reinigungsverfahrens bestehen. Nach Abschluß der Maßnahme ist die dauerhafte Einhaltung des Grenzwertes nach Absatz 1 Nr. 3 durch Vorlage der Ergebnisse einer Messung der PCB-Konzentration in der Isolierflüssigkeit der zuständigen Behörde nachzuweisen, die nach einer Betriebszeit von einem Jahr nach der Neubefüllung oder von 6 Monaten nach einer abschließenden Nachreinigung durchzuführen ist. Anschließend hat der Betreiber die PCB-Konzentration in der Isolierflüssigkeit des Transformators nach vier Jahren zu messen und das Meßergebnis der zuständigen Behörde mitzuteilen.

Anhang IV Nr. 15
Vinylchlorid

Erzeugnisse, die Vinylchlorid (Chlorethen) als Treibgas für Aerosole enthalten, dürfen nicht gewerbsmäßig, im Rahmen sonstiger wirtschaftlicher Unternehmungen oder unter Beschäftigung von Arbeitnehmern hergestellt oder verwendet werden. Ausgenommen von dem Verbot nach Satz 1 sind

1. die Herstellung und die Verwendung ausschließlich zu Forschungs- und Analysezwekken sowie
2. die in § 2 Abs. 1 Nr. 1 und 2 und Abs. 2 Satz 1 des Chemikaliengesetzes aufgeführten Stoffe und Zubereitungen.

Anhang IV Nr. 16
Stark-Säure-Verfahren zur Herstellung von Isopropanol

Isopropanol darf nach dem Stark-Säure-Verfahren nicht hergestellt werden.

Anhang IV Nr. 17
Cadmium und seine Verbindungen

17.1 Cadmium und seine Verbindungen zur Einfärbung

(1) Cadmium und Cadmiumverbindungen dürfen nicht zum Einfärben von Erzeugnissen oder ihrer Bestandteile, die aus den folgenden Stoffen und Zubereitungen hergestellt wurden, verwendet werden:

1. Polyvinylchlorid (PVC),
2. Polyurethan (PUR),
3. Polyethylen niedriger Dichte mit Ausnahme des für die Herstellung von Pigmentpräparationen („master batch") verwendeten Polyethylens niedriger Dichte,
4. Celluloseacetat (CA),
5. Celluloseacetobutyrat (CAB),
6. Epoxidharze,
7. Melaminharzformaldehyd (MF),
8. Harnstofformaldehyd (UF),

9. ungesättigte Polyester (UP),
10. Polyethylenterephtalat (PET),
11. Polybuthylenterephtalat (PBT),
12. Polystrol glasklar / Standard,
13. Acrylnitrilmethylmetacrylat (AMMA),
14. vernetztes Polyethylen (VPE),
15. Polystyrol, schlagfest (SB) und
16. Polypropylen (PP).

Das Verbot nach Satz 1 gilt nicht für Erzeugnisse, soweit sie aus Sicherheitsgründen mit Cadmium oder Cadmiumverbindungen gefärbt oder stabilisiert werden müssen.

(2) Anstrichfarben und Lacke mit einem Massengehalt an Cadmium oder Cadmiumverbindungen von über 0,01 vom Hundert dürfen nicht verwendet werden. Das Verbot nach Satz 1 gilt nicht für Zubereitungen mit hohem Zinkanteil, sofern der Massengehalt von Cadmium oder Cadmiumverbindungen so niedrig wie möglich gehalten wird und 0,1 vom Hundert nicht übersteigt.

(3) Die Verbote nach Absatz 1 und 2 gelten nicht für Forschungs- und Analysezwecke.

17.2 Cadmium und seine Verbindungen als Stabilisierungsmittel

(1) Cadmium und seine Verbindungen dürfen nicht als Stabilisierungsmittel in den nachstehend aufgeführten Erzeugnissen aus Vinylchloridpolymeren und -copolymeren verwendet werden:

1. Verpackungsmaterial,
2. Bürobedarf und Schulbedarf,
3. Beschläge,
4. Bekleidung und Accessoires (einschl. Handschuhe),
5. Boden- und Wandverkleidungen,
6. imprägnierte, bestrichene oder beschichtete Textilien,
7. Kunstleder
8. Schallplatten,
9. Rohre und Anschlußteile,
10. Pendeltüren,
11. Innen- und Außenverkleidung sowie Karosserieböden von Straßenverkehrsmitteln,
12. Beschichtung von im Baugewerbe oder in der Industrie verwendeten Stahlblechen sowie
13. Kabelisolierungen.

(2) Das Verbot nach Absatz 1 gilt nicht für

1. Erzeugnisse, soweit sie aus Sicherheitsgründen mit Cadmium oder Cadmiumverbindungen gefärbt oder stabilisiert sein müssen, sowie
2. Forschungs- und Analysezwecke.

17.3 Cadmium und seine Verbindungen zur Cadmierung

(1) Cadmium und seine Verbindungen dürfen nicht zur Oberflächenbehandlung von Geräten und Maschinen

1. für die Landwirtschaft,
2. für das Gefrieren und Tiefgefrieren,
3. für Druckereien und Buchbindereien sowie
4. zur Herstellung von
   a) Lebensmitteln,
   b) Haushaltsgeräten,
   c) Möbeln,
   d) sanitären Anlagen,
   e) Zentralheizungen und Klimaanlagen,
   f) Papier und Pappe,

g) Textilien und Bekleidung,
h) in der Materialflußtechnik eingesetzten Einrichtungen,
i) Personenkraftwagen und landwirtschaftlichen Fahrzeugen,
k) Schienenfahrzeugen,
l) Schiffen

verwendet werden. Das Verbot gilt auch für Bestandteile dieser Geräte und Maschinen.

(2) Absatz 1 gilt nicht für

1. Erzeugnisse und deren Bestandteile, sofern die Anwendung
   a) in der Luft- und Raumfahrt,
   b) im Bergbau,
   c) in der off-shore-Technik sowie
   d) im Kernenergiebereich

ein hohes Sicherheitsniveau erfordert,

2. Komponenten von Sicherheitseinrichtungen in
   a) Straßenverkehrsmitteln,
   b) landwirtschaftlichen Fahrzeugen,
   c) Schienenfahrzeugen und
   d) Schiffen,
3. elektrische Kontakte von Geräten, wenn es für deren Zuverlässigkeit erforderlich ist sowie
4. Forschungs- und Analysezwecke.

Anhang IV Nr. 18
Monomethyltetrachlordiphenylmethan, Monomethyldichlordiphenylmethan, Monomethyldibromdiphenylmethan

(1) Folgende Stoffe, Zubereitungen und Erzeugnisse dürfen nicht hergestellt und verwendet werden:

1. Monomethyltetrachlordiphenylmethan (Ugilec 141),
2. Monomethyldichlordiphenylmethan (Ugilec 121 oder 21),
3. Monomethyldibromdiphenylmethan (DBBT),
4. Zubereitungen, die insgesamt mehr als 50 mg/kg (ppm) der Stoffe nach Nummern 1 bis 3 enthalten,
5. Erzeugnisse, die Stoffe nach Nummern 1 bis 3 oder Zubereitungen nach Nummer 4 enthalten.

(2) Absatz 1 gilt nicht für Forschungs- und Analysezwecke.

Anhang IV Nr. 19
Kühlschmierstoffe

(1) Kühlschmierstoffe, denen nitrosierende Agenzien als Komponenten zugesetzt worden sind, dürfen nicht verwendet werden.

(2) Der Arbeitgeber hat sich im Rahmen des § 16 Abs. 1 zu vergewissern, daß den eingesetzten Kühlschmierstoffen keine nitrosierende Stoffe zugesetzt wurden.

Anhang IV Nr. 20
DDT

1,1,1-Trichlor-2,2-bis(4-chlorphenyl)ethan und seine Isomeren (DDT) sowie Zubereitungen, die DDT als Wirkstoff enthalten, dürfen nicht hergestellt und verwendet werden.

Anhang V
Besondere Vorschriften für bestimmte Gefahrstoffe und Tätigkeiten

Anhang V Nr. 1
Oberflächenbehandlung in Räumen und Behältern

1.1 Anwendungsbereich

(1) Nummer 1 gilt für folgende Arbeiten an Innenflächen und Einbauten von Räumen einschließlich Schiffsräumen und Behältern:

1. Reinigen einschließlich Restmengenbeseitigung,
2. Arbeiten zum Aufbringen von Beschichtungen; hierzu gehören auch Anstricharbeiten,
3. Klebearbeiten,
4. Nebenarbeiten im Zusammenhang mit Arbeiten nach Ziffer 1 bis 3, wenn dabei mit Gefahrstoffen umgegangen wird.

(2) Nummer 1 gilt nicht für Bohrungen im Erdreich und für die Herstellung von unterirdischen Hohlräumen.

1.2 Vorsorgemaßnahmen

1.2.1 Beschränkungen und Verbote

1.2.1.1 Verbot bestimmter Arbeiten

(1) Werden die Nummer 1.1 Abs. 1 genannten Arbeiten durchgeführt, dürfen in den betroffenen Räumen

1. nur die zum ungehinderten Fortgang der Arbeiten erforderlichen Mengen an gefährlichen Stoffen und Zubereitungen bereitgehalten werden,
2. gefährliche Zubereitungen nicht hergestellt werden; dies gilt nicht, sofern die Herstellung am Arbeitsplatz verfahrenstechnisch erforderlich ist,
3. Reinigungsarbeiten mit Lösemitteln an Geräten zum Auftragen von Anstrich-, Beschichtungs- und Klebstoffen nicht ausgeführt werden; dies gilt nicht für verfahrenstechnisch notwendiges Spülen der Geräte,
4. gleichzeitig neben den in Nummer 1.1 Abs. 1 genannten Arbeiten keine anderen Arbeiten durchgeführt werden, es sei denn, sie sind für den Fortgang der Arbeiten erforderlich und ohne Gefahrenerhöhung möglich,
5. nach Abschluß der in Nummer 1.1 Abs. 1 genannten Arbeiten andere Arbeiten nicht durchgeführt werden, solange im Raum mit gefährlicher explosionsartiger Atmosphäre zu rechnen ist,
6. nach Abschluß der in Nummer 1.1 Abs. 1 genannten Arbeiten andere Arbeiten ohne Atemschutz nicht durchgeführt werden, solange im Raum noch die Maximale Arbeitsplatzkonzentration oder die Technische Richtkonzentration überschritten wird oder Sauerstoffmangel herrscht,
7. Innenwände oder Einbatuen nicht so erwärmt werden, daß gefährliche Zersetzungsprodukte entstehen, solange sich Arbeitnehmer in den Räumen aufhalten.

(2) Die Verbote nach Absatz 1 Nr. 4, 5 und 6 gelten nicht in solchen Bereichen von Räumen, in denen die Maximale Arbeitsplatzkonzentration oder die Technische Richtkonzentration unterschritten wird oder in denen die Bildung einer gefährlichen explosionsfähigen Atmosphäre ausgeschlossen und ausreichend Sauerstoff vorhanden ist.

1.2.1.2 Leitung und Beaufsichtigung der Arbeiten

(1) Der Arbeitgeber hat vor der Aufnahme der Arbeiten nach Nummer 1.1 Abs. 1 eine zuverlässige, mit den Arbeiten, den dabei auftretenden Gefahren und den erforderlichen Schutzmaßnahmen vertraute Person als Aufsichtsführenden zu beauftragen.

(2) Der Aufsichtsführende hat insbesondere dafür zu sorgen, daß

1. mit den Arbeiten erst begonnen wird, wenn die in der Betriebsanweisung festgelegten Maßnahmen getroffen sind,
2. die Arbeitnehmer während der Arbeit die vorgesehenen persönlichen Schutzausrüstungen benutzen,
3. ein schnelles Verlassen des Raumes jederzeit möglich ist und
4. Unbefugte von der Arbeitsstelle ferngehalten werden.

(3) Bei den in Nummer 1.1 Abs. 1 genannten Arbeiten muß ständige Verbindung mit einem zuverlässigen außerhalb des Raumes befindlichen Sicherungsposten bestehen. Der Sicherungsposten muß jederzeit Hilfe herbeiholen können. Der Sicherungsposten ist nicht erforderlich, wenn der Raum durch Türen verlassen werden kann.

1.2.1.3 Zugangsöffnungen

(1) Mit den in Nummer 1.1 Abs. 1 genannten Arbeiten darf nur begonnen werden, wenn der Raum Zugangsöffnungen von solcher Art, Größe, Anzahl und Lage hat, daß der Raum schnell verlassen werden kann und Verunglückte jederzeit gerettet werden können.

(2) Absatz 1 gilt als erfüllt, wenn, ausgenommen bei Behältern,

1. mindestens zwei Zugangsöffnungen vorhanden sind, die mindestens 0,20 m^2 groß sind, wobei keine der Abmessungen der Öffnungen 350 mm unterschreiten darf; das gilt bei der Unterteilung des Raumes auch für die Öffnungen in den Zwischenwänden,
2. die Öffnungen möglichst an entgegengesetzten Enden des Raumes liegen.

Abweichend von Satz 1 genügt eine Öffnung, wenn

1. keine der Hauptabmessungen des Raumes größer als 3 m ist oder wenn
2. keine der Hauptabmessungen des Raumes größer als 35 m ist und diese Öffnung mindestens 0,50 m^2 groß ist, wobei keine der Abmessungen der Öffnung 500 mm unterschreiten darf und die Öffnung von allen Raumteilen aus ohne Behinderung durch Zwischenwände, andere Einbauten, Arbeitsgerüste oder dergleichen, leicht erreichbar ist.

(3) Bei Behältern muß eine Zugangsöffnung mit mindestens

1. Nennweite 600 oder
2. Nennweite 500, sofern die Stutzenhöhe nicht mehr als 250 mm beträgt,

vorhanden sein.

(4) Abweichend von Absatz 3 genügt bei Behältern bis 10 m^3 Inhalt, die am 1. Oktober 1986 betrieben wurden, mindestens eine Zugangsöffnung, wenn

1. deren Abmessungen mindestens 350 × 450 mm beträgt und
2. die Stutzenhöhe nicht mehr als 150 mm beträgt und
3. der Behälter mindestens eine zusätzliche Belüftungsöffnung von mindestens Nennweite 100 besitzt und
4. nachgewiesen ist, daß in der Atmosphäre im Behälter die Maximale Arbeits-

platzkonzentration oder die Technische Richtkonzentration unterschritten und ausreichend Sauerstoff vorhanden ist.

(5) Von Absatz 2 und 3 kann bei Instandhaltungsarbeiten in Schiffsräumen und bei Arbeiten in Triebwasserwegen und vergleichbaren Wasserwegen von Kraftanlagen abgewichen werden, wenn

1. auf Grund baulicher Besonderheiten oder sicherheitstechnischer Bestimmungen vorhandene Öffnungen nicht erweitert oder zusätzliche, ausreichende Öffnungen nicht geschaffen werden können und
2. eine schriftliche Erlaubnis des Arbeitgebers für das Arbeiten in den Räumen erteilt ist, die die für den Einzelfall erforderlichen besonderen Schutzmaßnahmen enthalten muß.

1.2.1.4 Technische Lüftungsmaßnahmen

(1) Mit den in Nummer 1.1 Abs. 1 genannten Arbeiten dürfen Arbeitnehmer nur bei ausreichender technischer Lüftung des Raumes beschäftigt werden.

(2) Durch die Lüftung soll auch sichergestellt werden, daß

1. sich keine explosionsfähige Atmosphäre bildet und
2. kein Sauerstoffmangel auftritt.

(3) Zur Belüftung muß Frischluft verwendet werden. Sauerstoff oder Luft mit erhöhtem Sauerstoffanteil darf zur Raumbelüftung nicht verwendet werden.

(4) Ist damit zu rechnen, daß in der Abluft die Maximale Arbeitsplatzkonzentration oder die Technische Richtkonzentration überschritten oder eine gefährliche explosionsfähige Atmosphäre vorhanden ist, ist die Abluft so abzuführen, daß Beschäftigte oder Dritte nicht gefährdet werden.

(5) Wenn die Lüftung unwirksam wird, sind die Arbeiten sofort einzustellen und, soweit erforderlich, der Raum zu verlassen.

(6) Die Lüftung ist nach Beendigung der in Nummer 1.1 Abs. 1 genannten Arbeiten fortzusetzen, solange in den Räumen die Maximale Arbeitsplatzkonzentration oder die Technische Richtkonzentration nicht unterschritten ist oder sich gefährliche explosionsfähige Atmosphäre bilden kann und hierdurch Personen gefährdet werden können.

1.2.1.5 Explosionsschutz

Besondere Explosionsschutzmaßnahmen sind erforderlich, wenn bei den in Nummer 1.1 Abs. 1 genannten Arbeiten gefährliche explosionsfähige Atmosphäre vorhanden ist oder sich bilden kann, weil die Lüftung nicht oder nicht ausreichend wirksam durchführbar ist.

1.2.1.6 Rettungseinrichtungen

Es müssen geeignete Rettungseinrichtungen leicht erreichbar bereitgestellt sein.

1.3 Aufhebung der Schutzmaßnahmen

Die festgelegten Schutzmaßnahmen dürfen erst aufgehoben werden, wenn die in Nummer 1.1 Abs. 1 genannten Arbeiten abgeschlossen sind und keine Gefahren mehr bestehen.

Anhang V Nr. 2
Ammoniumnitrat

2.1 Anwendungsbereich

(1) Nummer 2 gilt für das Lagern, Abfüllen und innerbetriebliche Befördern von

1. Ammoniumnitrat,
2. ammoniumnitrathaltigen Zubereitungen (Zubereitungen).

(2) Nummer 2 gilt nicht für
1. Zubereitungen mit einem Massengehalt an Ammoniumnitrat bis zu 10 vom Hundert,
2. Ammoniumnitrat und Zubereitungen der Gruppe A in Mengen bis zu 100 kg,
3. Zubereitungen der Gruppe B, C und D in Mengen bis zu 1 t.

2.2 Begriffsbestimmungen

Ammoniumnitrat und die Zubereitungen werden in folgende Gruppen eingeteilt:
1. Gruppe A:
   Ammoniumnitrat und Zubereitungen, die zur detonativen Umsetzung fähig sind.
2. Gruppe B:
   Zubereitungen, die zur selbstunterhaltenden fortschreitenden thermischen Zersetzung fähig sind.
3. Gruppe C:
   Zubereitungen, die weder zur selbstunterhaltenden fortschreitenden thermischen Zersetzung noch zur detonativen Umsetzung fähig sind, jedoch beim Erhitzen Stickoxide entwickeln.
4. Gruppe D:
   Zubereitungen, die in wäßriger Lösung oder Suspension ungefährlich, in kristallisiertem Zustand jedoch detonationsfähig sind.

2.3 Allgemeine Bestimmungen

(1) Für Ammoniumnitrat und Zubereitungen, die den in der Tabelle festgelegten Rahmenzusammensetzungen und Grenzen innerhalb der Gruppen A, B, C oder D zuzuordnen sind, findet Nummer 2.4 Anwendung.

(2) Als Ammoniumnitrat zu rechnen sind alle Nitrationen, für die ein Äquivalent Ammoniumionen vorhanden ist.

(3) Der Massenanteil an verbrennlichen Bestandteilen ist bei Zubereitungen der Untergruppe B II, unbeschränkt, bei Ammoniumnitrat und Zubereitungen der Untergruppe A I auf bis zu 0,2 Hundertteile und bei Zubereitungen aller übrigen Untergruppen auf bis zu 0,4 Hundertteile beschränkt.

(4) Als verbrennlicher Bestandteil ist bei Ammoniumnitrat und Zubereitungen der Untergruppe A I, soweit es sich um organische Stoffe handelt, der Kohlenstoff zu rechnen.

(5) Inerte Stoffe im Sinne dieses Anhanges sind Stoffe, die die thermische Sensibilität und die Sensibilität gegen einwirkende Detonation nicht erhöhen. Im Zweifelsfall ist dies durch ein Gutachten der Bundesanstalt für Materialforschung und -prüfung nachzuweisen.

(6) Ammoniumnitrat und Zubereitungen, die den in der Tabelle festgelegten Rahmenzusammensetzungen und Grenzen innerhalb der Gruppen A, B, C oder D nicht zuzuordnen sind oder den Forderungen nach Absatz 3 nicht entsprechen, dürfen nur nach Vorliegen eines Gutachtens der Bundesanstalt für Materialforschung und -prüfung über ihre Gefährlichkeit und nach Maßgabe der darin festgelegten Anforderungen gelagert, abgefüllt oder innerbetrieblich befördert werden.

(7) Zubereitungen der Gruppe B oder C müssen in ihren Bestandteilen fein verteilt und innig vermischt sein und dürfen sich während der Lagerung, Beförderung oder Abfüllung nicht entmischen. Zur Verbesserung der Lager- und Streufähigkeit dürfen jedoch verbrennliche Bestandteile bis zu einem Massenanteil von 0,4 Hundertteilen auf die Kornoberfläche aufgebracht werden.

Untergruppen	Massenanteil an Ammoniumnitrat in v. H.	Andere Bestandteile	Besondere Bestimmungen
A I	≥ 90	Chloridgehalt $\leq 0{,}02$ v. H. Inerte Stoffe ≤ 10 v. H.	Keine weiteren Ammoniumsalze erlaubt
A II	> 80 bis < 90	Kalkstein, Dolomit oder Calciumcarbonat < 20 v. H.	
A III	> 45 bis < 70	Ammoniumsulfat	
A IV	> 70 bis < 90	Kaliumsalze, Phosphate in NP-, NK- oder NPK-Düngern; inerte Stoffe	
B I	≤ 70	Kaliumsalze, Phosphate, inerte Stoffe und andere Ammoniumsalze in NK- oder NPK-Düngern	Bei einem Massenanteil von mehr als 45 v. H. Ammoniumnitrat darf der Massenanteil von Ammoniumnitrat und anderen Ammoniumsalzen zusammen nicht mehr als 70 v. H. betragen
B II	≤ 45	Überschüssige Nitrate ≤ 10 v. H.	Unbeschränkter Gehalt an verbrennlichen Bestandteilen. Über den Gehalt an Ammoniumnitrat hinausgehende überschüssige Nitrate als Kaliumnitrat berechnet
C I	≤ 80	Kalkstein, Dolomit oder Calciumcarbonat ≥ 20 v. H.	Kalkstein, Dolomit oder Calciumcarbonat mit minimaler Reinheit von 90 v. H.
C II	≤ 70	Inerte Stoffe	
C III	≤ 45	Phosphate und andere Ammoniumsalze in NP-Düngern	
	< 45 bis 70	Phosphate und andere Ammoniumsalze in NP-Düngern	Massenanteil an Ammoniumnitrat und anderen Ammoniumsalzen darf zusammen 70 v. H. nicht übersteigen
C IV	≤ 45	Ammoniumsulfat	
D I	≤ 45	Harnstoff, Wasser	In wäßriger Lösung
D II	≤ 45	Überschüssige Nitrate $\leq$ 10 v. H., Kaliumsalze,	In wäßriger Lösung oder Suspension. Überschüs-

Unter-gruppen	Massenanteil an Ammoniumnitrat in v. H.	Andere Bestandteile	Besondere Bestimmungen
		Phosphate und andere Ammoniumsalze in NP-, NK- oder NPK-Düngern; Wasser	sige Nitrate als Kaliumnitrat berechnet. Grenzgehalt aus Spalte 2 darf sowohl in der flüssigen als auch bei Suspensionen in der festen Phase nicht überschritten werden
D III	≤ 70	Ammoniak, Wasser	In wäßriger Lösung

(8) Zubereitungen der Gruppe B können nach den für die Gruppe C geltenden Vorschriften gelagert, abgefüllt oder innerbetrieblich befördert werden, wenn diese Zubereitungen nach einem Gutachten der Bundesanstalt für Materialforschung und -prüfung frei von den Gefahren einer selbstunterhaltenden fortschreitenden Zersetzung sind.

(9) Bei Einstufung von Ammoniumnitrat und Zubereitungen nach Absatz 6 oder 8 ist die Kennzeichnung der Gruppe entsprechend dem Gutachten der Bundesanstalt für Materialforschung und -prüfung vorzunehmen.

(10) Hält der Arbeitgeber ein vorgesehenes Gutachten der Bundesanstalt für Materialforschung und -prüfung für unzutreffend oder wird das Gutachten nicht erteilt, so kann er die Entscheidung der zuständigen Behörde beantragen.

2.4 Vorsorgemaßnahmen

2.4.1 Allgemeine sicherheitstechnische Maßnahmen für Stoffe und Zubereitungen der Gruppen A, B, und C

(1) Die Stoffe und Zubereitungen sind gegen Witterungseinflüsse und Verunreinigungen geschützt zu lagern.

(2) Bei der Lagerung von Zubereitungen der Gruppen B und C in Gebäuden ist Unbefugten der Zutritt zum Ort der Lagerung zu verbieten. Entsprechende Hinweise sind anzubringen. Bei der Lagerung von Stoffen und Zubereitungen der Gruppe A ist der Ort der Lagerung gegen den Zutritt Unbefugter zu sichern.

(3) Am Ort der Lagerung darf nicht geraucht oder mit Feuer oder offenem Licht umgegangen werden. Entsprechende Hinweise sind anzubringen.

(4) Feuer- und Heißarbeiten dürfen nur nach vorheriger schriftlicher Erlaubnis des Arbeitgebers ausgeführt werden. Bei Stoffen und Zubereitungen der Gruppen A und B dürfen diese Arbeiten nur von einem Sachkundigen oder unter ständiger Aufsicht eines Sachkundigen ausgeführt werden.

(5) Verhärtete Massen dürfen nur durch geeignete mechanisch wirkende Verfahren aufgelockert werden. Sprengstoffe oder Munition dürfen zur Auflockerung nicht verwendet werden.

(6) Die Stoffe und Zubereitungen sind getrennt von brennbaren Stoffen und von solchen Materialien zu lagern, die mit Ammoniumnitrat gefährliche chemische Reaktionen eingehen können.

2.4.2 Zusätzliche Maßnahmen für Stoffe und Zubereitungen der Gruppe A

2.4.2.1 Allgemeine Maßnahmen

(1) Die Stoffe und Zubereitungen dürfen nur verpackt gelagert und befördert werden.

(2) Im Lagerraum oder in einm Umkreis von 10 m um den Ort der Lagerung dürfen keine brennbaren Materialien gelagert werden.

(3) Ausgelaufene oder verschüttete Stoffe und Zubereitungen müssen unmittelbar verbraucht oder gefahrlos beseitigt werden.

2.4.2.2 Zusätzliche Maßnahmen für die Lagerung von mehr als 1 t

(1) Stoffe und Zubereitungen der Gruppe A in Mengen von mehr als 1 t dürfen nur gelagert werden, wenn

1. tragende Wände, Decken und Stützen bei eingeschossigen Gebäuden mindestens feuerhemmend, bei mehrgeschossigen Gebäuden feuerbeständig sind,
2. Trennwände zwischen Lagerräumen und Räumen anderer Nutzungsart feuerbeständig sind,
3. die Lagerräume von unmittelbar angrenzenden anderen Gebäuden durch Brandwände getrennt sind,
4. die Dachhaut gegen Flugfeuer und strahlende Wärme ausreichend widerstandsfähig ist,
5. Fußböden aus nichtbrennbaren Baustoffen bestehen; dabei ist eine Beschichtung mit Gußasphalt zulässig, andere als die vorgenannten Baustoffe dürfen nur nach Vorliegen eines Gutachtens der Bundesanstalt für Materialforschung und -prüfung verwendet werden,
6. die Fußböden keine Abflußöffnungen, Kanäle, Gruben oder Schächte enthalten,
7. in den Lagerräumen keine Feuerstätten und sonstigen Zündquellen einschließlich Kaminreinigungsöffnungen vorhanden sind,
8. Anlagen, Einrichtungen und Betriebsmittel, die Wärme abgeben, so angeordnet und abgesichert sind, daß keine Wärmeübertragung stattfinden kann, die eine Zersetzung einleiten könnte,
9. zur Bekämpfung von Bränden und Zersetzungen eine ausreichende Wasserversorgung sichergestellt ist und geeignete Geräte zur Verfügung stehen,
10. gewährleistet ist, daß auftretende Zersetzungsgase schnell ins Freie abziehen können und
11. Gebäude eine Blitzschutzanlage haben.

(2) Es ist ein Einlagerungsplan anzulegen, der Angaben über die Aufteilung der Lagerfläche und über die Art und Menge des Lagergutes enthält. Der Plan ist ständig auf dem neuesten Stand zu halten und außerhalb des Lagers an einer jederzeit leicht erreichbaren Stelle aufzubewahren.

(3) Im Lagerraum dürfen außer Feuerlöschern keine Behälter mit verdichteten, verflüssigten oder unter Druck gelösten Gasen aufbewahrt werden.

(4) Im Lagerraum dürfen keine mit Vergaserkraftstoff oder Flüssiggas betriebenen Geräte oder Kraftfahrzeuge betrieben oder abgestellt werden.

(5) Die Stoffe und Zubereitungen sind in Teilmengen von bis zu 25 t zu unterteilen.

(6) Teilmengen bis zu 25 t dürfen nur gelagert werden, wenn sie

1. voneinander durch Wände aus Mauerziegeln oder Wandbausteinen ähnlicher Festigkeit oder aus Beton getrennt werden, deren Zwischenraum mit unbrennbaren Stoffen voll ausgefüllt ist und sie einschließlich des Zwischenraumes eine Mindestdicke d aufweisen, die sich aus der jeweils größten Teilmenge M nach folgender Beziehung errechnet:

   $d = 0{,}1\, M^{1/3} \quad d(m),\ M(kg)$

2. in Fällen, in denen die Trennwände nicht bis zur Decke reichen, nur bis zu einer Höhe von 1 m unterhalb der Wandhöhe gelagert werden.

(7) Der Ort der Lagerung muß von Gebäuden, die dem dauernden Aufenthalt von Menschen dienen, einen Mindestabstand (Schutzabstand) E haben, der sich aus der jeweils größten Teilmenge M nach folgender Beziehung errechnet:

$E = 11\, M^{1/3} \quad E(m),\ M(kg)$

Für Betriebsgebäude gilt dies nur, wenn sie Wohnzwecken dienen.

(8) Der Schutzabstand zu öffentlichen Verkehrswegen beträgt 2/3 des Abstandes nach Absatz 7.

(9) Abweichend von Absatz 7 und 8 beträgt der Schutzabstand für Lagermengen bis zu 3 t zu bewohnten Gebäuden und zu öffentlichen Verkehrswegen 50 m.

(10) In den Fällen des Absatzes 1 Nr. 5 gilt Nummer 2.3 Abs. 10 entsprechend.

2.4.2.3 Zusätzliche Maßnahmen für die Lagerung von mehr als 25 t

(1) Wer beabsichtigt, Stoffe und Zubereitungen der Gruppe A in Mengen von mehr als 25 t zu lagern, hat dies spätestens zwei Wochen vorher der zuständigen Behörde schriftlich anzuzeigen.

(2) Die Anzeige muß enthalten

a) Name und Anschrift des Anzeigepflichtigen

b) Art und Höchstmenge der zu lagernden Stoffe oder Zubereitungen,

c) Beschreibung der Bauart und Einrichtung des Lagers mit Grundrissen und Schnitten,

d) Lageplan, aus dem die Lage zu Gebäuden und öffentlichen Verkehrswegen im Umkreis von 350 m ersichtlich ist,

e) Angaben darüber, welche der im Lageplan eingezeichneten Gebäude zum dauernden Aufenthalt von Menschen oder zu Wohnzwecken dienen.

(3) Bei Änderungen des Inhalts der Anzeige gelten die Absätze 1 und 2 entsprechend.

(4) Im Lagergebäude dürfen Räume nicht zum dauernden Aufenthalt von Personen, ausgenommen Aufsichts- und Bedienungspersonal, dienen.

(5) Die Stoffe und Zubereitungen der Gruppe A dürfen nur in eingeschossigen Gebäuden gelagert werden.

(6) Fördermittel und ihre baulichen Einrichtungen müssen so beschaffen sein oder betrieben werden, daß entstehende Wärme keine Zersetzung einleiten kann.

2.4.2.4 Erleichternde Vorschriften für bestimmte Stoffe und Zubereitungen

(1) Stoffe und Zubereitungen der Gruppe A I und II sowie Zubereitungen mit inerten Stoffen der Gruppe A IV können abweichend von

a) Nummer 2.4.2.2 Abs. 5 in Teilmengen (Stapel) von höchstens 100 t unterteilt werden und

b) Nummer 2.4.2.2 Abs. 7 in einem Schutzabstand, der der Hälfte des dort geforderten Wertes entspricht, gelagert werden,

wenn durch ein Gutachten der Bundesanstalt für Materialforschung und -prüfung der Nachweis erbracht ist, daß die Stoffe und Zubereitungen die Beschaffenheitsanforderungen von Nummer 2.4.2.5 erfüllen und nach dem Prüfverfahren von Nummer 2.4.2.5 nicht detonationsfähig sind. Nummer 2.3 Abs. 10 gilt entsprechend.

(2) In ammoniumnitrat- und sprengstoffherstellenden Betrieben

a) sind Nummer 2.4.2.1 Abs. 1 und Nummer 2.4.2.3 Abs. 1 bis 3 nicht anzuwenden,

b) ist ein um die Hälfte verminderter Schutzabstand nach Nummer 2.4.2.2 Abs. 7 anzusetzen.

2.4.2.5 Beschaffenheitsanforderungen und Prüfverfahren auf Detonationsfähigkeit

Der Arbeitgeber hat bei der Beurteilung der Zubereitungen nach Nummer 2.4.2.4 Abs. 1 die vom Ausschuß für Gefahrstoffe aufgestellten Beschaffenheitsanforderungen und Prüfverfahren heranzuziehen, in die die Beschaffenheitsanforderungen der Richtlinie 80/876/EWG des Rates vom 23. September 1980 über

Ammoniumnitrat-Einnährstoffdüngemittel mit hohem Stickstoffgehalt (ABl. EG Nr. L 250 S. 7) sowie die Beschaffenheitsanforderungen und Prüfverfahren der Richtlinie 87/94/EWG der Kommision vom 8. Dezember 1986 (ABl. EG Nr. L 38 S. 1) in ihrer jeweiligen Fassung übernommen sind und die vom Bundesministerium für Arbeit und Sozialordnung im Bundesarbeitsblatt bekanntgemacht worden sind.

2.4.3 Zusätzliche Maßnahmen für Zubereitungen der Gruppe B

2.4.3.1 Allgemeine Maßnahmen

(1) Feuerstätten und sonstige Zündquellen dürfen in Lagerräumen nicht vorhanden sein. Kaminreinigungsöffnungen sind zulässig, wenn durch geeignete Maßnahmen gewährleistet ist, daß eine Zersetzung nicht eingeleitet werden kann.

(2) Die Vorschriften der Nummer 2.4.2.2 Abs. 1 Nr. 8 und 9 gelten entsprechend. Nummer 2.4.2.2 Abs. 1 Nr. 9 gilt nicht, wenn das Lager außerhalb des Ortsbereiches liegt und die Anlehung eines Wasseranschlusses wirtschaftlich nicht vertretbar ist.

2.4.3.2 Zusätzliche Maßnahmen für die Lagerung von mehr als 100 t

(1) Die Temperatur der Zubereitungen darf bei der Einlagerung 70 °C nicht überschreiten.

(2) Fördermittel und ihre baulichen Einrichtungen müssen so beschaffen sein oder so betrieben werden, daß entstehende Wärme keine Zersetzung des Lagergutes einleiten kann.

(3) Geräte und Fahrzeuge mit Verbrennungsmotoren dürfen in Lagern nur benutzt werden, wenn gewährleistet ist, daß hierdurch eine Zersetzung des Lagergutes nicht eingeleitet werden kann.

(4) Für kurzzeitigen Gebrauch bei leichter Entwicklung von nitrosen Gasen sind geeignete Atemschutzgeräte in ausreichender Zahl an jederzeit leicht erreichbarer Stelle bereitzuhalten.

2.4.3.3 Zusätzliche Maßnahmen für unverpackte Zubereitungen über 1500 t oder ausschließlich verpackte Zubereitungen über 3000 t

(1) Die Zubereitungen sind in Teilmengen von jeweils höchstens 3000 t zu unterteilen. Die Unterteilung kann durch feuerbeständige Zwischenwände, durch Haufwerke aus nichtbrennbarem Lagergut oder durch einen jederzeit freizuhaltenden Zwischenraum von mindestens 2,50 m Breite vorgenommen werden. Reichen die Zwischenwände nicht bis zur Decke, so darf das Lagergut nur bis zu einer Höhe von 1 m unterhalb der Wandhöhe geschüttet werden.

(2) Absatz 1 ist nich anzuwenden, wenn gleichzeitig
1. geeignete Löscheinrichtungen vorhanden sind,
2. Löschwasser in ausreichender Menge zur Verfügung steht,
3. eine jederzeit einsatzbereite Werkfeuerwehr vorhanden ist,
4. das ins Lager gelangende Lagergut abgesiebt wird,
5. die Luft im Lagerraum und in den unterhalb der Lagerfläche befindlichen Ausspeicherkanälen fortlaufend überwacht wird.

(3) An ortsfesten Brandförderern müssen optisch-akustische Überwachungsgeräte vorhanden sein. Die Brandförderer müssen von jeder Stelle des Förderers aus abgeschaltet werden können.

(4) Die Vorschriften der Nummer 2.4.2.2 Abs. 1 Nr. 1 bis 4, 10 und 11 und Absatz 2 gelten entsprechend.

2.4.3.4 Erleichternde Vorschriften in bestimmten Fällen

In Lagern mit unverpackten Zubereitungen bis 1500 t oder ausschließlich verpackten Zubereitungen bis zu 3000 t ist Nummer 2.4.3.2 Abs. 4 nicht anzuwenden, wenn eine zur Bekämpfung von Schwelzersetzungen ausreichend ausgerüstete Feuerwehr schnell am Lagerort sein kann.

2.4.4 Sicherheitstechnische Maßnahmen für Zubereitungen der Gruppe D

(1) Die Zubereitungen sind vor Verunreinigungen zu schützen und vor Austrocknung zu bewahren.

(2) Vor Feuer- und Heißarbeiten an Behältern und Geräten sind Reste von Zubereitungen durch Spülen mit Wasser zu beseitigen.

(3) Feuer- und Heißarbeiten dürfen nur nach vorheriger schriftlicher Erlaubnis des Arbeitgebers und nur von einem Sachkundigen oder unter ständiger Aufsicht eines Sachkundigen ausgeführt werden.

(4) Pumpen müssen so beschaffen sein und betrieben werden, daß keine gefährlichen Reaktionen auftreten können.

Anhang V Nr. 3
Polyhalogenierte Dibenzo-p-dioxine und Dibenzofurane

3.1 Anwendungsbereich

(1) Nummer 3 gilt für Stoffe, Zubereitungen oder Erzeugnisse, bei deren Herstellung oder Verwendung einschließlich der Entsorgung insgesamt mehr als 0,1 mg/kg (ppm)

1. 2,3,7,8-Tetrachlordibenzo-p-dioxin (TCDD),
2. 1,2,3,7,8-Pentachlordibenzo-p-dioxin
3. 1,2,3,6,7,8-Hexachlordibenzo-p-dioxin
4. 1,2,3,7,8,9-Hexachlordibenzo-p-dioxin
5. 1,2,3,4,7,8-Hexachlordibenzo-p-dioxin
6. 2,3,7,8-Tetrachlordibenzofuran (TCDF),
7. 2,3,4,7,8-Pentachlordibenzofuran und
8. 1,2,3,6,7,8-Hexachlordibenzofuran
9. 1,2,3,7,8-Pentachlordibenzofuran
10. 1,2,3,7,8,9-Hexachlordibenzofuran
11. 1,2,3,4,7,8-Hexachlordibenzofuran
12. 2,3,4,6,7,8-Hexachlordibenzofuran
13. 1,2,3,4,6,7,8-Heptachlordibenzo-p-dioxin
14. 1,2,3,4,6,7,8,9-Octachlordibenzo-p-dioxin
15. 1,2,3,4,6,7,8-Heptachlordibenzofuran
16. 1,2,3,4,7,8,9-Heptachlordibenzofuran
17. 1,2,3,4,6,7,8,9-Octachlordibenzofuran
18. 2,3,7,8-Tetrabromdibenzo-p-dioxin
19. 1,2,3,7,8-Pentabromdibenzo-p-dioxin
20. 1,2,3,4,7,8-Hexabromdibenzo-p-dioxin
21. 1,2,3,7,8,9-Hexabromdibenzo-p-dioxin
22. 1,2,3,6,7,8-Hexabromdibenzo-p-dioxin
23. 2,3,7,8-Tetrabromdibenzofuran
24. 2,3,4,7,8-Pentabromdibenzofuran
25. 1,2,3,7,8-Pentabromdibenzofuran

anfallen. Dies gilt auch, wenn mehr als 0,01 mg/kg (ppm) an 2,3,7,8-Tetrachlordibenzo-p-dioxin anfällt. Die Sätze 1 und 2 gelten für Stoffe und Zubereitungen im Verlauf des Produktionsgangs nur insoweit, als sie isoliert werden können.

(2) Abweichend von Absatz 1 gilt Nummer 3.3 Abs. 2, wenn die in Absatz 1 Satz 1 genannten PCDD und PCDF mit insgesamt mehr als 0,005 mg/kg (ppm) oder das in Absatz 1 Satz 1 genannte TCDD mit mehr als 0,002 mg/kg (ppm) anfallen.

3.2 Anzeigepflicht

(1) Wer mit den in Nummer 3.1 Abs. 1 genannten Gefahrstoffen umgeht, hat dies der zuständigen Behörde unverzüglich schriftlich anzuzeigen und die Schutzmaßnahmen nach Nummer 3.3 einzuhalten.

(2) In der Anzeige sind anzugeben:

1. die umfassende Beschreibung des Verfahrens,
2. der Stoff, die Zubereitung, das Erzeugnis, der Reststoff oder das Abfallprodukt, in dem die in Nummer 3.1 Abs. 1 genannten PCDD und PCDF enthalten sind, mit Angabe ihrer Massenkonzentration,
3. die Maßnahmen, die zum Schutz von Mensch und Umwelt getroffen wurden,
4. der Nachweis konkreter Beseitigungsmöglichkeiten für anfallende Abfälle,
5. die nach Nummer 3.3 Abs. 3 bestellte verantwortliche Person.

(3) Die Verpflichtung nach Absatz 2 Nr. 1 bis 3 und 5 entfällt, wenn eine Sicherheitsanalyse nach § 7 Störfall-Verordnung (12. BImSchV) der zuständigen Behörde vorgelegt wurde oder die erforderlichen Angaben der zuständigen Behörde im Rahmen eines Genehmigungsverfahrens nach dem Bundes-Immissionsschutzgesetz bekannt sind.

(4) Bestehen tatsächliche Anhaltspunkte dafür, daß bei Bränden, Explosionen oder anderen Schadensfällen Gefahrstoffe nach Nummer 3.1 Abs. 1 entstanden sind und unkontrolliert freigesetzt werden konnten, ist der Schadensfall der zuständigen Behörde unverzüglich anzuzeigen. Eine mündliche Anzeige ist unter Angabe von Ort, Zeit und Hergang des Schadensfalles schriftlich zu bestätigen.

3.3 Schutzmaßnahmen

(1) Verfahren sind in geschlossenen Anlagen zu führen. Arbeitsverfahren sind nach dem Stand der Technik so zu gestalten, daß die in Nummer 3.1 genannten Dioxine oder Furane in möglichst geringer Massenkonzentration anfallen.

(2) Können Arbeitnehmer insbesondere bei Instandhaltungsarbeiten oder bei der Beseitigung von Betriebsstörungen oder Schäden den in Nummer 3.1 genannten PCDD oder PCDF ausgesetzt sein, hat der Arbeitgeber geeignete persönliche Schutzausrüstungen zur Verfügung zu stellen, die von den Arbeitnehmern benutzt werden müssen.

(3) Der Arbeitgeber hat eine verantwortliche fachkundige Person zu bestellen.

3.4 Ausnahmen

Nummer 3.2 gilt nicht, wenn die in Nummer 3.1 Abs. 1 genannten Stoffe, Zubereitungen oder Erzeugnisse

1. zum Zwecke der Forschung hergestellt oder verwendet werden oder
2. zum Zwecke der Prüfung ihrer Eigenschaften oder als Vergleichssubstanz für analytische Untersuchungen verwendet werden.

Anhang V Nr. 4
Blei

4.1 Anwendungsbereich

(1) Nummer 4 gilt für den Umgang mit bleihaltigen Gefahrstoffen.

(2) Nummer 4 gilt nicht für Bleialkyle und deren Zubereitungen.

4.2 Vorsorgemaßnahmen

4.2.1 Hygienische Maßnahmen

Bei Tätigkeiten, die Staub verursachen, hat der Arbeitgeber dafür zu sorgen, daß den Arbeitnehmern Waschräume mit Duschen zur Verfügung gestellt werden.

4.2.2 Maßnahmen bei Überschreitung der Maximalen Arbeitsplatzkonzentration
(1) Wird die Maximale Arbeitsplatzkonzentration überschritten, entscheidet der Arzt oder die zuständige Behörde, ob eine sofortige Bestimmung der biologischen Parameter der betreffenden Arbeitnehmer erforderlich ist.
(2) Bei Betriebsstörungen, die zu einer erheblichen Erhöhung der Bleiexposition führen können, haben die Arbeitnehmer den betreffenden Bereich unverzüglich zu verlassen. Der betreffende Bereich darf nur von den Arbeitnehmern, die die Reparaturen vornehmen müssen, betreten werden.

4.2.3 Maßnahmen bei Überschreitung des Biologischen Arbeitsplatztoleranzwertes
Wird der Biologische Arbeitsplatztoleranzwert überschritten, so sind mindestens binnen drei Monaten erneute Bestimmungen durchzuführen. Ist der Biologische Arbeitsplatztoleranzwert weiterhin überschritten, dürfen die Betroffenen nur noch an Arbeitsplätzen mit geringerer Expositionsgefahr eingesetzt werden, wenn dem Arbeitgeber eine ärztliche Bescheinigung mit einer Empfehlung nach § 31 Abs. 3 Nr. 1 ausgestellt worden ist. In diesen Fällen sind die Fristen für die ärztlichen Nachuntersuchungen zu verringern.

4.3 Unterrichtungs- und Anhörungspflicht
(1) § 21 Abs. 1 Nr. 2 und Abs. 2 ist entsprechend anzuwenden, wenn die Auslöseschwelle überschritten wird.
(2) Der Arbeitgeber hat die betroffenen Arbeitnehmer oder, wenn ein Betriebs- oder Personalrat vorhanden ist, diesen bei der Ermittlung nach § 16 Abs. 4 zu hören.

Anhang V Nr. 5
Begasungen

5.1 Anwendungsbereich
Nummer 5 gilt für die Verwendung von Begasungsmitteln nach § 15d Abs. 1. Sie gilt auch, wenn die zuständige Behörde andere Begasungsmittel nach § 43 Abs. 8 zugelassen hat.

5.2 Allgemeine Vorschriften
(1) Die Erlaubnis nach § 15d Abs. 2 erhält, wer
1. als Antragsteller die erforderliche Zuverlässigkeit und, soweit er den Umgang mit den genannten Begasungsmitteln selbst leitet, einen Befähigungsschein nach Absatz 2 besitzt,
2. über Befähigungsschein-Inhaber nach Absatz 2 in ausreichender Zahl verfügt.

Jeder Wechsel der Befähigungsschein-Inhaber ist der zuständigen Behörde unverzüglich anzuzeigen.

(2) Einen Befähigungsschein erhält von der zuständigen Behörde, wer
1. die für den Umgang mit den in § 15d Abs. 1 genannten Begasungsmitteln erforderliche Zuverlässigkeit bestitzt,
2. durch das Zeugnis eines ermächtigten Arztes im Sinne des § 30 nachweist, daß
   a) keine Anhaltspunkte vorliegen, die ihn körperlich oder geistig ungeeignet erscheinen lassen, mit den Begasungsmitteln umzugehen,
   b) er mit vorläufigen Hilfsmaßnahmen bei Vergiftungen vertraut ist,
3. die erforderliche Sachkunde und ausreichende Erfahrung für Begasungen nachweist und
4. mindestens 18 Jahre alt ist.

Den Nachweis der Sachkunde nach Satz 1 Nr. 3 hat erbracht, wer ein Zeugnis über die Teilnahme an einem von der zuständigen Behörde anerkannten Lehrgang für die beabsichtigte Tätigkeit und bestandene Prüfung vorlegt. Der Befähigungsschein ist entsprechend dem geführten Nachweis der Sachkunde zu beschränken. Die Prüfung ist vor einem Vertreter der zuständigen Behörde abzulegen.

(3) Die Erlaubnis nach Absatz 1 und der Befähigungsschein nach Absatz 2 können befristet und auch unter Auflagen, insbesondere beschränkt auf bestimmte Arten von Anlagen, erteilt werden. Auflagen können auch nachträglich angeordnet werden.

(4) Der Befähigungsschein erlischt, wenn der zuständigen Behörde nicht spätestens fünf Jahre seit der Ausstellung des Zeugnisses nach Absatz 2 Nr. 2 ein neues Zeugnis vorgelegt wird.

5.2.1 Allgemeine Anforderungen

(1) Begasungen sind so durchzuführen, daß Personen nicht gefährdet werden.

(2) Für jede Begasung ist ein verantwortlicher Begasungsleiter zu bestellen. Der Begasungsleiter muß einen für die vorgesehene Begasung ausreichenden Befähigungsschein besitzen. Für Begasungen in vollautomatischen Gassterilisatoren mit Rauminhalten von weniger als 1 m^3 genügt die Bestellung eines Begasungsleiters (Sterilisationsleiter) für die in einem räumlich zusammenhängenden Bereich betriebenen Sterilisatoren. Zur Begasung dürfen nur Personen eingesetzt werden, die sachkundig im Sinne der Nummer 5.2 Abs. 2 sind, ausgenommen Hilfskräfte nach Nummer 5.2.4 Abs. 2.

(3) Begasungen in Begasungsanlagen sind nur zulässig, wenn die Begasungsanlagen

1. gasdicht sind,
2. für Mensch und Umwelt gefahrlos entlüftet werden können,
3. in Räumen errichtet sind, die nicht zum ständigen Aufenthalt von Menschen dienen, ausgenommen Begasungen in vollautomatischen Gassterilisatoren in Arbeitsbereichen der Sterilgutversorgung.

5.2.2 Anzeige

(1) Wer außerhalb einer ortsfesten Begasungsanlage Begasungen mit Begasungsmitteln nach § 15d Abs. 1, soweit es sich nicht um Begasungen im medizinischen Bereich handelt, durchführen will, hat dies spätestens eine Woche – im Fall von Schiffsbegasungen 24 Stunden – vorher der zuständigen Behörde schriftlich anzuzeigen. Die zuständige Behörde soll in begründeten Fällen Ausnahmen zulassen.

(2) In der Anzeige sind anzugeben:

1. der Begasungsleiter,
2. der Tag der Begasung,
3. der Ort (Lageplan) der Begasung und das zu begasende Objekt mit Angabe der zu begasenden Güter,
4. das eingesetzte Begasungsmittel sowie die vorgesehenen Mengen,
5. der voraussichtliche Beginn der Begasung,
6. das voraussichtliche Ende der Begasung,
7. der voraussichtliche Termin der Freigabe und
8. der Zeitpunkt der Dichtheitsprüfung, falls diese erforderlich ist.

5.2.3 Niederschrift

Über Begasungen mit Begasungsmitteln nach § 15d Abs. 1 ist eine Niederschrift zu fertigen. Auf Verlangen ist der zuständigen Behörde eine Abschrift zu Übersenden. Aus der Niederschrift sollen insbesondere Art und Menge der Begasungsmittel. Ort der Verwendung, das beteiligte Personal, Beginn und Ende der Verwendung und Zeitpunkt der Freigabe hervorgehen.

5.2.4 Organisatorische Maßnahmen

(1) Bei Begasungen müssen während der wesentlichen Arbeitsschritte mindestens der Begasungsleiter, bei vollautomatischen Gassterilisatoren der Befähigungsschein-Inhaber, sowie eine weitere Person, die die Voraussetzungen der Nummer 5.2.1 Abs. 2 Satz 3 erfüllt, anwesend sein. Bei Begasungen mit Cyanwasserstoff und Brommethan dürfen nur Befähigungsschein-Inhaber eingesetzt werden.

(2) Soweit gebrauchsfertig portionierte Phosphorwasserstoff entwickelnde Zubereitungen verwendet werden, dürfen unter unmittelbarer Aufsicht einer ausreichenden Zahl von Personen nach Nummer 5.2.1 Abs. 2 auch vorher unterwiesene Hilfskräfte bei Vorbereitungen und beim Einbringen des Begasungsmittels eingesetzt werden, die gesundheitlich geeignet sind.

5.2.5 Erste Hilfe

An der Begasungsstelle sind geeignete Geräte und Arzneimittel für die Erste Hilfe bei Vergiftungen gebrauchsfähig bereitzuhalten.

5.3 Besondere Vorschriften für die Begasung von Räumen, Transportbehältern in Räumen und im Hafen liegenden Schiffen

(1) Die Benutzer angrenzender Räume und Gebäude sind mindestens 24 Stunden vor Beginn der Begasung mit Begasungsmitteln nach § 15d Abs. 1, soweit es sich nicht um Begasungen im medizinischen Bereich handelt, schriftlich unter Hinweis auf die Gefahren der Begasungsmittel zu warnen.

(2) An den Zugängen zu Räumen, die begast werden sollen, sind vor Beginn der Begasung Warntafeln mit einer Aufschrift nach Nummer 5.5 Abs. 2 anzubringen.

(3) Nach der Einbringung des Begasungsmittels bis zur Freigabe der begasten Räume muß ein Begasungsleiter im Bedarfsfall verfügbar sein.

(4) Der Begasungsleiter darf Räume, Einrichtungsgegenstände und begaste Güter erst freigeben, wenn durch geeignete Nachweisverfahren sichergestellt ist, daß keine Gefährdung mehr durch Begasungsmittel besteht.

5.4 Besondere Vorschriften für Begasungsanlagen

(1) Der Begasungsleiter hat die Anlagen vor jeder Begasung auf Dichtheit zu prüfen. Über durchgeführte Begasungen ist ein Buch zu führen.

(2) Begasungsanlagen, ausgenommen vollautomatische Gassterilisatoren, dürfen nur mit Normal- oder Unterdruck betrieben werden.

5.5 Besondere Vorschriften für Transportbehälter

(1) Transportbehälter dürfen im Freien nur mit einem allseitigen Sicherheitsabstand von mindestens 10 m zu Gebäuden begast werden. Die Behälter sind von dem Begasungsleiter auf ihre Gasdichtheit zu prüfen und abzudichten. Der Begasungsleiter hat sie für die Dauer der Begasung allseitig sichtbar zu kennzeichnen, abzuschließen und zu verplomben.

(2) Die Kennzeichnung mit dem Mindestformat 250 × 300 mm muß enthalten:

1. das Gefahrensymbol für „Giftig“,
2. die Aufschrift „Sehr giftige Gase! Lebensgefahr! Betreten verboten!“,
3. die Bezeichnung des Begasungsmittels,
4. das Datum und den Zeitpunkt der Begasung,
5. Name, Anschrift und Telefonnummer des Begasungsunternehmens.

(3) Unter Gas stehende Transportbehälter dürfen nur dann befördert werden, wenn ein Begasungsleiter festgestellt hat, daß keine Gefährdung mehr durch das Begasungsmittel besteht. Absatz 1 Satz 3 findet Anwendung.

(4) Auf Schiffen dürfen unter Gas stehende Transportbehälter nur transportiert werden, wenn die Laderäume mit einer mechanischen Lüftung ausgerüstet sind, die verhindert, daß sich Gaskonzentrationen oberhalb der Maximalen Arbeitsplatzkonzentration entwickeln. Auf dem Schiff müssen geeignete Gasmeßgeräte und Anweisungen für ihre Benutzung sowie Erste-Hilfe-Einrichtungen vorhanden sein.

5.6 Besondere Vorschriften für die Begasung auf Schiffen während der Beförderung

(1) Die Begasung darf nur auf Schiffen durchgeführt werden, die hierfür von der zuständigen Behörde zugelassen worden sind und wenn während der Beförderung mindestens zwei Personen anwesend sind, die sachkundig im Sinne der Nummer 5.2 Abs. 2 Nr. 3 sind.

(2) Der Begasungsleiter hat dem Kapitän nach angemessener Begasungszeit und vor Verlassen des Hafens schriftlich mitzuteilen,

1. welche Räume begast werden und welche weiteren Räume während der Beförderung nicht betreten werden dürfen,
2. welche zur Durchführung der Begasung vorgenommenen technischen Änderungen am Schiff vorgenommen wurden,
3. daß die begasten Räume hinreichend gasdicht sind,
4. daß die an die begasten Räume angrenzenden Räume frei sind von Begasungsmitteln.

(3) Falls das Schiff den Hafen unmittelbar nach Beginn der Begasung verläßt, muß ein Begasungsleiter so lange an Bord sein, bis

1. die begaste Ladung entladen worden ist oder
2. Absatz 2 erfüllt ist.

(4) Nummer 5.3 Abs. 2 findet Anwendung.

(5) Während der gesamten Beförderungsdauer muß die Gasdichtheit der begasten Räume mindestens alle 8 Stunden geprüft werden. Die Ergebnisse sind in das Schiffstagebuch einzutragen.

(6) Die Hafenbehörden sind spätestens 24 Stunden vor Ankunft eines begasten Schiffes über die Art und den Zeitpunkt der Begasung sowie die begasten Räume und Transportbehälter zu unterrichten.

5.7 Ergänzende Vorschriften für bestimmte Begasungsmittel

5.7.1 Brommethan

(1) Müssen Räume, die begast werden sollen, zum Öffnen von Flaschenventilen betreten werden, sind so viele Befähigungsschein-Inhaber einzusetzen, daß die Räume innerhalb von 10 Minuten nach Öffnen des ersten Flaschenventils verlassen werden können.

(2) Ein geschlossener Raum mit einer Brommethankonzentration über 2 g/m^3 darf nicht betreten werden; bei Konzentrationen über 0,4 g/m^3 ist ein Aufenthalt von längstens 10 Minuten unter Atemschutz zulässig.

(3) Im Gewächshaus und im Freien darf nur unter gasdichten Planen begast werden. Am Ort der Begasung sind Warntafeln mit einer Aufschrift nach Nummer 5.5 Abs. 2 aufzustellen.

5.7.2 Cyanwasserstoff

(1) Bei der Begasung von Räumen darf die angewandte Gasmenge 30 g/m^3 (2,7 Volumenhundertteile in Luft) nicht überschreiten. Eine Nachdosierung ist erst nach zwei Stunden zulässig.

(2) Mehr als 100 kg Cyanwasserstoff dürfen von einem Befähigungsschein-Inhaber an einem Arbeitstag nicht verwendet werden.

5.7.3 Phosphorwasserstoff

(1) Nummer 5.2.2 und 5.2.3 gelten nicht, wenn Phosphorwasserstoff im Freien verwendet wird.

(2) Phosphorwasserstoff entwickelnde Zubereitungen müssen einen die Selbstentzündung von Phosphorwasserstoff verhindernden Zusatz enthalten.

(3) Bei der Begasung von Räumen ist die angewandte Gasmenge so zu wählen, daß sich kein explosionsfähiges Gas-Luft-Gemisch bilden kann.

5.7.4 Formaldehyd

Der Begasungsleiter darf Räume, Einrichtungsgegenstände und begaste Güter erst freigeben, wenn durch geeignete Nachweisverfahren sichergestellt ist, daß die Konzentration von 0,1 ml/m^3 Formaldehyd unterschritten ist.

Anhang V Nr. 6
Schädlingsbekämpfung

6.1 Anwendungsbereich

Nummer 6 gilt für die Schädlingsbekämpfung mit sehr giftigen, giftigen und gesundheitsschädlichen Stoffen und Zubereitungen, sowie Zubereitungen, bei denen die genannten Stoffe oder Zubereitungen freigesetzt werden, soweit die Bekämpfung nicht bereits durch andere Rechtsvorschriften geregelt ist.

6.2 Begriffsbestimmung

Schädlingsbekämpfungsmittel im Sinne der Nummer 6 sind Stoffe und Zubereitungen, die dazu bestimmt sind, Schädlinge und Schadorganismen oder lästige Organismen unschädlich zu machen oder zu vernichten.

6.3 Allgemeine Vorschriften

6.3.1 Allgemeine Anforderungen

Schädlingsbekämpfung ist so durchzuführen, daß Mensch und Umwelt nicht gefährdet werden.

6.3.2 Anzeigepflicht

(1) Wer Schädlingsbekämpfungen nach Nummer 6.1 durchführen oder nach mehr als einjähriger Unterbrechung wieder aufnehmen will, hat dies mindestens 6 Wochen vor Aufnahme der ersten Tätigkeit der zuständigen Behörde anzuzeigen.

(2) Die Anzeige muß insbesondere folgende Angaben enthalten:

1. den Nachweis, daß die personelle, räumliche und sicherheitstechnische Ausstattung des Unternehmens für diese Arbeiten ausreichend geeignet ist,
2. die Zahl der Arbeitnehmer, die mit den Schädlingsbekämpfungsmitteln umgehen,
3. a) Bezeichnungen,
   b) Eigenschaften,
   c) Wirkungsmechanismen,
   d) Anwendungsverfahren und
   e) Dekontaminationsverfahren der zur Schädlingsbekämpfung vorgesehenen Schädlingsbekämpfungsmittel,
4. die Bereiche der vorgesehenen Schädlingsbekämpfung sowie Zielorganismen, gegen die die Schädlingsbekämpfung durchgeführt werden soll,
5. Ergebnisse der Prüfungen nach § 16 Abs. 2.

(3) Änderungen von Absatz 2 Nr. 1 bis 5 sind mitzuteilen.

(4) Eine ausreichende personelle Ausstattung liegt vor, wenn geeignete sachkundige Personen beschäftigt werden.

Geeignet ist, wer

1. mindestens 18 Jahre alt ist,

2. die für den Umgang mit Schädlingsbekämpfungsmitteln erforderliche Zuverlässigkeit besitzt,
3. durch das Zeugnis eines ermächtigten Arztes im Sinne des § 30 nachweist, daß
   a) keine Anhaltspunkte vorliegen, die ihn körperlich oder geistig ungeeignet erscheinen lassen, mit Schädlingsbekämpfungsmitteln umzugehen,
   b) er mit vorläufigen Hilfsmaßnahmen bei Vergiftungen vertraut ist.

(5) Sachkundig ist, wer
1. die Prüfung gemäß der Verordnung über die Prüfung zum anerkannten Abschluß Geprüfter Schädlingsbekämpfer/Geprüfte Schädlingsbekämpferin vom 19. März 1984 (BGBl. I S. 468) in der jeweils gültigen Fassung oder
2. die Prüfung zum Gehilfen oder Meister für Schädlingsbekämpfung nach nicht mehr geltendem Recht in den alten Bundesländern oder nach dem Recht der ehemaligen DDR abgelegt oder
3. in einem Mitgliedsstaat der Europäischen Gemeinschaften nachweislich eine vergleichbare Sachkunde erworben

hat. Sachkundig ist auch, wer eine Prüfung abgelegt oder eine Ausbildung erfolgreich abgeschlossen hat, die von der zuständigen Behörde als den Prüfungen nach Satz 1 gleichwertig anerkannt worden ist. Beschränkt sich die vorgesehene Schädlingsbekämpfung auf bestimmte Anwendungsbereiche, ist sachkundig auch, wer eine Prüfung abgelegt oder eine Ausbildung erfolgreich abgeschlossen hat, die von der zuständigen Behörde für diese Tätigkeiten als geeignet anerkannt worden ist.

6.4 Besondere Vorschriften

6.4.1 Einsatz von Hilfskräften

Schädlingsbekämpfungsmaßnahmen nach Nummer 6.1 dürfen nur solche Personen durchführen, die die Anforderungen nach Nummer 6.3.2 Abs. 4 und 5 erfüllen.

Hilfskräfte dürfen nur unter der unmittelbaren ständigen Aufsicht des Sachkundigen eingesetzt werden und müssen entsprechend ihrer Tätigkeit nachweislich regelmäßig unterwiesen sein.

6.4.2 Schädlingsbekämpfung in Gemeinschaftseinrichtungen

Die Anwendung von Schädlingsbekämpfungsmitteln in Gemeinschaftseinrichtungen, insbesondere Schulen, Kindertagesstätten und Krankenhäusern ist der zuständigen Behörde schriftlich, in der Regel 14 Tage vor Beginn der Durchführung dieser Tätigkeit unter Angabe des Umfanges, der Anwendung, des Mitteleinsatzes, Ausbringungsverfahrens und der vorgesehenen Schutzmaßnahmen mitzuteilen.

6.4.3 Dokumentation

Anwendungen von Schädlingsbekämpfungsmitteln sind ausreichend zu dokumentieren. Die Aufzeichnungen sind mindestens 2 Jahre aufzubewahren und auf Verlangen der zuständigen Behörde vorzulegen.

Anhang VI Liste der Vorsorgeuntersuchungen

Gefahrstoff		Fristen und Zeitspannen nach § 28 für die Nachuntersuchung in Monaten	
		erste Nachuntersuchung	weitere Nachuntersuchungen
Acrylnitril		12–24	12–24
Antifouling-Farben		6	12
Aromatische Nitro- und Aminoverbindungen		6– 9	6–12
Arsentrioxid und -pentoxid, arsenige Säure, Arsensäure und deren Salze (Arsenite, Arsenate)		6	12
Asbest		12–36	12–36
Benzol		2	3– 6
Benzo(a)pyren		24–36	24–36
Bleitetraethyl		3– 6	12–24
Bleitetramethyl		3– 6	12–24
Cadmium und seine Verbindungen		12–18	12–24
Calciumchromat		6– 9	12–24
Chrom-III-Cromate		6– 9	12–24
Chrom(VI) Verbindungen, ausgenommen Calciumchromat, Chrom(III)-Chromate, Strontiumchromat, Zinkchromat		6– 9	12–24
Fluor und seine anorganischen Verbindungen		12	12
Iodmethan (Methyliodid)		60	60
Isocyanate		3– 6	12–24
Kohlenmonoxid		Nachuntersuchungen sind nur in Fällen des § 29 Abs. 2 Satz 2 Nr. 3 notwendig	
Methanol		12–18	12–24
Monochlormethan (Methylchlorid)		3– 6	12–18
Nickel in Form atembarer Stäube von Nickelmetall, Nickelsulfid und sulfidischen Erzen, Nickeloxid und Nickelcarbonat		36–60	36–60
Nickelverbindungen in Form atembarer Tröpfchen		12–24	12–24
Nickeltetracarbonyl		12–24	12–60
Nitroglycerin oder Nitroglykol		3– 6	6–18
Oberflächenbehandlung in Räumen und Behältern		Fristen werden vom Arzt festgelegt	

Anhang VI Liste der Vorsorgeuntersuchungen (Fortsetzung)

Gefahrstoff		Fristen und Zeitspannen nach § 28 für die Nachuntersuchung in Monaten	
		erste Nachuntersuchung	weitere Nachuntersuchungen
Peche		24–36	24–36
Pentachlorethan		3– 6	6
Phosphor, weißer		6– 9	12–18
Quecksilber			
– Alkyl-Quecksilberverbindungen		3– 6	6–12
– Quecksilbermetall und sonstige Quecksilberverbindungen		6– 9	6–12
Schwefelkohlenstoff		3– 6	6–18
Schwefelwasserstoff		6–12	12–24
Silikogener Staub		36	36
Strahlmittel		36	36
Strontiumchromat		6– 9	12–24
Tetrachlorethan		3– 6	6
Tetrachlorethen (Tetrachlorethylen, Perchlorethylen)		12–18	12–24
Tetrachlorkohlenstoff		3– 6	6
Thomasphosphat		2	2. und 3. Nachuntersuchung: 2, weitere Nachuntersuchung: 12
Toluol		12–18	12–24
Trichlorethen (Trichlorethylen)		12–18	12–24
Vinylchlorid		6–12	12–24
Xylole		12–18	12–24
Zinkchromat		6– 9	12–24
Sonstige krebserzeugende Gefahrstoffe		60	60

Gefahrstoff	Anhang	Fristen und Zeitspannen nach § 28 für die Nachuntersuchung in Monaten			
		erste Nachuntersuchung		weitere Nachuntersuchungen	
		ärztliche	biologische	ärztliche	biologische
Blei oder seine Verbindungen ausgenommen Bleitetraethyl und Bleitetramethyl	III Nr. 2				
– Bleikonzentration in der Luft über 75 µg / m³ oder Bleikonzentration im Blut zwischen 50 und 60 µg / 100 ml		12	6	12	
– Bleikonzentration in der Luft zwischen 75 und 100 µg / m³ und Bleikonzentration im Blut bis zu 50 µg / 100 ml		12	12	12	12
– Bleikonzentration im Blut über 60 µg / 100 ml bis 70 µg / 100 ml		unverzüglich[1)]	6	12	6

1) Die ärztliche Untersuchung kann so lange zurückgestellt werden, bis sich im Anschluß an eine erneute Bestimmung des Blutbleispiegels, die innerhalb eines Monats erfolgt, zeigt, daß der Wert von 60 µg / 100 ml Blut weiterhin überschritten wird

Anhang I der Richtlinie 67/548/EWG (Auszüge)

Hinweis: die vollständige Liste, gemäß § 4a Absatz 1 der Gefahrstoffverordnung vom Bundesministerium für Arbeit und Sozialordnung veröffentlicht, erschien im Bundesanzeiger Nr. 229a vom 7. Dezember 1993.

2. Weitere Rechtsvorschriften

2.1 Gesetz zum Schutz vor gefährlichen Stoffen (Chemikaliengesetz – ChemG) Neufassung vom 25. Juli 1994 (BGBl. I S. 1703), zuletzt geändert am 27. Sept. 1994 (BGBl. I S. 2705)

Inhaltsübersicht

Erster Abschnitt

Zweck, Anwendungsbereich und Begriffsbestimmungen

§ 1

Zweck des Gesetzes

Zweck des Gesetzes ist es, den Menschen und die Umwelt vor schädlichen Einwirkungen gefährlicher Stoffe und Zubereitungen zu schützen, insbesondere sie erkennbar zu machen, sie abzuwenden und ihrem Entstehen vorzubeugen.

§ 2

Anwendungsbereich

(1) Die Vorschriften des Zweiten und Dritten Abschnitts, die §§ 16, 16a, 16b Abs. 1 Satz 1 Nr. 2, die §§ 16e, 17 Abs. 1 Nr. 2 Buchstabe a und b und § 23 Abs. 2 gelten nicht für

1. Tabakerzeugnisse und kosmetische Mittel im Sinne des Lebensmittel- und Bedarfsgegenständegesetzes,
2. Arzneimittel, die einem Zulassungs- oder Registrierungsverfahren nach dem Arzneimittelgesetz oder nach dem Tierseuchengesetz unterliegen, sowie sonstige Arzneimittel, soweit sie nach § 21 Abs. 2 des Arzneimittelgesetzes einer Zulassung nicht bedürfen oder in einer zur Abgabe an den Verbraucher bestimmten Verpackung abgegeben werden,

2a. Medizinprodukte im Sinne des § 3 Nr. 1, 2, 6, 7, und 8 des Medizinproduktegesetzes.

3. Abfälle zur Beseitigung im Sinne des § 3 Abs. 1 Satz 2 Halbsatz 2 des Kreislaufwirtschafts- und Abfallgesetzes.
4. radioaktive Abfälle im Sinne des Atomgesetzes,
5. Abwasser im Sinne des Abwasserabgabengesetzes, soweit es in Gewässer oder Abwasseranlagen eingeleitet wird.

(2) Die Vorschriften des Zweiten bis Vierten Abschnitts, § 17 Abs. 1 Nr. 2 Buchstaben a und b und § 23 Abs. 2 gelten nicht für Lebensmittel im Sinne des Lebensmittel- und Bedarfsgegenständegesetzes und für Futtermittel und Zusatzstoffe im Sinne des Futtermittelgesetzes. Die Vorschriften des Dritten Abschnitts und § 16b Abs. 1 Satz 1 Nr. 1 und § 16e gelten jedoch für

1. Lebensmittel, die nicht zur Abgabe an den Verbraucher im Sinne des § 6 Abs. 1 des Lebensmittel- und Bedarfsgegenständegesetzes bestimmt sind,
2. Futtermittel, die dazu bestimmt sind, in zubereitetem, bearbeitetem oder verarbeitetem Zustand verfüttert zu werden, sowie für Zusatzstoffe im Sinne des Futtermittelgesetzes.

(3) Die Vorschriften des Zweiten Abschnitts und die §§ 16, 16a, 16c, 16d und 23 Abs. 2 gelten nicht für Stoffe und Zubereitungen,

1. die ausschließlich dazu bestimmt sind, als Wirkstoff in zulassungs- oder registrierungspflichtigen Arzneimitteln nach dem Arzneimittelgesetz oder nach dem Tierseuchengesetz oder als Wirkstoffe in Medizinprodukten gemäß § 3 Nr. 2 und Nr. 7 in Verbindung mit Nr. 2 des Medizinproduktegesetzes verwendet zu werden oder
2. soweit sie einem Zulassungsverfahren nach dem Pflanzenschutzgesetz oder als Pflanzenschutzmittelwirkstoffe dem Beurteilungsverfahren nach Artikel 6 der Richtlinie 91/414/EWG des Rates vom 15. Juli 1991 über das Inverkehrbringen von Pflanzenschutzmitteln (ABl. EG Nr. L 230 S. 1) unterliegen.

§ 17 Abs. 1 Nr. 1 und 3 gilt nicht für Stoffe und Zubereitungen nach Satz 1 Nr. 2, soweit entsprechende Regelungen aufgrund des Pflanzenschutzgesetzes getroffen werden können.

(4) Die Vorschriften des Dritten Abschnitts und die §§ 16c, 16d, 17 und 23 gelten für das Herstellen, Inverkehrbringen oder Verwenden von Stoffen oder Zubereitungen nach § 3a Abs. 1 Nr. 2 bis 5 und 15 sowie von Erzeugnissen, die solche Stoffe oder Zubereitungen freisetzen können oder enthalten, lediglich insoweit, als es gewerbsmäßig, im Rahmen sonstiger wirtschaftlicher Unternehmungen oder unter Beschäftigung von Arbeitnehmern erfolgt. Diese Beschränkung gilt nicht für

1. Regelungen und Anordnungen
   a) über den Verkehr mit Bedarfsgegenständen,
   b) über die Abfallbeseitigung und Luftreinhaltung und
2. für umweltgefährliche Stoffe oder Zubereitungen, wenn Maßnahmen zum Schutz der menschlichen Gesundheit getroffen werden.

(5) Die Vorschriften des Ersten bis Vierten Abschnitts, die §§ 17 und 18 sowie die Vorschriften des Siebten und Achten Abschnitts gelten nicht für die Beförderung gefährlicher Güter im Eisenbahn-, Straßen-, Binnenschiffs-, See- und Luftverkehr, ausgenommen die innerbetriebliche Beförderung.

§ 3

Begriffsbestimmungen

Im Sinne dieses Gesetzes sind

1. Stoffe:

   chemische Elemente oder chemische Verbindungen, wie sie natürlich vorkommen oder hergestellt werden, einschließlich der zur Wahrung der Stabilität notwendigen Hilfsstoffe und der durch das Herstellungsverfahren bedingten Verunreinigungen, mit Ausnahme von Lösungsmitteln, die von dem Stoff ohne Beeinträchtigung seiner Stabilität und ohne Änderung seiner Zusammensetzung abgetrennt werden können;

2. alte Stoffe:

   Stoffe, die im Altstoffverzeichnis der Europäischen Gemeinschaften – EINECS – (ABl. EG Nr. C 146 A vom 15. Juni 1990) in der jeweils jüngsten im Amtsblatt der Europäischen Gemeinschaften veröffentlichten Fassung bezeichnet sind;

3. neue Stoffe:

   Stoffe, die nicht alte Stoffe im Sinne der Nummer 2 sind;

3a. Polymer:

   ein Stoff, der aus Molekülen besteht, die durch eine Kette einer oder mehrerer Arten von Monomereinheiten gekennzeichnet sind, und der eine einfache Gewichtsmehrheit von Molekülen mit mindestens drei Monomereinheiten enthält, die zumindest mit einer weiteren Monomereinheit oder einem sonstigen Reaktanden eine kovalente Bindung eingegangen sind, sowie weniger als eine einfache Gewichtsmehrheit von Molekülen mit demselben Molekulargewicht, wenn diese Moleküle innerhalb eines bestimmten Molekulargewichtsbereichs liegen, wobei die Unterschiede beim Molekulargewicht im wesentlichen auf die Unterschiede in der Zahl der Monomereinheiten zurückzuführen sind; eine Monomereinheit im Sinne dieser Begriffsbestimmung ist die gebundene Form eines Monomers in einem Polymer;

4. Zubereitungen:

   aus zwei oder mehreren Stoffen bestehende Gemenge, Gemische oder Lösungen;

5. Erzeugnisse:

   Stoffe oder Zubereitungen, die bei der Herstellung eine spezifische Gestalt, Oberfläche oder Form erhalten haben, die deren Funktion mehr bestimmen als ihre chemische Zusammensetzung, als solche oder in zusammengefügter Form;

6. Einstufung:

   eine Zuordnung zu einem Gefährlichkeitsmerkmal;

7. Hersteller:

   eine natürliche oder juristische Person oder eine nicht rechtsfähige Personenvereinigung, die einen Stoff, eine Zubereitung oder ein Erzeugnis herstellt oder gewinnt;

8. Einführer:

   eine natürliche oder juristische Person oder eine nicht rechtsfähige Personenvereinigung, die einen Stoff, eine Zubereitung oder ein Erzeugnis in den Geltungsbereich dieses Gesetzes verbringt; kein Einführer ist, wer lediglich einen Transitverkehr unter zollamtlicher Überwachung durchführt, soweit keine Be- oder Verarbeitung erfolgt;

9. Inverkehrbringen:

   die Abgabe an Dritte oder die Bereitstellung für Dritte; das Verbringen in den Geltungsbereich dieses Gesetzes gilt als Inverkehrbringen, soweit es sich nicht lediglich um einen Transitverkehr nach Nummer 8 zweiter Halbsatz handelt;

10. Verwenden:

    Gebrauchen, Verbrauchen, Lagern, Aufbewahren, Be- und Verarbeiten, Abfüllen, Umfüllen, Mischen, Entfernen, Vernichten und innerbetriebliches Befördern;

11. Wissenschaftliche Forschung und Entwicklung:

    Durchführung wissenschaftlicher Versuche oder Analysen unter kontrollierten Bedingungen einschließlich der Bestimmung der Eigenschaften, der Leistung und der Wirksamkeit sowie wissenschaftlicher Untersuchungen im Hinblick auf die Produktentwicklung;

12. Verfahrensorientierte Forschung und Entwicklung:

    die Weiterentwicklung eines Stoffes, bei der die Anwendungsgebiete des Stoffes auf Pilotanlagenebene oder im Rahmen von Produktionsversuchen erprobt werden.

§ 3a

Gefährliche Stoffe und gefährliche Zubereitungen

(1) Gefährliche Stoffe oder gefährliche Zubereitungen sind Stoffe oder Zubereitungen, die

1. explosionsgefährlich,
2. brandfördernd,
3. hochentzündlich,
4. leichtentzündlich,
5. entzündlich,
6. sehr giftig,
7. giftig,
8. gesundheitsschädlich,
9. ätzend,
10. reizend,
11. sensibilisierend,
12. krebserzeugend,
13. fortpflanzungsgefährdend,
14. erbgutverändernd oder
15. umweltgefährlich sind;

ausgenommen sind gefährliche Eigenschaften ionisierender Strahlen.

(2) Umweltgefährlich sind Stoffe oder Zubereitungen, die selbst oder deren Umwandlungsprodukte geeignet sind, die Beschaffenheit des Naturhaushaltes, von Wasser, Boden oder Luft, Klima, Tieren, Pflanzen oder Mikroorganismen derart zu verändern, daß dadurch sofort oder später Gefahren für die Umwelt herbeigeführt werden können.

(3) (weggefallen)

(4) Die Bundesregierung wird ermächtigt, durch Rechtsverordnung mit Zustimmung des Bundesrates nähere Vorschriften über die Festlegung der in Absatz 1 genannten Gefährlichkeitsmerkmale zu erlassen.

Zweiter Abschnitt
Anmeldung neuer Stoffe

§ 4

Anmeldepflicht

(1) Der Hersteller darf einen neuen Stoff als solchen oder als Bestandteil einer Zubereitung gewerbsmäßig oder im Rahmen sonstiger wirtschaftlicher Unternehmungen in den Mitgliedstaaten der Europäischen Gemeinschaften und den anderen Vertragsstaaten des Abkommens über den Europäischen Wirtschaftsraum nur in den Verkehr bringen, wenn er ihn bei der Anmeldestelle angemeldet hat. Der Anmeldung bedarf es nicht, wenn der Hersteller den Stoff bereits in einem anderen Mitgliedstaat oder Vertragsstaat hergestellt und dort in einem gleichwertigen Verfahren angemeldet hat.

(2) Der Einführer darf einen neuen Stoff als solchen oder als Bestandteil einer Zubereitung gewerbsmäßig oder im Rahmen sonstiger wirtschaftlicher Unternehmungen aus einem Staat, der nicht Mitgliedstaat der Euro-

päischen Gemeinschaften und nicht Vertragsstaat des Abkommens über den Europäischen Wirtschaftsraum ist, nur einführen, wenn er ihn bei der Anmeldestelle angemeldet hat. Der Anmeldung bedarf es nicht, wenn der Einführer in einem anderen Mitgliedstaat oder Vertragsstaat niedergelassen ist und den Stoff dort in einem gleichwertigen Verfahren angemeldet hat.

(3) Wer nicht in einem Mitgliedstaat der Europäischen Gemeinschaften oder einem anderen Vertragsstaat des Abkommens über den Europäischen Wirtschaftsraum niedergelassen ist, darf einen neuen Stoff als solchen oder als Bestandteil einer Zubereitung gewerbsmäßig oder im Rahmen sonstiger wirtschaftlicher Unternehmungen nicht einführen. (Niederlassungspflicht)

(4) Die den Einführer betreffenden Vorschriften dieses Gesetzes und der auf dieses Gesetz gestützten Rechtsverordnungen zur Anmeldung neuer Stoffe finden entsprechende Anwendung auf natürliche oder juristische Personen oder nicht rechtsfähige Personenvereinigungen mit Wohn- oder Geschäftssitz in der Bundesrepublik Deutschland, die einen neuen Stoff als solchen oder als Bestandteil einer Zubereitung aus einem Staat, der nicht Mitgliedstaat der Europäischen Gemeinschaften und nicht Vertragsstaat des Abkommens über den Europäischen Wirtschaftsraum ist, in einen anderen Mitgliedstaat oder Vertragsstaat verbringen, sofern es sich nicht lediglich um einen Transitverkehr nach § 3 Nr. 8 zweiter Halbsatz handelt.

§ 5

Ausnahmen von der Anmeldepflicht

(1) Eine Anmeldung ist nicht erforderlich für

1. Polymere, sofern sie nicht zu zwei vom Hundert oder mehr ihres Massengehalts einen neuen Stoff in gebundener Form enthalten;
2. Stoffe, die ausschließlich zu Zwecken der wissenschaftlichen Forschung und Entwicklung in Mengen von höchstens 100 kg jährlich je Hersteller in den Mitgliedstaaten der Europäischen Gemeinschaften und den anderen Vertragsstaaten des Abkommens über den Europäischen Wirtschaftsraum insgesamt in den Verkehr gebracht werden, sofern der Hersteller oder Einführer Aufzeichnungen führt, aus denen sich die Identität des Stoffes, seine Kennzeichnung, die abgegebene Menge und Namen und Anschriften der Empfänger ergibt;
3. Stoffe, die ausschließlich zu Zwecken der verfahrensorientierten Forschung und Entwicklung für die Höchstdauer eines Jahres in einer dazu erforderlichen Menge in den Verkehr gebracht werden, sofern die Abgabe nur an eine vom Hersteller oder Einführer nachzuweisende begrenzte Zahl sachkundiger Personen erfolgt und er sicherstellt, daß der Stoff weder als solcher noch als Bestandteil einer Zubereitung an andere abgegeben wird;
4. Stoffe, die in Mengen von weniger als 10 kg jährlich je Hersteller in den Mitgliedstaaten der Europäischen Gemeinschaften und den anderen Vertragsstaaten des Abkommens über den Europäischen Wirtschaftsraum insgesamt in den Verkehr gebracht werden.

(2) (weggefallen)

(3) Im Falle des Absatzes 1 Nr. 3 kann die Anmeldestelle

1. untersagen, daß nach Abschluß der verfahrensorientierten Forschung und Entwicklung der Stoff als Bestandteil oder in Form eines Erzeugnisses an andere abgegeben wird, wenn eine Gefahr für Leben oder Gesundheit des Menschen oder die Umwelt zu besorgen ist,
2. auf Antrag des Herstellers oder Einführers die zeitliche Geltung der Ausnahme um ein Jahr verlängern, wenn
   a) der Antragsteller nachweist, daß der Zweck der verfahrensorientierten Forschung und Entwicklung innerhalb eines Jahres nicht zu erreichen ist oder sonstige außergewöhnliche Umstände vorliegen, die eine Verlängerung rechtfertigen, und
   b) eine Gefahr für Leben oder Gesundheit des Menschen oder die Umwelt nicht zu besorgen ist.

§ 6

Inhalt der Anmeldung (erweitert)

(1) Der Anmeldepflichtige hat der Anmeldestelle schriftlich seinen Namen und seine Anschrift, im Falle der Einfuhr auch den Namen und die Anschrift des Herstellers, den Standort des Herstellungsbetriebes sowie

1. die Identitätsmerkmale, einschließlich der Art und Gewichtsanteile der Hilfsstoffe, der Hauptverunreinigungen sowie der übrigen ihm bekannten Verunreinigungen und Zersetzungsprodukte,
2. Nachweis- und Bestimmungsmethoden,
3. die ihm bekannten Analysenmethoden zur Feststellung der Exposition des Menschen und des Vorkommens in der Umwelt,
4. Angaben zu Herstellung, Verwendung, Exposition und Verbleib,
5. schädliche Wirkungen bei der Verwendung,
6. Hinweise zur Toxikokinetik,
7. die vorgesehene Einstufung, Verpackung und Kennzeichnung,
8. Empfehlungen über die Vorsichtsmaßnahmen beim Verwenden und über Sofortmaßnahmen bei Unfällen,
9. die Menge des Stoffes, die er jährlich in den Verkehr bringen oder einführen will,
10. Verfahren zur geordneten Entsorgung, zur möglichen Wiederverwendung und sonstigen Unschädlichmachung anzugeben sowie
11. die Prüfnachweise nach § 7 (Grundprüfung) vorzulegen.

(1a) Verfügt der Anmeldepflichtige über weitere Erkenntnisse über die Wirkungen des Stoffes auf Mensch oder Umwelt, hat er zugleich mit der Anmeldung eine Zusammenfassung der entsprechenden Unterlagen und auf Anforderung der Anmeldestelle unverzüglich die vollständigen Unterlagen vorzulegen.

(2) Für einen gefährlichen Stoff hat der Anmeldepflichtige ferner das vorgesehene Sicherheitsdatenblatt vorzulegen.

(3) Einer Vorlage der Unterlagen nach Absatz 1 Nr. 6, 10 und 11 bedarf es nicht, soweit entsprechende Unterlagen

bereits von einem anderen Hersteller oder Einführer in einem Anmeldeverfahren nach diesem Gesetz oder nach gleichwertigen Vorschriften eines anderen Mitgliedstaats der Europäischen Gemeinschaften oder Vertragsstaaten des Abkommens über den Europäischen Wirtschaftsraum vorgelegt wurden und seitdem mehr als zehn Jahre vergangen sind.

§ 7

Prüfnachweise der Grundprüfung

Die Prüfnachweise der Grundprüfung müssen sich erstrecken auf:

1. die physikalischen, chemischen und physikalisch-chemischen Eigenschaften,
2. akute Toxizität,
3. Anhaltspunkte für eine krebserzeugende oder erbgutverändernde Eigenschaft,
4. Anhaltspunkte für fortpflanzungsgefährdende Eigenschaften,
5. reizende und ätzende Eigenschaften,
6. sensibilisierende Eigenschaften,
7. subakute Toxizität,
8. abiotische und leichte biologische Abbaubarkeit,
9. Toxizität gegenüber Wasserorganismen nach kurzzeitiger Einwirkung,
10. Hemmung des Algenwachstums,
11. Bakterieninhibition,
12. Adsorption und Desorption.

§ 7a

Eingeschränkte Anmeldung

(1) Beträgt die Menge des Stoffes, die der Anmeldepflichtige innerhalb der Mitgliedstaaten der Europäischen Gemeinschaften und der anderen Vertragsstaaten des Abkommens über den Europäischen Wirtschaftsraum in den Verkehr bringen will, weniger als 1 Tonne jährlich, so kann er die Anmeldeunterlagen nach Maßgabe des Absatzes 2 auf die dort aufgeführten Datensätze beschränken. Für die übrigen Angaben und Prüfnachweise nach den §§ 6 und 7 findet § 6 Abs. 1a entsprechende Anwendung. Die Angaben und Prüfnachweise sind nachzureichen, bevor die in den Verkehr gebrachte Menge des Stoffes die obere Grenze des jeweiligen Mengenbereichs nach Absatz 2 innerhalb eines Jahres oder das fünffache dieser Menge seit Beginn des Inverkehrbringens insgesamt überschreitet. Von den Einschränkungsmöglichkeiten nach Absatz 2 Nr. 1 und 2 kann nacheinander Gebrauch gemacht werden.

(2) Im Rahmen einer eingeschränkten Anmeldung nach Absatz 1 sind vorzulegen

1. bei Mengen von weniger als 1 Tonne, aber mindestens 100 kg
   a) die Angaben und Prüfnachweise nach § 6 Abs. 1 Nr. 1 bis 3, 5, 7 und 9, Abs. 1a und 2, § 7 Nr. 5 und 6 sowie
   b) bestimmte Angaben und Prüfnachweise nach § 6 Abs. 1 Nr. 4 und 8, § 7 Nr. 1 bis 3, 8 und 9,
2. bei Mengen von weniger als 100 kg
   a) die Angaben und Prüfnachweise nach § 6 Abs. 1 Nr. 1 bis 3, 5, 7 und 9, Abs. 1a und 2 sowie
   b) bestimmte Angaben und Prüfnachweise nach § 6 Abs. 1 Nr. 4 und 8, § 7 Nr. 1 und 2.

§ 8

Verfahren nach Eingang der Anmeldung, Inverkehrbringen des angemeldeten Stoffes

(1) Die Anmeldestelle hat dem Anmeldepflichtigen im Falle einer Anmeldung nach § 6 innerhalb von 60 Tagen, im Falle einer Anmeldung nach § 7a innerhalb von 30 Tagen nach Eingang der Anmeldung mitzuteilen, ob die Anmeldung als ordnungsgemäß anerkannt wird. Die Nachlieferung von Anmeldeunterlagen nach § 7a Abs. 1 Satz 3 gilt als Anmeldung nach der Vorschrift, deren Anforderungen durch die Nachlieferung erfüllt werden sollen. Wird die Anmeldung anerkannt, so ordnet die Anmeldestelle der Anmeldung eine Anmeldenummer zu und teilt diese dem Anmeldepflichtigen zusammen mit der Mitteilung nach Satz 1 mit, soweit dies nicht bereits im Rahmen einer früheren, denselben Stoff und denselben Anmeldepflichtigen betreffenden Anmeldung geschehen ist. Die Anerkennung einer Anmeldung steht späteren Nachforderungen nach § 20 Abs. 2 nicht entgegen.

(2) Verlangt die Anmeldestelle innerhalb der Fristen nach Absatz 1 eine Berichtigung oder Ergänzung nach § 20 Abs. 2, so findet Absatz 1 mit der Maßgabe Anwendung, daß an die Stelle des Eingangs der Anmeldung der Eingang der Berichtigung oder Ergänzung bei der Anmeldestelle tritt.

(3) Der Anmeldepflichtige darf den Stoff im Falle einer Anmeldung nach § 6 frühestens 60 Tage, im Falle einer Anmeldung nach § 7a frühestens 30 Tage nach Eingang der Anmeldung bei der Anmeldestelle in der für die jeweilige Vorlagepflicht maßgeblichen Menge in den Verkehr bringen. Hat die Anmeldestelle innerhalb dieser Fristen eine Berichtigung oder Ergänzung nach § 20 Abs. 2 verlangt, tritt an die Stelle des Eingangsdatums der Anmeldung das Eingangsdatum der Berichtigung oder Ergänzung bei der Anmeldestelle. Hat die Anmeldestelle im Falle einer Anmeldung nach § 7a die Anmeldung bereits vor Ablauf der Frist von 30 Tagen anerkannt, so darf der Anmeldepflichtige den Stoff vom Tage des Eingangs des Anerkennungsbescheides an, frühestens aber 15 Tage nach Eingang der Anmeldung bei der Anmeldestelle in der für die Vorlagepflicht maßgeblichen Menge in den Verkehr bringen.

§ 9

Zusatzprüfung 1. Stufe

(1) Erreicht die vom Anmeldepflichtigen innerhalb der Mitgliedstaaten der Europäischen Gemeinschaften und der anderen Vertragsstaaten des Abkommens über den Europäischen Wirtschaftsraum in den Verkehr gebrachte Menge eines angemeldeten Stoffes 100 Tonnen jährlich oder insgesamt 500 Tonnen seit dem Beginn der Herstellung des Stoffes oder seiner Einfuhr in diese Staaten, hat der Anmeldepflichtige auf Verlangen der Anmeldestelle innerhalb einer von ihr gesetzten Frist zusätzliche Prüfnachweise über

1. physikalische, chemische und physikalisch-chemische Eigenschaften, soweit sich die Erforderlichkeit aus den Prüfergebnissen der Grundprüfung ergibt,
2. subchronische und chronische Toxizität, soweit sich die Erforderlichkeit aus den Prüfergebnissen der Grundprüfung oder aus sonstigen Erkenntnissen ergibt,
3. fortpflanzungsgefährdende Eigenschaften,
4. krebserzeugende und erbgutverändernde Eigenschaften,
5. toxikokinetische Grundeigenschaften,
6. potentielle biologische Abbaubarkeit sowie weitergehende abiotische Abbaubarkeit, soweit sich die Erforderlichkeit aus den Prüfergebnissen der Grundprüfung ergibt,
7. Adsorption und Desorption, soweit sich die Erforderlichkeit aus den Prüfergebnissen der Grundprüfung ergibt,
8. Bioakkumulation,
9. Toxizität gegenüber Wasserorganismen nach langfristiger Einwirkung,
10. Toxizität gegenüber Bodenorganismen und Pflanzen

vorzulegen. Soweit sich die Erforderlichkeit aus den Prüfergebnissen der Grundprüfung ergibt, kann die Anmeldestelle auch die Entwicklung von Analysenmethoden, die es erlauben, den Stoff und seine Umwandlungsprodukte zu verfolgen und zu bestimmen, sowie Untersuchungen über die Zersetzungsprodukte bei thermischer Behandlung verlangen.

(2) Auf Verlangen der Anmeldestelle hat der Anmeldepflichtige innerhalb einer von ihr gesetzten Frist die in Absatz 1 genannten Nachweise auch dann vorzulegen, wenn

1. die vom Anmeldepflichtigen innerhalb der Mitgliedstaaten der Europäischen Gemeinschaften und der anderen Vertragsstaaten des Abkommens über den Europäischen Wirtschaftsraum in den Verkehr gebrachte Menge eines angemeldeten Stoffes 10 Tonnen jährlich oder seit dem Beginn seiner Herstellung oder seiner Einfuhr in diese Staaten insgesamt 50 Tonnen erreicht hat und
2. die Vorlage der Nachweise unter Berücksichtigung der bisherigen Kenntnisse über den Stoff und seine Umwandlungsprodukte, seine bekannten oder vorhersehbaren Verwendungszwecke oder der Ergebnisse der nach § 7 durchgeführten Prüfungen erforderlich ist.

§ 9a

Zusatzprüfung 2. Stufe

Erreicht die vom Anmeldepflichtigen innerhalb der Mitgliedstaaten der Europäischen Gemeinschaften und der anderen Vertragsstaaten des Abkommens über den Europäischen Wirtschaftsraum in den Verkehr gebrachte Menge eines angemeldeten Stoffes 1 000 Tonnen jährlich oder insgesamt 5 000 Tonnen seit dem Beginn der Herstellung des Stoffes oder seiner Einfuhr in diese Staaten, hat der Anmeldepflichtige auf Verlangen der Anmeldestelle innerhalb einer von ihr gesetzten Frist weitere zusätzliche Prüfnachweise über

1. toxikokinetische einschließlich biotransformatorischer Eigenschaften,
2. chronische Toxizität,
3. krebserzeugende Eigenschaften,
4. verhaltensstörende Eigenschaften,
5. fortpflanzungsgefährdende Eigenschaften,
6. peri- und postnatale Wirkungen,
7. Organ- und Systemtoxizität,
8. Mobilität, insbesondere Adsorption und Desorption,
9. abiotische und biologische Abbaubarkeit,
10. Bioakkumulation,
11. Toxizität gegenüber Fischen,
12. Toxizität gegenüber Vögeln,
13. Toxizität gegenüber anderen Organismen und
14. weitere Eigenschaften, die allein oder im Zusammenwirken mit anderen Eigenschaften des Stoffes umweltgefährlich sind,

vorzulegen.

§ 10

Besondere Bestimmungen für Einführeranmeldungen

(1) Im Falle der Anmeldung eines Stoffes durch einen Einführer ist für die in den §§ 7a, 9 und 9a genannten Mengen die Gesamtmenge maßgebend, in der der gleiche Stoff desselben Herstellers in die Mitgliedstaaten der Europäischen Gemeinschaften und die anderen Vertragsstaaten des Abkommens über den Europäischen Wirtschaftsraum verbracht wird. Die Anmeldestelle ermittelt bei Eingang einer Anmeldung nach Satz 1

1. ob bei ihr oder den Anmeldestellen anderer Mitgliedstaaten oder Vertragsstaaten Anmeldungen des gleichen Stoffes desselben Herstellers vorliegen, und
2. welche Gesamtmenge im Sinne des Satzes 1 sich aus den betreffenden Anmeldeunterlagen ergibt,

und hält diese Informationen auf dem jeweils neuesten Stand. Überschreitet die Gesamtmenge den Mengenbereich, auf dessen Stand die Anmeldung sich befindet, setzt die Anmeldestelle den Anmeldepflichtigen hiervon in Kenntnis.

(2) Der Hersteller eines Stoffes, der nach diesem Gesetz oder nach gleichwertigen Vorschriften anderer Mitgliedstaaten der Europäischen Gemeinschaften oder Vertragsstaaten des Abkommens über den Europäischen Wirtschaftsraum von einem oder mehreren Einführern anzumelden ist, kann den Stoff durch einen Alleinvertreter mit Wohn- oder Geschäftssitz in der Bundesrepublik Deutschland nach den Vorschriften dieses Gesetzes selbst anmelden. Der Alleinvertreter gilt als Einführer im Sinne des § 4 Abs. 2. Bei der Vorlage der Anmeldeunterlagen hat er zusätzlich

1. eine Vollmacht des Herstellers vorzulegen, aus der sich ergibt, daß dieser ihn als seinen Alleinvertreter für das Gebiet der Mitgliedstaaten der Europäischen Gemeinschaften und der anderen Vertragsstaaten des Abkommens über den Europäischen Wirtschaftsraum mit der Anmeldung des Stoffes betraut hat, und

2. Namen und Anschriften aller von ihm vertretenen Personen und Personenvereinigungen anzugeben, die den Stoff in die Mitgliedstaaten und Vertragsstaaten verbringen.

Die Mengenangaben des Alleinvertreters müssen die von den nach Satz 3 Nr. 2 benannten Personen und Personenvereinigungen in die Mitgliedstaaten und Vertragsstaaten verbrachte Gesamtmenge des Stoffes erfassen und sind für jede der genannten Personen und Personenvereinigungen nach ihrem jeweiligen Anteil gesondert aufzuführen.

(3) Ein Einführer, der in der Anmeldung des Alleinvertreters nach Absatz 2 oder einer nach gleichwertigen Vorschriften in einem anderen Mitgliedstaat der Europäischen Gemeinschaften oder Vertragsstaat des Abkommens über den Europäischen Wirtschaftsraum vorgelegten Anmeldung ausdrücklich mitberücksichtigt wird, kann von der Vorlage eigener Angaben und Prüfnachweise nach den §§ 6, 7, 9, 9a und 16 absehen, soweit der Alleinvertreter ausreichende Unterlagen vorgelegt hat. Sieht der Einführer von der Vorlage eigener Unterlagen ab, so hat er den Alleinvertreter über die von ihm eingeführte Menge des Stoffes und die ihm vorliegenden Erkenntnisse nach § 6 Abs. 1a jeweils auf dem neuesten Stand zu halten; für die Fristen nach § 8 Abs. 3 ist der Stand der Anmeldung des Alleinvertreters maßgebend.

§ 11

Befugnisse der Anmeldestelle

(1) Die Anmeldestelle kann

1. vom Hersteller oder Einführer Prüfnachweise nach § 7, § 9 Abs. 1 oder § 9a auch für Stoffe im Sinne des § 5 Abs. 1 Nr. 3 und 4 verlangen,
2. vom Anmeldepflichtigen Prüfnachweise nach § 7, § 9 Abs. 1 und § 9a
   a) bereits vor Erreichen der in den §§ 7a, 9 und 9a genannten Mengen,
   b) als bestätigende Prüfungen oder
   c) über Umwandlungsprodukte des Stoffes

   verlangen oder
3. anordnen, daß der Hersteller oder Einführer Stoffe im Sinne des § 5 Abs. 1 Nr. 3 und 4
   a) erst nach Eintritt eines zukünftigen Ereignisses,
   b) nur unter Beachtung von Auflagen

   in den Verkehr bringen darf,

wenn Anhaltspunkte, insbesondere ein nach dem Stand der wissenschaftlichen Erkenntnisse begründeter Verdacht dafür vorliegen, daß der Stoff gefährlich ist, und soweit dies zu dem in § 1 genannten Zweck erforderlich ist. Die Prüfnachweise nach § 7, § 9 Abs. 1 und § 9a sind auf die jeweiligen Verdachtsmomente zu beschränken. Von der Nachforderungsbefugnis nach Satz 1 Nr. 2 kann unabhängig vom Vorliegen der übrigen Voraussetzungen des Satzes 1 auch dann Gebrauch gemacht werden, wenn die Nachforderung zur Durchführung der Bewertung nach § 12 Abs. 2 aufgrund der in § 12 Abs. 2 Satz 2 genannten EG-Richtlinie erforderlich ist.

(2) Absatz 1 Satz 1 Nr. 3 gilt entsprechend für angemeldete Stoffe, wenn die Anordnung erforderlich ist, um Gefahren für Mensch oder Umwelt durch ihre Verwendung zu vermeiden. Die Anordnung kann für eine Dauer von höchstens drei Monaten erlassen werden. Die Anmeldestelle kann die Anordnung aus wichtigem Grund um bis zu einem Jahr verlängern.

(3) Die Anmeldestelle kann das Inverkehrbringen eines Stoffes oder einer Zubereitung untersagen, wenn einem Verlangen nach § 9, § 9a oder Absatz 1 Satz 1 Nr. 1 oder 2 nicht fristgerecht entsprochen oder gegen eine Anordnung nach Absatz 1 Satz 1 Nr. 3 oder Absatz 2 verstoßen wird.

(4) Rechtsbehelfe gegen Anordnungen nach den Absätzen 1 bis 3 haben keine aufschiebende Wirkung.

§ 12

Anmeldestelle, Bewertung

(1) Anmeldestelle im Sinne dieses Gesetzes ist die Bundesanstalt für Arbeitsschutz, die insoweit der Fachaufsicht des Bundesministeriums für Umwelt, Naturschutz und Reaktorsicherheit unterliegt.

(2) Die Durchführung der Bewertung im Sinne dieses Gesetzes wird durch die Bundesregierung bestimmt. Bei der Bewertung sind die in der Richtlinie 93/67/EWG der Kommission vom 20. Juli 1993 zur Festlegung von Grundsätzen für die Bewertung der Risiken für Mensch und Umwelt von gemäß Richtlinie 67/548/EWG des Rates notifizierten Stoffen (ABl. EG Nr. L 227 S. 9) in der jeweils jüngsten im Amtsblatt der Europäischen Gemeinschaften veröffentlichten Fassung festgelegten Grundsätze einzuhalten.

Dritter Abschnitt

Einstufung, Verpackung und Kennzeichnung von gefährlichen Stoffen, Zubereitungen und Erzeugnissen

§ 13

Einstufungs-, Verpackungs- und Kennzeichnungspflicht

(1) Wer als Hersteller oder Einführer einen Stoff in den Verkehr bringt, hat ihn entsprechend der Rechtsverordnung nach § 14 zu verpacken und zu kennzeichnen. Sofern der Stoff in der Rechtsverordnung nach § 14 nicht aufgeführt ist, hat er

1. die ihm zugänglichen Angaben über die Eigenschaften des Stoffes zu ermitteln und
2. ihn einzustufen, zu verpacken und zu kennzeichnen, wenn der Stoff nach dem Ergebnis einer Prüfung nach § 7, § 9 oder § 9a oder nach gesicherter wissenschaftlicher Erkenntnis gefährlich ist.

Einen Stoff, der nach § 5 Abs. 1 Nr. 2 bis 4 von der Anmeldung ausgenommen oder nach § 7a nur eingeschränkt angemeldet worden ist, und für den die Ergebnisse der Prüfungen nach § 7 noch nicht vollständig vorliegen, hat er zusätzlich mit dem Hinweis „Achtung – noch nicht vollständig geprüfter Stoff" zu kennzeichnen.

(2) Absatz 1 gilt entsprechend für Zubereitungen, soweit sie in der Rechtsverordnung nach § 14 als gefährlich eingestuft oder für ihre Einstufung in dieser Rechtsverordnung Berechnungsverfahren vorgeschrieben sind. Einstufungen gefährlicher Zubereitungen, die der Hersteller oder Einführer nach dem Ergebnis von Prüfungen nach § 7, § 9 oder § 9a oder nach gesicherter wissenschaftlicher Erkenntnis im Sinne des Absatzes 1 Satz 2 vornimmt, gehen den Einstufungen aufgrund von Berechnungsverfahren vor.

(3) Weitergehende Vorschriften über die Kennzeichnung und Verpackung nach anderen Gesetzen bleiben unberührt.

§ 14

Ermächtigung zu Einstufungs-, Verpackungs- und Kennzeichnungsvorschriften

(1) Die Bundesregierung wird ermächtigt, durch Rechtsverordnung mit Zustimmung des Bundesrates

1. Stoffe oder Zubereitungen als gefährlich einzustufen,
2. Berechnungsverfahren vorzuschreiben, nach denen bestimmte Zubereitungen aufgrund der Einstufung derjenigen Stoffe, die in der Zubereitung enthalten sind, einzustufen sind,
3. zu bestimmen,
   a) wie gefährliche Stoffe und Zubereitungen und daß und wie bestimmte Erzeugnisse, die bestimmte gefährliche Stoffe oder Zubereitungen freisetzen können oder enthalten, zu verpacken oder zu kennzeichnen sind, damit bei der vorhersehbaren Verwendung Gefahren für Leben und Gesundheit des Menschen und die Umwelt vermieden werden,
   b) daß und wie bestimmte Angaben über gefährliche Stoffe und Zubereitungen oder Erzeugnisse, die gefährliche Stoffe und Zubereitungen freisetzen können oder enthalten, einschließlich Empfehlungen über Vorsichtsmaßnahmen beim Verwenden oder über Sofortmaßnahmen bei Unfällen von demjenigen, der die Stoffe, Zubereitungen oder Erzeugnisse in den Verkehr bringt, insbesondere in Form eines Sicherheitsdatenblattes oder einer Gebrauchsanweisung, mitgeliefert und auf dem neuesten Stand gehalten werden müssen,
   c) welche Gesichtspunkte der Hersteller oder Einführer bei der Einstufung der Stoffe nach § 13 Abs. 1 Satz 2 mindestens zu beachten hat,
   d) wer die gefährlichen Stoffe, Zubereitungen oder Erzeugnisse zu verpacken und zu kennzeichnen hat, wenn sie bereits vor Inkrafttreten der die Kennzeichnungs- oder Verpackungspflicht begründenden Rechtsverordnung in den Verkehr gebracht worden sind, und
   e) daß und wie bestimmte Zubereitungen und Erzeugnisse, die bestimmte näher zu bezeichnende gefährliche Stoffe nicht enthalten, zu kennzeichnen sind oder gekennzeichnet werden können.

(2) In der Rechtsverordnung nach Absatz 1 können auch Ausnahmen von der Pflicht zur Verpackung und Kennzeichnung vorgesehen werden, soweit dadurch der Schutzzweck nach Absatz 1 Nr. 3 Buchstabe a nicht beeinträchtigt wird. In der Rechtsverordnung kann auch bestimmt werden, daß anstelle einer Kennzeichnung die entsprechenden Angaben in anderer geeigneter Weise mitzuliefern sind.

§ 15

Pflichten des Vertreibers

Gefährliche Stoffe, Zubereitungen oder Erzeugnisse, die vom Hersteller oder Einführer nach den Vorschriften dieses Gesetzes oder einer aufgrund dieses Gesetzes erlassenen Rechtsverordnung verpackt und gekennzeichnet in den Verkehr gebracht worden sind, dürfen nur dann erneut in den Verkehr gebracht werden, wenn

1. die Verpackung und Kennzeichnung erhalten sind oder
2. der Vertreiber den Stoff, die Zubereitung oder das Erzeugnis erneut nach den genannten Vorschriften verpackt und kennzeichnet.

Ist dem Vertreiber, der einen Stoff, eine Zubereitung oder ein Erzeugnis erneut in den Verkehr bringen will, bekannt, daß die Verpackung und Kennzeichnung den genannten Vorschriften nicht entspricht, so ist er zu einer den Vorschriften entsprechenden Verpackung und Kennzeichnung verpflichtet.

§ 15a

Gefahrenhinweis bei der Werbung

Es ist verboten, für einen gefährlichen Stoff zu werben, ohne die den Stoff betreffenden Gefährlichkeitsmerkmale nach § 3a Abs. 1 anzugeben.

Vierter Abschnitt

Mitteilungspflichten

§ 16

Mitteilungspflichten bei angemeldeten Stoffen

Der Anmeldepflichtige hat der Anmeldestelle

1. eine Änderung der den Angaben nach § 6 Abs. 1 Nr. 1 und 4 zugrunde liegenden Tatsachen,
2. eine Änderung der den Angaben nach § 6 Abs. 1 Nr. 9 zugrunde liegenden Tatsachen, soweit diese nach § 7a, 9, 9a oder 10 erheblich ist,
3. eine neue Erkenntnis über die Wirkungen des Stoffes auf Mensch oder Umwelt oder über Analysenmethoden zur Feststellung der Exposition des Menschen oder des Vorkommens in der Umwelt,
4. eine Änderung der Eigenschaften des Stoffes,
5. die Aufnahme oder Einstellung der Herstellung oder des Inverkehrbringens des Stoffes,
6. die vom Anmeldepflichtigen selbst veranlaßte Veröffentlichung von Angaben, die nach § 22 Abs. 2 als vertraulich zu kennzeichnen waren, und
7. das Erreichen einer der in den §§ 7a, 9 und 9a genannten Mengenschwellen

unverzüglich schriftlich mitzuteilen.

§ 16a

Mitteilungspflichten bei von der Anmeldepflicht ausgenommenen neuen Stoffen

(verfahrensorientierte Forschung)

(1) Wer als Hersteller oder Einführer einen neuen Stoff, der nach § 5 Abs. 1 Nr. 3 von der Anmeldung ausgenommen ist, in den Verkehr bringt, hat der Anmeldestelle zuvor

1. die Identitätsmerkmale,
2. die Menge des Stoffes, die er jährlich im Geltungsbereich dieses Gesetzes in den Verkehr bringen will,
3. die Menge des Stoffes desselben Herstellers, die insgesamt in den Mitgliedstaaten der Europäischen Gemeinschaften und den anderen Vertragsstaaten des Abkommens über den Europäischen Wirtschaftsraum in den Verkehr gebracht wird,
4. Hinweise zur Verwendung,
5. bei gefährlichen Stoffen Empfehlungen über die Vorsichtsmaßnahmen beim Verwenden und über Sofortmaßnahmen bei Unfällen,
6. bei sehr giftigen, giftigen, krebserzeugenden, fortpflanzungsgefährdenden oder erbgutverändernden Stoffen die ihm zu diesen Gefährlichkeitsmerkmalen verfügbaren toxikologischen Daten,
7. die von ihm vorgesehene Kennzeichnung,
8. das Programm über die Forschung und Entwicklung einschließlich des vorgesehenen Beginns, eine Begründung für die eingesetzte Menge und eine Liste der sachkundigen Personen, an die der Stoff abgegeben werden soll, schriftlich mitzuteilen sowie
9. eine schriftliche Versicherung darüber abzugeben, daß die Personen, an die der Stoff abgegeben werden soll, sich verpflichtet haben, den Stoff weder als solchen noch in Form oder als Bestandteil einer Zubereitung an andere abzugeben.

Satz 1 gilt auch für einen Einführer eines neuen Stoffes, der in einem anderen Mitgliedstaat der Europäischen Gemeinschaften oder Vertragsstaat des Abkommens über den Europäischen Wirtschaftsraum entsprechend den in § 5 Abs. 1 Nr. 3 genannten Voraussetzungen von der Anmeldung ausgenommen ist.

(2) Wer als Hersteller oder Einführer einen sehr giftigen, giftigen, krebserzeugenden, fortpflanzungsgefährdenden oder erbgutverändernden neuen Stoff in den Verkehr bringt, der nach § 5 Abs. 1 Nr. 1, 2 oder 4 von der Anmeldung ausgenommen ist, hat der Anmeldestelle

1. Empfehlungen über Vorsichtsmaßnahmen beim Verwenden und über Sofortmaßnahmen bei Unfällen und
2. die ihm zu den genannten Gefährlichkeitsmerkmalen verfügbaren toxikologischen Daten

schriftlich mitzuteilen.

(3) § 16 Nr. 1 bis 6 findet entsprechende Anwendung.

(Update der Daten)

§ 16b

Mitteilungspflichten bei neuen Stoffen, die nicht oder nur außerhalb des Europäischen Wirtschaftsraumes in den Verkehr gebracht werden

(1) Wer als Hersteller eines neuen Stoffes einer Anmeldepflicht nach § 4 Abs. 1 nicht unterliegt, weil er den Stoff

1. nicht oder
2. nur außerhalb der Mitgliedstaaten der Europäischen Gemeinschaften und der anderen Vertragsstaaten des Abkommens über den Europäischen Wirtschaftsraum

in den Verkehr bringt, hat der Anmeldestelle die in Absatz 2 bezeichneten Angaben unverzüglich schriftlich mitzuteilen, wenn die von ihm hergestellte oder gewonnene Menge des Stoffes eine Tonne jährlich erreicht. Eine Mitteilung ist nicht erforderlich für einen Stoff, der im Verlauf chemischer Reaktionen innerhalb geschlossener Systeme lediglich vorübergehend auftritt und vom Hersteller nicht isoliert wird. Eine Mitteilung ist ferner nicht erforderlich, wenn der Hersteller nachweist, daß er den Stoff bereits vor dem 1. Januar 1990 hergestellt hat oder der Stoff nur für Zwecke der Forschung und Entwicklung hergestellt wird.

(2) Mitzuteilen sind:

1. die Identitätsmerkmale,
2. die Menge des Stoffes, die der Hersteller jährlich herstellen oder gewinnen will,
3. Hinweise zur Verwendung,
4. Prüfnachweise über
   a) physikalische, chemische und physikalisch-chemische Eigenschaften,
   b) akute Toxizität,
   c) reizende und ätzende Eigenschaften,
   d) sensibilisierende Eigenschaften,
   e) Anhaltspunkte für eine krebserzeugende oder erbgutverändernde Eigenschaft,
   f) biologische Abbaubarkeit sowie
   g) Toxizität gegenüber Wasserorganismen nach kurzzeitiger Einwirkung,
5. bei gefährlichen Stoffen nach § 3a Empfehlungen über die Vorsichtsmaßnahmen beim Verwenden, über Sofortmaßnahmen bei Unfällen sowie die von ihm vorgesehene Kennzeichnung.

(3) Erreicht die vom Mitteilungspflichtigen innerhalb eines Jahres hergestellte Menge des Stoffes 10 Tonnen, hat er der Anmeldestelle unverzüglich einen zusätzlichen Prüfnachweis über Toxizität gegenüber Wasserorganismen nach kurzzeitiger Einwirkung vorzulegen.

(4) Soweit der Hersteller nach anderen Rechtsvorschriften verpflichtet ist, über Absatz 2 hinausgehende Angaben über die Wirkungen des Stoffes auf Mensch und Umwelt mitzuteilen, hat er diese Angaben auch der Anmeldestelle zu übermitteln.

§ 16c

Mitteilungspflichten bei alten Stoffen

(1) Wer nach den Artikeln 3 und 4 der Verordnung (EWG) Nr. 793/93 des Rates vom 23. März 1993 zur Bewertung und Kontrolle der Umweltrisiken chemischer Altstoffe (ABl. EG Nr. L 84 S. 1) in der jeweils jüngsten dem Amtsblatt der Europäischen Gemeinschaften veröffentlichten Fassung zur Vorlage von Angaben über alte Stoffe an die Kommission der Europäischen Gemeinschaften verpflichtet ist, hat gleichzeitig mit der Vorlage dieser Angaben an die Kommission der Anmeldestelle und der zuständigen Landesbehörde eine Liste der betreffenden Stoffe zu übermitteln.

(2) Die Bundesregierung wird ermächtigt, durch Rechtsverordnung mit Zustimmung des Bundesrates zum Zweck der Ermittlung und Bewertung gefährlicher Eigenschaften alter Stoffe, und soweit dies gemeinschaftsrechtlich zulässig ist, bestimmte alte Stoffe zu bezeichnen, für die der Hersteller oder Einführer der Anmeldestelle bestimmte Angaben und Prüfnachweise nach den §§ 6, 7, 9 und 9a mitzuteilen hat, wenn

1. Anhaltspunkte, insbesondere ein nach dem Stand der wissenschaftlichen Erkenntnisse begründeter Verdacht dafür bestehen, daß der Stoff eine gefährliche Eigenschaft aufweist und Mensch oder Umwelt dem Stoff ausgesetzt sind, oder
2. unter Berücksichtigung der möglichen Exposition von Mensch oder Umwelt durch den Stoff eine Klärung der Frage erforderlich ist, ob er gefährlich ist.

Die Mitteilungspflicht kann von der hergestellten oder eingeführten Menge abhängig gemacht werden. Sie ist mit einer angemessenen Frist zu versehen. § 16 Nr. 1 bis 6 findet entsprechende Anwendung.

§ 16d

Mitteilungspflichten bei Zubereitungen

(1) Die Bundesregierung wird ermächtigt, durch Rechtsverordnung mit Zustimmung des Bundesrates zum Zwecke der Ermittlung von Gefahren, die von Zubereitungen ausgehen können, sowie von Art und Umfang der Verwendung gefährlicher Stoffe in Zubereitungen den Hersteller, Einführer oder Verwender von bestimmten Zubereitungen zu verpflichten,

1. die Bezeichnung dieser Zubereitungen und ihre Handelsnamen,
2. deren Kennzeichnung,
3. Angaben über die Zusammensetzung dieser Zubereitungen,
4. die jährlich hergestellte, eingeführte oder verwendete Menge dieser Zubereitungen,
5. deren Verwendungsgebiete,
6. ihm vorliegende oder mit vertretbarem Aufwand beschaffbare Prüfnachweise nach den §§ 7, 9 und 9a, soweit sie zur Ermittlung gefährlicher Eigenschaften dieser Zubereitungen erforderlich sind, die sich nicht mit Hilfe der nach diesem Gesetz oder aufgrund dieses Gesetzes vorgeschriebenen Berechnungsverfahren bestimmen lassen, sowie
7. den Inhalt von Sicherheitsdatenblättern

der Anmeldestelle innerhalb einer angemessenen Frist schriftlich mitzuteilen, wenn Anhaltspunkte, insbesondere ein nach dem Stand der wissenschaftlichen Erkenntnisse begründeter Verdacht dafür vorliegen, daß von diesen Zubereitungen schädliche Einwirkungen auf den Menschen oder die Umwelt ausgehen.

(2) Die Mitteilungspflicht kann auf bestimmte Angaben über die Zusammensetzung beschränkt, von der hergestellten, eingeführten oder verwendeten Menge abhängig gemacht und auf spätere Änderungen der Zusammensetzung erstreckt werden. In der Rechtsverordnung sind Bestimmungen darüber zu treffen, daß und wie auf Verlangen des Mitteilungspflichtigen die Vertraulichkeit der mitgeteilten Angaben sicherzustellen ist.

§ 16e

Mitteilungen für die Informations- und Behandlungszentren für Vergiftungen

(1) Wer als Hersteller oder Einführer oder unter Verwendung eines eigenen Handelsnamens eine Zubereitung nach § 3a Abs. 1 Nr. 6, 7, 9 und 11 bis 14, die für den Verbraucher bestimmt ist, in den Verkehr bringt, hat dem Bundesinstitut für gesundheitlichen Verbraucherschutz und Veterinärmedizin (vorher BGA)

1. den Handelsnamen,
2. Angaben über die Zusammensetzung,
3. die Kennzeichnung,
4. Hinweise zur Verwendung,
5. Empfehlungen über Vorsichtsmaßnahmen beim Verwenden und Sofortmaßnahmen bei Unfällen

sowie jede spätere Veränderung zu diesen Angaben mitzuteilen, die für die Behandlung von Erkrankungen, die auf Einwirkungen seiner Zubereitung zurückgehen können, von Bedeutung sein kann. Der Mitteilung bedarf es nicht, soweit die Angaben nach Satz 1 dem Bundesinstitut für gesundheitlichen Verbraucherschutz und Veterinärmedizin bereits übermittelt worden sind. Die Mitteilung hat bei Zubereitungen, die am 1. August 1990 bereits in den Verkehr gebracht worden sind, bis spätestens zum 1. Juli 1991, im übrigen vor dem erstmaligen Inverkehrbringen oder dem Eintritt der Veränderung zu erfolgen.

(2) Wer als Arzt zur Behandlung oder zur Beurteilung der Folgen einer Erkrankung hinzugezogen wird, bei der zumindest der Verdacht besteht, daß sie auf Einwirkungen gefährlicher Stoffe, gefährlicher Zubereitungen oder Erzeugnisse, die gefährliche Stoffe oder Zubereitungen freisetzen oder enthalten, zurückgeht, hat dem Bundesinstitut für gesundheitlichen Verbraucherschutz und Veterinärmedizin den Stoff oder die Zubereitung, Alter und Geschlecht des Patienten, den Expositionsweg, die aufgenommene Menge und die festgestellten Symptome mitzuteilen. Die Mitteilung hat hinsichtlich der Person des Patienten in anonymisierter Form zu erfolgen. § 4 Abs. 2 des Bundesseuchengesetzes gilt entsprechend. Satz 1 gilt nicht, soweit diese Angaben einem Träger der gesetzlichen Unfallversicherung zu übermitteln sind; dieser hat die Angaben nach Satz 1 an das Bundesinstitut für gesundheitlichen Verbraucherschutz und Veterinärmedizin weiterzuleiten.

(3) Das Bundesinstitut für gesundheitlichen Verbraucherschutz und Veterinärmedizin übermittelt die Angaben nach Absatz 1, auch soweit ihm diese Angaben aufgrund anderer Rechtsvorschriften übermittelt worden sind, den von den Ländern zu bezeichnenden medizinischen Einrichtungen, die Erkenntnisse über die gesundheitlichen Auswirkungen gefährlicher Stoffe oder gefährlicher Zubereitungen sammeln und auswerten und bei stoffbezogenen Erkrankungen durch Beratung und Behandlung Hilfe leisten (Informations- und Behandlungszentren für Vergiftungen). Die nach Satz 1 bezeichneten Stellen berichten dem Bundesinstitut für gesundheitlichen Verbraucherschutz und Veterinärmedizin über Erkenntnisse aufgrund ihrer Tätigkeit, die für die Beratung und Behandlung von stoffbezogenen Erkrankungen von allgemeiner Bedeutung sind.

(4) Die Angaben nach den Absätzen 1 und 2 sind vertraulich zu behandeln. Die Angaben nach Absatz 1 dürfen

nur zu dem Zweck verwendet werden, Anfragen medizinischen Inhalts zu bearbeiten und mit der Angabe von vorbeugenden und heilenden Maßnahmen zu beantworten.

(5) Die Bundesregierung wird ermächtigt, durch Rechtsverordnung mit Zustimmung des Bundesrates

1. die Pflichten nach Absatz 3 auch auf sonstige Stellen zu erstrecken, deren Aufgabe es ist, Anfragen medizinischen Inhalts mit der Angabe von vorbeugenden und heilenden Maßnahmen zu beantworten,
2. a) die Mitteilungspflicht nach Absatz 1 auch auf Stoffe und auf weitere Zubereitungen zu erstrecken, auch soweit sie nicht für den Verbraucher bestimmt sind, von denen schädliche Einwirkungen auf den Menschen ausgehen können,

   b) die Mitteilungspflicht nach Absatz 1 auf Erzeugnisse zu erstrecken, die gefährliche Stoffe oder Zubereitungen vorhersehbar freisetzen können, von denen schädliche Einwirkungen auf den Menschen ausgehen können,

   wenn die Kenntnisse über die Stoffe, Zubereitungen oder Erzeugnisse für die Informations- und Behandlungszentren für Vergiftungen oder für die nach Nummer 1 bezeichneten Stellen zur Erfüllung der ihnen übertragenen Aufgaben erforderlich sind, und
3. nähere Bestimmungen über Art und Umfang der Angaben nach Absatz 1 und die Informationspflichten nach den Absätzen 2 und 3 sowie die vertrauliche Behandlung und die Zweckbindung nach Absatz 4 zu treffen.

Fünfter Abschnitt

Ermächtigung zu Verboten und Beschränkungen sowie zu Maßnahmen zum Schutz von Beschäftigten

§ 17

Verbote und Beschränkungen

(1) Die Bundesregierung wird ermächtigt, nach Anhörung der beteiligten Kreise durch Rechtsverordnung mit Zustimmung des Bundesrates, soweit es zu dem in § 1 genannten Zweck erforderlich ist,

1. vorzuschreiben, daß bestimmte gefährliche Stoffe, bestimmte gefährliche Zubereitungen oder Erzeugnisse, die einen solchen Stoff oder eine solche Zubereitung freisetzen können oder enthalten,
   a) nicht, nur in bestimmter Beschaffenheit oder nur für bestimmte Zwecke hergestellt, in den Verkehr gebracht oder verwendet werden dürfen,
   b) nur auf bestimmte Art und Weise verwendet werden dürfen oder
   c) nur unter bestimmten Voraussetzungen oder nur an bestimmte Personen abgegeben werden dürfen,
2. vorzuschreiben, daß derjenige, der bestimmte gefährliche Stoffe, bestimmte gefährliche Zubereitungen oder Erzeugnisse, die einen solchen Stoff oder eine solche Zubereitung freisetzen können oder enthalten, herstellt, in den Verkehr bringt oder verwendet,
   a) dies anzuzeigen hat,
   b) dazu einer Erlaubnis bedarf,
   c) bestimmten Anforderungen an seine Zuverlässigkeit und Gesundheit genügen muß oder
   d) seine Sachkunde in einem näher festzulegenden Verfahren nachzuweisen hat,
3. Herstellungs- oder Verwendungsverfahren zu verbieten, bei denen bestimmte gefährliche Stoffe anfallen.

(2) Durch Verordnung nach Absatz 1 können auch Verbote und Beschränkungen unter Berücksichtigung der Entwicklung von Stoffen, Zubereitungen, Erzeugnissen oder Verfahren, der Herstellung, Verwendung, Entsorgung oder Anwendung mit einem geringeren Risiko für Mensch oder Umwelt verbunden ist, festgesetzt werden.

(3) Absatz 1 gilt auch für Stoffe, Zubereitungen und Erzeugnisse nach § 19 Abs. 2 sowie für Stoffe, Zubereitungen oder Erzeugnisse, deren Umwandlungsprodukte gefährlich im Sinne des § 3a Abs. 1 Nr. 1 bis 14 sind.

(4) Absatz 1 Nr. 1 und 2 gilt auch für solche Stoffe, Zubereitungen oder Erzeugnisse, bei denen Anhaltspunkte, insbesondere ein nach dem Stand der wissenschaftlichen Erkenntnisse begründeter Verdacht dafür bestehen, daß der Stoff, die Zubereitung oder das Erzeugnis gefährlich ist.

(5) Die Bundesregierung kann in den Rechtsverordnungen nach Absatz 1 auch Methoden zur Überprüfung ihrer Einhaltung festlegen. Dabei können insbesondere auch die Entnahme von Proben und die hierfür anzuwendenden Verfahren und die zur Bestimmung von einzelnen Stoffen oder Stoffgruppen erforderlichen Analyseverfahren geregelt werden.

(6) Bei Gefahr im Verzuge kann die Bundesregierung eine Rechtsverordnung nach Absatz 1 Nr. 1 und 3 ohne Zustimmung des Bundesrates und ohne Anhörung der beteiligten Kreise erlassen. Sie tritt spätestens zwölf Monate nach ihrem Inkrafttreten außer Kraft. Ihre Geltungsdauer kann nur mit Zustimmung des Bundesrates verlängert werden.

(7) Die beteiligten Kreise bestehen aus jeweils auszuwählenden Vertretern der Wissenschaft, der Verbraucherschutzverbände, der Gewerkschaften und Berufsgenossenschaften, der beteiligten Wirtschaft, des Gesundheitswesens sowie der Umwelt-, Tierschutz- und Naturschutzverbände.

§ 18

Giftige Tiere und Pflanzen

(1) Die Bundesregierung wird ermächtigt, soweit es zum Schutz von Leben oder Gesundheit des Menschen unter Berücksichtigung der Belange des Natur- und Tierschutzes erforderlich ist, durch Rechtsverordnung mit Zustimmung des Bundesrates vorzuschreiben, daß Exemplare

1. bestimmter giftiger Tierarten
   a) nicht eingeführt oder nicht gehalten werden dürfen,
   b) nur eingeführt oder gehalten werden dürfen, wenn geeignete Gegenmittel und Behandlungsempfehlungen vom Einführer oder Tierhalter bereitgehalten werden, oder
   c) nur eingeführt oder gehalten werden dürfen, wenn dies der zuständigen Behörde zuvor angezeigt wird,

2. bestimmter giftiger Pflanzenarten
   a) auf bestimmten Flächen nicht angepflanzt oder
   b) in Katalogen und Warenlisten nur mit einem Hinweis auf ihre Giftigkeit angeboten werden dürfen.

Die Erlaubnis zur Haltung nach Satz 1 Nr. 1 Buchstabe b und c kann mit Auflagen verbunden werden.

(2) Absatz 1 Nr. 1 gilt entsprechend für tote Exemplare giftiger Tierarten oder für Teile von diesen. Absatz 1 Nr. 2 Buchstabe b gilt entsprechend für giftige Samen, giftiges Pflanz- und Vermehrungsgut sowie abgestorbene Exemplare oder Teile giftiger Pflanzenarten.

(3) § 17 Abs. 1 Nr. 1 und 2 Buchstabe c und d gilt entsprechend für die in Absatz 2 Satz 1 genannten Tierkörper oder deren Teile sowie für bestimmte Arten giftiger Samen und abgestorbener Exemplare oder Teile giftiger Pflanzenarten.

§ 19

Maßnahmen zum Schutz von Beschäftigten

(1) Die Bundesregierung wird ermächtigt, durch Rechtsverordnung mit Zustimmung des Bundesrates, soweit es zum Schutz von Leben und Gesundheit des Menschen einschließlich des Schutzes der Arbeitskraft und der menschengerechten Gestaltung der Arbeit erforderlich ist, beim Herstellen oder Verwenden von Gefahrstoffen sowie bei Tätigkeiten in deren Gefahrenbereich Maßnahmen der in Absatz 3 beschriebenen Art und bei Stoffen und Zubereitungen, bei deren Verwendung gesundheitliche Beeinträchtigungen für die Beschäftigten auftreten können, allgemeine Grundsätze der Arbeitshygiene vorzuschreiben. Satz 1 gilt nicht für Maßnahmen nach Absatz 3, soweit entsprechende Vorschriften nach dem Atomgesetz, Bundes-Immissionsschutzgesetz, Pflanzenschutzgesetz oder Sprengstoffgesetz bestehen.

(2) Gefahrstoffe im Sinne dieser Vorschrift sind

1. gefährliche Stoffe und Zubereitungen nach § 3a sowie Stoffe und Zubereitungen, die sonstige chronisch schädigende Eigenschaften besitzen,
2. Stoffe, Zubereitungen und Erzeugnisse, die explosionsfähig sind,
3. Stoffe, Zubereitungen und Erzeugnisse, aus denen bei der Herstellung oder Verwendung Stoffe oder Zubereitungen nach Nummer 1 oder 2 entstehen oder freigesetzt werden können,
4. Stoffe, Zubereitungen und Erzeugnisse, die erfahrungsgemäß Krankheitserreger übertragen können.

(3) Durch Rechtsverordnung nach Absatz 1 kann insbesondere bestimmt werden

1. wie derjenige, der andere mit der Herstellung oder Verwendung von Stoffen, Zubereitungen oder Erzeugnissen beschäftigt, zu ermitteln hat, ob es sich im Hinblick auf die vorgesehene Herstellung oder Verwendung um einen Gefahrstoff handelt, soweit nicht bereits eine Einstufung nach den Vorschriften des Dritten Abschnitts erfolgt ist,
2. daß derjenige, der andere mit der Herstellung oder Verwendung von Gefahrstoffen beschäftigt, verpflichtet wird zu prüfen, ob Stoffe, Zubereitungen oder Erzeugnisse oder Herstellungs- oder Verwendungsverfahren mit einem geringeren Risiko für die menschliche Gesundheit verfügbar sind und daß er diese verwenden soll oder zu verwenden hat, soweit es ihm zumutbar ist,

2a. daß der Hersteller oder Einführer dem Arbeitgeber auf Verlangen die gefährlichen Inhaltsstoffe der Gefahrstoffe sowie die gültigen Grenzwerte und, falls solche noch nicht vorhanden sind, Empfehlungen für einzuhaltende Stoffkonzentrationen und die von den Gefahrstoffen ausgehenden Gefahren oder die zu ergreifenden Maßnahmen mitzuteilen hat,

3. wie die Arbeitsstätte einschließlich der technischen Anlagen, die technischen Arbeitsmittel und die Arbeitsverfahren beschaffen, eingerichtet sein oder betrieben werden müssen, damit sie dem Stand der Technik, Arbeitsmedizin und Hygiene sowie den gesicherten sicherheitstechnischen, arbeitsmedizinischen, hygienischen und sonstigen arbeitswissenschaftlichen Erkenntnissen entsprechen, die zum Schutz der Beschäftigten zu beachten sind,
4. wie der Betrieb geregelt sein muß, insbesondere
   a) daß Stoffe und Zubereitungen bezeichnet und wie Gefahrstoffe innerbetrieblich verpackt, gekennzeichnet und erfaßt sein müssen, damit die Beschäftigten durch eine ungeeignete Verpackung nicht gefährdet und durch eine Kennzeichnung über die von ihnen ausgehenden Gefahren unterrichtet werden,
   b) wie das Herstellungs- oder Verwendungsverfahren gestaltet sein muß, damit die Beschäftigten nicht gefährdet und die Grenzwerte oder Richtwerte über die Konzentration gefährlicher Stoffe oder Zubereitungen am Arbeitsplatz nach dem Stand der Technik unterschritten werden,
   c) welche Vorkehrungen getroffen werden müssen, damit Gefahrstoffe nicht in die Hände Unbefugter gelangen oder sonst abhanden kommen,
   d) welche persönlichen Schutzausrüstungen zur Verfügung gestellt und von den Beschäftigten bestimmungsgemäß benutzt werden müssen,
   e) wie die Zahl der Beschäftigten, die Gefahrstoffen ausgesetzt werden, beschränkt und wie die Dauer einer solchen Beschäftigung begrenzt sein muß,
   f) wie die Beschäftigten sich verhalten müssen, damit sie sich selbst und andere nicht gefährden, und welche Voraussetzungen hierfür zu treffen sind, insbesondere welche Kenntnisse und Fähigkeiten Beschäftigte haben müssen und welche Nachweise hierüber zu erbringen sind,
   g) unter welchen Umständen Zugangs- und Beschäftigungsbeschränkungen zum Schutz der Beschäftigten vorgesehen werden müssen,
   h) daß ein Projektleiter für bestimmte Herstellungs- oder Verwendungsverfahren zu bestellen ist, welche Verantwortlichkeiten diesem zuzuweisen sind und welche Sachkunde dieser nachzuweisen hat,
5. wie den Beschäftigten die anzuwendenden Vorschriften in einer tätigkeitsbezogenen Betriebsanweisung dauerhaft zur Kenntnis zu bringen sind, und in welchen Zeitabständen anhand der Betriebsanweisung über die auftretenden Gefahren und die erforderlichen Schutzmaßnahmen zu unterweisen ist,

6. welche Vorkehrungen zur Verhinderung von Betriebsstörungen und zur Begrenzung ihrer Auswirkungen für die Beschäftigten und welche Maßnahmen zur Organisation der Ersten Hilfe zu treffen sind,
7. daß und welche verantwortlichen Aufsichtspersonen für Bereiche, in denen Beschäftigte besonderen Gefahren ausgesetzt sind, bestellt und welche Befugnisse ihnen übertragen werden müssen, damit die Arbeitsschutzaufgaben erfüllt werden können,
8. daß im Hinblick auf den Schutz der Beschäftigten eine Gefahrenbeurteilung vorzunehmen ist, welche Unterlagen hierfür zu erstellen sind und daß diese Unterlagen zur Überprüfung der Gefahrenbeurteilung von der zuständigen Landesbehörde der Bundesanstalt für Arbeitsschutz zugeleitet werden können,
9. welche Unterlagen zur Abwendung von Gefahren für die Beschäftigten zur Einsicht durch die zuständige Landesbehörde bereitzuhalten und auf Verlangen vorzulegen sind,
10. daß ein Herstellungs- oder Verwendungsverfahren, bei dem besondere Gefahren für die Beschäftigten bestehen oder zu besorgen sind, der zuständigen Landesbehörde angezeigt oder von der zuständigen Landesbehörde erlaubt sein muß,
11. daß Arbeiten, bei denen bestimmte gefährliche Stoffe oder Zubereitungen freigesetzt werden können, nur von dafür behördlich anerkannten Betrieben durchgeführt werden dürfen,
12. daß die Beschäftigten gesundheitlich zu überwachen sind, hierüber Aufzeichnungen zu führen sind und zu diesem Zweck
    a) derjenige, der andere mit der Herstellung oder Verwendung von Gefahrstoffen beschäftigt, insbesondere verpflichtet werden kann, die Beschäftigten ärztlich untersuchen zu lassen,
    b) der Arzt, der mit einer Vorsorgeuntersuchung beauftragt ist, in Zusammenhang mit dem Untersuchungsbefund bestimmte Pflichten zu erfüllen hat, insbesondere hinsichtlich des Inhalts einer von ihm auszustellenden Bescheinigung und der Unterrichtung und Beratung über das Ergebnis der Untersuchung,
    c) die zuständige Behörde entscheidet, wenn Feststellungen des Arztes für unzutreffend gehalten werden,
    d) die in die Aufzeichnung aufzunehmenden Daten dem zuständigen Träger der gesetzlichen Unfallversicherung oder einer von ihm beauftragten Stelle zum Zwecke der Ermittlung arbeitsbedingter Gesundheitsgefahren oder Berufskrankheiten übermittelt werden,
13. daß der Arbeitgeber dem Betriebs- oder Personalrat Vorgänge mitzuteilen hat, die er erfahren muß, um seine Aufgaben erfüllen zu können,
14. daß die zuständigen Landesbehörden ermächtigt werden, zur Durchführung von Rechtsverordnungen bestimmte Anordnungen im Einzelfall zu erlassen, insbesondere bei Gefahr im Verzug auch gegen Aufsichtspersonen und sonstige Beschäftigte,
15. daß die Betriebsanlagen und Arbeitsverfahren, in denen bestimmte Gefahrstoffe hergestellt oder verwendet werden, durch einen Sachkundigen oder einen Sachverständigen geprüft werden müssen.

(4) Wegen der Anforderungen nach Absatz 3 kann auf jedermann zugängliche Bekanntmachungen sachverständiger Stellen verwiesen werden; hierbei ist

1. in der Rechtsverordnung das Datum der Bekanntmachung anzugeben und die Bezugsquelle genau zu bezeichnen,
2. die Bekanntmachung bei der Bundesanstalt für Arbeitsschutz archivmäßig gesichert niederzulegen und in der Rechtsverordnung darauf hinzuweisen.

Sechster Abschnitt

Gute Laborpraxis

§ 19a

Gute Laborpraxis (GLP)

(1) Nichtklinische experimentelle Prüfungen von Stoffen oder Zubereitungen, deren Ergebnisse eine Bewertung ihrer möglichen Gefahren für Mensch und Umwelt in einem Zulassungs-, Erlaubnis-, Registrierungs-, Anmelde- oder Mitteilungsverfahren ermöglichen sollen, sind unter Einhaltung der Grundsätze der Guten Laborpraxis nach dem Anhang 1 zu diesem Gesetz durchzuführen.

(2) Der Antragsteller oder der Anmelde- oder Mitteilungspflichtige, der in einem Verfahren nach Absatz 1 Prüfergebnisse vorlegt, hat nachzuweisen, daß die den Prüfergebnissen zugrundeliegenden Prüfungen den Anforderungen nach Anhang 1 entsprechen. Der Nachweis ist zu erbringen durch

1. die Bescheinigung nach § 19b und
2. die schriftliche Erklärung der Prüfeinrichtung, daß die Prüfung nach den Grundsätzen der Guten Laborpraxis durchgeführt worden ist.

Wird der Nachweis nicht erbracht, gelten die Prüfergebnisse als nicht vorgelegt.

(3) Bundesbehörden, die Prüfungen nach Absatz 1 durchführen, sind dafür verantwortlich, daß in ihrem Aufgabenbereich die Grundsätze der Guten Laborpraxis eingehalten werden.

(4) Die Aufbewahrungspflicht nach Nummer 10.2 des Anhangs 1 kann durch Übergabe der Unterlagen und schriftliche Vereinbarung mit dem Auftraggeber oder einem Dritten, die der zuständigen Behörde mitzuteilen sind, übertragen werden.

(5) Die Absätze 1 und 2 finden keine Anwendung auf

1. vor dem 5. April 1989 begonnene, aber zu diesem Zeitpunkt noch nicht abgeschlossene Prüfungen
    a) auf krebserzeugende und chronisch schädigende Eigenschaften, wenn sie bis zum 1. Januar 1995 abgeschlossen sind,
    b) auf sonstige Eigenschaften, wenn sie bis zum 1. Januar 1992 abgeschlossen sind,

2. vor dem 5. April 1989 abgeschlossene Prüfungen,
   a) wenn sie nach dem 1. Januar 1981 abgeschlossen worden sind, oder
   b) wenn die zuständige Behörde im Einzelfall festgestellt hat, daß die Prüfung auch unter Berücksichtigung der Grundsätze der Guten Laborpraxis noch verwertbar ist.

Bei Prüfungen, deren Ergebnisse für die Zulassung von Arzneimitteln oder Pflanzenschutzmitteln verwendet werden, treten an die Stelle des Datums „5. April 1989" das Datum „1. April 1990" und an die Stelle des Datums „1. Januar 1992" das Datum „1. Januar 1993".

§ 19b

GLP-Bescheinigung

(1) Die zuständige Behörde hat demjenigen, der Prüfungen nach § 19a Abs. 1 durchführt, auf Antrag eine Bescheinigung über die Einhaltung der Grundsätze der Guten Laborpraxis zu erteilen, wenn seine Prüfeinrichtung und die von ihm durchgeführten Prüfungen den Grundsätzen der Guten Laborpraxis nach Anhang 1 entsprechen. Den Antrag nach Satz 1 kann auch stellen, wer, ohne zu Prüfungen nach § 19a Abs. 1 verpflichtet zu sein, ein berechtigtes Interesse glaubhaft macht. In dem Fall des § 19a Abs. 3 wird der Bundesbehörde die Bescheinigung von ihrer Aufsichtsbehörde oder einer von dieser bestimmten Stelle erteilt. Die Bescheinigung nach den Sätzen 1 und 3 ist nach dem Muster des Anhangs 2 auszustellen.

(2) Der Bescheinigung nach Absatz 1 Satz 1 stehen gleich:

1. GLP-Bescheinigungen anderer Mitgliedstaaten der Europäischen Gemeinschaften oder Vertragsstaaten des Abkommens über den Europäischen Wirtschaftsraum aufgrund der Richtlinie 88/320/EWG des Rates vom 7. Juni 1988 über die Inspektion und Überprüfung der Guten Laborpraxis (ABl. EG Nr. L 145 S. 35),
2. GLP-Bescheinigungen von Staaten, die nicht Mitglied der Europäischen Gemeinschaften sind, wenn die gegenseitige Anerkennung von GLP-Bescheinigungen gewährleistet ist,
3. eine Bestätigung des Bundesinstitutes für gesundheitlichen Verbraucherschutz und Veterinärmedizin, daß eine Prüfeinrichtung, die in einem Staat gelegen ist, der nicht Mitgliedstaat der Europäischen Gemeinschaften ist und die gegenseitige Anerkennung von GLP-Bescheinigungen nicht gewährleistet, nach den dem Bundesinstitut für gesundheitlichen Verbraucherschutz und Veterinärmedizin vorliegenden Erkenntnissen Prüfungen nach den Grundsätzen der Guten Laborpraxis durchführt.

§ 19c

Berichterstattung

(1) Die Bundesregierung erstattet jährlich bis zum 31. März für das vergangene Kalenderjahr der Kommission der Europäischen Gemeinschaften Bericht über die Anwendung der Grundsätze der Guten Laborpraxis im Geltungsbereich dieses Gesetzes. Der Bericht enthält ein Verzeichnis der inspizierten Prüfeinrichtungen, eine Angabe der Zeitpunkte, zu denen Inspektionen durchgeführt wurden und eine Zusammenfassung der Ergebnisse der Inspektionen. Die obersten Landesbehörden wirken bei der Erstellung des Berichts mit und übersenden ihre Beiträge bis zum 15. Februar für das vergangene Kalenderjahr dem Bundesministerium für Umwelt, Naturschutz und Reaktorsicherheit.

(2) Das Bundesministerium für Umwelt, Naturschutz und Reaktorsicherheit kann ein Verzeichnis der Prüfeinrichtungen, die Prüfungen unter Einhaltung der Grundsätze der Guten Laborpraxis durchführen, im Bundesanzeiger veröffentlichen.

§ 19d

Ergänzende Vorschriften

(1) Das Bundesinstitut für gesundheitlichen Verbraucherschutz und Veterinärmedizin hat, zusätzlich zu den Aufgaben, die ihm durch Gesetze, Rechtsverordnungen oder andere Rechtsvorschriften übertragen sind, im Bereich der Guten Laborpraxis folgende Aufgaben:

1. Erstellung, Führung und Fortschreibung des Verzeichnisses nach § 19c Abs. 2,
2. fachliche Beratung der Bundesregierung und der Länder, insbesondere bei der Konkretisierung der Anforderungen an
   a) die Sachkunde und die Zuverlässigkeit der mit der Durchführung der Prüfungen betrauten Personen,
   b) die Beschaffenheit und die Ausstattung der Prüfeinrichtungen,
   c) die Laborpraxis, z.B. die Beschaffenheit der Prüfproben, die Durchführung und Qualitätskontrolle der Prüfungen,
   d) die Gewinnung und Dokumentation von Daten,
   e) die Überwachung der Einhaltung der Grundsätze der Guten Laborpraxis,
3. fachliche Beratung der Bundesregierung im Rahmen von Konsultationsverfahren mit der Kommission der Europäischen Gemeinschaften und anderer Mitgliedstaaten,
4. Mitwirkung bei dem Vollzug von Vereinbarungen über die Gute Laborpraxis mit Staaten, die nicht Mitglied der Europäischen Gemeinschaften sind.

(2) Die Bundesregierung wird ermächtigt, durch Rechtsverordnung mit Zustimmung des Bundesrates zur Weiterentwicklung der Guten Laborpraxis die Anhänge 1 und 2 zu ändern.

(3) Die Bundesregierung erläßt mit Zustimmung des Bundesrates allgemeine Verwaltungsvorschriften über das Verfahren der behördlichen Überwachung. In der allgemeinen Verwaltungsvorschrift kann auch eine Übertragung der Veröffentlichungsbefugnis auf das Bundesinstitut für gesundheitlichen Verbraucherschutz und Veterinärmedizin geregelt werden.

Siebter Abschnitt

Allgemeine Vorschriften

§ 20

Vorlage von Prüfnachweisen

(1) Die vom Anmelde- oder Mitteilungspflichtigen vorzulegenden Prüfnachweise und die mit ihnen einzureichenden sonstigen Unterlagen müssen die Beurteilung ermöglichen, ob der Stoff oder die Zubereitung, auf die sie sich beziehen, schädliche Einwirkungen auf den Menschen oder die Umwelt hat.

(2) Lassen die Prüfnachweise und sonstigen Unterlagen eine ausreichende Beurteilung nicht zu, weil sie unvollständig oder fehlerhaft sind, oder ist eine Vorlage weiterer Prüfnachweise, Unterlagen oder ergänzender Auskünfte aufgrund eines Rechtsaktes eines Organs der Europäischen Gemeinschaften erforderlich, hat der Anmelde- oder Mitteilungspflichtige auf Verlangen der Anmeldestelle innerhalb einer von ihr gesetzten Frist die erforderlichen Berichtigungen und Ergänzungen vorzulegen. § 11 Abs. 3 gilt entsprechend. Rechtsbehelfe gegen die Anordnungen nach den Sätzen 1 und 2 haben keine aufschiebende Wirkung.

(3) Lassen die Prüfnachweise und sonstigen Unterlagen eine ausreichende Beurteilung nicht zu, obwohl sie weder unvollständig noch fehlerhaft sind, kann die Anmeldestelle vom Anmelde- oder Mitteilungspflichtigen unter Festsetzung einer angemessenen Frist ergänzende Auskünfte zu den ihr vorgelegten Prüfnachweisen und sonstigen Unterlagen verlangen. Rechtsbehelfe gegen das Auskunftsverlangen nach Satz 1 haben keine aufschiebende Wirkung.

(4) Sofern die Vorlage von Prüfnachweisen nach dem Stand der wissenschaftlichen Erkenntnisse nicht erforderlich oder eine Prüfung technisch nicht möglich ist, ist die Nichtvorlage schriftlich zu begründen.

(5) Wer verpflichtet ist, Anmeldeunterlagen, Prüfnachweise oder Mitteilungsunterlagen nach den §§ 6, 7, 7a, 9, 9a und 16 bis 16e vorzulegen, hat je ein Doppelstück dieser Unterlagen oder Nachweise bis zum Ablauf von fünf Jahren nach dem letztmaligen Inverkehrbringen oder Herstellen des Stoffes oder der Zubereitung aufzubewahren.

(6) Die Bundesregierung wird ermächtigt, durch Rechtsverordnung mit Zustimmung des Bundesrates Inhalt und Form der Anmelde- und Mitteilungsunterlagen nach den §§ 6, 7a und 16 bis 16e und Art und Umfang der Prüfnachweise nach den §§ 6, 7, 7a, 9, 9a und 16a bis 16c näher zu bestimmen. In der Rechtsverordnung ist zu bestimmen, daß Prüfverfahren, bei denen Versuchstiere eingesetzt werden, durch Verfahren zu ersetzen sind, die keinen, einen geringeren oder einen schonenderen Einsatz von Versuchstieren erfordern, soweit dies nach dem Stand der wissenschaftlichen Erkenntnis im Hinblick auf den Versuchszweck vertretbar und mit Rechtsakten von Organen der Europäischen Gemeinschaften vereinbar ist.

§ 20a

Verwendung von Prüfnachweisen eines Dritten, Voranfragepflicht

(1) Die Anmeldestelle kann zulassen, daß der Anmelde- oder Mitteilungspflichtige auf einen Prüfnachweis eines Dritten mit dessen schriftlicher Zustimmung Bezug nimmt, soweit ihr der Prüfnachweis vorliegt.

(2) Vor der Durchführung von Tierversuchen zur Vorbereitung einer Anmeldung oder Mitteilung hat der Anmelde- oder Mitteilungspflichtige unter Angabe der Identitätsmerkmale des Stoffes und der Menge, die er in den Verkehr bringen oder herstellen will, sowie unter Nachweis der Berechtigung seines Interesses bei der Anmeldestelle anzufragen, ob die Tierversuche erforderlich sind. Einer Vorlage von Prüfnachweisen, die Tierversuche voraussetzen, bedarf es nicht, soweit der Anmeldestelle ausreichende Erkenntnisse vorliegen. Stammen diese Erkenntnisse aus Prüfnachweisen eines Dritten, deren Vorlage nicht mehr als zehn Jahre zurückliegt, teilt die Anmeldestelle diesem und dem Anmelde- oder Mitteilungspflichtigen unverzüglich mit, welche Prüfnachweise des Dritten sie zugunsten des Anmelde- oder Mitteilungspflichtigen zu verwerten beabsichtigt, sowie jeweils Name und Anschrift des anderen. Sind die Prüfnachweise von dem Dritten als Anmeldeunterlagen nach § 6 vorgelegt worden und hat er dabei einen entsprechenden Antrag gestellt, so erfolgen Mitteilungen der Anmeldestelle nach Satz 3 innerhalb des ersten Jahres nach Vorlage der Anmeldung zunächst ohne Nennung des Namens und der Anschrift der Beteiligten und ohne sonstige Angaben, die Rückschlüsse auf die Identität des jeweils anderen zulassen; die Angaben werden nach Ablauf der Jahresfrist ergänzt.

(3) Der Dritte kann innerhalb eines Monats nach Zugang der Mitteilung nach Absatz 2 Satz 3 der Verwertung seines Prüfnachweises widersprechen. Im Falle des Widerspruchs verlängern sich die Fristen nach § 8 Abs. 3 um den Zeitraum, den der Anmeldepflichtige für die Beibringung eines eigenen Prüfnachweises benötigen würde. Dieser Zeitraum ist auf Antrag eines Beteiligten von der Anmeldestelle nach Anhörung des Anmeldepflichtigen und des Dritten festzustellen.

(4) Werden Prüfnachweise im Falle des Absatzes 2 Satz 3 und 4 vor Ablauf von zehn Jahren nach ihrer Vorlage durch den Dritten von der Anmeldestelle verwertet, hat der Dritte gegen den Anmelde- oder Mitteilungspflichtigen Anspruch auf eine Vergütung in Höhe von 50 vom Hundert der von diesem durch die Verwertung ersparten Aufwendungen und der Anmelde- oder Mitteilungspflichtige gegen den Dritten Anspruch auf Überlassung einer Ausfertigung der verwerteten Prüfnachweise. Im Falle der Anmeldung nach § 4 kann der Dritte dem Anmeldepflichtigen das Inverkehrbringen des Stoffes untersagen, solange dieser nicht die Vergütung gezahlt oder für sie in angemessener Höhe Sicherheit geleistet hat.

(5) Sind von mehreren Anmelde- oder Mitteilungspflichtigen gleichzeitig inhaltlich gleiche Prüfnachweise vorzulegen, so teilt die Anmeldestelle den Anmelde- oder Mitteilungspflichtigen, die ihr bekannt sind, mit, welcher Prüfnachweis von ihnen gemeinsam vorzulegen ist, sowie jeweils Name und Anschrift der anderen Beteiligten. Die Anmeldestelle gibt den beteiligten Anmelde- oder Mitteilungspflichtigen Gelegenheit, sich innerhalb einer von ihr zu bestimmenden Frist zu einigen, wer die Prüfnachweise vorlegt. Kommt eine Einigung nicht zustande, so entscheidet die Anmeldestelle und unterrichtet hiervon unverzüglich alle Beteiligten. Diese sind, sofern sie ihre Anmeldung nicht zurücknehmen oder sonst die Voraussetzungen ihrer Anmelde- oder Mitteilungspflicht entfallen, verpflichtet, sich jeweils mit einem der Zahl der beteiligten Anmelde- oder Mitteilungspflichtigen entsprechenden Bruchteil an den Aufwendungen für die Erstellung der Unterlagen zu beteiligen; sie haften als Gesamtschuldner.

§ 20b

Ausschüsse

Die Bundesregierung wird ermächtigt, durch Rechtsverordnung mit Zustimmung des Bundesrates Ausschüsse zu bilden, denen die Aufgabe übertragen werden kann,

1. die Bundesregierung oder die zuständigen Bundesminister zu beraten, insbesondere
   a) bei der Entwicklung von Methoden für Prüfnachweise nach diesem Gesetz,
   b) bei der Erarbeitung von Vorschriften für die Einstufung, Kennzeichnung und Verpackung nach den §§ 14 und 19,
   c) bei der Benennung von Stoffen und Zubereitungen, für die eine Mitteilungspflicht nach § 16c oder § 16d begründet werden sollte,
   d) beim Erlaß von Verbots-, Beschränkungs- oder Schutzvorschriften nach § 17, § 18 oder § 19 und
   e) bei der Weiterentwicklung der Guten Laborpraxis sowie
2. a) sicherheitstechnische, arbeitsmedizinische und hygienische Regeln sowie sonstige arbeitswissenschaftliche Erkenntnisse zu ermitteln,
   b) zum Schutz von Mensch und Umwelt Empfehlungen zu erarbeiten sowie
   c) für Mensch und Umwelt nicht oder weniger gefährliche Stoffe, Zubereitungen, Erzeugnisse und Verfahren vorzuschlagen,

   die der zuständige Bundesminister amtlich bekanntmachen kann.

§ 21

Überwachung

(1) Die zuständigen Landesbehörden haben die Durchführung dieses Gesetzes und der auf dieses Gesetz gestützten Rechtsverordnungen zu überwachen, soweit dieses Gesetz keine andere Regelung trifft.

(2) Absatz 1 gilt auch für Verordnungen der Europäischen Gemeinschaften (EG-Verordnungen), die Sachbereiche dieses Gesetzes betreffen, soweit die Überwachung ihrer Durchführung den Mitgliedstaaten obliegt. Sind für die Durchführung von EG-Verordnungen im Sinne des Satzes 1 die Entgegennahme und die Weiterleitung von Informationen oder sonstige Mitwirkungsakte der Mitgliedstaaten erforderlich, ist hierfür die Anmeldestelle zuständig.

(2a) Die Bundesregierung wird ermächtigt, durch Rechtsverordnung mit Zustimmung des Bundesrates zur Durchführung dieses Gesetzes, der auf dieses Gesetz gestützten Rechtsverordnungen sowie der in Absatz 2 Satz 1 genannten EG-Verordnungen

1. die Zuständigkeit für bestimmte Genehmigungen und Einvernehmenserklärungen abweichend von Absatz 1 und Absatz 2 Satz 1 einer Bundesoberbehörde zu übertragen, wenn diese Genehmigungen oder Einvernehmenserklärungen bundeseinheitlich zu erfolgen haben oder die Beurteilung von Sachverhalten voraussetzen, die in der Regel räumlich über den Zuständigkeitsbereich eines Landes hinausgehen, sowie
2. in den Fällen des Absatzes 2 Satz 2 eine andere Bundesoberbehörde zu bestimmen.

(3) Die zuständige Landesbehörde ist befugt, von natürlichen und juristischen Personen und nicht rechtsfähigen Personenvereinigungen alle zur Durchführung dieses Gesetzes, der auf dieses Gesetz gestützten Rechtsverordnungen und der in Absatz 2 Satz 1 genannten EG-Verordnungen erforderlichen Auskünfte zu verlangen. In den Fällen des Absatzes 2 Satz 2 stehen diese Befugnisse der Anmeldestelle, in den Fällen des Absatzes 2a der in der Rechtsverordnung bezeichneten Bundesoberbehörde zu.

(4) Die mit der Überwachung beauftragten Personen sind befugt,

1. zu den Betriebs- und Geschäftszeiten Grundstücke, Geschäftsräume, Betriebsräume zu betreten und zu besichtigen, Proben nach ihrer Auswahl zu fordern und zu entnehmen und in die geschäftlichen Unterlagen des Auskunftspflichtigen Einsicht zu nehmen,
2. die Vorlage der Unterlagen über Anmeldung und Mitteilung zu verlangen,
3. Arbeitseinrichtungen und Arbeitsschutzmittel zu prüfen,
4. Herstellungs- und Verwendungsverfahren zu untersuchen und insbesondere das Vorhandensein und die Konzentration gefährlicher Stoffe und Zubereitungen festzustellen und zu messen.

Zur Verhütung dringender Gefahren für die öffentliche Sicherheit und Ordnung können die Maßnahmen nach Satz 1 Nr. 1, 3 und 4 auch in Wohnräumen und zu jeder Tages- und Nachtzeit getroffen werden. Der Auskunftspflichtige hat die Maßnahmen nach Satz 1 Nr. 1, 3 und 4 und Satz 2 zu dulden sowie die mit der Überwachung beauftragten Personen zu unterstützen, soweit dies zur Erfüllung ihrer Aufgaben erforderlich ist, insbesondere ihnen auf Verlangen Räume, Behälter und Behältnisse zu öffnen und die Entnahme von Proben zu ermöglichen. Das Grundrecht des Artikels 13 des Grundgesetzes auf Unverletzlichkeit der Wohnung wird insoweit eingeschränkt.

(5) Der Auskunftpflichtige kann die Auskunft auf solche Fragen verweigern, deren Beantwortung ihn selbst oder einen seiner in § 383 Abs. 1 Nr. 1 bis 3 der Zivilprozeßordnung bezeichneten Angehörigen der Gefahr der Verfolgung wegen einer Straftat oder Ordnungswidrigkeit aussetzen würde.

(6) Kann die zuständige Landesbehörde Art und Umfang der bei der Herstellung oder Verwendung der in § 19 Abs. 2 genannten Stoffe, Zubereitungen und Erzeugnisse drohenden oder eingetretenen schädlichen Einwirkungen oder die zu ihrer Abwendung oder Vorbeugung erforderlichen Maßnahmen nicht beurteilen, so kann sie hierzu vom Hersteller oder Verwender verlangen, daß er durch einen von der Behörde zu bestimmenden Sachverständigen auf seine Kosten ein Gutachten erstatten läßt und ihr eine Ausfertigung des Gutachtens vorlegt. Satz 1 gilt nicht, soweit in diesem Gesetz Prüfungen vorgeschrieben oder die Voraussetzungen für die Anordnung von Prüfungen festgelegt sind.

(7) Die Anmeldestelle und die für die Durchführung der Bewertung im Sinne dieses Gesetzes nach § 12 Abs. 2 zu bestimmenden Stellen sind verpflichtet, die Daten, die von ihnen aufgrund dieses Gesetzes und der auf Grundlage

dieses Gesetzes ergangenen Verordnungen erhoben und gespeichert werden, den Behörden des Arbeitsschutzes, des allgemeinen Gesundheitsschutzes, des Umwelt- und Naturschutzes, der allgemeinen Gefahrenabwehr und des Brand- und Katastrophenschutzes der Länder sowie den Trägern der gesetzlichen Unfallversicherung im Wege der Amtshilfe zur Verfügung zu stellen. § 16e Abs. 4 bleibt unberührt.

§ 21a

Mitwirkung von Zollstellen

(1) Das Bundesministerium der Finanzen und die von ihm bestimmten Zollstellen wirken bei der Überwachung der Ein- und Ausfuhr derjenigen Stoffe, Zubereitungen und Erzeugnisse mit, die diesem Gesetz oder einer aufgrund dieses Gesetzes erlassenen Rechtsverordnung oder einer Verordnung der Europäischen Gemeinschaft, die Sachbereiche dieses Gesetzes betrifft, unterliegen.

(2) Bestehen Anhaltspunkte für einen Verstoß gegen Verbote oder Beschränkungen, die sich aus den in Absatz 1 genannten Vorschriften ergeben, unterrichten die Zollstellen die zuständigen Behörden. Sie können die Stoffe, Zubereitungen und Erzeugnisse sowie deren Beförderungs- und Verpackungsmittel auf Kosten und Gefahr des Verfügungsberechtigten zurückweisen oder bis zur Behebung der festgestellten Mängel oder bis zur Entscheidung der zuständigen Behörde sicherstellen.

§ 22

Informationspflichten der Anmeldestelle, Schutz von Betriebs- und Geschäftsgeheimnissen

(1) Die Anmeldestelle hat neben den ihr sonst durch dieses Gesetz zugewiesenen Aufgaben

1. eine Kurzfassung der Unterlagen nach den §§ 6, 7, 7a, 9, 9a, 16, 16a und 16c sowie Mitteilungen der Kommission der Europäischen Gemeinschaften über Anmeldungen in anderen Mitgliedstaaten und anderen Vertragsstaaten des Abkommens über den Europäischen Wirtschaftsraum an die zuständigen Landesbehörden weiterzuleiten und die zuständigen Landesbehörden vom Ergebnis der Bewertung der Unterlagen und von Anordnungen nach § 11 Abs. 1 bis 3 zu unterrichten,
2. eine Kurzfassung der Unterlagen nach § 16b an die zuständige Behörde des Landes, in dem der Stoff hergestellt wird oder hergestellt werden soll, weiterzuleiten und sie vom Ergebnis der Bewertung der Unterlagen zu unterrichten,
3. die für den Vollzug des § 23 zuständigen Landesbehörden über alle Erkenntnisse zu unterrichten, die für die Wahrnehmung dieser Aufgabe erforderlich sind, und sie auf Verlangen zu beraten,
4. dem Hersteller oder Einführer über den in § 20a Abs. 2 geregelten Fall hinaus auf Anfrage mitzuteilen, ob ein bestimmter Stoff nach diesem Gesetz oder nach einem entsprechenden Verfahren in einem anderen Mitgliedstaat der Europäischen Gemeinschaften oder Vertragsstaat des Abkommens über den Europäischen Wirtschaftsraum angemeldet oder mitgeteilt ist, soweit der Hersteller oder Einführer ein berechtigtes Interesse an der Auskunft nachweisen kann, und
5. an die Kommission der Europäischen Gemeinschaften eine Kurzfassung der Unterlagen nach den §§ 6, 7, 7a, 9, 9a, 16 und 16a einschließlich der Begründung für die Auswahl der Prüfnachweise nach den §§ 9 und 9a und des Ergebnisses der Bewertung weiterzuleiten. Auf Anforderungen sind der Kommission oder den Anmeldestellen der anderen Mitgliedstaaten und Vertragsstaaten vollständige Unterlagen zuzuleiten.

(2) Angaben, die ein Betriebs- und Geschäftsgeheimnis darstellen, sind auf Antrag des Anmelde- oder Mitteilungspflichtigen als vertraulich zu kennzeichnen, soweit er glaubhaft macht, daß ihre Verbreitung ihm betrieblich oder geschäftlich schaden könnte. Angaben aus Anmeldungen, die in einem anderen Mitgliedstaat der Europäischen Gemeinschaften oder Vertragsstaat des Abkommens über den Europäischen Wirtschaftsraum eingereicht wurden, sind als vertraulich zu kennzeichnen, wenn die Stelle, die die Anmeldung entgegengenommen hat, sie als vertraulich gekennzeichnet hat.

(3) Nicht unter das Betriebs- oder Geschäftsgeheimnis im Sinne des Absatzes 2 fallen

1. die Handelsbezeichnung des Stoffes,
2. der Name des Herstellers und des Anmelde- oder Mitteilungspflichtigen,
3. die physikalisch-chemischen Eigenschaften nach § 7 Nr. 1,
4. die nach § 6 Abs. 1 Nr. 10 anzugebenden Verfahren,
5. die Empfehlungen nach § 6 Abs. 1 Nr. 8,
6. die Auswertung der toxikologischen und ökotoxikologischen Versuche,
7. der Reinheitsgrad des Stoffes und die Identität gefährlicher Zusatzstoffe und Verunreinigungen, soweit dies für die Einstufung und Kennzeichnung des Stoffes erforderlich ist,
8. der Inhalt des Sicherheitsdatenblattes sowie
9. für Stoffe, die in der Rechtsverordnung nach § 14 eingestuft sind, Analysenmethoden nach § 6 Abs. 1 Nr. 3.

(4) Die Daten nach Absatz 3 sind von der Anmeldestelle, bei zugelassenen Pflanzenschutzmitteln von der Biologischen Bundesanstalt für Land- und Forstwirtschaft, auf Anfrage dritter Staaten, in die der Stoff von einem im Geltungsbereich des Gesetzes niedergelassenen Hersteller ausgeführt werden soll, diesen Staaten mitzuteilen.

§ 23

Behördliche Anordnungen

(1) Die zuständige Landesbehörde kann im Einzelfall die Anordnungen treffen, die zur Beseitigung festgestellter oder zur Verhütung künftiger Verstöße gegen dieses Gesetz oder gegen die nach diesem Gesetz erlassenen Rechtsverordnungen oder gegen eine in § 21 Abs. 2 Satz 1 genannte EG-Verordnung notwendig sind.

(1a) Wird eine Anordnung nach Absatz 1 nicht innerhalb der gesetzten Frist oder eine solche für sofort vollziehbar erklärte Anordnung nicht sofort ausgeführt, kann die zuständige Behörde die von der Anordnung betroffene Arbeit ganz oder teilweise bis zur Erfüllung der Anordnung untersagen, wenn die Untersagung zum Schutz von Leben oder Gesundheit der Beschäftigten erforderlich ist.

(2) Die zuständige Landesbehörde kann für eine Dauer von höchstens drei Monaten anordnen, daß ein gefährlicher Stoff, eine gefährliche Zubereitung oder ein Erzeugnis, das einen gefährlichen Stoff oder eine gefährliche Zubereitung freisetzen kann oder enthält, nicht, nur unter bestimmten Voraussetzungen, nur in bestimmter Beschaffenheit oder nur für bestimmte Zwecke hergestellt in den Verkehr gebracht oder verwendet werden darf, soweit Anhaltspunkte, insbesondere ein nach dem Stand der wissenschaftlichen Erkenntnisse begründeter Verdacht dafür vorliegen, daß von dem Stoff, der Zubereitung oder dem Erzeugnis eine erhebliche Gefahr für Leben oder Gesundheit des Menschen oder die Umwelt ausgeht. Die zuständige Landesbehörde kann diese Anordnung aus wichtigem Grund um bis zu einem Jahr verlängern. Die Sätze 1 und 2 gelten auch dann, wenn Anhaltspunkte, insbesondere ein nach dem Stand der wissenschaftlichen Erkenntnisse begründeter Verdacht, für die Annahme bestehen, daß ein Stoff oder eine Zubereitung gefährlich ist.

(3) Rechtsbehelfe gegen Anordnungen nach den Absätzen 1a und 2 haben keine aufschiebende Wirkung.

§ 24

Vollzug im Bereich der Bundeswehr

(1) Im Geschäftsbereich des Bundesministeriums der Verteidigung obliegt der Vollzug des Gesetzes und der auf dieses Gesetz gestützten Rechtsverordnungen dem Bundesministerium der Verteidigung und den von ihm bestimmten Stellen.

(2) Das Bundesministerium der Verteidigung kann für seinen Geschäftsbereich in Einzelfällen sowie für bestimmte Stoffe Ausnahmen von dem Gesetz und von den auf dieses Gesetz gestützten Rechtsverordnungen zulassen, soweit dies zwingende Gründe der Verteidigung oder die Erfüllung zwischenstaatlicher Verpflichtungen erfordern.

§ 25

Angleichung an Gemeinschaftsrecht

Rechtsverordnungen nach diesem Gesetz können auch zum Zwecke der Angleichung der Rechts- und Verwaltungsvorschriften der Mitgliedstaaten der Europäischen Gemeinschaften erlassen werden, soweit dies zur Durchführung von Verordnungen, Richtlinien oder Entscheidungen des Rates oder der Kommission der Europäischen Gemeinschaften, die Sachbereiche dieses Gesetzes betreffen, erforderlich ist.

§ 25a

Kosten

(1) Für Amtshandlungen nach diesem Gesetz und den zur Durchführung dieses Gesetzes erlassenen Rechtsvorschriften sowie nach EG-Verordnungen im Sinne des § 21 Abs. 2 Satz 1 sind Kosten (Gebühren und Auslagen) zu erheben.

(2) Die Bundesregierung wird ermächtigt, durch Rechtsverordnung, die nicht der Zustimmung des Bundesrates bedarf, die gebührenpflichtigen Tatbestände und die Gebührensätze für Amtshandlungen der nach diesem Gesetz zuständigen Bundesbehörden näher zu bestimmen. Für die Erhebung der Kosten für andere als in Satz 1 genannte Amtshandlungen gilt Landesrecht.

(3) Die dem Auskunftspflichtigen durch die Entnahme von Proben oder durch Messungen entstehenden eigenen Aufwendungen hat er selbst zu tragen.

§ 26

Bußgeldvorschriften

(1) Ordnungswidrig handelt, wer vorsätzlich oder fahrlässig

1. entgegen § 4 Abs. 1 Satz 1 oder Abs. 2 Satz 1, auch in Verbindung mit Abs. 4, einen Stoff in den Verkehr bringt oder einführt,

1a. entgegen § 4 Abs. 3 einen Stoff einführt,

1b. einer vollziehbaren Anordnung nach § 5 Abs. 3 Nr. 1 oder § 11 Abs. 1 Satz 1 Nr. 3, auch in Verbindung mit Abs. 2 Satz 1, zuwiderhandelt,

2. entgegen § 7a Abs. 1 Satz 3 die erforderlichen Angaben oder Prüfnachweise nicht oder nicht rechtzeitig nachreicht,

3. entgegen § 8 Abs. 3 einen angemeldeten Stoff vor Ablauf der dort bezeichneten Frist in den Verkehr bringt,

4. einer vollziehbaren Anordnung nach § 11 Abs. 3, auch in Verbindung mit § 20 Abs. 2 Satz 1, zuwiderhandelt,

5. a) entgegen § 13 Abs. 1, auch in Verbindung mit Abs. 2, einen gefährlichen Stoff oder eine gefährliche Zubereitung nicht oder nicht in der vorgeschriebenen Weise einstuft, verpackt oder kennzeichnet,

   b) entgegen § 15 einen gefährlichen Stoff, eine gefährliche Zubereitung oder ein gefährliches Erzeugnis ohne die vorgeschriebene Verpackung oder Kennzeichnung in den Verkehr bringt oder

   c) einer Rechtsverordnung nach § 14 Abs. 1 Nr. 3 Buchstabe a, d oder e über die Verpackung und Kennzeichnung oder nach § 14 Abs. 1 Nr. 3 Buchstabe b oder Abs. 2 Satz 2 über die Mitlieferung bestimmter Angaben oder Empfehlungen zuwiderhandelt, soweit sie für einen bestimmten Tatbestand auf diese Bußgeldvorschrift verweist,

5a. entgegen § 15 a für einen gefährlichen Stoff wirbt,

6. entgegen § 16, auch in Verbindung mit § 16a Abs. 3, § 16a Abs. 1 oder 2 oder § 16e Abs. 1 Satz 1, 3, auch in Verbindung mit einer Rechtsverordnung nach Abs. 5 Nr. 2 oder 3, eine Mitteilung oder entgegen § 16a Abs. 1 Satz 1 Nr. 9 eine Versicherung nicht, nicht richtig, nicht vollständig oder nicht rechtzeitig vornimmt oder abgibt,

6a. entgegen § 16b Abs. 1 Satz 1 oder Abs. 2 eine Mitteilung nicht, nicht richtig, nicht vollständig oder nicht rechtzeitig vornimmt, entgegen § 16b Abs. 3 einen Prüfnachweis nicht, nicht vollständig oder nicht rechtzeitig vorlegt oder entgegen § 16c Abs. 1 eine Liste nicht, nicht vollständig oder nicht rechtzeitig übermittelt,

6b. einer Rechtsverordnung nach § 16c Abs. 2 oder § 16d über Mitteilungspflichten bei alten Stoffen oder bei Zubereitungen zuwiderhandelt, soweit sie für einen bestimmten Tatbestand auf diese Bußgeldvorschrift verweist,

7. einer Rechtsverordnung nach § 17 Abs. 1 Nr. 1 Buchstabe b oder c oder Nr. 2 Buchstabe a, c oder d, auch in Verbindung mit Abs. 3, über das Herstellen, das Inverkehrbringen oder das Verwenden dort bezeichneter Stoffe, Zubereitungen oder Erzeugnisse zuwiderhandelt, soweit die Rechtsverordnung für einen bestimmten Tatbestand auf diese Bußgeldvorschrift verweist,

8. einer Rechtsverordnung nach
   a) § 18 Abs. 1 über giftige Tiere und Pflanzen,
   b) § 19 Abs. 1 in Verbindung mit Abs. 3 über Maßnahmen zum Schutz von Beschäftigten

   zuwiderhandelt, soweit sie für einen bestimmten Tatbestand auf diese Bußgeldvorschrift verweist,

8a. entgegen § 20a Abs. 2 Satz 1 nicht oder nicht rechtzeitig anfragt, ob Tierversuche erforderlich sind,

9. entgegen § 21 Abs. 3 eine Auskunft trotz Anmahnung nicht erteilt, entgegen § 21 Abs. 4 Satz 1 Nr. 2 Unterlagen nicht vorlegt oder einer Pflicht nach § 21 Abs. 4 Satz 3 nicht nachkommt,

10. einer vollziehbaren Anordnung
    a) nach § 23 Abs. 1 oder
    b) nach § 23 Abs. 2 Satz 3 in Verbindung mit Satz 1 über das Herstellen, das Inverkehrbringen oder das Verwenden von Stoffen, Zubereitungen oder Erzeugnissen

    zuwiderhandelt oder

11. einer unmittelbar geltenden Vorschrift in Rechtsakten der Europäischen Gemeinschaften zuwiderhandelt, die Sachbereiche dieses Gesetzes betrifft, soweit eine Rechtsverordnung nach Satz 2 für einen bestimmten Tatbestand auf diese Bußgeldvorschrift verweist und die Zuwiderhandlung nicht nach § 27 Abs. 1 Nr. 3 oder Abs. 2 als Straftat geahndet werden kann. Die Bundesregierung wird ermächtigt, durch Rechtsverordnung mit Zustimmung des Bundesrates die einzelnen Tatbestände der Rechtsakte, die nach Satz 1 als Ordnungswidrigkeiten mit Geldbuße geahndet werden können, zu bezeichnen, soweit dies zur Durchführung der Rechtsakte erforderlich ist.

(2) Die Ordnungswidrigkeit kann in den Fällen des Absatzes 1 Nr. 1, 1b, 3, 4, 5, 6a, 6b, 7, 8 Buchstabe b, Nr. 10 und 11 mit einer Geldbuße bis zu hunderttausend Deutsche Mark, in den Fällen des Absatzes 1 Nr. 1a, 2, 5a, 6, 8 Buchstabe a, Nr. 8a und 9 mit einer Geldbuße bis zu zehntausend Deutsche Mark geahndet werden.

§ 27

Strafvorschriften

(1) Mit Freiheitsstrafe bis zu zwei Jahren oder mit Geldstrafe wird bestraft, wer

1. einer Rechtsverordnung nach § 17 Abs. 1 Nr. 1 Buchstabe a, Nr. 2 Buchstabe b oder Nr. 3, jeweils auch in Verbindung mit Absatz 2, 3, 4 oder 6 über das Herstellen, das Inverkehrbringen oder das Verwenden dort bezeichneter Stoffe, Zubereitungen oder Erzeugnisse zuwiderhandelt, soweit sie für einen bestimmten Tatbestand auf diese Strafvorschrift verweist,

2. einer vollziehbaren Anordnung nach § 23 Abs. 2 Satz 1 über das Herstellen, das Inverkehrbringen oder das Verwenden gefährlicher Stoffe, Zubereitungen oder Erzeugnisse zuwiderhandelt oder

3. einer unmittelbar geltenden Vorschrift in Rechtsakten der Europäischen Gemeinschaften zuwiderhandelt, die inhaltlich einer Regelung entspricht, zu der die in Nummer 1 genannten Vorschriften ermächtigen, soweit eine Rechtsverordnung nach Satz 2 für einen bestimmten Tatbestand auf diese Strafvorschrift verweist. Die Bundesregierung wird ermächtigt, soweit dies zur Durchsetzung der Rechtsakte der Europäischen Gemeinschaften erforderlich ist, durch Rechtsverordnung mit Zustimmung des Bundesrates die Tatbestände zu bezeichnen, die als Straftat nach Satz 1 zu ahnden sind.

(2) Mit Freiheitsstrafe bis zu fünf Jahren oder mit Geldstrafe wird bestraft, wer durch eine in Absatz 1 oder eine in § 26 Abs. 1 Nr. 1, 4, 5, 8 Buchstabe b, Nr. 10 oder 11 bezeichnete Handlung das Leben oder die Gesundheit eines anderen oder fremde Sachen von bedeutendem Wert gefährdet.

(3) Der Versuch ist strafbar.

(4) Handelt der Täter fahrlässig, so ist die Strafe

1. in den Fällen des Absatzes 1 Freiheitsstrafe bis zu einem Jahr oder Geldstrafe,
2. in den Fällen des Absatzes 2 Freiheitsstrafe bis zu zwei Jahren oder Geldstrafe.

§ 27a

Unwahre GLP-Erklärungen, Erschleichen der GLP-Bescheinigung

(1) Wer zur Täuschung im Rechtsverkehr die Erklärung nach § 19a Abs. 2 Satz 2 Nr. 2 der Wahrheit zuwider abgibt oder eine unwahre Erklärung gebraucht, wird mit Freiheitsstrafe bis zu fünf Jahren oder mit Geldstrafe bestraft.

(2) Ein Amtsträger, der innerhalb seiner Zuständigkeit eine unwahre Bescheinigung nach § 19b Abs. 1 oder eine unwahre Bestätigung nach § 19b Abs. 2 Nr. 3 erteilt, wird mit Freiheitsstrafe bis zu fünf Jahren oder mit Geldstrafe bestraft.

(3) Wer bewirkt, daß eine unwahre Bescheinigung oder Bestätigung nach § 19b erteilt wird, oder wer eine solche Bescheinigung oder Bestätigung zur Täuschung im Rechtsverkehr gebraucht, wird mit Freiheitsstrafe bis zu einem Jahr oder mit Geldstrafe bestraft.

(4) Der Versuch ist strafbar.

§ 27b

Einziehung

Gegenstände, auf die sich eine Straftat nach § 27 oder eine Ordnungswidrigkeit nach § 26 Abs. 1 Nr. 1, 2, 4, 5, 7, 10 oder 11 bezieht, können eingezogen werden. § 74a des Strafgesetzbuches und § 23 des Gesetzes über Ordnungswidrigkeiten sind anzuwenden.

Achter Abschnitt

Schlußvorschriften

§ 28

Übergangsregelung

(1) (weggefallen)

(2) (weggefallen)

(3) § 5 Abs. 1 Nr. 1 gilt entsprechend für Stoffe, die

1. bereits vor dem 1. November 1993 in einem Mitgliedstaat der Europäischen Gemeinschaften in Verkehr waren und
2. dem § 5 Abs. 1 Nr. 1 in seiner damaligen Fassung unterlagen.

(4) § 5 Abs. 1 Nr. 4 gilt entsprechend für Stoffe, die

1. in Mengen von weniger als 1 Tonne jährlich je Hersteller in den Mitgliedstaaten der Europäischen Gemeinschaften und den anderen Vertragsstaaten des Ab-kommens über den Europäischen Wirtschaftsraum insgesamt für Forschungs- und Analysezwecke in den Verkehr gebracht werden und ausschließlich für Laboratorien bestimmt sind,
2. bereits vor dem 1. November 1993 in einem Mitgliedstaat der Europäischen Gemeinschaften in Verkehr waren und
3. dem § 16a Abs. 3 in seiner damaligen Fassung unterlagen.

(5) Die Bestimmungen des Zweiten Abschnitts sowie der §§ 16a, 16b und 22, die Sachverhalte oder Behörden in anderen Vertragsstaaten des Abkommens über den Europäischen Wirtschaftsraum betreffen, sind in bezug auf Vertragsstaaten, die nicht Mitgliedstaaten der Europäischen Gemeinschaften sind, erst mit dem Beginn des Tages anzuwenden, an dem der betreffende Staat der Richtlinie 92/32/EWG des Rates vom 30. April 1992 zur siebten Änderung der Richtlinie 67/548/EWG zur Angleichung der Rechts- und Verwaltungsvorschriften für die Einstufung, Verpackung und Kennzeichnung gefährlicher Stoffe nachgekommen ist. Das Bundesministerium für Umwelt, Naturschutz und Reaktorsicherheit gibt diesen Tag im Bundesgesetzblatt bekannt. Die Bundesregierung wird ermächtigt, durch Rechtsverordnung mit Zustimmung des Bundesrates Ausnahme- und Übergangsvorschriften für die Einbeziehung der Vertragsstaaten des Abkommens über den Europäischen Wirtschaftsraum, die nicht Mitgliedstaaten der Europäischen Gemeinschaften sind, in das gemeinschaftliche Anmeldeverfahren zu erlassen, soweit dies aufgrund der in Artikel 23 in Verbindung mit Anhang II Nr. XV 1 des Abkommens über den Europäischen Wirtschaftsraum vorgesehenen Regelung erforderlich ist.

(6) Wird bei einer Anmeldung, die vor dem 1. November 1993 eingereicht worden ist, eine Zusatzprüfung nach § 9 erforderlich, so kann die Anmeldestelle vom Anmeldepflichtigen zusätzlich zu den Prüfnachweisen nach § 9 auch die Vorlage derjenigen Prüfnachweise nach § 7 verlangen, die ihr noch nicht vorliegen.

(7) Anmelde- oder Mitteilungsunterlagen, die in der Zeit zwischen dem 31. Oktober 1993 und dem 1. August 1994 für Stoffe eingereicht worden sind, die von den Artikeln 7 und 8 der Richtlinie 67/548/EWG in der Fassung der Richtlinie 92/32/EWG erfaßt werden, sind von der Anmeldestelle wie Anmeldeunterlagen im Sinne des Zweiten Abschnitts zu behandeln. Soweit Unterlagen fehlen, die nach den Bestimmungen des Zweiten Abschnitts vorzulegen wären, kann die Anmeldestelle vom Anmelde- oder Mitteilungspflichtigen eine entsprechende Ergänzung innerhalb einer von ihr festzusetzenden angemessenen Frist verlangen. § 11 Abs. 3 und 4 findet entsprechende Anwendung.

§ 29

(Außerkrafttreten)

§ 30

Berlin-Klausel

(gegenstandslos)

§ 31

(Inkrafttreten)

(Anh. 1 zu § 19a Abs. 1 und Anh. 2 zu § 19b Abs. 1 nicht abgedruckt)

2.2 Verordnungen zum Chemikaliengesetz:

2.2.1 **Verordnung über Prüfnachweise und sonstige Anmelde- und Mitteilungsunterlagen nach dem Chemikaliengesetz** (Prüfnachweisverordnung – ChemPrüfV) vom 1. August 1994 (BGBl. I S. 1877)

2.2.2 **Verordnung zur Bestimmung der Anmeldestelle** vom 2. Dezember 1981, (BGBl. I S. 1238)

2.2.3 **Chemikalien-Altstoffverordnung** (Chem AltstoffV – vom 22. November 1990, BGBl. I S. 2544).

Alte Stoffe sind danach die im Altstoffverzeichnis der EG-**EINECS** – bezeichneten Stoffe.

2.2.4 **Verordnung über die Mitteilungspflichten nach § 16e des Chemikaliengesetzes zur Vorbeugung und Information bei Vergiftungen** (Giftinformationsverordnung – ChemGift InfoV) vom 17. Juli 1990 (BGBl. I S. 1424) zuletzt geändert am 26. 10. 1993 (BGBl. I S. 1782) und durch Gesetz vom 24. Juni 1994 (BGBl. I, S. 1416).

2.2.5 **Verordnung über Kosten für Amtshandlungen der Bundesbehörden nach dem Chemikaliengesetz** (Chemikalienkostenverordnung – ChemKostV) vom 16. August 1994 S. 2118 (BGBl. I S. 1500).

2.2.6 **Verordnung zur Durchsetzung der Verordnung (EWG) Nr. 594/91 über Stoffe, die zum Abbau der Ozonschicht führen** (Chem-OHKW-BußgeldV) vom 18. Juli 1991 (BGBl. I S. 1587) Ausnahmen siehe BAnz v. 24. 8. 1991 Seite 5773.

2.2.7 **Verordnung zum Verbot von bestimmten die Ozonschicht abbauenden Halogenkohlenwasserstoffen (FCKW-Halon-Verbots-Verordnung)** v. 6. 5. 1991 (BGBl. I S 1090), geändert durch Gesetz vom 24. Juni 1994 (BGBl. I, S. 1416).

2.2.8 **Verordnung zur Durchsetzung der Verordnung (EWG) Nr. 2455/92 betreffend die Ausfuhr und Einfuhr bestimmter gefährlicher Chemikalien** (Chem-Ausfuhr-BußgeldV) v. 13. 4. 1993 (BGBl. I S. 459), geändert durch Verordnung vom 26. 10. 1993 (BGBl. I S. 1782).

2.3 Strafgesetzbuch (StGB)*)

– Auszug –

§ 222 Fahrlässige Tötung

Wer durch Fahrlässigkeit den Tod eines Menschen verursacht, wird mit Freiheitsstrafe bis zu fünf Jahren oder mit Geldstrafe bestraft.

§ 229 Vergiftung

(1) Wer einem anderen, um dessen Gesundheit zu beschädigen, Gift oder andere Stoffe beibringt, welche die Gesundheit zu zerstören geeignet sind, wird mit Freiheitsstrafe von einem Jahr bis zu zehn Jahren bestraft.

(2) Ist durch die Handlung eine **schwere Körperverletzung** (§ 224) verursacht worden, so ist auf Freiheitsstrafe nicht unter fünf Jahren und, wenn durch die Handlung der Tod verursacht worden ist, auf lebenslange Freiheitsstrafe oder auf Freiheitsstrafe nicht unter zehn Jahren zu erkennen.

§ 230 Fahrlässige Körperverletzung

Wer durch Fahrlässigkeit die Körperverletzung eines anderen verursacht, wird mit Freiheitsstrafe bis zu drei Jahren oder mit Geldstrafe bestraft.

Ferner sind die **Straftaten gegen die Umwelt** zu beachten, insbesondere:

§ 324 Verunreinigung eines Gewässers
§ 325 Luftverunreinigung und Lärm
§ 326 Umweltgefährdende Abfallbeseitigung
§ 329 Gefährdung schutzbedürftiger Gebiete
§ 330 Schwere Umweltgefährdung

§ 330a Schwere Gefährdung durch Freisetzen von Giften

(1) Wer Gifte in der Luft, in einem Gewässer, im Boden oder sonst verbreitet oder freisetzt und dadurch einen anderen in die Gefahr des Todes oder einer schweren Körperverletzung (§ 224) bringt, wird mit Freiheitsstrafe von sechs Monaten bis zu zehn Jahren bestraft.

(2) Wer die Gefahr fahrlässig verursacht, wird mit Freiheitsstrafe bis zu fünf Jahren oder mit Geldstrafe bestraft.

2.4 Bürgerliches Gesetzbuch (BGB)*)

§ 823 Schadensersatzpflicht

(1) Wer vorsätzlich oder fahrlässig das Leben, den Körper, die Gesundheit, die Freiheit, das Eigentum oder ein sonstiges Recht eines anderen widerrechtlich verletzt, ist dem anderen zum Ersatze des daraus entstehenden Schadens verpflichtet.

(2) Die gleiche Verpflichtung trifft denjenigen, welcher gegen ein den Schutz eines anderen bezweckendes Gesetz verstößt. Ist nach dem Inhalt des Gesetzes ein Verstoß gegen

dieses auch ohne Verschulden möglich, so tritt die Ersatzpflicht nur im Falle des Verschuldens ein.

2.5 Gesetz über Ordnungswidrigkeiten (OWiG)*)

In der Gefahrstoffverordnung sind u. a. folgende Bußgeldtatbestände enthalten:
- unvorschriftsmäßige Verpackung und Kennzeichnung giftiger Stoffe, Zubereitungen und Erzeugnisse
- unvorschriftsmäßige Lagerung giftiger Stoffe
- unvorschriftsmäßige Kennzeichnung von Standgefäßen

Die Ordnungswidrigkeiten werden von Verwaltungsbehörden in Form von Bußgeldbescheiden geahndet (§ 65). Ordnungswidrigkeiten können durch aktives Handeln, aber auch unter besonderen Voraussetzungen durch Unterlassung begangen werden; möglich ist die Ahndung bei vorsätzlicher Begehung (§ 8) und – wenn das im Gesetz ausdrücklich bestimmt ist – auch bei fahrlässigem Handeln. Nach dem OWiG ist zwar nur eine Geldbuße von höchstens 1000,– DM vorgesehen; die Gefahrstoffverordnung sieht einen Bußgeldrahmen bis zu 100 000,– DM vor.

2.6 Gewerbeordnung (GewO)*)

Nach § 56 GewO ist im **Reisegewerbe** der Vertrieb von Giften und gifthaltigen Waren verboten; zugelassen ist das Aufsuchen von Bestellungen auf Pflanzenschutzmittel, Schädlingsbekämpfungsmittel sowie auf Holzschutzmittel, für die nach baurechtlichen Vorschriften ein Prüfbescheid mit Prüfzeichen erteilt worden ist.

2.7 Bundesjagdgesetz*)

Nach § 19 Abs. 1 Ziffer 15 des Bundesjagdgesetzes ist es verboten, Wild zu vergiften oder vergiftete oder betäubende Köder zu verwenden.

Die Länder können Ausnahmen zulassen, z. B. eine regional begrenzte Begasung von Fuchsbauten mit Phosphorwasserstoff gemäß § 13 (2) **Tollwut-Verordnung**. Solche Begasungen sind derzeit nicht üblich.

2.8 Gesetz zur Ordnung des Wasserhaushalts (Wasserhaushaltsgesetz – WHG)*)

Nach dem Wasserhaushaltsgesetz müssen Anlagen zum Lagern, Abfüllen, Herstellen und Behandeln wassergefährdender Stoffe so beschaffen sein, daß eine Verunreinigung der Gewässer nicht zu besorgen ist.

Wer in ein Gewässer Stoffe einbringt, einleitet oder wer auf ein Gewässer derart einwirkt, daß die physikalische, chemische oder biologische Beschaffenheit des Wassers verändert wird, ist zum Ersatz des daraus einem anderen entstehenden Schadens verpflichtet.

Wassergefährdende Stoffe werden aufgrund der physikalischen, chemischen und biologischen Stoffeigenschaften in folgende **Wassergefährdungsklassen** (WGK) eingestuft:

WGK 3: **stark wassergefährdend**
Beispiele: Benzol, Blausäure, Chloroform, DDT, Dichlorvos, Lindan, Quecksilber und seine Verbindungen

WGK 2: **wassergefährdend**
Beispiele: Ammoniak, Anilin, Atrazin, Chlor, Ethylenoxid, Formaldehyd, Phenol, Phosphorwasserstoff

WGK 1: **schwach wassergefährdend**
Beispiele: Essigsäure, Jod, Methanol

WGK 0: **im allgemeinen nicht wassergefährdend**
Beispiele: Aceton, Ethanol

Die Liste der bisher eingestuften wassergefährdenden Stoffe ist veröffentlicht im GMBl vom 23. März 1990, Seite 114. Der Katalog wassergefährdender Stoffe ist bei der Geschäftsstelle des Beirats Lagerung und Transport wassergefährdender Stoffe, Umweltbundesamt, Bismarckplatz 1, 14193 Berlin, erhältlich.

2.9 **Gesetz über den Verkehr mit Lebensmitteln, Tabakerzeugnissen, kosmetischen Mitteln und sonstigen Bedarfsgegenständen** (Lebensmittel- und Bedarfsgegenständegesetz – LMBG) in der Neufassung vom 8. 7. 1993 (BGBl. I S. 1169)

Nach § 8 LMBG ist es u. a. verboten, Lebensmittel für andere derart herzustellen oder zu behandeln, daß ihr Verzehr geeignet ist, die Gesundheit zu schädigen.

Nach § 14 LMBG ist es u. a. verboten, Lebensmittel gewerbsmäßig in den Verkehr zu bringen, wenn in oder auf ihnen Pflanzenschutzmittel, Vorratsschutzmittel oder Schädlingsbekämpfungsmittel u. dgl. vorhanden sind, welche die festgesetzten **Höchstmengen** überschreiten, bzw. wenn in oder auf ihnen Pflanzenschutzmittel vorhanden sind, die nicht zugelassen sind oder die bei Lebensmitteln nicht angewandt werden dürfen.

2.9.1 **Verordnung über Höchstmengen von Pflanzenschutz- und Schädlingsbekämpfungsmitteln, Düngemitteln und sonstigen Mitteln in oder auf Lebensmitteln und Tabakerzeugnissen (Rückstands-Höchstmengenverordnung – RHmV)** vom 1. September 1994 (BGBl. I S. 2299).

Durch diese Verordnung ist die Höhe der in oder auf Lebensmitteln zulässigen Rückstände geregelt. Danach dürfen Lebensmittel tierischer oder pflanzlicher Herkunft in oder auf denen Reste von Giftstoffen über die in der Verordnung festgesetzten Höchstmengen hinaus vorhanden sind, nicht in den Verkehr gebracht werden.

Diese Werte stützen sich auf langjährige Fütterungsversuche bei Tieren, mit denen man auch die sog. **ADI-Werte** (= Acceptable Daily Intake = zumutbare, tägliche Aufnahme) ermittelt hat. Da die analytischen Möglichkeiten in den letzten Jahren so verfeinert worden sind, daß noch winzige Mengen an Giften in Lebensmitteln sicher nachgewiesen werden können, wäre es unrealistisch gewesen, zu fordern, daß die Lebensmittel keinerlei Pflanzenschutzmittelrückstände enthalten dürfen. Lebensmittel, die größere Restmengen enthalten, als in der Verordnung zugelassen sind, sind zu kennzeichnen mit: „Ware mit überhöhten Rückständen an . . ., nicht an Verbraucher abgeben." Durch laufende Kontrolle von Lebensmittelproben auf Rückstände wird die Einhaltung dieser Werte überwacht.

2.9.2 **Verordnung über Höchstmengen an bestimmten Lösungsmitteln in Lebensmitteln** (Lösungsmittel-Höchstmengenverordnung – LHmV) vom 25. Juli 1989 (BGBl. I S. 1568)

2.10 **Gesetz zum Schutz der Kulturpflanzen** (Pflanzenschutzgesetz – PflSchG) vom 15. 9. 1986 (BGBl. I S. 1505), zuletzt geändert am 25. 11. 1993 (BGBl. I S. 1917)

Zweck dieses Gesetzes ist es u. a., Pflanzen, insbesondere Kulturpflanzen, und Pflanzenerzeugnisse vor Schadorganismen zu schützen, Schäden durch den Bisam abzuwenden, sowie Gefahren abzuwenden, die durch die Anwendung von Pflanzenschutzmitteln oder andere Maßnahmen des Pflanzenschutzes, insbesondere für die Gesundheit von Mensch und Tier und für den Naturhaushalt, entstehen können.

Wichtige Begriffe des Pflanzenschutzgesetzes (§ 2):

1) **Pflanzenschutz:** Darunter versteht man im wesentlichen den Schutz der Pflanzen vor Schadorganismen und nichtparasitären Beeinträchtigungen sowie den Schutz der Pflanzenerzeugnisse vor Schadorganismen (Vorratsschutz).
2) **integrierter Pflanzenschutz:**
   Das ist eine Kombination von Verfahren, bei denen unter vorrangiger Berücksichtigung biologischer, biotechnischer, pflanzenzüchterischer sowie anbau- und kulturtechnischer Maßnahmen die Anwendung chemischer Pflanzenschutzmittel auf das notwendige Maß beschränkt wird.
   Nach § 6 PflSchG dürfen Pflanzenschutzmittel nur **nach guter fachlicher Praxis** angewandt werden. Dazu gehört, daß die Grundsätze des integrierten Pflanzenschutzes berücksichtigt werden.

3) **Pflanzen** im Sinne dieses Gesetzes sind lebende Pflanzen und Pflanzenteile, einschließlich der Früchte und Samen, die zum Anbau bestimmt sind.
4) **Schadorganismen** sind Tiere, Pflanzen und Mikroorganismen in allen Entwicklungsstadien, die erhebliche Schäden an Pflanzen oder Pflanzenerzeugnissen verursachen können, sowie der Bisam. Viren und ähnliche Krankheitserreger werden den Mikroorganismen gleichgestellt.
5) **Pflanzenschutzmittel** sind Stoffe, die u. a. dazu bestimmt sind, Pflanzen und Pflanzenerzeugnisse vor Schadorganismen zu schützen; die Lebensvorgänge von Pflanzen zu beeinflussen, ohne ihrer Ernährung zu dienen (Wachtumsregler), das Keimen von Pflanzenerzeugnissen zu hemmen.
   Ausgenommen sind Wasser, Düngemittel und Pflanzenstärkungsmittel.

Nach § 11 Pflanzenschutzgesetz dürfen Pflanzenschutzmittel nur eingeführt oder gewerbsmäßig vertrieben werden, wenn sie von der **Biologischen Bundesanstalt für Land- und Forstwirtschaft** zugelassen sind. Die **Zulassung** wird nach der Prüfung des Pflanzenschutzmittels u. a. dann erteilt, wenn das Erzeugnis hinreichend wirksam ist und bei bestimmungsgemäßer und sachgerechter Anwendung keine schädlichen Auswirkungen für die Gesundheit von Mensch und Tier hat. Die Zulassung kann unter Auflagen, u. a. über die Fassung der Gebrauchsanleitung und hinsichtlich der Anwendung erteilt werden (§ 15 PflSchG). Einzelheiten sind geregelt in der Verordnung über Pflanzenschutzmittel und Pflanzenschutzgeräte (**PflanzenschutzmittelV**); siehe Kapitel 2.10.4.

Wichtig ist auch, daß **Anwendungsverbote** und -beschränkungen für bestimmte Pflanzenschutzmittel ausgesprochen werden können, wenn dies zum Schutze der menschlichen Gesundheit oder zur Abwehr vor sonstigen Schäden erforderlich ist.

Außerdem besteht eine Kennzeichnungspflicht für alle Pflanzenschutzmittel; auf der Verpackung muß u. a. auf mögliche Gefahren hingewiesen werden.

Vor der Anwendung der Pflanzenschutzmittel bis zur Ernte sind bestimmte **Wartezeiten** einzuhalten, die in dem Pflanzenschutzmittelverzeichnis der Biologischen Bundesanstalt für Land- und Forstwirtschaft Braunschweig abgedruckt sind. Nach § 22 dürfen Pflanzenschutzmittel seit 1. Juli 1988 nicht durch Automaten oder durch andere Formen der **Selbstbedienung** in den Verkehr gebracht werden.

Außerdem ist die Abgabe der Pflanzenschutzmittel von der zuständigen Behörde zu untersagen, wenn Tatsachen die Annahme rechtfertigen, daß der Gewerbetreibende nicht die für eine sachgerechte Unterrichtung des Erwerbers über die Anwendung der Pflanzenschutzmittel und die damit verbundenen Gefahren erforderlichen **fachlichen Kenntnisse** hat.

2.10.1 In der **Pflanzenschutz-Sachkundeverordnung** vom 28. Juli 1987 (BGBl. I S. 1752) geändert durch Verordnung vom 14. 10. 1993 (BGBl. I S. 1720) ist festgelegt, welche Kenntnisse gefordert werden. Apotheker und pharmazeutisch-technische Assistenten gelten als sachkundig im Sinne dieser Verordnung.

2.10.2 Nach der Verordnung über Anwendungsverbote für Pflanzenschutzmittel (Pflanzenschutz-Anwendungsverordnung vom 10. 11. 1992 (BGBl. I S. 1887) zuletzt geändert am 3. 8. 1993 (BGBl. I S. 1455) dürfen Pflanzenschutzmittel, die aus einem in **Anlage** 1 aufgeführten Stoff bestehen, oder einen solchen enthalten, nicht angewandt werden.

Tab. 17: Stoffe, für die ein vollständiges Anwendungsverbot besteht (Anlage 1 der Verordnung über Anwendungsverbote für Pflanzenschutzmittel)

Nummer	Stoff
1	2
1	Acrylnitril
2	Aldrin
3	Aramit
4	Arsenverbindungen
5	Atrazin
6	Binapacryl
7	Bleiverbindungen
7a	Bromacil
8	Cadmiumverbindungen
9	Captafol
10	Carbaryl
11	Chlordan
12	Chlordecone (Kapone)
13	Chlordimeform
14	Chloroform
15	Chlorpikrin
16	Crimidin
17	1,2-Dibromethan
18	1,2-Dichlorethan
19	1,3-Dichlorpropen
20	Dicofol mit einem Gehalt von weniger als 780 g je kg p.p'-Dicofol oder mehr als 1 g je kg DDT oder DDT-Verbindungen
21	Dieldrin
22	Dinoseb, seine Acetate und Salze
23	Endrin
24	Ethylenoxid
25	Fluoressigsäure und ihre Derivate
26	HCH, technisch
27	Heptachlor
28	Hexachlorbenzol
29	Isobenzan
30	Isodrin
31	Kelevan
32	Maleinsäurehydrazid und seine Salze, andere als Cholin-, Kalium- und Natriumsalz
33	Maleinsäurehydrazid-Cholin-, -Kalium- und -Natriumsalz mit einem Gehalt von mehr als 1 mg je kg freies Hydrazin, ausgedrückt als Säureäquivalent
34	Morfamquat
35	Nitrofen
36	Pentachlorphenol
37	Polychlorterpene
38	Quecksilberverbindungen
39	Quintozen
39a	Schwefelkohlenstoff
40	Selenverbindungen
41	2,4,5-T
42	Tetrachlorkohlenstoff

Die in der **Anlage 2** zu dieser Verordnung aufgeführten giftigen Pflanzenschutzmittel dürfen nur angewendet werden, soweit dies in der Anlage 2 ausdrücklich für zulässig erklärt worden ist. Es handelt sich um die Stoffe der Tabelle 18.

Tab. 18: Eingeschränktes Anwendungsverbot für bestimmte Pflanzenschutzmittel

Nr.	Stoff	Anwendung nur zulässig
1	Aldicarb	zur Bodenbehandlung außerhalb von Wasserschutzgebieten und Heilquellenschutzgebieten im Zierpflanzen- und Zuckerrübenbau, in Baumschulen, Rebschulen und Erdbeervermehrungsanlagen;
2	Blausäure und Blausäure entwickelnde Verbindungen	zur Begasung 1. in Mühlen, in Lagerräumen, in Vorratsräumen und anderen Räumen in Lebensmittelbetrieben und in Transportmitteln und -behältern gegen Vorratsschädlinge; 2. von Pflanzen in Vegetationsruhe; 3. Gewächshäusern

Nr.	Stoff	Anwendung nur zulässig
3	Clopyralid	zur Behandlung gegen die Ackerkratzdistel außerhalb von Wasserschutzgebieten und Heilquellenschutzgebieten im Futter- und Zuckerrübenbau
4	Deiquat	zur Krautabtötung bei Kartoffeln, zur Abreifebeschleunigung bei Raps, Ackerbohnen und Futtererbsen sowie zur Blattabtötung bei Klee und Luzerne zur Samenerzeugung
5	Methylbromid (Monobrommethan)	1. zur Begasung in Mühlen, in Lagerräumen, in Vorratsräumen und anderen Räumen in Lebensmittelbetrieben, in Vakuumkammern, gasdichten Kleinsilos, Transportmitteln und -behältern und unter gasdichten Planen gegen Vorratsschädlinge; 2. zur Bodenbehandlung außerhalb von Wasserschutzgebieten und Heilquellenschutzgebieten im Zierpflanzenbau, in Baumschulen, in Rebschulen und bei der Erzeugung von Pflanzkartoffeln in Zuchtgärten;
„5a	Paraquat	zur Behandlung 1. gegen Unkräuter und Deckfrüchte im Maisbau vor dem Auflaufen und zur Behandlung gegen Unkräuter und Deckfrüchte im Zuckerrübenbau vor der Saat; auf derselben Fläche jedes vierte Jahr; 2. gegen Unkräuter in Baumschul-Saatbeeten auf derselben Fläche höchstens jedes vierte Jahr; 3. gegen Unkräuter im Weinbau im Pflanzjahr und bis zum dritten Standjahr“
6	Phosphorwasserstoff entwickelnde Verbindungen, ausgenommen Zinkphosphid als rodentizides Ködermittel	zu Begasung 1. in Lagerräumen, Vorratsräumen, Silozellen, Transportmitteln und -behältern und unter gasdichten Planen gegen Vorratsschädlinge; 2. außerhalb von Wasserschutzgebieten und Heilquellenschutzgebieten a) gegen die Schermaus (Arvicola terrestris L.); b) gegen den Hamster (Cricetus cricetus L.) und den Maulwurf (Talpa europaea L.); nur mit Zustimmung der zuständigen Behörde
7	Schwefelkohlenstoff	zur Bodenbehandlung im Weinbau gegen die Reblaus (Daktylosphaira vitifoliae Fitch); nur mit Zustimmung der zuständigen Behörde
8	Thallium-I-Sulfat	in geschlossenen Räumen
9	Zinkphosphid	in Ködern; außerhalb von Forsten nur in verdeckt ausgebrachten Ködern

Pflanzenschutzmittel, die aus einem in **Anlage 3** aufgeführten Stoff bestehen oder einen solchen Stoff enthalten, dürfen nicht in Wasserschutzgebieten angewandt werden oder soweit dies nach Anlage 3 verboten ist. Es handelt sich um insgesamt 73 Stoffe. Die Anlage 3 ist nicht abgedruckt.

2.10.3 **Verordnung über die Anwendung bienengefährlicher Pflanzenschutzmittel (Bienenschutzverordnung)** vom 22. 7. 1992 (BGBl. I S. 1410)

Nach der **Bienenschutzverordnung** ist es verboten, bienengefährliche Pflanzenschutzmittel an blühenden und an anderen Pflanzen, wenn sie von Bienen angeflogen werden, anzuwenden. Außerdem dürfen derartige Pflanzenschutzmittel nur mit Zustimmung der Imker innerhalb eines Umkreises von 60 m um Bienenstände innerhalb der Zeit des täglichen Bienenfluges angewandt werden. Ferner sind bienengefährliche Pflanzenschutzmittel zu kennzeichnen und so zu handhaben und aufzubewahren, daß Bienen nicht mit ihnen in Berührung kommen können.
Pflanzenschutzmittel werden hinsichtlich ihrer Bienengefährlichkeit in folgende 4 Gruppen eingeteilt:
B 1 = Bienengefährlich. Mittel mit diesem Hinweis dürfen nicht auf blühende Pfanzen ausgebracht werden.
B 2 = Bienengefährlich, ausgenommen bei Anwendung nach dem tägl. Bienenflug bis 23.00 Uhr
B 3 = Bienen werden bei richtiger Anwendung des Mittels nicht gefährdet.
B 4 = Nicht bienengefährlich.

2.10.4 **Verordnung über Pflanzenschutzmittel und Pflanzenschutzgeräte** (PflanzenschutzmittelV) vom 28. Juli 1987 (BGBl. I S. 1754) zuletzt geändert am 26. 2. 1993 (BGBl. I S. 278). Sie regelt Einzelheiten über die Zulassung von Pflanzenschutzmitteln und über die Anforderungen und Kontrolle der im Gebrauch befindlichen Pflanzenschutzgeräte.

2.11 Gesetz über den Verkehr mit DDT (DDT-Gesetz)

Nach dem **DDT-Gesetz** vom 7. August 1972 (BGBl. I S. 1385), zuletzt geändert durch § 44 des Pflanzenschutzgesetzes vom 15. 9. 1986 (BGBl. I S. 1505) ist es verboten, DDT und seine Isomeren herzustellen, einzuführen, auszuführen, in den Verkehr zu bringen, zu erwerben und anzuwenden. In Einzelfällen können Ausnahmen von diesem Verbot zugelassen werden.

2.12 Gesetz über die Vermeidung und Entsorgung von Abfällen (Abfallgesetz – AbfG) vom 27. August 1986 (BGBl. I S. 1410), mit Berichtigung vom 11. 9. 1986 (BGBl. I S. 1501); siehe auch Kapitel 4.

2.13 Verordnung über die Berufsausbildung zum Drogist / zur Drogistin vom 30. 6. 1992 (BGBl. I S. 1197) nebst Rahmenlehrplan vom 2. September 1992 (BAnz. Nr. 187a)

2.14 Verordnung über die Prüfung zum anerkannten Abschluß Geprüfter Schädlingsbekämpfer/ Geprüfte Schädlingsbekämpferin vom 19. März 1984 (BGBl. I S. 468) siehe auch Kapitel 5.10

2.15 Bekanntmachung des Bundesministers für Umwelt, Naturschutz und Reaktorsicherheit über die Anforderungen bei der Sachkenntnisprüfung (noch nicht veröffentlicht!)

2.16 Gefahrgutvorschriften

Während für den innerbetrieblichen Transport von Gefahrstoffen (z. B. von einer Krankenhausapotheke zu einer Station) das Chemikaliengesetz u. die GefahrstoffV anzuwenden sind, gibt es für die Beförderung gefährlicher Güter außerhalb der Betriebe eigene Vorschriften. Rechtsgrundlage ist das **Gesetz über die Beförderung gefährlicher Güter** vom 6. August 1975 (BGBl. I S. 2121). Aufgrund dieses Gesetzes wurden folgende Verordnungen erlassen:

2.16.1 Schienenverkehr
Gefahrengutverordnung Eisenbahn (GGVE)
Verordnung über die innerstaatliche und grenzüberschreitende Beförderung gefährlicher Güter mit Eisenbahnen in der Neufassung v. 10. 6. 1991 (BGBl. I S. 1224).

Ordnung für die internationale Eisenbahnbeförderung gefährlicher Güter (**RID-Regeln**) (BGBl. 1985 II S. 666), zuletzt geändert durch Verordnung vom 30. 11. 1987 (BGBl. II S. 791)

2.16.2 Straßenverkehr
Gefahrgutverordnung Straße (GGVS)
Verordnung über die innerstaatliche und grenzüberschreitende Beförderung gefährlicher Güter auf Straßen in der Neufassung vom 26. 11. 1993 (BGBl. I S. 2022) mit Anlagen A und B.

2.16.3 Seeschiffsverkehr
Gefahrgutverordnung See (GGVSee)
Verordnung über die Beförderung gefährlicher Güter mit Seeschiffen vom 24. 7. 1991 (BGBl. I S. 1714), zuletzt geändert durch 1. Verordnung vom 26. 11. 1993 (BGBl. I S. 1980) mit Anlage (IMDG-Code)

2.16.4 Binnenschiffsverkehr
Gefahrgutverordnung-Binnenschiffahrt (GGVBinSch)
Verordnung über die Beförderung gefährlicher Güter auf dem Rhein (ADNR) (BGBl. 1971 S. 1851), mit Anlagen A und B, in der Fassung vom 30. 6. 1977 (BGBl. I S. 1119), zuletzt geändert durch 7. Verordnung vom 16. 3. 1989 (BGBl. I S. 489). (Die Verordnung gilt auch auf den übrigen Bundeswasserstraßen mit Ausnahme der Donau)

2.16.5 Luftverkehr
IATA-DGR
Vorschriften für die Beförderung gefährlicher Güter im Luftverkehr des internationalen Luftverkehrsverbandes (IATA)

2.16.6 **Gefahrgut-Ausnahmeverordnung** (GGVA) v. 23. 6. 1993 (BGBl. I S. 994), zuletzt geändert am 24. 3. 1994 (BGBl. 1 S. 625)

2.16.7 **Gefahrgutbeauftragtenverordnung** v. 12. 12.1989 (BGBl. I S. 2185)

2.16.8 **Verordnung über Ausnahmen zur Gefahrgutbeauftragtenverordnung** v. 25. 9. 1991 (BGBl. I S. 1923).

Hinzu kommen Durchführungsrichtlinien und Technische Richtlinien. Versandstücke mit gefährlichen Gütern sind so zu kennzeichnen, daß sie leicht zu erkennen sind.

Eine Gegenüberstellung der Gefahrensymbole nach der GefahrstoffV mit den **verkehrsrechtlichen Gefahrenzetteln** (siehe Tabelle 19).

Auf weitere Einzelheiten zum Transportrecht kann in diesem Rahmen nicht eingegangen werden.

Zusammenfassend wird festgestellt, daß für den **innerbetrieblichen Transport** die Regelungen der Gefahrstoffverordnung gelten, für den außerbetrieblichen Transport die o. g. verkehrsrechtlichen Vorschriften; siehe auch Abbildung 10:

Tab. 19: Kennzeichnung gefährlicher Stoffe

Gefährlichkeitsmerkmale	nach der GefStoffV	nach den verkehrsrechtlichen Vorschriften
Sehr giftig, Giftig		
Gesundheitsschädlich		 *
Reizend		
Ätzend		
Explosions- gefährlich		
Brandfördernd		
Hochentzündlich, Leichtentzündlich		

* Dieses Symbol wird ab 1. 1. 95 durch die darüber stehende Raute mit Totenkopf ersetzt.

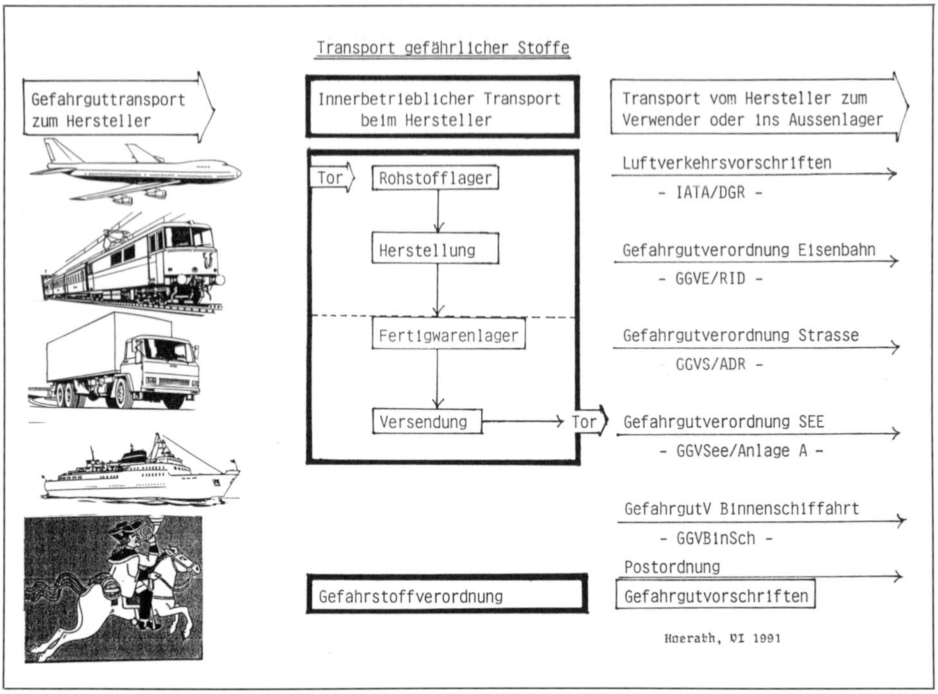

Abb. 10: Transport gefährlicher Stoffe

2.17 Technische Regeln für Gefahrstoffe (TRGS)

Diese Regeln geben den Stand der sicherheitstechnischen, arbeitsmedizinischen, hygienischen sowie arbeitswissenschaftlichen Anforderungen an Gefahrstoffe hinsichtlich Inverkehrbringen und Umgang wieder. Sie werden vom **Ausschuß für Gefahrstoffe (AGS)** aufgestellt und von ihm der Entwicklung entsprechend angepaßt. Sie kommentieren und präzisieren die Vorschriften der Gefahrstoff-Verordnung. Rechtsgrundlage für die Technischen Regeln für Gefahrstoffe ist § 17 GefStoffV.

Die TRGS werden vom Bundesminister für Arbeit und Sozialordnung im Bundesarbeitsblatt bekanntgegeben.

Der Aufbau des Technischen Regelwerkes mit einigen wichtigen Technischen Regeln ist der Tabelle 20 zu entnehmen.

Dazu einige Erläuterungen:

Wer sich einen Überblick über den aktuellen Stand der Technischen Regeln für Gefahrstoffe verschaffen will, sollte sich zunächst die **TRGS 002 „Übersicht über den Stand der Technischen Regeln für Gefahrstoffe“** besorgen. Diese Technische Regel gibt einen Überblick über alle gültigen Technischen Regeln nach dem neuesten Stand (s. Bundesarbeitsblatt November 1994).

Wer gefährliche Stoffe herstellt und in den Verkehr bringt, kommt ohne die **TRGS 200 „Einstufung und Kennzeichnung von Stoffen, Zubereitungen und Erzeugnissen“** nicht aus. In dieser Technischen Regel werden auch nützliche Hinweise auf Ausnahmemöglichkeiten bei der Kennzeichnung und Etikettierung gefährlicher Stoffe und Zubereitungen gegeben.

Neu ist die Technische Regel **220 „Sicheheitsdatenblatt“**. Nach § 14 Gefahrstoffverordnung müssen Hersteller, Importeure und erneute Inverkehrbringer seit 1. Mai 1994 (s. § 54 Abs. 8 GefStoffV) dem gewerblichen Abnehmer bei der ersten Lieferung gefährlicher Stoffe und Zubereitungen ein Sicherheitsdatenblatt nach Anh. I Nr. 5 GefStoffV kostenlos übermitteln. In der TRGS 220 wird der Aufbau des Sicherheitsdatenblattes näher beschrieben.

Die Umgangsvorschriften für Gefahrstoffe im Schulbereich werden in der TRGS 450, die Vorschriften für den **Umgang mit Gefahrstoffen im Hochschulbereich in der TRGS 451** dargestellt. Die TRGS 451 regelt auch den Umgang mit Gefahrstoffen an Fachhochschulen, Fachschulen und bestimmten beruflichen Schulen, wie den PTA-Lehranstalten.

Die TRGS 512 **„Begasungen“** gilt für die Verwendung der besonders gefährlichen Begasungsmittel Blausäure, Ethylenoxid, Methylbromid, Phosphorwasserstoff und Formaldehyd.

Ausführliche Vorschriften über die **Begasung mit Ethylenoxid und Formaldehyd in Gassterilisatoren** mit einem Nutzraum bis 1000 dm^3 in medizinischen und sonstigen Bereichen findet man in der **TRGS 513**.

Die **TRGS 514** enthält Vorschriften über besondere Schutzmaßnahmen für das **Lagern von sehr giftigen und giftigen Stoffen** in Verpackungen und ortsbeweglichen Behältern. Sie gilt nicht, wenn giftige Stoffe in einer Menge von höchstens 200 kg, davon höchstens 50 kg sehr giftige Stoffe, gelagert werden.

Die **TRGS 515 gilt für das Lagern brandfördernder Stoffe** und Zubereitungen in Verpackungen und ortsbeweglichen Behältern. Die brandfördernden Stoffe sind dort, je nach ihrer Gefährlichkeit, in 4 Gruppen eingeteilt. Einige Beispiele sind in der Tabelle 21 zusammengefaßt. Die TRGS 515 gilt nicht, wenn Stoffe in einer Menge von insgesamt nicht mehr als 200 kg gelagert werden.

Die **TRGS 522** enthält besondere Schutzmaßnahmen bei der **Raumdesinfektion mit Formaldehyd.** Diese TRGS gilt nicht für die Scheuerdesinfektion; Rechtsgrundlage dafür ist nicht die Gefahrstoffverordnung, sondern das Bundesseuchengesetz.

Eine sehr wichtige Regel für den Umgang mit gefährlichen Stoffen und Zubereitungen ist die **TRGS 555 „Betriebsanweisung und Unterweisung nach § 20 GefStoffV“**, weil in jedem Betrieb, der mit Gefahrstoffen umgeht, Betriebsanweisungen vorhanden sein müssen. Die TRGS 555 gibt wertvolle Hinweise zum Erstellen von Betriebsanweisungen.

Die **TRGS 900 „Grenzwerte in der Luft am Arbeitsplatz“** enthält Grenzwerte (MAK- und TRK-Werte) für Stoffe in der Luft am Arbeitsplatz. Die Listen werden laufend dem neuesten Kenntnisstand angepaßt.

Tab. 20: Technische Regeln für Gefahrstoffe

TRGS	Technische Regeln für Gefahrstoffe (TRGS)		Bundes-arbeits-blatt*)
001–099	**Allgemeines, Aufbau und Anwendung**		
	TGRS 002	Übersicht über den Stand der Technischen Regeln für Gefahrstoffe	11/94
100–199	Begriffsbestimmungen		
	TRGS 100	Auslöseschwelle für gefährliche Stoffe	11/86
	TRGS 102	Technische Richtkonzentrationen (TRK) für gefährliche Stoffe	9/93 + 1/94 + 10/94
200–399	**Inverkehrbringen von gefährlichen Stoffen, Zubereitungen und Erzeugnissen**		
	TRGS 200	Einstufung und Kennzeichnung von Stoffen, Zubereitungen und Erzeugnissen	11/94
	TRGS 201	Kennzeichnung von Abfällen beim Umgang	10/89
	TRGS 220	Sicherheitsdatenblatt für gefährliche Stoffe u. Z.	9/93
	TRGS 222	Gefahrstoffverzeichnis	11/94
400–699	**Umgang mit Gefahrstoffen**		
	TRgA 400	Anforderungen an Meßstellen	3/85
		Verzeichnis der außerbetrieblichen Meßstellen	12/93
	TRgA 415	Tragezeitbegrenzungen von Atemschutzgeräten	9/86
	TRGS 450	Umgang mit Gefahrstoffen im Schulbereich	5/89**)
	TRGS 451	Umgang mit Gefahrstoffen im Hochschulbereich	11/91
	TRGS 512	Begasungen	10/89**)
	TRGS 513	Begasungen mit Ethylenoxid und Formaldehyd in Gas-Sterilisatoren mit einem Nutzraum bis 1000 dm^3 und zur Desinfektion mit Formaldehyd in Begasungsanlagen in medizinischen und sonstigen Bereichen	4/94
	TRGS 514	Lagern sehr giftiger und giftiger Stoffe in Verpackungen und ortsbeweglichen Behältern;	12/92
	TRGS 515	Lagern brandfördernder Stoffe in Verpackungen und ortsbeweglichen Behältern	12/92 + 4/94
	TRGS 516	Antifouling-Farben	10/89
	TRGS 517	Asbest – Herstellen und Verwenden	2/92
	TRGS 522	Raumdesinfektion mit Formaldehyd	6/92**)
	TRGS 555	Betriebsanweisung und Unterweisung nach § 20 GefStoffV (Muster s. Kapitel 1.16.5)	3/89 10/89
700–799	**Gesundheitliche Überwachung**		
800–899		– Noch keine TRGS aufgestellt	
900–999	**Richtlinien und sonstige Bekanntmachungen**		
	TRGS 900	Grenzwerte in der Luft am Arbeitsplatz	6/94
	TRGS 903	Biologische Arbeitsplatztoleranzwerte	6/94
	TRGS 905	Verzeichnis krebserregender, erbgutverändernder oder fortpflanzungsgefährdender Stoffe	6/94

TRgA = Technische Regeln gefährlicher Arbeitsstoffe (= ältere Regeln), die allmählich durch TRGS ersetzt werden.

*) Das Bundesarbeitsblatt ist beim Verlag W. Kohlhammer, Postfach 80 04 30, 70549 Stuttgart, erhältlich.

**) mit späteren Ergänzungen.

Tab. 21: Brandfördernde Stoffe (s. TRGS 515)

Stoffe und Zubereitungen sind brandfördernd, wenn sie in der Regel selbst nicht brennbar sind, aber bei Berührung mit brennbaren Stoffen durch Sauerstoffabgabe die Brandgefahr und die Heftigkeit eines Brandes dieser Stoffe beträchlich erhöhen.

Die brandfördernden Stoffe werden in 4 Gruppen eingeteilt:

Gruppe 1: Sehr reaktionsfähige brandfördernde Stoffe, z. B.:

- anorganische Bromate
- anorganische Chlorate
- anorganische Chlorite
- anorganische Perchlorate
- anorganische Peroxide
- Brompentafluorid

Bromtrifluorid
Calciumhypochlorit
Tetranitromethan
Perchlorsäure
Wasserstoffperoxid über 60%
Perjodsäure u. a.

Gruppe 2: Stoffe mit mittlerer brandfördernder Wirkung, z. B:

- anorganische Nitrate
- anorganische Permanganate
- Ammoniumdichromat
- Chromtrioxid
- Kaliumnitrit
- Natriumnitrit
- Wasserstoffperoxid 20–60%
- Kaliumchlorat in wässriger Lösung.

Gruppe 3: Stoffe mit schwach ausgeprägter brandfördernder Wirkung, z. B.:

- Cäsiumnitrat
- Eisennitrat
- Magnesiumnitrat
- Silbernitrat
- Zinknitrat
- Bleidioxid u. a.

Gruppe 4: Stoffe, die zwar nach den verkehrsrechtlichen Vorschriften in Klasse 5.1 eingestuft und entsprechend gekennzeichnet sind, aber nur extrem schwache brandfördernde Wirkung zeigen, z. B.:

- Harnstoff-Wasserstoffperoxid
- Wasserstoffperoxid 8 bis kleiner 20%

3. Maßnahmen bei Vergiftungen

Wer mit Giften Handel treiben will, muß mit den wichtigsten Erste-Hilfe-Maßnahmen bei Vergiftungen vertraut sein.*) Er muß weiter in der Lage sein, betroffene Patienten zu beraten und ihnen gegebenenfalls zu helfen. Um keine falschen Ratschläge zu erteilen und um nicht unnötig Zeit zu verlieren, wird man sich der Hilfe von Spezialisten bedienen. Solche Fachleute sind in den Informations- und Behandlungszentren für Vergiftungsfälle in der Bundesrepublik Tag und Nacht erreichbar. Der jeweils neueste Stand der Anschriften und Telefonnummern dieser Auskunftsstellen kann der Roten Liste, die bei allen Ärzten und in allen Apotheken aufliegt, entnommen werden.

Vergiftete gehören so schnell wie möglich in die Hand des Arztes; deshalb wird hier nur die Erste-Hilfe durch Laien besprochen.

3.1 Erste-Hilfe-Maßnahmen

Bei den ersten Anzeichen einer Vergiftung, wie Kopfschmerzen, Übelkeit, Leibschmerzen, Darmkoliken, Durchfall, Erbrechen, Magenschmerzen, Schwächegefühl, Krämpfe, Lähmungen, Sehstörungen, Schweißausbrüchen, Schwindel und dergleichen muß sofort ein Arzt gerufen werden, denn bei keiner anderen Erkrankung ist der Zeitfaktor so wichtig wie bei der Behandlung einer **Vergiftung**.

Rasches Handeln ist häufig ausschlaggebend für die Rettung des Vergifteten!

Zum schnellen Giftnachweis sind die sog. **Asservate**, das sind alle Gegenstände, die auf Art und Menge des Giftes hinweisen (z. B. Verpackung oder Behältnisse des Giftes, Gebrauchsanweisung, Giftreste, Erbrochenes, Stuhl, Urin, verschmutzte Kleidung), aufzubewahren und dem Arzt zu übergeben.

Die Behandlung einer Vergiftung verfolgt im allgemeinen drei Ziele:

1. Sofortige Entfernung des noch nicht resorbierten Giftes aus dem Körper bzw. Entfernung des Vergifteten aus dem Wirkungsbereich des Giftes,
2. rasche Gabe eines spezifischen Gegengiftes und
3. Behandlung der Symptome.

Während die unter Ziffer 2 und 3 genannten Maßnahmen einem Arzt vorbehalten sind, soll der Laie bis zum Eintreffen des Arztes folgende Erste Hilfe leisten:

1. Bei **Giftaufnahme durch den Mund** sollte *bei nicht Bewußtlosen* versucht werden, das Gift so schnell wie möglich aus dem Magen durch **Erbrechen** zu entfernen. Dies kann durch Reizen der Ra-

*) Vgl. § 323 c StGB

chenhinterwand mit dem Finger oder mit einem Löffelstiel geschehen. Gewarnt werden muß vor der Gabe von **Kochsalzlösungen** zum Einleiten des Erbrechens; es gilt insbesondere für Kinder und Säuglinge. Wenn nämlich bei dieser Maßnahme das Erbrechen ausbleibt, kann eine lebensbedrohliche Kochsalzvergiftung auftreten (BGA, VIII 1985).

Nicht brechen dürfen wegen der Gefahr der Erstickung durch Einfließen von Flüssigkeit in die Lunge **Bewußtlose und Patienten, die Säuren, Laugen, organische Lösungsmittel oder waschaktive Substanzen (Schaumbildner) verschluckt haben.** Auch Schwangere und Personen, die zu Krämpfen neigen, dürfen von Laien nicht zum Erbrechen gebracht werden. Bewußtlose bringt man deshalb in stabile Seitenlage und achte bis zum Eintreffen der Arztes auf die Freihaltung der Atemwege.

Kleinkindern von 2 bis 5 Jahren gibt man zur Auslösung des Brechreizes möglichst viel mit Wasser verdünnten Himbeersaft oder andere Fruchtsäfte; dann Kopf und Gesicht zum Erbrechen nach unten quer über das Knie des sitzenden Erwachsenen legen, daß der Bauch zusammengepreßt wird, und das Kind in dieser Stellung mit dem PKW sofort in die Klinik bringen (v. Clarmann).

Nach dem Erbrechen gibt man zur Giftadsorption eine Aufschwemmung *medizinischer* **Kohle**[1)] (zwei gehäufte Eßlöffel medizinische Kohle, der man 30 g Natriumsulfat als Abführmittel zusetzt, auf ein Glas Wasser!)

Dringend muß vor der unüberlegten Verabreichung von Milch, Kaffee, Alkohol, Rizinusöl und anderen Ölen gewarnt werden!

Eine solche Maßnahme kann die Resorption fettlöslicher Gifte beschleunigen, die Giftwirkung erhöhen und dadurch lebensgefährlich wirken. Ausnahmen bilden lediglich die Vergiftungen mit Säuren, Laugen, Jod, Quecksilbersalzen und Silbernitrat. Hier kann unbedenklich sofort **Milch** getrunken werden.

Vergiftungen durch Verschlucken von **Säuren und Laugen** fordern neben den Vergiftungen mit organischen Phosphorsäureestern und mit Schlafmitteln die meisten Todesopfer. Die tödliche

---

1) **Medizinische Kohle** (Aktivkohle, Carbo activatus, DAB 10)

Medizinische Kohle, die auch bei infektiösen Darmerkrankungen, Diarrhöen, Brechdurchfällen u. dgl. verordnet wird, ist bei sehr vielen peroralen Vergiftungen (z. B. bei Nahrungsmittelvergiftungen, durch Pilze und verdorbenes Fleisch; bei Vergiftungen durch Schlafmittel, Arsenik, Alkaloide, Sublimat, Phosphor, Blausäure, Schädlingsbekämpfungsmittel u. dgl.) eines der wichtigsten Mittel der Ersten Hilfe.

Medizinische Kohle adsorbiert infolge seiner großen „aktiven" Oberfläche viele Giftstoffe so fest, daß sie vom Körper nicht mehr resorbiert werden können. Der therapeutische Wert eines Kohlepräparates ist deshalb um so größer, je stärker sein Adsorptionsvermögen ist. Nicht alle Kohlepräparate sind in dieser Hinsicht gleichwertig, so daß für innerliche Zwecke nur solche Präparate verwendet werden dürfen, die den Mindestanforderungen des Arzneibuches gerecht werden. Ein solches Erzeugnis stellt die Firma Merck her. Ein Gramm der „Carbo medizinalis Merck" bindet nach Leschke 850 mg Sublimat, 580 mg Strychnin und 40–54 mg Phenol. Medizinische Kohle ist unschädlich. Bei ihrer Anwendung ist zu beachten, daß sie in genügend hoher Dosis (mindestens 15–30 g, in manchen Fällen noch mehr!) gegeben, und nachdem sie ihre Adsorptionswirkung entfaltet hat, durch ein salinisches Abführmittel (z. B. Karlsbader Salz, Glaubersalz oder Bittersalz) mit dem adsorbierten Gift wieder aus dem Körper hinausbefördert wird.

Aktivkohle bewirkt bei vielen Stoffen noch 1 Stunde nach deren Aufnahme eine deutlich geringere Adsorption.

Dosis nach oraler Aufnahme liegt für konzentrierte Salzsäure nach Moeschlin bei 15–20 ml und für konzentrierte Schwefelsäure bei 5 ml. Laugenverätzungen sind noch gefährlicher, da die Laugen in die Tiefe fortschreitend das Eiweiß auflösen. Schon 10–15 ml der 15%igen Lösung sind nach Führer, oral eingenommen, tödlich.

Bei Säure- und Laugenvergiftungen kein Erbrechen auslösen!

Die wichtigste Maßnahme bei **Säurevergiftungen** ist die sofortige Verdünnung der Säure mit irgendeiner Flüssigkeit, am besten mit **viel Wasser.** Dasselbe gilt für **Laugenvergiftungen.**

Nach dem Verdünnen der Lauge mit reichlich Wasser kann man der Flüssigkeit zur Neutralisation Zitronensaft oder verdünnten Essig (1:10) zusetzen. Bei Säure- und Laugenvergiftungen ist auch das sofortige Einflößen von **Milch** (ggf. mit rohen Eiern) wegen ihrer Pufferwirkung vorteilhaft. Olivenöl soll schmerzlindernd wirken.

Bei *Vergiftungen durch* **Verschlucken von Lösemitteln** wie Benzin, Trichlorethylen, Fleckenwasser u. dgl. darf wegen Aspirationsgefahr **kein Erbrechen** ausgelöst werden. Durch die schnelle Gabe von Paraffinöl (Paraffinum liquidum DAB 10) kann die Resorption dieser Gifte verhindert werden. Anschließend muß man aber ein salinisches Abführmittel (z. B. Natriumsulfat) geben. Keine Milch, kein fettes Öl und keinen Alkohol verabreichen!

2. Bei *Giftaufnahme durch die Atmungsorgane* („**Gasvergiftung**") entfernt man den Vergifteten sofort aus der Gefahrenzone, läßt die Kleidung wechseln und sorgt bis zum Eintreffen des Arztes für absolute Ruhe, Zufuhr von Wärme (Vergifteten in Wolldecken einpacken!) und für frische Luft. Vor der Gabe von Kaffee und Alkohol muß auch hier dringend gewarnt werden.
3. **Bei Benetzung des Auges ist die beste Maßnahme die sofortige ausgiebige Spülung des offengehaltenen Auges mit viel Wasser unter einem Wasserhahn.** Augenlider mit Daumen und Zeigefinger möglichst weit auseinanderspreizen und gleichzeitig das Auge nach allen Seiten bewegen lassen. Das Wasser muß **mindestens 10 Minuten** lang ohne großen Druck direkt ins Auge einfließen.

   Wenn kein Wasser vorhanden ist, kann notfalls auch mit Milch, Tee oder Bier gespült werden. Anschließend ist der Patient sofort an einen Augenarzt zu überweisen. Der Transport zum nächsten Augenarzt ohne vorherige ausreichende Spülung der Augen kann den Verlust der Sehkraft bedeuten.
4. Bei *Giftaufnahme durch die Haut* („**Verätzung**") ist eine sofortige Entfernung der benetzten Kleidungsstücke, gründliches Abtupfen des Giftes und Waschen der Haut mit **viel Wasser** und Seife erforderlich.

Alle weiteren Maßnahmen sind dem Arzt vorbehalten, da ungeeignete Gegenmittel eine Vergiftung erheblich verschlimmern können.

3.2 Transport ins Krankenhaus

Bei stärkeren Vergiftungen, oder wenn die Vergiftungserscheinungen nicht alsbald abklingen, muß der Patient so schnell wie möglich in ein Krankenhaus gebracht werden. Die Einweisung soll möglichst ein Arzt anordnen, damit nicht wichtige therapeutische Maßnahmen versäumt werden. Bei Vergiftungen ist richtige Erste Hilfe wichtiger als schneller Transport des Vergifteten in ein Krankenhaus. Das gilt besonders bei Verätzungen des Auges! Der Transport des Patienten zum nächsten Augenarzt ohne eine vorherige ausreichende Spülung des benetzten Auges kann, wie bereits erwähnt, den Verlust der Sehkraft bedeuten. Eine fernmündliche Anmeldung des Vergifteten beim Krankenhaus bzw. beim Augenarzt ist unerläßlich. **Auf keinen Fall darf der Vergiftete sich selbst überlassen werden.**

3.3 Informations- und Behandlungszentren für Vergiftungsfälle

In folgenden Krankenanstalten und Kliniken der Bundesrepublik bestehen offizielle Informations- und Behandlungszentren für Vergiftungsfälle, die Tag und Nacht fernmündlich Auskünfte bei Vergiftungsunfällen aller Art – auch an Laien – erteilen (Stand Mai 1994).

K = Kinderklinik,
I = Medizinische Klinik

Berlin
K Landesberatungsstelle für Vergiftungserscheinungen und Embryonaltoxikologie
Pulsstr. 3–7, 14059 Berlin
Universitätsklinikum Rudolf Virchow, Reanimationszentrum Spandauer Damm 130, 14050 Berlin
Toxikologischer Auskunftsdienst Große Seestraße 4, 13086 Berlin

Bonn
K Informationszentrale gegen Vergiftungen
Zentrum für Kinderheilkunde der Rheinischen Friedrich-Wilhelms-Universität Bonn
Adenauerallee 119, 53113 Bonn

Braunschweig
I Medizinische Klinik II des Städtischen Klinikums
Salzdahlumer Str. 90, 38126 Braunschweig

Bremen
I Kliniken der Freien Hansestadt Bremen
Zentralkrankenhaus St.-Jürgen-Straße, Klinikum für Innere Medizin
– Intensivstation –
St.-Jürgen-Straße, 28205 Bremen

Erfurt
Gemeinsames Giftinformationszentrum der Länder Mecklenburg Vorpommern, Sachsen, Sachsen-Anhalt und Thüringen [c/o Klinikum Erfurt GmbH, Nordhäuser Straße 74, 99098 Erfurt] I

Freiburg
Universitäts-Kinderklinik Freiburg K
Informationszentrale für Vergiftungen
Mathildenstr. 1, 79106 Freiburg

Göttingen
Georg-August-Universität Göttingen, K
Kinderklinik, Poliklinik und Notfallambulanz
Robert-Koch-Str. 40, 37075 Göttingen

Hamburg I
Giftinformationszentrale Hamburg
I. Medizinische Abteilung des Krankenhauses Barmbek,
Rübenkamp 148, 22291 Hamburg

Homburg/Saar K
Universitätskliniken
Klinik für Kinder- und Jugendmedizin
66421 Homburg/Saar

Kiel I
Zentralstelle für Beratung bei Vergiftungsunfällen
I. Medizinischen Universitätsklinik
Schittenhelmstr. 12, 24105 Kiel

Koblenz I
Städtisches Krankenhaus, Kemperhof, Koblenz
I. Medizinische Klinik
Koblenzer Straße 115, 56065 Koblenz

Ludwigshafen
I Klinikum der Stadt Ludwigshafen
Medizinische Klinik C, Entgiftungszentrale
Bremserstr. 79, 67063 Ludwigshafen am Rhein

Mainz
I Beratungsstelle bei Vergiftungen
II. Medizinische Klinik und Poliklinik der Universität
Langenbeckstr. 1, 55131 Mainz

München
I **Giftnotruf München**
Toxikologische Abteilung der II. Medizinischen Klinik rechts der Isar der Technischen Universität München
Ismaninger Straße 22
81675 München

Münster
Spezielle toxikologische Fragen: I
Institut für Pharmakologie und Toxikologie der Westfälischen Wilhelms-Universität, Domagstr. 12, 48149 Münster

Nürnberg
II. Medizinische Klinik des Städtischen Klinikums I
Toxikologische Intensivstation
Flurstr. 17
90419 Nürnberg

Papenburg
Marienhospital, Pädiatrische Abteilung K
Hauptkanal rechts 75
26871 Papenburg

Tab. 22: Rufnummern der Giftnotrufzentralen

Die Rufnummern der Giftnotrufzentralen: (Stand: Mai 1994)		
Berlin:	(0 30) 3 02 30 22	Fax: 0 30/34 30 70 21
	(0 30) 3 03 5 34 66; -22 15, -34 36	Fax: 0 30/30 35-20 56
	(0 30) 9 66 94 18	
Bonn:	(02 28) 2 87-32 11	Fax: 02 28/2 87-33 14
Braunschweig:	(05 31) 6 22 90	Fax: 05 31/5 95 25 44
Bremen:	(04 21) 4 97 52, 4 97 52 68	
Erfurt:	(03 61) 73 07 30	Fax: 03 61/7 30-73 17
Freiburg:	(07 61) 2 70 43 60	Fax 07 61/2 70 44 57
Göttingen:	(05 51) 39 62 39 (diensthabender Arzt)	Zentrale 05 51/39 62 10 Fax: 05 51/39 62 52
Hamburg:	(0 40) 63 85 33 45, -33 46	Fax: 0 40/63 85-21 73
Homburg/Saar:	(0 68 41) 16 22 57, -16 28 46	Zentrale 0 68 41/160 Fax: 0 68 41/16 40 65
Kiel:	(04 31) 5 97 42 68	Fax: 04 31/5 97 13 02
Koblenz:	(02 61) 4 99 21 11	Fax: 02 61/4 99 20 30
Ludwigshafen:	(06 21) 50 34 31	Fax: 06 21/5 03 41 14
Mainz:	(0 61 31) 23 24 66	Fax: 0 61 31/23 24 69
München:	(0 89) 41 40 22 11; -22 40	Fax: 0 89/41 40 24 67
Münster/Westf.:	(02 51) 83 55 01	Fax: 02 51/83 55 01
Nürnberg:	(09 11) 3 98 24 51	Fax: 09 11/3 98 22 05
Papenburg:	(0 49 61) 9 30	Fax: 0 49 61/93 11 11
Wien:	(02 22) 43 43 43	
Zürich:	(01) 2 51 51 51	

Jeder Apotheker, pharmazeutisch-technische Assistent, Drogist, Landhändler und wer sonst mit Giften umgeht, sollte in der Lage sein, betroffene Patienten auf diese Auskunftsstellen hinzuweisen. **Der neueste Stand der *Anschriften mit Telefonnummern* ist auch in der jeweils gültigen *Roten Liste* abgedruckt**, die in allen Apotheken und bei allen Ärzten aufliegt.

Die neuesten Telefonnummern der Informations- und Behandlungszentren für Vergiftungen sind auch über den Notruf 110 zu erfragen!

3.4 Gegengifte („Antidote“)

Antidote sind spezifisch wirksame Verbindungen, die das in den Körper gelangte Gift in eine ungiftige oder weniger giftige Verbindung überführen und dazu beitragen, daß das Gift möglichst rasch und vollständig aus dem Körper entfernt und die Wirkung des Giftes aufgehoben wird.

Da die Antidote, wie der Name „Gegengifte“ besagte, meist selbst giftige oder starkwirkende Arzneimittel sind, können sie nur von Ärzten und nur dann angewendet werden, wenn das aufgenommene Gift bekannt ist.

Es gibt eine große Zahl spezifisch wirkender Antidote. Die gebräuchlichsten müssen in jeder Apotheke in einer Darreichungsform vorrätig sein, die eine Injektion ermöglicht.

Da Antidote zwar wichtige Mittel in der Hand des Arztes sind, sich aber als Mittel der Ersten Hilfe für den Laien nicht eignen, wird auf die nähere Besprechung dieser Stoffe verzichtet und auf die toxikologische Spezialliteratur (siehe Kapitel 9) hingewiesen.

4. Entsorgung giftiger Stoffe

Nicht selten kommt es vor, daß Gifte nicht mehr gebraucht werden oder aufgrund neuer gesetzlicher Regelungen nicht mehr angewendet werden dürfen. Bevor man an ihre Vernichtung denkt, sollte man prüfen, ob sie nicht ihrem bestimmungsgemäßen Gebrauch zugeführt werden können. Wenn das nicht möglich ist, müssen diese Mittel sachgerecht entsorgt werden. Auf keinen Fall dürfen Gifte vergraben, in die Mülltonne geworfen oder gar in den Ausguß geschüttet werden, da oft schon kleinste Giftmengen für Mensch und Tier gefährlich sind.

Rechtsgrundlage für die Entsorgung gefährlicher Stoffe ist das **Abfallgesetz** (AbfG) vom 27. August 1986 (BGBl. I S. 1410) geändert am 12. 2. 90 (BGBl. I S. 205).

Gefährliche Stoffe, wie Gifte, Chemikalien, Arzneimittel*) u. dgl., die beseitigt werden sollen, sind **Sonderabfälle.** Sie dürfen nicht wie Hausmüll behandelt werden, sondern sind so zu entsorgen, daß das Wohl der Allgemeinheit nicht beeinträchtigt wird. Dabei ist besonders zu gewährleisten, daß die Gesundheit der Menschen nicht gefährdet, ihr Wohlbefinden nicht beeinträchtigt, Gewässer, Boden und Nutzpflanzen nicht schädlich beeinflußt, Nutztiere, Vögel, Wild und Fische nicht gefährdet, keine schädlichen Umwelteinwirkungen durch Luftverunreinigungen herbeigeführt, die Belange des Naturschutzes und der Landschaftspflege gewahrt und die öffentliche Sicherheit und Ordnung weder gefährdet noch gestört werden.

Giftige Abfälle sind getrennt einzusammeln und nach Deponieklassen einzustufen.

Abfälle sind von den zuständigen Körperschaften (Gemeinden, Stadt- und Landkreisen, Verbänden) zu beseitigen**). Abfälle dürfen nur in den dafür zugelassenen Anlagen (Abfallbeseitigungsanlagen) behandelt, d. h. gelagert oder verbrannt werden.

Nach dem derzeitigen Stand der Technik sind folgende Maßnahmen zur schadlosen Beseitigung gefährlicher Stoffe möglich:

---

*) Das gilt nicht für Altarzneimittel aus privaten Haushalten. Sie sind rechtlich als Hausmüll einzustufen, weil von ihnen wegen des geringen Wirkstoffgehaltes im allgemeinen keine zusätzliche Gefahr ausgeht. Altarzneimittel aus privaten Haushalten sind soweit kein Sondermüll.

**) Entsorgung von Arzneimitteln in den einzelnen Bundesländern: siehe DAZ 1985 Seite 812;
Gesetzliche Bestimmungen: Günter Überlich: PZ 1993 S. 2652.

4.1 Verbrennung in Müllverbrennungsanlagen

In vielen Städten der Bundesrepublik gibt es Müllverbrennungsanlagen, in denen kleine Mengen Gifte ohne Bedenken verbrannt werden können. Selbst so gefährliche Stoffe wie Cyanide und Alkaloide könnten in derartigen Anlagen vernichtet werden. Für die sog. persistenten anorganischen Gifte, wie die arsen-, thallium- und quecksilberhaltigen Pflanzenschutzmittel, scheidet allerdings diese Art der Vernichtung aus. Arsen, Quecksilber und Thallium sind nämlich chemische Elemente, die sich nicht zerstören lassen, sondern über die Abgase wieder in die Atmosphäre gelangen. Auch Chlorate können wegen Explosionsgefahr in derartigen Anlagen nicht verbrannt werden. Für die schadlose Beseitigung solcher Gifte kommt daher nur die Ablagerung auf einer Deponie oder, wenn es sich um größere Mengen handelt, die Wiederverwendung in Betracht.

4.2 Ablagerung auf Deponien

Nicht mehr benötigte Gifte, die sich nicht zur Vernichtung in einer Müllverbrennungsanlage eignen, können auf genehmigten Ablagerungsplätzen für Industriechemikalien abgelagert werden. Diese sog. Deponien stehen unter der Aufsicht eines sachkundigen Platzmeisters, der die Gifte mit Müll überdecken läßt. Dadurch werden sie so fest in den Müllkörper eingegliedert, daß Unbefugte keinen Zugriff mehr haben.

Wo sich derartige Deponien befinden und wie hoch die Schutzgebühren für das Ablagern von Giften sind, kann bei den für den Umweltschutz zuständigen Behörden erfragt werden; siehe auch Tabelle 23.

Wichtig ist noch in diesem Zusammenhang, daß leere Packungen nicht einfach weggeworfen werden dürfen. Solche Packungen werden am besten zertreten, um sie als Spielzeug für Kinder uninteressant zu machen. Einzelne leere Papierbeutel kann man verbrennen; es ist jedoch darauf zu achten, daß die sich bildenden Dämpfe von niemandem eingeatmet werden.

4.3 Wiederverwendung von Rohstoffen („Recycling*)")

Die eleganteste Methode, Abfall zu behandeln, ist dessen Wiederverwendung. Die Motivation für die Wiederverwendung von Rohstoffen liegt einerseits in einem gestiegenen Umweltbewußtsein unserer Bevölkerung, andererseits in der drohenden Verknappung mancher Rohstoffreserven. Der Mensch versucht die in den Abfällen enthaltenen Stoffe wieder nutzbar zu machen. Beispiele sind Altglas, quecksilberhaltige Batterien, Schrott, Altpapier und auch Rückstände gefährlicher Stoffe.

Giftrückstände, die in größeren Mengen anfallen und die sich in irgendeiner Weise wieder- bzw. weiterverwenden lassen (insbesondere Produktionsrückstände), werden durch die **Recyclingbörse** der Industrie- und Handelskammern und durch die VCI-Abfallbörse des Verbands der chemischen Industrie e.V. 60329 Frankfurt an Interessenten weitervermittelt.

*) Der Vollzug des Abfallgesetzes obliegt den Ländern!

Tab. 23: Verzeichnis der zuständigen Länder- und Bundesbehörden für Abfall

Bundesland	Behörden
Baden-Württemberg	Ministerium für Umwelt Postfach 10 34 39 70029 Stuttgart
Bayern	Bayer. Staatsministerium für Landesentwicklung und Umweltfragen Postfach 81 01 40 81901 München
Berlin	Senatsverwaltung für Stadtentwicklung und Umweltschutz Lindenstraße 20–25 10969 Berlin
Brandenburg	Ministerium für Umwelt, Naturschutz und Raumordnung Postfach 60 11 64 14411 Potsdam
Bremen	Senator für Umweltschutz und Stadtentwicklung der Freien Hansestadt Bremen Postfach 10 78 47 28078 Bremen
Hamburg	Freie und Hansestadt Hamburg – Umweltbehörde Steindamm 22 20099 Hamburg
Hessen	Hessisches Ministerium für Umwelt und Reaktorsicherheit Mainzer Straße 80 65189 Wiesbaden
Mecklenburg-Vorpommern	Umweltministerium des Landes Mecklenburg-Vorpommern Schloßstraße 6–8 19053 Schwerin
Niedersachsen	Niedersächsisches Umweltministerium Archivstraße 2 30169 Hannover
Nordrhein-Westfalen	Ministerium für Umwelt, Raumordnung und Landwirtschaft des Landes Nordrhein-Wesfahlen Schwannstraß 3 40476 Düsseldorf
Rheinland-Pfalz	Ministerium für Umwelt Postfach 3180 55021 Mainz
Saarland	Ministerium für Umwelt des Saarlandes Hardenbergstraße 8 66119 Saarbrücken

Tab. 23: Verzeichnis der zuständigen Länder- und Bundesbehörden für Abfall

Bundesland	Behörden
Sachsen	Sächsisches Staatsministerium für Umwelt und Landesentwicklung Ostraallee 23 01067 Dresden
Sachsen-Anhalt	Ministerium für Umwelt und Naturschutz Pfälzer Straße 1 39106 Magdeburg
Schleswig-Holstein	Ministerium für Natur, Umwelt und Landesentwicklung Postfach 6209 24123 Kiel
Thüringen	Ministerium für Umwelt Postfach 722 99014 Erfurt
Bundesbehörden	Bundesministerium für Umwelt, Naturschutz und Reaktorsicherheit Ahrstraße 20 53175 Bonn Umweltbundesamt Bismarckplatz 1 14193 Berlin

Weiterführende Literatur:

Reichard/Ochterbeck, Abfälle aus chemischen Laboratorien u. medizinischen Einrichtungen, ecomed-Verlag, Landsberg/Lech;

Von Köller, Leitfaden Abfallrecht, Erich Schmidt Verlag Berlin.

5. Giftkunde über Schädlingsbekämpfungsmittel

Der Begriff „Schädlingsbekämpfungsmittel" ist als **Oberbegriff** anzusehen, zu dem neben den Mitteln zur Bekämpfung von Schädlingen auch die Pflanzenschutzmittel gehören. Pflanzenschutzmittel müssen vor dem Inverkehrbringen von der Biologischen Bundesanstalt zugelassen werden. Voraus geht ähnlich wie bei den Arzneimitteln eine strenge Prüfung. Das Zeichen für amtlich zugelassene Pflanzenschutzmittel ist am Rand abgedruckt.

Anh I Nr. 2.3.1

Abs. 2 GefStoffV

1. **Schädlingsbekämpfungsmittel** im Sinne der Gefahrstoffverordnung sind
a) Zubereitungen, die Pflanzenschutzmittel im Sinne des Pflanzenschutzgesetzes sind oder
b) dazu bestimmt sind, Schädlinge und Schadorganismen oder lästige Organismen unschädlich zu machen, zu vernichten oder ihrer Einwirkung vorzubeugen.

§ 2 (1) Nr. 9 PflSchG

2. **Pflanzenschutzmittel** im Sinne des Pflanzenschutzgesetzes (PflSchG) sind Stoffe, die u. a. dazu bestimmt sind,
a) Pflanzen vor Schadorganismen oder nichtparasitären Beeinträchtigungen zu schützen
b) Pflanzenerzeugnisse vor Schadorganismen zu schützen,
c) Pflanzen oder Pflanzenerzeugnisse vor Tieren, Pflanzen oder Mikroorganismen zu schützen, die nicht Schadorganismen sind,
d) die Lebensvorgänge von Pflanzen zu beeinflussen, ohne ihrer Ernährung zu dienen (**Wachstumsregler**),
e) das Keimen von Pflanzenerzeugnissen zu hemmen,

Ausgenommen sind Wasser, Düngemittel und Pflanzenstärkungsmittel. Als Pflanzenschutzmittel gelten auch Stoffe, die dazu bestimmt sind, Pflanzen abzutöten oder Flächen von Pflanzenwuchs freizumachen oder freizuhalten.

Die bereits eingestuften reinen Wirkstoffe der Schädlingsbekämpfungsmittel sind in der EG-Stoffliste aufgelistet. Zubereitungen von Schädlingsbekämpfungsmittel müssen anhand Anhang II Nr. 2 vor dem Inverkehrbringen eingestuft werden.

5.1 Schädlingsbekämpfung

Aufgabe der Schädlingsbekämpfung ist es, Pflanzen und Lebewesen, die dem Menschen Schaden zufügen können, fernzuhalten oder zu vernichten.

Die Bekämpfung der Schädlinge kann nach verschiedenen Methoden erfolgen:

1. Die **biologische Schädlingsbekämpfung** will durch Einsatz der natürlichen

Feinde die Vernichtung der Schädlinge erreichen (z. B. Züchtung von Schlupfwespen oder Aussetzung steriler männlicher Schadinsekten, damit die Schädlinge nach wenigen Generationen aussterben. Eine umweltverträgliche und effektive Bekämpfungsstrategie gegen Stechmücken in Pfützen und Gartenteichen kann durch den Einsatz des Bacillus thuringiensis israelis erreicht werden. Handelspräparat: Neudomück).

2. Beruht die Wirkung einer Bekämpfungsmaßnahme auf physikalischen und mechanischen Prinzipien (wie Fallen, Hitze, auf Fliegenfängern, Sammeln von Maikäfern, Fliegenklatsche, Klebefolien, Leimringen an Obstbäumen, Bodenentseuchung durch Wasserdampf), so spricht man von **physikalischen Bekämpfungsmethoden.**
3. Diese beiden Methoden sind jedoch im Vergleich zu der **chemischen Schädlingsbekämpfung** unbedeutend:
Noch um die Jahrhundertwende bis etwa zum 2. Weltkrieg haben die *anorganischen Gifte* (z. B. Arsenverbindungen) in der Schädlingsbekämpfung eine dominierende Rolle gespielt. In den letzten Jahrzehnten hat jedoch die chemische Industrie weniger giftige, kompliziert gebaute und spezifisch wirkende, *organische Giftstoffe* entwickelt, mit denen die meisten tierischen und pflanzlichen Schadorganismen vernichtet werden können, ohne daß – richtige Anwendung vorausgesetzt – Gefahren für Gesundheit und Leben von Mensch und Tier bestehen. Dadurch kann auf die meisten anorganischen Gifte verzichtet werden. Während nämlich die anorganischen Gifte meist sehr stabile Verbindungen darstellen, die nicht oder nur sehr langsam abgebaut werden (z. B. Arsen, Quecksilber etc.) – was zu **Sekundärvergiftung** führen kann (Katze geht ein, weil sie vergiftete Mäuse gefressen hat!) – bauen sich die organischen Schädlingsbekämpfungsmittel in der Regel relativ schnell ab. Das bedeutet jedoch nicht, daß beim Umgang mit diesen Mitteln, die meistens in konzentrierter Form in den Verkehr kommen und erst vor der Anwendung verdünnt werden, nicht größte Vorsicht geboten ist.
Die chemische Schädlingsbekämpfung hat der Menschheit große Erfolge gebracht, wenn auch noch etwa 30% der möglichen Welternte durch Schädlinge, Krankheiten und Unkräuter der menschlichen Ernährung verlorengehen, und zwar 20% vor der Ernte und etwa 10% bei der Vorratshaltung. Die chemische Schädlingsbekämpfung birgt aber auch unliebsame **Nebenwirkungen** in sich. Einige Beispiele sollen dies verdeutlichen:
   1. Durch **Mitvernichtung der Nützlinge** wurde verschiedentlich das biologische Gleichgewicht gestört.
   2. Die Gefahr des Vorhandenseins von **Rückständen** in Pflanzen und im Erntegut hat dazu geführt, daß in einigen Ländern die Anwendung verschiedener insektizider, chlorierter Kohlenwasserstoffe (z. B. DDT) wegen ihres sehr langsamen Abbaus (auch **„Persistenz“** genannt) eingeschränkt werden mußte.
   3. Bei etwa 150 Schädlingsarten sind **Resistenzerscheinungen** aufgetreten. So wurden die Fliegen auf Grund einer natürlichen Auslese gegen DDT resistent, d. h. widerstandsfähig; das Mittel wirkte nicht mehr.

Um diesen Gefahren zu begegnen, wird neuerdings versucht, durch Anwendung aller wirtschaftlich, ökologisch und toxikologisch vertretba-

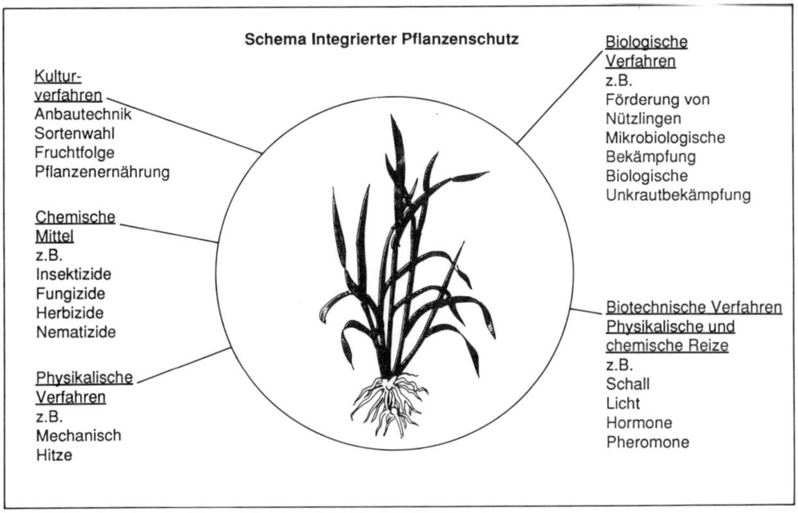

Abb. 11: Aus „Integrierter Pflanzenbau, eine runde Sache" der Fördergemeinschaft Integrierter Pflanzenbau, 53113 Bonn.

ren Methoden die Schadorganismen unter der wirtschaftlichen Schadensschwelle zu halten, wobei die Ausnützung natürlicher Begrenzungsfaktoren im Vordergrund steht (= **„Intergierter Pflanzenschutz"**). Siehe Abbildung 11.

Die giftigen Pflanzenschutzmittel und die giftigen Schädlingsbekämpfungsmittel kann man nach verschiedenen Gesichtspunkten einteilen. Nach ihrer Wirkung auf die Schadorganismen ist folgende Einteilung üblich:

5.2 Mittel gegen Pilzkrankheiten („Fungizide")[1)]

Fungizide sollen die Pflanzen vor Pilzbefall schützen. Man unterscheidet anorganische und organische Fungizide.

Während man früher nur Schwefel und Kupfersulfat zur Bekämpfung der Pilze zur Verfügung hatte, sind etwa um 1930 in Deutschland die organischen Quecksilberverbindungen zur Saatgutbeizung und die ersten synthetischen Fungizide hinzugekommen. Heute steht eine große Anzahl wirksa-

[1)] lat.: fungus = der Pilz, caedo = ich töte.
Weit verbreitet sind aflatoxinbildende Schimmelpilze. Sie befallen insbesondere Nüsse, Bohnen, Mais und sonstige Getreideprodukte. Das gebildete **Aflatoxin** gehört zu den stärksten natürlichen Giften und krebserzeugenden Stoffen.

Die bekanntesten giftigen Fungizide waren die quecksilberhaltigen Saatgutbeizmittel. In ihnen lag das Quecksilber meist organisch gebunden vor. Sie waren außerordentlich wirksam und boten schon in geringen Aufwandmengen einen guten Schutz gegen Pilzerkrankungen. Aus vielerlei Gründen ist die Zulassung für diese Saatgutbeizmittel widerrufen worden; sie stehen somit nicht mehr zur Verfügung.

Spezialliteratur: DAZ-Giftlexikon, DAZ 1983 Seite 1534.
Schumm, Pilzkrankheiten PZ 1991 Nr. 19 Seite 34.

mer synthetischer Stoffe zur Pilzbekämpfung zur Verfügung. Die meisten Fungizide – ausgenommen die inzwischen verbotenen quecksilberhaltigen Präparate – besitzen nur eine geringe Giftigkeit.

Saatgutbeizmittel dienen in erster Linie zur Bekämpfung von samenübertragbaren Pilzkrankheiten, wie
a) des Weizensteinbrandes,
b) des Schneeschimmels des Roggens,
c) des Haferflugbrandes,
d) der Streifenkrankheit der Gerste.

Das Beizen des Saatgutes hat den Zweck, vorhandene Pilzsporen abzutöten, ohne die Keimfähigkeit des Saatgutes zu beeinträchtigen.

Je nach der Art der Anwendung unterscheidet man Trocken-, Feucht- und **Naßbeizen**. Beim **Naßbeizverfahren** übergießt man das Saatgut unter öfterem Umschaufeln mit der Beizmittellösung. Da dieses Verfahren längere Trocknung notwendig macht, wird es kaum mehr angewandt.

Dagegen spielen die *Trocken- und Feuchtbeizen* eine große Rolle. Bei der **Trockenbeizung** wird das Saatgut in einer rotierenden Trommel, der sog. Beiztrommel, mit dem Beizmittel innig vermengt, von der Saatbeize überzogen und dadurch vor Pilzbefall geschützt. Schädigungen der Keime sind bei sachgemäßer Anwendung nicht zu befürchten.

Feuchtbeizen sind Lösungen fungizider Wirkstoffe, die in geringer Menge auf das Saatgut gebracht werden.

Beizmittel, die gegen viele Pilzkrankheiten angewandt werden können, werden als **Universalbeizmittel** bezeichnet.

Damit der Erfolg nicht ausbleibt, muß vor einer Verringerung der vorgeschriebenen Aufwandmengen dringend gewarnt werden.

Handelspräparate z. B. Abavit, Arbosan, Baytan, Panoctin, Sibutol u. a.

Zinnorganische Verbindungen

Im Gegensatz zu den anorganischen Zinnverbindungen sind die organischen starke Gifte. Sie werden im Pflanzenschutz als Fungizide eingesetzt. Einige von ihnen, wie Fentinacetat wirken darüber hinaus als **Chemosterilantien**; das sind Präparate, mit denen man Insekten sterilisieren kann. Die sterilisierten Insekten werden dann zur Dezimierung oder Ausrottung ganzer Insektenpopulationen eingesetzt.

Zinnorganische Verbindungen dürfen als **Antifouling-Farben für Schiffskörper** mit einer Gesamtlänge von weniger als 25 m und zur Wasseraufbereitung nicht mehr in den Verkehr gebracht werden.

Vergiftungserscheinungen

Nach einer Latenzzeit von 2–4 Tagen treten folgende Erscheinungen auf: Erbrechen, Kopfschmerzen, Schwindel, Leibschmerzen, Krämpfe, Bewußtlosigkeit, Atemlähmung, Sehstörungen u. a.

Erste-Hilfe-Maßnahmen

Auch hier sind wie bei den meisten Vergiftungen mit Pflanzenschutzmitteln die wichtigsten Erste-Hilfe-Maßnahmen Magenspülung, Gabe salinischer Abführmittel (z. B. Natriumsulfat) und von Medizinalkohle.

Die bekannteste organische Zinnverbindung ist:

Fentinacetat (ISO-Triphenylzinnacetat)

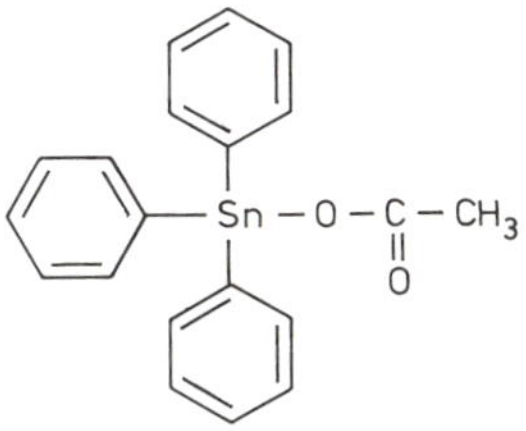

Sehr giftig

Umweltgefährlich

R 24/25
R 26
R 36/38
R 43
R 50/53
S (1/2)
S 36/37
S 45
S 60
S 61

Fentinacetat ist ein Fungizid mit molluskizider Nebenwirkung und wird als Spritzmittel zur Bekämpfung der Kraut- und Knollenfäule der Kartoffeln angewandt. Bei einigen Pflanzen ruft seine Anwendung eine günstige Wirkung auf die Blattentwicklung hervor. Fentinacetat ist sehr fischgiftig, in geringen Konzentrationen aber nicht bienengefährlich.

Handelspräparat: Brestan 60

5.3 Mittel gegen Insekten, deren Eier und Larven („Insektizide", „Ovizide" und „Larvizide")

Insektizide sind Mittel zur Bekämpfung von Insekten. Sie sind gegen alle Entwicklungsstadien der Insekten, also auch gegen deren Eier und Larven, mehr oder minder wirksam. Insektizide, deren Wirkungsschwerpunkt gegen Eier gerichtet ist, werden **Ovizide**, überwiegend Larven tötende Mittel auch **Larvizide** genannt.

Die meisten Insektizide sind bienengefährlich und dürfen daher nicht in die offenen Blüten gespritzt werden.

Je nach der Wirkstoffaufnahme durch das Insekt unterscheidet man:

Kontaktgifte: Sie werden auch Berührungsgifte genannt, weil die Giftwirkung beim Insekt nach Berührung mit dem Mittel eintritt. Zu ihnen gehört z. B. das Parathion.

Atemgifte sind meist gasförmige Gifte, die nach der Einatmung wirken. Die bekanntesten Vertreter dieser Gruppe sind Blausäure, Ethylenoxid, u. a.

Fraßgifte wirken nach oraler Aufnahme, z. B. Cumarinderivate, u. a.

Eine Reihe von Insektiziden zeigt gleichzeitig zwei oder drei dieser Wirkungen, z. B.: Lindan, Parathion.

Nach ihrer Wirkungsweise kann man die Insektizide einteilen in:

Zellgifte: (z. B. Dinitro-ortho-kresol) Sie fällen das Eiweiß der Zellen.

Fermentgifte: (Phosphorsäureester, wie E 605 forte) Sie blockieren die Wirkung der Fermente.

Nervengifte: (z. B. chlorierte Kohlenwasserstoffe) Sie wirken über das Nervensystem der Insekten.

Nach chemischen Gesichtspunkten lassen sich die wichtigsten Insektizide wie folgt ordnen:

1. **Anorganische Insektizide:** Die bekanntesten Vertreter dieser Gruppe waren die arsenhaltigen Mittel. Sie wirken meist als Fraßgift. Wegen ihrer großen Stabilität (**„Persistenz“**) und der dadurch bedingten großen Giftigkeit sind sie von den modernen organischen Wirkstoffen verdrängt worden.
2. **Insektizide aus pflanzlichen Rohstoffen:** Der giftigste Vertreter dieser Gruppe war das Nikotin:
   Ein relativ ungiftiges und dennoch wirksames pflanzliches Insektizid ist das **Pyrethrin**[1]. Es wird aus verschiedenen Chrysanthemen-Arten gewonnen und dient als Kontaktgift. Seine Giftwirkung kann durch sog. **Synergisten** erhöht werden. Synergisten sind Stoffe, die selbst keine insektizide Wirkung besitzen, die aber in Verbindung mit anderen Insektiziden deren Aktivität verstärken bzw. ihre Wirkungsdauer verlängern.
3. **Synthetisch hergestellte Insektizide:** Zu dieser Gruppe gehören die wichtigsten, derzeit verwendeten Insektenvernichtungsmittel:
   a) Die **organischen Phosphorsäureverbindungen** sind starke Berührungs-, Fraß- und Atemgifte. Nach ihrer Wirkungsweise gehören sie zu den **Fermentgiften**. Sie wirken im Insekt durch Blockierung bestimmter Fermente, der sog. Cholinesterasen, und werden deshalb auch **„Cholinesterasehemmer“** genannt. Auf Grund ihrer Anfälligkeit gegen Feuchtigkeit werden sie in verhältnismäßig kurzer Zeit in die ungiftigen Phosphate abgebaut und damit entgiftet. Der bekannteste Vertreter dieser Gruppe ist das Parathion (= E 605 forte Bayer).
   b) Die **Ester der Carbaminsäure** sind wie die Phosphorsäureester ebenfalls Cholinesterasehemmer; ihre Wirkung hält jedoch nicht so lange an.
   c) Die **chlorierten Kohlenwasserstoffe** sind in erster Linie Kontaktgifte. Sie gelangen durch Berührung in das Insekt und wirken dort als **Nervengift**. Sie sind zwar nicht so giftig wie die organischen Phosphorsäureester, werden dafür aber wegen ihrer Stabilität im Boden nur sehr langsam abgebaut. Deshalb müssen bei dieser Gruppe auch längere Wartezeiten und die Neigung zur Rückstandsbildung in Kauf genommen werden. Einige Vertreter dieser Gruppe, wie z. B. das DDT, speichern sich im Fettgewebe von Mensch und Tier und führen zu **Resistenzerscheinungen**. Die Anwendung von DDT und einiger anderer persistentere chlorierter Kohlenwasserstoffe ist daher in vielen Ländern verboten worden.
4. **Begasungsmittel:** Zur Schädlingsbekämpfung in Gewächshäusern, Lagerhäusern, Schiffen sowie zur Bodendesinfektion werden einige giftige Gase eingesetzt, wie Blausäure, Methylbromid, Phosphorwasserstoff und Ethylenoxid. Ihre Verwendung ist erlaubnispflichtig (s. Kapitel 7).

---

[1] Pyrethrin ist der Inhaltstoff von Pyrethrum.
Pyrethroide sind synthetische Ester der Chrysanthemumsäure oder ihrer Derivate mit insektentötender Wirksamkeit; Beispiele: Allethrin, Resmethrin.

5. **Winterspritzmittel:** Es sind eiabtötende Mittel, die nur bis zum Schwellen der Knospen angewendet werden können.
   Zu dieser Gruppe gehören:
   a) **Obstbaumkarbolineen:** Sie fallen als Nebenprodukt der Koks- und Leuchtgaserzeugung an und enthalten bis zu 10% *Phenol* (= Karbolsäure). Karbolineen wirken erstickend auf die auf Bäumen überwinternden Insekten. Da grüne Teile gegen Karbolineen sehr empfindlich sind, muß vor dem Schwellen der Knospen gespritzt werden. Karbolineen werden heute fast nur noch als Holzschutzmittel angewandt.
   b) **Dinitroverbindungen**, auch „Gelbspritzmittel" genannt, wirken durch Berührung auf die Insekten ätzend, weil sie das Eiweiß der Zellen fällen. Der wichtigste Vertreter ist das Dinitroorthokresol (DNOC).
   c) **Austriebspritzmittel:** Es sind Mischungen aus Mineralölen und Insektiziden. Sie werden während des Knospenaufbruchs gespritzt, dringen wegen ihres Mineralölgehalts in alle Fugen und Ritzen der Bäume und Sträucher ein und entfalten dort ihre insektizide Wirkung.

Folgende Insektizide sollen wegen ihrer großen Bedeutung etwas ausführlicher besprochen werden:

5.3.1 Organische Phosphorsäureester

Bis zum 2. Weltkrieg wurden für die Bekämpfung von Insekten hauptsächlich *arsen-* und *nikotin*haltige Präparate angewandt. Gegen Obstbaumschädlinge benutzte man *phenol*haltige Karbolineen. In den vierziger Jahren fand man dann auf der Suche nach neuen Wirkstoffen die hochwirksamen chlorierten Kohlenwasserstoffe DDT und Hexachlorcyclohexan und bald darauf die Phosphorsäureester. Eine der ersten Verbindungen dieser Art war das *Parathion*, das als *E 605* der Firma Bayer bekannt wurde.

Die organischen Phosphorsäureester sind wirkungsvolle Berührungs-, Fraß- und Atemgifte, die heute auf der ganzen Welt gegen Insekten, Milben, Nematoden und andere Schädlinge mit großem Erfolg eingesetzt werden. Einige Phosphorsäureester wirken **systemisch**, d. h. sie dringen in die Pflanze ein, werden im Saftstrom transportiert und können von innen ihre Wirkung entfalten. Da auf diese Weise der Giftstoff rasch von der Oberfläche der Pflanze verschwindet, sind Nützlinge, die auf den Pflanzen leben, diese aber nicht fressen, weniger gefährdet. Die saugenden und fressenden Insekten aber, die den Pflanzensaft aufnehmen, werden vernichtet. Der große Nachteil dieser organischen Phosphorsäureverbindungen liegt in ihrer hohen akuten Giftigkeit für Mensch und Tier.

In jüngster Zeit hat die chemische Industrie durch Veränderung der Struktur eine große Zahl für Menschen weniger giftige, gegen Schädlinge teils selektive, teils sehr breit wirksame Präparate entwickelt. Allen diesen Verbindungen ist gemeinsam, daß sie von den Insekten durch die Haut oder über den Verdauungstrakt oder durch Inhalation aufgenommen werden und im Organismus lebenswichtige Enzyme blockieren. Da die organischen Phosphorsäureester in den Pflanzen rasch abgebaut werden, sind sie außerhalb des Wirkungsortes meist nach relativ kurzer Zeit nicht mehr nachweisbar.

Chemisch gesehen sind die Phosphorsäureester Verbindungen zwischen Phosphorsäure und Alkoholen folgender Struktur:

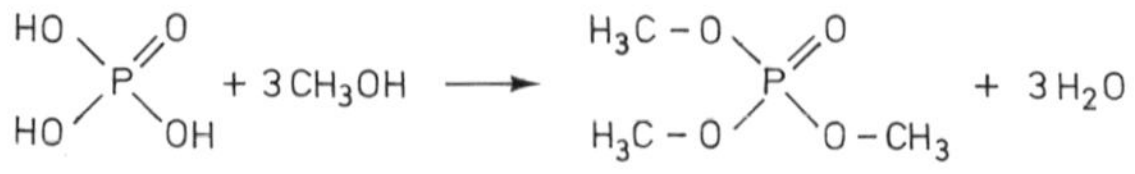

Es wurden also die 3 Wasserstoffe der Phosphorsäure durch Methylgruppen ersetzt. An die Stelle der Methylgruppen können aber auch andere Alkylgruppen (z. B. Ethyl-, Vinyl-Gruppen) oder auch Arylgruppen (z. B. Phenylgruppen) und substituierte Reste (z. B. Chlorvinylgruppen) treten. Bezeichnet man die Reste, die gleich oder verschieden sein können, mit R_1, R_2 und R_3, so erhält man folgenden **Grundtyp der Phosphorsäureester**:

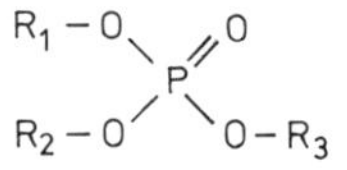

Giftigkeit

Die organischen Phosphorsäureester sind in konzentrierter Form sehr giftig. Die Giftwirkung beruht vereinfacht dargestellt darauf, daß lebenswichtige Fermente des Nervensystems blockiert und dadurch ihre Wirkung unterbunden wird[1)].

Die Industrie hat sich zwar bemüht, auch weniger giftige Präparate in den Verkehr zu bringen, wie z. B. die DDVP-haltigen Fliegentafeln, die selbst für die Anwendung im Haushalt zugelassen sind. Die meisten phosphorsäureesterhaltigen Präparate sind jedoch so gefährlich, daß zwischen letzter Anwendung und Ernte aus Sicherheitsgründen längere *Wartezeiten* – in der Regel mindestens 14 Tage – eingehalten werden müssen.

Vergiftungserscheinungen

Je nach der Art und Menge des aufgenommenen Mittels treten beim Menschen bei
Inhalation: schon nach wenigen Minuten bis zu einer halben Stunde
bei peroraler *Aufnahme:* nach ¼–1 Stunde
nach *Hautresorption:* nach 2–3 Stunden
die ersten akuten Vergiftungserscheinungen auf.

Bei *leichten Vergiftungen* sind dies Kopfschmerzen, Sehstörungen, Schwächegefühl, Schwitzen, Übelkeit und Erbrechen.

Schwere Vergiftungen mit organischen Phosphorsäureester zeigen folgendes Vergiftungsbild: Schweißausbruch, Tränen- und Speichelfluß, Augenschmerzen, starrer Blick, Bauchschmerzen, Übelkeit, Erbrechen, Durchfälle, Atemnot, dazu: Unruhe,

---

1) *Die Phosphorsäureester hemmen mehr oder weniger stark bestimmte Enzyme im Blut* und in den Geweben, z. B. die Acetylcholinesterase, indem sie diese durch Phosphorylierung nahezu irreversibel blockieren und damit deren Funktion, die Spaltung des Acetylcholins, unterbinden. Da somit der körpereigene Überträgerstoff Acetylcholin, an den Nervenendigungen im Körper ständig gebildet, wegen der Blockierung der Acetylcholinesterase durch die Phosphorsäureester aber nicht abgebaut wird, kommt es zu einer Acetylcholinvergiftung.

Zittern, Muskelschwäche, Wadenschmerzen, Zuckungen, Krämpfe, Bewußtlosigkeit, Atemlähmung.

Der Tod tritt durch Atemlähmung oder durch Herzversagen ein, wobei das Bewußtsein sehr lange erhalten bleibt. Bei sehr hohen Dosen können die Vergiftungserscheinungen innerhalb weniger Minuten einsetzen und zum Tode führen.

Erste-Hilfe-Maßnahmen

1. Sofort einen Arzt rufen!
2. Bei Aufnahme des Giftes durch den Mund bei nicht Bewußtlosen den Magen durch Erbrechen entleeren. Magen reichlich spülen, Medizinalkohle und anschließend salinische Abführmittel (z. B. Natriumsulfat) geben! Kein Rizinusöl!
3. Wegen der Möglichkeit der Giftaufnahme durch die Haut benetzte Kleidung sofort ablegen und die Haut gründlich reinigen.
4. Transport des Vergifteten in ein Krankenhaus!
5. Packungen, Behältnisse und Gebrauchsanweisung sicherstellen.

Von der großen Zahl der organischen Phosphorsäureverbindungen, die zur Schädlingsbekämpfung verwendet werden, können in diesem Rahmen nur zwei besprochen werden:

Parathion (ISO)

Sehr giftig

Umweltgefährlich

Der unter der internen Nummer der Herstellerfirma Bayer, Leverkusen, etwa 1948 in den Verkehr gebrachte Phosphorsäureester E 605 dürfte das bekannteste Schädlingsbekämpfungsmittel sein.

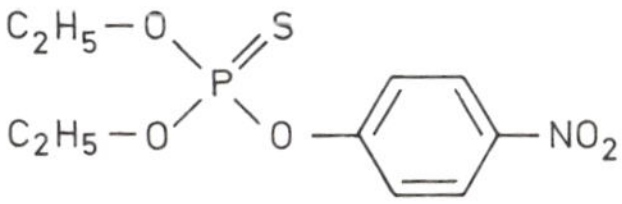

Parathion ist eine gelbbraune, schwach nach Knoblauch riechende Flüssigkeit.

Die akute orale LD 50 für Ratten liegt zwischen 3,6–13 mg/kg. Parathion ist also eine sehr giftige Verbindung. Auf Menschen können schon 0,1–0,2 g Parathion tödlich wirken. Nach Velbart ereignen sich die meisten Unfälle beim Spritzen von Insektiziden in Gewächshäusern, bei hohen Bäumen und gegen den Wind.

R 27/28
R 50/53
S (1/2)
S 28
S 36/37
S 45
S 60
S 61

Verwendung

Parathion ist ein schnell wirkendes Kontakt-, Fraß- und Atemgift. Es wird deshalb als Spritzmittel gegen saugende und beißende Insekten angewandt. Es besitzt keine systemische Wirkung. Parathion bietet im allgemeinen eine gute Pflanzenverträglichkeit. Es wird in Form von 0,01–0,05%igen Spritzmitteln, in der Regel 0,035%ig (35 ml/100 Liter Wasser) im Obst-, Wein-, Gemüse- und Rübenbau in Gewächshäusern u. dgl. angewandt. Parathion ist wie die meisten Phosphorsäureester bienengefährlich! Es darf daher während der Blütezeit nicht gespritzt werden.

Antidote

Atropin in hohen Dosen: 2 mg intravenös, in schweren Fällen Anfangsdosis 2–5 mg; weitere Behandlung mit je 2 mg in Abständen von 10–15 Minuten bis zur entscheidenden Besserung. Zusätzlich kann *PAM* 0,5–1 g oder *Toxogonin* 0,1–0,25 g intravenös verabreicht werden.

Giftig

R 24/25
S (1/2)
S 23
S 36/37
S 45

Dichlorvos (ISO-DDVP)

Dichlorvos ist wesentlich weniger giftig als Parathion und gilt daher als relativ ungefährlicher Phosphorsäureester. Es besitzt folgende Struktur:

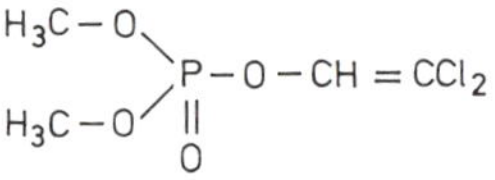

Dichlorvos dient als schnell wirkendes Insektizid und Akarizid in geschlossenen Räumen. Es wird in Form von Kunststoffplatten (sogenannten „Slow-release Insektenstreifen“ oder „Strips“), in die in der Regel bis zu 20% DDVP eingearbeitet worden ist, gegen Fliegen, Motten, Spinnen, Wespen u. dgl. angewendet. Da das Gift aus den Kunststoffplatten nur langsam freigesetzt wird, soll der „Strip“ monatelang (in Schränken bis zu 6 Monaten) voll wirksam bleiben. Dabei werden die Insekten sicher abgetötet, ohne daß sie dem Strip nahekommen oder ihn berühren müssen.
Handelspräparate: Mafu-strip, Vapona-strip u. a.

Weitere wichtige Phosphorsäureester sind zum Beispiel:

Azinphos-ethyl (Gusathion)	T^+
Bromophos (Nexion)	Xn
Oxydemeton-methyl (Metasystox R)	T
Phosphamidon (Dimecron)	T^+

5.3.2 Carbaminsäureester und Carbamate

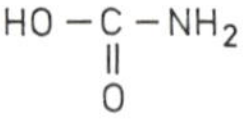

Carbaminsäure

Die freie Carbaminsäure ist nicht beständig, haltbar sind aber ihre Ester, die sog. „Carbamate“ oder „Urethane“. Den Estern der Carbaminsäure liegt folgende Struktur zugrunde:

$$R-O-\underset{\underset{O}{\|}}{C}-NH_2$$

wobei R sowohl ein Alkylrest (Methyl-, Ethyl- usw.) als auch ein Arylrest (Phenyl-, Naphthyl- usw.) sein kann.

Wie bei den insektiziden Phosphorsäureestern handelt es sich bei den Carbaminsäureestern um Cholinesterasehemmstoffe. Die Vergiftungserscheinungen entsprechen daher weitgehend denen der Phosphorsäureester, sind allerdings in der Regel von wesentlich kürzerer Dauer, da die Carbamate im allgemeinen im Körper rasch abgebaut werden. Als Gegengift eignet sich Atropin, nicht aber PAM und Toxogonin.

Ein wichtiger Vertreter dieser Gruppe ist:

Propoxur (ISO-Unden®)

Giftig

R 25
S (1/2)
S 37
S 45

Propoxur bildet farblose Kristalle; es besitzt folgende Struktur:

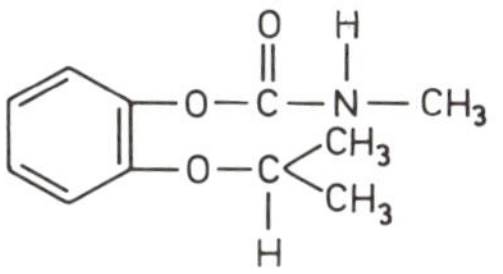

Propoxur dient als *Fraß- und Berührungsgift* gegen beißende Insekten (Kartoffelkäfer) und gegen saugende Insekten, z. B. Blattläuse im *Obstbau*. Es ist *bienengefährlich und fischgiftig*. Propoxur verfügt über eine gute Sofortwirkung; es ist gut pflanzenverträglich.

Eine weitere wichtige Verbindung dieser Gruppe ist **Pirimicarb,** ein spezifisches Blattlausmittel, unter der Bezeichnung Pirimor im Handel.

5.3.3 Chlorierte Kohlenwasserstoffe

Die *chlorierten Kohlenwasserstoffe* sind, wie schon der Name sagt, organische Verbindungen, die Kohlenstoff, Wasserstoff und Chlor enthalten. Genau so unterschiedlich wie ihre Struktur sind auch ihre Eigenschaften. Wegen ihrer großen Stabilität (**„Persistenz"**) sind diese Verbindungen in den vergangenen Jahren stark angegriffen worden. Die chlorierten Kohlenwasserstoffe sind nämlich gegen Umwelteinflüsse sehr beständig. Außerdem werden sie wegen ihrer guten Fettlöslichkeit leicht im Körperfett von Mensch und Tier gespeichert und nur sehr langsam wieder ausgeschieden. Wenn auch schwerere Gesundheitsschäden (z. B. Krebserkrankungen, Erbschäden u. dgl.) durch diese Stoffe beim Menschen bisher nicht beobachtet worden sind, so haben doch einige Länder, darunter auch die Bundesrepublik, die Anwendung besonders persistenter Verbindungen (z. B. *DDT*) vorsorglich verboten oder stark eingeschränkt.

Anwendung

Die chlorierten Kohlenwasserstoffe werden in erster Linie als Mittel gegen Insekten angewandt. Mit Hilfe von DDT, dem bekanntesten Vertreter dieser Gruppe, konnte durch Dezimierung der Fiebermücken die Malaria in vielen tropischen Ländern unter Kontrolle gebracht werden.

Leider wurden stellenweise durch falsche Anwendung dieser Wirkstoffe oder durch fahrlässigen Umgang mit diesen Giften auch viele Nützlinge (z. B. Fische, Bienen u. a.) vernichtet.

Zahlreiche Insektenstämme haben sich im Laufe der Jahre an diese Wirkstoffe gewöhnt; sie sind – wie der Fachmann sagt – **„resistent"** geworden, d. h. sie können mit herkömmlichen Konzentrationen dieser Insektizide nicht mehr vernichtet werden.

Die bekanntesten chlorierten Kohlenwasserstoffe sind das DDT und das HCH (= Hexachlorcyclohexan), dessen γ-Isomeres in reinster Form „Lindan" heißt.

DDT (1,1,1-Trichlor–2,2- bis (4-chlor-phenyl)-ethan)

Giftig

Umweltgefährlich

R 25
R 40
R 48/25
R 50/53
S (1/2)
S 22
S 36/37
S 45
S 60
S 61

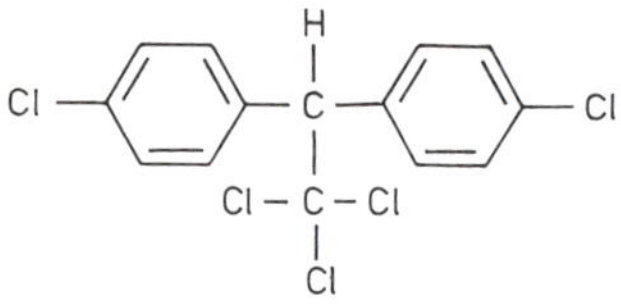

Die Bezeichnung DDT ist die Abkürzung für **D**ichlor-**d**iphenyl-**t**richloräthan. DDT ist eine farblose, kristalline, gegen Licht und Luftsauerstoff beständige und in Wasser praktisch unlösliche Substanz. Es ist gut löslich in den meisten organischen Lösungsmitteln und in Fett.

Im Körper der Tiere und des Menschen wird es bei andauernder Aufnahme kleinster Mengen in gesundheitlich unerwünschter Weise gespeichert. Beim Milchvieh geht es in die Milch über. Auch auf den Pflanzen wird es nicht verändert; die Abnahme der Rückstände erfolgt hier hauptsächlich durch allmähliches Verdunsten der Substanz. Wegen der Beständigkeit (**„Persistenz"**) von DDT und der damit verbundenen Nebenwirkungen ist die Anwendung von DDT *in der Bundesrepublik* durch das DDT-Gesetz *verboten*, andernorts stark eingeschränkt worden.

Einige Entwicklungsländer haben sich dem DDT-Verbot nicht angeschlossen. DDT ist nämlich ein wertvolles und preiswertes Mittel zur Bekämpfung der Stechmücken und damit zur Ausrottung der **Malaria**. Auch Insekten, welche die Pest, die Schlafkrankheit und andere Krankheiten übertragen, werden mit DDT erfolgreich bekämpft. Das ist der Grund, weshalb einige Entwicklungsländer auf dieses Insektizid nicht verzichten können.

Nach Prof. Schunack (PZ 1984, Seite 2727) starben in den Jahren 1946 und 1947 in Italien jeweils 400 000 Menschen an Malaria. Nach dem Einsatz von DDT war Italien 1952 praktisch malariafrei. In Sri Lanka gab es 1961 fast keine Malaria mehr, nachdem zuvor Millionen Menschen von dieser Krankheit befallen worden waren. Das Verbot von DDT in den sechziger Jahren hat nach Prof. Schunack innerhalb weniger Jahre zu einem gewaltigen Anstieg der Neuerkrankungen an Malaria geführt. In Sri Lanka wurden bereits 1970 wieder 1,5 Millionen Erkrankungen registriert. Malaria ist wieder zu einem weltweiten Problem geworden.

Spezialliteratur: DAZ-Giftlexikon: DAZ 1985, Seite 1606

Lindan (DAB 7)

(gamma-Hexachlor-cyclohexan, HCH, Gammexan)

Giftig

Umweltgefährlich

R 23/24/25
R 36/38
R 50/53
S (1/2)
S 13
S 45
S 60
S 61

Unter den deutschen Abkürzungen für Hexachlorcyclohexan hat sich HCH durchgesetzt. Für das von den 8 möglichen Isomeren insektizid allein wirksame **γ-Isomere** (die griechischen Buchstaben α, β, γ, δ, ε, geben die zeitliche Reihenfolge in der Entdeckung der HCH-Isomere an) wurde zuerst der Name Gammexan geprägt, der später zu Ehren des holländischen Chemikers van der Linden, der γ-Hexachlorcyclohexan 1912 rein dargestellt hatte, in Lindan geändert worden ist. Die Bezeichnung „Lindan" darf jedoch nur für γ-Hexachlorcyclohexan mit einem Reinheitsgrad von über 99% verwendet werden.

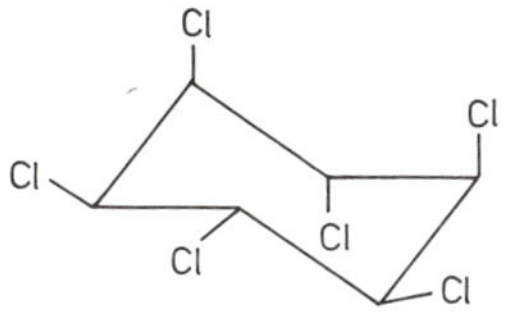

Eigenschaften

Lindan ist ein besonders reines Hexachlorcyclohexan. Es besitzt je nach Reinheitsgrad einen mehr oder minder ausgeprägten muffigen Geruch, der von den anderen Isomeren des Hexachlorcyclohexans herrührt. Dieser unangenehme Geruch überträgt sich leicht auf Früchte, die nach einer Behandlung mit Hexachlorcyclohexan mit einem typisch modrigen Geschmack (*„Hexageschmack"*) und Geruch behaftet sein können. Reines Lindan ist praktisch geruchlos.

Lindan besitzt im Vergleich zu den anderen chlorierten Kohlenwasserstoffen eine beachtliche Flüchtigkeit, womit nicht nur die hohe Atemgiftwirkung, sondern auch das rasche Verschwinden des Insektizids bei warmer Witterung zusammenhängen. Es wirkt daher als Atemgift auf die meisten Schädlinge sehr rasch (*„knock-down Effekt"*), verliert aber aufgrund seiner Flüchtigkeit verhältnismäßig schnell wieder an Wirkung.

Lindan ist Fraßgift, Atemgift und Berührungsgift zugleich. Je wärmer es bei der Anwendung ist, desto rascher wirkt es und desto kürzer ist seine Wirkungsdauer. Wegen seiner guten Hitzebeständigkeit kann es auch als Räuchermittel eingesetzt werden.

Giftigkeit

Lindan gehört zu den Wirkstoffen mit mittlerer Giftigkeit. Es wird nach peroraler Aufnahme rasch resorbiert und in alle Organe verteilt; die Hauptmenge findet sich nach kurzer Zeit im Fett wieder. Lindan wird jedoch im Körper wieder abgebaut und mit dem Urin (und der Milch) ausgeschieden.

Seine toxischen Eigenschaften ähneln denen anderer Gifte dieser Gruppe (z. B. DDT, *Chlordan* ...), es unterscheidet sich aber wegen seiner, wenn auch geringen, *Wasserlöslichkeit*, seiner *schnellen Ausscheidung aus dem Körper* und seiner geringeren chronischen Toxizität deutlich von diesen Stoffen.

Seine akute orale LD_{50} beträgt für Ratten 125 mg/kg Körpergewicht.

Die lebensgefährliche Dosis für den Menschen kann bereits bei 10–20 mg/kg Körpergewicht liegen, wobei Kinder besonders empfindlich sind. Der Tod tritt meist durch Atemlähmung oder durch Kreislaufkollaps ein. Lindan ist bisher allerdings nur äußerst selten Ursache für Vergiftungen bei Menschen gewesen. Für Pflanzen ist es im allgemeinen gut verträglich.

Der gelegentlich geäußerte Verdacht einer krebserzeugenden Wirkung und einer Schädigung der blutbildenden Organe als Folge des Umgangs mit Lindan ist nicht begründet (vgl. BGA v. 20. 9. 1984).

Vergiftungserscheinungen

Kopfschmerzen, Benommenheit, Schwindel, Unruhe, Angst, Krämpfe, Übelkeit, Zittern, Erbrechen, Durchfälle, Harndrang, beschleunigter Puls, Schreckhaftigkeit, Muskelzuckungen, Schweißausbruch.

Erste-Hilfe-Maßnahmen

Magenentleerung, salinische Abführmittel (z. B. Natriumsulfat = Glaubersalz), Medizinalkohle. Ein spezifisches Gegengift gibt es nicht.

Keine Milch, kein Fett und keinen Alkohol geben, da diese die Resorption der chlorierten Kohlenwasserstoffe erhöhen.

Verwendung

Lindan wird seit Jahrzehnten vielseitig angewandt, z. B. als Spritzpulver, Emulsion, Suspension, Staub, Lösung, Streumittel, in Granulatform, als Verdampfungspräparat, usw.

Es wird im Ackerbau (z. B. zur Saatgutbehandlung und gegen Insekten aller Art), im Gemüsebau, im Obstbau, Weinbau, Zierpflanzenbau, in der Forstwirtschaft, zur Bodenbehandlung, *Heuschreckenbekämpfung*, im *Holzschutz*, im *Vorrats-* und *Materialschutz* und zur Raum*entwesung* eingesetzt, und zwar gegen beißende *Insekten*, Drahtwürmer, Engerlinge, Kornkäfer, Textil- und Pelzschädlinge und viele andere Schädlinge. Mit Lindan lassen sich Stubenfliegen, Stechmücken, Wanzen, Flöhe, Spinnen, Zecken, Milben (Krätzemilben) und anderes Hausungeziefer (Schaben, Silberfischchen, Ameisen) wirksam bekämpfen. In der Tierhygiene sprechen viele Parasiten (Rindermilben, Zecken, Flöhe usw.) auf Lindan an.

Medizinisch dient es als Antimycoticum und gegen Parasiten und Ungeziefer (z. B. als „*Jacutin*",).

Spezialliteratur: DAZ-Giftlexikon: DAZ 1985 S. 2314
PZ 1986 Seite 1788

5.3.4 Organische Dinitroverbindungen

Die organischen Dinitroverbindungen werden im Pflanzenschutz als Mittel gegen Insekten, Milben, Pilze und Unkräuter, häufig in Verbindung mit

Phenolen (*Karbolineen*!) verwendet. Wegen der Gefährlichkeit dieser Mittel sind Haut und Atemwege in geeigneter Weise (Schutzkleidung, Schutzbrille, Atemmaske u. dgl.) zu schützen und die sonstigen Vorsichtsmaßnahmen strengstens zu beachten.

Der chemisch einfachste Vertreter dieser Gruppe ist das *Dinitroorthokresol (DNOC)*. Es ist bei den Herbiziden (s. Kapitel 5.8.2) ausführlich beschrieben. Weitere organische Dinitroverbindungen sind bei den Akariziden (s. Kapitel 5.4) erwähnt.

5.3.5 Sonstige Insektizide

Pyrethrine einschließlich Cinerine

Gesundheitsschädlich

R 20/21/22
S (2)
S 13

Pyrethrine sind die Inhaltsstoffe von **Pyrethrum**, dem Rohextrakt aus zahlreichen Chrysanthemumarten, in erster Linie aus Chrysanthemum cinerariifolium (Flores Chrysanthemi cinerariifolii Erg. B.), einer in Jugoslawien heimischen Asteracea. Die Pyrethrine werden durch Extraktion aus den Blüten gewonnen und meist als 25 %ige Konzentrate gehandelt. Es sind viskose Öle, die aus kompliziert gebauten, stark ungesättigten und dadurch unstabilen Estern bestehen. Von Licht und Wärme werden sie allmählich zersetzt.

Pyrethrine wirken als Kontakt- und Fraßgifte. Sie sind für Insekten, Milben und Würmer stark giftig, dabei übertrifft *Pyrethrin I bei Fliegen das ähnlich gebaute Pyrethrin II um das zehnfache. Die Wirkung der beiden anderen Inhaltsstoffe des Pyrethrums* **Cinerin I** und *Cinerin II* ist schwächer.

Die Verträglichkeit der Pyrethrine mit den meisten Insektiziden ist gut, so daß Kombinationen mit Lindan u. a. möglich sind. Durch **Synergisten** (= Stoffe, die ohne eigene insektizide Wirkung in Verbindung mit Insektiziden deren Aktivität erhöhen!) kann die Wirkung noch erhöht werden. Diese Wirkungssteigerung soll auf die Ausschaltung des Abbaumechanismus im Insekt beruhen. Die bekanntesten Pyrethrum-Synergisten sind *Piperonylbutoxid, natürliches Sesamöl* u. a.

Pyrethrine dienen als Insektenvertilgungsmittel, hauptsächlich als Fliegenspray; sie sind häufig mit *Rotenon* kombiniert.

Giftigkeit

Die orale Toxizität für Menschen und Warmblüter ist gering. Die tödliche Dosis für den Menschen liegt etwa bei 1–2 g/kg Körpergewicht.

Vergiftungserscheinungen

Perorale Aufnahme führt zu Betäubung der Lippen und der Zunge, Erbrechen, Durchfall, Kopfschmerzen u. dgl.

Bei Personen, die zu Allergien neigen, kann nach wiederholtem Kontakt eine Überempfindlichkeit gegen Pyrethrine entstehen, die sich als Asthma, Heuschnupfen und Erscheinungen an der Haut äußert.

Pyrethroide Wirkstoffe

Gesundheitsschädlich

R 22
S (2)
S 36

Wandelt man Pyrethrine chemisch ab, so erhält man die sog. pyrethroiden Wirkstoffe, wie z. B. Allethrin:

Allethrin hat sich besonders gegen die Stubenfliege bewährt, wo seine Wirksamkeit ungefähr der des natürlichen Pyrethrins entspricht. Hinsichtlich ihrer Giftigkeit sind die pyrethroiden Wirkstoffe im Vergleich zu den anderen Insektiziden als relativ harmlos zu beurteilen.

Andere pyrethroide Wirkstoffe sind:

Bioallethrin: Es ist ein gelb-orangefarbenes Öl.

Es dient dem Pflanzenschutz als Insektizid. Seine insektizide Wirkung ist etwa zweimal so stark wie die der Pyrethrine, vorausgesetzt, daß letzteren keine Synergisten (Wirkstoffverstärker) zugesetzt worden sind. Durch Zugabe kleiner Mengen von Bioresmethrin oder Lindan (s. Kapitel 5.3.3) kann die Wirkung noch verstärkt werden.

Bioresmethrin: Es ist ein sehr wirksames Insektizid. Bioresmethrin soll nach Angabe des Herstellers als Insektizid um ein vielfaches aktiver sein als viele organische Chlor- und Phosphorverbindungen. Das soll anhand der LD_{50}-Werte der Hausfliege bei lokaler Anwendung gezeigt werden (Tab. 24):

Tab. 24: LD_{50}-Werte pyrethroider Stoffe

	Kennbuchstaben	LD_{50} µg pro Insekt
Bioresmethrin	Xn	0,020
Pyrethrine	Xn	0,800
Allethrin	Xn	0,740
DDT	T	0,200
Malathion	Xn	1,200

Die Toxizität gegenüber Menschen soll sehr gering sein; Bioresmethrin fällt deshalb nicht unter die Gefahrstoffverordnung. Zu beachten ist aber, daß diese neue Generation von Insektiziden sehr bienengefährlich ist, Allergien hervorrufen kann und möglicherweise neurotoxisch wirkt.

Spezialliteratur: DAZ 1994 Seite 572
Perger/Skadkowski: Wirkungsweise und Toxikologie von Pyrethroiden, DÄBl. 1994 Seite 701

Rotenon

Giftig

R 25
R 36/37/38
S (1/2)
S 22
S 24/25
S 36
S 45

Rotenon kommt in der Natur in verschiedenen Derrisarten (= Fabaceae) vor und wird bevorzugt aus Derris elliptica gewonnen.

Je nach Art der Substituenten unterscheidet man verschiedene Verbindungen, die man als *Rotenoide* zusammenfaßt.

Rotenon bildet weiße, optisch aktive Kristalle.

Es dient als Insektizid und zwar als Kontakt- und als Fraßgift. Neuerdings wird es kombiniert mit anderen Insektiziden, besonders mit Pyrethrum in den Verkehr gebracht. Seine Wirkung wird durch sog. Synergisten (z. B. durch Piperonylbutoxid) verstärkt.

Giftigkeit

Die orale LD_{50} für Ratten liegt für reines Rotenon bei 132 mg/kg. Für den Menschen ist Rotenon in reiner Form relativ wenig gefährlich, da es im Magen nur schlecht resorbiert wird. Gefährlicher dagegen ist Rotenon in Mischungen mit pyrethroiden Wirkstoffen und Piperonylbutoxid, weil sich in dieser Kombination die Wirkung der Stoffe nicht addiert, sondern potenziert.

Rotenon ist ungefährlich für Bienen, stark giftig dagegen für Fische.

5.4 Mittel gegen Milben („Akarizide")

Die Milben gehören zu den Gliederfüßlern. Sie leben teils räuberisch, teils von Pflanzen oder von Fäulnisstoffen. Im Pflanzenschutz interessieren nur solche Arten, die an Pflanzen Schäden anrichten, wie Spinnmilben, Weichhautmilben und Gallmilben. Diese Milbenarten zeichnen sich durch eine außerordentlich schnelle Vermehrung aus; sie können bis zu 10 Generationen in einem Jahr hervorbringen. Da die Milben auf unseren intensiv bewirtschafteten Kulturen gute Lebensbedingungen finden, ihre natürlichen Feinde durch vermehrte Anwendung von Insektiziden stark dezimiert worden sind und ursprünglich gut wirksame Akarizide nicht mehr eingesetzt werden können, weil sich resistente (= widerstandsfähige) Stämme gebildet haben, wird intensiv nach neuen, wirkungsvollen, für Mensch und Tier aber möglichst ungiftigen Akariziden gesucht. Während man nämlich früher die Eier der Spinnmilben im Winter nur mit den sog. „Gelbspritzmitteln" und die Spinnmilben nur mit Schwefel und Schwefelkalk bekämpfen konnte, werden heute besser pflanzenverträgliche Wirkstoffe angewendet, z. B.:

Organische Phosphorsäureester

Den Phosphorsäureestern kommt eine echte akarizide Wirkung zu. Hier sind besonders die sog. **systemischen Insektizide** zu nennen. Das sind Gifte gegen Insekten, die von den Pflanzen aufgenommen und mit dem Saftstrom im Gefäßsystem verteilt werden. Aufgrund dieser „innertherapeutischen Wirkung" sind sie, nachdem sie in die Pflanze eingedrungen sind, für Nützlinge ungefährlich; saugende und beißende Schädlinge dagegen werden abgetötet.

Gesundheitsschädlich

R 22
S (2)
S 24

Ein wichtiger akarizider Phosphorsäureester ist das **Malathion** (ISO). Giftigkeit, Vergiftungserscheinungen, Erste-Hilfe-Maßnahmen und Antidote ähneln denen des Parathions (siehe Kapitel 5.3.1).

Außer den oben aufgeführten Akariziden gibt es noch eine große Anzahl biologisch hochaktiver Wirkstoffe, die gegen Milben aller Art unter den verschiedensten Markennamen in den Verkehr gelangen.

5.5 Mittel gegen Nematoden („Nematizide“)

Nematoden sind kleine, etwa 1 mm lange, dünne Fadenwürmer, die wegen ihrer aalähnlichen Bewegungen auch **Älchen** genannt werden. Die pflanzenschädlichen Älchen besitzen einen Mundstachel, mit dem sie die Pflanzenzellen anstechen und den Inhalt aussaugen. Dabei gelangen häufig Fäulnisbakterien und -pilze in die Pflanze und zersetzen deren Gewebe.

Es gibt verschiedene Arten von Nematoden. Am häufigsten kommen die sog. Wurzelnematoden vor. Sie leben in den Wurzeln von Getreide, Rüben, Kartoffeln, Gemüse usw.

Einige Arten regen die Wurzeln der Pflanzen zur **Gallenbildung** an („Wurzelgallennematoden“) und vermehren sich dann in diesen Gallen. Letztere treten vorwiegend in Gewächshäusern auf, z. B. an Tomaten, Gurken, Nelken u. a. Große Schäden verursachen auch die sog. Stengelälchen, die sich im Stengel der Pflanzen vermehren und zur Stengelfäule bei Mais, Roggen, Hafer, Klee u. a. führen. Die Blattnematoden leben im Blattinneren der Pflanzen und saugen dort den Inhalt der Zellen aus. Sie lieben warmes und feuchtes Klima und befallen hauptsächlich Erdbeeren, Reis und zahlreiche Zierpflanzen.

Nachstehend einige wichtige Nematizide:

Phosphorsäureester (s. Kapitel 5.3.1)

Carbaminsäureester und Carbamate (s. auch Kapitel 5.3.2)

Methylbromid (siehe Kapitel 7) darf nur noch mit einer Ausnahmegenehmigung nach § 43 Abs. 8 GefStoffV angewandt werden.

Sehr giftig

R 27/28
S (1/2)
S 22
S 36/37
S 45

Beispiel: **Aldicarb** (ISO)

Aldicarb ist wasserlöslich und wird deshalb leicht von den Wurzeln aufgenommen. Es besitzt ein breites Wirkungsspektrum gegen Nematoden und wird bevorzugt im Zierpflanzen- und Hackfruchtbau angewandt.

Handelspräparat: z. B. Temik 5 g

5.6 Mittel gegen Schnecken („Molluskizide“)

Metaldehyd*)

Gesundheitsschädlich

R 10
R 22
S (2)
S 13
S 25
S 46

Der heute fast ausschließlich zur Bekämpfung von Schnecken verwendete Wirkstoff ist *Metaldehyd*. Die handelsüblichen **„Schneckenkörner“** besitzen meist nur einen Gehalt von 10% Metaldehyd und fallen deshalb unter die Ausnahmen. Metaldehyd wirkt auf Schnecken als Fraß- und als Berührungsgift. Unter seiner Einwirkung werden die Schnecken gelähmt und reagieren mit überschüssiger Schleimabsonderung. Diese kann in trockenen Jahren mit niedriger Luftfeuchtigkeit nicht ausgeglichen werden, so daß die Schnecken eingehen. In feuchten Jahren und in Gewächshäusern ist die Wirkung von Metaldehyd unsicher.

Metaldehyd ist eine farblose, kristalline, in reinem Zustand geruchlose und geschmacklose Substanz, die mit bläulicher Flamme brennt. Es dient als Trockenbrennstoff (**„Hartspiritus“**) und zur Schneckenbekämpfung.

Bei der routinemäßigen Prüfung der insektiziden Carbaminsäureester

*) Metaldehyd ist ein Oligomeres, das aus 4 bis 6 Molekülen Acetaldehyd besteht.

wurde der Wirkstoff **Mercaptodimethur** (ISO) als hochwirksames Gift gegen Schnecken erkannt und von der Firma Bayer als Schneckenkorn „Mesurol" in den Verkehr gebracht.

Giftig

R 25
S (1/2)
S 22
S 37
S 45

5.7 Mittel gegen Nagetiere („Rodentizide")

Die Nagetiere richten alljährlich große Schäden durch *Verzehr und Verschmutzung von Getreide* und anderen Nahrungsmitteln an. Allein in der Bundesrepublik werden die Vorrats- und Ernteschäden durch Nagetiere auf mehrere 100 Millionen DM pro Jahr geschätzt (Wegler). Als *Seuchenträger* sind die Ratten und teilweise auch die Mäuse besonders gefürchtet, da sie u. a. folgende Krankheiten übertragen können: Pest, Fleckfieber, Salmonellen, Toxoplasmosen, Trichinosen, Tollwut, Maul- und Klauenseuche u. a.

Trotz größter Anstrengungen ist eine Dezimierung oder gar eine Ausrottung der Nagetiere bis heute wegen ihres großen Anpassungsvermögens und ihrer hohen Vermehrungsrate nicht gelungen.

Folgende Bekämpfungsmaßnahmen werden angewandt:

a) Fangen mit Fallen
b) Einsatz der natürlichen Feinde (Katzen, Hunde u. a.)
c) Vergiftung mit Rodentiziden
   1. Auslegen vergifteter Köder
   2. Ausstreuen von Giften
   3. Ausräuchern der Gänge
   4. Flächenbekämpfung
   5. Begasung geschlossener Räume

Zu beachten ist, daß **Maulwurf und Hamster** nach der Bundesartenschutzverordnung geschützt sind; sie dürfen nur bei schwerwiegenden Schäden nach Genehmigung durch die zuständige Landesbehörde bekämpft werden.

5.7.1 Blutgerinnung hemmende Präparate (Antikoagulantien)

Antikoagulantien sind blutgerinnungshemmende Substanzen, die u. a. zur Bekämpfung von Nagetieren angewandt werden. Bei regelmäßiger Aufnahme kleinster Dosen rufen sie bei Nagern – insbesondere bei Ratten – eine stark erhöhte Neigung zu Blutungen hervor.

Der Wirkungsmechanismus der Antikoagulantien besteht darin, daß die Bildung des zur Blutgerinnung notwendigen Prothrombins in der Leber verhindert wird. Dadurch kommt es zu einer Hemmung der Blutgerinnung.

Gleichzeitig werden bei einigen Wirkstoffen dieser Gruppe, z. B. bei den Cumarinderivaten, die Wände der Blutgefäße geschädigt, so daß das Blut in die Muskulatur, in die inneren Organe, die Körperhöhlen, in die Schleimhäute der Augen, der Nase, usw. austreten kann. Der Tod der Tiere gleicht einem Alters- und Schwächetod; die Tiere verenden still. Dadurch werden andere Nagetiere nicht rechtzeitig gewarnt; eine Giftscheu entfällt.

Weitere Vorteile dieser Schädlingsbekämpfungsmittel liegen darin, daß

Sekundärvergiftungen[1] bisher nicht beobachtet worden sind und daß bei eventuellen Vergiftungen **Vitamin K** als gut wirkendes *Antidot* zur Verfügung steht.

Mit der Einführung der Antikoagulantien zur Nagetierbekämpfung sind bis dahin ungeahnte Erfolge bei der Rattenbekämpfung erzielt worden.

Gebräuchliche Antikoagulantien sind:

Die Cumarinderivate

Giftig

R 61
R 48/25
S 53
S 45
Anm. E

Cumarin ist der Duftstoff des Waldmeisters und der Tonkabohne. Die Abkömmlinge des Cumarins dagegen sind meist geschmack- und geruchlose Substanzen, die bei Ratten und anderen Nagetieren schon nach regelmäßiger Aufnahme kleinster Dosen (0,005–0,05%; als Streupulver 0,5–1%) eine stark erhöhte Neigung zu Blutungen hervorrufen und dadurch diese Schädlinge vernichten. Cumarinderivate stellen somit hervorragende Ratten- und Mäusebekämpfungsmittel dar. In den hierfür gebräuchlichen Dosen sind sie bei einmaliger Einnahme für Menschen und Haustiere harmlos.

Ein wichtiges Cumarinderivat ist:

Warfarin (z. B.: Cumarax)

Weitere Antikoagulantien sind:

Pindon

Sehr giftig

R 25
R 48/25
S (1/2)
S 37
S 45

Pindon besitzt dieselben blutgerinnungshemmenden Eigenschaften wie die Cumarinderivate, es vermag aber die Wirkung der Cumarine noch zu verstärken. Es wird als Kombinationspräparat mit Warfarin in den Verkehr gebracht.

Chlorphacinon (ISO)

Sehr giftig

R 23
R 27/28
R 48/24/25
S (1/2)
S 36/37
S 45

Chlorphacinon ist ebenfalls ein Rodentizid mit blutgerinnungshemmender Wirkung. Es wird bevorzugt gegen Ratten, Haus-, Feld- und Wühlmäuse eingesetzt, und zwar sowohl als Fertigköder als auch in Giftkonzentraten zur Köderzubereitung. Ähnlich wie bei den Cumarinderivaten ist auch hier für eine sichere Wirkung eine wiederholte Aufnahme **subletaler Dosen**[2] *erforderlich.*
Handelspräparat: Brumolin Fix Fertig

---

[1] Sekundärvergiftungen kommen vor, wenn Hunde, Katzen u. dgl. vergiftete Tiere fressen und dann erkranken oder eingehen.

[2] Subletale Dosen sind Einzeldosen, die bei einmaliger Anwendung nicht tödlich sind und erst bei längerer Anwendung den Tod der Schädlinge herbeiführen.

5.7.2 Thalliumverbindungen

Sehr giftig

R 26/28
R 33
S (1/2)
S 13
S 28
S 45
Anm. A

Ein weiteres Gift gegen Ratten und Mäuse ist Thalliumsulfat. Es ist ein farbloses kristallines Salz, dessen akute orale LD_{50} für Wanderratten bei 15 mg/kg Körpergewicht liegt. Thalliumpräparate werden von Ratten gut aufgenommen und wirken relativ langsam. Das ist sehr vorteilhaft, weil die **lange Latenzzeit**[1] nicht zur Köderscheu führt.

Thalliumpräparate sind sehr giftig. Die tödliche Dosis des Thalliumsulfats für Erwachsene liegt bei peroraler Aufnahme bei 0,8 bis 1 Gramm. Das bedeutet, daß schon in einer 50 g Packung der handelsüblichen thalliumhaltigen Weizenkörner die für den Menschen erforderliche tödliche Dosis enthalten ist. Vergiftungserscheinungen treten bereits bei Aufnahme von 0,1 Gramm Thalliumsulfat auf. Wegen dieser Gefährlichkeit und wegen ihrer **Persistenz**[2] sollten Thalliumverbindungen nur in hartnäckigen Fällen, wie zur Niederhaltung der Ratten in Kanalisationen und hier nur von Fachleuten ausgelegt werden. In allen anderen Fällen sollten die thalliumhaltigen Gifte durch harmlosere Präparate, wie z. B. durch cumarinhaltige Rodentizide, ersetzt werden.
Thalliumsulfat steht in der EG-Stoffliste unter Dithalliumsulfat.

Vergiftungserscheinungen

Nach einer Latenzzeit von 1–4 Tagen, während der sich der Patient wohl fühlt, folgen Bauchkrämpfe und eine hartnäckige Verstopfung. Nach 2–3 weiteren Tagen treten starke Schmerzen in beiden Beinen und im Leib auf. Dann folgen Durstgefühl und Schlaflosigkeit und nach etwa einer Woche **Haarausfall**.

Erste-Hilfe-Maßnahmen

Auslösen von Erbrechen, Gabe von 20–30 g medizinischer Kohle und von reichlich Glaubersalz.

Zur Entgiftung des Körpers wird Berliner Blau (*Antidotum Thallii* „Heyl") empfohlen.

Spezialliteratur: DAZ-Giftlexikon: DAZ 1984 Seite 2008

5.7.3 Sonstige Rodentizide

Antu (ISO)

Sehr giftig

R 28
R 40
S (1/2)
S 25
S 36/37
S 45

Antu wirkt ähnlich wie die Cumarinpräparate. Die Ratten, besonders die Wanderratten, werden nach mehrmaliger Aufnahme subletaler Dosen dadurch getötet, daß die Blutgefäße durchlässig werden und die Tiere innerlich verbluten. Eine Hemmung der

[1] Zeit zwischen der Aufnahme des Giftes und seiner Wirkung.

[2] Persistenz = Beständigkeit; Thallium und seine Verbindungen werden weder im Körper noch im Boden abgebaut; selbst bei der Verbrennung von Thalliumsalzen entstehen thalliumhaltige Gase, die sich wieder auf die Erde niederschlagen.

Blutgerinnung wie bei den Cumarinderivaten erfolgt nicht. Antu ist für die Bekämpfung der übrigen Nagetiere nicht geeignet.

Begasungsmittel

Neben den *Räucherpatronen*, die aus einer Mischung von Salpeter, Kohle und Schwefel bestehen und die giftigen Gase Kohlenoxid und Schwefelwasserstoff bilden, werden insbesondere **Phosphorwasserstoff** entwickelnde Begasungsmittel (z. B. Arrex-Patronen) zur Bekämpfung von Wühlmäusen eingesetzt. Phosphorwasserstoff und seine Präparate dürfen ebenso wie Blausäure zum Durchgasen geschlossener Räume (Lagerhäuser, Schiffe) nur von Personen *angewandt* werden, die eine Erlaubnis zur Anwendung dieser Gifte besitzen. Besonders zu beachten ist die Feuer- und Explosionsgefahr dieser Verbindungen (s. auch Kapitel 7).

5.8 Mittel gegen Unkräuter („Herbizide")

Die Unkrautbekämpfung erfolgte früher ausschließlich durch mühsames Handjäten, Eggen und Hacken. In neuerer Zeit wurden spezifisch wirkende Unkrautbekämpfungsmittel entwickelt, die seit einigen Jahren in der Landwirtschaft eine weite Verbreitung gefunden haben. Da die Unkräuter mit den Kulturpflanzen um Licht, Wasser, Raum und Nährstoffe kämpfen, können durch den richtigen Einsatz geeigneter Herbizide beachtliche Ertragssteigerungen erzielt werden. So braucht bei uns der Mais Herbizide, damit er sich gegen Unkräuter durchsetzen kann. Das hat stellenweise zu einer Belastung des Trinkwassers mit **Atrazin** geführt. Unkrautbekämpfungsmittel wurden aber nicht nur in der Landwirtschaft, sondern auch auf Industriehöfen, an Gleisanlagen, Straßenrändern und an Kanälen zur Vernichtung des Unkrauts verwendet. Diese Art der Anwendung wurde durch das neue Pflanzenschutzgesetz verboten; ausgenommen von diesem Verbot sind lediglich Gehwege in Gärten.

Inzwischen wurden Wirkstoffe hergestellt, die nur bestimmte Pflanzenarten vernichten, andere dagegen schonen. Derartige Herbizide werden als **Selektivherbizide** bezeichnet, im Gegensatz zu den **Totalherbiziden**, die jeden Pflanzenwuchs unterbinden. Die Grenze zwischen beiden ist nicht leicht zu ziehen, da die Wirkung häufig konzentrationsabhängig ist.

Man kann die Herbizide auch nach ihrem Wirkungsmechanismus einteilen, und zwar in

a) *Bodenherbizide* und
b) *Blattherbizide*.

Letztere lassen sich weiter unterteilen in *Kontaktherbizide* und in *systemische* Herbizide, zu denen auch die *Wuchsstoffherbizide* gehören. Bodenherbizide werden von den Wurzeln aufgenommen und wandern in der Pflanze hoch. Ihre Wirkung beruht auf der Hemmung der Photosynthese. Blattherbizide entfalten ihre Wirkung direkt über die Blätter. Auch hier gibt es Übergänge: Kontaktherbizide vernichten alle Pflanzenteile, mit denen sie in Berührung kommen; systemische Herbizide werden von den Pflanzen aufgenommen und wirken dann über den Saftstrom.

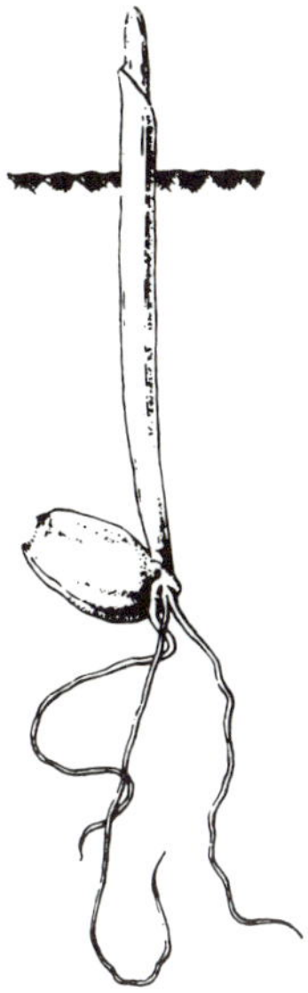

Die Herbizide weisen bei richtiger Anwendung nur eine geringe Giftigkeit auf. Auch nennenswerte Auswirkungen auf freilebende Tiere wurden bisher nicht beobachtet. Der Grund dafür dürfte darin liegen, daß fast alle Herbizide in sehr verdünnter Form angewandt und meist schnell abgebaut werden. Wichtig ist aber auch hier die genaue Beachtung der Gebrauchsanleitung und die richtige Anwendungszeit. So müssen zum Beispiel die sog. *Vorauflaufmittel* entweder vor der Aussaat oder nach der Aussaat, aber vor dem **Auflaufen** der Kulturen (Getreide, Hackfrüchte) angewandt werden.

Auflaufen der Saat ist das Durchstoßen der Keimscheiden durch die Bodenoberfläche. Siehe auch nebenstehende Abbildung 12 aus dem Merkblatt Nr. 27/1 der Biolog. Bundesanstalt für Land- und Forstwirtschaft.

Unter einer *Nachauflaufbehandlung* versteht man die Anwendung eines Herbizides, wenn die Kulturpflanze bereits aufgelaufen ist.

Bekannte Herbizide sind:

5.8.1 Chlorate

Es sind die Salze der Chlorsäure. Sie werden trotz ihrer Gefährlichkeit als **Totalherbizide** noch verwendet. Da sie sich mit organischen Stoffen explosionsartig zersetzen können, müssen sie gelöst oder unvermischt angewendet werden. Chlorate eignen sich besonders zur Unkrautbekämpfung auf Wegen und Plätzen.

Natriumchlorat

Gesundheitsschädlich

Brandfördernd

R 9
R 22
S (2)
S 13
S 17
S 46

Natriumchlorat ist ein farbloses, in Wasser lösliches Salz, das stark verbrennungsfördernd wirkt und beim Verreiben in Gegenwart oxidierbarer Substanzen wie Phosphor, Schwefel, organischen Verbindungen (z. B. auch von Staub!) explodieren kann.

Natriumchlorat findet sich in Explosiv- und Zündstoffen, medizinisch in Mund- und Gurgelwässern. Hauptsächlich dient es jedoch als Unkrautvertilgungsmittel. Die herbizide Wirkung beruht auf einer oxidativen Zerstörung des Pflanzengewebes durch freiwerdenden Sauerstoff. Chlorate wirken nicht selektiv, d. h. sie wirken auf alle Pflanzen. Es sind also *Totalherbizide*. **Natriumchlorat ist in der Landwirtschaft und im Gartenbau nicht mehr zugelassen!**

Vorsichtsmaßnahmen beim Umgang mit Chloraten

Chlorate dürfen nicht in Papiertüten, Pappdosen oder Säcke gefüllt, sondern nur in den Originalpackungen (Blechdosen!) abgegeben werden, da sonst die *Gefahr der Selbstentzündung* besteht. Chlorate nicht ins Feuer werfen! Chlorate dürfen zur Anwendung nicht mit anderen Stoffen gemischt werden. Sie müssen in Wasser gelöst oder unvermischt ausgestreut werden!

Zur Vermeidung einer mißbräuchlichen Verwendung ist bei der *Abgabe von chlorathaltigen Produkten größte Vorsicht* geboten. Werden gleichzeitig noch Kohle, Schwefel u. dgl. verlangt, empfiehlt es sich dringend, die Abgabe dieser Stoffe zu verweigern.[1]

Vergiftungserscheinungen

Übelkeit, Erbrechen, Magenschmerzen, Durchfall, Atemnot, Kreislaufkollaps und Bewußtlosigkeit. Bereits 5 g Kaliumchlorat können tödlich wirken.

Erste-Hilfe-Maßnahmen

Magenspülung mit 5%iger Natriumbikarbonatlösung und Gabe reichlicher Mengen medizinischer Kohle. Anschließend Rizinusöl oder Natriumsulfat als Abführmittel.

5.8.2 Die organischen Dinitroverbindungen (Nitrophenole)

Die *Nitrophenole*, die wir bereits bei den Insektiziden und den Akariziden kennengelernt haben, besitzen als Herbizide eine selektive Wirkung, die darauf beruht, daß die senkrecht stehenden Getreideblätter die Spritztropfen mit den giftigen Dinitroverbindungen im Gegensatz zu den meist waagrecht stehenden Blättern der Unkräuter abgleiten lassen, so daß nur auf den Unkräutern Verätzungen hervorgerufen werden. Andere Kulturen wie Erbsen und Zwiebeln werden durch ihre Wachsschicht vor Verätzungen geschützt. Nitrophenole sind als Unkrautmittel nicht mehr zugelassen.

Die bekannteste organische Dinitroverbindung dieser Gruppe ist das

Sehr giftig

R 27/28
R 33
R 36
R 40
R 44
S (1/2)
S 36/37
S 45

DNOC (Dinitroorthokresol)

Es besitzt folgende Struktur:

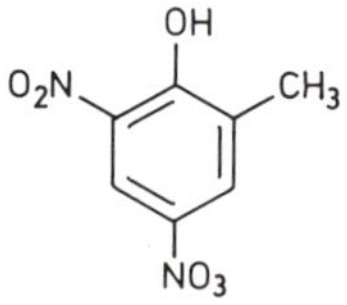

In trockenem Zustand ist DNOC – wie viele Nitroverbindungen – explosiv. Die akute orale LD_{50} für Ratten beträgt 20–30 mg/kg Körpergewicht.

Organische Dinitroverbindungen sind Stoffwechselgifte, die in den Kohlehydratstoffwechsel eingreifen, den Stoffwechsel steigern und dadurch zu einer Verminde-

[1] Dem Verfasser sind mehrere Fälle bekannt, bei denen Apotheker und Drogisten chorathaltige Präparate an Jugendliche abgegeben haben und nach schweren Unfällen in langwierige Prozesse verwickelt worden sind.

Auf das Urteil des Bundesgerichtshofes vom 3. 10. 1972 – VI ZR 135/71, abgedruckt in der Pharmazeutischen Zeitung 1972 Seite 1850, wird hingewiesen.

rung der Kohlehydratreserven im Körper führen. Als Folge treten Erhöhung der Körpertemperatur bis zu 40 °C, Nieren- und Leberschäden, Abfall des Blutdrucks, Schwund des Fettgewebes und andere Erscheinungen auf. Bereits 20 mg/kg Körpergewicht können beim Menschen zum Tode führen (Klimmer).

Da die organischen Nitroverbindungen sehr leicht durch die Haut aufgenommen werden, kann es auch auf diesem Weg zu Vergiftungen und Hautschäden kommen.

DNOC ist ein Insektizid und Akarizid mit fungizider Nebenwirkung. Infolge seiner Eigenschaft, Blattpflanzen zu benetzen, nicht aber Getreidehalme, wurde es als selektives Herbizid zum Spritzen von Getreidefeldern angewandt. Es besitzt eine große Wirkungsbreite gegen einjährige Unkräuter, bei mehrjährigen Unkräutern werden nur die oberirdischen Teile vernichtet. DNOC ist der Hauptbestandteil der sog. **„Gelbspritzmittel“**[1] zur *Winterspritzung* im Obstbau gegen die Eier von Blattläusen, Frostspanner und gegen den Apfelwickler. DNOC ist als Herbizid nicht mehr zugelassen.

5.8.3 Harnstoffverbindungen

Fast alle Harnstoffverbindungen, selbst der als Stickstoffdüngemittel angewandte einfache Harnstoff, zeigen in hoher Konzentration wachstumsschädigende Eigenschaften (Wegler). Die Harnstoffverbindungen stellen eine große Gruppe von herbiziden Verbindungen dar, von denen viele so ungiftig sind, daß sie von der Gefahrstoffverordnung nicht erfaßt werden.
Gesundheitsschädliche Herbizide auf Harnstoffbasis sind:

Diuron (*Handelspräparat:* Karmex)	Xn
Linuron (*ISO-Handelspräparat:* Afalon)	Xn
Monolinuron (*ISO-Handelspräparat:* Aresin)	Xn

Eine neue Wirkstoffgruppe stellen die **Sulfonylharnstoffe** dar. Es sind meist Kontaktmittel, die in einer extrem niedrigen Aufwandsmenge eingesetzt werden. So benötigt das Mittel „Gropper“ nur 25–40 g pro Hektar.

5.8.4 Bipyridiniumverbindungen

Bipyridiniumverbindungen sind **sehr gefährliche Gifte.** Sie dringen schnell in die Pflanzen ein und können selbst durch nachfolgende Niederschläge nicht abgewaschen werden.

Bipyridiniumverbindungen greifen in den Assimilationsprozeß ein und verätzen dabei die Zellen. Sie wirken nur bei Gegenwart von Chlorophyll, Licht und Sauerstoff, was nach 2–4 Tagen an der fahleren Laubfärbung erkennbar ist. Die Wirkung erstreckt sich auf alle grünen, assimilationsfähigen Pflanzenteile, also sowohl auf ein- als auch auf zweikeimblättrige Pflanzen. Bei ungünstigen Assimilationsbedingungen, wie Kälte, Dunkelheit und dgl. verzögert sich die Wirkung. Nicht in die Pflanze eingedrungene Wirkstoffe werden durch Sonnenlicht rasch zerstört. Gelangen bei der Spritzung Wirkstoffe auf den Boden, so werden diese von Humussubstan-

[1] Der Name Gelbspritzmittel rührt her von der gelben Farbe dieser Verbindungen.

zen oder Tonbestandteilen adsorbiert und von den Bodenbakterien abgebaut.

Die Einsatzmöglichkeiten der Bipyridiniumverbindungen sind sehr vielseitig. Sie werden im Ackerbau, Gemüsebau, Obstbau, Zierpflanzenbau, Weinbau, Hopfenbau, im Forst und dgl. angewandt. Die Anwendung im Getreidebau ist inzwischen verboten worden.

Bipyridiniumverbindungen sind bienenungefährlich.

Vergiftungserscheinungen

Nach oraler Aufnahme von Bipyridiniumverbindungen treten Kopfschmerzen, nach einer Latenzzeit von Stunden: Übelkeit, Brechreiz, Magen- und Darmkoliken, Durchfälle auf. Symptome von seiten der Lunge (wie Husten, Auswurf und dgl.) stellen sich meist erst nach Tagen ein.

Erste-Hilfe-Maßnahmen

Nach Einnahme von Bipyrindiniumverbindungen Erbrechen herbeiführen und sofort den Arzt rufen.

Wegen der besonderen Gefährlichkeit dieser Stoffe durch ihre Wirkung auf die Lunge muß jeder noch so harmlos scheinende Fall sofort im Krankenhaus behandelt werden.

Bei Verunreinigungen der Haut ist sofortiges gründliches Waschen mit Seife erforderlich. Sind Spritzer ins Auge gelangt, so sind diese umgehend mit viel Wasser (mindestens 10–15 Min. lang) auszuwaschen.

Die wichtigsten Wirkstoffe dieser Gruppe sind:

Giftig

R 24/25
R 36/37/38
S (1/2)
S 22
S 36/37/39
S 45
Anm. A

Diquat

Diquat ist ein sog. Kontaktherbizid, das vorwiegend breitblättrige, weniger grasartige Pflanzen zerstört. Das Mittel wirkt schnell. Schon nach 24 Stunden ist ein Welken der behandelten Pflanzen möglich. Eine Gefährdung durch Rückstände tritt bei richtiger Anwendung nicht ein, da Diquat durch Berührung mit dem Boden inaktiviert wird.

Giftigkeit: Seine orale LD_{50} liegt bei 400–440 mg/kg Ratte.

Handelspräparat: Reglone

Giftig

R 24/25
R 36/37/38
S (1/2)
S 22
S 36/37/39
S 45

Paraquat (ISO)

Paraquat ist ein Totalherbizid. Es wird gegen grasartige und breitblättrige Pflanzen jeder Größe eingesetzt. Seine Wirkung beruht auf einer irreversiblen Schädigung der pflanzlichen Zelle durch Bildung zytotoxischer Peroxide. Voraussetzung für eine gute Wirkung ist eine gute Benetzung.

Nach *Moeschlin* liegt die *tödliche Dosis* für einen Erwachsenen bei 1–2 Kaffeelöffeln Paraquat. Der Tod tritt innerhalb von 2–3 Wochen ein. Die Mortalität liegt beim Menschen derzeit bei 50%.

Als wichtiges Mittel bei Paraquat-*Vergiftungen* empfiehlt *Moeschlin* die sogenannte „Fullers-Erde“ der Firma Dr. Bender und Hobein AG in

Zürich. Notfalls leistet Bentonit (ein Silikat) der Firma Serva in Heidelberg die gleichen Dienste. Nach *v. Clarmann* (Meran 1974) ist für das Überleben nach Paraquat-Vergiftungen ein **Sauerstoffentzug bis an die Grenzen des Erstickens** notwendig. Der Patient darf nicht mit Sauerstoff beatmet werden, weil sich dadurch die Vergiftungserscheinungen verschlimmern.
Handelspräparat: Gramoxone
Spezialliteratur: DAZ 1983 Seite 1109
DAZ 1986 Seite 261

5.8.5 Wuchsstoffherbizide

Die meisten Wuchsstoffherbizide sind ungiftig und fallen deshalb nicht unter die Gefahrstoffverordnung.

Es sind chemische Verbindungen, die in bestimmten Konzentrationen den Pflanzenwuchs, besonders den der breitblättrigen Pflanzen, zu übernormal starkem Wachstum anregen, was zu einer tödlichen Erschöpfung der Pflanze führt. Da die grasartigen Pflanzen, zu denen auch das Getreide gehört, größere Mengen an Wuchsstoff vertragen als die breitblättrigen Pflanzen, werden die Wuchsstoffe heute in großem Umfang zur Unkrautbekämpfung im Getreide eingesetzt. Ihre Wirkung beruht auf der Hemmung des Wachstumshormons Auxin.

Bekannte Wuchsstoffherbizide sind:

2,4-D (ISO, 2,4-Dichlorphenoxyessigsäure)

Gesundheitsschädlich

R 22
R 36/37/38
S (2)
S 36/37

2,4-D ist ein Blattherbizid mit selektiver Wirkung. Es wird von den Blättern der Pflanzen aufgenommen und wandert durch deren Leitsystem bis zu den Wurzeln („systemische Wirkung"). 2,4-D ist wirksam gegen breitblättrige Pflanzen, weil diese eine große Benetzungsfläche bieten. Die wuchsstoffherbizide Wirkung erkennt man während der Wachstumsperiode an Verdickungen, Krümmungen, Luftwurzeln und an Veränderungen an den Stengeln der Pflanzen.

2,4-D dient in erster Linie zur Bekämpfung von Dikotyledonen im Getreide und wird meist kombiniert mit anderen Herbiziden angewandt.

Weitere Wuchsstoffherbizide, die vorwiegend im Getreidebau eingesetzt werden, sind:
Dichlorprop (ISO, DP-Mittel) Xn
Mecoprop (ISO, CMPP-Mittel) Xn

5.8.6 Sonstige Herbizide

Trichloressigsäure

Ätzend

R 35
S (1/2)
S 24/25
S 26
S 45

Trichloressigsäure besteht aus farblosen, leicht zerfließenden, ätzenden Kristallen von schwach stechendem Geruch. Es wird als Reagenz (DAB 10) auf Eiweiß, zur Fixierung histologischer Präparate und medizinisch als Ätzmittel (zur Entfernung von Warzen) verwendet.

Gesundheitsschädlich

R 22
S (2)
S 24/25

Das Natriumsalz der Trichloressigsäure: das **TCA** (= **Natriumtrichloracetat**) besteht aus weißen, hygroskopischen (= wasseranziehenden) Kristallen, die sich in Wasser gut lösen. Es wurde früher in der Landwirtschaft zur Queckenbekämpfung eingesetzt.

Cyanamid

Giftig

R 21
R 25
R 36/38
R 43
S (1/2)
S 3
S 22
S 36/37
S 45

Cyanamid dient zum Entblättern von Hopfen *(„Hopfenausputzen")* und zur Unkrautbekämpfung. Reste des Mittels werden nach der Anwendung im Boden schnell abgebaut und wirken dann als Düngemittel.

Cyanamid ist sehr giftig. Diese Giftigkeit wird durch Alkohol noch wesentlich gesteigert. Nach gleichzeitiger Aufnahme von Cyanamid und Alkohol erweitern sich die Hautgefäße des Gesichtes und der oberen Brustpartien derart, daß eine blaurote Verfärbung auftritt. In schweren Fällen kommt es gleichzeitig zu Schwindel, Kopfschmerzen, Atemnot, Pulsbeschleunigung und Druck auf der Brust sowie Kältegefühl in den Extremitäten.

Vorsichtsmaßnahmen

Beim Arbeiten mit Cyanamid sind Gummihandschuhe erforderlich. Mit dem Wirkstoff in Berührung gekommene Haut ist sofort abzuwaschen, benetzte Kleidung abzulegen. Vor, während und nach der Arbeit ist jeder Alkoholgenuß zu vermeiden.

Handelspräparat: Alzodef

Ioxynil (ISO)

Giftig

R 21–25-63
S (1/2)
S 36/37
S 45

Ioxynil ist ein Kontaktherbizid, das gegen zweikeimblättrige Unkräuter in Winter- und Sommergetreide angewandt wird. Es ist besonders geeignet zur Bekämpfung der Kamille. Ioxymil gehört zu den reproduktionstoxischen Stoffen der Kategorie 3.

Handelspräparat: Certrol 40

Bromoxynil (ISO)

Giftig

R 25
R 63
S (1/2)
S 36/37
S 45

Bromoxynil ist ein Unkrautmittel, das bevorzugt zur Nachauflaufanwendung gegen breitblättrige Unkräuter im Getreide und Mais eingesetzt wird.

Es wird von den Blättern aufgenommen und dann in den Blattzellen wirksam, indem es die Kohlensäureassimilation verhindert. Damit ist auch zu erklären, weshalb Licht und Wärme für die Wirkung so ausschlaggebend sind.

Die *Anwendung* soll bei trockenem und warmem Wetter, am besten während einer Schönwetterperiode, erfolgen. Regen unmittelbar nach der Spritzung mindert die Wirkung des Mittels.

Handelspräparat: Certrol B

Allylalkohol (2-Propen-1-ol)

Giftig

R 10
R 23/24/25
R 36/37/38
S (1/2)
S 36/37/39
S 38
S 45

Allylalkohol ist eine farblose, giftige, brennbare Flüssigkeit von stechendem Geruch und starker Reizwirkung auf die Augen und die Schleimhäute der Atemwege und des Magendarmkanals. Spritzer im Auge können zu Hornhauttrübungen führen.

Allylalkohol dient als unkrautvertilgendes Mittel (Herbizid), zur Vorsaatanwendung insbesondere in Baumschulen sowie im Gemüse- und Gartenbau, als Schädlingsbekämpfungsmittel und als Lösungsmittel.

5.9 Holzschutzmittel

Holzschutzmittel sind wäßrige oder ölige Lösungen anorganischer oder organischer Verbindungen, die eine Zerstörung von Nutzholz durch Bakterien, Pilze oder Insekten verhindern und meist noch zusätzlich vor leichter Entflammbarkeit schützen sollen. Der Holzschutz stellt also im wesentlichen ein Spezialgebiet der Insekten- und Pilzbekämpfung dar, zumal die Schäden am Holz überwiegend durch Pilz- und Insektenbefall hervorgerufen werden.

Als Holzfeind Nr. 1 gilt der **Hausschwamm**, ein Röhrenpilz, der mit seinem Fadengeflecht ausschließlich feuchtes Holz zerstört. Ebenso gefährlich sind der Kellerschwamm und der Porenschwamm, die die Trockenfäule hervorrufen.

Von den holzzerstörenden Insekten sind insbesondere der Hausbock, der Pochkäfer, die Holzameisen und die Termiten zu nennen. Zum Schutz gegen die Schädlinge kann das Holz imprägniert werden. Die Holzimprägnierung erfolgt je nach Art und Zustand des Holzes, nach Verwendungszweck, Beanspruchung und Ort der Nutzung nach verschiedenen Verfahren. Vorbeugenden Schutz erreicht man schon durch Streichen, Spritzen oder Eintauchen des Holzes (**„Randschutz“**) in wässerige Imprägnierlösungen. Eine vollkommene Durchdringung des Holzes (**Tiefenschutz**) kann erst durch 2–8tägige Tauchtränkung erreicht werden, wobei das Imprägniermittel dem Holz (z. B. Eisenbahnschwellen) meist unter Druck einverleibt wird (Kesseldruckverfahren). Anders wieder verfährt man bei der Imprägnierung von Telegraphenstangen. Hier wird das Imprägniermittel als Paste aufgetragen und nach dem sog. Osmoseverfahren langsam in das Holz eindringen lassen. Dieser Vorgang dauert meistens mehrere Monate.

Durch diese Konservierungsmaßnahmen kann die Haltbarkeit des Holzes bedeutend erhöht werden: Während ungeschütztes Holz, das dem Wetter ausgesetzt ist, ca. 12 Jahre hält, überdauert imprägniertes Holz 35–40 Jahre, bei wiederholter Nachbehandlung (Eisenbahnschwellen) sogar 50 Jahre.

Ein ideales Holzschutzmittel soll folgende Vorzüge aufweisen:

1. Starke Giftwirkungen für alle Holzschädlinge,
2. Ungiftigkeit für Mensch und Tier,
3. Eisen und andere Metalle sollen nicht angegriffen werden,
4. es soll möglichst leicht ins Holz eindringen,
5. es darf durch Regen nicht abgewaschen werden,
6. es sollte möglichst billig sein,
7. es sollte auch gegen Feuer schützen.

Von der Vielzahl der verwendeten Mittel wollen wir nur die wichtigsten herausgreifen:

5.9.1 Teerölpräparate

Es handelt sich um Destillationsprodukte aus Steinkohlenteer *(Carbolineen)*, Braunkohlenteer, Holzteer und bituminösen Schiefern. Die Teerölprodukte dienen fast ausschließlich für im Freien verwendetes Naturholz (Telegraphenstangen, Eisenbahnschwellen, Weinbergpfosten) und können dessen Lebensdauer um Jahrzehnte verlängern. Chemisch handelt es sich in erster Linie um Phenole, Kresole und nicht unter die Gefahrstoffverordnung fallende Verbindungen wie Naphthalin, Anthracen, Phenanthren. Diese Mittel sind zwar billig und zuverlässig, haben aber den Nachteil, daß sie auf die Haut eine erhebliche Reizwirkung ausüben, unangenehm riechen und nachträglich aus dem Holz ausschwitzen können.

5.9.2 Anorganische Salze

Von den anorganischen Salzen stehen die **Fluoride** an erster Stelle (siehe auch Kapitel 6.3). Sie bilden den wesentlichen Bestandteil fast aller Salzmischungen. Neben Natriumfluorid und Zinkfluorid werden auch saure Fluoride, die sog. Hydrogenfluoride oder Bifluoride verwendet. Die Fluoride sind ausgezeichnete Mittel gegen holzzerstörende Pilze und Insekten. Nach dem Holzschutzmittelverzeichnis des Instituts für Bautechnik in Berlin werden die wasserlöslichen Holzschutzmittel zur vorbeugenden Behandlung gegen holzzerstörende Pilze und Insekten wie folgt eingeteilt:

a) *CF-Salze*
Die Hauptbestandteile dieser Holzschutzmittel sind Alkalifluoride, Bichromate mit und ohne Zusatz von Dinitrophenolen. Sie sind nicht geeignet für Holz mit dauerndem Erdkontakt, weil sie leicht wasserlöslich sind. Bei Hölzern, die der Witterung ausgesetzt sind, ist deshalb Tiefenschutz erforderlich.

b) *CFA-Salze*
Die CFA-Salze enthalten außer den Alkalifluoriden und den Alkalibichromaten noch ein Insektizid, z. B. Dinatriumarsenat als Fraßgift. Diese Salze besitzen daher neben der Holzschutzwirkung noch zusätzli-

che insektizide und fungizide Eigenschaften. Nach Abschnitt 10 Chemikalien-Verbotsverordnung dürfen **Arsenverbindungen** als Holzschutzmittel nur noch in Form anorganischer Kupfer-Chrom-Arsen-Salze zum Druckimprägnieren von Holz in den Verkehr gebracht werden.
CFA-Salze eignen sich nicht für Holz in geschlossenen Räumen, die dem Aufenthalt von Menschen oder Tieren dienen oder zum Lagern von Lebensmitteln bestimmt sind.

c) *SF-Salze*
Hauptbestandteil der SF-Salze sind die **Silikofluoride**. Sie gehören zu den wirksamsten Holzschutzmitteln, sind jedoch nicht für Holz geeignet, das den Niederschlägen oder der Erdfeuchtigkeit ausgesetzt wird. Meist enthalten sie Zusätze zur Herabsetzung der Korrosionswirkung auf Stahl und Eisen; andere Metalle und Glas können aber angegriffen werden.

d) *HF-Salze*
Hauptbestandteile der HF-Salze sind die **Hydrogenfluoride**, auch Bifluoride genannt. Sie sind wirksam gegen Pilze und gegen Insekten, aber ungeeignet für Holz, das den Niederschlägen oder der Erdfeuchtigkeit ausgesetzt ist. Da die Präparate noch längere Zeit nach der Anwendung Fluorwasserstoff abgeben, sind die angegebenen Vorsichtsmaßnahmen unbedingt zu beachten.

e) *B-Salze*
Hauptbestandteile der B-Salze sind anorganische Borverbindungen; diese fallen nicht unter die Gefahrstoffverordnung; sie werden deshalb nur der Vollständigkeit halber erwähnt. Auch sie sind ungeeignet für Holz, das den Niederschlägen oder der Erdfeuchtigkeit ausgesetzt ist.

f) *CK-Salze*
Hauptbestandteile dieser Holzschutzmittel sind Kupfersalze, Bichromat, mit Zusätzen von Bor- oder Fluorverbindungen. Während sich die unter a)–e) genannten Salze mehr oder minder leicht auslaugen lassen, sind die CK-Salze durch Zugabe bestimmter Zusätze schwer auswaschbar. Sie bewähren sich deshalb bei starker Gefährdung der Hölzer durch Auswaschvorgänge. CK-Salze sind auch für Holz mit dauerndem Erdkontakt geeignet.

g) *CFB-Salze*
Hauptbestandteile dieser Holzschutzmittel sind Chrom-, Bor- und Fluorverbindungen, zum Teil auch Borfluoride. Sie wirken gegen Pilze und Insekten, auch wenn das Holz der Witterung ausgesetzt ist; sie eignen sich jedoch nicht für Holz mit Erdkontakt.

5.9.3 Chlorierte Phenole und Naphthaline

Neben den Phenolen werden noch andere organische Verbindungen als Holzschutzmittel verwendet, wie Chlornaphthalin, Chlorphenol und Pentachlornaphthalin (siehe auch Kapitel 6.5). Chlorierte Phenole dienen als Mittel zur Bekämpfung von Schwamm im Mauerwerk.
Chlornaphthalin ist in erster Linie ein pilztötendes Mittel.

Pentachlorphenol gehörte zu den wirksamsten Mitteln dieser Gruppe. Seine Anwendung ist verboten (Abschnitt 15 Chemikalien-Verbotsverordnung).

5.9.4 Begasungsmittel

Nicht zu vergessen sind die Begasungsmittel, wie Acrylnitril und Blausäuregas. Sie dienen besonders zur Bekämpfung holzzerstörender Insekten im verbauten Holz. Die Begasungsmittel dürfen nur mit einer besonderen Erlaubnis angewandt werden (Einzelheiten siehe Kapitel 7).

Gesetzliche Bestimmungen

Die meisten Holzschutzmittel enthalten giftige Stoffe im Sinne der Gefahrstoffverordnung. Ihre Gefährlichkeit für Mensch und Tier ist am besten aus ihren Kennbuchstaben ersichtlich:

Sehr giftig

Holzschutzmittel mit dem Kennbuchstaben T^+
Bortrifluorid

Giftig

Holzschutzmittel mit dem Kennbuchstaben T

Arsenverbindungen (s. Kapitel 6.8)
Kresole (s. Kapitel 6.5)
Natriumfluorid (s. Kapitel 6.7)
Phenol (s. Kapitel 6.5)

Holzschutzmittel mit dem Kennbuchstaben C

lösliche Zinksalze (s. Kapitel 6.8)
Hexafluorsilikate (s. Kapitel 6.7)

Holzschutzmittel mit dem Kennbuchstaben Xi

Kaliumdichromat (s. Kapitel 6.8)

Holzschutzmittel werden ebenso wie Pflanzenschutzmittel geprüft und anerkannt. Diese Anerkennung erfolgt durch den Prüfausschuß für Holzschutzmittel beim Länder-Sachverständigenausschuß für neue Baustoffe und Bauarten. Über ein zugelassenes Mittel wird ein Prüfbescheid ausgestellt und ein Prüfzeichen erteilt. Alle anerkannten Mittel werden alljährlich im Verzeichnis der Prüfzeichen für Holzschutzmittel (**Holzschutzmittelverzeichnis**) bekanntgegeben. Dieses kann beim *Verlag Erich Schmidt*, 10785 Berlin, Genthiner Straße 30 G, bezogen werden. Es enthält neben dem Verzeichnis der geprüften Holzschutzmittel ein Anschriftenverzeichnis der Hersteller und ein Merkblatt über den Umgang mit Holzschutzmitteln.

Zum Verbot arsenhaltiger, quecksilberhaltiger, teerölhaltiger und zinnorganischer Holzschutzmittel siehe § 1 Chemikalien-Verbotsverordnung (Kapitel 1.18.1)

Mit dem Kapitel über Holzschutzmittel endet der Teil, der Gegenstand der eingeschränkten Sachkenntnisprüfung über Schädlingsbekämpfungsmittel ist. Wer nur die Sachkenntnisprüfung über giftige Schädlingsbekämpfungsmittel, einschließlich der giftigen Pflanzenschutzmittel und der giftigen Holzschutzmittel ablegen will, kann sich die Durcharbeitung der Kapitel 6 und 7 sparen.
Weiterführende Literatur:
König/Klein/Grabler, Sachkundig im Pflanzenschutz, BLV München
Schumm/Schumm, Pflanzenschutz und Pflanzenschutzpflege in Haus und Garten, Deutscher Apotheker Verlag, Stuttgart u. a.

5.10 Schädlingsbekämpfung

Seit 1. Mai 1994 besteht eine Anmeldepflicht für die gewerbliche Schädlingsbekämpfung (Anh. V Nr. 6 i.V.m. § 54 Abs. 14 GefStoffV). Wer gewerbsmäßig, im Rahmen der sonstiger wirtschaftlicher Unternehmungen oder unter Beschäftigung von Arbeitnehmern **Schädlingsbekämpfung mit sehr giftigen, giftigen und gesundheitsschädlichen Stoffen und Zubereitungen** durchführen will, muß dies mindestens 6 Wochen vorher der zuständigen Behörde anzeigen. Die Anzeige muß insbesondere folgende Angaben enthalten:

1. den Nachweis, daß die personelle, räumliche und sicherheitstechnische Ausstattung des Unternehmens für die Schädlingsbekämpfung geeignet ist,
2. die Zahl der Arbeitnehmer, die mit den Schädlingsbekämpfungsmitteln umgehen,
3. die Bezeichnungen, Eigenschaften, Wirkungsmechanismen, Anwendungsverfahren und Dekontaminationsverfahren der zur Schädlingsbekämpfung vorgesehenen Schädlingsbekämpfungsmittel,
4. die Bereiche der vorgesehenen Schädlingsbekämpfung sowie die Zielorganismen, gegen die die Schädlingsbekämpfung durchgeführt werden soll
5. Ergebnisse der Ermittlungen, ob nicht Mittel mit geringerem Risiko für die vorgesehene Schädlingsbekämpfung erhältlich sind.

Eine ausreichende personelle Ausstattung liegt vor, wenn geeignete **sachkundige Personen** beschäftigt werden. Geeignet ist, wer

1. mindestens 18 Jahre alt ist,
2. die für den Umgang mit Schädlingsbekämpfungsmitteln erforderliche Zuverlässigkeit besitzt,
3. durch das Zeugnis eines ermächtigten Arztes im Sinne des § 30 nachweist, daß
   a) keine Anhaltspunkte vorliegen, die ihn körperlich oder geistig ungeeignet erscheinen lassen, mit Schädlingsbekämpfungsmitteln umzugehen,
   b) er mit vorläufigen Hilfsmaßnahmen bei Vergiftungen vertraut ist.

Sachkundig ist, wer

1. die Prüfung gemäß der Verordnung über die Prüfung zum anerkannten Abschluß „Geprüfter Schädlingsbekämpfer/Geprüfte Schädlingsbekämpferin" vom 19. März 1984 (BGBl. I S. 468) in der jeweils gültigen Fassung oder
2. die Prüfung zum Gehilfen oder Meister für Schädlingsbekämpfung nach nicht mehr geltendem Recht in den alten Bundesländern oder nach dem Recht der ehemaligen DDR abgelegt oder
3. in einem Mitgliedstaat der Europäischen gemeinschaft nachweislich eine vergleichbare Sachkunde erworben

hat. Sachkundig ist auch, wer eine Prüfung abgelegt oder eine Ausbildung erfolgreich abgeschlossen hat, die von der zuständigen Behörde als den Prüfungen nach Satz 1 gleichwertig anerkannt worden ist. Beschränkt sich die vorgesehene Schädlingsbekämpfung auf bestimmte Anwendungsbereiche, ist sachkundig auch, wer eine Prüfung abgelegt oder eine Ausbildung erfolgreich abgeschlossen hat, die von der zuständigen Behörde für diese Tätigkeiten als geeignet anerkannt worden ist."

Besondere Vorschriften

1. Einsatz von Hilfskräften

   Schädlingsbekämpfungsmaßnahmen mit sehr giftigen, giftigen und mindergiftigen Schädlingsbekämpfungsmitteln dürfen nur sachkundige Personen durchführen.

   Hilfskräfte dürfen nur unter der unmittelbaren ständigen Aufsicht des Sachkundigen eingesetzt werden und müssen entsprechend ihrer Tätigkeit nachweislich regelmäßig unterwiesen sein.

2. Schädlingsbekämpfungsmittel in Gemeinschaftseinrichtungen

   Die Anwendung von Schädlingsbekämpfungsmitteln in Gemeinschaftseinrichtungen, insbesondere Schulen, Kindertagesstätten und Krankenhäusern ist der zuständigen Behörde schriftlich, in der Regel 14 Tage vor Beginn der Durchführung dieser Tätigkeit unter Angabe des Umfanges, der Anwendung, des Mitteleinsatzes, Ausbringungsverfahrens und der vorgesehenen Schutzmaßnahmen mitzuteilen.

3. Dokumentation

   Anwendungen von Schädlingsbekämpfungsmitteln sind ausreichend zu dokumentieren. Die Aufzeichnungen sind mindestens 2 Jahre aufzubewahren und auf Verlangen der zuständigen Behörde vorzulegen.

Übergangsvorschriften (§ 54 Abs. 14 GefStoffV)
Wer bisher Schädingsbekämpfung gewerblich durchgeführt hat, darf diese Tätigkeit bis zum 1. November 1995 weiter ausüben.

6. Giftkunde zur Vorbereitung auf die umfassende Sachkenntnisprüfung

Giftige Stoffe spielen in der Technik und im Handel eine bedeutende Rolle. Man denke nur an den ungeheuren Verbrauch an Lösungsmitteln in der Industrie, an die häufige Verwendung giftiger Reagenzien in den Laboratorien, an den Einsatz von Pflanzenschutzmitteln in der Landwirtschaft, an die Erfolge durch Rodentizide im Vorratsschutz, an die Entwesung von Lagerräumen mit giftigen Gasen.

In den Apotheken und Drogerien, den klassischen Gifthändlern der vergangenen Jahrzehnte, ist der Handel mit giftigen Stoffen rückläufig. Das hat viele Gründe. So hat die Industrie die losen Gifte durch weniger giftige Fertigpräparate ersetzt. Es sei hier nur auf die Farben hingewiesen. Viele Schädlingsbekämpfungsmittel, die früher vorwiegend in Drogerien verkauft worden sind, werden heute fast ausschließlich in landwirtschaftlichen Lagerhäusern abgegeben. Selbst die Untersuchungstätigkeit in den Apothekenlaboratorien ist stark zurückgegangen. Die wenigen Präparate, die in Apotheken und Drogerien noch geführt werden, rechtfertigen eine intensive Besprechung aller giftigen Stoffe nicht. Hinzu kommt, daß jeder gewerbliche Anwender gemäß § 14 GefStoffV Anspruch auf ein Sicherheitsdatenblatt hat, so daß er sich jederzeit und schnell über die wichtigsten Eigenschaften seines gefährlichen Stoffes unterrichten kann.

Der Verfasser hat deshalb aus der großen Zahl der giftigen Stoffe nur die wichtigsten ausgewählt und diejenigen, die ausschließlich arzneilich verwendet werden, aus der Giftkunde gestrichen.

Auf giftige Stoffe, die auch als Arzneimittel verwendet werden und im Europäischen Arzneibuch (abgekürzt: Ph. Eur.), im Deutschen Arzneibuch (abgek.: DAB) 6., 7., 8., 9. oder 10. Ausgabe oder im Deutschen Arzneimittel-Codex (DAC) aufgeführt sind, wird durch die Abkürzung Ph. Eur., DAB 6, DAB 7, DAB 8, DAB 9, DAB 10 bzw. DAC hingewiesen.

Da die umfassende Sachkenntnisprüfung neben den sehr giftigen, giftigen brandfördernden, hochentzündlichen und den gesundheitsschädlichen Stoffen mit dem R-Satz R 40, R 62 oder R 63 auch die giftigen Schädlingsbekämpfungsmittel, einschließlich der giftigen Pflanzenschutzmittel und der giftigen Holzschutzmittel, sowie den Handel mit giftigen Begasungsmitteln umfaßt, sollte der Prüfling alle Kapitel dieser Broschüre durchgearbeitet haben, bevor er die umfassende Sachkenntnisprüfung ablegt.

6.1 Lösemittel

Lösemittel sind – ganz allgemein ausgedrückt – Flüssigkeiten, die zum Auflösen anderer Stoffe dienen. Das wichtigste Lösemittel ist demnach das

Wasser. Daneben gibt es noch viele andere Stoffe, die als Lösemittel im obigen Sinne verwendet werden, wie z. B. die Mineralsäuren und die Laugen.

Unter Lösemittel im eigentlichen chemischen Sinne versteht der Chemiker allerdings nur die sog. **organischen Lösungsmittel.**

Wie sich aus den R- und S-Sätzen ergibt, sind die Lösemittel trotz gewisser Gemeinsamkeiten chemisch sehr unterschiedliche Verbindungen. Solange die Lösemittel in reiner Form in den Verkehr gebracht werden, ist ihre Kennzeichnung problemlos. Sie müssen dann, wie alle giftigen Stoffe, entsprechend den Kennzeichnungsvorschriften beschriftet werden. Schwierigkeiten ergeben sich erst dann, wenn Mischungen von Lösemitteln zu kennzeichnen sind.

Beispiel: Lösemittelmischung aus 10% Methanol, 10% Schwefelkohlenstoff und 80% Chloroform soll eingestuft und gekennzeichnet werden:

Zuerst entnimmt man die erforderlichen Daten aus der EG-Stoffliste:

Stoffidentität		Stoff		Zubereitungen	
Bezeichnung	INDEX-Nr. EWG-Nr. CAS-Nr.	Einstufung	Kennzeichnung	Konzentrationsgrenzen	Einstufung/ Kennzeichnung
1	2	3	4	5	6
Kohlendisulfid Vgl.: Schwefelkohlenstoff	006-003-00-3 200-843-6 75-15-0	F; R 11 Repr. Cat. 3; R 62-63 T; R 48-23 Xi; R 36/38	Symb.: F, T R: 11-36/38-48/23-62-63 S: 16-33-36/37-45	20 % ≤ C 1 % ≤ C < 20 % 0,2 % ≤ C < 1 %	T; R 36/38-48/23-62-63 T: R 48/23-62-63 Xn; R 48/20
Methanol Vgl.: Methylalkohol	603-001-00-X 200-659-6 67-56-1	F; R 11 T; R 23/25	Symb.: F, T R: 11-23/25 S: (1/2)-7-16-24-45	20 % ≤ C 3 % ≤ C < 20 %	T; R 23/25 Xn; R 20/22
Trichlormethan Vgl.: Chloroform	602-006-00-4 200-663-8 67-66-3	Xn; R 22-48/20/22 Xi; R 38 Carc. Cat. 3; R 40	Symb.: Xn R: 22-38-40-48/20/22 S: (2)-36/37	20 % ≤ C 5 % ≤ C < 20 % 1 % ≤ C < 5 %	Xn; R 22-38-40-48/20/22 Xn; r 22-40-48/20/22 Xn; R 40

Man kann davon ausgehen, daß es sich bei der Mischung um eine giftige Zubereitung handelt und verwendet für die Einstufung die Formel 1.3.4 des Anhangs II GefStoffV:

$$\sum\left(\frac{P_{T+}}{L_T} + \frac{P_T}{L_T}\right) \geq 1$$

Dabei ist:

P_{T+} der Gewichtsprozentsatz jedes sehr giftigen Stoffes in der Zubreitung

P_T der Gewichtsprozentsatz jedes giftigen Stoffes in der Zubreitung

L_T der für jeden sehr giftigen oder giftigen Stoff festgelegte und in Prozent ausgedrückte Grenzwert,

Man setzt nun die Werte in die Formel ein, wobei der Quotient P_T+ durch L_T entfällt, weil in der Zubereitung keine sehr giftigen Stoffe enthalten sind:

$$\sum\left(\frac{P_{T+}}{L_T} + \frac{P_{T\,(\text{Methanol})}}{L_{T\,(\text{Methanol})}} + \frac{P_{T\,(\text{Schwefelkohlenst.})}}{L_{T\,(\text{Schwefelkohlenst.})}}\right) = 1$$

$$\sum\left(- + \frac{10}{20} + \frac{10}{1}\right) = \frac{1}{2} + 10 = 10\,{}^{1}/_{2} \geq 1$$

Da die Summe größer als 1 ist, ist die Lösemittelmischung als **„Giftig“** einzustufen. Da 2 Komponenten leichtentzündlich sind, muß jetzt noch der **Flammpunkt** bestimmt werden.

Unter der Voraussetzung, daß es sich um eine Zubereitung handelt, die in einem Labor in einer Standflasche bis zu 1 Liter verwendet wird, genügt die Kennzeichnung mit dem Totenkopf-Zeichen und der Gefahrenbezeichnung „Giftig" (und ggf. dem Flammensymbol und der Gefahrenbezeichnung „Leichtentzündlich"). Die R- und S-Sätze können gemäß § 23 Abs. 3 Nr. 2 GefStoffV entfallen.

Die Einstufung und Kennzeichnung weiterer Lösemittelmischungen sowie anderer gefährlicher Zubereitungen würden den Rahmen dieser Broschüre sprengen. Es wird deshalb auf Kapitel 1.7 und auf die Bestimmungen der Gefahrstoffverordnung (Anhang II Nr. 1.3) hingewiesen.

Die Lösemittel dienen unter anderem:
1. als Extraktionsmittel, z. B. zum Extrahieren von Drogeninhaltsstoffen;
2. als Medium für chemische Reaktionen;
3. als Wirkstoffträger (z. B. Alkohol in kosmetischen Erzeugnissen);
4. als Bestandteil von Reinigungsmitteln.

Die wichtigsten Lösemittel der Gefahrstoffverordnung sind:

Anilin

Giftig

R 20/21/22
R 40
R 48/23/24/25
S (1/2)
S 28
S 36/37
S 45

Anilin ist eine farblose, ölige Flüssigkeit, die sich an der Luft und durch Licht gelb bis braun färbt. Es besitzt einen eigenartigen Geruch und brennt mit rußender Flamme. Anilin dient als Ausgangsmaterial für Synthesen, als Reagens (DAB 10) und als Lösemittel. Anilin ist ein starkes Blutgift; es zerstört die roten Blutkörperchen, wobei sich Lippen, Nase, Ohren und Fingernägel blaurot verfärben (Zyanose). Außerdem besitzt es eine starke Reizwirkung auf die Blase.

Vergiftungserscheinungen

Erst Euphorie, dann Schwindel, Kopfschmerzen, Erbrechen, Atemnot.

Erste-Hilfe-Maßnahmen: Siehe Kapitel 3.1.
Spezialliteratur: DAZ-Giftlexikon, DAZ 1985 S. 807

Benzol

Giftig

Leichtentzündlich

Benzol ist eine farblose, leichtbewegliche Flüssigkeit von charakteristischem Geruch. Es ist mit den anderen organischen Lösemitteln in jedem Verhältnis mischbar; in Wasser löst es sich kaum.

Benzol dient als Lösemittel, als Zusatz zu Ottokraftstoffen, als Reagens (DAB 10), als Ausgangsstoff zur Herstellung vieler organischer Verbindungen.

Gefahrstoffe mit einem **Benzolgehalt ab 0,1%** dürfen nicht mehr in den Verkehr gebracht (Abschnitt 6 Chem-VerbotsV) und nicht mehr verwendet werden. Ausgenommen sind u. a. Treibstoffe, industrielle Verfahren in geschlossenen Systemen, Forschungs- u. Analysenzwecke sowie Abfälle.

R 45
R 11
R 48/23/24/25
S 53
S 45
Anm. E

Nach der **Benzinqualitätsverordnung** vom 27. Juni 1988 (BGBl. I S. 969) darf unverbleiter Ottokraftstoff maximal 5,0 Volumenprozent Benzol enthalten. Die Ottokraftstoffe enthalten in der Bundesrepublik ca. 2% Benzol.

Giftigkeit

15–30 g Benzol peroral aufgenommen wirken beim Erwachsenen tödlich. Gefährlich ist auch das Einatmen konzentrierter Benzoldämpfe, das nach kurzer Zeit zu Bewußtlosigkeit und zum Tode führen kann. In verdünnter Form verursacht Benzol nach längerem Einatmen Blutungen in der Haut und im Zahnfleisch. Nach Leschke kann die Einatmung einer mit 2% Benzol verunreinigten Luft schon innerhalb von 5 bis 10 Minuten tödlich sein. Benzol ist als **krebserzeugender Gefahrstoff der Kategorie 1** eingestuft (s. EG-Stoffliste).

Vergiftungserscheinungen

Rausch, Euphorie, Atemlähmung, Kreislaufkollaps

Erste-Hilfe-Maßnahmen: Siehe Kapitel 3.1.
Spezialliteratur: DAZ-Giftlexikon, DAZ 1983 S. 2478

Giftig

Leichtentzündlich

R 11
R 23/25
S (1/2)
S 7
S 16
S 24
S 45

Methanol (Methylalkohol, Holzgeist)

Reines Methanol ist eine klare, farblose, entflammbare Flüssigkeit (Gefahrklasse B) von weingeistartigem Geruch und brennendem Geschmack. Die Dämpfe geben mit Luft explosive Gemenge.

Methanol wird als billiges Lösungsmittel, z. B. für Lacke und Firnisse, zum Auflösen von Harzen, als Brennstoff, als Treibstoff, als Vergällungsmittel für Äthanol, zur Herstellung von Formaldehyd und Farbstoffen sowie als Reagens (DAB 10) verwendet.

Nach § 115 des **Branntweinmonopolgesetzes** dürfen Nahrungs- und Genußmittel – insbesondere weingeisthaltige Getränke – Heil-, Vorbeugungs- und Kräftigungsmittel, Riechmittel und Mittel zur Reinigung, Pflege oder Färbung der Haut und des Haares, der Nägel oder der Mundhöhle keinen Methylalkohol enthalten.

Die **Kosmetik-Verordnung** läßt bis zu 5% Methanol in Kosmetika zu.

Giftigkeit

Die tödliche Dosis von Methanol liegt zwischen ca. 100 und 200 ml; bereits 30 ml können tödlich sein. Die hohe Giftigkeit ist bedingt durch den oxidativen Abbau des Methanols zu Formaldehyd und Ameisensäure. Dadurch kommt es zu einer Übersäuerung des Blutes (Azidose).

Folgende Vergiftungserscheinungen treten oft erst nach Stunden, manchmal sogar erst nach Tagen auf: Herzschwäche, Muskelschwäche, Krämpfe, Schüttelfrost, Schwindel, Kopfschmerzen, Erbrechen, Koliken, Lähmungen und am 3. Tag durch Ödeme der Retina reversible Sehstörungen, die vom 5. Tag an in eine irreversible Erblindung übergehen. Schon der Genuß von 4–15 ml Methanol kann zur **Erblindung** führen.

Die narkotische Wirkung von Methanol ist weit geringer als die des Ethanols.

Erste-Hilfe-Maßnahmen

Nach oraler Aufnahme möglichst schnell Erbrechen auslösen. Da die Netzhautschädigung durch Licht verstärkt wird, ist der **Aufenthalt in dunklen Räumen** wichtig. Im Verdachtsfalle gibt man Erwachsenen außerdem sofort 30–40 ml **Ethanol** (etwa 100 ml Whisky, Branntwein, Cognac oder Korn). Atem- und Kreislaufstörungen werden oft bis zum Eintreffen des Arztes durch Kaffee verbessert.
Spezialliteratur: DAZ-Giftlexikon: DAZ 1983 S. 1272

Chloroform (Trichlormethan)

Gesundheitsschädlich

R 22
R 38
R 40
R 48/20/22
S (2)
S 36/37

Chloroform ist eine klare, farblose, flüchtige Flüssigkeit von eigenartigem Geruch und brennend-süßem Geschmack. Es ist nicht entflammbar. Bei Gegenwart von Licht und Luftsauerstoff bildet es leicht das außerordentlich giftige **Phosgen**. Um diese Spaltung zu verhindern, setzt man dem Chloroform meistens absoluten Alkohol (0,6 bis 1%) als Stabilisator zu; zum Schutz vor Licht bewahrt man es in dunklen Flaschen auf.

Die tödliche Dosis von Chloroform liegt bei 10–30 ml.

Verwendung

Chloroform ist ein wichtiges Lösungsmittel. Im DAB 10 ist es als Reagens aufgeführt. Wegen seiner bakteriziden Eigenschaften wird es gelegentlich als Konservierungsmittel verwendet. Medizinisch diente es als Inhalationsnarkotikum, wird jedoch wegen zu großer Nebenwirkungen als Narkosemittel nicht mehr eingesetzt.

Vergiftungserscheinungen

Nach dem Einatmen kann Atemlähmung, tiefe Narkose und Tod durch Herzstillstand eintreten.

Erste-Hilfe-Maßnahmen: Siehe Kapitel 3.1.

Kohlendisulfid (Schwefelkohlenstoff)

Giftig

Leichtentzündlich

R 11
R 36/38
R 48/23
R 62
R 63
S 16
S 33
S 36/37
S 45

Reiner Schwefelkohlenstoff ist eine farblose, sehr flüchtige, stark lichtbrechende und *sehr feuergefährliche* (Gefahrklasse A I) Flüssigkeit von eigenartigem Geruch. Die Dämpfe sind schwerer als Luft. Schwefelkohlenstoff entzündet sich schon an Dampfheizungen und an Glühbirnen. Mit Luft bildet er leicht explodierende Mischungen.

Schwefelkohlenstoff ist ein ausgezeichnetes Lösungsmittel für Phosphor, Schwefel, Brom, Jod, Fette, Harze, Kautschuk u. dgl. In höheren Konzentrationen wirkt er ähnlich narkotisch wie Chloroform.

Schwefelkohlenstoff wird als Lösungsmittel besonders in der Kunstseide- und Zellwollindustrie und als Reagens (DAB 10) verwendet. Außerdem gehört es zu den wirkungsvollsten Begasungsmitteln gegen Ratten, Mäuse und Insekten; es hat jedoch wegen seiner **außerordentlich leichten Brennbarkeit** als Begasungsmittel keine praktische Bedeutung mehr!

Trotzdem ist Schwefelkohlenstoff nicht als hochentzündlich eingestuft, weil es mit einem Flammpunkt unter minus 20 °C und einem Siedepunkt von 46 °C die Begriffsbestimmung für hochentzündliche Stoffe (FP unter 0 °C; Siedepunkt höchstens 35 °C) nicht erfüllt.

Giftigkeit

Schwefelkohlenstoff ist ein Nervengift. Einatmen der Dämpfe und Resorption durch die Haut können zu Vergiftungen führen. Auf der Haut führt es zu starken Reizerscheinungen.

Die tödliche Dosis (peroral) liegt bei etwa 10 g.

Erste-Hilfe-Maßnahmen: Siehe Kapitel 3.1.

Vorsichtsmaßnahmen

Schwefelkohlenstoff ist wegen seiner sehr leichten Entflammbarkeit noch vorsichtiger als Benzin und Ether zu handhaben. Er ist in sehr gut schließenden Gefäßen, die höchstens zu ¾ gefüllt sein dürfen, kühl und vor Licht geschützt aufzubewahren. Größere Mengen müssen in feuersicheren Metallgefäßen (z. B. in sog. Salzkottener Gefäßen) gelagert werden.

Tetrachlormethan (Tetrachlorkohlenstoff, Tetra, Benzinoform)

Giftig

Umweltgefährlich

Tetrachlorkohlenstoff ist eine farblose, nicht brennbare, stark lichtbrechende, schwere Flüssigkeit, die unangenehm süßlich riecht und beim Einatmen narkotisch wirkt. Die Dämpfe sind schwerer als Luft. Tetrachlorkohlenstoff ist in Wasser unlöslich, mit den gebräuchlichen organischen Lösungsmitteln wie Alkohol, Ether, Benzin, Benzol und Chloroform jedoch beliebig mischbar.

Tetrachlorkohlenstoff ist ein hervorragendes Lösungs- und Extraktionsmittel für Fette, Öle, Harze, Kautschuk u. dgl. Es wurde als Putzmittel für Maschinen und als Fleckenreinigungsmittel verwendet. Wegen der Vergiftungsgefahren ist die Verwendung von Tetrachlorkohlenstoff als Fleckenreinigungsmittel als bedenklich abzulehnen. Tetrachlorkohlenstoff wurde früher als ausgezeichnetes Löschmittel für brennbare Flüssigkeiten in Handfeuerlöschern (**„Tetralöscher“**) verwendet. Weiterhin diente Tetrachlorkohlenstoff im Gemisch mit Insektiziden zur Raumbegasung, Bodendesinfektion und im Vorratsschutz. Diese Anwendungsarten sind heute nicht mehr erlaubt. Als Reagenz (DAB 10) darf Tetrachlorkohlenstoff weiter verwendet werden.

R 23/24/25
R 40
R 48/23
R 59
S (1/2)
S 23
S 36/37
S 45
S 59
S 61

Tetrachlorkohlenstoff oder Gefahrstoffe mit mehr als 0,1% Tetra dürfen nur noch in geschlossenen Anlagen oder zu Forschungs- und Analysezwecken verwendet werden (Anh. IV Nr. 11 GefStoffV). Nach Abschnitt 16 ChemVerbotsV ist das Inverkehrbringen von Tetrachlorkohlenstoff zur Verwendung durch private Endverbraucher verboten.

Giftigkeit

Peroral können beim Erwachsenen schon Dosen von 2–4 g tödlich wirken. Eingeatmet kann Tetrachlorkohlenstoff in Mengen, die nur einen geringen narkotischen Effekt haben, verhängnisvoll werden. So können noch im Verlauf von 2–3 Wochen Leber- und Nierenschäden mit Todesfolge auftreten.

Vergiftungserscheinungen

Erste Anzeichen einer Vergiftung sind: Schwindel, Kopfschmerzen, Rauschzustände, Übelkeit, Erbrechen, Durchfall, Bewußtlosigkeit. Nach Abklingen dieser Erscheinungen sind unter Umständen noch nach 2–3 Wochen erneut schwere Vergiftungserscheinungen möglich.

Erste-Hilfe-Maßnahmen: Siehe Kapitel 3.1.

Trichlorethylen (Tri)

Gesundheitsschädlich

Trichlorethylen ist eine farblose, bonbonartig duftende, nicht brennbare Flüssigkeit, die Fette, Öle, Wachse, Kautschuk und Harze leicht auflöst. An offener Flamme, auch an glimmenden Zigaretten oder an heißen Metallflächen, zersetzt es sich unter Bildung des sehr giftigen **Phosgens**.

Bei längerer Einwirkung auf die Haut entstehen Brandblasen. In seiner narkotischen Wirkung steht Trichlorethylen dem Chloroform nahe.

R 40
S (2)
S 23
S 36/37

Trichlorethylen ist eines der wichtigsten Lösungs- und Extraktionsmittel der Technik. Es ist Bestandteil vieler Fleckenmittel. Außerdem wird es zur Ungezieferbekämpfung in Pelzen und Kleidungsstücken verwendet. Weiterhin findet es als Feuerlöschmittel und zur Synthese einer Reihe organischer Verbindungen Anwendung.

Die wichtigsten *Vergiftungserscheinungen* sind Rausch und Bewußtlosigkeit. Trichlorethylen ist ein **krebserzeugender Stoff der Kategorie 3.**

Erste-Hilfe-Maßnahmen: Siehe Kapitel 3.1.

Gesundheitsschädlich

R 20/21/22
S (2)
S 9

Trichlorethan (1,1,2-Trichlorethan)

Trichlorethan ist eine farblose, angenehm riechende Flüssigkeit.

Trichlorethan wirkt narkotisch; außerdem hat es eine deutliche Reizwirkung auf die Augenschleimhäute. Trichlorethan ist weniger giftig als Chloroform und dient deshalb als Reinigungsmittel und als Lösungsmittel für Öle, Fette, Wachse, Gummi u. a.

Sehr giftig

R 26/27/28
R 33
S (1/2)
S 28
S 36/37
S 45

Nitrobenzol (Mirbanöl)

Nitrobenzol bildet eine blaßgelbe, stark lichtbrechende, ölige, nach bitteren Mandeln riechende Flüssigkeit, die in Wasser kaum, in Alkohol, Äther, Benzol und anderen organischen Lösungsmitteln dagegen gut löslich ist.

Nitrobenzol dient in erster Linie zur Herstellung von Anilin, als Ausgangsstoff für technische und pharmazeutische Erzeugnisse, als Lösungsmittel für Farben und als Reagens zum Nitratnachweis (DAB 10). Früher wurde es zur Parfümierung minderwertiger Seifen verwendet.

Giftigkeit

Nitrobenzol wirkt sowohl durch Einnahme, als auch durch Einwirkung auf die Haut giftig. Moeschlin berichtet von einem Fall, bei dem es durch das Verschütten von Nitrobenzol auf die Hose zu einer tödlichen Vergiftung kam. Bei peroraler Aufnahme können schon einige ml tödlich wirken.
Spezialliteratur: DAZ-Giftlexikon: DAZ 1986 Seite 597

Gesundheitsschädlich

R 10
R 20/21/22
S (2)

Terpentinöl

Terpentinöl ist eine farblose bis hellgelbe, angenehm riechende Flüssigkeit. Man unterscheidet drei Sorten:

1. *Balsamterpentinöl*
   wird durch Wasserdampfdestillation aus Terpentin hergestellt.
2. *Holzterpentinöl*
   wird aus zerkleinerten Baumstümpfen erzeugt.
3. *Sulfatterpentinöl*
   fällt als Nebenprodukt bei der Cellulosegewinnung an.

Terpentinöl dient als Lösemittel in der Lack- und Farbenindustrie und als Ausgangsstoff für Synthetika.

Giftigkeit

Terpentinöl wirkt narkotisch, haut- und nierenreizend. Die tödliche Dosis dürfte bei 60–100 g liegen.

Vergiftungserscheinungen

Übelkeit, Erbrechen, Nierenentzündung

Erste-Hilfe-Maßnahmen: Siehe Kapitel 3.1.

Terpentinersatz besteht aus hochsiedenden Benzinsorten, aus Dekalin und Tetralin.

6.2 Laugen

Laugen sind wäßrige Lösungen von Alkalien und Erdalkalien, die Hydroxylionen enthalten und basisch reagieren. Die stärksten Laugen sind die Kalilauge und die Natronlauge. Beide werden durch Lösen von Kaliumhydroxid (Ätzkali) bzw. Natriumhydroxid (Ätznatron) in Wasser hergestellt.

Laugen sind starke Ätzmittel. Selbst 1–2%ige Lösungen können noch ätzend auf die Haut wirken, daher auch der Name „Ätznatron“ bzw. „Ätzkali“. 10–20 ml einer 15%igen Kali- oder Natronlauge gelten – geschluckt – als tödliche Dosis. Die Giftwirkung der Laugen beruht auf ihrer Fähigkeit, Eiweiß und Fette zu verflüssigen und zu lösen. Auf Grund dieser Eigenschaft wird auch die Haut rasch aufgelöst. Verätzungen mit Laugen sind sehr bösartig, weshalb größte Vorsicht beim Umgang mit ihnen geboten ist.

Verwendet werden die Laugen in erster Linie als Reinigungsmittel und zur Herstellung von Seifen.

Wichtige Laugen sind:

Kaliumhydroxid (Ätzkali)

≥ 5%

Ätzend

R 35
S (1/2)
S 26
S 37/39
S 45

Kaliumhydroxid besteht aus weißen, geruchlosen Stangen, Stücken, Pulver, Plätzchen oder Tabletten. An der Luft wird es feucht und nimmt Kohlendioxid auf. In Wasser ist es sehr leicht löslich unter Wärmeentwicklung. Die wäßrige Lösung heißt **Kalilauge,** eine wasserklare, sich schlüpfrig anfühlende, ätzende und die Haut zerstörende Flüssigkeit.

Kalilauge dient zur Herstellung von Schmierseife, von Pottasche, Farbstoffen, in der Elementaranalyse zur Absorption von Kohlendioxid, im Haushalt als Reinigungsmittel, als Reagens (DAB 10) und in der Medizin als Ätzmittel.

Natriumhydroxid (Ätznatron, kaustische Soda)

≥ 5%

Ätzend

R 35
S (1/2)
S 26
S 37/39
S 45
Anm. B

Natriumhydroxid stellt weiße, harte, geruchlose Stäbchen, Stücke, Plätzchen, Brocken oder Schuppen dar, die an der Luft zerfließen, dabei Kohlensäure aufnehmen und sich mit einer Natriumkarbonatschicht umgeben. Natriumhydroxid löst sich sehr leicht in Wasser unter Wärmeentwicklung (sog. „exothermer Vorgang“) auf. Die wäßrige Lösung von Natriumhydroxid heißt **Natronlauge.**

Natriumhydroxid wird zur Herstellung von Natronlauge und von Seifen, als Reinigungsmittel für Flaschen, Waschbecken und Toiletten, als Reagens (DAB 10) und medizinisch als Ätzmittel verwendet. Es dient ferner zum Ablaugen getrockneter Anstriche; nach dem Verseifen der Ölfarben können die Anstriche leicht abgewaschen werden.

Vergiftungserscheinungen

Schwellung der Mundschleimhaut, Schmerzen im Mund, im Rachen und im Bauch, Erbrechen, blutige Durchfälle u. dgl.

Erste-Hilfe-Maßnahmen

Verdünnen der Lauge mit viel Wasser und anschließend Gabe von Eiweiß oder Milch, verdünntem Essig, saurem Wein oder Zitronensaft.

Bei Laugenvergiftungen kein Erbrechen auslösen!

Ammoniak (Liquor Ammonii caustici)

wasserfrei

Giftig

R 10
R 23
S (1/2)
S 7/9
S 16
S 38
S 45

⩾ 10%

Ätzend

R 34
R 37
S (1/2)
S 7
S 26
S 45
Anm. B

5 – < 10%

Reizend

R 36/37/38
S (1/2)
S 26
Anm. B

Ammoniak ist ein farbloses, stechend riechendes, zu Tränen reizendes Gas, dessen 10%ige Lösung volkstümlich als **Salmiakgeist** bezeichnet wird. Ammoniaklösung reagiert stark alkalisch.

Wichtige Handelsformen sind:

Konzentrierter Ammoniak = dreifacher Salmiakgeist = „Triplex“	32%
Ammoniaklösung-Reagens (DAB 10)	17%
Ammoniaklösung-Reagens (DAB 10)	26%
Ammoniaklösung-Reagens (DAB 10)	10%
Ammoniaklösung-Reagens (DAB 10)	3,5%

Ammoniak dient als wichtiger Ausgangsstoff für Synthesen, zur Herstellung von Düngemitteln, zur Kälteerzeugung (Linde'sche Eismaschinen), zu Reinigungszwecken (auch enthalten in Haushaltsreinigungsmitteln), als Wiederbelebungsmittel („Riechampullen“).

Giftigkeit

Wegen des stechenden Geruchs von Ammoniak sind Vergiftungen selten. Die tödliche Dosis nach peroraler Aufnahme liegt bei 20 ml Salmiakgeist. Die Giftwirkung des Salmiakgeistes beruht auf seiner alkalischen Wirkung. Salmiakgeist verflüssigt die Proteine der Haut und bildet wie die anderen Laugen tiefgreifende Nekrosen. Nach Velvart ist Salmiakgeist eine stark ätzende Flüssigkeit; schon **ein einziger Schluck Salmiakgeist kann zum Tode führen**.

Vergiftungserscheinungen

a) nach Inhalation: Reizhusten, blutiger Auswurf, Atemnot.
b) nach peroraler Aufnahme: heftige Schmerzen, Magenentzündung, Erbrechen von Blut, Kollaps.

Erste-Hilfe-Maßnahmen

a) nach Inhalation: Patient aus Gefahrenzone bringen, Sauerstoff geben!
b) nach peroraler Aufnahme: Mit **viel Wasser** verdünnen, dann Gabe von verdünntem Essig, Milch. Die Erste-Hilfe-Maßnahmen entsprechen denen der Laugenvergiftung.

6.3 Säuren

Säuren sind Verbindungen, die in wäßriger Lösung Wasserstoffionen abspalten. Sie schmecken und reagieren sauer. Die anorganischen Säuren (auch **„Mineralsäuren"** genannt) sind meist flüssig, die organischen Säuren meist kristalline Substanzen.

Die Säuren gehören zu den ätzenden Giften. Sie verändern ähnlich wie die Laugen das Eiweiß der Zellen, indem sie es ausfällen. Die versehentliche Einnahme von Säuren, insbesondere der Salzsäure, Schwefelsäure und der Salpetersäure, führt daher immer wieder zu schweren, meist tödlichen Vergiftungen. Die Beachtung der Vorschrift, daß Gifte nicht in Gefäßen abgegeben werden dürfen, die für Lebensmittel, Arzneimittel oder Futtermittel verwendet werden oder durch ihr Aussehen geeignet sind, die Gefahr einer Verwechslung der Gifte mit Lebensmitteln, Arzneimitteln oder Futtermitteln herbeizuführen, ist deshalb besonders wichtig.

Die Vergiftungserscheinungen der Säuren ähneln denen der Laugen und sind bei diesen (siehe Kapitel 6.2) und im Kapitel 3.1 beschrieben.

Wichtige Säuren sind:

Salzsäure (Acidum hydrochloricum, Acidum muriaticum)

≥ 25%

Ätzend

R 34
R 37
S (1/2)
S 26
S 45
Anm. B

Chemisch reine Salzsäure ist eine stechend riechende, farblose Flüssigkeit, während die rohe Salzsäure durch Eisenchlorid gelb gefärbt ist. Salzsäure löst die meisten Metalle unter Bildung von Chloriden auf. Mit Salpetersäure (siehe dort!) löst sie sogar Gold und Platin auf.

Salzsäure kommt u. a. in folgenden Konzentrationen in den Verkehr:

Rohe Salzsäure	etwa 30%ig
Konzentrierte Salzsäure (DAB 10)	36%ig
Reine Salzsäure (DAB 10)	25%ig
Verdünnte Salzsäure (DAB 10)	11%ig

Salzsäuren mit einem Gehalt von 12,5% HCl und darunter werden als verdünnt, solche mit mehr als 24% als konzentriert bezeichnet.

Der Gehalt der einzelnen Säuren läßt sich leicht ermitteln, da der %-Gehalt der Salzsäure zufällig etwa doppelt so hoch ist, wie die bei der Dichte nach dem Komma stehenden beiden Ziffern. Demnach ist eine Salzsäure von der Dichte 1,10 etwa 20%ig.

Verwendung

Salzsäure dient zur Herstellung der Chloride, zum Auflösen der Knochensubstanz bei Knochenleimzubereitung, als Reinigungsmittel, zur Kesselsteinentfernung, zum Beizen und Ätzen von Metallen, als Lötwasser und als Reagens (DAB 10). Verdünnt wird sie bei fehlender Magensäure eingenommen. Die Konzentration an freier Salzsäure im Magensaft beträgt 0,05–0,15%, nach einer Mahlzeit 0,3–0,4%.

Giftigkeit

Ein Schluck (15–20ml) konzentrierter Salzsäure kann schon im Verlauf von 1 bis 2 Stunden nach vorangegangenen heftigen Schmerzen den Tod herbeiführen.

Erste-Hilfe-Maßnahmen

Trinken **großer Mengen von Flüssigkeiten** aller Art, am besten **viel Milch** und Eiweißwasser, oder **viel Wasser.** Ein gutes Neutralisationsmittel für Säuren ist gebrannte Magnesia (Magnesia usta). Zu vermeiden sind Karbonate wegen der Gefahr des Magendurchbruchs durch die sich bildende Kohlensäure.

⩾ 70%

Ätzend

Brandfördernd

R 8
R 35

S (1/2)
S 23
S 26
S 36
S 45
Anm. B

Salpetersäure (Acidum nitricum)

Salpetersäure ist eine der stärksten Mineralsäuren und Oxidationsmittel. Es ist eine farblose oder durch nitrose Gase schwach gelbliche Flüssigkeit von stechendem Geruch und ätzendem Geschmack. Salpetersäure zerstört viele organische Substanzen, löst Papier, Holz, Kork unter Gelbfärbung und viele Metalle (sogar Kupfer, Silber und Quecksilber) unter Bildung von Nitraten auf. Nur Gold und Platin und einige unedle Metalle wie Aluminium, Chrom und Eisen werden von ihr nicht angegriffen. Da man Gold und Silber mit Salpetersäure trennen kann, hat man sie auch **„Scheidewasser“** genannt. Eine Mischung von einem Teil konzentrierter Salpetersäure und 3 Teilen konzentrierter Salzsäure wird als **„Königswasser“** bezeichnet, weil es den König unter den Metallen, das Gold, zu lösen vermag.

Salpetersäure kommt in verschiedenen Konzentrationen in den Verkehr. Am gebräuchlichsten sind:

Rauchende Salpetersäure (DAB 10):	mindestens 95%
Reine Salpetersäure:	etwa 25%
Rohe Salpetersäure:	61–65%

20% ⩽ C

Ätzend

R 35
S (1/2)
S 23
S 26

Verwendung

Salpetersäure dient zur Herstellung der Nitrate, von Düngemitteln und von Sprengstoffen (Nitroglycerin, Pikrinsäure u. a.), zum Oxidieren und Nitrieren chemischer Verbindungen, zur Trennung von Silber und Gold, in der Galvanoplastik, als Metallbeize, als Reagens (DAB 10) und medizinisch als Warzenmittel zum Ätzen der Haut.

Giftigkeit

Die tödliche Dosis liegt je nach Konzentration zwischen 5 und 10 ml Salpetersäure.

Vergiftungserscheinungen

S 27
S 45
Anm. B

Gelbe Verätzung der Haut, der Mundschleimhaut, der Speiseröhre und des Magens, Speichelfluß, Erbrechen gelber Massen, starke Leibschmerzen.

Erste-Hilfe-Maßnahmen

Trinken großer Mengen von Flüssigkeit aller Art, am besten *viel Milch* und Eiereiweiß, vermischt mit einigen Teelöffeln Magnesia usta zur Neutralisation.

Schwefelsäure (Acidum sulfuricum, Vitriolöl)

≥ 15%

Ätzend

R 35
S (1/2)
S 26
S 30
S 45
Anm. B

Reine Schwefelsäure ist eine klare, farblose, ölige Flüssigkeit, die äußerst hygroskopisch ist. Aufgrund dieser wasserentziehenden Wirkung zerstört sie organische Stoffe wie Zucker, Stärke, Papier, Holz, Gewebe usw. unter Verkohlung. Daher ist die rohe Schwefelsäure oft braun gefärbt. Sie ist ein starkes Ätzmittel. Schwefelsäure löst die meisten Metalle unter Salzbildung auf. Sie bildet saure und neutrale Salze, die Hydrogensulfate, bzw. die Sulfate. Die konzentrierte, mindestens 93%ige Schwefelsäure greift Eisen nicht an, so daß sie in gußeisernen Gefäßen aufbewahrt und transportiert werden kann.

Schwefelsäure kommt in verschiedenen Konzentrationen in den Handel; am gebräuchlichsten sind:

Konzentrierte Schwefelsäure:	98%
Kammersäure	60–70%
Gloversäure:	etwa 80%

Oleum ist rauchende Schwefelsäure mit 20–65% SO_3.

Diese Säuren sind mit dem Ätzzeichen zu kennzeichnen.

Die **verdünnte Schwefelsäure** mit einer Konzentration von 5–15% braucht nur mit dem Andreaskreuz gekennzeichnet zu werden.

5–15%

Reizend

R 36/38
S (1/2)
S 26
Anm. B

Vorsichtsmaßnahmen beim Umgang mit Schwefelsäure

Beim *Verdünnen von Schwefelsäure* mit Wasser tritt starke Erwärmung ein, weshalb die Säure in dünnem Strahl unter Umrühren ins Wasser zu gießen ist, nicht umgekehrt, da die Säure sonst wegen plötzlichen Verdampfens eines Teils des Wassers verspritzt.

> **Merke:**
> **Nie das Wasser in die Säure, sonst geschieht das Ungeheure!**

Verwendung

Schwefelsäure dient zur Herstellung von Düngemitteln, im Gemisch mit Salpetersäure zum Nitrieren, zur Spaltung von Fetten, zur Herstellung von Säuren (Salz-, Salpeter-, Kohlen- Zitronen- und Weinsäure) und Vitriolen, in der Kunstseidenindustrie, zum Füllen von Akkumulatoren (ca. 40%ig) und als Reagens (DAB 10).

Giftigkeit

Schon ein Teelöffel (5 ml) konzentrierter Schwefelsäure kann zu tödlichen Verätzungen des Magens führen. Einatmung der Dämpfe verursacht Entzündungen der Atemwege. Auf der Haut ruft Schwefelsäure schmerzhafte, schwer heilende Brandwunden hervor.

Vergiftungserscheinungen

Bei peroraler Aufnahme der Schwefelsäure treten starke Schmerzen und Krämpfe, Erbrechen saurer, geruchloser, kaffeesatzartiger Massen, Durchfall, Speichelfluß und graue, bei konzentrierter Säure schwarze Verätzungen von Mund- und Rachenschleimhaut auf.

Erste-Hilfe-Maßnahmen

Bis zum Eintreffen des Arztes **sofort viel Flüssigkeit** aller Art, dann *viel Milch*, möglichst mit mehreren gequirlten rohen Eiern oder Zusatz von Magnesia usta geben!

Fluorwasserstoffsäure (Flußsäure)

$\geq$ 7%

Sehr giftig

Ätzend

R 26/27/28
R 35
S (1/2)
S 7/9
S 26
S 36/37
S 45

1% < 7%

Giftig

Flußsäure ist eine farblose, klare, stark ätzende, meist 40%ige wäßrige Lösung des gasförmigen *Fluorwasserstoffs*. Sie ist mit Wasser und Alkohol mischbar. Ihre charakteristische Eigenschaft ist die Fähigkeit, Quarz, Glas und viele andere Silikate unter Bildung des flüchtigen Siliciumtetrafluorids anzugreifen und aufzulösen.

Außerdem löst Flußsäure die meisten Metalle auf. Nur Gold, Silber, Magnesium, Platin und Blei widerstehen, ebenso Guttapercha, Ceresin und verschiedene Kunststoffe.

> **Flußsäure löst Glas auf und kann daher nicht in Glasgefäßen aufbewahrt werden.**

Flußsäure kommt deshalb meistens in Gefäßen aus Polyäthylen, Polyvinylchlorid u. dgl. in den Verkehr.

Die Salze der Flußsäure heißen Fluoride. sie sind bei Fluor (siehe Kapitel 6.7 „Halogene") beschrieben.

Verwendung

Die Flußsäure dient in „Glasätztinten" zum Ätzen von Glas, in der Analyse zum Aufschließen von Silikaten; zur Entkieselung von Röhren; zum Ablösen von Email, als Reagens (DAB 10) und stark verdünnt als Rostentferner.

Giftigkeit

Ätzend

R 23/24/25
R 34
S (1/2)
S 7/9
S 26
S 36/37
S 45
Anm. B

Der Kontakt mit **Flußsäure ist äußerst gefährlich**! Flußsäure wird von der Haut rasch aufgenommen und tief resorbiert. Die Verätzungen sind oft tagelang auf der Haut sichtbar und rufen trotzdem starke Schmerzen hervor, die häufig selbst mit Morphium nicht zu stillen sind. Flußsäure ist ein sehr viel stärkeres Reiz- und Ätzgift für die Schleimhäute und die Haut als der Chlorwasserstoff.

Nach Moeschlin führte die Berührung eines Lastwagenfahrers mit Flußsäure beim Einladen von Fässern trotz sofortiger Überführung des Patienten in ein Krankenhaus unter rasenden Schmerzen nach fünf Stunden zum Tod.

Vergiftungserscheinungen

Bei oraler Aufnahme: Übelkeit, Erbrechen, Magenschmerzen, Durchfälle, Krämpfe, Lähmungen.

Erste-Hilfe-Maßnahmen

Sofort mit viel Wasser verdünnen, besser noch sofortige Gabe von **Calciumsalzen,** um die Flußsäure in das schwerlösliche Calciumfluorid überzuführen, dann Abführmittel. Sofortige Einweisung des Vergifteten in ein Krankenhaus.

Wegen der großen Gefahren, die von Flußsäure ausgehen, muß es mit 2 Gefahrensymbolen gekennzeichnet werden (s. o.).

Oxalsäure

Gesundheitsschädlich

R 21/22
S (2)
S 24/25

Oxalsäure bildet farblose, sauer schmeckende, luftbeständige Kristalle, die in Wasser und Alkohol löslich sind und ab 100 °C sublimieren.

Ihre Salze heißen Oxalate. Die Ätzwirkung der Säure ist sehr stark; sie nähert sich der Wirkung anorganischer Säuren. Beim raschen, starken Erhitzen zerfällt Oxalsäure in Kohlendioxid, Kohlenmonoxid und Wasser.

Oxalsäure wird als Rost- und Tintenfleckentferner, zur Herstellung der Oxalate (z. B. von Kleesalz), in der Textil-, Papier- und Waschmittelindustrie, zum Bleichen von Stroh, Holz und Kork, in der Maßanalyse als Urtiter, als Reagens (DAB 10), in der Fotografie zur Herstellung blauer Tinten und als Metallputzmittel verwendet.

Giftigkeit

Durch die Oxalsäure werden die lebenswichtigen Ca-Ionen in Form des unlöslichen Calciumoxalats ausgefällt, welches die feinen Nierenkanälchen verstopfen kann.

Die letale Dosis der Oxalsäure liegt zwischen 4 und 15 g.

Vergiftungserscheinungen

Magenschmerzen, Erbrechen, Atemnot, Pulsverlangsamung, Krämpfe, Rückenschmerzen u. a.

Erste-Hilfe-Maßnahmen

Durch geschabte Kreide und Kalkmilch können die Oxalsäure und die Oxalate in das unlösliche und damit ungiftige Calciumoxalat übergeführt werden. Viel Wasser spült die Calciumoxalatkristalle aus den Nieren wieder aus.

Essigsäure (Acidum aceticum glaciale)

≥ 90%

Ätzend

R 10
R 35
S (1/2)
S 23
S 26
S 45
Anm. B

Die wasserfreie Essigsäure ist eine klare, farblose Flüssigkeit von stechendem Essiggeruch. Sie erstarrt in der Kälte zu einer eisartigen Masse, weshalb die konzentrierte Essigsäure auch **Eisessig** genannt wird. Essigsäure ist eine schwache Säure; sie löst sich in Wasser in jedem Verhältnis.

Essigsäure dient als Essig, als Ausgangsstoff in der organischen Chemie, als Lösungsmittel und als Reagens (DAB 10). **Essig ist ein Lebensmittel** und fällt somit nicht unter die Kennzeichnungsvorschriften der Gefahrstoffverordnung.

Vergiftungserscheinungen

Reizung der Augen und der Atemwege, Brennen der Haut, Reizhusten, Brechreiz und Atemnot.

25%–90%

Ätzend

R 34
S (1/2)
S 23
S 26
Anm. B

6.4 Giftige Farben

Die giftigen Farben sind in der Gefahrstoffverordnung an 4 Stellen näher beschrieben, nämlich

1. bei den Oberflächenbehandlungsmitteln (Anhang V Nr. 1)
2. bei den Antifouling-Farben (Anhang IV Nr. 5)
3. bei Arsen (Anhang IV Nr. 3)
4. bei den Bleiverbindungen (Anhang IV Nr. 6)

Oberflächenbehandlungsmittel im Sinne der Gefahrstoffverordnung sind Zubereitungen, die als Anstrichstoffe, Lacke, Druckfarben, Beschichtungsmittel, Klebstoffe, Dichtungs- und Spachtelmassen, Kitte, Fugenvergußmassen, Isoliergrund, Abbeizmittel, Entfettungsmittel, Künstlerfarben und Trennmittel, ferner als Oberflächenschutzmittel und Holzbeizen verwendet werden sollen.

Antifouling-Farben sind Stoffe und Zubereitungen, die zur Verhinderung des Bewuchses durch Mikroorganismen, Pflanzen oder Tiere an Schiffskörpern, Geräten oder Einrichtungen für die Fisch-, Krebs- oder Muschelzucht sowie an völlig oder teilweise im Wasser untergetauchten Geräten oder Einrichtungen jeder Art bestimmt sind.

Antifouling-Farben, die folgende Stoffe oder Zubereitungen enthalten, dürfen nicht verwendet werden:
Quecksilberverbindungen,
Arsenverbindungen,
Hexachlorcyclohexan (HCH).
Zinnorganische Verbindungen; für Bootskörper mit einer Gesamtlänge von

25 m und mehr dürfen aber zinnorganische Verbindungen weiterhin verwendet werden.

Giftige Farben stellen meist einfache, unlösliche und mehr oder minder hitze-, wetter-, licht- und chemikalienbeständige anorganische Verbindungen dar. Sie werden in Pulverform mit einem Bindemittel (z. B. Leinöl, Kalkmilch), in dem sie sich nicht auflösen, sondern mit dem sie nur eine Suspension bilden, angerührt. Man unterscheidet Erd- und Mineralfarben.

Erdfarben sind Farben, die bergmännisch gewonnen und durch Mahlen und Reinigen zubereitet werden (z. B. Schwerspat: Bariumsulfat).

Mineralfarben sind künstliche Farben, wie Bleiweiß, Chromgelb, Schweinfurter Grün usw. Sie werden chemisch hergestellt.

Die Arsen-, Quecksilber- und Uran-Farben unterliegen voll der Gefahrstoffverordnung. Sie sind dem Kennbuchstaben T zugeordnet und deshalb mit dem Totenkopf und dem Wort „Giftig" zu versehen, sowie verschlossen aufzubewahren. Die Abgabevorschriften sind zu beachten. Einzelheiten zu den **Arsenfarben**, den **Bleifarben** und den **Quecksilberfarben** siehe Kapitel 6.8.

Die übrigen Farben der Gefahrstoffverordnung sind meist als gesundheitsschädlich eingestuft oder werden von der Gefahrstoffverordnung nicht erfaßt.

6.5 Phenole und Kresole

Die meisten Phenole besitzen stark desinfizierende Eigenschaften. Ein bekanntes Desinfektionsmittel ist die Kresolseifenlösung, Liquor Cresoli saponatus (DAB 6), die als Lysol im Handel ist. Ein weiteres bekanntes Handelsprodukt, das Sagrotan, enthält chlorierte Phenole und Kresole. Es wird ebenfalls als Desinfektionsmittel angewandt.

Wichtige Phenole sind:

2-Naphthol (Beta-Naphthol)

Gesundheitsschädlich

R 20/22
S (2)
S 24/25

Je nach Stellung der Hydroxylgruppe unterscheidet man 1- bzw. α-Naphthol von 2- bzw. β-Naphthol.

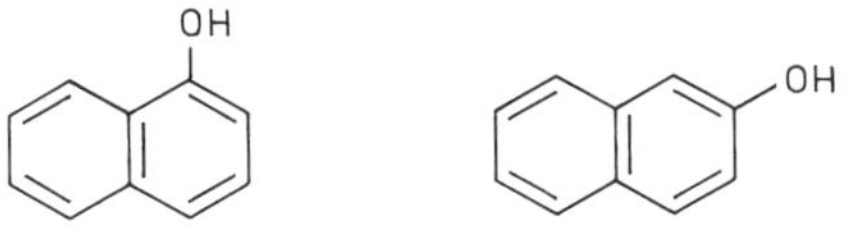

1-Naphthol
α-Naphthol

2-Naphthol
β-Naphthol

β-Naphthol besitzt phenolartige Eigenschaften und wird deshalb als starkes Desinfektionsmittel verwendet. Im DAB 10 ist es als Reagens aufgeführt.

Giftig

R 24/25
R 34
S (1/2)
S 28
S 45

Phenol (DAB 10)

Phenol bildet in reinstem Zustand farblose, schwach rosa oder gelbliche Kristalle von charakteristischem Geruch. An der Luft färbt es sich allmählich stärker rosa. Phenol ist in den meisten organischen Lösungsmitteln leicht löslich. Gegen Wasser zeigt es ein eigentümliches Verhalten: Mit wenig Wasser bilden Phenolkristalle „verflüssigtes Phenol" (Phenolum liquefactum DAB 7) mit einem Gehalt von etwa 90% Phenol. Setzt man mehr Wasser zu, so entsteht eine milchige Emulsion, die erst bei etwa 5% Phenol wieder in Lösung geht. Phenol ätzt die Haut und die Schleimhäute, es wirkt fäulniswidrig und gärungshemmend.

Phenol dient als Winterspritzmittel gegen die an Obstbäumen überwinternden Insekten, als wichtiger Rohstoff zur Herstellung von Desinfektionsmitteln, Teerfarben, Arzneimitteln, zum Ätzen von Warzen, Geschwüren, zum Abtöten der Zahnpulpa in der Zahnmedizin, zur Gewinnung von Kunstharzen (sog. Phenoplasten) als Reagens (DAB 10) und als Lösemittel.

Giftigkeit

Phenol ist ein Protoplasmagift, das außer Bakterien auch die Gewebszellen zerstört. 2%ig (Phenolwasser, Aqua phenolata) führt es auf der Haut zu Empfindungslosigkeit und bei längerer Einwirkung zu einer oft tiefgreifenden Ätzung, ohne daß Schmerzen auftreten, was auf die anästhesierende Wirkung des Phenols zurückzuführen ist. Diese Eigenschaft wird zur Abtötung der Zahnpulpa durch kurzes Auflegen von Phenolkristallen ausgenützt.

Die *tödliche Dosis* liegt zwischen 5 und 10 g Phenol.

Vergiftungserscheinungen

Ohrensausen, Schwerhörigkeit, Bauchschmerzen, Erbrechen, Durchfall, Schwindel, Schwäche, Ohnmacht, Schweißausbruch, Hautverätzungen, dunkelgrüner oft blutiger Harn. Der Tod tritt infolge Herzstillstands oder Atemlähmung ein.

Erste-Hilfe-Maßnahmen

Verdünnen mit viel Wasser, dann – wenn möglich – Gabe von Natriumsulfat und größere Mengen (40–60 g) medizinischer Kohle, außerdem Milch oder Olivenöl.

Kresol (Methylphenol, Hydroxytoluol)

Giftig

R 24/25
R 34
S (1/2)
S 36/37/39
S 45
Anm. C

Kresol findet sich im Steinkohlen-, Fichtenholz- und Buchenholzteer. Es ist ein Gemisch der 3 isomeren Methylphenole Ortho-, Meta- und Parakresol:

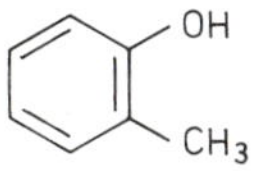

o-Kresol

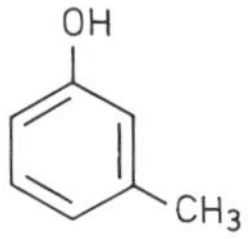

m-Kresol

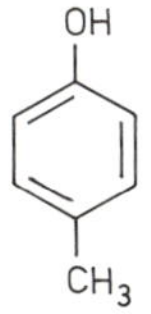

p-Kresol

Das Gemisch wird auch als „Trikresol" bezeichnet.

Rohes Kresol ist eine ölige, stark lichtbrechende, klare, gelblichbraune, in viel Wasser fast lösliche, durchdringend riechende Flüssigkeit, die beim Stehen nachdunkelt.

Verwendung

Kresol ist Ausgangsprodukt zahlreicher Desinfektionsmittel. So ist es zu 10% im Kresolwasser: Aqua cresolica DAB 6, und zu 50% neben Kaliseife in Kresolseifenlösung: „Liquor Cresoli saponatus" DAB 6 (Handelspräparat: Lysol) enthalten. Außerdem dient es mit Kalk oder Gips gemischt zur Herstellung von Desinfektionspulvern. Weiterhin wird es als Holzschutzmittel, zum Herstellen von Pflastern und als Lösemittel verwendet. o-Kresol dient als Reagens (Ph. Eur.) zur Gehaltsbestimmung von Eukalyptusöl.

Giftigkeit und Vergiftungserscheinungen entsprechen denen des Phenols.

Trikresylphosphate

Giftig

R 39/23/24/25
S (1/2)
S 20/21
S 28
S 45
Anm. C

Trikresylphosphate werden aus technischem Kresol hergestellt. Sie bestehen aus einer Mischung von o-, m- und p-Trikresylphosphaten. Giftig sind in erster Linie die o-Trikresylphosphate.
o-, o-, o-Trikresylphosphat besitzt folgende Struktur:

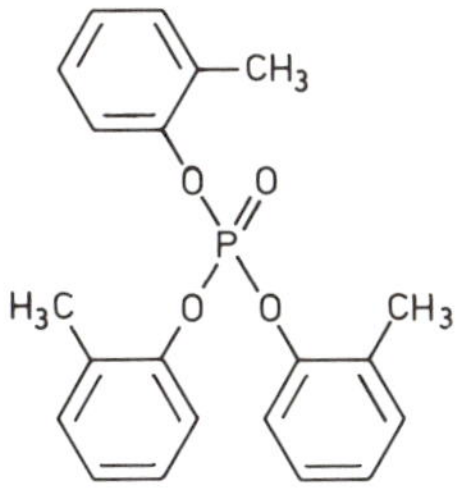

Trikresylphosphate stellen hochsiedende, farblose, geruchlose und geschmacklose, in Wasser fast unlösliche, ölige Flüssigkeiten dar, die sich von fetten Ölen dadurch unterscheiden, daß sie im Wasser untersinken.

Trikresylphosphate dienen als Weichmacher für Kunststoffe (z. B. in „Igelit"), als Antiklopfmittel und zur Verbesserung der sonstigen Eigenschaften des Benzins, als Schmiermittelzusatz u. dgl. Als Schädlingsbekämpfungsmittel werden sie in der Bundesrepublik nicht mehr verwendet.

Giftigkeit

Von den drei Isomeren ist das o-Trikresylphosphat besonders giftig. Es schädigt das Nervensystem und erzeugt nach Aufnahme höherer Dosen irreversible Lähmungen. Auch eine Aufnahme des Giftes über die intakte Haut ist möglich. Die tödliche Dosis für den Menschen liegt bei etwa 2 g. Bisher sind **weltweit mehrere tausend Vergiftungsfälle** mit o-Trikresylphosphat bekannt geworden. Die m- und p-Trikresylphosphate sind gesundheitsschädlich.

Vergiftungserscheinungen

Anfangs treten wenig ausgeprägte Magenerscheinungen, wie Leibschmerzen, Übelkeit und Erbrechen auf. Nach einer Latenzzeit von 2–3 Wochen folgen Nervenerkrankungen, wie Muskelschmerzen, Kribbelgefühl in den Beinen und später in den Händen. Schwere und schmerzhafte Lähmungen der Arme und Beine schließen sich an. Wenn diese Lähmungen nicht innerhalb von 1–2 Jahren zurückgehen, ist der Patient zu dauerndem Siechtum verurteilt.

Erste-Hilfe-Maßnahmen: Siehe Kapitel 3.1

6.6 Pflanzengifte

6.6.1 Giftige Pflanzen und Pflanzenteile

Die meisten **Giftpflanzen** werden heute nur noch als Arzneimittel oder zur Gewinnung ihrer Inhaltsstoffe verwendet, so daß sich ihre Besprechung in der Giftkunde erübrigt. In der Gefahrstoffverordnung sind derzeit keine giftigen Pflanzen aufgeführt.

6.6.2 Inhaltsstoffe giftiger Pflanzen

6.6.2.1 Alkaloide

Alkaloide sind stickstoffhaltige Pflanzeninhaltsstoffe, die *alkalisch* reagieren und mit Säuren Salze bilden. In reiner Form sind es meist bitter schmeckende, geruchlose, kristalline Substanzen, die aus den entsprechenden Pflanzen durch Extraktion und anschließende Reinigung des Extraktes gewonnen werden.

In der Gefahrstoffverordnung sind folgende Alkaloide aufgeführt (Tab. 25):

Tab. 25: Giftige Alkaloide

	Kennbuchstabe	Stammpflanze
Aconitin	T^+	Aconitum napellus
Atropin	T^+	Atropa bella-donna L
Brucin	T^+	Strychnos nux-vomica
Colchicin	T^+	Colchicum autumnale
Hyoscyamin	T^+	Atropa bella-donna
Nikotin	T^+	Nicotiana tabacum
Physostigmin (Eserin)	T^+	Physostigma venenosum
Pilocarpin	T^+	Pilocarpus-Arten
Scopolamin	T^+	Solanaceen-Arten
g-Strophantin	T	Strophanthus gratus
k-Strophantin	T	Strophanthus kombé
Strychnin	T^+	Strychnos nux-vomica

6.6.2.2 Glykoside

Glykoside sind zuckerhaltige Pflanzeninhaltsstoffe, die durch Extraktion aus den entsprechenden Pflanzen gewonnen werden.

In der Gefahrstoffverordnung ist nur noch ein Glykosid genannt, das **Digitoxin.**

6.6.2.3 Sonstige Inhaltsstoffe von Giftpflanzen

	Kennbuchstabe	Struktur
Rotenon	T	Fünfringsystem

Pflanzeninhaltsstoffe, die nur noch arzneilich verwendet werden, wurden aus dieser Broschüre gestrichen. Wir beschränken uns auf die Besprechung folgender Pflanzengifte:

Atropin

Sehr giftig

R 26/28
S (1/2)
S 25
S 45

Atropin kommt in der Natur u. a. in den Solanaceenblättern vor. Einen relativ hohen Atropingehalt besitzen folgende Pflanzen:
die Tollkirsche (Atropa bella-donna),
der Stechapfel (Datura stramonium),
das Bilsenkraut (Hyoscyamus niger).
Atropin kristallisiert in kleinen, farblosen bitteren Nadeln, die sehr giftig sind. Die tödliche Dosis (per os) liegt bei etwa 0,1 g und weniger. Bereits Dosen von 0,0005 g führen zu Trockenheit im Mund und Rachen.

Atropin dient in der Augenheilkunde als sog. Mydriatikum: Es erweitert durch Lähmung der Iris die Pupille. Außerdem dient es als Spasmolytikum und in hohen Dosen als **wichtiges Gegengift bei Vergiftungen** z. B. **durch Phosphorsäureester** (z. B. Parathion = E 605), Carbaminsäureester u. a. Die in der Medizin am meisten verwendete Verbindung des Atropins ist das gut wasserlösliche *Atropinsulfat:* Atropini sulfas (DAB 10).

Vergiftungserscheinungen

Trockenheit im Mund und Rachen, Erweiterung der Pupille, Durst, Schluckbeschwerden, Schwindel, Krämpfe, Pulsbeschleunigung, Erregungszustände (evtl. Tobsucht!) u. dgl.

Erste-Hilfe-Maßnahmen

Erbrechenlassen und Gabe großer Mengen medizinischer Kohle.

Spezialliteratur: DAZ-Giftlexikon: DAZ 1986 S. 1930
PZ 1990 S. 2145

Sehr giftig

R 25
R 27
S (1/2)
S 36/37
S 45

Nikotin (DAB 10)

Nikotin ist das Alkaloid der Tabakpflanze (Stammpflanze: Nicotiana tabacum, Solanaceen) und anderer Nikotianaarten.

Tabak wurde erstmals 1526 von dem Spanier Hernandez de Oviedo aus Mittelamerika nach Europa gebracht. Bereits gegen Ende des 17. Jahrhunderts wurden nachweislich Tabakbrühen gegen Schädlinge eingesetzt. Bis etwa zum zweiten Weltkrieg gehörten *Tabakextrakte* und Nikotin zu den wichtigsten Schädlingsbekämpfungsmitteln. Seitdem jedoch synthetische Insektizide geringerer Giftigkeit wie DDT, Lindan u. dgl. entdeckt worden sind, ist der Verbrauch des überaus giftigen Nikotins stark zurückgegangen.

Der Nikotingehalt der Tabakpflanzen schwankt zwischen 0,3 und 9%. Nicotiana rustica, eine in Rußland viel angebaute Pflanze, hat einen noch höheren Nikotingehalt. Rauchtabake enthalten etwa 1 bis 3% Nikotin.

Eigenschaften

Reines Nikotin ist eine farblose, ölige Flüssigkeit von charakteristischem Geruch. An der Luft färbt es sich dunkel und nimmt dabei einen unangenehmen Geruch an. Es ist daher in gut verschlossenen Gefäßen vor Licht geschützt aufzubewahren.

Giftigkeit

Nikotin gehört zu den stärksten Giften. Es erreicht etwa die Giftigkeit der Blausäure. Bereits 50 mg Nikotin können einen erwachsenen Menschen töten. Das ist etwa die Nikotinmenge, die in 2–3 Zigaretten enthalten ist. Da sich aber beim Rauchen der größte Teil des Nikotins im Zigarettenstummel ansammelt, der Rest verbrennt oder verdampft und die inhalierte Nikotinmenge laufend im Organismus abgebaut wird, kommt es zwar zu keiner akuten Vergiftung, bei längerer Einwirkung aber zu schweren Gefäßschäden (Raucherbein). **Rauchen verkürzt die Lebenserwartung des Menschen um über 8 Jahre.***)

*) vgl. Dr. J. Schmidt-Voigt im Arzt + Auto Nr. 10/85 S. 6.

In der Schädlingsbekämpfung wirkt Nikotin in erster Linie als Atemgift, da die leichtflüchtige Alkaloidbase als Gas in die Atemöffnungen der Insekten eindringen und dort ihre Giftwirkung entfalten kann. Daneben dient es noch als Kontakt- oder Fraßgift.

Beim Umgang mit Nikotin ist größte Vorsicht geboten, da es wegen seiner hohen Giftigkeit nicht nur als Atem- und Magengift sehr gefährlich ist, sondern weil es auch leicht die Haut durchdringt. Nichtraucher sind stärker gefährdet als Raucher.

Vergiftungserscheinungen

Übelkeit, Erbrechen, Atemnot, Schwindelgefühl, Schweißausbruch, Leibschmerzen, Kopfschmerzen, Zittern, Durchfall; in schweren Fällen: schwere Krämpfe, Kollaps, Atemlähmung, Ohnmachtsanfälle, Herzstillstand.

Erste-Hilfe-Maßnahmen

Nach peroraler Aufnahme sofortiges Erbrechen herbeiführen und medizinische Kohle geben! Bis zum Eintreffen des Arztes kann man starken Tee oder starken Kaffee verabreichen.

Strychnin

Sehr giftig

R 27/28
S (1/2)
S 36/37
S 45
Anm. A

Strychnin ist das Alkaloid der Brechnuß (Strychnos nux vomica) und der Ignatiussamen (Strychnus ignatii).

Es bildet farblose, glänzende, geruchlose Kristallnadeln von sehr bitterem Geschmack.

Die wichtigste Verbindung des Strychnins ist das *Strychninnitrat* (DAB 7), einc farblose, sehr bitter schmeckende, kristalline Verbindung.

Strychnin steigert die Reflexerregbarkeit des Rückenmarks und führt in größeren Dosen zu starrkrampfartigen Zuständen. Es besitzt keine brechenerregende Wirkung; der Name Brechnuß beruht auf einer Verwechslung.

Verwendung

Strychnin dient zum Töten von Raubtieren, Wildkaninchen, Eichhörnchen und als Giftgetreide zur Bekämpfung von Mäusen und Ratten. Es wirkt allerdings wegen eines bitteren Geschmacks auf Ratten von Anfang an abschreckend, so daß die aufgenommene Dosis für eine tödliche Vergiftung oft nicht ausreicht (**„subletale Dosis“**) und die Ratten dann das strychninhaltige Gift meiden. Es ist deshalb das Rodentizid nicht mehr gebräuchlich.

Giftigkeit

Strychnin ist ein **Krampfgift**. 15 mg können beim Erwachsenen zu Krämpfen führen; die tödliche Dosis liegt bei etwa 0,1–0,3 g Strychnin. Es wurden aber auch schon 3 g überlebt.

Vergiftungserscheinungen

Unruhe, Angst, blaue Gesichtsfarbe, Zuckungen, Starrkrampfanfälle. Das Bewußtsein bleibt während der äußerst schmerzhaften Anfälle voll erhalten. Der Tod tritt durch Krampf der Atemmuskulatur ein.

Erste-Hilfe-Maßnahmen

Lagerung des Vergifteten in einem ruhigen, dunklen, warmen Raum. Sofortige Gabe großer Mengen von medizinischer Kohle (40–60 g), die Strychnin sehr gut bindet.

Vorsicht! Es können leicht Krämpfe ausgelöst werden!

Spezialliteratur: DAZ-Giftlexikon: DAZ 1986 Seite 1386.

6.7 Halogene

Fluor

Sehr giftig

Ätzend

R 7
R 26
R 35
S (1/2)
S 7/9
S 36
S 45

Fluor ist ein schwach gelbgrünes, stechend riechendes giftiges Gas, das stark ätzend wirkt. Es greift Glas an und zerstört es. Fluor zeigt von allen Elementen die stärkste chemische Aktivität. Mit vielen Stoffen verbindet es sich unter Entzündung. Seine Verbindungen heißen Fluoride.

Fluor dient zur Darstellung von Fluorverbindungen, wie Flußsäure, zur Herstellung von Holzschutz- und Schädlingsbekämpfungsmitteln sowie von Kältemitteln (z. B. Frigen).

Vergiftungserscheinungen

Fluorgas ist sehr giftig. Es reizt die Atemwege und führt zu schweren Verätzungen der Haut, wobei an den betroffenen Hautstellen außerordentlich starke Schmerzen auftreten.

Erste-Hilfe-Maßnahmen

sind nur mit voller Schutzkleidung und Atemschutz möglich. Verletzte müssen so schnell wie möglich an frische Luft gebracht und mit Sauerstoff versorgt werden.

Die wichtigsten Fluorverbindungen sind:

Natriumfluorid (Natrii fluoridum)

Giftig

R 25
R 32
R 36/38
S (1/2)
S 22
S 36
S 45

Natriumfluorid ist ein weißes, wasserlösliches, kristallines Pulver, das als Holzschutzmittel, als Schädlingsbekämpfungsmittel gegen Ratten, Mäuse, Ameisen u. a., in der Glas- und Zementindustrie, als Konservierungsmittel, als Rostentfernungsmittel*), als Reagens (DAB 10) und medizinisch zur Kariesprophylaxe verwendet wird. Durch Fluoridzufuhr werden die Zahnhartsubstanzen nachhaltig resistenter gegen Säureangriffe. In Basel wird das Trinkwasser seit 1962 mit 1 mg Fluorid/Liter angereichert. Nach Prof. Ritzel aus Basel stieg dort der Prozentsatz völlig gesunder Zähne bei 7jährigen Erstkläßlern von 6 auf 47%. Gefleckter Schmelz trat erst ab 2,5 mg Fluorid pro Tag auf.

Spezialliteratur: Schröder, DAZ 1985 Seite 1155

Kaliumfluorid

Giftig

R 23/24/25
S (1/2)
S 26
S 45

ist ebenfalls ein weißes Pulver. Es wird wie Natriumfluorid angewandt.

Ammoniumfluorid

bildet farblose, in Wasser sehr leicht lösliche Kristalle. Es zerfällt beim Erhitzen in Fluorwasserstoff und Ammoniak. Ammoniumfluorid greift Glas an und wird deshalb in Polyethylen-, PVC- oder in mit Paraffin überzogenen Glasflaschen aufbewahrt. Es dient zum Glasätzen und in der Analyse wie Flußsäure zum Aufschließen von Silikaten.

Es wird wie Kaliumfluorid gekennzeichnet.

Kaliumhydrogendifluorid

Giftig

> 10%

Ätzend

R 25
R 34
S (1/2)
S 22
S 26
S 37
S 45

Es besteht aus farblosen Kristallen, die beim Erhitzen Flußsäure abgeben. Kaliumhydrogendifluorid dient wie *Natriumhydrogendifluorid* zur Herstellung von Glasuren, als Holzschutzmittel gegen holzschädigende Pilze und zur Entfernung von Rost- und Tintenflecken.

*) Nach Velvart sind in der Literatur mehrere Fälle beschrieben worden, bei denen nach oraler Aufnahme von fluorhaltigen Rostentfernern plötzlich und unerwartet der Tod der Patienten eintrat. Man nimmt an, daß das Herzversagen auf eine toxische Myokardschädigung durch das Fluor zurückzuführen ist.

≥ 10%

Ätzend

R 34
S (1/2)
S 26
S 27
S 45
Anm. B

Hexafluorokieselsäure (Kieselfluorwasserstoffsäure)

ist eine wasserhelle, ätzende Flüssigkeit, die Glasgefäße im Gegensatz zur Flußsäure kaum angreift. Die Säure ist in reinem Zustand nicht darstellbar. Sie wirkt stark desinfizierend. Ihre Salze heißen **Silicofluoride.**

Hexafluorkieselsäure dient ebenso wie ihre Salze zur Herstellung von Email, zur Zementhärtung, zur Ungeziefervertilgung, zu Isolieranstrichen, als gärungshemmendes Mittel in Brauereien, als Holzschutzmittel und als Reagens auf Kalium.

Sehr giftig

R 28
S (1/2)
S 20
S 22
S 26
S 45

Monofluoressigsäure

Fluoressigsäure ist eine farblose, leicht bewegliche, fast geruch- und geschmacklose Flüssigkeit, die auch die unverletzte Haut durchdringt. Fluoressigsäure, ihre Salze (z. B. Natriumfluoracetat) und ihre Derivate (z. B. die Ester) werden als Schädlingsbekämpfungsmittel (z. B. als Rodentizide!), und als Kampfstoffe verwendet.

Die tödliche Dosis beträgt 2–10 mg/kg Körpergewicht.

Giftig

R 23
R 36/37/38
S (1/2)
S 7/9
S 45

Chlor

Chlor ist nach Fluor das reaktionsfähigste aller nichtmetallischen Elemente. Es ist ein grüngelbes Gas,[1] das 2,5mal so schwer ist wie Luft. Chlor hat einen stechenden Geruch, der sich schon bei einer Verdünnung von 1:100 000 bemerkbar macht und deshalb schwere tödliche Vergiftungen verhindert. 0,4–0,5%ige wäßrige Lösungen von Chlor heißen **Chlorwasser.**

Chlor dient als Oxidationsmittel, zur Desinfektion von Trinkwasser, einschließlich des Badewassers in Freibädern, zum Bleichen von Papier, Textilien etc. und zur Herstellung von Salzsäure sowie vieler organischer Chlorverbindungen wie Chloroform, Tetrachlorkohlenstoff und Hexachlorbenzol. Im Ph. Eur. ist es als Reagens aufgeführt.

Auf der Verpackung von Zubereitungen, die mehr als 1% Aktivchlor enthalten und für jedermann erhältlich sind, muß folgender Hinweis angebracht sein: **„Vorsicht! Nicht zusammen mit anderen Produkten verwenden, da gefährliche Gase (Chlor) freigesetzt werden können“** (Anh. III Nr. 13 GefStoffV).

Giftigkeit

Chlor ist sehr giftig; es bildet in der Lunge Salzsäure. Seine Giftwirkung entspricht deshalb der Säurevergiftung. Ein Luftgemisch mit 2 mg Chlor pro Liter wirkt rasch tödlich.

Vergiftungserscheinungen

Brennen der Schleimhäute, Augen, Nase, Rachen, quälender Hustenreiz.

---

[1] chloros = gr.: grüngelb

Chloramin T

Chloramin T bildet weiße Kristalle oder Tabletten, die etwa 25% aktives Chlor enthalten.

Chloramin T dient zur Desinfektion von Wunden, von Krankenzimmern, Geräten, Kleidern, zum Bleichen und als Reagens (DAB 10).

Reizend

R 36/37/38
S (2)
S 7
S 15

Brom

Sehr giftig

Ätzend

R 26
R 35
S (1/2)
S 7/9
S 26
S 45

Brom ist neben Quecksilber das einzige bei Zimmertemperatur flüssige Element. Es stellt eine dunkelrotbraune, schwere, erstickend riechende (gr. bromos: der Gestank) Flüssigkeit dar, die an der Luft rotbraune Dämpfe entwickelt. Diese Bromdämpfe reizen die Schleimhäute und führen auf der Haut zu schmerzhaften Verätzungen. Brom ist ein kräftiges Oxydationsmittel. Es zerstört viele organische Stoffe; selbst Gegenstände aus Gold werden angegriffen. Brom ist in Wasser sehr schwer löslich. Diese wäßrige Lösung nennt man **„Bromwasser“**. Wegen seiner großen Flüchtigkeit muß Brom in gut verschlossenen Schliffflaschen aufbewahrt werden. Das Umfüllen von Brom sollte nur unter einem gut ziehenden Abzug oder im Freien erfolgen. Dabei muß eine Berührung mit Brom wegen des Auftretens schwerer Verätzungen vermieden werden.

Verwendung

Brom dient zur Herstellung organischer und anorganischer Bromverbindungen und als Reagens (DAB 10).

Giftigkeit

Die tödliche Dosis liegt unter 1 ml.

Erste-Hilfe-Maßnahmen

Nach oraler Aufnahme gebe man *sofort viel Flüssigkeit*, dann Milch oder aufgeschwemmte Medizinalkohle!

Jod (DAB 10)

Gesundheitsschädlich

R 20/21
S (2)
S 23
S 25

Jod kommt in der Natur nicht frei vor, sondern gebunden als jodjaltiges Salz in Meerwasser und in Mineralwässern. Gewonnen wird es aus Meerespflanzen (Kelp und Varec) und aus den Mutterlaugen des Chilesalpeters.

Eigenschaften

Jod bildet schwarzgraue, metallisch glänzende, trockene Tafeln oder Blättchen von eigenartigem Geruch und herbem Geschmack. Es verflüchtigt sich beim Erhitzen unter Bildung violetter Dämpfe, die die Schleimhäute reizen. In Wasser ist Jod sehr schwer löslich, leichter löst es sich dagegen in einer wäßrigen Jodkalilösung. In sauerstoffhaltigen, organischen Lösungsmitteln, wie Ethanol, Glycerin, Ether, Aceton und fetten Ölen löst es sich mit *brauner Farbe*, in sauerstofffreien Lösungsmitteln, wie Schwefelkohlenstoff, Petrolether, Chloroform und Tetrachlorkohlenstoff mit *violetter** *Farbe*. Die Lösungen in Benzol, Toluol und Eisessig sind *himbeerrot* gefärbt. Haut und Papier werden durch Jod braun. Diese Braunfärbung ist durch Ammoniak leicht zu entfernen. Mit Stärke bildet Jod eine tiefblaue Verbindung, worauf die Verwendung der Stärkelösung in der Jodometrie beruht. Jod ist ein hervorragendes, verläßliches und schnellwirkendes Desinfektionsmittel.

Mit Terpentinöl und Ammoniak bildet Jod explosive Mischungen. Jodmangel im Körper kann zu Kropfbildung führen; durch regelmäßige Einnahme von **Jodsalz** kann dieser Erkrankung erfolgreich vorgebeugt werden.

Jodsalz enthält ca. 20 mg Jod pro kg Salz als Natrium- oder Kaliumjodid.

Verwendung

Jod wird in der Maßanalyse (**„Jodometrie"**), in der Fotografie, zur Herstellung von Farben und als Katalysator verwendet.

Medizinisch dient es als **Jodtinktur** zur Desinfektion der Haut, der Schleimhäute und kleiner Wunden. Innerlich wird es in Form seiner Verbindungen gegen Drüsenerkrankungen, zur Vorbeugung gegen Kropf (im „Jodsalz") und in Röntgenkontrastmittel angewandt.

Vergiftungserscheinungen

Nach peroraler Aufnahme kommt es zur Braunfärbung von Mund und Rachen und zur Entzündung des Magen-Darm-Kanals.

Jod kann – auch in Lebensmitteln und Arzneimitteln – akute Akneschübe auslösen; das soll aber nicht für den normalen Gebrauch von Jodsalz gelten.

Erste-Hilfe-Maßnahmen

Sofort viel Flüssigkeit, möglichst Milch oder Mehlwasser trinken lassen! Gabe von Natriumthiosulfat, Magnesia usta, wodurch das Jod gebunden wird.

Spezialliteratur: Med Mo Pharm: 1986 Seite 221

6.8 Sonstige wichtige Gifte der Gefahrstoffverordnung

Ätzend

Antimontrichlorid

R 34
R 37
S (1/2)
S 26
S 45

Antimontrichlorid stellt farblose Kristalle oder durchscheinende, hygroskopische, kristallinblättrige, weiche Stücke dar (daher auch der Name *„Antimonbutter"*), die stark haut- und schleimhautätzend wirken. In wenig

---

*) iodes = gr.: veilchenblau

Wasser löst sich Antimontrichlorid klar auf; bei weiterer Zugabe von Wasser scheiden sich infolge Hydrolyse basische Chloride ab. Mit anorganischen Stoffen bildet es teilweise intensiv gefärbte Additionsverbindungen. Bestreicht man Eisen mit Antimontrichlorid, so wird freies Antimon abgeschieden, das infolge seiner Haftbeständigkeit das Eisen vor Rost schützt.

Antimontrichlorid dient als Rostschutzmittel (zum Brünieren von Waffen!), zum Beizen von Textilien, in Chloroform gelöst als *Reagens* auf Vitamin D_2 und als Carr-Price Reagens auf Vitamin A (DAB 10).

Medizinisch dient es zum Ätzen von Wunden.

Spezialliteratur: DAZ-Giftlexikon: DAZ 1985, S. 2533.

Arsen und seine Verbindungen

Giftig

R 23/25
S (1/2)
S 20/21
S 28
S 45

Arsen kommt in der Natur gediegen als „Scherbenkobalt" bzw. „Fliegenstein" vor. Hauptsächlich findet es sich jedoch in Form von Arseniden, Arsensulfiden und Arsenoxiden.

Arsen dient als Zusatz zu Metallegierungen, besonders für die Bleihärtung, und zur Herstellung von Arsenverbindungen und Arsenfarben.

Die wichtigsten **Arsenverbindungen** sind:

Sehr giftig

R 45
R 28
R 34
S 45
S 53
Anm. E

Arsentrioxid (Diarsentrioxid-**Arsenik**) bildet farblose, amorphe Massen oder weißes, schweres, geruchloses Pulver. Es dient zum Konservieren von Häuten und Fellen, in der Glasfabrikation als Trübungs-, Entfärbungs- und Läuterungsmittel, zur Härtung des Bleischrots, zur Herstellung von Kampfstoffen, als *Reagens* (DAB 10), als Urtitersubstanz in der Maßanalyse und als Ausgangsstoff für andere Arsen-Verbindungen.

Bleiarsenat ist ein weißes, in Wasser unlösliches Pulver, das früher als Spritzmittel mit Kalk, Schwefel oder Kupferkalk verwendet wurde. Seine Anwendung ist, wie die aller *arsenhaltigen Mittel*, **im Weinbau verboten!***) Auch als Fraßgift gegen Kartoffelkäfer darf es wegen seiner Giftigkeit nicht mehr eingesetzt werden.

Kalkarsenat ist ein weißes, in Wasser kaum lösliches Pulver, das ebenfalls in der Schädlingsbekämpfung als Spritzmittel verwendet worden ist. Es ist in der Bundesrepublik für diesen Zweck nicht mehr zugelassen!

Die bekanntesten **Arsenfarben** sind (Tabelle 26):

Chemische Bezeichnung	Farbe	Trivialname	Kennbuchstabe für Gefahrensymbol	Giftig bis zu einem Massengehalt von
Arsentrisulfid	gelb	Auripigment, Königsgelb	T	>0,2%
Arsenpentasulfid	rot	Realgar	T	>0,2%
Kupferarsenit	grün	Scheelsches Grün	T	>0,2%
Kupferarsenitazetat	grün	Schweinfurter Grün	T	>0,2%

*) Bis zum Verbot arsenhaltiger Schädlingsbekämpfungsmittel im Weinbau war die chronische Arsenvergiftung eine häufige Berufskrankheit der Winzer.

Arsenverbindungen benützte man bereits im Altertum in der Malerei; sie sind als **Antifouling-Farben** nicht mehr zugelassen (Anh. IV Nr. 3 und 5 GefStoffV).

Außerdem dürfen Arsenverbindungen und Zubereitungen als Holzschutzmittel und zur Aufbereitung von Wasser nicht mehr in den Verkehr gebracht werden. Ausgenommen von diesem Verbot sind lediglich anorganische Kupfer-Chrom-Arsen-Salze zum Druckimprägnieren von Holz (Abschnitt 10 ChemVerbotsV).

Arsenhaltige Gefahrstoffe von mehr als 0,3% dürfen ferner nicht mehr verwendet werden in Farbmitteln und Anstrichstoffen, in Schädlingsbekämpfungsmitteln, beim Herstellen von Fensterglas und Verpackungsglas für Lebensmittel, zur Lederherstellung, Textilveredelung und Tierpräparation, bei der Herstellung von Emaille, in Beiz- und Reinigungsmitteln u. a. (Anhang IV Nr. 3 GefStoffV).

Giftigkeit der Arsenverbindungen

Bei Arsen ist die individuelle Empfindlichkeit außerordentlich verschieden. Beim Erwachsenen kann eine einmalige Dosis von 0,1 g Arsenik schon tödlich wirken. Andererseits sind Fälle bekannt geworden, bei denen trotz Einnahme von 3 g Arsenik und mehr die Vergiftung nicht tödlich verlief. Interessant ist, daß die sogenannten „Arsenikesser" durch allmähliche Steigerung der Gifteinnahme bis zu 1 g Arsenik täglich ohne gesundheitliche Nachteile vertragen haben. Arsenik diente hier als Dopingmittel.

Die Arsensäure und ihre Salze zählen zu den **krebserzeugenden Gefahrstoffen der Kategorie 1.** Sie stellen nach Prof. Strübelt derzeit keine allgemeine ökologische Gefahr dar.

Vergiftungserscheinungen

Kopfschmerzen, Schwindel, Schwächegefühl, Erbrechen, Magenschmerzen, Übelkeit, Herzschmerzen, Hautverfärbungen u. a.

Erste-Hilfe-Maßnahmen

Erbrechen lassen und Gabe großer Mengen medizinischer Kohle (40 Gramm) in Wasser.

Antidot: Dimercaprol (Sulfactin®) als Chelatbildner.

Spezialliteratur: DAZ-Giftlexikon: DAZ 1985, Seite 1741.

Bariumsalze

Gesundheitsschädlich

R 20/22
S (2)
S 28
Anm. A

Die *wichtigsten Bariumsalze* sind:

Bariumchlorid

Es ist ein weißes, in Wasser leicht lösliches, kristallenes Pulver von unangenehmem, bitterem Geschmack.

Bariumchlorid wird in der Lederindustrie, als Schädlingsbekämpfungsmittel, im Gemisch mit Aluminiumsulfat als Frostschutzmittel, als Reagens (DAB 10) auf lösliche Sulfate und Schwefelsäure, zur Wasserenthärtung und als Beizmittel verwendet.

Bariumcarbonat

Es kommt in der Natur als Witherit vor. Bariumcarbonat ist ein weißes, geschmackloses, schweres Pulver, das in Wasser unlöslich ist, sich aber unter Bildung von Bariumchlorid in Salzsäure löst. Es dient zur Herstellung anderer Bariumsalze, in der keramischen Industrie, als Reagens (DAB 10), in der Appretur (= Verschönerung und Veredlung von Papier, Stroh und Wäsche) und mitunter noch als Ratten- und Mäusegift. Außerdem wird es zur Herstellung stark lichtbrechender Gläser verwendet. Wegen seiner Säurelöslichkeit ist es als Verunreinigung von bariumsulfathaltigen Röntgenkontrastmitteln gefürchtet[1].

Gesundheitsschädlich

R 22
S (2)
S 24/25

Bariumnitrat

Bariumnitrat bildet harte, farblose, in Wasser gut lösliche Kristalle, die in der Analyse und in der Pyrotechnik als Bengalische Grünfeuer sowie in der Keramik- und Emailindustrie verwendet werden.

Bariumquecksilberjodid (siehe Quecksilberverbindungen)

Bariumhydroxid

Bariumhydroxid besteht aus einem weißen, kristallinen Pulver. In Wasser löst es sich zu Barytwasser auf, das als Reagens auf Kohlendioxid (DAB 10) dient.

Bariumperoxid

Es ist ein grauweißes, schweres, in Wasser schwerlösliches Pulver, das mit verd. Säuren Wasserstoffperoxid bildet. Bariumperoxid dient als Reagens, als Sauerstofflieferant in Atemfiltern, zur Herstellung von Wasserstoffperoxid, als Sauerstoffüberträger z. B. zum Zünden von Thermitgemischen und zum Bleichen von Stroh und Seide.

Brandfördernd

Gesundheitsschädlich

R 8
R 20/22
S (2)
S 13
S 27

Bariumchlorat

Es bildet farblose, in Wasser lösliche Kristalle, die zur Unkrautbekämpfung, in der Pyrotechnik als Grünfeuer und als Oxydationsmittel verwendet werden.

Es wird wie Bariumperoxid gekennzeichnet.

Bariumsulfid

Bariumsulfid ist in reiner Form ein weißes, wasserlösliches Pulver, das nach Schwefelwasserstoff riecht und nicht zu verwechseln ist mit Bariumsulfat. Bariumsulfid dient zur Herstellung von Enthaarungsmitteln („Depilatorien"), als Leuchtfarbe und im Labor zur Darstellung von Schwefelwasserstoff für die Analyse.

Gesundheitsschädlich

R 20/22
R 31
S (2)
S 28

Giftigkeit der Bariumverbindungen

Gefährlich sind nur die löslichen Bariumverbindungen. Die tödliche Dosis liegt bei 2–4 g.

---

[1] **Bariumsulfat** (Barii sulfas DAB 10) ist weder in Wasser noch im Magen- bzw. Darmsekret löslich und somit ungiftig. Es dient als Füllmasse für weißes Papier, als Anstrichfarbe („Permanentweiß") sowie als *Röntgenkontrastmittel.* Durch Verwechslung von Bariumsulfat mit löslichen Bariumverbindungen sind nach Gabe von Röntgenkontrastmitteln schon häufig tödliche Vergiftungen vorgekommen.

Vergiftungserscheinungen

Erbrechen, Leibschmerzen, Darmkoliken, Durchfall, Schwindelgefühl, Lähmungen, Krämpfe u. a.

Erste-Hilfe-Maßnahmen

Magenspülung mit Sulfaten! Bariumsalze werden durch *Sulfate* (Natriumsulfat, Magnesiumsulfat) in unlösliches und ungiftiges Bariumsulfat übergeführt.

Giftig

R 61
R 20/22
R 33
S 53
S 45
Anm. A, E

Blei-Verbindungen

Blei (chemisches Symbol Pb) ist ein graues, an frischen Schnittflächen glänzendes Metall, dessen Verbindungen 2- und 4-wertig auftreten. Blei ist im Gegensatz zu den löslichen Bleisalzen kein giftiger Stoff. Blei dient aber als Ausgangsstoff vieler giftiger Verbindungen, zum Herstellen bleihaltiger Farben und von Antiklopfmitteln (z. B. **Bleitetraäthyl**).

Nach dem Bundesgesundheitsblatt 1972 (Seite 49) hat der Bleigehalt der Umwelt stark zugenommen. In der Nähe der Autobahnen konnten in Futterpflanzen Bleigehalte bis zu 500 ppm nachgewiesen werden. Unbelastete Böden enthalten im Durchschnitt 15–40 ppm Blei. Seitdem der Bleigehalt des Benzins auf 0,15 g/Liter begrenzt worden ist (1. 1. 76), ist der Bleigehalt der Luft an Hauptverkehrsstraßen deutlich zurückgegangen. Pflanzen nehmen über die Wurzeln nur wenig Blei auf; das Blei lagert sich auf den äußeren Pflanzenteilen ab. Durch Waschen kann der Bleigehalt verringert werden.

Der Umgang mit Blei und Bleiverbindungen birgt die Gefahr der Bleivergiftung in sich. Die schwersten Vergiftungen entstehen durch Einatmen von feinverteiltem Blei oder dessen Verbindungen. Besonders gefährdet sind deshalb Personen, die feinverteilte **Mennige** beim Abbürsten oder Abbrennen von Farbresten einatmen. Jeder, der mit Blei bzw. Bleiverbindungen oder bleihaltigen Stoffen zu tun hat, sollte deshalb die ersten Anzeichen dieser Erkrankung kennen.

Vergiftungserscheinungen

Erbrechen, Müdigkeit, Nervosität, metallischer Geschmack, **Bleisaum** (bläulich schwarze Verfärbung des Zahnfleisches (fehlt meist bei Bleivergiftungen von Kindern!) blasses Gesicht (sog. „Bleikolorit"), Magenschmerzen, Verstopfung, Darmkoliken, Kreislaufkollaps.

Die meisten Bleiverbindungen gehören zu den **reproduktionstoxischen Gefahrstoffen der Kategorie 1**.

Erste-Hilfe-Maßnahmen

Magenspülung mit Natriumsulfatlösung (3%ig), um die löslichen Bleisalze in das schwerlösliche Bleisulfat überzuführen. Danach sollte man zur Absorption des Giftes viel medizinische Kohle geben.

Giftig

Wichtige lösliche Bleisalze sind:

Bleiacetat

Bleiacetat besteht aus farblosen, durchscheinenden, allmählich verwitternden, wasserlöslichen Kristallen mit schwachem Geruch nach Essigsäure und zunächst süßem, dann herbem Geschmack. Wegen dieses süßlichen Geschmacks wird es auch **Bleizukker** genannt.

Die tödliche Dosis liegt zwischen 5 und 30 g. R 60

Bleiacetat dient zur Herstellung von Bleifarben, Bleipräparaten, als Reagens zum R 61
Nachweis von Sulfiden und Sulfonamiden (DAB 10) und zur Herstellung von Bleipa- R 33
pier. In der Zeugdruckerei und -färberei und in der Fotografie wird es zur Herstel- R 40
lung von Fixierbädern verwendet. R 48/22

Medizinisch dient es als Adstringens und als Desinfiziens und zur Zubereitung von S 53
Bleiessig. S 45

Bleiessig ist eine wasserklare, süßlich schmeckende Flüssigkeit, die beim Stehen an Anm. E
der Luft Kohlensäure aufnimmt und sich deshalb unter Abscheidung von basischem Bleicarbonat trübt. Bleiessig findet Verwendung als Adstringens, Desinfiziens, zur Herstellung von Bleiwasser (Aqua Plumbi DAB 6), Bleisalben und Bleiweiß.

Bleinitrat

Es ist ein weißes, kritallines Pulver, das sich im Wasser unter saurer Reaktion leicht löst. Es dient zur Herstellung anderer Bleiverbindungen, als Oxidationsmittel und als Reagens (DAB 10).

Bleihaltige Farben: Siehe auch Kapitel 6.4. Die wichtigste Bleifarbe ist die Bleimennige (Minium), ein schweres, rotes, wasserunlösliches Pulver, das zur Herstellung von Rostschutzanstrichen dient. Chemisch handelt es sich um Bleioxid (Pb_3O_4).

Folgende Bleiverbindungen dürfen zur Verwendung als Farben nicht in den Verkehr gebracht werden (Abschnitt 8 ChemVerbotsV):
- Wasserfreies neutrales Bleicarbonat
- Bleihydrocarbonat
- Bleisulfate.

Das Verbot gilt nicht für bestimmte Restaurierungsarbeiten.

Spezialliteratur: DAZ-Giftlexikon: DAZ 1983, S. 1639.

Cadmiumverbindungen

Cadmium (chemisches Symbol: Cd) kommt in der Natur mit Zinkerzen vergesellschaftet vor. Cadmium ist ein silberweiß glänzendes Schwermetall, dessen Dämpfe gelb sind. Es weist große Ähnlichkeit mit Zink auf.

Cadmium dient als Rostschutzmittel für Eisen, zur Herstellung von Cadmium-Akkumulatoren und für viele militärische Zwecke. Außerdem ist es im Woodschen Metall, einer Legierung, die schon bei 60 °C schmilzt, enthalten. Cadmium dient ferner zum Färben von Kunststoffen, Glas und Glasuren, zur Herstellung von PVC, von Nickel-Cadmium-Minibatterien, als Katalysator in der Gummiindustrie und als Reagens (DAB 10).

Pflanzen auf sauren Böden nehmen Cadmium über ihre Wurzeln auf und speichern es. Der Mensch nimmt Cadmium über die Nahrung und über den Zigarettenrauch auf. Cadmium in Pilzen ist in die Gerüstsubstanz fest eingebettet: deshalb findet keine Resorption statt; das Cadmium wird vom Körper unverändert ausgeschieden (Dr. Zrenner, Balingen 1988).

Einige Cadmiumverbindungen sind krebserzeugende Gefahrstoffe der Kategorie 2 oder 3.

Gesundheitsschädlich

R 20/21/22
S (2)
S 22*
Anm. A
* wenn erforderlich

Cadmiumacetat
Es besteht aus farblosen, nach Essig riechenden Kristallen, die als Reagens auf Schwefel, Selen und Tellur benötigt werden.

Cadmiumbromid
Es bildet farblose, nadelförmige Kristalle, die sich leicht in Wasser lösen und an der Luft allmählich gelb werden. Cadmiumbromid wird in der Fotografie verwendet.

Cadmiumnitrat
Es besteht aus einer weißen, hydroskopischen Kristallmasse, die in der Glas- und Porzellanmalerei, in der Färberei und Druckerei verwendet wird.

Cadmiumsulfat
Es besteht aus schweren, farblosen und geruchlosen Kristallen, die herb, metallisch schmecken. Es dient als Reagens auf Schwefelwasserstoff und zur Herstellung von Cadmiumfarben und Cadmiumelementen.

Giftig

R 45
R 48/23/25
S 53
S 45
Anm. E

Cadmiumchlorid
Es bildet farblose Kristalle, die in der Zeugdruckerei, in der Fotografie und als Reagens verwendet werden. In atembarer Form ist Cadmiumchlorid ein krebserzeugender Stoff (Carc. Cat. 2 der EG-Stoffliste).

Cadmiumjodid
Es bildet perlmutterglänzende Kristalle, die in der Fotografie und als Reagens auf Alkaloide dienen (Kennzeichnung siehe EG-Stoffliste).

Spezialliteratur: DAZ-Giftlexikon: DAZ 1983, S. 479.

Chromverbindungen

Die wichtigsten giftigen Chromverbindungen sind:

Reizend

R 36/37/38
R 43
S (2)
S 22
S 28
Anm. 3*

Kaliumdichromat

Kaliumdichromat besteht aus orangeroten, schweren, in Wasser löslichen, geruchlosen, bitteren Kristallen.

Es wird zur Füllung galvanischer Elemente, *als Holzschutzmittel*, in Gerbereien, zum Verchromen, zur Herstellung von Chromfarben, in **Chromschwefelsäure** (8–10%) als Reinigungsmittel, als Oxidationsmittel, zum Härten anatomischer Präparate, als Urtiter für Natriumthiosulfat, als Reagens (DAB 10) in der Fotografie, und medizinisch als Ätzmittel gegen Warzen verwendet.

*) Anmerkung 3 der Vorbemerkungen zur EG-Stoffliste:
Die angegebenen Konzentrationen sind als Gewichtsprozente der in Wasser gelösten Chromionen, bezogen auf das Gesamtgewicht der Zubereitungen, zu verstehen.

Natriumdichromat

Es bildet rote, hygroskopische Säulen, die stark oxidierend wirken. Es wird zum Oxidieren von Küpenfarbstoffen, als Ätzmittel, im Textildruck, zum Gerben und Beizen von Leder, zum Herstellen von Chromfarben, zur Holzimprägnierung u. dgl. verwendet.

Die Kennzeichnung entspricht der des Kaliumdichromats.

Vergiftungserscheinungen der Chromsalze

Gelbrote Färbung und Anschwellen der Mund- und Rachenschleimhaut, Durchfall, Erbrechen, Kreislaufkollaps.

Chromate sollten wegen ihrer Kanzerogenität möglichst nicht verwendet werden.

Erste-Hilfe-Maßnahmen

Sofort Erbrechen herbeiführen und Eiereiweiß, viel Milch und medizinische Kohle geben!

Chromtrioxid (Chromsäureanhydrid, Chrom (VI)-oxid)

Brandfördernd

Giftig

R 49
R 8
R 25
R 35
R 43
S 53
S 45
Anm. E

Chromtrioxid besteht aus langen, braunroten, hygroskopischen Kristallnadeln. Es wirkt stark ätzend und oxidiert und koaguliert Eiweiß. Zahlreiche leicht oxidierbare Stoffe (Alkohol, Glycerin, Oxalsäure, Weinsäure) reagieren mit Chromtrioxid so heftig, daß Entzündung eintreten kann.

Verwendung

Chromtrioxid dient in der Technik als Oxydationsmittel, als Ätzmittel, zum Färben und Beizen von Holz und in der Mikroskopie zum Fixieren von Präparaten. Medizinisch wird es je nach Konzentration als adstringierendes, desodorierendes bzw. ätzendes Mittel und zum Blutstillen nach Zahnoperationen verwendet. Im DAB 10 ist es als Reagens aufgeführt.

Aufbewahrung

Chromtrioxid ist vorsichtig, in Gefäßen mit gut schließenden Glasstopfen, aufzubewahren. Die Stopfen sind stets sauberzuhalten, da sie durch Chromsäure leicht festbacken.

Giftigkeit

Chromtrioxid ist ein **krebserzeugender Stoff der Kategorie 1**. Die tödliche Dosis liegt bei etwa 1–2 g. Die akute Vergiftung entspricht der Säurevergiftung.

Spezialliteratur: DAZ-Giftlexikon 1986, Seite 918.

Kaliumpermanganat

Gesundheitsschädlich

Brandfördernd

R 8
R 22
S (2)

Kaliumpermanganat besteht aus dunkelvioletten, metallisch glänzenden Kristallen, die sich oberhalb von 240 °C unter Sauerstoffabspaltung zersetzen. Kaliumpermanganatlösungen sind starke Oxidationsmittel; sie vernichten Bakterien und zerstören Geruchstoffe und Gifte. Kaliumpermanganat dient als Oxidationsmittel, Antiseptikum, Bleichmittel, als Gegengift bei Blausäurevergiftungen und als Reagens (DAB 10).

Vergiftungserscheinungen

Magenschmerzen, Erbrechen; höhere Konzentrationen führen eingenommen zu schweren Verätzungen, die tödlich sein können.

Erste-Hilfe-Maßnahmen

Gabe von Medizinalkohle und Magenspülung mit Milch.

Natrium

Ätzend

Leichtentzündlich

R 14/15
R 34
S (1/2)
S 5*
S 8
S 43
S 45

* Die Angabe S 5 ist nicht erforderlich, falls in anderer Weise sicher verpackt!

Natrium ist ein metallisches Element (chemisches Symbol: Na), das wegen seiner Reaktionsfähigkeit in der Natur nur in Form seiner Verbindungen vorkommt.

Es ist ein silbergraues, bei gewöhnlicher Temperatur weiches, an der Schnittfläche bleiartig bläulich glänzendes Leichtmetall, das an der Luft rasch oxidiert und sich dabei mit Krusten von Natriumhydroxyd oder Natriumkarbonat umgibt. Natrium ist sehr reaktionsfähig. Mit Wasser zersetzt es sich unter Bildung von Natronlauge und Wasserstoff; es muß deshalb unter Petroleum, Vaselinöl, Paraffinöl oder einer anderen sauerstofffreien Flüssigkeit aufbewahrt werden.

Verwendung

Natrium wird in der chemischen Industrie, als Dragendorffs Reagens, zum Nachweis von Alkohol in ätherischen Ölen und in den Natriumdampflampen verwendet.

Vergiftungserscheinungen

Natrium führt auf der Haut zu starken Verätzungen, innerlich zeigt es die bei Natronlauge beschriebenen Vergiftungserscheinungen.

Erste-Hilfe-Maßnahmen

Verätzungen mit Natrium sind wie Brandwunden zu behandeln: Die betroffenen Stellen mit Paraffinöl oder Brandliniment betupfen!

Spezialliteratur: DAZ-Giftlexikon: DAZ 1994 Seite 105.

Phosphor („**Tetraphosphor**“, weißer Phosphor)

Sehr giftig

Leichtentzündlich

Ätzend

R 17
R 26/28
R 35
S (1/2)
S 5
S 26
S 28
S 45

Phosphor (DAB 6) kommt wegen seiner großen Reaktionsfähigkeit in der Natur nicht im freien Zustand, sondern nur in Form der Derivate der Phosphorsäure in Mineralien und organisch gebunden in den Knochen, im Hirn, im Blut, Eidotter, Milch, in den Haaren, Zähnen usw. vor. Phosphor bildet 3 Modifikationen, den weißen (gelben), roten (violetten) und schwarzen Phosphor, von denen der rote der stabilste ist. Der rote Phosphor des Handels ist meist kein einheitliches Produkt, sondern eine feste Lösung von weißem in violettem Phosphor.

Weißer Phosphor bildet bei Zimmertemperatur wachsweiche, farblose, durchscheinende Massen, die meist als Stangen in den Verkehr kommen. In Wasser ist er fast unlöslich, wenig löslich in Alkohol und Äther, dagegen leicht löslich in Schwefelkohlenstoff, Fetten und fetten Ölen. Weißer Phosphor hat das Bestreben, allmählich in die stabilere rote Form überzugehen.

Weißer Phosphor ist äußerst reaktionsfähig. Er entzündet sich bei etwa 60 °C von selbst, in feinverteilter Form schon bei Zimmertemperatur. Dabei entsteht Phosphorpentoxid. Wegen dieser leichten Entzündbarkeit wird Phosphor **unter Wasser aufbewahrt**. Seine Eigenschaft, im Dunkeln zu leuchten, die ihm auch seinen Namen gegeben hat (gr. phosphoros = Lichtträger), beruht ebenfalls auf der Oxidation des Phosphors.

Aufbewahrung

Derzeit gibt es keine besondere Vorschrift für das Lagern von Phosphor. Es wird empfohlen, bei Bedarf auf die Vorschriften des alten Giftrechts zurückzugreifen. Danach sollte Phosphor außerhalb des Giftschrankes (unter Verschluß) an einem frostfreien Ort (z. B. im Keller) in einem feuerfesten Behältnis (z. B. Mauernische mit Eisentüre) aubewahrt werden. Weißer Phosphor ist zusätzlich unter Wasser in einem Glasgefäß aufzubewahren, das aus Sicherheitsgründen in einer mit Sand gefüllten und mit einem Deckel versehenen Blechbüchse stehen muß (s. Abb. 13).

Vorsichtsmaßnahmen beim Umgang mit Phosphor

Achtung! **Phosphorstangen nicht mit den Händen anfassen.** Zum Arbeiten mit Phosphor sind Gummihandschuhe, eine Zange und eine geeignete

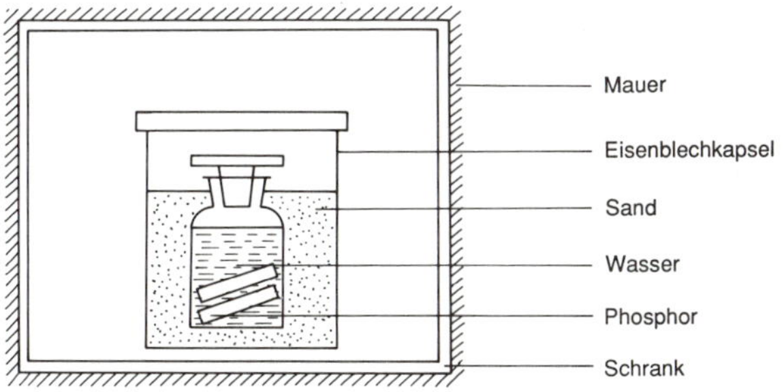

Abb. 13: Lagerung von Phosphor. Aus: H. Spegg, Apothekenbesichtigung, Deutscher Apotheker Verlag Stuttgart

Schere erforderlich. Phosphor nur unter Wasser schneiden, und dann sofort wieder im Standgefäß unter Wasser lagern!

Nachweis

Bei Vergiftungsfällen läßt sich Phosphor noch längere Zeit nach dem Tode aus den Organen mit Wasserdampf abdestillieren und durch sein **Leuchten im Dunkeln** kenntlich machen (Mitscherlich-Nachweis).

Verwendung

Phosphor dient u. a. zur Herstellung von Düngemitteln, Phosphorsalzen, Feuerwerkskörpern und militärischen Brandmitteln. Seit der Berner Konvention (1907) ist die Verwendung von weißem Phosphor zur Zündholzherstellung international verboten.

Giftigkeit

Giftig ist nur der weiße Phosphor, von dem 0,05-0,5 g tödlich wirken. Auf der Haut erzeugt Phosphor Brandwunden, die schlecht ausheilen.

Erste-Hilfe-Maßnahmen

Bei *Phosphorverbrennungen* kann sofortiges gründliches Waschen mit Seife und Wasser zur weitgehenden Entfernung von Phosphorteilchen führen. Notfalls muß die Wunde zur Entfernung des Phosphors so rasch wie möglich vom Arzt ausgeschnitten werden.

Bei *peroraler Aufnahme* des Giftes versucht man, den Phosphor umgehend durch Brechmittel, am besten durch teelöffelweise Gabe einer 1%igen Kupfersulfatlösung, aus dem Körper zu entfernen. **Streng zu meiden sind Milch,** fette Öle, Butter, Rizinusöl, da sie Phosphor lösen und zur Resorption bringen. Auch durch Alkohol wird die Giftigkeit noch erhöht.

Quecksilber und Quecksilberverbindungen

Giftig

R 23
R 33
S (1/2)
S 7
S 45

Quecksilber

Quecksilber (DAB 10) ist das einzige bei Zimmertemperatur flüssige Metall. Es verdampft bereits bei Zimmertemperatur und kommt in der Natur hauptsächlich in Form von Quecksilbersulfid (Zinnober) vor. Quecksilber dient als Hilfsmittel bei der Chlorherstellung, zur Produktion von Batterien, Thermometern und für Zahnfüllungen als **Amalgam.***

Metallisches Quecksilber läßt sich durch Mercurisorb der Fa. Carl Roth GmbH & Co, Karlsruhe, schnell entsorgen.

Die Quecksilberverbindungen sind starke Gifte. Weniger giftig sind lediglich Quecksilber (I)-chlorid (Kalomel) und Quecksilber (II)-sulfid (Zinnober).

Quecksilberhaltige Saatgutbeizmittel sind seit 1982 verboten; neuerdings

*) Aufgrund von Pressemeldungen sind viele wegen ihrer **Zahnfüllungen aus Amalgam** verunsichert. Prof. Halbach hat beim Apothekerkongreß 1994 in Meran zu derartigen Befürchtungen Entwarnung gegeben. Personen, die dennoch Gesundheitsgefahren befürchten, sollten Quecksilbermessungen im Blut oder Morgenurin durchführen lassen. Gute Parameter für ein abschließendes Urteil sind die BAT-Werte (siehe Kapitel 1.3.5).

dürfen auch keine Quecksilberverbindungen mehr als Antifouling-Farben, als Holzschutzmittel, zum Imprägnieren von Textilien und zur Aufbereitung von Wasser in den Verkehr gebracht werden (s. Abschnitt 9 ChemVerbotsV).

Die wichtigsten **anorganischen Quecksilberverbindungen** sind:

Quecksilber (II)-chlorid (**Sublimat**, Hydrargyri dichloridum DAB 10)

$> 2\%$

Sehr giftig

R 26/27/28
R 33
S (1/2)
S 13
S 28
S 45

Sublimat ist ein schweres, weißes kristallines Pulver, das in Wasser nur wenig löslich ist. Mit Eiweiß und den meisten Alkaloiden bildet es schwerlösliche Verbindungen.

Sublimat ist ein hervorragendes Desinfektionsmittel. Es war mit Natriumchlorid in Form von **„Sublimatpastillen"** (Pastilli Hydrargyri bichlorati DAB 6) im Verkehr (obsolet!).

Sublimat dient in der Analytik als unspezifisches Alkaloid-Fällungs-Reagens, z. B. **Mayers Reagens** (DAB 10), in der Fotografie als Negativverstärker, als Ätz- und Brünierungsmittel für Metalle, in der Tintenfabrikation und zur Konservierung anatomischer Präparate.

Sublimat gehört zu den stärksten Ätzgiften. Seine tödliche Dosis liegt für Erwachsene bei 0,2–0,4 g. Eine Sublimatpastille bei leerem Magen verschluckt, kann zur Durchlöcherung der Magenwand führen.

Quecksilber (II)-cyanid (DAB 6)

Es bildet farb- und geruchslose, äußerst giftige, säulenförmige Kristalle, die als Desinfektionsmittel verwendet werden.

Quecksilber (II)-iodid(DAB 9)

Es kommt in 2 Modifikationen, einer gelben und einer roten, vor. Das in Wasser sehr schwer lösliche Salz löst sich in Kaliumjodid unter Bildung des Komplexes: Kaliumquecksilberjodid auf: $K_2(HgJ_4)$. Eine mit Kalilauge alkalisch gemachte Lösung dieses Komplexes kommt unter dem Namen **„Neßlers Reagens"** als außerordentlich empfindliches Reagens auf Ammoniak (DAB 10) in den Verkehr.

Quecksilber (II)-nitrat

Es bildet große farblose Kristalle, die in der Pelz- und Filzindustrie zum Beizen von Tierhaaren und als Reagens (DAB 10) verwendet werden.

Quecksilberarsenat ist ein gelbes, in Wasser unlösliches Pulver. Es diente als Farbe für Schiffsanstriche. Nach Abschnitt 9 ChemVerbotsV dürfen quecksilberhaltige Antifouling-Farben nicht mehr verwendet werden.

Quecksilberoxid

Es kommt in zwei Arten als rotes und gelbes Quecksilberoxid in den Handel. Der Farbunterschied ist auf die verschiedene Korngröße der beiden Formen zurückzuführen, und zwar ist das gelbe Oxid feiner verteilt als das rote. Quecksilberoxid ist in Wasser praktisch unlöslich, löslich dagegen in Mineralsäuren unter Salzbildung.

Quecksilberoxid dient zur Darstellung vieler anderer Quecksilberverbindungen, als Reagens (DAB 10) und als Hilfsstoff in der Prozellanmalerei. **Knopfbatterien** enthalten einen hohen Anteil an Quecksilberoxid. Medizinisch wird es zu Salben verarbeitet. Zum Streichen von Schiffsböden und Unterwasserbauten, darf es nicht mehr verwendet werden!

Quecksilber (II)-oxidcyanid (Hydrargyrum oxycyanatum DAB 6)

Es ist ein weißes kristallines Pulver, dessen antiseptische Wirkung 6 mal so stark ist wie die des Sublimats. Es dient als Desinfektionsmittel und zur Sterilisierung ärztlicher Instrumente. Außerdem war es Bestandteil der Pastilli Hydrargyri oxycyanati (DAB 6).

Die tödliche Dosis liegt bei etwa 0,2–0,5 g.

Quecksilber (II)-rhodanid

Es bildet weiße Kristallnadeln, die sich beim Erhitzen stark aufblähen. Quecksilberrhodanid dient in der Fotografie, zur Kreatinbestimmung und zur Herstellung von „Pharaoschlangen".

Bariumquecksilberjodid

Es bildet rötliche, zerfließliche, in Wasser leicht lösliche Kristalle, die als Alkaloidreagens und in der Mineralogie als *Rohrbachs Lösung* zur Trennung von Mineralgemischen verwendet werden.

Giftigkeit der Quecksilberverbindungen

Quecksilber ist ein **Nervengift**. Chronische Vergiftungen können über Zittern der Hände zu Gedächtnisschwäche bis zur völligen Verblödung führen. Die akute orale LD_{50} der Quecksilberverbindungen für Ratten liegt zwischen 20 und 100 mg/kg Körpergewicht. Der LD_{50}-Wert für Methoxyethylquecksilber wird mit 30 mg/kg Körpergewicht angegeben. Daraus ergibt sich, daß bereits eine länger dauernde Aufnahme kleinster Mengen dieser Verbindungen gefährlich werden kann.

Die Quecksilberverbindungen werden vom Körper nahezu vollständig aufgenommen, hemmen dann bestimmte Enzyme und schädigen die Zellmembranen der Niere und des Nervensystems. Immer wieder kommt es durch Einatmen von Staub, Quecksilberdämpfen und -tröpfchen und durch Verschlucken von Quecksilberverbindungen zu Vergiftungen. Da die Fähigkeit des Menschen, Quecksilber zu entgiften und auszuscheiden sehr unterschiedlich ist und seine Empfindlichkeit gegen Quecksilberverbindungen außerordentlich schwankt, liegt die tödliche Dosis der Quecksilberverbindungen sehr weit auseinander. So sind Fälle bekannt geworden, wo bereits 0,02 g eines Quecksilbersalzes zum Tod geführt haben, während in einem anderen Fall die Aufnahme von 3 g dieser Quecksilberverbindung überlebt worden ist. In der Regel liegt die tödliche Dosis für den Menschen zwischen 0,2 und 1,0 Gramm.

Die zweiwertigen Quecksilberverbindungen sind i. d. R. giftiger als die einwertigen. Verschlucktes flüssiges Quecksilber wird nur zu 0,01% resorbiert und ist deshalb toxikologisch ohne Belang; inhaliertes dampfförmiges Quecksilber wird zu etwa 80% in den Alveolen resorbiert und gelangt so in den Blutstrom.

Vergiftungserscheinungen

Nach peroraler Aufnahme quecksilberhaltiger Mittel kommt es zu Kopfschmerzen, Zittern, Schwindel, Reizbarkeit, Seh-, Hör-, Sprach- und Schlafstörungen. Erbrechen oft mit Blutbeimengung, Durchfall, Brennen im Rachen, Speichelfluß, Wadenkrämpfen, Blutdruckabfall, Kollaps.

Tab. 27: Giftige Quecksilberfarben

Chemische Bezeichnung	Farbe	Trivialname	Kennbuchstabe für Gefahrensymbol	giftig bis zu einem Massengehalt von
Quecksilberarsenat	gelb		T^+	>0,5%
Quecksilberoxid	rot oder gelb		T^+	>0,5%
Quecksilber(II)-sulfid	rot	Zinnober	–	–

Bei der Einwirkung von Quecksilberverbindungen auf die feuchte und schwitzende Haut können Rötungen und Blasenbildungen auftreten.

Erste-Hilfe-Maßnahmen

Sofortiges Trinken von Milch und Eiereiweiß. Wenn auch ein Teil wieder erbrochen wird, so vermag das Eiweiß doch einen großen Teil des Quecksilbers als Albuminat zu fällen. Wenn kein Erbrechen eintritt, sofort Brechreiz hervorrufen, da die Eiweiß-Quecksilberverbindung nicht im Körper bleiben soll. Alle weitere Maßnahmen sind dem Arzt vorbehalten.

Quecksilber (I)-chlorid (Kalomel)

Kalomel ist ein schweres, weißes bis gelblich weißes, kristallines Pulver, das sich im Licht infolge Abscheidung von Quecksilbermetall dunkel färbt. Es ist in Wasser, Äther und Weingeist unlöslich. Beim Übergießen mit Ammoniak wird es aufgrund der Bildung von feinverteiltem Quecksilber schwarz. Diese Reaktion hat dem Quecksilber (I)-chlorid auch den Namen Kalomel (gr. kalos = schön, melas = schwarz) eingebracht.

Quecksilber (I)-chlorid dient als Reagens (Ph. Eur.).

Spezialliteratur: DAZ-Giftlexikon: DAZ 1986, Seite 1166.

Salpetrigsaure Salze

Die salpetrige Säure ist im reinen Zustand nicht stabil, sondern zerfällt beim Erwärmen; haltbar sind jedoch ihre Salze, die Nitrite:

Natriumnitrit (Natrii nitris DAB 8) ist ein farbloses bis schwach gelbliches, kristallines, etwas hygroskopisches Pulver von salzigem Geschmack. >5%

Giftig

Natriumnitrit wird in großer Menge in der Farbstoffindustrie zur Herstellung von Azofarbstoffen benötigt. Im Nitrit-Pökelsalz ist es zu etwa 0,5% enthalten, wodurch die Botulismusgefährdung bei der Fleischverarbeitung reduziert werden soll. Außerdem wird es als Reagens (DAB 10), zum Brünieren von Stahl und zum Härten von Ölen verwendet. Ferner ist es in Korrosionsschutz- und Frostschutzmitteln enthalten.

Brandfördernd

R 8
R 25
S (1/2)
S 45

Kaliumnitrit bildet farblose bis gelbliche, leicht zerfließliche, hygroskopische Kristalle, die sich im Wasser mit alkalischer Reaktion sehr gut lösen. Kaliumnitrit wird ähnlich wie Natriumnitrit verwendet. Auch die Kennzeichnung entspricht der des Natriumnitrits.

Giftigkeit der Nitrite

Die tödliche Dosis der oben genannten Nitrite liegt bei etwa 5 g. Dosen von 0,5 g führen bereits zu *Vergiftungserscheinungen* wie Blutdruckabfall, Versagen des Kreislaufs, Bauchschmerzen, Schwindel, Kopfschmerzen, blaue Gesichtsfarbe u. a.

Erste-Hilfe-Maßnahmen

Sofort durch Rachenreizung Erbrechen herbeiführen und anschließend reichlich medizinische Kohle geben! Verboten sind Kaffee, Tee und Alkohol!

Sonstiges

Nitritpökelsalz, das den Vorschriften der Verordnung über die Zulassung von Nitrit und Nitrat zu Lebensmitteln vom 19. 12. 1980 (BGBl. I S. 2313) entspricht, gilt als Lebensmittel und fällt deshalb nicht unter die Gefahrstoffverordnung.

Spezialliteratur: DAZ-Giftlexikon: DAZ 1986, Seite 2683.

Ätzend

R 34
S (1/2)
S 26
S 45

Silbernitrat (Höllenstein, Argenti nitras, DAB 10)

Silbernitrat bildet farblose, durchscheinende, in der Hitze schmelzende, sehr leicht wasserlösliche Kristalle von bitterem Geschmack. Es dunkelt an Licht nach, wirkt stark ätzend und antiseptisch. Seine tödliche Dosis (peroral) liegt bei 10 g. Silbernitrat dient zur Herstellung von Spiegeln, Wäschetinten, zum galvanischen Versilbern, zum Desinfizieren und zum Dunkelfärben der Haare. In der Analytik dient es als Reagens auf Chlor-, Brom- und Jodionen. Medizinisch wird es zum Ätzen (**„Höllensteinstift“**) verwendet.

Erste Hilfe bei Vergiftungen

Bei der Aufnahme löslicher Silbersalze durch den Mund sofort 3 Teelöffel Kochsalz in einem Glas heißen Wasser trinken, dann Kohle, Milch und Schleim, und anschließend Glaubersalz oder Rizinusöl als Abführmittel geben.

Uran und seine Verbindungen*)

Sehr giftig

R 26/28
R 33
S (1/2)
S 20/21
S 45

Uran ist durch die moderne Atomforschung zu einem der wichtigsten Elemente geworden. Von den Salzen haben dagegen nur folgende Verbindungen, Bedeutung:

Uranylnitrat $UO_2(NO_3)_2$

Es besteht aus zitronengelben bis gelbgrünen, fluorescierenden Kristallen, die sich durch Sonnenlicht zersetzen. Uranylnitrat wird in der analytischen Chemie als Reagens, als Ausgangssubstanz für andere Uranverbindungen, in der Fotografie als Uranverstärker, zur Herstellung von Tonbändern und Lichtpausen, in der Porzellanmalerei, zum Imprägnieren von Stoffen und zur Herstellung von gelbem Glas verwendet.

Uranylacetat

Es bildet sich durch Auflösen von Uranoxid in verdünnter Essigsäure. Uranylacetat besteht aus gelben, leicht wasserlöslichen Kristallen. Es neigt zur Bildung von Doppelsalzen. Ein solches Doppelsalz ist das *Natriumuranylacetat*, auf dessen Schwerlöslichkeit der Nachweis von Natriumionen beruht. Uranylacetat dient ferner in der analytischen Chemie zur maßanalytischen Bestimmung der Phosphorsäure, zum Natriumnachweis bei Gesteinsanalysen, als Kontrastmittel für die elektronenmikroskopische Untersuchung von Pflanzenzellen, zur Eiweißfällung, als Ausgangssubstanz für andere Uranverbindungen, in der Fotografie und zur Herstellung von Tonbändern und Lichtpausen. Es ist ein Reagens des DAB 9.

Uranoxid UO_2 (Urandioxid, Uranschwarz)

Es entsteht beim Erhitzen von Urantrioxid im Wasserstoffstrom und geht beim Glühen, ebenso wie Urantrioxid, in das grüne U_3O_8 über. Urandioxid ist ein im Wasser unlösliches braunes bis schwarzes Pulver, das zur Herstellung von Farbtönungen auf Porzellan, Keramik und Gläser verwendet wird.

Urantrioxid (Uranrot) UO_3

Es ist das Anhydrid der Uransäure (H_2UO_4). Urantrioxid ist ein orangegelbes bis ziegelrotes Pulver, das sich in Wasser nicht löst, wohl aber in Säuren und Laugen. Es dient ebenfalls zur Farbtönung von Porzellan, Keramik und Gläsern.

Natriumdiuranat (Urangelb, „Uranoxid lichtgelb") $Na_2U_2O_7$

Es stellt ein gelbes Pulver dar, dessen Farbton je nach seinem Kristallwassergehalt von orange bis lichtgelb variiert. Es dient zur Herstellung von Urangläsern und keramischen Farben.

*) Uran oder seine Verbindungen müssen zusätzlich mit dem Wort „Radioaktiv" und dem dazugehörenden Symbol gekennzeichnet werden.

≥ 20%

Ätzend

Brandfördernd

R 8
R 34
S (1/2)
S 3
S 28
S 36/39
S 45
Anm. B

Wasserstoffperoxidlösung

Wasserstoffperoxidlösung (DAB 10) ist eine farblose Flüssigkeit, die 29,0–31,0 Gewichtsprozent Wasserstoffperoxid enthält.

Wasserstoffperoxid zersetzt sich sehr leicht, insbesondere beim Berühren mit oxidierbaren, organischen Substanzen, beim Kontakt mit gewissen Metallen und in alkalischer Lösung. Es ist deshalb vorsichtig, vor Licht und Wärme geschützt, in Gefäßen mit Druckausgleich aufzubewahren.

Wasserstoffperoxid dient zum Bleichen von Holz, Papier, Textilien, Haaren, zur Herstellung von Bleichmitteln, zur Desinfektion und in der chemischen Industrie zu Synthesen.

Vergiftungserscheinungen

Bleichung und Reizung der Haut, Verätzung der Augen, Haut und Schleimhäute.

Erste-Hilfe-Maßnahmen

Betroffene Stellen einschließlich der Schleimhäute gründlich mit Wasser spülen.

Ätzend

R 34
S (1/2)
S 7/8
S 28
S 45

Zinkchlorid (Zinci chloridum)

Zinkchlorid wird durch Auflösung von Zink, Zinkoxid, Zinkcarbonat, Zinkblende usw. in Salzsäure und anschließendes Eindampfen gewonnen. Das kristallwasserfreie Salz bildet weiße, körnige, sehr hygroskopische und daher zerfließende Kristalle. Beim Auflösen in Wasser tritt starke Erwärmung ein. Die Lösung wirkt infolge Hydrolyse sauer. Konzentrierte Zinkchloridlösungen wirken desinfizierend und desodorierend.

Zinkchlorid wird zum Holzimprägnieren (z. B. als Holzschutzmittel für Eisenbahnschwellen), als Beize in der Färberei, in Salzsäure gelöst als Lötwasser, in der Synthese als wasserabspaltendes Mittel, zum Verzinken, zur Herstellung von Aktivkohle, in der Fotografie, gegen Hausschwamm und als Reagens (DAB 10) verwendet.

Medizinisch dient es in Form von Waschwässern, Ätzstiften und Pasten usw. zur Behandlung von infizierten Wunden und Geschwüren. Mischungen von Zinkoxid und konzentrierter Zinkchloridlösung ergeben eine erhärtende Masse, die man zu Zahnfüllungen verwenden kann.

Ätzend

R 34
R 37
S (1/2)
S 7/8
S 26
S 45

Zinntetrachlorid

Zinntetrachlorid bildet eine farblose, an der Luft rauchende Flüssigkeit, die sich in Wasser unter starkem Erwärmen löst. Es ist ein gutes Lösungsmittel für Phosphor, Schwefel und Jod. Zinntetrachlorid dient als Katalysator und als Beizmittel im Textildruck.

6.9 Umweltgefährliche Stoffe und Zubereitungen

Der Gesetzgeber hat den Begriff „Umweltgefährlich“ in § 4 Abs. 1 Nr. 15 Gefahrstoffverordnung wie folgt definiert:

Stoffe und Zubereitungen sind umweltgefährlich, wenn sie selbst oder ihre Umwandlungsprodukte geeignet sind, die Beschaffenheit des Naturhaushaltes, von Wasser, Boden oder Luft, Klima, Tieren, Pflanzen oder Mikroorganismen derart zu verändern, daß dadurch sofort oder später Gefahren für die Umwelt herbeigeführt werden können.

Die Einstufung und Kennzeichnung umweltgefährlicher Stoffe erfolgt nach Anhang I Nr. 1.5 GefStoffV mit dem Gefahrensymbol „N“ und der Gefahrenbezeichnung „Umweltgefährlich“. Außerdem sind für umweltgefährliche Stoffe die zutreffenden R-Sätze anzugeben;

Umweltgefährlich

für Gewässer sind folgende R-Sätze zu verwenden:

R 50 Sehr giftig für Wasserorganismen
R 51 Giftig für Wasserorganismen
R 52 Schädlich für Wasserorganismen
R 53 Kann in Gewässern längerfristig schädliche Wirkungen haben

Die akute Toxizität wird an Fischen, Daphnien und Algen gemessen.

Für die Nichtaquatische Umwelt gelten folgende R-Sätze:

R 54 Giftig für Pflanzen
R 55 Giftig für Tiere
R 56 Giftig für Bodenorganismen
R 57 Giftig für Bienen
R 58 Kann längerfristig schädliche Wirkungen auf die Umwelt haben
R 59 Gefährlich für die Ozonschicht

Umweltrelevante Fachausdrücke:

AOX = Adsorbierbare Organische Halogenverbindungen; verwendet wird ein Analysenverfahren, das alle an Aktivkohle adsorbierbaren organischen Halogenverbindungen erfaßt.
BSB = Biologischer Sauerstoffbedarf
BSB_5 = Menge Sauerstoff, die Bakterien in 5 Tagen verbrauchen.
BOD = englische Bezeichnung für BSB
CSB = Chemischer Sauerstoffbedarf
COD = englische Bezeichnung für CSB
DOC = Dissolved Organic Carbon = Gehalt an gelöstem organischen Kohlenstoff (Bestimmung durch Filtration der Probe)
EC = Effective Concentration
EC_{50} = Konzentration, bei der bei 50% der Organismen eine Wirkung eintritt
IC = inhibition concentration
IC_{50} = entspricht bei Algen der $EC\text{-}_{50}$, getestet wird die Hemmung der Photosynthese (Primärproduktion)
LC = Letale Konzentration (e. Lethal Concentration)

log Pow = log des Verteilungskoeffizienten P einer Substanz zwischen einer Oktanol-(lipophil) und einer Wasserphase (hydrophil); log Pow ist damit ein Maß für die Fettlöslichkeit einer Substanz d. h. für die Anreicherbarkeit im Fettgewebe.

In diesem Kapitel werden zunächst nur 3 chlorierte Kohlenwasserstoffe ausführlich besprochen: Weitere umweltgefährliche Stoffe, die bereits eingestuft sind, siehe Tabelle 28.

Tab. 28: Umweltgefährliche Stoffe

Einige umweltgefährliche Stoffe:	Kennbuchstaben	umweltrelevante R-Sätze
Aldrin	T, N	R 51–53
Blei(II)methansulfonat	T, N	R 58
Bromophos-ethyl	T, N	R 50–53
Chlorfenvinphos	T^+, N	R 50–53
Diazinon	Xn, N	R 50–53
Dieldrin	T^+, N	R 50–53
Dinoseb	T, N	R 50–53
O-Ethylhydroxylamin	F, T, N	R 50
Fentinacetat	T^+, N	R 50–53
Lindan	T, N	R 50–53
Parathion	T^+, N	R 50–53
Pentachlorphenol	T^+, N	R 50–53
Polychlorierte Biphenyle	Xn, N	R 50–53
Tetrachlorkohlenstoff	T, N	R 59
1,1,1-Trichlorethan	Xn, N	R 59

6.9.1 Polychlorierte Dibenzo-p-dioxine (PCDD) und -Dibenzofurane (PCDF)

In Anhang der Chemikalien-Verbotsverordnung sind neben anderen Gefahrstoffen, die den Menschen chronisch schädigen können, wie Tetrachlorkohlenstoff, Blei, Formaldehyd, die Polychlorierten und Polybromierten Dioxine und Furane aufgeführt.

Vorkommen

Die Polychlorierten Dioxine und Furane werden nicht ganz korrekt auch als **„Dioxine“** bezeichnet*). Der gefährlichste Vertreter dieser Gruppe ist das **TCDD**. Es ist durch den schweren Giftunfall von Seveso/Oberitalien im Jahr 1976 einer breiten Öffentlichkeit als **„Seveso-Gift“** bekannt geworden.

Auch in der Bundesrepublik ereigneten sich kleinere Unfälle mit dieser Substanz, bei der Arbeiter zu Schaden gekommen sind. TCDD war außerdem im sog. „Agent Orange“ enthalten, einem Entlaubungsmittel, das im Vietnamkrieg eingesetzt worden ist.

*) Dioxine dürfen nicht mit den **Dioxanen** verwechselt werden. Das 1,4-Dioxan ist eine farblose, ölige, angenehm riechende Flüssigkeit, die als Lösemittel verwendet wird und als mindergiftig eingestuft ist.

Schließlich finden sich Dioxine in der Filterasche von Müllverbrennungsanlagen und Kohlekraftwerken, wo sie durch thermische Prozesse entstehen. Ihre Gehalte schwanken sehr stark. Messungen in deutschen Müllverbrennungsanlagen haben PCDD-Werte in der Flugasche von 5 ppm PCDD bis <0,5 ppb 2,3,7,8-TCDD ergeben, also Werte unterhalb der Nachweisgrenze.

Die Bedeutung dieser **Maßeinheiten** ist der folgenden Tabelle 29 zu entnehmen:

1 ppm (part per million) 1 Teil von 1 Million Teilen	= 1 **Milligramm** pro Kilogramm	= 0,001 g/kg	10^{-6}
1 ppb (part per billion) 1 Teil von 1 Milliarde Teilen	= 1 **Mikrogramm** pro Kilogramm	= 0,000 001 g/kg	10^{-9}
1 ppt (part per trillion) 1 Teil von 1 Billion Teilen	= 1 **Nanogramm** pro Kilogramm	= 0,000 000 001 g/kg	10^{-12}
1 ppq (part per quadrillion) 1 Teil von 1 Billiarde Teilen	= 1 **Picogramm** pro Kilogramm	= 0,000 000 000 001 g/kg	10^{-15}

Anschaulicher dargestellt bedeuten:

1 ppm = 1 Einwohner von 1 Million Einwohner
1 Tippfehler auf 500 Seiten mit je 2000 Anschlägen

1 ppb = 6 Einwohner von den 6 Milliarden Einwohnern unserer Erde

1 ppt = 1 Roggenkorn in einem 20 km langen Güterzug mit 100 000 Tonnen Weizen
0,4 Millimeter auf der Strecke von der Erde zum Mond

Eine Zusammenfassung über die Verbreitung der Dioxine ergibt sich aus folgender Tabelle 30 von Rotard (BGesBl. 3/1990):

Bereiche	Vorkommen
g/kg (1/1000)	Rückstände aus der PCP-, 2, 4, 5-TCP-, 2, 4-D, 2, 4, 5-T-, HCH-, HCB-Produktion, die zur Deponierung und Verbrennung gelangen; Pyrolyse von PCB
mg/kg (ppm)	Chemikalien wie Chlorphenole, Chlorphenoxyessigsäure-Derivate, Hexachlorophen, Hexachlorbenzol, PCB, Chlordiphenylether, Chlornaphthaline und Chloraniline; Asche von Müllverbrennung
µg/kg (ppb)	Unfälle: Kontamination von Böden, Gebäuden, Lebensmitteln, Pflanzen, Tieren, Menschen; Verbrennung von PVC-Kabeln, Sickeröl aus Sondermülledponien, Chemikalien
ng/kg (ppt)	Holzverbrennung, Tabakrauch, Autoabgase, Reingas von Müllverbrennung, Abwasser, ubiquitäre Belastung von Sedimenten, Boden, Straßenstaub, Tieren, Menschen
pg/kg (ppq)	Stadtluft, Oberflächenwasser
fg/kg (ppqt)	Landluft (1,3 kg Luft entsprechen etwa 1 m^3)

Daraus ergibt sich, daß die Dioxine inzwischen in der Umwelt zwar in sehr geringen Mengen, aber doch ubiquitär verbreitet sind.

Chemie der Dioxine

Dibenzodioxine sind aromatische Äther, d. h. Phenylringe mit 2 Sauerstoffbrücken. Polychlorierte Dibenzodioxine enthalten im Molekül mehrere Chloratome und besitzen deshalb folgende allgemeine Strukturformel:

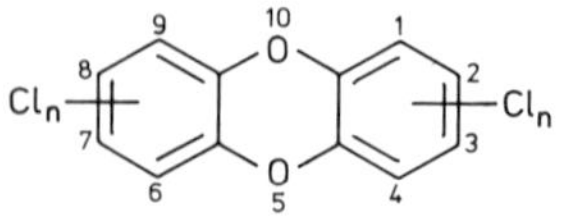

PCDD

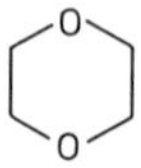

p-Dioxin

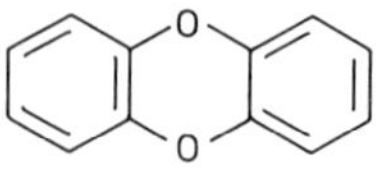

Dibenzodioxine

Es sind insgesamt 75 verschiedene Isomere möglich, von denen der am meisten gefürchtete Vertreter das TCDD ist.

Die Polychlorierten Dibenzofurane (PCDF) leiten sich vom Dibenzofuran ab und besitzen folgende allgemeine Struktur:

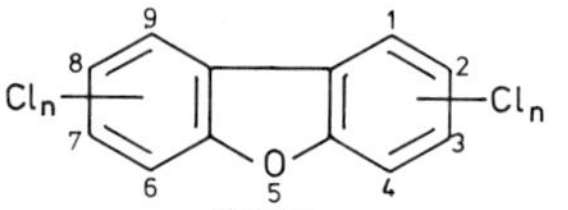

PCDF

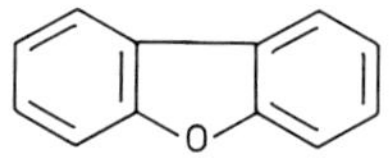

Dibenzofuran

Es sind insgesamt 135 verschiedene Isomere möglich.

Die o. g. Substanzen sind chemisch sehr stabil, sowohl gegen Säuren und Laugen, als auch gegen Oxydations- und Reduktionsmittel. Sie sind bis zu 700 °C beständig und werden erst bei Verbrennungstemperaturen ab 1000 bis 1200 °C vollständig oxydiert.

Der giftigste Vertreter dieser Gruppe ist das **2,3,7,8,-Tetrachlordibenzo-p-dioxin (TCDD).**

Es wird u. a. bei der Umsetzung von Chlorphenolen bei hohen Temperaturen gebildet und besitzt folgende Struktur:

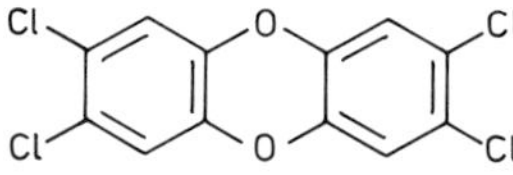

Es besteht aus farblosen, außerordentlich beständigen Nadeln mit einem Schmelzpunkt von 305–306 °C. In Wasser ist es schlecht löslich. Es wird gut resorbiert und vor allem in der Leber, dem Zielorgan seiner Giftwirkung, gespeichert.

Die „Dioxine" der Gefahrstoffverordnung

Von den 210 möglichen Isomeren werden derzeit folgende von der Gefahrstoffverordnung erfaßt:

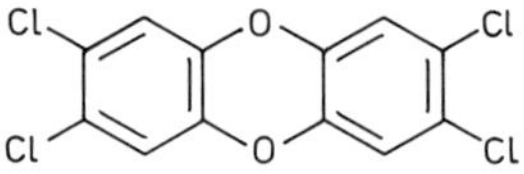

2,3,7,8-Tetrachlordibenzo-p-dioxin
(TCDD)

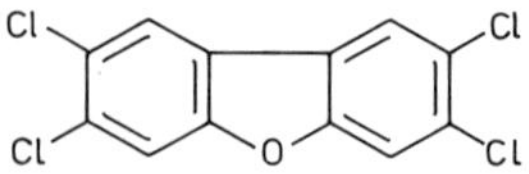

2,3,7,8-Tetrachlordibenzofuran
(TCDF)

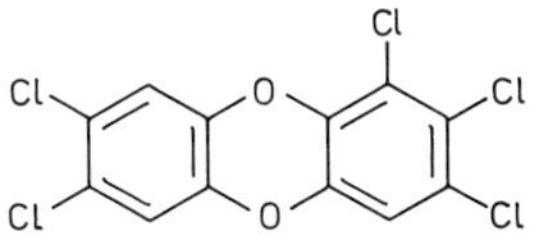

1,2,3,7,8-Penta-CDD

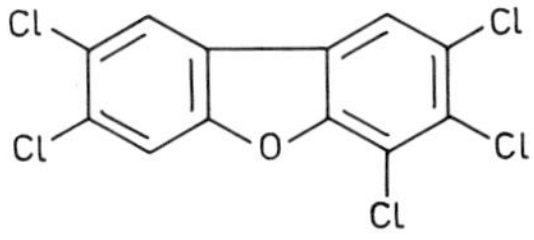

2,3,4,7,8-Penta-CDF

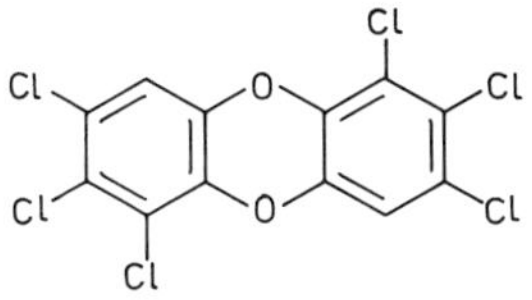

1,2,3,6,7,8-Hexa-CDD

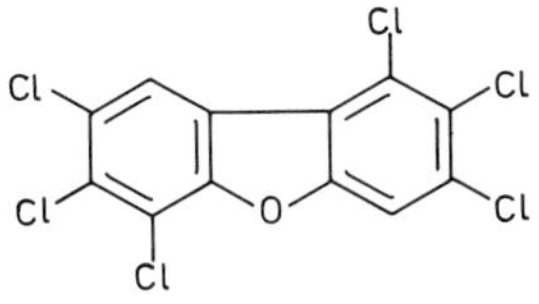

1,2,3,6,7,8-Hexa-CDF

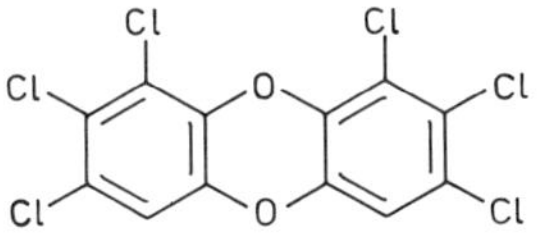

1,2,3,7,8,9-Hexa-CDD

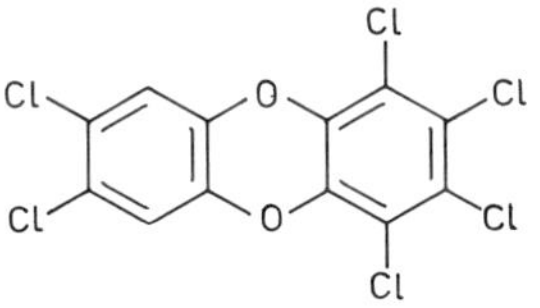

1,2,3,4,7,8-Hexa-CDD

Die in Abschnitt 4 der ChemVerbotsV aufgeführten Dioxine und Furane sind u. a. in 2,3,7,8-Stellung mit Chlor oder Brom substituiert. Einzelheiten siehe dort!

Anzeigepflicht

Wer mit den o. g. Gefahrstoffen umgeht, hat dies nach Anhang V Nr. 3.2 Gefahrstoffverordnung der zuständigen Behörde unverzüglich schriftlich anzuzeigen und die vorgeschriebenen Schutzmaßnahmen einzuhalten. Es sind anzugeben:

1. eine umfassende Beschreibung des Verfahrens
2. der Stoff, die Zubereitung, das Erzeugnis, der Reststoff oder das Abfallprodukt, in den die o. g. Stoffe enthalten sind
3. die Maßnahmen, die zum Schutz von Mensch und Umwelt getroffen worden sind
4. konkrete Beseitigungsmöglichkeiten für anfallende Abfälle
5. die verantwortliche sachkundige Person.

Verbotsmöglichkeiten

Die zuständige Behörde kann, soweit das zum Schutz von Leben und Gesundheit des Menschen oder zum Schutz der Umwelt erforderlich ist, dem Arbeitgeber die Anwendung von Verfahren untersagen, bei denen die o. g. Stoffe in einer Konzentration von mehr als 5 mg/kg (ppm) anfallen, bei TCDD schon von mehr als 1 mg/kg (§ 41 Abs. 9 GefStoffV).

Toxizität

TCDD gehört zu den stärksten niedermolekularen Giften*), wie sich aus der folgenden Tabelle 31 mit tödlichen Dosen einiger Gifte ergibt:

Tab. 31: Tödliche Dosis giftiger Substanzen im Vergleich zu TCDD

Giftige Substanz	Minimale tödl. Dosis in µg/kg
Botulinustoxin	0,00003
Tetanustoxin	0,0001
Diphtherietoxin	0,3
TCDD	**1**
Bufotoxin	390
Curare	500
Strychnin	500
Muscarin	1100
Natriumcyanid	10.000

Bei der Giftverträglichkeit der einzelnen Tiere gibt es erhebliche Unterschiede. So scheint die Maus am wenigsten empfindlich zu sein, am empfindlichsten dagegen das Meerschweinchen, dessen LD_{50} 1 µg/kg beträgt. Die LD_{50} der männlichen Ratte liegt bei 22 µg/kg. Die für den Menschen tödliche Dosis wird bei = 5 µg/kg vermutet. **TCDD ist außerordentlich teratogen und karzinogen**. Bei Vergiftungen stehen dermatologische Schäden im Vordergrund. So sind Hautläsionen (**„Chlorakne“**) bis 15 Jahre nach der letzten Exposition beobachtet worden.

Die Belastung des Verbrauchers durch Emissionen von Müllverbrennungsanlagen ist nach Angaben des Umweltbundesamtes als verschwindend gering einzuschätzen. Danach ist eine Beeinträchtigung der Gesundheit des Menschen bei einer täglichen Aufnahme von 1–10 pg/kg Körpergewicht an TCDD auch über einen längeren Zeitraum hinweg nicht zu erwarten (vgl. auch Bundesgesundheitsblatt v. 2. 2. 1987 Seite 82). Aus Vorsorgegründen sollte jedoch die Belastung des Menschen mit PCDD/F auf eine tägliche Aufnahme von unter 1 pg Toxizitätsäquivalent (TEq) pro kg abgesenkt werden. Auch hier gilt somit der Satz von Paracelsus, daß nur die Dosis einen Stoff zum Gift macht.

Die meisten anderen Isomeren dieser Gruppe sind weniger toxisch.

Vergiftungserscheinungen

Akute Symptome: Übelkeit, Erbrechen, Appetitlosigkeit, Reizungen im Atemtrakt und an den Augen
Chronische Symptome: **Chlorakne,** trockene und schuppige Haut, Verlust von Fuß- und Fingernägeln, Infektanfälligkeit

*) Deshalb auch „Ultragifte“ genannt!

Spezialliteratur:

DAZ-Giftlexikon: DAZ 1984, S. 848.
DAZ 1983, Seite 2119
PZ 1983, Seite 483
VCI-Schriftenreihe: [Dioxin in der Umwelt]
Appel, DAZ 1982, S. 1701 und 1993 Heft 5, 6 und 7.
Vollmer, DAZ 1984, Seite 1265.
DAZ 1984, Seite 1268.
Rotard, BGesBl. 3/1990
Lipp, DAZ 1993 S. 895
Brunn, Ernährungs-Umschau 1993 Heft 5, 6 und 7
Schuster/Dürkop, BGesBl. Sonderheft Mai 1993

6.9.2 Polychlorierte Biphenyle (PCB)

Umweltgefährlich

Gesundheitsschädlich

R 33
R 50/53
S (2)
S 35
S 60
S 61
Anm. C

Polychlorierte Biphenyle sind Gemische aus chlorierten Biphenylen, die durch Chlorieren von Biphenylen entstehen. Es sind theoretisch 209 Isomere möglich, je nachdem wieviele Wasserstoffatome durch Chloratome ersetzt sind. Bei der Herstellung fallen Gemische mit Chlorgehalten von 21–68% an, die sehr geringe Mengen Dibenzodioxine und Dibenzofurane als Verunreinigung enthalten.
Strukturbeispiel:

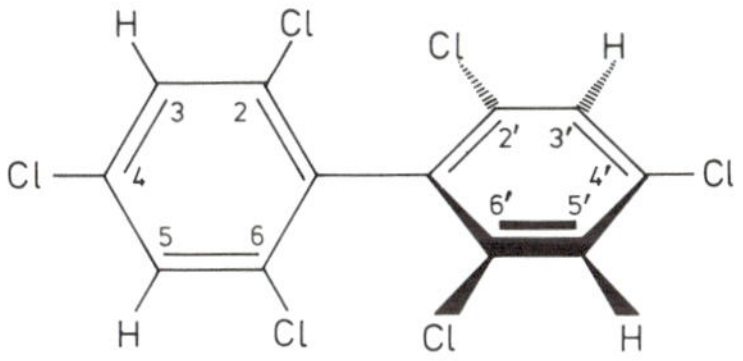

2, 2', 4, 4', 6, 6'-Hexachlorbiphenyl

Eigenschaften

Polychlorierte Biphenyle sind wasserklare, je nach Chlorgehalt dünn- oder zähflüssige Verbindungen, Harze oder Pulver von hoher thermischer Stabilität. Sie besitzen einen niedrigen Dampfdruck, hohe Viskosität, Widerstandsfähigkeit gegen Oxidation und Chemikalien, gute Wärmeleitfähigkeit sowie eine geringe elektrische Leitfähigkeit; sie sind somit für viele technische Zwecke hervorragend geeignet.

Bei Temperaturen von 350–1000 °C werden sie thermisch zersetzt und bilden u. a. die extrem giftigen Dibenzodioxine und Dibenzofurane.

Möglicherweise entstehen die Polychlorierten Biphenyle auch durch Umwandlung von DDT in der Natur. Die Polychlorierten Biphenyle werden im Boden noch langsamer abgebaut als DDT, die höher chlorierten überhaupt nicht.

Im menschlichen Gewebe sind Werte von 2–52 ppm ermittelt worden, begünstigt durch die gute Fettlöslichkeit dieser Verbindungen.

Verwendung

Aufgrund der 10. Verordnung zur Durchführung des Bundes-Immissionsschutzgesetzes vom 26. 07. 1978 wurde bei uns die Verwendung von PCB auf geschlossene Systeme (z. B. auf Isolierflüssigkeiten in Transformatoren – jährlicher Verbrauch 1100 bis 1700 t PCB) und auf den Bergbau beschränkt. Polychlorierte Biphenyle eignen sich aber auch gut als Weichmacher, Hydraulikflüssigkeit, Wärmeüberträgeröle, Kühlmittel und Klebstoffe. Verkehrsverbote der Polychlorierten Biphenyle und Terphenyle sind in Abschnitt 13 ChemVerbotsV, die Herstellungs- und Verwendungsverbote in Anhang IV Nr. 14 GefstoffV geregelt.

Giftigkeit

Polychlorierte Biphenyle führen zu Schäden der Stoffwechselorgane (Magenschleimhaut und Leber) und des Nervensystems (großes Vogelsterben 1969 in der Nordsee?).

Die akute Toxizität von PCB ist gering. Akneerkrankungen dürften durch die im PCB enthaltenen Verunreinigungn (z. B. TCDD) zu erklären sein.

Hinter den Polychlorierten Biphenylen wird ein krebserzeugendes Potential vermutet.

Spezialliteratur

Broschüre des Bay. Staatsministerium für Arbeit und Sozialordnung, München: „Gefährliche Stoffe-polychlorierte Biphenyle (PCB)“
Prof. Oelschläger, Meran 1986, DAZ 1986 Seite 1276
Roßkamp, Polychlorierte Biphenyle in der Innenraumluft, BGesBl. 1992 S. 434.

Umweltgefährlich

Sehr giftig

R 24/25
R 26
R 36/37/38
R 40
R 50/53
S (1/2)
S 22
S 36/37
S 45
S 52
S 60
S 61

6.9.3 Pentachlorphenol (PCP)

Pentachlorphenol besteht in reiner Form aus weißen Kristallnadeln. Es ist als Fungizid, Insektizid und Bakterizid außergewöhnlich wirksam; selbst als Herbizid und Molluskizid wurde es verwendet. Wegen dieser Eigenschaften, seiner geringen Flüchtigkeit und der fehlenden Korrosionswirkung gegen Eisen und Stahl wurde es als Holzschutzmittel angewandt. PCP ist durch seinen Gehalt an Dioxinen in Verruf geraten. Das Herstellen, Inverkehrbringen und Verwenden von PCP wurde deshalb untersagt (siehe Anhang III Nr. 6, Anhang IV Nr. 12 GefstoffV und Abschnitt 15 ChemVerbotsV).

Reines PCP ist nach Prof. Kemper (AGS 6. 11. 91) nicht cancerogen. PCP werde von allen Menschen laufend ausgeschieden.

Spezialliteratur: DAZ 1984 Seite 812

6.10 Explosionsgefährliche Stoffe und Zubereitungen

Nach Anhang I Nr. 1.2.2.1 Gefahrstoffverordnung werden Stoffe und Zubereitungen als Explosionsgefährlich eingestuft und mit dem Gefahrensymbol „E“ und der Gefahrenbezeichnung „Explosionsgefährlich“ gekennzeichnet, wenn die Prüfergebnisse mit den in § 2 Abs. 4 ChemPrüfV genannten Kriterien übereinstimmen.

Sofern die Stoffe und Zubereitungen in der Form, in der sie in den Verkehr gebracht werden, explosionsgefährlich sind, ist einer der beiden R-Sätze R 2 oder R 3 obligatorisch:

R 2 = Durch Schlag, Reibung, Feuer oder andere Zündquellen explosionsgefährlich

R 3 = Durch Schlag, Reibung, Feuer oder andere Zündquellen besonders explosionsgefährlich. Dieser Satz ist zum Beispiel bei den Salzen der Pikrinsäure anzubringen.

Da Pikrinsäure auch als Reagens verwendet wird, soll dieser Stoff kurz besprochen werden:

2,4,6-Trinitrophenol (Pikrinsäure)

Explosionsgefährlich

Giftig

R 2
R 4
R 23/24/25
S (1/2)
S 28
S 35
S 37
S 45

Pikrinsäure besteht aus hellgelben, geruchlosen und stark bitter schmeckenden (gr. pikros = bitter!) Kristallen, die in kaltem Wasser wenig löslich sind. Die trockene Pikrinsäure explodiert schon durch Schlag oder beim Erhitzen auf 300°C. Sie kommt deshalb mit Wasser angefeuchtet in den Handel. Pikrinsäure ist eine mittelstarke Säure. Ihre Salze heißen Pikrate; sie sind ebenfalls hochexplosiv.

Verwendung

Pikrinsäure dient als Reagens (DAB 10) auf Eiweiß und Alkaloide (Esbachs Reagens) und zur Herstellung der Pikrate. Technisch wird sie in der Sprengstoffindustrie, in der Gerberei, zum Färben von Stoffen und zum Brünieren von Eisen und Kupfer verwendet.

Sonstiges

Pikrinsäure und die Salze der Pikrinsäure unterliegen dem Sprengstoffgesetz. Die Lagerung größerer Vorräte ist erlaubnispflichtig. Kleine Mengen sind gut verschlossen, kühl und feuersicher aufzubewahren.

Vergiftungserscheinungen

Erbrechen gelblich rötlicher Massen, Kopfschmerzen, Koliken, Gelbfärbung der Haut. *Tödliche Dosis:* 2–10 g

In der EG-Stoffliste sind u. a. noch folgende explosionsgefährliche Stoffe und Zubereitungen aufgeführt: Bleiazid, Nitrozellulose, Pikrate, Quecksilberfulminat, Trinitro-benzol, -kresol, -toluol, -xylol.

6.11 Brandfördernde Stoffe und Zubereitungen

Stoffe und Zubereitungen werden nach Anhang I Nr. 1.2.2.2 Gefahrstoffverordnung als brandfördernd eingestuft und mit dem Gefahrensymbol O und der Gefahrenbezeichnung „Brandfördernd“ gekennzeichnet, wenn die Prüfergebnisse mit den in § 2 Abs. 4 ChemPrüfV genannten Kriterien übereinstimmen. Ein R-Satz ist obligatorisch; er muß auf der Grundlage der Prüfergebnisse ausgewählt werden und zwar:

R 7 Kann Brand verurachen (z. B. bei organischen Peroxiden)
R 8 Feuergefährlich bei Berührung mit brennbaren Stoffen
R 9 Explosionsgefahr bei Mischung mit brennbaren Stoffen (z. B. bei Chloraten)

In der EG-Stoffliste sind u. a. folgende brandfördernde Stoffe und Zubereitungen aufgeführt: Ammoniumperchlorat, Bariumchlorat und -perchlorat, Bariumperoxid, flüssige Luft, flüssiger Sauerstoff, Kaliumbromat, Kaliumchlorat, Kaliumnitrit (s. Kapitel 6), Kaliumperchlorat, Kaliumpermanganat (s. Kapitel 6), Natriumchlorat (s. Kapitel 5), Natriumnitrit (s. Kapitel 6), Natriumperchlorat, Perchlorsäure, Peroxyessigsäure, Salpetersäure ab 70% (s. Kapitel 6) und Wasserstoffperoxid ab 20% (s. Kapitel 6).

Neben den in Kapiteln 5 und 6 besprochenen brandfördernden Stoffen und Zubereitungen soll hier noch kurz auf den flüssigen Sauerstoff eingegangen werden.

Brandfördernd

Ätzend

R 8
R 34
S (1/2)
S 21
S 45

Flüssiger Sauerstoff

Reiner Sauerstoff ist ein farbloses, geruchloses, außerordentlich reaktionsfähiges Gas, das mit vielen Stoffen Oxide bildet. Es besteht aus zwei Atomen; die dreiatomige Form heißt **Ozon**.

Sauerstoff ist für die meisten Organismen zur Aufrechterhaltung der Atmung wichtig; nur wenige Bakterienarten können auch ohne Sauerstoff leben.

Sauerstoff wird technisch aus Luft durch Verflüssigung und anschließender fraktionierter Destillation der flüssigen Luft gewonnen. Der flüssige Sauerstoff wird bei ca. -183° C in wärmeisolierten Tankfahrzeugen transportiert und in geeigneten Betrieben in die Gasform überführt. Der gasförmige Sauerstoff kommt dann in Druckgasflaschen aus Stahl mit einem Druck von 150 bar in den Verkehr. Neben der großtechnischen Verwendung wird Sauerstoff zum autogenen Schweißen und Schneiden von Metallen gebraucht.

Brandfördernde Stoffe und Zubereitungen dürfen gemäß § 3 Abs. 2 Chemikalien-Verbotsverordnung nur noch von Personen mit Sachkenntnis in den Verkehr gebracht werden.

6.12 Hochentzündliche Stoffe und Zubereitungen

Stoffe und Zubereitungen werden nach Anhang I Nr. 1.2.2.3 Gefahrstoffverordnung als hochentzündlich eingestuft und mit dem Flammensymbol „F^+“ und der Gefahrenbezeichnung „Hochentzündlich“ gekennzeichnet, wenn die Prüfergebnisse mit den in § 2 Abs. 4 ChemPrüfV genannten Kriterien übereinstimmen. Der R-Satz 12 „Hochentzündlich“ ist nach folgenden Kriterien zuzuordnen:

- flüssige Stoffe und Zubereitungen, die einen Flammpunkt*) unter 0° C und einen Siedepunkt (oder bei einem Siedebereich einen Siedebeginn) von höchstens 35 ° C haben**),
- gasförmige Stoffe und Zubereitungen, die bei gewöhnlicher Temperatur und normalem Druck bei Luftkontakt entzündlich sind.

*) Flammpunktbestimmung: Siehe Kapitel 1.7.4

**) Tabellenwerke mit den Siedepunkten und den Flammpunkten:
Auer Technikum, Auergesellschaft, Postfach 44 04 40, 12055 Berlin
Nabert/Schön, Sicherheitstechnische Kennzahlen, Deutscher Eichverlag GmbH, Braunschweig

In der EG-Stoffliste sind u. a. folgende hochentzündlichen Stoffe aufgeführt: Isopropylamin, Butadien, Butan, Buten, Chlorethan, Chlormethan, Cyanwasserstoff (s. Kapitel 7), Cyclopropan, Diethylether, Dimethylether, Ethan, Ethen, Ethylamin, Ethylenoxid, Kohlenmonoxid, Methan Methylamin, Propan, Propen, Schwefelwasserstoff, Vinylchlorid und Wasserstoff.

Ether (Diethylether, Äther, DAB 10)

Hochentzündlich

R 12
R 19
S (2)
S 9
S 16
S 29
S 33

Ether bildet eine klare, leichbewegliche, eigenartig riechende Flüssigkeit, die sich an Luft und Licht leicht zersetzt, u. a. unter Bildung hochexplosiver Peroxide. Ether muß deshalb in luftdicht verschlossenen, dunklen Gefäßen aufbewahrt werden.

Ether dient in der Industrie als Lösemittel für Fette, Harze, Öle u. dgl.; medizinisch wird Ether als Narkotikum und zusammen mit Alkohol in Hoffmannstropfen als Hausmittel verwendet.

Propan

Hochentzündlich

R 12
S (2)
S 9
S 16
S 33

Propan ist ein farb- und geruchloses Gas, das an der Luft mit leuchtender rußender Flamme verbrennt. Es kommt in Druckgasflaschen in den Verkehr und wird in Haushalten und in Laboratorien zu Brenn- und Heizzwekken verwendet.

Hochentzündliche Stoffe und Zubereitungen dürfen gemäß § 3 Abs. 2 Chemikalien-Verbotsverordnung nur noch von Personen mit Sachkenntnis in den Verkehr gebracht werden. Das gilt gemäß § 3 Abs. 4 ChemVerbotsV nicht für Druckgase im Sinne der Druckbehälterverordnung mit dem Gefahrensymbol F^+ (Hochentzündlich). Dazu gehören z. B. Butangas-Kartuschen und Propangas-Druckbehälter.

7. Begasungsmittel

Es gibt eine kleine Gruppe von sehr gefährlichen Giften, bei denen nicht nur der Handel, sondern auch die Verwendung schon immer erlaubnispflichtig ist. Diese Gifte waren früher unter der Bezeichnung „hochgiftige Stoffe“ im Verkehr. In der Gefahrstoffverordnung werden diese Stoffe als Begasungsmittel bezeichnet.

Es handelt sich um folgende Mittel:

1. Cyanwasserstoff (**Blausäure**) sowie Stoffe, die zum Entwickeln oder Verdampfen von Cyanwasserstoff oder leicht flüchtigen Cyanwasserstoffverbindungen dienen
2. **Ethylenoxid**
3. **Phosphorwasserstoff** und Phosphorwasserstoff entwickelnde Stoffe und Zubereitungen
4. **Formaldehyd** sowie Stoffe und Zubereitungen, die zum Entwickeln oder Verdampfen von Formaldehyd dienen
5. Brommethan (**Methylbromid**)

Einschränkungen

- Schiffe dürfen während der Beförderung nur mit Phosphorwasserstoff begast werden
- Transportbehälter[1] dürfen nur mit Phosphorwasserstoff begast werden
- Ethylenoxid darf nur in vollautomatischen Begasungsanlagen verwendet werden.

Begasungserlaubnis

Wer Begasungen mit den o. g. Mitteln durchführen will, bedarf der Erlaubnis der zuständigen Behörde.

Voraussetzungen:

1. Zunächst muß der Nachweis der **Sachkunde**[2] durch ein Zeugnis über die Teilnahme an einem anerkannten Lehrgang mit bestandener Prüfung erbracht werden;

[1] Transportbehälter sind: Straßenfahrzeuge, Schienenfahrzeuge, Frachtcontainer, ortsbewegliche Tanks, die für eine Begasung ausreichend gasdicht gemacht werden können (vgl. TRGS 512; siehe auch Kapitel 2.17)

[2] Diese Sachkunde für Begasungen ist nicht gleichbedeutend mit der Sachkenntnis nach § 5 ChemVerbotsV zum Inverkehrbringen bestimmter gefährlicher Stoffe und Zubereitungen.

2. dann kann bei der zuständigen Behörde ein **Befähigungsschein** beantragt werden. Diesen Befähigungsschein erhält, wer
   - die für den Umgang mit Begasungsmitteln erforderliche Zuverlässigkeit besitzt,
   - durch ein Zeugnis eines ermächtigten Arztes i. S. § 30 GefStoffV nachweist, daß
     a) keine Anhaltspunkte vorliegen, die ihn körperlich oder geistig ungeeignet erscheinen lassen, mit diesen Begasungsmitteln umzugehen
     b) er mit vorläufigen Hilfsmaßnahmen bei Vergiftungen vertraut ist,
   - die erforderliche Sachkunde nachweist
   - ausreichende Erfahrungen für Begasungen nachweist und
   - mindestens 18 Jahre alt ist.
3. Wenn die o. g. Voraussetzungen gegeben sind, dann kann bei der zuständigen Behörde die **Erlaubnis für die Durchführung von Begasungen** beantragt werden. Diese Erlaubnis erhält, wer
   a) als Antragsteller die erforderliche Zuverlässigkeit und soweit er die Begasung selbst leitet, einen Befähigungsschein besitzt,
   b) über eine ausreichende Zahl von Befähigungsschein-Inhabern verfügt.

Der Befähigungsschein wird ensprechend dem geführten Nachweis der Sachkunde beschränkt. Er erlischt, wenn der zuständigen Behörde nicht spätestens 5 Jahre seit der Ausstellung des Zeugnisses eines ermächtigten Arztes ein neues Zeugnis vorgelegt wird.

Zur Begasung dürfen nur solche Personen eingesetzt werden, die durch Teilnahme an einem anerkannten Lehrgang über den Umgang mit Begasungsmitteln und bestandene Prüfung nachgewiesen haben, daß sie sachkundig sind (Ausnahmen siehe TRGS 512).

Durchführung von Begasungen

Allgemeine Vorschriften

1. Die Begasungen sind so durchzuführen, daß Personen nicht gefährdet werden.
2. Es dürfen nur solche Begasungsmittel verwendet werden, die von der Biologischen Bundesanstalt für Land- und Forstwirtschaft zugelassen bzw. vom Bundesinstitut für gesundheitlichen Verbraucherschutz und Veterinärmedizin geprüft worden sind.
3. Wer außerhalb einer ortsfesten Begasungsanlage Begasungen durchführen will, hat dies spätestens eine Woche vorher – bei Schiffsbegasungen 24 Stunden vorher – der zuständigen Behörde anzuzeigen und den **Begasungsleiter** zu benennen. Die zuständige Behörde kann in begründeten Fällen kürzere Fristen zulassen.
4. Über die Begasung ist vom Begasungsleiter eine Niederschrift zu fertigen. Sie soll mindestens folgende Angaben enthalten:
   - Art und Menge des Begasungsmittels
   - Ort der Verwendung
   - das beteiligte Personal
   - Beginn und Ende der Begasung
   - Zeitpunkt der Freigabe
5. Während der **wesentlichen Arbeitsschritte**[1)] müssen mindestens der Begasungsleiter sowie eine weitere Person anwesend sein, welche die Sachkunde nachgewiesen hat.

[1)] Zu den wesentlichen Arbeitsschritten bei Raumbegasungen gehören:
Überprüfen der zu begasenden Räume; Einbringen des Begasungsmittels; Lüften; Freigabe.
Weitere Anforderungen an Begasungen sind abgedruckt in den „Technischen Regeln für Gefahrstoffe-Begasungen“, die im Bundesarbeitsblatt (erhältlich beim W. Kohlhammer Verlag 70549 Stuttgart) veröffentlicht werden.

Tab. 32: Einrichtungen, die Lehrgänge für die Anwendung von Begasungsmitteln anbieten (Auszug):

Lfd. Nr.	Firma/Lehrgangsträger	Anschrift	Brommethan	Cyanwasserstoff	Ethylenoxid	Phosphorwasserstoff	Formaldehyd
1.	Bremer Gesellschaft für angewandte Umwelttechnologie	Fahrenheitstraße 1 28359 Bremen			x	x	
2.	Bundeslehranstalt Burg Warburg	34414 Warburg				x	
3.	Chemieschule Fresenius	Dambachtal 2 65193 Wiesbaden					x
4.	Chemische Fabrik Wülfel	Hildesheimer Str. 30519 Hannover		x	x	x	x
5.	Desinsekta Gesellschaft für Schädlingsbekämpfungsmittel	Schönbergerweg 3 60488 Frankfurt	x	x		x	
6.	Deutsche Gesellschaft für Schädlingsbekämpfung mbH	Weismüllerstr. 28 60314 Frankfurt	x			x	
7.	Deutsche Gesellschaft für Schädlingsbekämpfung mbH	Packersweide 19 20539 Hamburg	x	x			
8.	DMB-Apparatebau	Saarbrücker Allee 3 65201 Wiesbaden			x		
9.	Gartenbaukammer Bremen	Paul-Feller-Str. 25 28199 Bremen	x				
10.	Griffith Laboratories GmbH	Dreieichstr. 7 64546 Mörfelden			x		
11.	Handelskammer Bremen	Postfach 10 51 07 28195 Bremen			x		
12.	Haus der Technik	Hollestr. 1 45127 Essen			x	x	x
13.	Hycon Hygiene-Consult GmbH	Scharnhorststr. 35 04275 Leipzig					x
14.	IHK-Bildungswerk an der Wirtschaftsakademie Schleswig-Holstein	Flensburger Str. 90–92 24106 Kiel				x	
15.	Ingenieurgemeinschaft Technisches Gesundheitswesen	Am Rüpurrer Schloß 5 76199 Karlsruhe			x		
16.	Institut für Arbeits- und Sozialhygiene	Siegfried-Kühn-Str. 76135 Karlsruhe			x		
17.	Klinikum der Universität Tübingen	Calwer Str. 7 72076 Tübingen			x		x
18.	Landwirtschaftskammer Schleswig-Holstein	Steenbeker Weg 24106 Kiel	x				
19.	Saarländische Krankenhausgesellschaft e. V.	Talstr. 11 66119 Saarbrücken			x		
20.	Technische Akademie Esslingen	Postfach 12 69 73760 Ostfildern			x		
21.	Detia Freyberg GmbH	69514 Laudenbach				x	
22.	Zweckverband Klinikum Kulmbach	Albert-Schweitzer-Str. 10 95326 Kulmbach			x		x

Bei Begasungen mit Blausäure oder Methylbromid dürfen nur Befähigungsscheininhaber eingesetzt werden.

6. An der Begasungsstelle sind geeignete Geräte und Arzneimittel für die Erste Hilfe bei Vergiftungen gebrauchsfähig bereitzuhalten. Dazu gehören u. a.:
   Sauerstoff-Beatmungsgerät;
   Gasmasken mit geeigneten Ersatzfiltern;
   Gasspürgerät mit Prüfröhrchen;
   Wolldecken
   Arzneimittel für die Erste Hilfe.

Einzelheiten über die Durchführung der Begasungen sind in den **Technischen Regeln Begasungen, TRGS 512 und 513,** beschrieben (s. auch Kapitel 2.17).

Zur Verantwortlichkeit für die Folgen unsachgemäßer Silobegasung s. Urteil des BGH vom 25. 9. 1990 (NJW 1991 Heft 8 Seite 501).

Die wichtigsten Begasungsmittel sind:

7.1 Brommethan (Methylbromid)

Giftig

R 23
R 36/37/38
S (1/2)
S 15
S 27
S 36/37/39
S 38
S 45

Methylbromid ist ein narkotisch wirkendes, nicht brennbares, farbloses, angenehm riechendes, *sehr giftiges* Gas, das etwa 3mal schwerer ist als Luft. Der Siedepunkt liegt bei 4,5 °C. Brommethan ist wasserunlöslich, löst sich aber in den meisten organischen Lösungsmitteln. Es besitzt ein starkes Durchdringungsvermögen.

Anwendung

Methylbromid kommt in verflüssigter Form in Ampullen und in Druckgasflaschen in den Verkehr. Es dient als Methylierungsmittel, als Kühlmittel und als hochwirksames Schädlingsbekämpfungsmittel (Insektizid und Nematizid). Das giftige Gas dringt in den Insektenkörper ein und schädigt dort wichtige Enzyme. Es wird daher im Vorratsschutz, zur Bodenentseuchung, zur Entseuchung von Maschinen und Geräten, zur Durchgasung von Silos und Speichern sowie zur Begasung von Kirchen nach Befall mit Holzschädlingen eingesetzt.

Vergiftungserscheinungen

Kopfschmerzen, Erbrechen, Schwindel, Doppelsehen, süßlicher Geruch der Ausatmungsluft, schwankender Gang, Krämpfe, Zuckungen, Lähmungserscheinungen u. a.

Erste-Hilfe-Maßnahmen

Sofortige Entfernung des Vergifteten aus der Gefahrenzone, absolute Ruhe, für frische Luft sorgen, mit Methylbromid benetzte Kleidung ablegen!

7.2 Cyanwasserstoff und Cyanide

Cyanwasserstoff (Blausäure)

Sehr giftig

Hochentzündlich

R 12
R 26
S (1/2)
S 7/9
S 16
S 36/37
S 38
S 45

Cyanwasserstoff kommt in der Natur frei in größeren Mengen in dem auf Java wachsenden Baum Pangium edule vor. Außerdem ist Blausäure in cyanogenen Glykosiden, insbesondere in den bitteren Mandeln (Amygdalin), in den Kirschlorbeerblättern (Prunasin) und in Leinsamen (Linamarin) enthalten.[1] Auch Aprikosen-, Kirsch-, Pfirsich- und Zwetschgenkerne sind blausäurehaltig. Im ungereinigten Leuchtgas findet sich ebenfalls Blausäure.

Eigenschaften

Reine wasserfreie Blausäure ist eine farblose, leicht bewegliche, bittermandelartig riechende, leicht flüchtige Flüssigkeit, die bei 26,5 °C siedet. Blausäure ist hochentzündlich und im Gemisch mit Luft explosionsfähig. Sie löst sich in Wasser, Alkohol und Äther in jedem Verhältnis. Blausäure ist eine sehr schwache Säure. Ihre Salze heißen **Cyanide**. Das bekannteste Salz ist das Kaliumcyanid, auch Zyankali genannt.

Verwendung

Blausäure zählt zu den wirksamsten gasförmigen Schädlingsbekämpfungsmitteln. Es dient als Begasungsmittel für Silos, Speicher, Mühlen, Schiffe[2] und Gewächshäuser. Nahezu alle Schädlinge und ihre Entwicklungsstadien nebst Eier werden durch Blausäure abgetötet.[3] Außerdem dient es zur Herstellung komplexer Salze (Kaliumferrocyanid, Berliner Blau), als Ausgangsstoff großtechnischer Synthesen, als Silberputzmittel, Metallösungsmittel und in der Fotografie.

---

[1] Der Blausäuregehalt der bitteren Mandeln ist mit 250 mg HCN/100 g sehr hoch. **Leinsamen** sind trotz ihres Blausäuregehaltes eine völlig harmlose Droge, da ihre kleinen Zyanidmengen im Körper schnell entgiftet werden (vgl. Prof. Schilcher, DAZ 1986 Seite 1794).

[2] Meist wird es auf bierfilzartigem Trägermaterial ausgebracht.

[3] Hin und wieder wird von Sammlern Kaliumcyanid zum Töten von Schmetterlingen verlangt. Die Tötung der Falter erfolgt meist in **Giftgläsern,** die sich die Sammler häufig selbst herstellen. Man verwendet 11–15 cm hohe und 6–8 cm breite Gläser, die mit einem paraffinierten Kork verschlossen werden. Ein etwa walnußgroßes Stück oder eine entsprechende Menge kristallines Zyankali wird in eine 2–3 cm dicke Gipsschicht eingebettet und gibt dann über einen längeren Zeitraum Blausäure zum Töten der Schmetterlinge ab.
Diese Begasungen sind h. E. erlaubnispflichtig!

Giftigkeit

Die tödliche Dosis von Blausäure liegt bei 1 mg/kg Körpergewicht. 0,2–0,3 mg Blausäure pro Liter Luft wirken rasch und sicher tödlich auf den Menschen, ebenso 0,15 g Zyankali oder ca. 60 bittere Mandeln (beim Kind schon 5–10). Zyanwasserstoff dringt auch durch die Haut, besonders bei starkem Schwitzen, in den Körper ein. Ein Tropfen Blausäure, in eine offene Wunde gebracht, kann den Tod herbeiführen. Kleine Zyanidmengen werden im Körper spontan entgiftet, bei der Aufnahme größerer Mengen stürzt der Vergiftete plötzlich tot zusammen.

Die Giftwirkung der Blausäure beruht auf der Blockierung des Warburgschen Atmungsfermentes, der sog. Cytochromoxydase, durch Anlagerung von Zyanid an den Eisenkern des Enzyms. Dadurch wird die Einschleusung von Sauerstoff in den Zellstoffwechsel unterbrochen und es kommt zu einer „inneren Erstickung“.

Blausäure ist also ein **Atemgift**.

Vergiftungserscheinungen

Kleine Mengen Blausäure führen zu Reizerscheinungen der Schleimhäute, der Augen, des Rachens und der oberen Luftwege, zu Lichtscheu, Tränen- und Speichelfluß, Herzklopfen, Schwindel, Ohrensausen, Erbrechen und Atemnot.

Erste-Hilfe-Maßnahmen

In leichten Fällen von Vergiftungen durch Einatmen genügt Überführen des Vergifteten in frische Luft, Wärmezufuhr, heißer Kaffee und strikte körperliche Ruhe. Benetzte Kleidung ist schnellstens zu entfernen. Der Arzt ist umgehend zu rufen!

Bei der Einnahme von Salzen der Blausäure ist sofortiges Erbrechen Voraussetzung für die Rettung des Patienten.

Antidot: **4-DMAP** (= 4-Dimethylaminophenol).*)

Vorsichtsmaßnahmen

Bei allen Arbeiten mit Blausäure ist größte Vorsicht geboten. Arbeiten mit Blausäure sind stets unter einem gut ziehenden Abzug durchzuführen! Die Arbeitsräume sind ausreichend zu lüften. Zum Schutz gegen Blausäuregas sind Gasmasken, mit dem Blausäurespezialfilter „B“ (DIN 3181) zu verwenden (Hersteller: Auer-Gesellschaft, Berlin; Dräger-Werk, Lübeck).

Die bekanntesten **Salze des Cyanwasserstoffs** *sind:*

*) Siehe auch Daunderer, Krankenhauspharmazie 1986 Nr. 8 Seite 369.

Kaliumcyanid (Zyankali)

Sehr giftig

R 26/27/28
R 32
S (1/2)
S 7
S 28
S 29
S 45

Zyankali bildet eine weiße grobkörnige Salzmasse oder weiße Kristalle. Es riecht infolge Hydrolyse nach Blausäure und zerfließt an der Luft. In Wasser ist es sehr leicht löslich.

Wegen der großen Giftigkeit ist beim Arbeiten mit Zyankali größte Vorsicht geboten. Es ist in dicht schließenden Gefäßen an trockenen Orten aufzubewahren.

Zyankali ist trotz seiner Giftigkeit eine viel verwendete Chemikalie. Es dient zur Herstellung galvanischer Bäder, zur Vergoldung und Versilberung, zum Reinigen von Gold und Silber, in der Fotografie, zum Töten von Tieren, zur Stahlhärtung und als Reagens (DAB 10).

Natriumcyanid bildet farblose, in Wasser und Alkohol sehr leicht lösliche, würfelförmige Kristalle. Die wäßrige Lösung reagiert infolge Hydrolyse sehr alkalisch. Es wird wie Kaliumcyanid angewandt und gekennzeichnet.

Calciumcyanid Zur Bekämpfung bestimmter Schädlinge, die mit anderen Giften nicht erfolgreich bekämpft werden können, z. B. der Weißen Fliege in Gewächshäusern, wird das sog. **„Calcyanverfahren"** angewandt. Da die Pflanzen bei hellem Licht gegen Blausäure empfindlich sind, streut man am Abend nach Sonnenuntergang calciumcyanidhaltige Körner im Gewächshaus aus. Unter der Einwirkung von Luftfeuchtigkeit gibt das Calciumcyanid langsam Blausäure ab, die über Nacht ihre Wirkung entfalten kann, ohne daß die Pflanzen Schaden erleiden.

Dieses Verfahren darf nur von solchen Personen angewandt werden, die eine Erlaubnis zur Verwendung von Blausäure besitzen.

Zu den Stoffen, die Blausäure freisetzen gehört **Acrylnitril** (Vinylcyanid). $> 0{,}1\%$

Es ist eine farblose bis leicht gelbliche, brennbare Flüssigkeit mit stechendem Geruch. Die Dämpfe sind schwerer als Luft und bilden mit Luft explosible Gemische. In reiner Form ist es instabil und polymerisiert leicht explosionsartig.

Struktur:

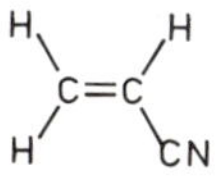

Leichtentzündlich

Giftig

R 45
R 11
R 23/24/25
R 38
R 45
S 53
S 45
Anm. D, E

Handelspräparat: Ventox.
Vergiftungserscheinungen und Erste Hilfe der Cyanide siehe bei Blausäure.

Spezialliteratur: DAZ-Giftlexikon; DAZ 1988 S. 1924.

7.3 Ethylenoxid (Äthylenoxid, Oxiran)

Hochentzündlich

Giftig

R 45
R 46
R 12
R 23
R 36/37/38
S 53
S 45
Anm. E

Ethylenoxid besitzt folgende Struktur:

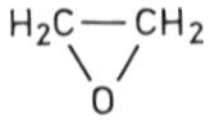

Es ist eine angenehm ätherisch riechende, farblose, hochgiftige Verbindung, die bei 11 °C siedet und somit bei Zimmertemperatur und normalem Druck gasförmig ist. Unterhalb von 11 °C bildet es eine klare, farblose Flüssigkeit, die sehr schnell in den Gaszustand übergeht und dabei explosible Nebel bilden kann. Ethylenoxid ist sehr wasseranziehend (= „hygroskopisch") und in Wasser und den meisten organischen Lösungsmitteln leicht löslich. Als Gas ist es 1,5mal schwerer als Luft. Die Gemische mit Luft bleiben deshalb am Boden. Sie können bereits ab 2,6% Ethylenoxidgehalt explodieren. Durch Zumischen inerter Gase und Flüssigkeiten wie Stickstoff, Freon, Kohlendioxid u. a. lassen sich die Explosionsgrenzen heraufsetzen bzw. vollkommen beseitigen. Eine 5%ige wässerige Lösung von Ethylenoxid ist noch brennbar.

Giftigkeit

Die besondere Gefährlichkeit von Ethylenoxid beruht darauf, daß Gesundheitsschäden meist schon eingetreten sind, bevor das Gas durch seinen Geruch wahrgenommen worden ist. Die Geruchsschwelle liegt bei ca. 700 ppm. Ein direkter Kontakt von flüssigem Ethylenoxid mit der Hautoberfläche ruft starke Hautschädigungen und Blasenbildung hervor. Bereits eine 1%ige Lösung führt zur Verbrennung der Haut.

Ethylenoxid ist in der EG-Stoffliste als **erbgutverändernd** und **krebserzeugend** eingestuft. Der TRK-Wert wurde 1990 von 3 auf 1 ppm gesenkt.

Vergiftungserscheinungen

Vergiftungen können sich noch nach einer Latenzzeit von 24–48 Stunden durch Kratzen im Hals, Tränen der Augen, Benommenheit, Schwindel und Atemnot ankündigen. Weitere Vergiftungserscheinungen sind Kopfschmerzen, Übelkeit, über Stunden anhaltendes periodisches Erbrechen, Durchfall, Erregung mit Schlaflosigkeit, Herzklopfen, hartnäckiger Hustenreiz, Schwindelgefühl. In höheren Konzentrationen wirkt es narkotisch und führt zu Bewußtlosigkeit und Atemstillstand. Bei direkter Einwirkung wässeriger Lösungen können schwere Haut- und Augenschädigungen auftreten.

Vorsichtsmaßnahmen

Ethylenoxid bildet mit Luft leicht explosible Gemische. Jeder Umgang mit Feuer ist deshalb beim Arbeiten mit Ethylenoxid unbedingt zu vermeiden; ebenso Rauchen und offenes Licht. Da dem Ethylenoxid sichere Warneigenschaften fehlen und erst bei höheren Konzentrationen und somit meist zu spät eine Reizwirkung auf Augen und Schleimhäute eintritt, ist beim Arbeiten mit Ethylenoxid größte Vorsicht notwendig. Die Sicherheitsvorschriften über die Handhabung explosionsfähiger Gase sind streng einzuhalten.

Erste-Hilfe-Maßnahmen

Bei der Einwirkung von Ethylenoxid auf die Haut ist gründliches Waschen mit viel Wasser und Seife wichtig. Nach dem Einatmen von Ethylenoxid dem Patienten schnell Frischluft zuführen, enge Kleider lockern, benetzte Kleidungsstücke ausziehen, den Patienten in stabiler Seitenlage lagern und vor Wärmeverlust schützen.

Verwendung

Ethylenoxid dient zum Entkeimen und Entwesen von Textilien, Fellen u. dgl. und zur Steriliation medizinischer Instrumente. Ethylenoxid darf nur in Begasungsanlagen verwendet werden (§ 15d GefStoffV). Die Begasung von Arzneimitteln, Lebensmitteln, Drogen, Tabak ist bei uns wegen des kanzerogenen Potentials von Ethylenoxid verboten.

Handelsformen

Ethylenoxid kommt in Stahlflaschen oder in anderen Druckgasbehältnissen komprimiert mit einem mehr oder minder großen Inertgaszusatz (z. B. Kohlendioxid) und in reiner Form in Glasampullen und Gaskartuschen in den Handel.

Handelspräparate

Cartox (10%), Etox (90%).

Spezialliteratur: DAZ 1985, Seite 1244.
BGA-Empfehlungen zur Verwendung von Ethylenoxid (DAZ 1986, S. 659).
TRGS 512 und 513

7.4 Phosphorwasserstoff entwickelnde Stoffe und Zubereitungen (z. B. Aluminiumphosphid)

Sehr giftig

Leichtentzündlich

Phosphorwasserstoff entwickelnde Stoffe („Phosphide“) kommen ebenso wie der Phosphorwasserstoff selbst in der Natur nicht vor. Die Phosphide werden durch Zusammenschmelzen von Alkali-, Erdalkali- und Zinkoxiden mit Phosphor im elektrischen Ofen hergestellt.

Reiner Phosphorwasserstoff, chemische Formel: PH_3, auch Phosphin genannt, ist ein farbloses, schweres, sehr flüchtiges und außerordentlich giftiges Gas. Sein Geruch ähnelt dem des Carbids.

Phosphorwasserstoff hat sich besonders zur Bekämpfung von Vorratsschädlingen*) als Durchgasungsmittel in Silos und Speichern bewährt. Die Methode ist so wirksam, daß sie auch heute noch eine bedeutende Rolle

R 15/29
R 28
R 32
S (1/2)
S 3/9/14
S 30
S 36/37
S 45

*) Ein bei uns besonders gefürchteter Schädling ist der Kornkäfer. Wenn er nicht rechtzeitig erkannt und bekämpft wird, kann er in Getreidespeichern in wenigen Monaten riesige Schäden anrichten.
Da das Phosphorwasserstoffgas auch bei großen Schütthöhen leicht in das Lagergut eindringt, ist die Wirkung dieser Bekämpfungsmethode sehr sicher. Das Gas entweicht beim anschließenden Lüften rasch in die Atmosphäre und baut sich oxidativ in unschädliche Phosphate ab.

spielt. Bereits geringe Konzentrationen des Gases töten sicher sämtliche Schädlinge in allen Entwicklungsstadien. Außerdem dient phosphidhaltiges Getreide als Fraßgift zur Bekämpfung von Feld- und Wühlmäusen.

Ein interessantes Erzeugnis sind die sogenannten *Arrex-Patronen*. Es sind stabförmige Gebilde, die in erster Linie zur Bekämpfung von Wühlmäusen dienen. Die Patronen werden in die Gänge der Wühlmäuse eingebracht und mit Hilfe eines eingebauten Zündkopfes verschwelt. Dabei bilden sich Phosphide, die mit der Erdfeuchtigkeit Phosphorwasserstoff freisetzen. Dieser ist schwerer als Luft und dringt deshalb auch in die tieferen Teile des Wühlmausbaues ein.

Giftigkeit des Phosphorwasserstoffes

Phosphorwasserstoff ist ein Stoffwechsel- und Nervengift. Vergiftungen können durch Einatmen des Gases, aber auch durch Verschlucken der Phosphide auftreten. Sechsstündiges Einatmen von 10 mg PH_3/m^3 kann tödlich wirken. Wegen der Gefährdung von Menschen und Haustieren ist die Anwendung von Phosphorwasserstoff nebst seiner Verbindungen nur in Sonderfällen empfehlenswert. Irgendwelche teratogene, mutagene, krebserzeugende oder kumulative Eigenschaften sind von Phosphorwasserstoff nicht bekannt.

Vergiftungserscheinungen

Kopfschmerzen, Schwindel, Erbrechen, Magenschmerzen, Katarrh, Mattigkeit, Ohrensausen, Übelkeit, Angstgefühl, Atembeschwerden, Schweißausbruch, Leibschmerzen, Pupillenerweiterung, Taumeln, Bewußtlosigkeit u. dgl. Der Tod tritt nach 24–48 Stunden durch Atemlähmung ein.

Sonstiges

Die **Bekämpfung des Maulwurfs** mit Phosphorwasserstoff ist nicht zulässig, da dieser nach der Bundesartenschutzverordnung eine besonders geschützte Art ist. Solche besonders geschützte Arten dürfen nach § 13 (1) 5 des **Bundesnaturschutzgesetzes** i. d. F. v. 12. 3. 1987 (BGBl. I S. 889) durch Begasungen oder Ausräuchern oder unter Verwendung von Giftstoffen, vergifteten oder betäubenden Ködern ... nicht angelockt, gefangen oder getötet werden.

$\geqq$ 25%

Giftig

R 23/24/25
R 34
R 40
R 43
S (1/2)

7.5 Formaldehyd

Mit der 2. Änderung der Gefahrstoffverordnung wurde Formaldehyd als Begasungsmittel aufgenommen. Damit ist auch für Begasungen mit Formaldehyd eine **Erlaubnis** erforderlich.

Formaldehyd besitzt folgende Struktur:

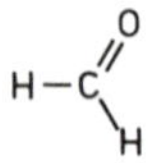

Formaldehyd ist in reiner Form ein farbloses, stechend riechendes Gas, das sich in Wasser außerordentlich leicht löst. Seine Geruchsschwelle liegt bei 0,05-1 ppm; ab 0,01 ppm kann es zur Reizung der Augen kommen. Wegen seines stechenden Geruchs und seiner Reizwirkung wird Formaldehyd schon bei sehr niedriger Konzentration als unangenehm empfunden; es warnt deshalb vor sich selbst.

S 26
S 36/37
S 45
S 51
Anm. B, D

5 < 25%

Gesundheitsschädlich

R 20/21/22
R 36/37/38
R 40
R 43
S (1/2)
S 26
S 36/37
S 45
S 51
Anm. B

1 < 5%

Gesundheitsschädlich

R 40
R 43
S (1/2)
S 23
S 37
Anm. B

Die Formaldehyd-Lösung DAB enthält 35,0-37,0 Gewichtsprozent (G/G) Formaldehyd. Es ist eine klare, farblose Flüssigkeit von charakteristischem, stechendem Geruch, die sich bei längerem Aufbewahren trüben kann. Formaldehyd ist vorsichtig, vor Licht geschützt und nicht unterhalb von 9 °C zu lagern. Formaldehyd ist ein in der Natur vorkommender und seit der Jahrhundertwende synthetisch hergestellter Stoff, der sich unter Einwirkung ultravioletter Strahlen schnell zersetzt. Im Boden und im Wasser wird Formaldehyd durch Mikroorganismen abgebaut.

Die bedeutendste Emissionsquelle für Formaldehyd in der Bundesrepublik ist der Kraftfahrzeugverkehr. Nach Angaben der BASF liegt die Formaldehyd-Emission aus Kraftfahrzeugen in der Bundesrepublik bei rund 35 000 Tonnen pro Jahr. Durch Abgaskatalysatoren werden die Formaldehydkonzentrationen deutlich vermindert. Auch beim Rauchen entstehen erhebliche Formaldehyd-Emissionen, da Formaldehyd bei jeder unvollständigen Verbrennung entsteht. Die Technische Richtkonzentration (TRK) beträgt 0,5 ppm; in der Luft von Aufenthaltsräumen (Wohnungen, Schulen, Kindergärten) sollte der Formaldehydgehalt 0,1 ppm nicht übersteigen. Formaldehyd ist einer der wichtigsten organischen Grundstoffe der chemischen Industrie.

Verwendung

In der Bundesrepublik kommen jährlich ca. 500 000 to Formaldehyd auf den Markt.
65% werden zu Kunstharzen, Aminoplasten, Phenoplasten und Polyacetal-Kunststoffen) weiterverarbeitet,
29% dienen der Herstellung chemischer Stoffe
6% werden in sonstigen technischen und medizinischen Bereichen verwendet, z. B. als Faserschutzmittel, als Reagens (DAB 10) und aufgrund seiner eiweißdenaturierenden Wirkung zum Desinfizieren. Zur Hände- und Hautdesinfektion ist es allerdings ungeeignet, weil es in verträglicher Konzentrationen zu langsam wirkt. Eine übertriebene Anwendung von formaldehydhaltigen Desinfektionsmitteln führt zu hohen Formaldehyd-Belastungen und sollte deshalb unterbleiben!

Wichtig ist, daß der Begasungsleiter Räume, Einrichtungsgegenstände und mit Formaldehyd begaste Güter erst freigeben darf, wenn durch geeignete Nachweisverfahren sichergestellt ist, daß die Konzentration von 0,1 ml/m^3 Formaldehyd unterschritten ist (vgl. Anh. V Nr. 5.7.4 GefStoffV).

Formaldehyd dient ferner zur Herstellung von Klebstoffen für Spanplatten und von Isolierschäumen (Ortschäumen). Beim Kauf von Spanplatten sollte man die **Emissionsklassen** beachten:
Emissionsklasse E 1 darf höchstens 0,1 ppm Formaldehyd in den Raum abgeben,
Emissionsklasse E 2 darf höchstens 1 ppm Formaldehyd in den Raum abgeben,
Emissionsklasse E 3 darf höchstens 2,3 ppm Formaldehyd in den Raum abgeben.

Vergiftungserscheinungen

Der gute Ruf des Formaldehyds als Desinfektionsmittel hat in jüngster Zeit dadurch gelitten, daß nach einer Langzeitstudie mit sehr hohen Formaldehydkonzentrationen

bei Ratten Karzinome in deren Nasenschleimhäute beobachtet worden sind. Formaldehyd steht deshalb im Verdacht, ein krebserzeugendes Potential zu besitzen. Allerdings wurden bisher derartige Karzinome nur beim Nasenatmer Ratte festgestellt. Es gibt bisher keine Beweise, daß Formaldehyd in den üblichen Konzentrationen beim Menschen Krebs verursachen kann. Bei Anatomen und Pathologen, die schon über 90 Jahre lang mit Formaldehyd arbeiten, sind bisher keine Gesundheitsschäden bekannt geworden. Geringe Mengen Formaldehyd, die der Mensch mit der Luft einatmet, werden schnell in Ameisensäure, Kohlendioxid u. dgl. abgebaut. Eine Anreicherung soll im menschlichen Körper nicht erfolgen.

Formaldehyd gehört zu den Stoffen, die **Allergien** auslösen können, wobei allerdings ein Formaldehydgehalt unterhalb von 0,05% in Kosmetika und Arzneimitteln, die mit der Haut in Berührung kommen, auch bei sensibilisierten Personen i. d. R. nicht zu allergischen Reaktionen führen soll.

Nach dem Einatmen geringer Mengen Formaldehyd können beim Menschen Befindlichkeitsstörungen auftreten; bei zunehmender Belastung kommt es rasch zu Reizungen von Augen, Nasen und Kehle.

Die tödliche Dosis einer 35%igen Formaldehydlösung liegt bei 10–20 ml. Die Vergiftungserscheinungen nach oraler Aufnahme ähneln denen der Säurevergiftungen (starkes Brennen im Rachen, Magenschmerzen, Krämpfte, blutiges Erbrechen, Atemnot, Bewußtlosigkeit).

Erste-Hilfe-Maßnahmen

Bei oraler Aufnahme viel Flüssigkeit (Wasser, Milch) trinken; Erbrechen auslösen! Haut mit Wasser und Seife reinigen!

Spezialliteratur

DAZ-Giftlexikon: DAZ 1984, Seite 1780.
DAZ 1985, Seite 1894.
DAZ 1986, Nr. 6, Seite VII.
„Vom Umgang mit Formaldehyd“, Informationsschrift des Bundesgesundheitsamts, Berlin, 1985.
Formaldehyd, Portrait einer Chemikalie, BASF, April 1984
TRGS 513 und 522

8. Wichtige Fachausdrücke und Abkürzungen

Fachausdrücke, die bei der **Grundprüfung** der Sachkenntnisprüfung verlangt werden, sind fett gedruckt.

Abtrift	Unerwünschtes Verwehen von Spritzflüssigkeit beim Ausbringen von Pflanzenschutzmitteln.
ADI-Werte.	(Abkürzung für **A**cceptable **D**aily **I**ntake). Gemeint sind die zumutbaren Höchstwerte an giftigen Pflanzenschutzmitteln, die der Mensch täglich lebenslang aufnehmen kann. Gelegentliche Überschreitungen dieser ADI-Werte haben keine negativen Folgen für die Bevölkerung. Siehe auch NOEL-Werte! Eine Liste der z. Zt. gültigen ADI-Werke siehe BGesBl./4/1994 Seite 182
ADR	Europ. Übereinkommen über die internationale Beförderung gefährlicher Güter auf der Straße
Aerosole	Gase, die feste oder flüssige Stoffe enthalten;
Ätzend	Gefahrenbezeichnung für Stoffe i. S. Anhang I 1.3.2.4 GefStoffV, die bei Aufbringen auf die gesunde intakte Haut von Versuchstieren nach einer Einwirkungszeit von höchstens 3 Minuten Zerstörung des Hautgewebes in seiner gesamten Dicke hervorrufen. Das gilt auch, wenn dieses Ergebnis vorausgesagt werden kann.
Ätzgifte	Stoffe, die das Zelleiweiß verändern (z. B. Säuren und Laugen);
Aggregatzustand	Form, in der sich die Stoffe voneinander unterscheiden: fest, flüssig, gasförmig;
AGS	Ausschuß für Gefahrstoffe; er erarbeitet die sog. Technischen Regeln für Gefahrstoffe (TRGS);
Akarizid	Milben tötendes Mittel;
akute Vergiftung	s. Vergiftungen;
Alkaloide	stickstoffhaltige (basische) Pflanzeninhaltsstoffe;
Allergie	Überempfindlichkeit des Organismus auf bestimmte Stoffe;
Altstoffe	Stoffe, die vor dem 18. 9. 1981 bereits auf dem Markt waren (s. auch EINECS);
AMG	Arzneimittelgesetz;
Antagonist	entgegengesetzt wirkendes Mittel;
Antidot.	Gegenmittel bzw. Medikament bei Vergiftungen;
Antifouling-Farben.	Es sind Stoffe und Zubereitungen, die den Bewuchs (= Fouling) von Schiffskörpern und Wasserbauten durch Mikroorganismen, Pflanzen und Tiere verhindern sollen.
Antikoagulantien	Stoffe, welche die Blutgerinnung hemmen oder verzögern (z. B. Cumarinderivate); sie dienen zur Bekämpfung der Ratten;
Antimycotica	Mittel gegen Pilze an Mensch und Tier;
ARW.	vorläufige **A**rbeitsplatz-**R**icht**w**erte (s. TRGS 900) sind Grenzwerte, die durch Fachleute der Industrie aufgestellt werden;
Asbestose	Lungenerkrankung durch Asbeststaub;
Asservate.	Gegenstände, die auf eine Vergiftung hinweisen, wie Verpackungen oder Behältnisse von Giften, Gebrauchsanweisung, Giftreste, Erbrochenes, Stuhl, Urin;

Atemgift . . . . Gift, das über die Atemorgane in den Körper eindringt (z. B. Nicotin, Halogene, Kohlenmonoxid, Blausäure);

Aufbewahren . . . . kurzfristiges Lagern (s. Lagern);

Auflaufen . . . . Wenn die ersten Blätter des Getreides sichtbar werden;

Auslöseschwelle . . . . . . Konzentration eines Stoffes in der Luft am Arbeitsplatz oder im Körper, bei deren Überschreitung zusätzliche Maßnahmen zum Schutze der Gesundheit erforderlich sind (vgl. § 3 Abs. 8 GefStoffV);

Ausrüstung . . . . = Färben, Bedrucken und Beschichten (z. B. Imprägnieren) von Geweben;

Austriebsspritzmittel . . . Mittel, die kurz vor dem Austrieb der Knospen zur Tötung überwinternder Schädlinge angewendet werden (siehe Insektizide!);

Bakterizide . . . . Bakterien tötende Mittel;

BArbBl . . . . Bundesarbeitsblatt (Kohlhammer Verlag, 70549 Stuttgart);

BAT-Wert . . . . Biologischer Arbeitsplatz Toleranzwert (siehe § 3 Abs. 6 GefStoffV);

BAU . . . . Bundesanstalt für Arbeitsschutz, Postf. 170202, 44149 Dortmund;

BBA . . . . Biologische Bundesanstalt für Land- und Fortwirtschaft, Braunschweig (= Bundesoberbehörde für den Pflanzenschutz);

Begasungsmittel . . . . . . Bezeichnung für folgende, früher als „hochgiftige Stoffe" bezeichneten giftigen Stoffe (s. § 15d GefStoffV):
1. Cyanwasserstoff (Blausäure)
2. Ethylenoxid (Oxiran)
3. Phosphorwasserstoff;
4. Formaldehyd

Beizmittel . . . . Mittel zur Oberflächenbehandlung fester Körper (z. B. von Saatgut, Geweben, Holz, Metall), wodurch eine Desinfektion, Färbung usw. erreicht werden soll. Siehe auch „Saatbeizmittel" und „Fungizide";

Berücksichtigungsgrenze. . Grenze, ab der man einen Stoff bei der Einstufung berücksichtigen muß (s. Anh. II 1.3.1 (7) GefStoffV);

Berührungsgifte . . . . . . Kontaktgifte! Sie wirken auf Insekten durch Kontakt mit dem Mittel (z. B. DDT, DNOC);

Beschäftigungsbeschränkungen . . . . Nach § 15b GefStoffV dürfen Arbeitgeber Jugendliche, werdende oder stillende Mütter sowie gebärfähige Arbeitnehmerinnen mit bestimmten gefährlichen Stoffen nicht beschäftigen;

Betriebsanweisung . . . . . Der Arbeitgeber hat nach § 20 GefStoffV eine Betriebsanweisung zu erstellen, in der die beim Umgang mit Gefahrstoffen auftretenden Gefahren für Mensch und Umwelt sowie die erforderlichen Schutzmaßnahmen und Verhaltensregeln festgelegt werden (vgl. TRGS 555);

BGA . . . . Bundesgesundheitsamt Berlin;

BGBl . . . . Bundesgesetzblatt;

BGesBl . . . . Bundesgesundheitsblatt

Bienengefährlichkeit. . . . Der Gesetzgeber hat die Honigbiene unter besonderen Schutz gestellt (vgl. Bienenschutzverordnung). Bei der Kennzeichnung der Bienengefährlichkeit von Pflanzenschutzmitteln werden folgende Kennbuchstaben verwendet:
B 1 = Bienengefährlich
B 2 = Bienengefährlich, ausgenommen bei Anwendung nach dem tägl. Bienenflug bis 23 Uhr
B 3 = Bienen werden bei richtiger Anwendung des Mittels nicht gefährdet
B 4 = nicht bienengefährlich aufgrund einer amtlichen Prüfung;

biologische Schädlingsbekämpfung . . . . Bekämpfung der Schädlinge durch ihre natürlichen Feinde (z. B. Mäuse durch Katzen);

Biozid	lebenvernichtendes Mittel (z. B.: PCP);
Blattherbizid	Unkrautvertilgungsmittel, das durch das Blatt aufgenommen wird;
Blutgifte	Stoffe, die die roten Blutkörperchen zerstören (Phenol) oder den Blutfarbstoff verändern (Kohlenmonoxid, Blausäure, Chlorate, Nitrite u. dgl.);
Bodenentseuchung	Vernichtung der Schädlinge im Boden mit Wasserdampf, Schwefelkohlenstoff, Hexachlorcyclohexan u. dgl.;
Brandfördernd	s. Gefahrenbezeichnungen (vgl. Anh. I 1.2.2.2 GefStoffV); Brandfördernde Stoffe und Zubereitungen dürfen nur noch von Personen mit Sachkenntnis in den Verkehr gebracht werden (§ 3 Abs. 2 ChemVerbotsV).
Brünieren	Oberflächenbehandlung von Stahl und Eisen, z. B. mit Sublimat oder Antimontrichlorid;
carcinogen	krebserzeugend
CAS-Nummer	Registernummer des Chemical Abstracts Service. Die CAS-Nummern dienen zur Sicherstellung der Identität chemischer Verbindungen;
ChemG	Chemikaliengesetz;
Chemosterilantien	Präparate, mit denen man Insekten sterilisieren kann (z. B. org. Zinnverbindungen);
chronisch	langsam entwickelnd und lange andauernd (s. auch Vergiftungen);
CKW	Chlorkohlenwasserstoffe;
CMR-Stoffe	cancerogene, mutagene, reproduktionstoxische Stoffe;
Cyanose	Blaufärbung der Haut infolge Sauerstoffmangels im Blut;
Cytostatika	Stoffe, die das Zellwachstum hemmen (z. B. Colchicin);
DAB	Deutsches Arzneibuch;
DÄBl	Deutsches Ärzteblatt;
DAZ	Deutsche Apotheker Zeitung, Stuttgart;
Definitionsprinzip	s. Einstufung gefährlicher Stoffe;
Defoliator	Entblätterungsmittel;
dermale Aufnahme	Aufnahme eines Stoffes durch die Haut;
DIN	Deutsches Institut für Normung e. V.;
Dioxine	z. B. TCDD (siehe Umweltgifte, Kapitel 6.9);
Dosis letalis	tödliche Dosis, abgekürzt: LD. Sie ist für jedes Individuum verschieden. Zur Kennzeichnung der Giftigkeit eines Wirkstoffes verwendet man als Maßzahl die mittlere tödliche Dosis (**LD_{50}**);
Droge	Getrockneter pflanzlicher oder tierischer Rohstoff, der zur Herstellung von Arzneimitteln und zu technischen Zwecken verwendet wird;
EINECS	(European Inventory of Existing Commercial Chemical Substances): Es ist ein 3bändiges Verzeichnis, in dem ca. 40 000 Altstoffe aufgeführt sind. Es ergänzt das ECOIN (= European Core Inventory), das 1981 als Rechtsverordnung nach § 28 (2) ChemG veröffentlicht worden ist und ca. 30 000 Altstoffe enthält.
Einstufung	Zuordnung von Gefährlichkeitsmerkmalen. Diese Einstufung kann mit Hilfe der EG-Stoffliste erfolgen (= **Listenprinzip**) oder, sofern der Stoff dort nicht aufgeführt ist, mit Hilfe der Definitionen des sog. **Leitfadens** (= Anhang I Nr. 1 GefStoffV) nach dem **Definitionsprinzip**. Das Listenprinzip hat bei der Kennzeichnung absoluten Vorrang, d. h. wenn ein Stoff in der EG-Stoffliste aufgeführt ist, ist die Verpackung zwingend mit den dort angegebenen Daten zu versehen.
ELINCS	European List of Notified Chemical Substances (= Europ. Liste der angemeldeten chemischen Stoffe): Sie enthält alle chemischen Stoffe, die in der Europäischen Union angemeldet worden sind. Sie

	wird im Amtsblatt der Europ. Union veröffentlicht und alljährlich auf den neuesten Stand gebracht.
Emission	Abgabe luftverunreinigender Stoffe aus Schornsteinen, Verbrennungsmotoren u. dgl. in die Luft;.
Emulsionen	Mischungen zweier sich nicht miteinander lösender Flüssigkeiten wie Öl und Wasser. Dauerhafte Emulsionen können nur mit Hilfsmitteln, den sog. Emulgatoren, hergestellt werden. Spritzbrühen auf Emulsionsbasis haben meist ein milchiges Aussehen (z. B. Obstbaumkarbolineen).
Entwesung	Vernichtung schädlicher Kleintiere;
Entzündlich	Gefahrenbezeichnung (s. Anhang I 1.2.2.5 GefStoffV);
Erbgutverändernd	(= mutagen), Veränderung der Erbanlagen (s. Anhang I 1.4.2.2 GefStoffV);
Erg.-B..	Ergänzungsbuch zum Deutschen Arzneibuch 6. Ausgabe;
Ermittlungspflicht	Der Arbeitgeber soll vor der Verwendung von Gefahrstoffen prüfen, ob nicht Stoffe mit geringeren gesundheitlichen Risiken, sog. Ersatzstoffe, erhältlich sind (vgl. § 16 GefStoffV);
Ersatzstoffe	s. Ermittlungspflicht;
Erzeugnis	Stoffe oder Zubereitungen, die bei der Herstellung eine spezifische Gestalt, Oberfläche oder Form erhalten haben, die deren Funktion mehr bestimmen als ihre chemische Zusammensetzung (§ 3 Nr. 5 ChemG); Beispiel: Granulat (= Stoff) wird zum Becher (Erzeugnis);
Explosionsgefährlich	Gefahrenbezeichnung nach Anhang I Nr. 1.2.2.1 GefStoffV;
Exposition	einem Stoff ausgesetzt sein (s. R-Satz R 48);
FAO	Abkürzung für **F**ood and **A**griculture **O**rganization: Ernährungs- und Landwirschaftsorganisation der Vereinigten Nationen (UN) mit Sitz in Rom
FCKW	Fluorchlorkohlenwasserstoff;
Feinstaub (MAK)	alveolengängiger Teil des einatembaren Staubanteils
Fischtoxizität.	Fischgiftigkeit;
Flammpunkt	Niedrigste Temperatur, bei der sich aus einer Flüssigkeit Dämpfe in solchen Mengen bilden, daß sie mit der Luft ein durch Fremdzündung entflammbares Gemisch ergeben;
flushing out effect	Austreiben der Schädlinge aus Schlupfwinkeln;
Fortpflanzungsgefährdend	Gefahrenbezeichnung nach Anh. I Nr. 1.4.2.3 GefStoffV (= reproduktionstoxisch); fortpflanzungsgefährdende Stoffe führen zu einer Minderung der Fruchtbarkeit (Fertilität) und/oder zu einer Schädigung der Nachkommen (= fruchtschädigend);
Formulierung	Form, in der ein Pflanzenschutzmittel in den Verkehr kommt, z. B.: Granulat, Flüssigkeit, Paste u.s.w.
Fraßgift	Gift, das nach peroraler Aufnahme wirkt (z. B. Giftgetreide);
Fruchtschädigend	(= teratogen) s. Gefahrenbezeichnungen, Störung der Entwicklung der Frucht im Mutterleib (siehe fortpflanzungsgefährdend);
Fungizide	pilztötende Mittel. Sie werden in der Regel vorbeugend angewandt und sollen so die Pflanzen vor Pilzbefall schützen (z. B. Saatbeizmittel);
Furane	s. Umweltgifte (Kapitel 6.9);
Gefahrenbezeichnungen . .	Nach Anh. I Nr. 2 GefStoffV werden den Gefahrensymbolen bestimmte Gefahrenbezeichnungen zugeordnet, wie „Sehr giftig", „Giftig", „Mindergiftig", „Ätzend", „Reizend" u. a.;
Gefahrensymbole	Totenkopfzeichen, Ätzzeichen, Andreaskreuz u. a. (vgl. Anhang I Nr. 2 GefStoffV);
Gefahrklassen	Brennbare Flüssigkeiten werden nach der Verordnung über brennbare Flüssigkeiten je nach Flammpunkt und Wasserlöslichkeit verschiedenen Gefahrklassen zugeordnet, und zwar A I, A II, A III, B;

Gefahrstoff	Oberbegriff für gefährliche Stoffe und Zubereitungen, Stoffe, Zubereitungen und Erzeugnisse, die explosionsfähig sind oder bei denen bei der Herstellung oder Verwendung gefährliche oder explosionsfähige Stoffe oder Zubereitungen entstehen oder freigesetzt werden, ferner Stoffe, Zubereitungen und Erzeugnisse, die erfahrungsgemäß Krankheitserreger übertragen können (genaue Definition s. § 19 Abs. 2 ChemG).
Gelbspritzmittel	Insektizide, die durch Nitrieren von Kresol oder Phenol gewonnen werden (sog. Nitrophenole!). Ein wichtiger Vertreter dieser Gruppe ist das gelbe Dinitroorthokresol (DNOC).
Gesundheitsschädlich	Gefahrenbezeichnung (s. Anh. I Nr. 1.3.2.3 GefStoffV);
Giftabteilung	Die Gifte wurden früher je nach dem Grad ihrer Gefährlichkeit in 3 Abteilungen (in Bayern „Giftgruppen" genannt) eingeteilt. Die stärksten Gifte gehörten zur Giftabteilung 1. Die Giftabteilungen sind mit der Einführung des europäisierten Rechts von Kennbuchstaben (s. d.) abgelöst worden.
Giftbuch	Die Abgabe sehr giftiger und giftiger Stoffe ist in ein Abgabebuch, früher Giftbuch genannt, einzutragen (vgl. § 3 Abs. 3 ChemVerbotsV);
Gifte	Stoffe, die durch Einatmung, perorale Aufnahme oder Eindringen in die Haut zu ernsten, akuten oder chronischen Krankheiten und sogar zum Tode führen können.
Giftgruppe	siehe Giftabteilung!
Giftig	Gefahrenbezeichnung für Stoffe, deren LD_{50} oral zwischen 25 und 200 mg/kg Ratte liegt (siehe auch Anh. I 1.3.2.2 GefStoffV);
gefährliche Stoffe	Stoffe, die gefährliche Eigenschaften i. S. § 3a ChemG besitzen;
GLP	Gute Labor Praxis (s. § 19a ChemG);
Glykoside	Sammelname für Pflanzeninhaltsstoffe, die aus Kohlehydraten und anderen Stoffen, den sog. Aglykonen, bestehen;
GMBl	Gemeinsames Ministerialblatt
GUV	Gemeindeunfallversicherungsverband; er veröffentlicht Unfallverhütungsvorschriften;
Haftfähigkeit	Eigenschaft eines Pflanzenschutzmittels, auf den Pflanzen unter bestimmten Bedingungen (z. B. Erschütterung, Regen) möglichst lange haften zu bleiben. Eine gute Haftfähigkeit wird durch den Zusatz bestimmter Stoffe wie Leim, Dextrin, Harze usw. erreicht.
hautresorptive Stoffe	gefährliche Stoffe, die leicht durch die Haut in den Körper gelangen und zu gesundheitlichen Schäden führen.
Herbizide	Unkraut vernichtende Mittel. Sie werden grob in zwei Gruppen eingeteilt; a) Herbizide mit selektiver (= auslesender) Wirkung vernichten nur bestimmte Pflanzen, z. B. breitblättrige Unkräuter in Rasen oder im Getreide. b) Totalherbizide vernichten jeden Pflanzenwuchs (z. B. die Chlorate!).
Herzglykoside	Glykoside (s. d.) mit Wirkung auf das Herz.
Höchstmengen	Rückstände auf Erntegütern dürfen in der Bundesrepublik genau festgelegte Höchstmengen an Giften nicht überschreiten. Diese Höchstmengen an Rückständen werden in der sog. Höchstmengenverordnung in „ppm" (s. d.) angegeben. Sie sollen die Verbraucher vor Gesundheitsschäden bewahren.
Hochentzündlich	Gefahrenbezeichnung für flüssige Stoffe und Zubereitungen, die einen Flammpunkt unter 0 °C und einen Siedepunkt oder Siedebeginn von höchstens 35 °C haben (vgl. Anh. I 1.2.2.3 GefStoffV);
Hochgiftige Stoffe	s. Begasungsmittel;

Holzschutzmittel	Mittel zur Bekämpfung von Schädlingen im Holz;
Immission	Einwirken von Luftverunreinigungen u. dgl. auf Menschen, Tiere, Pflanzen u. Sachen (vgl. auch § 906 BGB);
inerte Gase	Schutzgase, die der Vermeidung unerwünschter chemischer Reaktionen dienen (vgl. Sicherheitsratschlag 14);
Inhalation	Einatmen von Gasen, Dämpfen oder Feinstaub;
inkompatible Substanzen . .	Stoffe, die sich nicht vertragen und beim Vereinigen in unerwünschter Weise miteinander reagieren.
innertherapeutische Wirkung	siehe systemische Mittel;
Insektizide	insektentötende Mittel;
Integrierter Pflanzenschutz	Darunter versteht man eine Kombination von Verfahren, bei denen unter vorrangiger Berücksichtigung biologischer, biotechnischer, pflanzenzüchterischer sowie anbau- und kulturtechnischer Maßnahmen die Anwendung chemischer Pflanzenschutzmittel auf das notwendige Maß beschränkt wird (§ 2 (1) 2 PflSchG).
Intoxikation	Vergiftung;
Inverkehrbringen	Abgabe an Dritte oder Bereitstellung für Dritte (§ 3 Abs. 9 ChemG);
irreversible Schäden	nicht rückgängig zu machende Schäden (s. R-Satz R 39);
ISO	Abk. von International Organization for Standardization; Ziel: Ausarbeitung von Normen, weltweit;
Isomere	Verbindungen mit derselben Summenformel, aber unterschiedlichen physikalischen und chemischen Eigenschaften;
IUPAC	Abk. von International Union of Pure and Applied Chemistry; Aufgabe: u. a. Erarbeitung international gültiger Nomenklaturen und Terminologien (z. T. zusammen mit der ISO);
kanzerogen	siehe krebserzeugende Stoffe;
Karenzzeit	Wartezeit zwischen letzter Behandlung und Ernte. Sie kann je nach Kulturart verschieden sein. Eine Übersicht über die Wartezeiten für jeden Wirkstoff und für die verschiedenen Kulturpflanzenarten ist im „Pflanzenschutzmittel-Verzeichnis" der Biologischen Bundesanstalt für Land- und Forstwirtschaft in Braunschweig zu finden.
karzinogen	siehe krebserzeugende Stoffe;
Kennbuchstaben	Allen gefährlichen Stoffen sind Kennbuchstaben zugeordnet, mit deren Hilfe man die Gefahrensymbole ermitteln kann (z. B. T, Xn, Xi, C, F, O, N);
Köder	Futtermittel, die von Schädlingen gerne aufgenommen werden; sie werden auch Lockmittel genannt (Kleie, Haferflocken usw.).
Körperfarben	siehe „Pigmente";
Kontaktgift.	siehe „Berührungsgift";
Kontaktherbizide	Herbizide, die über das Blatt in die Pflanze gelangen. Sie werden auch Blattherbizide genannt; z. B. Nitrophenole.
Konventionelle Methode .	Rechenmethode zur Einstufung von Zubereitungen;
krebserzeugende Stoffe. . .	Stoffe, die nachweislich bösartige Geschwülste bilden (s. Anhang I Nr. 1.4.2.1 GefStoffV); sie sind in 3 Kategorien eingeteilt, wobei die stärksten zur carc. cat. 1 gehören;
kumulative Wirkung	Anhäufung des Stoffes im Körper wegen verzögerter Ausscheidung (s. R-Satz 33);
kurative Wirkung	heilende Wirkung;
kutan.	siehe subkutan;
Lagern	Aufbewahren zur späteren Verwendung sowie zur Abgabe an andere (vgl. § 3 Abs. 3 und § 24 GefStoffV);
Larvizid	Larven tötendes Mittel;
Latenzzeit	Zeit zwischen der Aufnahme eines Giftes und seiner Wirkung;

LC_{50} . . . . Abkürzung für mittlere Konzentration eines Stoffes, nach dessen Aufnahme über die Atemwege der Tod der Hälfte der Versuchstiere zu erwarten ist.
Der LC_{50}-Wert wird in mg/Liter angegeben.

LD_{50} . . . . Abkürzung für „mittlere letale Dosis“; das ist die Dosis eines Giftwirkstoffes, nach deren Anwendung der Tod von 50% der Versuchstiere zu erwarten ist. Viele LD_{50}-Werte der GefStoffV werden nicht experimentell ermittelt; es handelt sich meistens um sog. „vereinbarte LD_{50}-Werte“. Ein umfassendes Verzeichnis mit LD_{50}-Werten stellt der sog. RTECS dar (s. dort) LD_{50}-Werte wichtiger Schädlingsbekämpfungsmittel siehe Anh. II Nr. 2.4 GefStoffV.
Der L_{50}-Wert wird in mg/kg Körpergewicht angegeben.

Leichtentzündlich . . . . . Gefahrenbezeichnung des Anhanges I 1.2.2.4 GefStoffV. Dazu gehören u. a. Flüssigkeiten, die einen Flammpunkt unter 21 °C haben und nicht hochentzündlich (s. d.) sind.

Leitfaden . . . . Anleitung zur Einstufung gefährlicher Stoffe (s. Anhang I Nr. 1 GefStoffV);

letale Dosis . . . . siehe Dosis letalis;

Listenprinzip . . . . s. Einstufung gefährlicher Stoffe;

Lockmittel . . . . siehe Köder;

Lösemittel . . . . Flüssigkeiten, die zum Auflösen anderer Stoffe dienen. Das wichtigste Lösemittel ist das Wasser. Bekannte anorganische Lösemittel sind die Säuren und Laugen. Unter Lösungsmittel im eigentlichen Sinne versteht man die organischen Lösungsmittel, wie Alkohol, Ether, Benzol, Tetrachlorkohlenstoff, Chloroform, Schwefelkohlenstoff, Trichlorethylen („Tri“) u. dgl.

MAK-Wert . . . . Abkürzung für „Maximale Arbeitsplatz-Konzentrationen gesundheitsschädlicher Stoffe“. Es handelt sich um die maximal zulässige Konzentration von Gasen und Dämpfen, die an einem Arbeitsplatz bei täglich achtstündiger Inhalation ohne irgendwelche gesundheitliche Nachteile vertragen wird. Die MAK-Werte werden entweder in mg/m^3 oder in „ppm“ (siehe dort!) angegeben (s. auch TRGS 900).

MIK-Wert . . . . Maximale Immissions-Konzentration;

Mindergiftig . . . . Gefahrenbezeichnung für Stoffe, deren LD_{50} oral zwischen 200 und 2000 mg/kg Ratte liegt (siehe auch Anh. I Nr. 1.3.2.3 GefStoffV). Diese Gefahrenbezeichnung wurde 1994 wieder durch **„Gesundheitsschädlich“** ersetzt.

Mineralfarben . . . . künstliche anorganische Farben;

Mineralsäuren . . . . anorganische Säuren wie Salzsäure, Schwefelsäure, Salpetersäure, Phosphorsäure, Flußsäure usw.;

Molluskizide . . . . Schnecken tötende Mittel, z. B. Metaldehyd;

Monokultur . . . . ständiger Anbau derselben Pflanzenarten auf demselben Boden.

mutagen . . . . erbgutverändernd (s. Anh. I Nr. 1.4.2.2 GefStoffV);

Nematizide . . . . Mittel gegen Nematoden;

Nematoden . . . . Etwa 1 mm große, durchsichtige Würmer, die auch Fadenwürmer oder „Älchen“ genannt werden;

Nervengift . . . . Gift, das über das Nervensystem wirkt, z. B. die chlorierten Kohlenwasserstoffe gegen Insekten;

Netzfähigkeit . . . . Eigenschaft einer Flüssigkeit, keine Tropfen zu bilden, sondern sich gleichmäßig als zusammenhängender Film auf der Oberfläche z. B. eines Blattes zu verteilen;

Netzmittel . . . . Stoffe, die das Benetzen fester Stoffe durch Wasser fördern, z. B. im einfachsten Fall die Seife;

N-Nitrosamine . . . . krebserzeugende Stoffe; siehe § 35 GefStoffV und TRGS 552

NOEL . . . . „**n**o **o**bservable **e**ffect **l**evel“, Schwellendosis von Giftstoffen, die in

	umfangreichen Fütterungsversuchen ermittelt werden und bei denen keine negativen Erscheinungen bei Tieren mehr erkennbar sind. Die NOEL-Werte geteilt durch einen Sicherheitsfaktor ergeben die ADI-Werte in mg/kg Körpergewicht.
obsolet	veraltert, ungebräuchlich;
Obstbaumkarbolineen	Teerölerzeugnisse mit einem bestimmten Phenolgehalt. Sie sind mit einem seifenartigen Emulgator versehen und ergeben deshalb beim Vermischen mit Wasser milchig-weiße, haltbare Emulsionen. Sie wirken auf die am Baum überwinternden Insekten erstickend, da sie diese mit einem feinen Ölfilm überziehen und so den Luftaustausch verhindern.
ökologisch	umweltbezogen
orale Aufnahme	Aufnahme durch den Mund; vgl. auch peroral;
Ortschäume	Schäume, die sich an Ort und Stelle bilden und besonders im Baugewerbe eingesetzt werden;
Ovizid	Eier vernichtendes Mittel;
PAH	polycyclische aromatische Kohlenwasserstoffe, z. B. Benzo[a]pyren
PCB	Polychlorierte Biphenyle;
PCDD	Polychlorierte Dibenzo-p-dioxine (s. Kapitel 6.9)
PCDF	Polychlorierte Dibenzo-furane (s. Kapitel 6.9)
PCP	Pentachlorphenol;
PCT	Polychlorierte Terphenyle;
perkutan	Aufnahne „durch die Haut";
perorale Aufnahme	Aufnahme bzw. Verabreichung durch den Mund;
Persistenz	Beständigkeit eines Mittels (z. B. DDT);
Pestizid	Aus dem Englischen übernommener Begriff, der gleichbedeutend ist mit „Schädlingsbekämpfungsmittel";
Pflanzenschutzmittel	Stoffe, die dazu bestimmt sind, Pflanzen und Pflanzenerzeugnisse vor Schadorganismen, Tieren, Pflanzen u. Mikroorganismen zu schützen, das Keimen von Pflanzen zu hemmen und die Lebensvorgänge von Pflanzen zu beeinflussen, ohne ihrer Ernährung zu dienen;
PharmInd	Die Pharmazeutische Industrie, Editio Cantor, Aulendorf/Württ.
Pheromone	Sexualduftstoffe zum Anlocken von Insekten.
Ph. Eur.	Europäisches Arzneibuch (Pharmacopoea Europaea);
pH-Wert	Der mit minus 1 multiplizierte Zehnerlogarithmus der Wasserstoffionen-Aktivität. Er gibt in Zahlen zwischen 0 und 14 die Stärke von Säuren und Laugen an. pH 7 = neutral; von pH 7 nach pH 0 nimmt die saure Reaktion zu, von pH 7 nach pH 14 nimmt die basische Reaktion zu; somit: pH 0–3 = starke Säuren, pH 11–14 = starke Laugen.
Phytotoxizität	schädigende Wirkung auf lebende Pflanzen („Pflanzenschädlichkeit");
Pigmente	unlösliche Farbpulver, zu denen auch die Mineralfarben gehören. Sie werden auch als „Körperfarben" bezeichnet.
ppm	Aus dem Englischen („**p**arts **p**er **m**illion") übernommene Abkürzung, die eine Konzentration von einem Teil auf eine Million Teile (z. B. ml Gas pro Kubikmeter Luft) angibt. 10 ppm sind also 10 ml/m^3; siehe auch Kapitel 6.9.1.
p. o.	Abkürzung für peroral;
präventative Wirkung	vorbeugende Wirkung (= prophylaktische Wirkung);
PVC	Polyvinylchlorid
Pyrolyseprodukte	Stoffgemische, die bei der Pyrolyse (= Erhitzen unter Sauerstoffausschluß oder unvollständiger Verbrennung von organ. Material) entstehen, z. B. aus Kohle, Erdgas, Holz (s. auch TRGS 551);

PZ	Pharmazeutische Zeitung, Frankfurt/M.;
Räucherpatronen	Stabförmige Erzeugnisse mit einem Zündkopf, die den Wirkstoff, meist Phosphorwasserstoff, erst beim Abbrennen bilden und ihn dann bei Aufnahme von Feuchtigkeit (aus dem Boden) freigeben.
Recycling	Wiederverwendung von Rohstoffen; siehe Kapitel 4.3;
Reizend	Gefahrenbezeichnung für Stoffe, die nach maximal 4 Stunden Einwirkungsdauer auf die gesunde intakte Haut von Versuchstieren eine deutliche Entzündung hervorrufen, die danach 24 Stunden oder länger anhält (s. Anhang I 1.3.2.5 GefStoffV);
Repellents	Mittel, die zur Abwehr blutsaugender u. beißender Insekten bei Mensch und Tier bestimmt sind; sie werden nicht als giftige Stoffe, sondern als Arzneimittel beurteilt (§ 2 (1) 4 AMG). Daneben gibt es noch Vergrämungsmittel gegen Wild u. Vögel.
reproduktionstoxisch	fortpflanzungsgefährdend (s. Kapitel 1.8.5.3).
Resistenz	Widerstandsfähigkeit der Schädlinge gegen bestimmte Gifte. Sie beruht auf einer Auslese, bei der die Widerstandsfähigsten überleben (Fliegen gegen DDT).
reversibel	umkehrbar (Beispiel: Erblindung durch Methanol kann in den ersten 5 Stunden durch Gabe von Ethanol reversibel sein!);
RID	Internationale Ordnung für die Beförderung gefährlicher Güter mit der Eisenbahn
Rodentizide	Mittel gegen Nagetiere;
R-Sätze	Hinweise auf besondere Gefahren (s. Anhang I 1.3 GefStoffV);
RTECS	Tabellenwert mit LD_{50}-Werten: Tatken/Lewis **R**egistry of **T**oxic **E**ffects of **C**hemical **S**ubstances (siehe Literaturverzeichnis!)
Rückstände	Reste von Pflanzenschutzmitteln in Lebens- und Futtermitteln;
Saatgutbeizmittel	pulverförmige oder flüssige Zubereitungen, die pilzliche Krankheitserreger am Saatgut abtöten sollen. Man unterscheidet je nach Anwendung Trockenbeizen, Feuchtbeizen und Naßbeizen. Kombibeizen enthalten noch andere Wirkstoffe; Universalbeizen sind bei vielen Getreidearten anwendbar.
Schädlinge	Es sind Organismen aus dem Tier- und Pflanzenreich, die den Menschen gesundheitliche oder wirtschaftliche Schäden zufügen. Zu ihnen gehören: Gesundheitsschädlinge wie Viren, Bakterien, Stechmücken, Vorrats- und Materialschädlinge (Mäuse, Ratten, Motten), Pflanzenschädlinge, wie Pilze, Unkräuter u. a.
Schädlingsbekämpfungsmittel	Nach Anhang II Nr. 2.1 GefStoffV sind Schädlingsbekämpfungsmittel Zubereitungen, die Pflanzenschutzmittel sind oder dazu bestimmt sind, Schadorganismen zu vernichten;
Sehr giftig	Gefahrenbezeichnung für Stoffe, deren LD_{50} oral ≤ 25 mg/kg Ratte liegt (vgl. Anhang I Nr. 1.3.2.1 GefStoffV);
selektive Wirkung	Wirkung, die auf eine bestimmte Art oder Gattung beschränkt ist (siehe Herbizide!);
Sensibilisierend	Gefahrenbezeichnung nach § 3a ChemG. Stoffeigenschaft, die zu einer Allergisierung führen kann.
Seveso-Gift	TCDD (Umweltgifte, siehe Kapitel 6.9);
Sicherheitsdatenblatt	Formblatt, das Auskunft über die wichtigsten physikalischen, chemischen, sicherheitstechnischen, toxikologischen, ökologischen und sonstigen Eigenschaften eines Produktes gibt. Das Sicherheitsdatenblatt kann von gewerblichen Verbrauchern bei dem jeweiligen Hersteller kostenlos angefordert werden (vgl. § 14 GefStoffV).
Slow-release-Insektenstreifen	Kunststoffplatten, die meist den insektiziden Phosphorsäureester Dichlorvos (DDVP) enthalten und diesen Wirkstoff allmählich durch Verdunsten freigeben. Sie werden an die Decke gehängt und

	wirken als Insektenvertilgungsmittel. Handelspräparate sind u. a.: Mafu-strip, Vapona-strip, Paral-strip u. a.
Spritzpulver	Staubförmige Zubereitungen fester Wirkstoffe, die beim Verrühren mit Wasser spritzfertige Suspensionen ergeben.
S-Sätze	Sicherheitsratschläge (s. Anhang I Nr. 1.4 GefStoffV);
Sterilisantien	Mittel, die Insekten und Milben unfruchtbar machen;
subakute Toxizität	siehe Toxizität;
subkutan	unter der Haut;
subletale Dosis	Giftmenge, die zu Vergiftungen führt bzw. Vergiftungserscheinungen hervorruft, aber nicht tödlich wirkt (siehe Strychnin);
Suspension	Aufschwemmung sehr kleiner, fester, unlöslicher Teilchen in einer Flüssigkeit. Gröbere Teilchen setzen sich früher, kleinere später am Boden ab.
symptomatische Behandlung	Behandlung einer Krankheit nach den einzelnen Erscheinungen („Symptomen“), nicht aber nach den Krankheitsursachen;
Spritzpulver	Staubförmige Zubereitungen fester Wirkstoffe, die beim Verrühren mit Wasser spritzfertige Suspensionen ergeben.
S-Sätze	Sicherheitsratschläge (s. Anhang I 1.4 GefStoffV);
Sterilisantien	Mittel, die Insekten und Milben unfruchtbar machen;
subakute Toxizität	siehe Toxizität;
subkutan	unter der Haut;
subletale Dosis	Giftmenge, die zu Vergiftungen führt bzw. Vergiftungserscheinungen hervorruft, aber nicht tödlich wirkt (siehe Strychnin);
Suspension	Aufschwemmung sehr kleiner, fester, unlöslicher Teilchen in einer Flüssigkeit. Gröbere Teilchen setzen sich früher, kleinere später am Boden ab.
symptomatische Behandlung	Behandlung einer Krankheit nach den einzelnen Erscheinungen („Symptomen“), nicht aber nach den Krankheitsursachen;
Synergisten	Wirkstoffverstärker, also Stoffe, die ohne eigene insektizide Wirkung in Verbindung mit Insektiziden deren Aktivität erhöhen (siehe Pyrethrin);
systemische Herbizide	Herbizide, die von den Pflanzen entweder durch die oberirdischen oder durch die unterirdischen Organe aufgenommen und in der Pflanze mit dem Saftstrom befördert werden. Mit ihnen kann man auch Wurzelunkräuter ausrotten.
systemische Mittel	Gifte, die von der Pflanze aufgenommen, im Gefäßsystem verteilt und eine gewisse Zeit im Saftstrom der Pflanze bleiben. Sie wirken vornehmlich bei saugenden Insekten (z. B. bei Blattläusen und Spinnmilben), die beim Saugen der Pflanzensäfte den Giftwirkstoff mit aufnehmen (Beispiel: Metasystox).
TA-Luft	Technische Anleitung zur Reinhaltung der Luft. Es ist eine Allgemeine Verwaltungsvorschrift zum Bundes-Immissionsschutzgesetz.
TCDD	s. Umweltgifte (Kapitel 6.9);
TDI	tolerable daily intake: duldbare tägliche Aufnahme eines Stoffes;
TEq	Toxizitätsäquivalente (der Dioxine);
teratogen	Mißbildungen erzeugend;
Toleranz	Erlaubte Höchstmengen an Pflanzenschutzmittelrückständen auf oder in Pflanzen und Früchten. Diese Höchstmengen (s. d.) werden in ppm angegeben. Die Toleranzen geben dem Verbraucher die Gewähr, daß Rückstände, die eventuell auf Lebensmittln noch in Spuren vorhanden sind, nach dem Stande der Wissenschaft absolut unbedenklich sind.
Totalherbizide	Mittel, die sämtliche Pflanzen vernichten;
Toxikologie	Lehre von den Giften;

toxisch . . . . giftig;

Toxizität . . . . Giftigkeit. Man unterscheidet:
a) **akute Toxizität:** Giftigkeit eines Präparates bei einmaliger Verabreichung
b) **subakute Toxizität:** Giftigkeit eines Präparates bei mehrmaliger Aufnahme kleiner Mengen
c) **chronische Toxizität:** Giftigkeit eines Präparates, das in wiederholten Dosen verabreicht wird (und bei einmaliger Gabe noch unwirksam ist).

TRgA . . . . ältere Technische Regeln gefährlicher Arbeitsstoffe. Sie werden nach und nach neu gefaßt und in TRGS umgewandelt.

TRGS . . . . Abkürzung für „Technische Regeln für Gefahrstoffe". Sie geben den Stand der sicherheitstechnischen, arbeitsmedizinischen, hygienischen sowie arbeitswissenschaftlichen Anforderungen an Gefahrstoffe hinsichtlich Inverkehrbringen und Umgang wieder. Sie werden vom Ausschuß für Gefahrstoffe (AGS) vorgeschlagen und vom Bundesministerium für Arbeit und Sozialordnung im Bundesarbeitsblatt bekanntgegeben. Siehe auch Kaptiel 2.17.

TRK-Wert . . . . Technische Richtkonzentration (vgl. § 3 Abs. 7 GefStoffV);

Trockenbeize . . . . siehe Saatgutbeizmittel;

Umgang . . . . Herstellen, Gewinnen und Verwenden von Gefahrstoffen (§ 3 Abs. 2 GefStoffV);

Umweltgefährlich . . . . . Gefahrenbezeichnung (s. § 4 Abs. 1 Nr. 15 GefStoffV);

Universalbeizmittel . . . . siehe Saatgutbeizmittel;

VBG . . . . Vorschriften des Hauptverbandes der Berufsgenossenschaften

VbF . . . . Verordnung über brennbare Flüssigkeiten

Vergiftungen . . . . Vergiftungen sind Erkrankungen, die durch Gifte hervorgerufen werden. Zahlenmäßig sind Vergiftungen in Selbstmordabsicht am häufigsten, gefolgt von Vergiftungsunfällen im Haushalt (Kleinkinder!) und in der Landwirtschaft. An dritter Stelle stehen Vergiftungen in Gewerbebetrieben, hervorgerufen durch Unfälle oder Nichtbeachtung von Arbeitsvorschriften.
Man unterscheidet akute von chronischen Vergiftungen. Akute (= heftig verlaufende) Vergiftungen entstehen meist durch hohe Einzelgaben, chronische Vergiftungen durch wiederholte Einwirkung kleiner Giftmengen. Aus diesem Grunde weisen chronische Vergiftungen zuweilen ganz andere Symptome auf als akute Vergiftungen. Chronische Vergiftungen können in akute Vergiftungen übergehen.

Verpackung . . . . Behältnisse gefährlicher Stoffe und Zubereitungen, wie Flaschen, Kanister, Kisten u. dgl. (s. auch § 10 und § 23 GefStoffV);

Verwenden . . . . Definition im § 3 Nr. 10 ChemG. Der Begriff umfaßt das Gebrauchen, Verbrauchen, Lagern, Aufbewahren, Be- und Verarbeiten, Abfüllen, Umfüllen, Mischen, Entfernen, Vernichten und innerbetriebliche Befördern von Gefahrstoffen.

vpm . . . . 1 ml Gasvolumen auf 1 m^3 Luft (vgl. ppm);

Wachstumsregler . . . . . Stoffe, die dazu bestimmt sind, die Lebensvorgänge von Pflanzen zu beeinflussen, ohne ihrer Ernährung zu dienen (siehe Pflanzenschutzgesetz!);

Warnstoffe . . . . Stoffe, die vor einem falschen Gebrauch der Gifte warnen sollen. Es können Farb-, Geruch- oder Geschmackstoffe sein.

Wartezeit. . . . . siehe Karenzzeit;

Wassergefährdungsklassen Die Wassergefährdung gefährlicher Stoffe ist in 4 Klassen unterteilt:
WGK 0: im allgemeinen nicht wassergefährdend
WGK 1: schwach wassergefährdend

	WGK 2: wassergefährdend WGK 3: stark wassergefährdend. Im Katalog wassergefährdender Stoffe, herausgegeben vom Umweltbundesamt in Berlin, sind viele gefährliche Stoffe den Wassergefährdungsklassen zugeordnet;
Winterspritzmittel	Es sind Ovizide, die im Obstbau bis zum Schwellen der Knospen gegen die Eier verschiedener Schädlinge angewandt werden. Sie wirken als Kontakt- und Fraßgifte. Beispiele sind die Nitrophenole und die Obstbaumkarbolineen.
Wirkstoff	chemischer Bestandteil eines Mittels, der für die Wirkung auf den Schädling verantwortlich ist. Man spricht auch von „*aktiver Substanz*“. Die meisten Pflanzenschutzmittel enthalten neben den Wirkstoffen noch sog. Beistoffe (s. d).
Wuchsstoffe	Verbindungen, die den Pflanzenwuchs besonders der breitblättrigen Pflanzen zu übernormal starkem, in tödlicher Erschöpfung endendem Wachstum anregen;
Wurzelherbizid	Unkrautvernichtungsmittel, das über die Wurzel aufgenommen wird;
ZEBS	Zentrale Erfassungs- und Bewertungsstelle für Umweltchemikalien;
Zellgifte	Gifte, die durch Fällen von Eiweiß der Zellen wirken.
ZH-Verzeichnis	Verzeichnis von Richtlinien, Merkblättern u. dgl. der Berufsgenossenschaften.
Zusatzstoffe	Haft- und Netzmittel in Pflanzenschutzmitteln, um ihre Wirkung zu verbessern.

9. Literaturverzeichnis

Autoren der weiterführenden Literatur über gefährliche Stoffe und Zubereitungen sind hervorgehoben; ebenso weitere Lehrbücher, die zur Vorbereitung auf die Sachkenntnisprüfung dienen können.

Auer Technikum, Auergesellschaft, 12055 Berlin

Bartels, Akute Vergiftungen, Deutscher Ärzte-Verlag, Köln-Lövenich.

Baywa, Pflanzenschutz aktuell (erscheint jährlich neu);

Benzing, Der Begasungsleiter, A. Strohte Verlag, Frankfurt, 1994

Borchert, Recht für Chemiker, Hirzel Verlag Stuttgart 1994

Börner, Pflanzenkrankheiten und Pflanzenschutz, Verlag Ulmer, Stuttgart.

Bundesarbeitsblatt, Kohlhammer Verlag Postfach 80 04 30, 70549 Stuttgart, erscheint monatlich

Büttner, Giftkunde/Giftgesetz, VEB Fachbuchverlag Leipzig.

Dr. Deden, persönliche Mitteilungen, *Essen 1994*

Drees, Pflanzenschutzlexikon, Verlag Kommentator, Frankfurt/Main.

Deutsches Arzneibuch, Deutscher Apotheker Verlag, Stuttgart, Govi-Verlag, Frankfurt/Main.

Dioxin in der Umwelt, Schriftenreihe Chemie + Fortschritt des VCI, Frankfurt/Main.

Dioxin – durch die Hintertür in die Umwelt, Magazin mensch + umwelt der Gesellschaft für Strahlen – u. Umweltforschung München

Eisenbrand/Metzler, Toxikologie für Chemiker, Thieme Verlag Stuttgart 1994

Fey, Einführung in die Schädlingsbekämpfung, Verlag Vieweg Sohn, Braunschweig.

Forth/Henning, Thallium-Vergiftungen und ihre Behandlung, Deutsches Ärzteblatt Nr. 43/1979.

Forth/Henschler/Rummel, Allgemeine und spezielle Pharmakologie und Toxikologie, Bibl. Inst.

Frohne, Pfänder, Giftpflanzen, Wissenschaftliche Verlagsgesellschaft mbH, Stuttgart.

Gebler, Gifte und gefährliche Stoffe, Gori-Verlag, 1994

Gefahrstoffverordnung, Begründung der Bundesregierung

Genossenschaftlicher Pflanzenschutzratgeber, Deutsche Raiffeisen-Warenzentrale, Frankfurt/Main.

Göbel, Gefahrstoff-ABC, ecomed, Landsberg/Lech.

Hager, Handbuch der pharmazeutischen Praxis, Springer-Verlag, Berlin.

Härtling, Lein und Leinsamen, eine uralte Kulturpflanze, eine zu Unrecht umstrittene Droge, DAZ *109*, 1025 (1969).

Heddergott, Taschenbuch des Pflanzenarztes, Landwirtschaftsverlag GmbH, Münster-Hiltrup.

Heller, Taschenbuch für den Vertrieb giftiger Pflanzenschutzmittel, Raiffeisendruckerei, Neuwied am Rhein.

Hörath, Gefahrstoffverordnung, Einführung in die giftrechtlichen Vorschriften, DAZ 1986, Seite 117.

Hörath, Wie werden gefährliche Stoffe richtig gekennzeichnet? DAZ 1987, Seite 1813.

Hörath, Das neue Gefahrstoffrecht, DAZ 1994, Seite 4649

Holz-Lange, Fortschritte in der chemischen Schädlingsbekämpfung, Landwirtschaftsverlag Weser-Ems, Oldenburg.

Hommel, Handbuch der gefährlichen Güter, Springer Verlag, Berlin.

Hunnius, Pharmazeutisches Wörterbuch, Verlag Walter de Gruyter, Berlin.

IVA-Kodex des Industrieverbandes Agrar e. v. Frankfurt/Main.

Kaestl, Jagdrecht, Kommunalschriften-Verlag Jehle, München

Klein, Gefahrstoff-Recht Textsammlung, ecomed, Landsberg/Lech.

Klimmer, Pflanzenschutz- und Schädlingsbekämpfungsmittel, Hundt-Verlag, Hattingen (Ruhr).

von Köller, BMU Bonn, persönliche Mitteilungen, 1994
von Köller, Leitfaden Abfallrecht, Erich Schmidt Verlag, Berlin, 1993

König/Klein/Grabler, Sachkundig im Pflanzenschutz, BLV – München.

Dr. Krause, Bayreuth, persönliche Mitteilungen 1994

Lemmer, Chronopharmakologie, Wissenschaftl. Verlagsgesellschaft mbH, Stuttgart.

Lipp, Polychlorierte Dibenzo-p-dioxine, DAZ 1993 S. 895

Ludewig-Lohs, Akute Vergiftungen, Fischer Verlag, Stuttgart.

Maximale Arbeitsplatzkonzentrationen und Biologische Arbeitsstofftoleranzwerte der Deutschen Forschungsgemeinschaft, VCH Verlags GmbH, Weinheim (erscheint jährlich neu!).

„Merck-Blätter" der Firma Merck, Darmstadt, Die Bipyridyle 1968, Folge 1.

Merkblätter der Berufsgenossenschaft der Chemischen Industrie, Jedermann-Verlag, Heidelberg.

Merkblätter der Biologischen Bundesanstalt für Land- und Forstwirtschaft in Braunschweig.

Merkblätter des Hauptverbandes der Gewerblichen Berufsgenossenschaften.

Moeschlin, Klinik und Therapie der Vergiftungen, Thieme Verlag, Stuttgart.

Mutschler, Arzneimittelwirkungen, Wissenschaftl. Verlagsgesellschaft mbH, Stuttgart.

Nabert/Schön, Sicherheitstechnische Kennzahlen brennbarer Gase und Dämpfe, Deutscher Eichverlag GmbH, Braunschweig.

Prof. Neustadt, BAU, persönliche Mitteilungen 1993

Nöthlich, Gefahrstoffe, Kommentar, E. Schmidt Verlag GmbH, Berlin.

Paintner, Apotheken-Vorschriften in Bayern, Deutscher Apotheker Verlag, Stuttgart.

Perkow, Die Insektizide, Hüthig Verlag, Heidelberg.

Pflanzenschutzmittel-Verzeichnis der Biologischen Bundesanstalt für Land- und Forstwirtschaft, Braunschweig.

Pharmazeutische Stoffliste, Werbe- und Vertriebsgesellschaft Deutscher Apotheker, Frankfurt/Main.

Pschyrembel, Klinisches Wörterbuch, de Gruyter, Berlin.

Rehbinder/Kayser/Klein, Chemikaliengesetz-Kommentar, C. F. Müller, Juristischer Verlag, Heidelberg.

Römpps Chemielexikon, Franckh'sche Verlagshandlung, Stuttgart.

Roth, Sicherheitsfiebel Chemie, ecomed, München.

Roth-Daunderer, Pflanzengifte – Giftpflanzen, ecomed, München.

RTECS siehe Tatken/Lewis

Sachstand Dioxine, Umweltbundesamt Berlin.

Schauer/Quellmalz, Die Kennzeichnung von gefährlichen Stoffen und Zubereitungen, VCH Verlagsgesellschaft, Weinheim.

Schultz, Farbwarenkunde, Vieweg-Verlag, Braunschweig.

Schuster/Dürkop, 2. Internationales Dioxin-Symposium, Sonderheft 1993 des Bundesgesundheitsamtes

Schumm/Schumm, Pflanzenschutz und Pflanzenpflege in Haus und Garten, Deutscher Apotheker Verlag, Stuttgart.

Schwermetalle – ein Gefahr für uns alle? Verbraucherzentrale Nordrhein-Westfalen e.V., Düsseldorf.

Seeger/Neumann, Giftlexikon (Loseblattsammlung), Deutscher Apotheker Verlag, Stuttgart.

Stapel, Betriebsanweisung, Govi-Verlag, Frankfurt/Main.

Streit, Lexikon Ökotoxikologie, VCH Verlagsgesellschaft Weinheim 1994

Strubelt, Vorkommen und Bedeutung von Karzinogenen in der menschlichen Umwelt, DAZ 1986, Seite 1677.

Prof. Swodenk, persönliche Mitteilungen Frankfurt/M. 1993

Tatken/Lewis, Registry of Toxic Effects of Chemical Substances, „RTECS“, US-Department of Health and Human Services, Public Health Service Centers for Disease Control, National Institut for Occupational Safety and Health, Cincinnati, Ohio 45226 (umfassendes Tabellenwerk über LD_{50}-Werte!).

Umweltschäden! Gesundheitsschäden? Was ist wirklich daran? Wissenschaftler ziehen Bilanz und nehmen Stellung, Sponholtz Verlag, Hameln.

Velvart, Toxikologie der Haushaltsprodukte, Huber Verlag, Basel, Zürich.

Wegler, Chemie der Pflanzenschutz- und Schädlingsbekämpfungsmittel, Springer-Verlag, Berlin.

Wirth/Hecht/Gloxhuber, Toxikologie-Fibel, Thieme Verlag, Stuttgart.

Wulf, Große Farbwarenkunde, Verlagsgesellschaft Rudolf Müller, Köln.

EG-Gefahrstoffliste

(Liste der gefährlichen Stoffe und Zubereitungen nach § 4a der Gefahrstoffverordnung, zuletzt geändert am 11. Mai 1994, BAnz v. 21. Juni 1994, Seite 6439)

Anlage

Tabelle A

Liste der chemischen Elemente, geordnet nach der Ordnungszahl (Z)

Z	Symb.	DE	Z	Symb.	DE	Z	Symb.	De
1	H	Wasserstoff	36	Kr	Krypton	71	Lu	Lutetium
2	He	Helium	37	Rb	Rubidium	72	Hf	Hafnium
3	Li	Lithium	38	Sr	Strontium	73	Ta	Tantal
4	Be	Beryllium	39	Y	Yttrium	74	W	Wolfram
5	B	Bor	40	Zr	Zirkon	75	Re	Rhenium
6	C	Kohlenstoff	41	Nb	Niob	76	Os	Osmium
7	N	Stickstoff	42	Mo	Molybdän	77	Ir	Iridium
8	O	Sauerstoff	43	Tc	Technetium	78	Pt	Platin
9	F	Fluor	44	Ru	Ruthenium	79	Au	Gold
10	Ne	Neon	45	Rh	Rhodium	80	Hg	Quecksilber
11	Na	Natrium	46	Pd	Palladium	81	Tl	Thallium
12	Mg	Magnesium	47	Ag	Silber	82	Pb	Blei
13	Al	Aluminium	48	Cd	Cadmium	83	Bi	Wismuth
14	Si	Silicium	49	In	Indium	84	Po	Polonium
15	P	Phosphor	50	Sn	Zinn	85	At	Astat
16	S	Schwefel	51	Sb	Antimon	86	Rn	Radon
17	Cl	Chlor	52	Te	Tellur	87	Fr	Francium
18	A	Argon	53	I	Jod	88	Ra	Radium
19	K	Kalium	54	Xe	Xenon	89	Ac	Actinium
20	Ca	Calcium	55	Cs	Caesium	90	Th	Thorium
21	Sc	Scandium	56	Ba	Barium	91	Pa	Protactinium
22	Ti	Titan	57	La	Lanthan	92	U	Uran
23	V	Vanadium	58	Ce	Cer	93	Np	Neptunium
24	Cr	Chrom	59	Pr	Praseodym	94	Pu	Plutonium
25	Mn	Mangan	60	Nd	Neodym	95	Am	Americium
26	Fe	Eisen	61	Pm	Promethium	96	Cm	Curium
27	Co	Kobalt	62	Sm	Samarium	97	Bk	Berkelium
28	Ni	Nickel	63	Eu	Europium	98	Cf	Californium
29	Cu	Kupfer	64	Gd	Gandolinium	99	Es	Einsteinium
30	Zn	Zink	65	Tb	Terbium	100	Fm	Fermium
31	Ga	Gallium	66	Dy	Dysprosium	101	Md	Mendelevium
32	Ge	Germanium	67	Ho	Holmium	102	No	Nobelium
33	As	Arsen	68	Er	Erbium	103	Lw	Lawrentium
34	Se	Selen	69	Tm	Thulium			
35	Br	Brom	70	Yt	Ytterbium			

Tabelle B

Spezielle Anordnung für die organischen Stoffe

601	Kohlenwasserstoffe
602	Halogen-Kohlenwasserstoffe
603	Alkohole und ihre Derivate
604	Phenole und ihre Derivate
605	Aldehyde und ihre Derivate
606	Ketone und ihre Derivate
607	Organische Säuren und ihre Derivate
608	Nitrile
609	Nitroverbindungen
610	Chlornitroverbindungen
611	Azoxy- und Azoverbindungen
612	Aminoverbindungen
613	Heterocyclische Basen und ihre Derivate
614	Glycoside und Alkaloide
615	Syanate und Isocyanate
616	Amide und ihre Derivate
617	Organische Peroxide
648	Aus Kohle abgeleitete komplexe Stoffe
649	Aus Erdöl abgeleitete komplexe Stoffe
650	Verschiedene Stoffe

Stoffidentität		Stoff		Zubereitungen	
Bezeichnung	INDEX-Nr. EWG-Nr. CAS-Nr.	Einstufung	Kennzeichnung	Konzentrations-grenzen	Einstufung/ Kennzeichnung
1	2	3	4	5	6
AAT Siehe: 4-o-Tolylazo-o-toluidin					
Acephat (ISO) Vgl.: O,S-Dimethylacetamidothio-phosphat	015-079-00-7 250-241-2 30560-19-1	Xn; R22	Symb.: Xn R: 22 S: (2)-36		
Acetal Siehe: 1,1-Diethoxy-ethan					
Acetaldehyd Vgl.: Ethanal	605-003-00-6 200-836-8 75-07-0	F+; R12 Carc. Cat. 3; R40 Xi; R36/37	Symb.: F+, Xn R: 12-36/37-40 S: (2)-16-33-36/37		
Acetamid	616-022-00-4 200-473-5 60-35-5	Carc. Cat. 3; R40	Symb.: Xn R: 40 S: (2)-36/37		
7-Acetamido-1,2,3,10-tetramethoxy-5,6,7,9-tetrahydrobenzo [a] heptalen-9-on Siehe: Colchicin					
Acetanhydrid Siehe: Essigsäureanhydrid					
Acetessigsäuremethylester Siehe: Methylacetoacetat					
Aceton	606-001-00-8 200-662-2 67-64-1	F; R11	Symb.: F R: 11 S: (2)-9-16-23-33		
Acetoncyanhydrin Siehe: 2-Cyanopropan-2-ol					
Acetonitril	608-001-00-3 200-835-2 75-05-8	F; R11 T; R23/24/25	Symb.: F, T R: 11-23/24/25 S: (1/2)-16-27-45	20% ≤ C 3% ≤ C < 20%	T; R23/24/25 Xn; R20/21/22
Acetophenon	606-042-00-1 202-708-7 98-86-2	Xn; R22 Xi: R36	Symb.: Xn R: 22-36 S: (2)-26		
6β-Acetoxy-3β(β-D-glucopyrano-syloxy)-8,14-dihydroxybufa-4,20,22-trienolid	614-027-00-6 208-077-4 507-60-8	T+; R28	Symb.: T+ R: 28 S: (1/2)-36/37-45		
Acetylchlorid	607-011-00-5 200-865-6 75-36-5	F; R11 R14 C; R34	Symb.: F, C R: 11-14-34 S: (1/2)-9-16-26-45		
Acetylen Vgl.: Ethin	601-015-00-0 200-816-9 74-86-2	R5 R6 F+; R12	Symb.: F+ R: 5-6-12 S: (2)-9-16-33		
Acetylentetrabromid Siehe: 1,1,2,2-Tetrabromethan					
3-Acetyl-6-methyl-2H-pyran-2,4 (3H)-dion Vgl.: Dehydracetsäure	607-163-00-2 208-293-9 520-45-6	Xn; R22	Symb.: Xn R: 22 S: (2)		
Aconitin	614-008-00-2 206-121-7 302-27-2	T+; R26/28	Symb.: T+ R: 26/28 S: (1/2)-24-45		
Salze von Aconitin Anm. A	614-009-00-8	T+; R26/28	Symb.: T+ R: 26/28 S: (1/2)-24-45		
Acrolein Siehe: Acrylaldehyd					
Acrylaldehyd Vgl.: Acrolein	605-008-00-3 203-453-4 107-02-8	F; R11 T+; R26 T; R25 C; R34	Symb.: F, T+ R: 11-25-26-34 S: (1/2)-3/9/14-26-36/37/39-38-45		

Stoffidentität		Stoff		Zubereitungen	
Bezeichnung	INDEX-Nr. EWG-Nr. CAS-Nr.	Einstufung	Kennzeichnung	Konzentrations-grenzen	Einstufung/ Kennzeichnung
1	2	3	4	5	6
Acrylamid Anm. D, E	616-003-00-0 201-173-7 79-06-1	Carc. Cat. 2; R45 Muta. Cat. 2; R46 T; R24/25-48/ 23/24/25	Symb.: T R: 45-46-24/25- 48/23/24/25		
Acrylate, mit Ausnahme der namentlich in diesem Anhang bezeichneten'	607-133-00-9	Xi; R36/37/38	Symb.: Xi R: 36/37/38 S: (2)-26-28	10% ≤ C	Xi; R36/37/38
Acrylnitril Anm. D, E	608-003-00-4 203-466-5 107-13-1	F; R11 Carc. Cat. 2: R45 T; R23/24/25 Xi; R38	Symb.: F, T R: 45-11-23/24/25-38 S: 53-45	20% ≤ C 1% ≤ C < 20% 0,2% ≤ C < 1% 0,1% ≤ C < 0,2%	T; R45-23/24/25-38 T; R45-23/24/25 T; R45-20/21/22 T; R45
Acrylsäure Anm. D	607-061-00-8 201-177-9 79-10-7	R10 C; R34	Symb.: C R: 10-34 S: (1/2)-26-36-45	25% ≤ C 2% ≤ C < 25%	C; R34 Xi; R36/38
Adipinsäure	607-144-00-9 204-673-3 124-04-9	Xi; R36	Symb.: Xi R: 36 S: (2)		
Alachlor (ISO) Vgl.: 2-Chlor-2',6'-diethyl-N-(methoxy-methyl)acetanilid	616-015-00-6 240-110-8 15972-60-8	Carc. Cat. 3; R40 Xn; R22 R43	Symb.: Xn R: 22-40-43 S: (2)-36/37/39		
Aldicarb (ISO) Vgl.: 2-Methyl-2-(methylthio)propional-dehyd-O-(methylcarbamoyl)oxim	006-017-00-X 204-123-2 116-06-3	T+; R27/28	Symb.: T+ R: 27/28 S: (1/2)-22-36/37-45		
Aldrin (ISO)	602-048-00-3 206-215-8 309-00-2	T; R24/25- 48/24/25 Carc. Cat. 3; R40 N; R50-53	Symb.: T, N R: 24/25-40- 48/24/25-50/53 S: (1/2)-22- 36/37-45-60-61		
Alkaliethylate Anm. A	603-041-00-8	F; R11 R14 C; R34	Symb.: F, C R: 11-14-34 S: (1/2)-8-16-26-43-45		
Alkalihexafluorosilikate (Na(1), K(2), NH4(3)) Anm. A	009-012-00-0 (1) 240-934-8 16893-85-9 (2) 240-896-2 16871-90-2 (3) 240-968-3 16919-19-0	T; R23/24/25	Symb.: T R: 23/24/25 S: (1/2)-26-45	10% ≤ C 1% ≤ C < 10%	T; R23/24/25 Xn; R20/21/22
Alkalimethylate Anm. A	603-040-00-2	F; R11 R14 C; R34	Symb.: F, C R: 11-14-34 S: (1/2)-8-16-26-43-45		
(C16 oder C18-n-Alkyl) (C16 oder C18-n-alkyl)ammonium 2-((C16 oder C18-n-alkyl) (C16 oder C18-n-alkyl)carbamoyl)benzol-sulfonat	016-053-00-8 402-460-1	Xi; R38 R53 R43	Symb.: Xi R: 38-43-53 S: (2)-24-37-61		
Gemisch aus C12-14-tert-Alkylammonium-diphenylthiophosphat und Dinonylsulfid (oder -disulfid)	015-147-00-6 400-930-0	Xi: R38-41 N; R51-53 R43	Symb.: Xi, N R: 38-41-43-51/53 S: (2)-24-26-37/39-61		
Allethrin (ISO) Vgl.: (+ —)-3-Allyl-2-methyl-4-oxocyclo-pent-2-enyl-(+ —)-cistrans-chrysan-themat	006-025-00-3 209-542-4 584-79-2	Xn; R22	Symb.: Xn R: 22 S: (2)-36		
Allidochlor (ISO) Vgl.: N,N-Diallylchloracetamid	616-004-00-6 202-270-7 93-71-0	Xn; R21/22 Xi; R36/38	Symb.: Xn R: 21/22-36/38 S: (2)-26-28-36/37/39		
Allylalkohol	603-015-00-6 203-470-7 107-18-6	R10 T; R23/24/25 Xi; R36/37/38	Symb.: T R: 10-23/24/25-36/37/38 S: (1/2)-36/37/39-38-45		
Allylamin	612-046-00-4 203-463-9 107-11-9	F; R11 T; R23/24/25	Symb.: F, T R: 11-23/24/25 S: (1/2)-9-16- 24/25-45		

Stoffidentität		Stoff		Zubereitungen	
Bezeichnung	INDEX-Nr. EWG-Nr. CAS-Nr.	Einstufung	Kennzeichnung	Konzentrations-grenzen	Einstufung/ Kennzeichnung
1	2	3	4	5	6
Allylchlorid Siehe: 3-Chlorpropen					
Allylglycidylether Siehe: 1-Allyloxy-2,3-epoxypropan					
Allyljodid Siehe: 3-Jodpropen					
(+—)-3-Allyl-2-methyl-4-oxocyclo-pent-2-enyl-(+—)-cistrans-chrysan-themat Siehe: Allethrin (ISO)					
(S)-3-Allyl-2-methyl-4-oxocyclo-pent-2-enyl-(+)-trans-chrysanthe-mat Siehe: S-Bioallethrin					
(+—)-3-Allyl-2-methyl-4-oxocyclo-pent-2-enyl-(+)-trans-chrysanthe-mat Siehe: Bioallethrin					
1-[2-(Allyloxy)-2-(2,4-dichlor-phenyl)ethyl]-1H-imidazol	613-042-00-5 252-615-0 35554-44-0	Xn; R22 Xi; R36	Symb.: Xn R: 22-36 S: (2)		
1-Allyloxy-2,3-epoxypropan Vgl.: Allylglycidylether	603-038-00-1 203-442-4 106-92-3	Xn; R20 R43	Symb.: Xn R: 20-43 S: (2)-24/25	25% ≤ C 1% ≤ C < 25%	Xn; R20-43 Xi; R43
1-[2-(Allyloxy)ethyl-2-(2,4-dichlor-phenyl)]-1H-imidazolium-hydrogensulfat	613-043-00-0 261-351-5 58594-72-2	Xn; R22 Xi; R41	Symb.: Xn R: 22-41 S: (2)-26		
Aluminiumalkyle Anm. A	013-004-00-2	R14 F; R17 C; R34	Symb.: F, C R: 14-17-34 S: (1/2)-16-43-45		
Aluminium-triisopropylat	603-042-00-3 209-090-8 555-31-7	F; R11	Symb.: F R: 11 S: (2)-8-16		
Aluminiumtrinatriumhexafluorid Vgl.: Cryolit	009-016-00-2 239-148-8 15096-52-3	Xn; R20/22 T; R48/23/25	Symb.: T R: 20/22-48/23/25 S: (1/2)-22-37-45		
Aluminiumchlorid, wasserfrei	013-003-00-7 231-208-1 7446-70-0	C; R34	Symb.: C R: 34 S: (1/2)-7/8-28-45		
Aluminiumphosphid	015-004-00-8 244-088-0 20859-73-8	F; R15/29 T+; R28 R32	Symb.: F, T+ R: 15/29-28-32 S: (1/2)-3/9/14-30-36/37-45		
Aluminiumpulver (nicht stabilisiert)	013-001-00-6 231-072-3 7429-90-5	F; R15-17	Symb.: F R: 15-17 S: (2)-7/8-43		
Aluminiumpulver (phlegmatisiert)	013-002-00-1 231-072-3	F; R15 R10	Symb.: R: 10-15 S: (2)-7/8-43		
Ameisensäure ... % Anm. B	607-001-00-0 200-579-1 64-18-6	C; R35	Symb.: C R: 35 S: (1/2)-23-26-45	90% ≤ C 10% ≤ C < 90% 2% ≤ C < 10%	C; R35 C; R34 Xi; R36/38
Ametryn (ISO) Vgl.: 2-Ethylamino-4-isopropylamino-6-methylthio-1,3,5-triazin	613-010-00-0 212-634-7 834-12-8	Xn;R22	Symb.: Xn R: 22 S: (2)-36		
Amidithion (ISO) Vgl.: 2-Methoxyethylcarbamoylmethyl-0,0-dimethyldithiophosphat	015-080-00-2 919-76-6	Xn; R22	Symb.: Xn R: 22 S: (2)-24-36		
Amidosulfonsäure Vgl.: Sulfaminsäure	016-026-00-0 226-218-8 5329-14-6	Xi; R36/38	Symb.: Xi R: 36/38 S: (2)-26-28		
4-Aminoazobenzol	611-008-00-4 200-453-6 60-09-3	Carc. Cat. 2; R45	Symb.: T R: 45 S: 53-45		

Stoffidentität		Stoff		Zubereitungen	
Bezeichnung	INDEX-Nr. EWG-Nr. CAS-Nr.	Einstufung	Kennzeichnung	Konzentrations-grenzen	Einstufung/ Kennzeichnung
1	2	3	4	5	6
2-Amino-benzidin	612-045-00-9 2835-69-0	Xn; R20/21/22	Symb.: Xn R: 20/21/22 S: (2)-22-36		
4-Amino-benzolsulfonsäure Vgl.: Sulfanilsäure	612-014-00-X 204-482-5 121-57-3	Xn; R20/21/22	Symb.: Xn R: 20/21/22 S: (2)-25-28		
3-Amino-benzolsulfonsäure Vgl.: Metanilsäure	612-013-00-4 204-473-6 121-47-1	Xn; R20/21/22	Symb.: Xn R: 20/21/22 S: (2)-25-28		
4-Aminobiphenyl Anm. E	612-072-00-6 202-177-1 92-67-1	Carc. Cat. 1; R45 Xn; R22	Symb.: T R: 45-22 S: 53-45		
Salze von 4-Aminobiphenyl Anm. A, E	612-073-00-1	Carc. Cat. 1; R45 Xn; R22	Symb.: T R: 45-22 S: 53-45		
1-Amino-butan Vgl.: Butylamin	612-005-00-0 203-699-2 109-73-9	F; R11 Xi; R36/37/38	Symb.: F, Xi R: 11-36/37/38 S: (2)-16-26-29		
4-Amino-6-tert-butyl-3-methylthio-1,2,4-triazin-5-on Siehe: Metribuzin (ISO)					
Aminocarb (ISO) Vgl.: 4-Dimethylamino-3-tolylmethyl-carbamat	006-018-00-5 217-990-7 2032-59-9	T; R24/25	Symb.: T R: 24/25 S: (1/2)-28-36/37-45		
5-Amino-4-chlor-2-phenylpyridazin-3-on Vgl.: Pyrazon	606-035-00-3 216-920-2 1698-60-8	R43	Symb.: Xi R: 43 S: (2)-24-37		
4-Amino-N,N-diethylanilin Vgl.: N,N-Diethyl-p-phenylendiamin	612-080-00-X 202-214-1 93-05-0	T; R25 C; R34	Symb.: T R: 25-34 S: (1/2)-26-36-45		
4-Amino-2',3-dimethylazobenzol Siehe: 4-o-Tolylazo-o-toluidin					
2-Amino-4,6-dinitro-phenol Vgl.: Pikraminsäure	612-034-00-9 202-544-6 96-91-3	E R1 Xn; R20/21/22	Symb.: E, Xn R: 1-20/21/22 S: (2)-35		
2-Amino-ethanol Vgl.: Ethanolamin	603-030-00-8 205-483-3 141-43-5	Xn; R20 Xi; R/36/37/38	Symb.: Xn R: 20-36/37/38 S: (2)		
2-Aminoethyldimethylamin Vgl.: 2-Dimethylaminoethylamin	612-075-00-2 203-541-2 108-00-9	F; R11 Xn; R21/22 C; R35	Symb.: F, C R: 11-21/22-35 S: (1/2)-16-23-26-28-36-45		
4-Amino-3-fluorphenol Anm. E	604-028-00-X 402-230-0 399-95-1	Carc. Cat. 2; R45 Xn; R22 R43 N; R51-53	Symb.: T, N R: 45-22-43-51/53 S: 53-45-61		
3-(3-Amino-5-(1-methylguanidi-no)-1-oxopentylamino-6-(4-amino-2-oxo-2,3-dihydro-pyrimidin-1-yl)-2,3-dihydro-(6H)-pyran-2-carbonsäure Vgl.: Blasticidin-S	607-155-00-9 2079-00-7	T+; R28	Symb.: T+ R: 28 S: (1/2)-24/25-36/37-45		
2-Amino-2-methylpropanol	603-070-00-6 204-709-8 124-68-5	Xi; R36/38	Symb.: Xi R: 36/38 S: (2)	10% ≤ C	Xi; R36/38
3-Aminomethyl-3,5,5-trimethyl-cyclohexylamin Siehe: Isophoron diamin					
Aminophenol (o, m, p) Anm. C	612-033-00-3 27598-85-2 (o) 202-431-1 95-55-6 (m) 209-711-2 591-27-5 (p) 204-616-2 123-30-8	Xn; R20/21/22	Symb.: Xn R: 20/21/22 S: (2)-28		

Stoffidentität		Stoff		Zubereitungen	
Bezeichnung	INDEX-Nr. EWG-Nr. CAS-Nr.	Einstufung	Kennzeichnung	Konzentrationsgrenzen	Einstufung/ Kennzeichnung
1	2	3	4	5	6
5-Amino-3-phenyl-1,2,4-triazol-1-yl-N,N,N',N'-tetramethylphosphonsäurediamid Siehe: Triamiphos (ISO)					
2-Aminopropan Vgl.: Isopropylamin	612-007-00-1 200-860-9 75-31-0	F+; R12 Xi; R36/37/38	Symb.: F+, Xi R: 12-36/37/38 S: (2)-16-26-29		
1-Aminopropan-2-ol Vgl.: Isopropanolamin	603-082-00-1 201-162-7 78-96-6	C; R34	Symb.: C R: 34 S: (1/2)-23-26-36-45		
3-Aminopropyltriethoxysilan	612-108-00-0 213-048-4 919-30-2	Xn; R22 C; R34	Symb.: C R: 22-34 S: (1/2)-26-36/37/39-45		
Amitraz (ISO) Vgl.: N,N-Bis(2,4-xylyliminomethyl) methylamin	612-086-00-2 251-375-4 33089-61-1	Xn; R22	Symb.: Xn R: 22 S: (2)-22		
Amitrol (ISO) Vgl.: 1,2,4-Triazol-3-ylamin	613-011-00-6 200-521-5 61-82-5	Carc. Cat. 3; R40 Xn; R48/22	Symb.: Xn R: 40-48/22 S: (2)-36-37		
Ammoniak wasserfrei	007-001-00-5 231-635-3 7664-41-7	R10 T; R23	Symb.: T R: 10-23 S: (1/2)-7/9-16-38-45		
Ammoniaklösung ...% Anm. B	007-001-01-2 215-647-6 1336-21-6	C; R34 Xi; R37	Symb.: C R: 34-37 S: (1/2)-7-26-45	10% ≤ C 5% ≤ C < 10%	C; R34-37 Xi; R36/37/38
Ammoniumbifluorid Siehe: Ammoniumhydrogendifluorid					
Ammoniumbis (1-(3,5-dinitro-2-oxidophenylazo)-3-(N-phenyl carbamoyl)-2-naphtholato)chromat(1-)	024-011-00-5 400-110-2	F; R11	Symb.: F R: 11 S: (2)-33		
Ammonium-bis(2,4,6-trinitrophenyl)amin Vgl.: Hexanitrodiphenylamin-Ammoniumsalz	612-019-00-7 220-639-0 2844-92-0	E R1 T+; R36/27/28 R33	Symb.: E, T+ R: 1-26/27/28-33 S: (1/2)-35-36-45		
Ammoniumchlorid	017-014-00-8 235-186-4 12125-02-9	Xn; R22 Xi; R36	Symb.: Xn R: 22-36 S: (2)-22		
Ammoniumdichromat Anm. 3	024-003-00-1 232-143-1 7789-09-5	O; R8 E; R1 Xi; R36/37/38 R43	Symb.: E, Xi R: 1-8-36/37/38-43 S: (2)-28-35	20% ≤ C 0.5% ≤ C < 20%	Xi; R36/37/38-43 Xi; R43
Ammoniumfluorid	009-006-00-8 235-185-9 12125-01-8	T; R23/24/25	Symb.: T R: 23/24/25 S: (1/2)-26-45		
Ammoniumhydrogendifluorid Vgl.: Ammoniumbifluorid	009-009-00-4 215-676-4 1341-49-7	T; R25 C; R34	Symb.: T, C R: 25-34 S: (1/2)-22-26-37-45	10% ≤ C 1% ≤ C < 10% 0.1% ≤ C < 1%	T, C; R25-34 C; R22-34 Xi; R36/38
Ammoniumperchlorat Anm. G	017-009-00-0 232-235-1 7790-98-9	O; R9 R44	Symb.: O R: 9-44 S: (2)-14-16-27-36/37		
Ammoniumpolysulfide	016-008-00-2 235-989-1 9080-17-5	C; R34 R31	Symb.: C R: 31-34 S: (1/2)-26-45	5% ≤ C 1% ≤ C < 5%	C; R31-34 Xi; R31-36/38
Amylacetat Siehe: Pentylacetat					
Amylalkohol (mit Ausnahme von tert-Pentanol) Anm. C	603-006-00-7 250-378-8 30899-19-5	R10 Xn; R20	Symb.: Xn R: 10-20 S: (2)-24/25	25% ≤ C	Xn; R20
Amylchlorid Siehe: Monochlorpentan					
Amylformiat Anm. C	607-018-00-3 211-340-6 638-49-3	R10	Symb.: R: 10 S: (2)		

Stoffidentität		Stoff		Zubereitungen	
Bezeichnung	INDEX-Nr. EWG-Nr. CAS-Nr.	Einstufung	Kennzeichnung	Konzentrationsgrenzen	Einstufung/ Kennzeichnung
1	2	3	4	5	6
Amylnitrit, Mischung von Isomeren	007-020-00-9 203-770-8 110-46-3	F; R11 Xn; R20/22	Symb.: F, Xn R: 11-20/22 S: (2)-16-24-46		
Amylpropionat Anm. C	607-131-00-8 210-852-7 624-54-4	R10	Symb.: R: 10 S: (2)-23		
Anhydroglucochloral Siehe: Chloralose (INN)					
Anilazin (ISO) Vgl.: 2-Chlor-N-(4,6-dichlor-1,3,5-triazin-2-yl)anilin	613-053-00-5 202-910-5 101-05-3	Xi; R36/38	Symb.: Xi R: 36/38 S: (2)-22		
Anilin	612-008-00-7 200-539-3 62-53-3	Carc. Cat. 3; R40 T: R48/23/24/25 Xn; R20/21/22	Symb.: T R: 20/21/22-40-48/23/24/25 S: (1/2)-28-36/37-45	1% ≤ C 0.2% ≤ C < 1%	T; R20/21/22-40-48/ 23/24/25 Xn; R48/20/21/22
Salze von Anilin Anm. A	612-009-00-2	Carc. Cat. 3; R40 T; R48/23/24/25 Xn; R20/21/22	Symb.: T R: 20/21/22-40-48/23/24/25 S: (1/2)-28-36/37-45	1% ≤ C 0.2% ≤ C < 1%	T; R20/21/22-40-48/ 23/24/25 Xn; R48/20/21/22
o-Anisidin Siehe: 2-Methoxy-anilin					
p-Anisidin Siehe: 4-Methoxy-anilin					
Antimonpentachlorid	051-002-00-3 231-601-8 7647-18-9	C; R34 Xi; R37	Symb.: C R: 34-37 S: (1/2)-26-45		
Antimontrichlorid	051-001-00-8 233-047-2 10025-91-9	C; R34 Xi; R37	Symb.: C R: 34-37 S: (1/2)-26-45		
Antimontrifluorid	051-004-00-4 232-009-2 7783-56-4	T; R23/24/25	Symb.: T R: 23/24/25 S: (1/2)-7-26-45		
Antimonverbindungen, mit Ausnahme der Diantimontetraoxid, Diantimonpentoxid, Diantimontrisulfid, Diantimonpentasulfid sowie der Antimonverbindungen, die in diesem Anhang gesondert aufgeführt sind Anm. A, 1	051-003-00-9	Xn; R20/22	Symb.: Xn R: 20/22 S: (2)-22* * wenn erforderlich	0.25% ≤ C	Xn; R20/22
Antu (ISO) Vgl.: 1-(1-Naphthyl)-2-thioharnstoff	006-008-00-0 201-706-3 86-88-4	T+; R28 Carc. Cat. 3; R40	Symb.: T+ R: 28-40 S: (1/2)-25-36/37-45		
Arsen	033-001-00-X 231-148-6 7440-38-2	T; R23/25	Symb.: T R: 23/25 S: (1/2)-20/21-28-45		
Arsensäure und ihre Salze Anm. A, E	033-005-00-1	Carc. Cat. 1; R45 T; R23/25	Symb.: T R: 45-23/25 S: 53-45		
Arsentrioxid Siehe: Diarsentrioxid					
Arsenverbindungen, mit Ausnahme der namentlich in diesem Anhang bezeichneten Anm. A, 1	033-002-00-5	T; R23/25	Symb.: T R: 23/25 S: (1/2)-20/21-28-45	0.2% ≤ C 0.1% ≤ C < 0.2%	T; R23/25 Xn; R20/22
Asbest Anm. E	650-013-00-6 132207-33-1 132207-32-0 12172-73-5 77536-66-4 77536-68-6 77536-67-5	Carc. Cat. 1; R45 T; R48/23	Symb.: T R: 45-48/23 S: 53-45		

Stoffidentität		Stoff		Zubereitungen	
Bezeichnung	INDEX-Nr. EWG-Nr. CAS-Nr.	Einstufung	Kennzeichnung	Konzentrationsgrenzen	Einstufung/ Kennzeichnung
1	2	3	4	5	6
Atrazin	613-068-00-7 217-617-8 1912-24-9	Carc. Cat. 3; R40 Muta. Cat. 3; R40 Xn; R20/22 Xi; R36 R43	Symb.: Xn R: 20/22-36-40-43 S: (2)-36/37-46		
Atropin Vgl.: DL-Tropyl-tropat	614-010-00-3 200-104-8 51-55-8	T+; R26/28	Symb.: T+ R: 26/28 S: (1/2)-25-45		
Salze von Atropin Anm. A	614-011-00-9	T+; R26/28	Symb.: T+ R: 26/28 S: (1/2)-25-45		
Ätzkali Siehe: Kaliumhydroxid					
Auramin Siehe: 4,4'-Carbonimidoylbis(N,N-dimethylanilin)					
Auraminsalze Siehe: Salze von 4,4'-Carbonimidoyl bis (N,N-dimethylanilin)					
Azaconazol (ISO) Vgl.: 1-[[2-(2,4-Dichlorophenyl)-1,3-dioxolan-2-yl]methyl]-1H-1,2,4-triazol	613-040-00-4 262-102-3 60207-31-0	R44 Xn; R22	Symb.: Xn R: 22-44 S: (2)-24		
4-Azaheptan-1,7-diamin Vgl.: Dipropylentriamin	612-063-00-7 200-261-2 56-18-8	Xn; R21/22 C; R34 R43	Symb.: C R: 21/22-34-43 S: (1/2)-26-36/37/39-45	25% ≤ C 10% ≤ C < 25% 5% ≤ C10% 1% ≤ C < 5%	C; R21/22-34-43 C; R34-43 Xi; R36/38-43 Xi; R43
3-Azapentan-1,5-diamin Vgl.: Diethylentriamin	612-058-00-X 203-865-4 111-40-0	Xn; R21/22 C; R34 R43	Symb.: C R: 21/22-34-43 S: (1/2)-26-36/37/39-45	25% ≤ C 10% ≤ C < 25% 5% ≤ C < 10% 1% ≤ C < 5%	C; R21/22-34-43 C; R34-43 Xi; R36/38-43 Xi; R43
Azinphos-ethyl (ISO) Vgl.: 0,0-Diethyl-4-oxobenzotriazin-3-ylmethyldithiophosphat	015-056-00-1 220-147-6 2642-71-9	T+; R28 T; R24	Symb.: T+ R: 24-28 S: (1/2)-28-36/37-45		
Azinphos-methyl (ISO) Vgl. 0,0-Dimethyl-4-oxobenzotriazin-3-ylmethyldithiophosphat	015-039-00-9 201-676-1 86-50-0	T+; R28 T; R24	Symb.: T+ R: 24-28 S: (1/2)-28-36/37-45		
Aziridin Siehe: Ethylenimin					
Azobenzol	611-001-00-6 203-102-5 103-33-3	Xn; R20/22	Symb.: Xn R: 20/22 S: (2)-28		
Azothoat Vgl.: 0-4-(4-Chlor-phenylazo)-phenyl-0,0-dimethyl-thiophosphat	015-082-00-3 227-419-3 5834-96-8	Xn; R20/22	Symb.: Xn R: 20/22 S: (2)-13		
Azoxybenzol	611-002-00-1 207-802-1 495-48-7	Xn; R20/22	Symb.: Xn R: 20/22 S: (2)-28		
Barban (ISO) Vgl.: (4-Chlorbut-2-inyl)-3-chlor phenylcarbamat	006-020-00-6 202-930-4 101-27-9	Xn; R22 R43	Symb.: Xn R: 22-43 S: (2)-24-36/37		
Bariumcarbonat	056-003-00-2 208-167-3 513-77-9	Xn; R22	Symb.: Xn R: 22 S: (2)-24/25		
Bariumchlorat	017-003-00-8 236-760-7 13477-00-4	O; R9 Xn; R20/22	Symb.: O, Xn R: 9-20/22 S: (2)-13-27		

Stoffidentität		Stoff		Zubereitungen	
Bezeichnung	INDEX-Nr. EWG-Nr. CAS-Nr.	Einstufung	Kennzeichnung	Konzentrations-grenzen	Einstufung/ Kennzeichnung
1	2	3	4	5	6
Bariumperchlorat	017-007-00-X 236-710-4 13465-95-7	O; R9 Xn; R20/22	Symb.: O, Xn R: 9-20/22 S: (2)-27		
Bariumperoxid	056-001-00-1 215-128-4 1304-29-6	O; R8 Xn; R20/22	Symb.: O, Xn R: 8-20/22 S: (2)-13-27		
Bariumpolysulfide	016-003-00-5 256-814-3 50864-67-0	R31 Xi; R36/37/38	Symb.: Xi R: 31-36/37/38 S: (2)-28		
Bariumsalze, mit Ausnahme des Bariumsulfats und der namentlich in diesem Anhang bezeichneten Salze Anm. A, 1	056-002-00-7	Xn; R20/22	Symb.: Xn R: 20/22 S: (2)-28	1% ≤ C	Xn; R20/22
Bariumsulfid	016-002-00-X 244-214-4 21109-95-5	R31 Xn; R20/22	Symb.: Xn R: 20/22-31 S: (2)-28		
Benazolin (ISO) Vgl.: 4-Chlor-2-oxobenzothiazolin-3-ylessigsäure	607-153-00-8 223-297-0 3813-05-6	Xi; R36/38	Symb.: Xi R: 36/38 S: (2)-22		
Bendiocarb (ISO) Vgl.: 2,2-Dimethyl-1,3-benzodioxol-4-yl-methylcarbamat	006-046-00-8 245-216-8 22781-23-3	T; R25 Xn; R21	Symb.: T R: 21-25 S: (1/2)-22-36/37-45		
Benomyl (ISO) Vgl.: Methyl-1-(butylcarbamoyl)benzimidazol-2-ylcarbamat	613-049-00-3 241-775-7 17804-35-2	Muta. Cat. 3; R40	Symb.: Xn R. 40 S: (2)-36/37		
Benquinox (ISO) Vgl.: p-Benzochinon-1-benzoylhydrazon-4-oxim	650-006-00-8 207-807-9 495-73-8	T; R25 Xn; R21	Symb.: T R: 21-25 S: (1/2)-36/37-45		
Bensulid (ISO) Vgl.: 0,0-Diisopropyl-2-phenylsulfonylaminoethyldithiophosphat	015-083-00-9 212-010-4 741-58-2	Xn; R22	Symb.: Xn R: 22 S: (2)-24-36		
Bentazon (ISO) Vgl.: 3-Isopropyl-2,1,3-benzothiadiazin-4-on-2,2-dioxid	613-012-00-1 246-585-8 25057-89-0	Xn; R22 Xi; R36	Symb.: Xn R: 22-36 S: (2)-26		
Benzalchlorid Siehe: α,α-Dichlor-toluol					
Benzaldehyd	605-012-00-5 202-860-4 100-52-7	Xn; R22	Symb.: Xn R:. 22 S: (2)-24		
Benzidin Anm. E Vgl.: 4,4'-Diaminobiphenyl	612-042-00-2 202-199-1 92-87-5	Carc. Cat. 1; R45 Xn; R22	Symb.: T R: 45-22 S: 53-45		
Salze von Benzidin Anm. A, E	612-070-00-0	Carc. Cat. 1; R45 Xn; R22	Symb.: T R: 45-22 S: 53-45		
Benzo[e]acephenanthrylen Siehe: Benzo[o]fluoranthen					
Benzo[a]anthracen	601-033-00-9 200-280-6 56-55-3	Carc. Cat. 2; R45	Symb.: T R: 45 S: 53-45		
p-Benzochinon Vgl.: Chinon	606-013-00-3 203-405-2 106-51-4	T; R23/25 Xi; R36/37/38	Symb.: T R: 23/25-36/37/38 S: (1/2)-26-28-45		
p-Benzochinon-1-benzoylhydrazon-4-oxim Siehe: Benquinox (ISO)					
Benzo[d,e,f]chrysen Siehe: Benzo[a]pyren					
Benzo[k]fluoranthen	601-036-00-5 205-916-6 207-08-9	Carc. Cat. 2; R45	Symb.: T R: 45 S: 53-45		
Benzo[b]fluoranthen Vgl.: Benzo[e]acephenantrylen	601-034-00-4 205-911-9 205-99-2	Carc. Cat. 2; R45	Symb.: T R: 45 S: 53-45		

Stoffidentität		Stoff		Zubereitungen	
Bezeichnung	INDEX-Nr. EWG-Nr. CAS-Nr.	Einstufung	Kennzeichnung	Konzentrationsgrenzen	Einstufung/ Kennzeichnung
1	2	3	4	5	6
Benzo[j]fluoranthen	601-035-00-X 205-910-3 205-82-3	Carc. Cat. 2; R45	Symb.: T R: 45 S: 53-45		
Benzoguanamin Siehe: 6-Phenyl-1,3,5-triazin-2,4-diamin					
Benzol Anm. E	601-020-00-8 200-753-7 71-43-2	F; R11 Carc. Cat. 1; R45 T; R48/23/ 24/25	Symb.: F, T R: 45-11-48/23/24/25 S: 53-45		
1,2,4,5-Benzoltetracarbonsäure-dianhydrid Siehe: Pyromellitsäuredianhydrid					
1,2,4-Benzoltricarbonsäureanhydrid Siehe: Trimellitsäureanhydrid:					
Benzonitril	608-012-00-3 202-855-7 100-47-0	Xn; R21/22	Symb.: Xn R: 21/22 S: (2)-23		
3,3',4,4'-Benzophenontetracarbonsäuredianhydrid Vgl.: 4,4'-Carbonyldiphthalsäureanhydrid	607-100-00-9 219-348-1 2421-28-5	Xi; R36/37	Symb.: Xi R: 36/37 S: (2)-25	1% ≤ C	Xi; R36/37
Benzo[a]pyren Vgl. Benzo[d,e,f]chrysen	601-032-00-3 200-028-5 50-32-8	Carc. Cat. 2; R45 Muta. Cat. 2; R46 Repr. Cat. 2; R60-61	Symb.: T R: 45-46-60-61 S: 53-45		
1-Benzothiazol-2-yl-3-methylharnstoff Siehe: Benzthiazuron (ISO)					
(Benzothiazol-2-ylthio)bernsteinsäure	607-179-00-X 401-450-4 95154-01-1	R43	Symb.: Xi R: 43 S: (2)-24-37		
Gemisch aus α-3-(3-(2H-Benzotriazol-2-yl)-5-tert-butyl-4-hydroxyphenyl)propionyl-omega-hydroxypoly(oxyethylen) und α-3-(3-(2H-Benzotriazol-2-yl)-5-tert-butyl-4-hydroxyphenyl)-propionyl-omega-3-(3-(2H-benzotriazol-2-yl)-5-tert-butyl-4-hydroxyphenyl)propionyloxypoly(oxyethylen)	607-176-00-3 400-830-7	Xn; R48/22 R43 N; R51-53	Symb.: Xn, N R: 43-48/22-51/53 S: (2)-36/37-61		
Benzoylchlorid	607-012-00-0 202-710-8 98-88-4	C; R34	Symb.: C R: 34 S: (1/2)-26-45		
Benzoylperoxid Siehe: Dibenzoylperoxid					
Benzoylprop-ethyl (ISO) Vgl.: Ethyl-N-benzoyl-N-(3,4-dichlorphenyl)-DL-alaninat	607-154-00-3 33878-50-1	Xn; R22	Symb.: Xn R: 22 S: (2)-24		
1,2-Benzisothiazol-3(2H)-on	613-088-00-6 220-120-9 2634-33-5	Xn; R22 Xi; R38 R43	Symb.: Yn R: 22-38-43 S: (2)-24-37		
Benzthiazuron (ISO) Vgl.: 1-Benzothiazol-2-yl-3-methylharnstoff	006-036-00-3 217-685-9 1929-88-0	Xn; R22	Symb.: Xn R: 22 S: (2)-24/25		
Benzylalkohol	603-057-00-5 202-859-9 100-51-6	Xn; R20/22	Symb.: Xn R: 20/22 S: (2)-26	25% ≤ C	Xn; R20/22
Benzylamin	612-047-00-X 202-854-1 100-46-9	C; R34	Symb.: C R: 34 S: (1/2)-26-45		

Stoffidentität		Stoff		Zubereitungen	
Bezeichnung	INDEX-Nr. EWG-Nr. CAS-Nr.	Einstufung	Kennzeichnung	Konzentrations-grenzen	Einstufung/ Kennzeichnung
1	2	3	4	5	6
Benzylbenzoat	607-085-00-9 204-402-9 120-51-4	Xn; R22	Symb.: Xn R: 22 S: (2)-25		
Benzylbromid Siehe: α-Bromtoluol					
Benzylchlorid Siehe: α-Chlor-toluol					
Benzyl-chloroformiat	607-064-00-4 207-925-0 501-53-1	C; R34 Xi; R37	Symb.: C R: 34-37 S: (1/2)-26-45		
S-Benzyldiisopropylthiophosphat	015-127-00-7 247-449-0 26087-47-8	Xn; R22	Symb.: Xn R: 22 S: (2)		
Benzyldimethylamin	612-074-00-7 203-149-1 103-83-3	R10 Xn; R20/21/22 C; R34	Symb.: C R: 10-20/21/22-34 S: (1/2)-26-36-45		
S-Benzyl-N,N-dipropylthiocarbamat	006-072-00-X 401-730-6 52888-80-9	Xn; R22-48/22 N; R51-53	Symb.: Xn, N R: 22-48/22-51/53 S: (2)-37-61		
(N-Benzyl-N-ethyl)amino-3'-hydroxyacetophenonhydrochlorid	606-040-00-0 401-840-4 55845-90-4	Xi; R41 N; R51-53	Symb.: Xi, N R: 41-51/53 S: (2)-26-39-61		
5-Benzyl-3-furylmethyl-(+-)-cis-trans-chrysanthemat Siehe: Resmethrin ISO					
Benzyl-2-hydroxydodecyldimethyl-ammoniumbenzoat	612-095-00-1 402-610-6 113694-52-3	C; R34 Xn; R22 N; R 50-53	Symb.: C, N R: 22-34-50/53 S: (1/2)-26-28-36/37/39-45-60-61		
Benzyltributylammonium-4-hydroxynaphthalin-1-sulfonat	016-052-00-2 402-240-5 102561-46-6	Xn; R20 N; R51-53	Symb.: Xn, N R: 20-51/53 S: (2)-22-61		
Benzyl Violet 4B Vgl.: α[4-(4-Dimethylamino-α-[4-[ethyl(3-natriosulfonatobenzyl)amino]phenyl]benzyliden)cyclohexa-2,5-dienyliden(ethl)ammonio]toluol-3-sulfonat	650-010-00-X 216-901-9 1694-09-3	Carc. Cat. 3; R40	Symb.: Xn R: 40 S: (2)-36/37		
Bernsteinsäureanhydrid	607-103-00-5 203-570-0 108-30-5	Xi; R36/37	Symb.: Xi R: 36/37 S: (2)-25	1% ≤ C	Xi; R36/37
Beryllium Anm. E	004-001-00-7 231-150-7 7440-41-7	Carc. Cat. 2; R49 T+; R26 T; R25-48/23 Xi; R36/37/38 R43	Symb.: T+ R: 49-25-26-36/37/38-43-48/23 S: 53-45		
Berylliumverbindungen, ausgenommen Beryllium-Tonerdesilikate Anm. A, E	004-002-00-2	Carc. Cat. 2; R49 T+; R26 T; R25-48/23 Xi; R36/37/38 R43	Symb.: T+ R: 49-25-26-36/37/38-43-48/23 S: 53-45		
BHC (ISO) Siehe: HCH (ISO)					
Binapacryl (ISO) Anm. E Vgl.: 2-sec-Butyl-4,6-dinitrophenyl-3-methylcrotonat	609-024-00-1 207-612-9 485-31-4	Repr. Cat. 2; R61 Xn; R21/22	Symb.: T R: 61-21/22 S: 53-45		
Bioallethrin Vgl.: (+-)-3-Allyl-2-methyl-4-oxocyclopent-2-enyl-(+)-trans-chrisanthemat	006-075-00-6 209-542-4 584-79-2	Xn; R22	Symb.: Xn R: 22 S: (2)-24		

Stoffidentität		Stoff		Zubereitungen	
Bezeichnung	INDEX-Nr. EWG-Nr. CAS-Nr.	Einstufung	Kennzeichnung	Konzentrations-grenzen	Einstufung/ Kennzeichnung
1	2	3	4	5	6
S-Bioallethrin Vgl.: (S)-3-Allyl-2-methyl-4-oxocyclo-pent-2-enyl-(+)-trans-chrysanthe-mat	613-055-00-6 249-013-5 28434-00-6	Xn; R21/22	Symb.: Xn R: 21/22 S: (2)-36/37		
Biphenyl Vgl.: Diphenyl	601-042-00-8 202-163-5 92-52-4	Xi; R36/37/38	Symb.: Xi R: 36/37/38 S: (2)-23		
Biphenyl-2-ol Vgl.: 2-Hydroxybiphenyl	604-020-00-6 201-993-5 90-43-7	Xi; R36/38	Symb.: Xi R: 36/38 S: (2)-22		
3-(3-Biphenyl-4-yl-1,2,3,4-tetra-hydro-1-naphthyl)-4-hydroxycuma-rin Vgl.: Difenacoum	607-157-00-X 259-978-4 56073-07-5	T+; R28 T; R48/25	Symb.: T+ R: 28-48/25 S: (1/2)-36/37-45		
N,N-Bis(3-aminopropyl)methyl-amin	612-102-00-X 203-336-8 105-83-9	T; R23/24 Xn; R22 C; R34	Symb.: T R: 22-23/24-34 S: (1/2)-26-36/ 37/39-45		
Bis(chlormethyl)ether Anm. E	603-046-00-5 208-832-8 542-88-1	R10 Carc. Cat. 1; R45 T+; R26 T; R24 Xn; R22	Symb.: T+ R: 45-10-22-24-26 S: 53-45		
1,1-Bis(4-chlorphenyl)-ethanol Siehe: Chlorfenethol (ISO)					
0,0-Bis(4-chlorphenyl)-N-acetimi-doylthiophosphoramidat Siehe: Phosacetim (ISO)					
Bis(2-dimethylaminoethyl)methyl-amin	612-109-00-6 221-201-1 3030-47-5	T; R24 Xn; R22 C; R34	Symb.: T R: 22-24-34 S: (1/2)-26-36/37/39-45		
2,5-Bis(1,1-dimethylbutyl)hydro-chinon	604-025-00-3 400-220-0	N; R51-53	Symb.: N R: 51/53 S: 61		
1,1′-bis(3,5-Dimethylmorpholino-carbonylmethyl)-4,4′-bipyridilium Siehe: Morfamquat (ISO)					
Bis(dimethyl-thiocarbamoyl)-disul-fid Siehe: Thiram					
1,3-Bis-(2,3-epoxypropoxy)benzol Vgl.: Resorcinoldiglycidylether	603-065-00-9 202-987-5 101-90-6	T; R23/24/25 Xn; R40 R43	Symb.: T R: 23/24/25-40-43 S: (1/2)-23-24-45	1% ≤ C 0.1% ≤ C < 1%	T; R23/24/25-40-43 Xn; R20/21/22
1,4-Bis(2,3-epoxypropoxy)butan Vgl.: 1,4-Butandiol-diglycidylether	603-072-00-7 219-371-7 2425-79-8	Xn; R20/21 Xi; R36/38 R43	Symb.: Xn R: 20/21-36/38-43 S: (2)-26-28-37/39	25% ≤ C 20% ≤ C < 25% 1% ≤ C < 20%	Xn; R20/21-36/38-43 Xi; R36/38-43 Xi; R43
1,3-Bis(2,3-epoxypropoxy)-2,2-di-methylpropan	603-094-00-7 241-536-7 17557-23-2	Xi; R38 R43	Symb.: Xi R: 38-43 S: (2)-24-37		
1,2-Bis (ethoxycarbonyl)ethyl-0,0-dime-thyldithiophosphat Siehe: Malathion (ISO)					
2,4-Bis(ethylamino)-6-methylthio-1,3,5-triazin Siehe: Simetryn (ISO)					
3-(bis(2-Ethylhexyl)aminome-thyl)benzothiazol-2(3H)-thion	613-080-00-2 402-540-6 105254-85-1	C; R34 R43 N; R50-53	Symb.: C, N R: 34-43-50/53 S: (1/2)-26-28-36/37/ 39-45-60-61		

Stoffidentität		Stoff		Zubereitungen	
Bezeichnung	INDEX-Nr. EWG-Nr. CAS-Nr.	Einstufung	Kennzeichnung	Konzentrations-grenzen	Einstufung/ Kennzeichnung
1	2	3	4	5	6
N,N-Bis(2-ethylhexyl)-((1,2,4-triazol-1-yl)methyl)amin	613-072-00-9 401-280-0 91273-04-0	C; R34 R43 N; R51-53	Symb.: C, N R: 34-43-51/53 S: (1/2)-26-28-36/37/39-45-61		
Bis(4-fluorphenyl)-methyl-(1,2,4-triazol-4-ylmethyl)silanhydrochlorid	014-006-00-6 401-380-4	Xi; R36 N; R51-53	Symb.: Xi, N R: 36-51/53 S: (2)-26-61		
Bis(4,4'-glycidyloxyphenyl)-propan Siehe: 4,4'-Methylen diphenyldiglycidylether					
Bis(8-hydroxychinolinium)sulfat	613-017-00-9 205-137-1 134-31-6	Xn; R22	Symb.: Xn R: 22 S: (2)-36		
Bis(1-hydroxycyclohexyl)-peroxid, Mischung Anm. C	617-010-00-1 235-527-7 12262-58-7	E; R2 O; R7 C; R34 Xn; R22	Symb.: E, C R: 2-7-22-34 S: (1/2)-3/7-14-36/37/39-45	25% ≤ C 10% ≤ C < 25% 5% ≤ C < 10%	C; R22-34 C; R34 Xi; R36/37/38
Bis(hydroxyethyl)-ether-dinitrat Vgl.: Diethylenglykoldinitrat	603-033-00-4 211-745-8 693-21-0	E; R3 T+; R26/27/28 R33	Symb.: E, T+ R: 3-26/27/28-33 S: (1/2)-33-35-36/37-45		
2,3-Bis-(hydroxymethyl)-tetra hydrofuran	603-062-00-2 203-239-0 104-80-3	Xi; R36/37/38	Symb.: Xi R: 36/37/38 S: (2)-39	10% ≤ C	Xi; R36/37/38
Bis(methoxy-thiocarbonoyl)-disulfid Siehe: Dimexano					
N,N-Bis(phosphonomethyl)glycin Siehe: Glyphosin (ISO)					
Bis(2,2,6,6-tetramethyl-4-piperidyl)succinat	607-187-00-3 402-940-0 62782-03-0	Xi; R36 R52-53	Symb.: Xi R: 36-52/53 S: (2)-26-61		
Bis(2,4,6-trinitro-phenyl)-amin Vgl.: Hexyl	612-018-00-1 205-037-8 131-73-7	E; R2 T+; R26/27/28 R33	Symb.: E, T+ R: 2-26/27/28-33 S: (1/2)-35-36-45		
Bis(tris(2-methyl-2-phenylpropyl)zinn)oxid Vgl.: Fenbutatinoxid	050-017-00-8 236-407-7 13356-08-6	Xn; R21 Xi; R36/38	Symb.: Xn R: 21-36/38 S: (2)-36/37		
Bis(1,2,3-trithiacyclohexyldimethylammonium)oxalat Vgl.: Thiocyclam-oxalat	607-170-00-0 250-859-2 31895-22-4	Xn; R21/22	Symb.: Xn R: 21/22 S: (2)-36/37-46		
N,N-Bis(2,4-xylyliminomethyl)methylamin Siehe: Amitraz (ISO)					
Blasticidin-S Siehe: 3-(3-Amino-5-(1-methylguanidino)-1-oxopentylamino-6-(4-amino-2-oxo-2,3-dihydro-pyrimidin-1-yl)-2,3-dihydro-(6H)-pyran-2-carbonsäure					
Blausäure Siehe: Cyanwasserstoff					
Blausäure ...% Siehe: Cyanwasserstoff ...%					
Salze der Blausäure mit Ausnahme der komplexen Cyanide, z. B. Cyanoferrate(II) und (III) und Quecksilberoxidcyanid Anm. A	006-007-00-5	T+; R26/27/28 R32	Symb.: T+ R: 26/27/28-32 S: (1/2)-7-28-29-45		
Bleiacetat, basisch Anm. E	082-007-00-9 215-630-3 1335-32-6	Repr. Cat. 1; R60-61 Carc. Cat. 3; R40 Xn; R48/22 R33	Symb.: T R: 60-61-33-40-48/22 S: 53-45		

Stoffidentität		Stoff		Zubereitungen	
Bezeichnung	INDEX-Nr. EWG-Nr. CAS-Nr.	Einstufung	Kennzeichnung	Konzentrationsgrenzen	Einstufung/ Kennzeichnung
1	2	3	4	5	6
Bleialkyle Anm. A, E, 1	082-002-00-1	Repr. Cat. 1; R61 T+; R26/27/28 R33	Symb.: T+ R: 61-26/27/28-33 S: 53-45	0.5% ≤ C 0.1% ≤ C < 0.5% 0.05% ≤ C < 0.1%	T+; R61-26/27/28-33 T; R61-23/24/25-33 Xn; R20/21/22-33
Bleiazid Anm. E	082-003-00-7 236-542-1 13424-46-9	E; R3 Repr. Cat. 1; R61 Xn; R20/22 R33	Symb.: E, T R: 61-3-20/22-33 S: 53-45		
Bleichromat	082-004-00-2 231-846-0 7758-97-6	Repr. Cat. 1; R61 Carc. Cat. 3; R40 R33	Symb.: T R: 61-33-40 S: 53-45		
Bleidi(acetat) Anm. E	082-005-00-8 206-104-4 301-04-2	Repr. Cat. 1; R60-61 Xn; R48/22 R33	Symb.: T R: 60-61-33-48/22 S: 53-45		
Bleihexafluorsilikat Anm. E	009-014-00-1 247-278-1 25808-74-6	Repr. Cat. 1; R61 Xn; R20/22 R33	Symb.: T R: 61-20/22-33 S: 53-45		
Blei(II)methansulfonat Anm. E	082-008-00-4 401-750-5 17570-76-2	Repr. Cat. 1; R60-61 Xn; R20/22-48/20/ 22 Xi; R38-41 R33 N; R58	Symb.: T, N R: 60-61-20/22-33-38-41-48/ 20/22-58 S: 53-45-57-61		
Blei-2,4,6-Trinitroresorcinat Anm. E Vgl.: Trizinat	609-019-00-4 239-290-0 15245-44-0	E; R3 Rep. Cat. 1; R61 Xn; R20/22 R33	Symb.: E, T R: 61-3-20/22-33 S: 53-45		
Bleiverbindungen mit Ausnahme der namentlich in diesem Anhang bezeichneten Anm. A, E	082-001-00-6	Repr. Cat. 1; R61 Xn; R20/22 R33	Symb.: T R: 61-20/22-33 S: 53-45		
Borfluorwasserstoffsäure . . .% Siehe: Tetrafluorborsäure . . .%					
Bortribromid	005-003-00-0 233-657-9 10294-33-4	R14 T+; R26/28 C; R35	Symb.: T+, C R: 14-26/28-35 S: (1/2)-9-26-28-36/37/39-45		
Bortrichlorid	005-002-00-5 233-658-4 10294-34-5	R14 T+; R26/28 C; R34	Symb.: T+ R: 14-26/28-34 S: (1/2)-9-26-28-36/37/39-45		
Bortrifluorid	005-001-00-X 231-569-5 7637-07-2	R14 T+; R26 C; R35	Symb.: T+, C R: 14-26-35 S: (1/2)-9-26-28-36/37/39-45		
Braunstein Siehe: Mangandioxid					
Brenzcatechin Siehe: 1,2-Dihydroxybenzol					
Brodifacoum Siehe: 4-Hydroxy-3-(3-(4'-brom-4-biphenylyl)-1,2,3,4-tetrahydro-1-naphthyl)cumarin					
Brom	035-001-00-5 231-778-1 7726-95-6	T+; R26 C; R35	Symb.: T+, C R: 26-35 S: (1/2)-7/9-26-45		
Brombenzol	602-060-00-9 203-623-8 108-86-1	R10 Xi; R38	Symb.: Xi R: 10-38 S: (2)		

Stoffidentität		Stoff		Zubereitungen	
Bezeichnung	INDEX-Nr. EWG-Nr. CAS-Nr.	Einstufung	Kennzeichnung	Konzentrations-grenzen	Einstufung/ Kennzeichnung
1	2	3	4	5	6
Brombenzylbromtoluol, Isomerengemisch	602-071-00-9 402-210-1 99688-47-8	Xn; R48/22 R43 N; R50-53	Symb.: Xn, N R: 43-48/22-50/53 S: (2)-24-37-41-60-61		
O-(4-Brom-2-chlorphenyl)-O-ethyl-S-propylthiophosphat Vgl.: Profenofos	015-135-00-0 255-255-2 41198-08-7	Xn; R20/21/22	Symb.: Xn R: 20/21/22 S: (2)-36/37		
O-4-Brom-2,5-dichlorphenyl-O-methylphenylthiophosphonat Siehe: Leptophos (ISO)					
O-4-Brom-2,5-dichlorphenyl-O,O-diethylthiophosphat Siehe: Bromophos-ethyl (ISO)					
O-4-Brom-2,5-dichlorphenyl-O,O-dimethylthiophosphat Siehe: Bromophos (ISO)					
Bromessigsäure	607-065-00-X 201-175-8 79-08-3	T; R23/24/25 C; R35	Symb.: T, C R: 23/24/25-35 S: (1/2)-36/37/39-45		
Bromethan Vgl.: Ethylbromid	602-055-00-1 200-825-8 74-96-4	Xn; R20/21/22	Symb.: Xn R: 20/21/22 S: (2)-28		
Bromethen Vgl.: Vinylbromid	602-024-00-2 209-800-6 593-60-2	F+; R12	Symb.: F+ R: 12 S: (2)-9-16-33		
2-(2-Bromethoxy)anisol	603-090-00-5 402-010-4 4463-59-6	Xn; R22 R52-53	Symb.: Xn R: 22-52/53 S: (2)-22-61		
Brommethan Vgl.: Methylbromid	602-002-00-2 200-813-2 74-83-9	T; R23 Xi; R36/37/38	Symb.: T R: 23-36/37/38 S: (1/2)-15-27-36/37/39-38-45		
2-Brom-2-nitropropan-1,3-diol Siehe: Bronopol (INN)					
Bromofenoxim Vgl.: 3,5-Dibrom-4-hydroxybenzaldehyd-O-(2,4-dinitrophenyl)oxim	609-032-00-5 236-129-6 13181-17-4	Xn; R22	Symb.: Xn R: 22 S: (2)-25		
Bromoform Siehe: Tribrommethan					
Bromophos (ISO) Vgl.: O-4-Bom-2,5-dichlorphenyl-O,O-dimethylthiophosphat	015-108-00-3 218-277-3 2104-96-3	Xn; R22	Symb.: Xn R: 22 S: (2)-36		
Bromophos-ethyl (ISO) Vgl.: O-4-Brom-2,5-dichlorphenyl-O,O-diethylthiophosphat	015-064-00-5 225-399-0 4824-78-6	T; R25 Xn; R21 N; R50-53	Symb.: T, N R: 21-25-50/53 s: (1/2)-28-36/37-45-60-61		
Bromoxynil (ISO) Vgl.: 3,5-Dibrom-4-hydroxybenzonitril	608-006-00-0 216-882-7 1689-84-5	Repr. Cat. 3; R63 T; R25	Symb.: T R: 25-63 S: (1/2)-36/37-45		
Bromoxyniloctanoat Siehe: 2,6-Dibrom-4-cyanphenyloctanoat					
1-Brompropan Vgl.: Propylbromid	602-019-00-5 203-445-0 106-94-5	R10 Xn; R20	Symb.: Xn R: 10-20 S: (2)-9-24		
α-Bromtoluol Vgl.: Benzylbromid	602-057-00-2 202-847-3 100-39-0	Xi; R36/37/38	Symb.: Xi R: 36/37/38 S: (2)-39		
Bromwasserstoff ...% Anm. B	035-002-01-8	C; R34 Xi; R37	Symb.: C R: 34-37 S: (1/2)-7/9-26-45	40% ≤ C 10% ≤ C < 40%	C; R34-37 Xi; R36/37/38
Bronopol (INN) Vgl.: 2-Brom-2-nitropropan-1,3-diol	603-085-00-8 200-143-0 52-51-7	T; R25	Symb.: T R: 25 S: (1/2)-24/25-37-45		

Stoffidentität		Stoff		Zubereitungen	
Bezeichnung	INDEX-Nr. EWG-Nr. CAS-Nr.	Einstufung	Kennzeichnung	Konzentrations-grenzen	Einstufung/ Kennzeichnung
1	2	3	4	5	6
Brucin Vgl.: 2,3-Dimethoxystrychnin	614-006-00-1 206-614-7 357-57-3	T+; R26/28	Symb.: T+ R: 26/28 S: (1/2)-13-45 '		
Brucinsalze Anm. A	614-007-00-7	T+; R26/28	Symb.: T+ R: 26/28 S: (1/2)-13-45		
Bufencarb (ISO) Vgl.: 3-(1-Methylbutyl) phenylmethylcarbamat 3-(1-Ethylpropyl) phenylmethylcar-bamat (3:1)	006-047-00-3 8065-36-9	T; R24/25	Symb.: T R: 24/25 S: (1/2)-28-36/37-45		
1,3-Butadien Anm. D	601-013-00-X 203-450-8 106-99-0	F+; R12 Carc. Cat. 2; R45	Symb.: F+, T R: 45-12 S: 53-45		
Butadiendiepoxid Siehe: 1,2,3,4-Diepoxybutan					
Butan Anm. C	601-004-00-0 203-448-7 106-97-8	F+; R12	Symb.: F+ R: 12 S: (2)-9-16-33		
Butanal Siehe: Butyraldehyd					
1,3-Butandioldiacrylat Anm. D	607-118-00-7 243-105-9 19485-03-1	Xn; R21 C; R34 R43	Symb.: C R: 21-34-43 S: (1/2)-26-36/37/39-45	25% ≤ C 10% ≤ C < 25% 5% ≤ C < 10% 1% ≤ C < 5%	C; R21-34-43 C; R34-43 Xi; R36/38-43 Xi; R43
1,4-Butandioldiacrylat Anm. D	607-119-00-2 213-979-6 1070-70-8	Xn; R21 C; R34 R43	Symb.: C R: 21-34-43 S: (1/2)-26-36/37/39-45	25% ≤ C 10% ≤ C < 25% 5% ≤ C < 10% 1% ≤ C < 5%	C; R21-34-43 C; R34-43 Xi; R36/38-43 Xi; R43
1,4-Butandiol-diglycidylether Siehe: 1,4-Bis(2,3-epoxypropoxy)butan					
Butanol Anm. C Vgl.: Butylalkohol (mit Ausnahme von tert-Butanol)	603-004-00-6 (1) 200-751-6 71-36-3 (2) 201-158-5 78-92-2 (3) 201-148-0 78-83-1	R10 Xn; R20	Symb.: Xn R: 10-20 S: (2)-16	25% ≤ C	Xn; R20
Butanon Vgl.: Ethylmethylketon	606-002-00-3 201-159-0 78-93-3	F; R11 Xi; R36/37	Symb.: F, Xi R: 11-36/37 S: (2)-9-16-25-33		
2-Butanonoxim Vgl.: Ethylmethylketoxim	616-014-00-0 202-496-6 96-29-7	Xi; R36 R43	Symb.: Xi R: 36-43 S: (2)-23-24		
Buten Anm. C Vgl.: Butylen	601-012-00-4 (1) 203-449-2 106-98-9 (2) 203-452-9 107-01-7 (3) 204-066-3 115-11-7	F+; R12	Symb.: F+ R: 12 S: (2)-9-16-33		
2-Butenal Vgl.: Crotonaldehyd	605-009-00-9 224-030-0 123-73-9	F; R11 T; R23 Xi; R36/37/38	Symb.: F, T R: 11-23-36/37/38 S: (1/2)-29-33-45		
3-(But-2-enyl)-2-methyl-4-oxocyclo-pent-2-enyl-2,2-dimethyl-3-(3-me-thoxy-2-methyl-3-oxoprop-1-enyl) cyclopropancarboxylat Vgl.: Cinerin II	613-026-00-8 204-454-2 121-20-0	Xn; R22	Symb.: Xn R: 22 S: (2)		

Stoffidentität		Stoff		Zubereitungen	
Bezeichnung	INDEX-Nr. EWG-Nr. CAS-Nr.	Einstufung	Kennzeichnung	Konzentrationsgrenzen	Einstufung/ Kennzeichnung
1	2	3	4	5	6
3-(But-2-enyl)-2-methyl-4-oxocyclopent-2-enyl-2,2-dimethyl-3-(2-methylprop-1-enyl)cyclopropancarboxylat Vgl.: Cinerin I	613-025-00-2 246-948-0 25402-06-6	Xn; R22	Symb.: Xn R: 22 S: (2)		
But-2-in-1,4-diol Vgl.: 2-Butin-1,4-diol	603-076-00-9 203-788-6 110-65-6	T; R25 C; R34	Symb.: T R: 25-34 S: (1/2)-22-36-45		
2-Butin-1,4-diol Siehe: But-2-in-1,4-diol					
1-Butoxy-2,3-epoxy-propan Vgl.: n-Butylglycidylether	603-039-00-7 219-376-4 2426-08-6	Xn; R20 R43	Symb.: Xn R: 20-43 S: (2)-24/25	25% ≤ C 1% ≤ C < 25%	Xn; R20-43 Xi; R43
2-Butoxy-ethanol Vgl.: Butylglykol	603-014-00-0 203-905-0 111-76-2	Xn; R20/21/22 Xi; R37	Symb.: Xn R: 20/21/22-37 S: (2)-24/25	20% ≤ C 12.5% ≤ C < 20%	Xn; R20/21/22-37 Xn; R20/21/22
2-(2-Butoxyethoxy)ethanol Vgl.: Butylglykol	603-096-00-8 203-961-6 112-34-5	Xi; R36	Symb.: Xi R: 36 S: (2)-26		
2-(2-Butoxyethoxy)ethylthiocyanat	615-018-00-X 203-985-7 112-56-1	R10 T; R24/25	Symb.: T R: 10-24/25 S: (1/2)-13-36/37-45		
2-Butoxyethyl-acetat Vgl.: Butylglykolacetat	607-038-00-2 203-933-3 112-07-2	Xn; R20/21	Symb.: Xn R: 20/21 S: (2)-24	25% ≤ C	Xn; R20/21
3-Butoxy-2-propanol	603-052-00-8 225-878-4 5131-66-8	Xi; R36/38	Symb.: Xi R: 36/38 S: (2)	20% ≤ C	Xi; R36/38
1-(2-Butoxypropoxy)-2-propanol	603-050-00-7 246-011-6 24083-03-2	Xn; R21/22	Symb.: Xn R: 21/22 S: (2)	25% ≤ C	Xn; R21/22
Buttersäure	607-135-00-X 203-532-3 107-92-6	C; R34	Symb.: C R: 34 S: (1/2)-26-36-45		
n-Butylacetat	607-025-00-1 204-658-1 123-86-4	R10	Symb.: R: 10 S: (2)		
sec-Butylacetat Anm. C	607-026-00-7 203-300-1 105-46-4	F; R11	Symb.: F R: 11 S: (2)-16-23-29-33		
tert-Butylacetat Anm. C	607-026-00-7 208-760-7 540-88-5	F; R11	Symb.: F R: 11 S: (2)-16-23-29-33		
n-Butylacrylat Anm. D	607-062-00-3 205-480-7 141-32-2	R10 Xi; R36/37/38 R43	Symb.: Xi R: 10-36/37/38-43 S: (2)-9		
tert-Butylalkohol Siehe: 2-Methylpropanol-2					
Butylalkohol (mit Ausnahme von tert-Butanol) Siehe: Butanol					
n-Butylamin Siehe: 1-Amino-butan					
sec-Butylamin	612-052-00-7 237-732-7 13952-84-6	F; R11 Xn; R20/22 C; R35	Symb.: F, C R: 11-20/22-35 S: (1/2)-9-16-26-28-36/37/39-45		
2-tert-Butylamino-4-ethylamino-6-methoxy-1,3,5-triazin Siehe: Terbumeton (ISO)					
2-sec-Butylamino-4-ehtylamino-6-methoxy-1,3,5-triazin Siehe: Secbumeton (ISO)					
2-tert-Butylaminoethylmethacrylat Anm. D	607-128-00-1 223-228-4 3775-90-4	Xi; R36/38 R43	Symb.: Xi R: 36/38-43 S: (2)-26	20% ≤ C 1% ≤ C < 20%	Xi; R36/38-43 Xi; R43

Stoffidentität		Stoff		Zubereitungen	
Bezeichnung	INDEX-Nr. EWG-Nr. CAS-Nr.	Einstufung	Kennzeichnung	Konzentrations-grenzen	Einstufung/ Kennzeichnung
1	2	3	4	5	6
Butylbutyrat Anm. C	607-031-00-4 203-656-8 109-21-7	R10	Symb.: R: 10 S: (2)		
5(oder 6)-tert-Butyl-2'-chlor-6'ethylamino-3',7'-dimethylspiro(isobenzofuran-1(1H), 9'-xanthen)-3-on	606-039-00-5 400-680-2	Xn; R20 N; R50-53	Symb.: Xn, N R: 20-50/53 S: (2)-60-61		
Butylchlorformiat Vgl.: Chlorameisensäurebutylester	607-138-00-6 209-750-5 592-34-7	R10 T; R23 C; R34	Symb.: T R: 10-23-34 S: (1/2)-26-36-45		
4-tert-Butyl-2-chlorphenyl(methyl)methylamidophosphat Siehe: Crufomat (ISO)					
tert-Butyl-8-cumenylperoxid	617-007-00-5 222-389-8 3457-61-2	O, R7 Xi; R38	Symb.: O, Xi R: 7-38 S: (2)-3/7-14-36/37/39		
Butyl(dialkyloxy(dibutoxyphosphoryloxy)titan)phosphat	015-142-00-9 401-100-0	F; R11 Xi; R36 N; R51-53	Symb.: F, Xi, N R: 11-36-51/53 S: (2)-7/9-16-26-43-61		
2-tert-Butyl-4,6-dinitrophenol Siehe: Dinoterb					
2-sec-Butyl-4,6-dinitrophenylisopropylcarbonat Siehe: Dinobuton (ISO)					
2-sec-Butyl-4,6-dinitrophenyl-3-methylcrotonat Siehe: Binapacryl (ISO)					
Butylen Siehe: Buten					
5-Butyl-2-ethylamino-6-methylpyrimidin-4-ol Siehe: Ethirimol (ISO)					
Butylformiat (n-(1), sec-(2), tert-(3)) Anm. C	607-017-00-8 (1) 209-772-5 592-84-7 (2) 589-40-2 (3) 212-105-0 762-75-4	F, R11	Symb.: F R: 11 S: (2)-9-16-33		
n-Butylglycidylether Siehe: 2-Butoxy-2,3-epoxy-propan					
Butylglykol Siehe: 2-Butoxy-ethanol					
Butylglykol Siehe: 2-(2-Butoxyethoxy)ethanol					
Butylglykolacetat Siehe: 2-Butoxyethyl-acetat					
n-Butyl-methacrylat Anm. D	607-033-00-5 202-615-1 97-88-1	R10 Xi; R36/37/38 R43	Symb.: Xi R: 10-36/37/38-43 S: (2)		
6-Tert.butyl-3-methyl-2,4-dinitrophenylacetat Siehe: Medinoterbacetet (ISO)					
1-Butyl-2-methylpyridiniumbromid	613-081-00-8 402-680-8 26576-84-1	Xn; R22 R52-53	Symb.: Xn R: 22-52/53 S: (2)-61		
Butylnitrit	007-016-00-7 208-862-1 544-16-1	F; R11 T; R23/25	Symb.: F, T R: 11-23/25 S: (1/2)-16-24-45		

Stoffidentität		Stoff		Zubereitungen	
Bezeichnung	INDEX-Nr. EWG-Nr. CAS-Nr.	Einstufung	Kennzeichnung	Konzentrations-grenzen	Einstufung/ Kennzeichnung
1	2	3	4	5	6
sec-Butylnitrit	007-018-00-8 213-104-8 924-43-6	F; R11 Xn; R20/22	Symb.: F, Xn R: 11-20/22 S: (2)-16-24-46		
tert-Butylnitrit	007-019-00-3 208-757-0 540-80-7	F; R11 Xn; R20/22	Symb.: F, Xn R: 11-20/22 S: (2)-16-24-46		
2-(4-tert-Butylphenoxy)cyclohexyl-prop-2-ynylsulfit Siehe: Propargit (ISO)					
Butylpropionat (n-(1),sec-(2), tert-(3),iso-(4)) Anm. C	607-029-00-3 1) 209-669-5 590-01-2 2) 591-34-4 3) 20487-40-5 4) 208-746-0 540-42-1	R10	Symb.: R: 10 S: (2)		
1-(5-tert-Butyl-1,3,4-thiadiazol-2-yl)-1,3-dimethylharnstoff Siehe: Tebuthiuron (ISO)					
S-tert-Butylthiomethyl-O,O-diethyl-dithiophosphat Vgl.: Terbufos	015-139-00-2 235-963-8 13071-79-9	T+; R27/28	Symb.: T+ R: 27/28 S: (1/2)-36/37-45		
Butyraldehyd Vgl.: Butanal	605-006-00-2 204-646-6 123-72-8	F; R11	Symb.: F R: 11 S: (2)-9-29-33		
Butyraldehydoxim	616-013-00-5 203-792-8 110-69-0	T; R24 Xn; R22 Xi; R36	Symb.: T R: 22-24-36 S: (1/2)-23-36-45		
n-Butyronitril	608-005-00-5 203-700-6 109-74-0	R10 T; R23/24/25	Symb.: T R: 10-23/24/25 S: (1/2)-45		
Butyrylchlorid	607-136-00-5 205-498-5 141-75-3	F; R11 C; R34	Symb.: F, C F: 11-34 S: (1/2)-16-23-26-36-45		
Cadmiumchlorid Anm. E	048-008-00-3 233-296-7 10108-64-2	Carc. Cat. 2; R45 T; R48/23/25	Symb.: T R: 45-48/23/25 S: 53-45		
Cadmiumcyanid	048-004-00-1 208-829-1 542-83-6	T+; R26/27/28 R32 R33 Xn; R40	Symb.: T+ R: 26/27/28-32-33-40 S: (1/2)-7-28-29-45	7% ≤ C 1% ≤ C < 7% 0.1% ≤ C < 1%	T+; R26/27/28-32-33-40 T; R23/24/25-32-33-40 Xn; R20/21/22-33
Cadmiumfluorid	048-006-00-2 232-222-0 7790-79-6	T; R23/25 R33 Xn; R40	Symb.: T R: 23/25-33-40 S: (1/2)-22-45	10% ≤ C 1% ≤ C < 10% 0.1% ≤ C < 1%	T; R23/25-33-40 Xn; R20/22-33-40 Xn; R20/22-33
Cadmiumformiat	048-003-00-6 224-729-0 4464-23-7	T; R23/25 R33 Xn; R40	Symb.: T R: 23/25-33-40 S: (1/2)-22-45	10% ≤ C 1% ≤ C < 10% 0.1% ≤ C < 1%	T; R23/25-33-40 Xn; R20/22-33-40 Xn; R20/22-33
Cadmiumhexafluorosilikat	048-005-00-7 241-084-0 17010-21-8	T; R23/25 R33 Xn; R40	Symb.: T R: 23/25-33-40 S: (1/2)-22-45	10% ≤ C 1% ≤ C < 10% 0.1% ≤ C < 1%	T; R23/25-33-40 Xn; R20/22-33-40 Xn; R20/22-33
Cadmiumiodid	048-007-00-8 232-223-6 7790-80-9	T; R23/25 R33 Xn; R40	Symb.: T R: 23/25-33-40 S: (1/2)-22-45	10% ≤ C 1% ≤ C < 10% 0.1% ≤ C < 1%	T; R23/25-33-40 Xn; R20/22-33-40 Xn; R20/22-33
Cadmiumoxid Anm. E	048-002-00-0 215-146-2 1306-19-0	Carc. Cat. 2; R49 T; R48/23/25 Xn; R22	Symb.: T R: 49-22-48/23/25 S: 53-45		
Cadmiumsulfat Anm. E	048-009-00-9 233-331-6 10124-36-4	Carc. Cat. 2; R49 T; R48/23/25 Xn; R22	Symb.: T R: 49-22-48/23/25 S: 53-45		
Cadmiumsulfid Anm. 1	048-010-00-4 215-147-8 1306-23-6	Carc. Cat. 3; R40 T; R48/23/25 Xn; R22	Symb.: T R: 22-40-48/23/25 S: (1/2)-22-36/37-45	10% ≤ C 1% ≤ C < 10% 0.1% ≤ C < 1%	T; R22-40-48/23/25 Xn; R40-48/20/22 Xn; R48/20/22

Stoffidentität		Stoff		Zubereitungen	
Bezeichnung	INDEX-Nr. EWG-Nr. CAS-Nr.	Einstufung	Kennzeichnung	Konzentrations-grenzen	Einstufung/ Kennzeichnung
1	2	3	4	5	6
Cadmiumverbindungen, mit Ausnahme von Cadmiumselenosulfid (xCdS.yCdSe) und Mischungen von Cadmium und Zinksulfid (xCdS.yZnS), Mischungen von Cadmium und Quecksilbersulfid (xCdS.yHgS) sowie der in diesem Anhang gesondert aufgeführten Cadmiumverbindungen Anm. A, 1	048-001-00-5	Xn; R20/21/22	Symb.: Xn R: 20/21/22 S: (2)-22* * wenn erforderlich	0.1% ≤ C	Xn; R20/21/22
Calcium	020-001-00-X 231-179-5 7440-70-2	F, R15	Symb.: F R: 15 S: (2)-8-24/25-43		
Calciumcarbid	006-004-00-9 200-848-3 75-20-7	F; R15	Symb.: F R: 15 S: (2)-8-43		
Calciumchlorid	017-013-00-2 233-140-8 10043-52-4	Xi; R36	Symb.: Xi R: 36 S: (2)-22-24		
Calciumchromat Anm. E	024-008-00-9 237-366-8 13765-19-0	Carc. Cat. 2; R45 Xn; R22	Symb.: T R: 45-22 S: 53-45		
Calciumcyanamid Vgl.: Carbamonitril, Calciumsalz (1:1)	615-017-00-4 205-861-8 156-62-7	Xn; R22 Xi; R37-41	Symb.: Xn R: 22-37-41 S: (2)-22-36/37/39		
Calciumcyanid	020-002-00-5 209-740-0 592-01-8	T+; R28 R32	Symb.: T+ R: 28-32 S: (1/2)-7/8-23-36/37-45		
Calcium-2,5-dichlor-4-(4-((5-chlor-4-methyl-2-sulfonatophe-nyl)azo)-5-hydroxy-3-methylpyra-zol-1-yl)benzolsulfonat	016-041-00-2 400-710-4	Xn; R20	Symb.: Xn R: 20 S: (2)		
Calciumhydrid	001-004-00-5 232-189-2 7789-78-8	F; R15	Symb.: F R: 15 S: (2)-7/8-24/25-43		
Calciumhypochlorit . .% Cl aktiv > 39%	017-012-00-7 231-908-7 7778-54-3	O; R8 R31 C; R34	Symb.: O, C R: 8-31-34 S: (1/2)-26-43-45		
Calciumjodylbenzoat Anm. C	053-004-00-X	E; R1	Symb.: E R: 1 S: (2)-35		
Calciumoctadecylxylolsulfonat	016-049-006 402-040-8	C; R34 N; R51-53	Symb: C, N R: 34-51/53 S: (1/2)-26-28-36/37/39-61-45		
Calciumphosphid	015-003-00-2 215-142-0 1305-99-3	F; R15/29 T+; R28	Symb.: F, T+ R: 15/29-28 S: (1/2)-22-43-45		
Calciumpolysulfide	016-005-00-6 215-709-2 1344-81-6	R31 Xi; R36/37/38	Symb.: Xi R: 31-36/37/38 S: (2)-28		
Calciumsulfid	016-004-00-0 243-873-5 20548-54-3	R31 Xi; R36/37/38	Symb.: Xi R: 31-36/37/38 S: (2)-28		
Camphechlor	602-044-00-1 232-283-3 8001-35-2	T; R25 Carc. Cat. 3; R40 Xn; R21 Xi; R37/38	Symb.: T R: 21-25-37/38-40 S: (1/2)-36/37-45		
ε-Caprolactam	613-069-00-2 203-313-2 105-60-2	Xn; R20/22 Xi; R36/37/38	Symb.: Xn R: 20/22-36/37/38 S: (2)		
Captafol (ISO) Vgl.: 1,2,3,6-Tetrahydro-N-(1,1,2,2-tetra-chlorethylthio)phthalimid	613-046-00-7 219-363-3 2425-06-1	Carc. Cat. 2; R45 R43	Symb.: T R: 45-43 S: 53—45		
Captan (ISO)	613-044-00-6 205-087-0 133-06-2	Carc. Cat. 3; R40 Xi; R36 R43	Symb.: Xn R: 36-40-43 S: (2)-36/37		
Carbadox (INN) Anm. E Vgl.: Methyl-3-(chinoxalin-2-ylmethy-len)carbazat-1,4-dioxid	613-050-00-9 229-879-0 6804-07-5	F; R11 Carc. Cat. 2; R45 Xn; R22	Symb.: F, T R: 45-11-22 S: 53-45		

Stoffidentität		Stoff		Zubereitungen	
Bezeichnung	INDEX-Nr. EWG-Nr. CAS-Nr	Einstufung	Kennzeichnung	Konzentrations-grenzen	Einstufung/ Kennzeichnung
1	2	3	4	5	6
Carbamonitril Siehe: Cyanamid					
Carbamonitril, Calciumsalz (1:1) Siehe: Calciumcyanamid					
Carbaryl (ISO) Vgl.: 1-Naphthylmethylcarbamat	006-011-00-7 200-555-0 63-25-2	Xn; R22	Symb.: Xn R: 22 S: (2)-22-24		
Carbendazim (ISO) Vgl.: Methylbenzimidazol-2-ylcarbamat	613-048-00-8 234-232-0 10605-21-7	Muta. Cat. 3; R40	Symb.: Xn R: 40 S: (2)-36/37		
Carbofuran (ISO) Vgl.: 2,3-Dihydro-2,2-dimethylbenzo-furan-7-ylmethylcarbamat	006-026-00-9 216-353-0 1563-66-2	T+; R26/28	Symb.: T+ R: 26/28 S: (1/2)-36/37-45		
4,4'-Carbonimidoylbis (N, N-dimethylanilin) Anm. A Vgl.: Auramin	612-096-00-7 207-762-5 492-80-8	Carc. Cat. 3; R40 Xn; R22 Xi; R36	Symb.: Xn R: 22-36-40 S: (2)-36/37		
Salze von 4,4'-Carbonimidoylbis (N,N-dimethylanilin) Vgl.: Auraminsalze	612-097-00-2	Carc. Cat. 3; R40 Xn; R22 Xi; R36	Symb.: Xn R: 22-36-40 S: (2)-36/37		
Carbonylchlorid Vgl.: Phosgen	006-002-00-8 200-870-3 75-44-5	T+; R26	Symb.: T+ R: 36 S: (1/2)-7/9-24/25-45		
4,4'-Carbonyldiphthalsäure-anhydrid Siehe: 3,3',4,4'-Benzophenontetracarbon-säuredianhydrid					
Carbophenothion (ISO) Vgl.: 4-Chlorphenylthiomethyl-O,O-diethyldithiophosphat	015-044-00-6 212-324-1 786-19-6	T; R24/25 N; R50-53	Symb.: T, N R: 24/25-50/53 S: (1/2)-28-36/37-45-60-61		
Cartaphydrochlorid	616-017-00-7 239-309-2 15263-52-2	Xn; R21/22	Symb.: Xn R: 21/22 S: (2)-36/37		
Chinon Siehe: p-Benzochinon					
S,S-Chinoxalin-2,3-diyl-trithio-carbonat Siehe: Thiochinox					
Chlor	017-001-00-7 231-959-5 7782-50-5	T; R23 Xi; R36/37/38	Symb.: T R: 23-36/37/38 S: (1/2)-7/9-45		
Chloracetonitril	608-008-00-1 203-467-0 107-14-2	T; R23/24/25	Symb.: T R: 23/24/25 S: (1/2)-45		
Chloracetylchlorid	607-080-00-1 201-171-6 79-04-9	C; R34 Xi; R37	Symb.: C R: 34-37 S: (1/2)-9-26-45		
Chloralhydrat Vgl.: Trichloracetaldehyd-monohydrat	605-014-00-6 206-117-5 302-17-0	T; R25 Xi; R36/38	Symb.: T R: 25-36/38 S: (1/2)-25-45		
2-Chlorallyldiethyldithiocarbamat Siehe: Sulfallat (ISO)					
Chloralose (INN) Vgl.: (R)-1,2-O-(2,2,2-Trichlorethyli-den)-α-D-glucofuranose	605-013-00-0 240-016-7 15879-93-3	Xn; R20/22	Symb.: Xn R: 20/22 S: (2)-16-24/25-28		
Chlorameisensäurepropylester Siehe: n-Propylchlorformiat					
Chlorameisensäurebutylester Siehe: Butylchlorformiat					

Stoffidentität		Stoff		Zubereitungen	
Bezeichnung	INDEX-Nr. EWG-Nr. CAS-Nr.	Einstufung	Kennzeichnung	Konzentrations-grenzen	Einstufung/ Kennzeichnung
1	2	3	4	5	6
Chloramin T Vgl.: Tosylchloramid-natrium	616-010-00-9 204-854-7 127-65-1	Xi; R36/37/38	Symb.: Xi R: 36/37/38 S: (2)-7-15		
Chloranil Siehe: Tetrachlor-p-benzochinon					
Chloranilin (mono-(1), di-(2), tri-(3)) Anm. C	612-010-00-8 1) 27134-26-5 2) 27134-27-6 3) 54686-91-8	T; R23/24/25 R33	Symb.: T R: 23/24/25-33 S: (1/2)-28-36/37-45		
2-Chlorbenzaldehyd	605-011-00-X 201-956-3 89-98-5	C; R34	Symb.: C R: 34 S: (1/2)-26-45		
Chlorbenzol	602-033-00-1 203-628-5 108-90-7	R10 Xn; R20	Symb.: Xn R: 10-20 S: (2)-24/25	5%≤C	Xn; R20
2-Chlorbenzonitril	608-013-00-9 212-836-5 873-32-5	Xn; R21/22 Xi; R36	Symb.: Xn R: 21/22-36 S: (2)-23		
S-4-Chlorbenzyldiethylthio-carbamat Vgl.: Thiobencarb	006-063-00-0 248-924-5 28249-77-6	Xn; R22	Symb.: Xn R: 22 S (2)		
7-Chlorbicyclo(3.2.0)hepta-2,6-dien-6-yldimethylphosphat Siehe: Heptenophos (ISO)					
2-Chlor-1,3-butadien Anm. D Vgl.: Chloropren	602-036-00-8 204-818-0 126-99-8	F; R11 Xn; R20/22 Xi; R36	Symb.: F, Xn R: 11-20/22-36 S: (2)-16		
1-Chlorbutan	602-059-00-3 203-696-6 109-69-3	F; R11	Symb.: F R: 11 S: (2)-9-16-29		
(4-Chlorbut-2-inyl)-3-chlorphenyl-carbamat Siehe: Barban (ISO)					
3-Chlor-6-cyan-bicyclo(2,2,1)-heptan-2-on-O-(N-methyl-carbamoyl)oxim	006-065-00-1 15271-41-7	T+; R28 T; R24	Symb.: T+ R: 24-28 S: (1/2)-28-36/37-45		
Chlordan (ISO) Vgl.: 1,2,4,5,6,7,8,8-Octachlor-3a,4,7,7a-tetrahydro-4,7-methanoindan	602-047-00-8 200-349-0 57-74-9	Carc. Cat. 3; R40 Xn; R21/22 N; R50-53	Symb.: Xn, N R: 21/22-40-50/53 S: (2)-36/37-60-61		
Chlordecone (ISO) Vgl: Decachlor-pentacyclo (5,2,1,0<2,6>,0<3,9>,0<5,8>) decan-4-on	606-019-00-6 205-601-3 143-50-0	T; R24/25 Carc. Cat. 3; R40	Symb.: T R: 24/25-40 S: (1/2)-22-36/37-45		
2-Chlor-1-(2,4-dichlorphenyl)vinyl-diethylphosphat Siehe: Clorfenvinphos (ISO)					
2-Chlor-N-(4,6-dichlor-1,3,5-triazin-2-yl)anilin Siehe: Anilazin (ISO)					
(2-Chlor-3-diethylamino-1-methyl-3-oxo-prop-1-en-yl)-dimethyl-phosphat Siehe: Phosphamidon					
2-Chlor-2',6'-diethyl-N-(methoxy-methyl)acetanilid Siehe: Alachlor (ISO)					
Chlordimeform (ISO) Vgl.: N-(4-Chlor-o-tolyl)-N',N'-dimethyl-formamidin	650-007-00-3 228-200-5 6164-98-3	Carc. Cat. 3; R40 Xn; R21/22	Symb.: Xn R: 21/22-40 S: (2)-22-36/37		

Stoffidentität		Stoff		Zubereitungen	
Bezeichnung	INDEX-Nr. EWG-Nr. CAS-Nr.	Einstufung	Kennzeichnung	Konzentrations-grenzen	Einstufung/ Kennzeichnung
1	2	3	4	5	6
Chlordimeformhydrochlorid Vgl.: N-(4-Chlor-o-tolyl)-N',N'-dimethyl-formamidinhydrochlorid	650-009-00-4 243-269-1 19750-95-9	Carc. Cat. 3; R40 Xn; R22	Symb.: Xn R: 22-40 S: (2)-22-36/37		
Chlordimethylether Siehe: Chlormethyl-methylether					
Chlordinitrobenzol (Gemisch) Anm. C	610-003-00-4 247-109-1 25567-67-3	T; R23/24/25 R33	Symb.: T R: 23/24/25-33 S: (1/2)-28-37-45		
1-Chlor-2,3-epoxypropan Anm. E Vgl.: Epichlorhydrin	603-026-00-6 203-439-8 106-89-8	R10 Carc. Cat. 2; R45 T; R23/24/25 C; R34 R43	Symb.: T R: 45-10-23/24/25-34-43 S: 53-45	10% ≤ C 5%0 ≤ C < 10% 1% ≤ C < 5% 0.1% ≤ C < 1%	T; R45-23/24/25-34-43 T; R45-23/24/25-36/38-43 T; R45-23/24/25-43 Xn; R20/21/22
Chloressigsäure	607-003-00-1 201-178-4 79-11-8	T; R25 C; R34	Symb.: T R. 25-34 S: (1/2)-23-37-45		
Chloressigsäuremethylester Siehe: Methylchloracetat					
Chlorethan Vgl.: Ethylchlorid	602-009-00-0 200-830-5 75-00-3	F+; R12	Symb.: F+ R: 12 S: (2)-9-16-33		
2-Chlor-ethanol Vgl.: Ethylenchlorhydrin	603-028-00-7 203-459-7 107-07-3	T+; R26/27/28	Symb.: T+ R: 26/27/28 S: (1/2)-7/9-28-45	7% ≤ C 1% ≤ C < 7% 0.1% ≤ C < 1%	T+; R26/27/28 T; R23/24/25 Xn; R20/21/22
2-(4-Chlor-6-ethylamino-1,3,5-triazin-2-ylamino)-2-methylpropionitril Siehe: Cyanazin (ISO)					
Gemisch aus 2-Chlorethyl-chlorpropyl-2-chlorethylphosphonat, Isomerengemisch und 2-Chlorethyl-chlorpropyl-2-chlorpropylphosphonat, Isomerengemisch	015-143-00-4 401-740-0	Xn; R22	Symb.: Xn R: 22 S: (2)		
Chlorethylen Siehe: Vinylchlorid					
2-Chlorethyltrimethylamonium-chlorid Siehe: Chlormequatchlorid (ISO)					
Chlorfenac (ISO) Vgl.: 2,3,6-Trichlorphenylessigsäure	607-074-00-9 201-599-3 85-34-7	Xn; R22	Symb.: Xn R: 22 S: (2)-36		
Chlorfenethol (ISO) Vgl.: 1,1-Bis (4-chlorphenyl)ethanol	603-049-00-1 201-246-3 80-06-8	Xn; R22	Symb.: Xn R: 22 S: (2)-36		
Chlorfenprop-methyl (ISO) Vgl.: Methyl-2-chlor-3-(4-chlorphenyl) propionat	607-075-00-4 238-413-5 14437-17-3	Xn; R21/22	Symb.: Xn R: 21/22 S: (2)-36/37		
Chlorfenson (ISO) Vgl.: 4-Chlorphenyl-4-chlorbenzol-sulfonat	607-156-00-9 201-270-4 80-33-1	Xn; R22 Xi; R38	Symb.: Xn R: 22-38 S: (2)-37		
Chlorfenvinphos (ISO) Vgl.: 2-Chlor-1-(2,4-dichlorphenyl)vinyl-diethylphosphat	015-071-00-3 207-432-0 470-90-6	T+; R28 T; R24 N; R50-53	Symb.: T+, N R: 24-28-50/53 S: (1/2)-28-36/37-45-60-61		
Chloridazon Siehe: 5-Amino-4-chlor-2-phenylpyridazin-3-on					
4-Chlor-m-kresol Siehe: 4-Chlor-3-methylphenol					

Stoffidentität		Stoff		Zubereitungen	
Bezeichnung	INDEX-Nr. EWG-Nr. CAS-Nr.	Einstufung	Kennzeichnung	Konzentrations-grenzen	Einstufung/ Kennzeichnung
1	2	3	4	5	6
Chlormephos (ISO) Vgl.: S-Chlormethyl-0,0-diethyldithio-phosphat	015-114-00-6 246-538-1 24934-91-6	T+; R27/28	Symb.: T+ R:. 27/28 S: (1/2)-28-36/37-45		
Chlormequatchlorid (ISO) Vgl.: 2-Chlorethyltrimethylammonium-chlorid	007-003-00-6 213-666-4 999-81-5	Xn; R21/22	Symb.: Xn R: 21/22 S: (2)-36/37		
Chlormethan Vgl.: Methylchlorid	602-001-00-7 200-817-4 74-87-3	F+; R12 Carc. Cat. 3; R40 Xn; R48/20	Symb.: F+,Xn R: 12-40-48/20 S: (2)-9-16-33		
(Chlormethyl)bis(4-fluor-phenyl)methylsilan	014-008-00-7 401-200-4 85491-26-5	N; R51-53	Symb.: N R: 51/53 S: 61		
O-3-Chlor-4-methylcumarin-7-yl O,O-diethylthiophosphat Siehe: Coumaphos (ISO)					
S-Chlormethyl-O,O-diethyldi-thiophosphat Siehe: Chlormephos (ISO)					
Chlormethyl-methylether Anm. E Vgl.: Chlordimethylether	603-075-00-3 203-480-1 107-30-2	F; R11 Carc. Cat. 1; R45 Xn; R20/21/22	Symb.: F,T R: 45-11-20/21/22 S: 53-45		
4-Chlor-3-methylphenol Vgl.: 4-Chlor-m-kresol	604-014-00-3 200-431-6 59-50-7	Xn; R21/22 Xi; R38	Symb.: Xn R: 21/22-38 S: (2)-26-28	20% ≤C 5% ≤C<20%	Xn; R21/22-38 Xn; R21/22
3-Chlor-2-methylpropen Vgl.: 2-Methyl-allylchlorid	602-032-00-6 209-251-2 513-47-3	F; R11 Xn; R20	Symb.: F, Xn R: 11-20 S: (2)-9-16-29-33		
2-Chlor-6-methylpyrimidin-4-yl dimethylamin Siehe: Crimidine (ISO)					
Chlornitroanilin Anm. C	610-006-00-0	T+; R26/27/28 R33	Symb.: T+ R: 26/27/28-33 S: (1/2)-28-36/37-45		
1-Chlor-4-nitro-benzol	610-005-00-5 202-809-6 100-00-5	T; R23/24/25 R33	Symb.: T R: 23/24/25-33 S: (1/2)-28-37-45		
O-(3-Chlor-4-nitro-phenyl)-O,O-dimethyl-thiophosphat Siehe: Chlorthion (nicht als ISO-Kurzname anerkannt)					
O-(4-Chlor-3-nitro-phenyl)-O,O-dimethyl-thiophosphat Siehe: Phosnichlor					
1-Chlor-1-nitropropan	610-007-00-6 209-990-0 600-25-9	Xn; R20/22	Symb.: Xn R: 20/22 S: (2)	5% ≤C	Xn; R20/22
Chlorobenzilat (ISO) Vgl.: Ethyl-4,4'-dichlorbenzilat	607-159-00-0 208-110-2 510-15-6	Xn; R22	Symb.: Xn R: 22 S: (2)		
Chloroform Siehe: Trichlormethan					
Chlorophacinon (ISO) Vgl.: 2-(α-(4-Chlorphenyl) phenylacetyl) indan-1,3-dion	606-014-00-9 223-003-0 3691-35-8	T+; R27/28 T; R23-48/24/25	Symb.: T+ R: 23-27/28-48/24/25 S: (1/2)-36/37-45		
Chloropren Siehe: 2-Chlor-1,3-butadien					
Chlorothalonil (ISO) Vgl.: Tetrachlorisophthalonitril	608-014-00-4 217-588-1 1897-45-6	Carc. Cat. 3; R40	Symb.: Xn R: 40 S: (2)-36/37		
4-Chlor-2-oxobenzothiazolin-3-ylessigsäure Siehe: Benazolin (ISO)					

Stoffidentität		Stoff		Zubereitungen	
Bezeichnung	INDEX-Nr. EWG-Nr. CAS-Nr.	Einstufung	Kennzeichnung	Konzentrations-grenzen	Einstufung/ Kennzeichnung
1	2	3	4	5	6
3-Chlor-4,5-α,α,α-pentafluor toluol	602-070-00-3 401-930-3 77227-99-7	R10 Xn; R20/22 N; R50-58	Symb.: Xn, N R: 10-20/22-50-58 S: (2)-51-60-61		
Chlorphenol (o,m,p) Anm. C	604-008-00-0 246-691-4 25167-80-0 (o) 202-433-2 95-57-8 (m) 203-582-6 108-43-0 (p) 203-402-6 106-48-9	Xn; R20/21/22	Symb.: Xn R: 20/21/22 S: (2)-28		
1-(4-Chlorphenoxy)-3,3-dimethyl-1-(1,2,4-triazol-1-yl)-butanon Siehe: Triadimefon (ISO)					
O-4-(4-Chlor-phenylazo)-phenyl-O,O-dimethyl-thiophosphat Siehe: Azothoat					
(4-Chlorphenyl)-benzolsulfonat Siehe: Fenson					
4-Chlorphenyl-4-chlorbenzol-sulfonat Siehe: Chlorfenson (ISO)					
(Chlorphenyl) (chlortolyl) methan, Isomerengemisch	607-204-00-4 400-140-6	N; R50-53	Symb.: N R: 50/53 S: 60-61		
2-(4-(3-(4-Chlorphenyl)-4,5-dihydropyrazolyl)phenylsulfonyl) ethyldimethylammoniumhydrogen-phosphonat	613-084-00-4 402-490-5 106359-93-7	Xi; R36 N; R50-53	Symb.: Xi, N R: 36-50/53 S: (2)-26-60-61		
3-(4-Chlorphenyl)-1,1-dimethyl-harnstoff Siehe: Monuron (ISO)					
3-(4-Chlorphenyl)-1,1-dimethyl-uroniumtrichloracetat Vgl.: Monuron-TCA	006-043-00-1 140-41-0	Carc. Cat. 3; R40 Xi; R36/38	Symb.: Xn R: 36/38-40 S: (2)-36/37		
4-(2-Chlorphenylhydrazono)-3-methyl-5-isoxazolon Siehe: Drazoxolon (ISO)					
3-(4-Chlorphenyl)-1-methoxy-1-methylharnstoff Siehe: Monolinuron (ISO)					
3-(1-(4-Chlorphenyl)-3-oxo-butyl)-4-hydroxycumarin Siehe: Coumachlor (ISO)					
2-(α-(4-Chlorphenyl) phenylacetyl) indan-1,3-dion Siehe: Chlorophacinon (ISO)					
2-(4-(3-(4-Chlorphenyl)-2-pyrazo-lin-1-yl)phenylsulfonyl)ethyl-dimethylammoniumformiat	613-083-00-9 402-120-2	C; R34 Xn; R48/22 R43 N; R50-53	Symb.: C, N R: 34-43-48/22-50/53 S: (1/2)-24-26-28-37/39-45-60-61		
4-Chlorphenylthiomethyl-O,O-diethyldithiophosphat Siehe: Carbophenothion (ISO)					
S-(Chlorphenylthiomethyl)-O,O-dimethyldithiophosphat	015-132-00-4 953-17-3	T; R24/25	Symb.: T R: 24/25 S: (1/2)-28-36/37-45		
Chlorphoniumchlorid (ISO) Vgl.: Tributyl (2,4-dichlorbenzyl) phosphoniumchlorid	015-085-00-X 204-105-4 115-78-6	T; R25 Xn; R21 Xi; R36/38	Symb.: T R: 21-25-36/38 S: (1/2)-36/37/39-45		

Stoffidentität		Stoff		Zubereitungen	
Bezeichnung	INDEX-Nr. EWG-Nr. CAS-Nr.	Einstufung	Kennzeichnung	Konzentrations-grenzen	Einstufung/ Kennzeichnung
1	2	3	4	5	6
2-Chlor-1-phthalimidoethyl-O,O-diethyldithiophosphat Siehe: Dialifos (ISO)					
Chlorpikrin Siehe: Trichlor-nitro-methan					
Chlorpropan Anm. C	602-018-00-X 26446-76-4	F; R11 Xn; R20/21/22	Symb.: F, Xn R: 11-20/21/22 S: (2)-9-29	25% ≤ C	Xn; R20/21/22
3-Chlorpropen Anm. D Vgl.: Allylchlorid	602-029-00-X 203-457-6 107-05-1	F; R11 T+; R26	Symb.: F, T+ R: 11-26 S: (1/2)-16-29-33-45		
2-Chlorpropionsäure	607-139-00-1 209-952-3 598-78-7	Xn; R22 C; R35	Symb.: C R: 22-35 S: (1/2)-23-26-28-36-45		
Chlorpyriphos (ISO) Vgl.: O,O-Diethyl-O-3,5,6-trichlor-2-pyridylthiophosphat	015-084-00-4 220-864-4 2921-88-2	T; R24/25 N; R50-53	Symb.: T, N R: 24/25-50/53 S: (1/2)-28-36/37-45-60-61		
Chlorschwefelsäure Vgl.: Chlorsulfonsäure	016-017-00-1 232-234-6 7790-94-5	R14 C; R35 Xi; R37	Symb.: C R: 14-35-37 S: (1/2)-26-45		
Chlorsulfonsäure Siehe: Chlorschwefelsäure					
Chlorthiamid (ISO) Vgl.: 2,6-Dichlor(thiobenzamid)	616-005-00-1 217-637-7 1918-13-4	Xn; R22	Symb.: Xn R: 22 S: (2)-36		
Chlorthion (nicht als ISO-Kurzname anerkannt) Vgl.: O-(3-Chlor-4-nitro-phenyl)-O,O-dimethyl-thiophosphat	015-042-00-5 207-902-5 500-28-7	Xn; R20/21/22	Symb.: Xn R: 20/21/22 S: (2)-13		
Chlorthiophos (ISO)	015-115-00-1 244-663-6 21923-23-9	T+; R28 T; R24	Symb.: T+ R: 24-28 S: (1/2)-28-36/37-45		
Chlortoluol (o,m,p) Anm. C	602-040-00-X 246-698-2 25168-05-2 (o) 202-424-3 95-49-8 (m) 203-580-5 108-41-8 (p) 203-397-0 106-43-4	Xn; R20	Symb.: Xn R: 20 S: (2)-24/25		
α-Chlor-toluol Vgl.: Benzylchlorid	602-037-00-3 202-853-6 100-44-7	Carc. Cat. 3; R40 T; R23 Xn; R22 Xi; R37/38-41	Symb.: T R: 22-23-37/38-40-41 S: (1/2)-36/37-38-45		
N-(4-Chlor-o-tolyl)-N',N'-dimethyl-formamidin Siehe: Chlordimeform (ISO)					
N-(4-Chlor-o-tolyl)-N',N'-dimethyl-formamidinhydrochlorid Siehe: Chlordimeformhydrochlorid					
4-(4-Chlor-o-tolyloxy)buttersäure Siehe: MCPB (ISO)					
4-Chlor-o-tolyloxyessigsäure Siehe: MCPA (ISO)					
2-(4-Chlor-o-tolyloxy)propionsäure Siehe: Mecoprop (ISO)					
2-Chlor-6-trichlormethylpyridin Siehe: Nitrapyrin (ISO)					

Stoffidentität		Stoff		Zubereitungen	
Bezeichnung	INDEX-Nr. EWG-Nr. CAS-Nr.	Einstufung	Kennzeichnung	Konzentrations-grenzen	Einstufung/ Kennzeichnung
1	2	3	4	5	6
4-(2-Chlor-4-trifluormethyl) phenoxy-2-fluoranilinhydrochlorid	612-094-00-6 402-190-4	T; R48/25 Xn; R22 Xi; R41 N; R50-53 R43	Symb.: T, N R: 22-41-43-48/25-50/53 S: (1/2)-26-36/37/39-45-60-61		
3-Chlor-5-trifluormethyl-2-pyridylamin	613-076-00-0 401-670-0 79456-26-1	Xn; R22 R52-53	Symb.: Xn R: 22-52/53 S: (2)-61		
Chlortrinitrobenzol (Gemisch) Anm. C	610-004-00-X 28260-61-9	E; R2 T+; R26/27/28	Symb.: E, T+ R: 2-26/27/28 S: (1/2)-35-45		
Chlorwasserstoff wasserfrei	017-002-00-2 231-595-7 7647-01-0	C; R35 Xi; R37	Symb.: C R: 35-37 S: (1/2)-7/9-26-45		
Chrom(III)chromat Vgl.: Chrom(III)-Salz der Chrom(VI)-Säure	024-010-00-X 246-356-2 24613-89-6	O; R8 Carc. Cat.2; R45 C; R 35 R43	Symb.: O, T, C R: 45-8-35-43 S. 53-45		
Chromoxychlorid Vgl.: Chromylchlorid	024-005-00-2 239-056-8 14977-61-8	O; R8 C; R35	Symb.: O, C R: 8-35 S: (1/2)-7/8-22-28-45		
Chromsäureanhydrid Siehe: Chromtrioxid					
Chrom(III)-Salz der Chrom(VI)-Säure Siehe: Chrom(III)chromat					
Chromtrioxid Anm. E Vgl.: Chromsäureanhydrid	024-001-00-0 215-607-8 1333-82-0	Carc. Cat 1; R49 O; R8 T; R25 C; R35 R43	Symb.: O, T R: 49-8-25-35-43 S: 53-45		
Chromylchlorid Siehe: Chromoxychlorid					
Cinerin I Siehe: 3-(But-2-enyl)-2-methyl-4-oxocyclopent-2-enyl-2,2-dimethyl-3-(2-methylprop-1-enyl)cyclopropancarboxylat					
Cinerin II Siehe: 3-(But-2-enyl)-2-methyl-4-oxocyclopent-2-enyl-2,2-dimethyl-3-(3-methoxy-2-methyl-3-oxoprop-1-enyl)cyclopropancarboxylat					
Citral	605-019-00-3 226-394-6 5392-40-5	Xi; R38 R43	Symb.: Xi R: 38-43 S: (2)-24/25-37		
Clofenotan (INN) Siehe: DDT					
Cobalt	027-001-00-9 231-158-0 7440-48-4	R42/43	Symb.: Xn R: 42/43 S: (2)-22-24-37		
Cobaltoxid	027-002-00-4 215-154-6 1307-96-6	Xn; R22 R43	Symb.: Xn R: 22-43 S: (2)-24-37		
Cobaltsulfid	027-003-00-X 215-273-3 1317-42-6	R43	Symb.: Xi R: 43 S: (2)-24-37		
Coffein Vgl.: Trimethylxanthen	613-086-00-5 200-362-1 58-08-2	T; R25	Symb.: T R: 25 S: (1/2)-45		
Colchicin Vgl.: 7-Acetamido-1,2,3,10-tetramethoxy-5,6,7,9-tetrahydrobenzo[a]heptalen-9-on	614-005-00-6 200-598-5 64-86-8	T+; R26/28	Symb.: T+ R: 26/28 S: (1/2)-13-45		
Colophonium	650-015-00-7 232-475-7 8050-09-7	R42/43	Symb.: Xn R: 42/43 S: (2)-22-23-24-37		

Stoffidentität		Stoff		Zubereitungen	
Bezeichnung	INDEX-Nr. EWG-Nr. CAS-Nr.	Einstufung	Kennzeichnung	Konzentrations-grenzen	Einstufung/ Kennzeichnung
1	2	3	4	5	6
Coumachlor (ISO) Vgl.: 3-(1-(4-Chlorphenyl)-3-oxobu-tyl)-4-hydroxycumarin	607-057-00-6 201-378-1 81-82-3	Xn; R48/22	Symb.: Xn R: 48/22 S: (2)-37		
Coumafuryl Vgl.: 4-Hydroxy-2-[3-oxo-1-(2-furyl)bu-tyl]-cumarin	607-058-00-1 204-195-5 117-52-2	T; R25-48/25	Symb.: T R: 25-48/25 S: (1/2)-37-45		
Coumaphos (ISO) Vgl.: O-3-Chlor-4-methylcumarin-7-yl-O,O-diethylthiophosphat	015-038-00-3 200-285-3 56-72-4	T+; R28 Xn; R21 N; R50-53	Symb.: T+, N R: 21-28-50/53 S: (1/2)-28-36/37-45-60-61		
Coumatetralyl (ISO) Vgl.: 4-Hydroxy-3-(1,2,3,4-tetrahydro-1-naphthyl)cumarin	607-059-00-7 227-424-0 5836-29-3	T+; R27/28 T; R48/24/25	Symb.: T+ R: 27/28-48/24/25 S: (1/2)-36/37-45		
Coumithoat (ISO) Vgl.: O,O-Diethyl-O-7,8,9,10-tetrahydro-6-oxo-benzo(c)chromen-3-yl-thio-phosphat	015-086-00-5 572-48-5	T; R25	Symb.: T R: 25 S: (1/2)-28-36/37-45		
4-CPA	607-073-00-3 204-581-3 122-88-3	Xn; R22	Symb.: Xn R: 22 S: (2)		
Crimidine (ISO) Vgl.: 2-Chlor-6-methylpyrimidin-4-yl-dimethylamin	613-004-00-8 208-622-6 535-89-7	T+; R28	Symb.: T+ R: 28 S: (1/2)-36/37-45		
Crotonaldehyd Siehe: 2-Butenal					
Crotoxyphos (ISO) Vgl.: 1-Phenylethyl-3-(dimethoxy-phosphinyloxy)isocrotonat	015-109-00-9 231-720-5 7700-17-6	T; R24/25	Symb.: T R: 24/25 S: (1/2)-28-36/37-45		
Crufomat (ISO) Vgl.: 4-tert-Butyl-2-chlorphenyl(me-thyl)methylamidophosphat	015-074-00-X 206-083-1 299-86-5	Xn; R21/22	Symb.: Xn R: 21/22 S: (2)-36/37		
Cryolit Siehe: Aluminiumtrinatriumhexafluorid					
o-Cumenylmethylcarbamat Siehe: Isoprocarb (ISO)					
Cumol Siehe: Isopropylbenzol					
Cumolhydroperoxid 80% Siehe: α,α-Dimethylbenzyl hydro peroxid 80%					
Cyanamid Vgl.: Carbamonitril	615-013-00-2 206-992-3 420-04-2	T; R25 Xn; R21 Xi; R36/38 R43	Symb.: T R: 21-25-36/38-43 S: (1/2)-3-22-36/37-45		
Cyanazin (ISO) Vgl.: 2-(4-Chlor-6-ethylamino-1,3,5-tri-azin-2-ylamino)-2-methylpropioni-tril	613-013-00-7 244-544-9 21725-46-2	Xn; R22	Symb.: Xn R: 22 S: (2)-37		
4-Cyan-2,6-diiodophenyloctanoat Vgl.: Ioxyniloctanoat	608-018-00-6 223-375-4 3861-47-0	Repr. Cat. 3; R63 Xn; R22	Symb.: Xn R: 22-63 S: (2)-36/37		
S-(N-(1-Cyan-1-methylethyl)carba-moylmethyl)-O,O-diethylthio-phosphat Siehe: Cyanthoat (ISO)					
Cyanofenphos (ISO) Vgl.: O-4-Cyanophenyl-O-ethylphenyl-thiophosphonat	015-110-00-4 13067-93-1	T; R25-39/25 Xn; R21 Xi; R36	Symb.: T R: 21-25-36-39/25 S: (1/2)-36/37-45		

Stoffidentität		Stoff		Zubereitungen	
Bezeichnung	INDEX-Nr. EWG-Nr. CAS-Nr.	Einstufung	Kennzeichnung	Konzentrations-grenzen	Einstufung/ Kennzeichnung
1	2	3	4	5	6
O-4-Cyanophenyl-O-ethylphenyl-thiophosphonat Siehe: Cyanofenphos (ISO)					
Cyanophos (ISO) Vgl.: O-4-Cyanphenyl-O,O-dimethylthio-phosphat	015-087-00-0 220-130-3 2636-26-2	Xn; R21/22	Symb.: Xn R: 21/22 S: (2)-36/37		
2-Cyanopropan-2-o1 Vgl.: Acetoncyanhydrin	608-004-00-X 200-909-4 75-86-5	T+; R26/27/28	Symb.: T+ R: 26/27/28 S: (1/2)-7/9-27-45		
O-4-Cyanphenyl-O,O-dimethylthio-phosphat Siehe: Cyanophos (ISO)					
Cyanthoat (ISO) Vgl.: S-(N-(1-Cyan-1-methylethyl)carba-moylmethyl)-O,O-diethylthio-phosphat	015-070-00-8 223-099-4 3734-95-0	T+; R28 T; R24	Symb.: T+ R: 24-28 S: (1/2)-36/37-45		
Cyanurylchlorid Siehe: 2,4,6-Trichlor-1,3,5-triazin					
Cyanwasserstoff Vgl.: Blausäure	006-006-00-X 200-821-6 74-90-8	T+; R26 F+; R12	Symb.: F+, T+ R: 12-26 S: (1/2)-7/9-16-36/37-38-45		
Cyanwasserstoff . .% Anm. B Vgl.: Blausäure . . .%	006-006-01-7 200-821-6 74-90-8	T+; R26/27/28	Symb.: T+ R: 26/27/28 S: (1/2)-7/9-16-36/37-38-45	7% ≤ C 1% ≤ C ≤ 7% 0.1 ≤ C ≤ 1%	T+; R26/27/28 T; R23/24/25 Xn; R20/21/22
Cyclobutan-1,3-dion	606-008-00-6 15506-53-3	F; R11	Symb.: F R: 11 S: (2)-9-16-33		
4-Cyclododecyl-2,6-dimethylmor-pholin Siehe: Dodemorph (ISO)					
Cyclohexan	601-017-00-1 203-806-2 110-82-7	F; R11	Symb.: F R: 11 S: (2)-9-16-33		
1,2-Cyclohexandicarbonsäure-anhydrid Vgl.: Hexahydrophthalsäureanhydrid	607-102-00-X 201-604-9 85-42-7	Xi; R36/37/38	Symb.: Xi R: 36/37/38 S: (2)-23-39	1% ≤ C	Xi; R36/37/38
Cyclohexanol	603-009-00-3 203-630-6 108-93-0	Xn; R20/22 Xi; R37/38	Symb.: Xn R: 20/22-37/38 S: (2)-24/25	25% ≤ C 20% ≤ C < 25%	Xn; R20/22-37/38 Xi; R37/38
Cyclohexanon	606-010-00-7 203-631-1 108-94-1	R10 Xn; R20	Symb.: Xn R: 10-20 S: (2)-25	25% ≤ C	Xn; R20
Cyclohexylacrylat Anm. D	607-116-00-6 221-319-3 3066-71-5	Xi; R37/38	Symb.: Xi R: 37/38 S: (2)	10% ≤ C	Xi; R37/38
Cyclohexylamin	612-050-00-6 203-629-0 108-91-8	R10 Xn; R21/22 C; R34	Symb.: C R: 10-21/22-34 S: (1/2)-36/37/39-45	25% ≤ C 10% ≤ C < 25% 2% ≤ C < 10%	C; R21/22-34 C; R34 Xi; R36/38
2-Cyclohexyl-4,6-dinitrophenol Siehe: Dinex					
N-Cyclohexyl-N-methoxy-2,5-dime-thyl-3-furamid	006-070-00-9 262-302-0 60568-05-0	Carc. Cat. 3; R40	Symb.: Xn R: 40 S: (2)-36/37		
Cyclooct-4-en-1-ylmethylcarbonat	006-071-00-4 401-620-8 87731-18-8	R43	Symb.: Xi R: 43 S: (2)-24-37		
Cyclopentan	601-030-00-2 206-016-6 287-92-3	F; R11	Symb.: F R: 11 S: (2)-9-16-29-33		
1,2,3,4-Cyclopentantetracarbonsäu-redianhydrid	607-104-00-0 227-964-7 6053-68-5	Xi; R36/37	Symb.: Xi R: 36/37 S: (2)-25	1% ≤ C	Xi; R36/37

Stoffidentität		Stoff		Zubereitungen	
Bezeichnung	INDEX-Nr. EWG-Nr. CAS-Nr.	Einstufung	Kennzeichnung	Konzentrationsgrenzen	Einstufung/ Kennzeichnung
1	2	3	4	5	6
Cyclopentanon	606-025-00-9 204-435-9 120-92-3	R10 Xi; R36/38	Symb.: Xi R: 10-36/38 S: (2)-23		
Cyclopropan	601-016-00-6 200-847-8 75-19-4	F+; R12	Symb.: F+ R: 12 S: (2)-9-16-33		
N-(Cyclopropylmethyl)-α,α,α-trifluor-2,6-dinitro-N-propyl-p-toluidin Siehe: Profluralin (ISO)					
Cyhexatin (ISO) Vgl.: Tri(cyclohexyl)zinnhydroxid	050-002-00-0 236-049-1 13121-70-5	Xn; R20/21/22	Symb.: Xn R: 20/21/22 S: (2)-13		
2,4-D (ISO) Vgl.: 2,4-Dichlorphenoxyessigsäure	607-039-00-8 202-361-1 94-75-7	Xn; R22 Xi; R36/37/38	Symb.: Xn R: 22-36/37/38 S: (2)-36/37		
Salze und Ester der 2,4-D Anm.: A	607-040-00-3	Xn; R20/21/22	Symb.: Xn R: 20/21/22 S: (2)-13		
Dalapon Siehe: 2,2-Dichlorpropionsäure					
Daminozid	607-171-00-6 216-485-9 1596-84-5	Carc. Cat. 3; R40	Symb.: Xn R: 40 S: (2)-36/37		
Dapson Vgl.: 4,4'-Diaminodiphenylsulfon	612-084-00-1 201-248-4 80-08-0	Xn; R22	Symb.: Xn R: 22 S: (2)-22		
Dazomet (ISO) Vgl.: Tetrahydro-3,5-dimethyl-1,3,5-thiadiazin-2-thion	613-008-00-X 208-576-7 533-74-4	Xn; R22 Xi; R36	Symb.: Xn R: 22-36 S: (2)-15-22-24		
Salze von 2,4-DB Anm. A	607-084-00-3	Xn; R20/21/22	Symb.: Xn R: 20/21/22 S: (2)-13		
DDT Vgl.: Clofenotan (INN)	602-045-00-7 200-024-3 50-29-3	T; R25-48/25 Carc. Cat. 3; R40 N; R50-53	Symb.: T, N R: 25-40-48/25-50/53 S: (1/2)-22-36/37-45-60-61		
Decachlor-pentacyclo (5,2,1,0<2,6>,0<3,9>,0<5,8>) decan-4-on Siehe: Chlordecone (ISO)					
Decarbofuran Vgl.: 7-(N-Methyl-carbamoyloxy)-2-methyl-2,3-dihydro-benzofuran	006-022-00-7 1563-67-3	T; R23/24/25	Symb.: T R: 23/24/25 S: (1/2)-13-36/37-45		
Dehydracetsäure Siehe: 3-Acetyl-6-methyl-2H-pyran-2,4(3H)-dion					
Demephion-O (ISO) Vgl.: O,O-Dimethyl-O-2-methylthioethylthiophosphat	015-116-00-7 211-666-9 682-80-4	T+; R28 T; R24	Symb.: T+ R: 24-28 S: (1/2)-28-36/37-45		
Demephion-S (ISO) Vgl.: Dimethyl-S-2-methylthioethylthiophosphat	015-117-00-2 219-971-9 2587-90-8	T+; R28 T; R24	Symb.: T+ R: 24-28 S: (1/2)-28-36/37-45		
Demeton	015-118-00-8 8065-48-3	T+; R27/28	Symb.: T+ R: 27/28 S: (1/2)-28-36/37-45		
Demeton-O (ISO) Vgl.: O,O-Diethyl-O-2-ethylthioethylthiophosphat	015-028-00-9 206-053-8 298-03-3	T+; R27/28	Symb.: T+ R: 27/28 S: (1/2)-28-36/37-45		
Demeton-O-methyl (ISO) Vgl.: O-2-Ethylthioethyl-O,O-dimethylthiophosphat	015-030-00-X 212-758-1 867-27-6	T; R25	Symb.: T R: 25 S: (1/2)-24-36/37-45		

Stoffidentität		Stoff		Zubereitungen	
Bezeichnung	INDEX-Nr. EWG-Nr. CAS-Nr.	Einstufung	Kennzeichnung	Konzentrations-grenzen	Einstufung/ Kennzeichnung
1	2	3	4	5	6
Demeton-S (ISO) Vgl.: Diethyl-S-2-ethylthioethylthio-phosphat	015-029-00-4 204-801-8 126-75-0	T+; R27/28	Symb.: T+ R: 27/28 S: (1/2)-28-36/37-45		
Demeton-S-methyl (ISO) Vgl.:. S-2-Ethylthioethyldimethylthio-phosphat	015-031-00-5 213-052-6 919-86-8	T; R24/25	Symb.: T R: 24/25 S: (1/2)-28-36/37-45		
Demeton-S-methylsulfon Vgl.: S-2-Ethylsulfonylethyldimethylthio-phosphat	015-078-00-1 241-109-5 17040-19-6	T; R25 Xn; R21	Symb.: T R: 21-25 S. (1/2)-22-28-36/37-45		
Desmetryn (ISO) Vgl.: 6-Isopropylamino-2-methylamino-4-methylthio-1,3,5-triazin	613-007-00-4 213-800-1 1014-69-3	Xn; R21/22	Symb.: Xn R: 21/22 S: (2)-36/37		
Diacetonalkohol Siehe: 4-Hydroxy-4-ethyl-pentan-2-on					
Diacetonalkoholmethylether Siehe: 4-Methoxy-4-methyl-2-pentanon					
Diacetonalkohol, technisch	603-017-00-7 204-626-7 123-42-2	F; R11 Xi; R36	Symb.: F, Xi R: 11-36 S: (2)-7-16-24/25	10% ≤ C	Xi; R36
N,N'-Diacetyl-benzidin	612-044-00-3 210-338-2 613-35-4	Xn; R20/21/22	Symb.: Xn R: 20/21/22 S: (2)-22-36		
Dialifos (ISO) Vgl.: 2-Chlor-1-phthalimidoethyl-O,O-diethyldithiophosphat	015-088-00-6 233-689-3 10311-84-9	T+; R28 T; R24	Symb.: T+ R: 24-28 S: (1/2)-28-36/37-45		
Diallat (ISO) Vgl.: S-2,3-Dichlorallyldiisopropylthio-carbamat	006-019-00-0 218-961-1 2303-16-4	Xn; R22 Carc. Cat. 3; R40	Symb.: Xn R: 22-40 S: (2)-25-36/37		
N,N-Diallylchloracetamid Siehe: Allidochlor (ISO)					
Diallylphthalat	607-086-00-4 205-016-3 131-17-9	Xn; R22	Symb.: Xn R: 22 S: (2)-24/25	25% ≤ C	Xn; R22
Diamindiisocyanoatozink	030-005-00-3 401-610-3	Xn; R22 Xi; R41 N; R50 R42/43	Symb.: Xn, N R: 22-41-42/43-50 S: (2)-22-26-36/37/39-41-61		
4,4'-Diaminobiphenyl Siehe: Benzidin					
4,4'-Diamino-diphenyl-methan Anm. E	612-051-00-1 202-974-4 101-77-9	Carc. Cat. 2; R45 Xn; R20/21/22-48/20/21 R43	Symb.: T R: 45-20/21/22-48/20/21-43 S: 53-45		
4,4'-Diaminodiphenylsulfon Siehe: Dapson					
1,2-Diamino-ethan Vgl.: Ethylendiamin	612-006-00-6 203-468-6 107-15-3	R10 C; R34 Xn; R21/22 R43	Symb.: C R: 10-21/22-34-43 S: (1/2)-9-26-36/37/39-45	25% ≤ C 10% ≤ C < 25% 2% ≤ C < 10% 1% ≤ C < 2%	C; R21/22-34-43 C; R34-43 Xi; R36/38-43 Xi; R43
2,4-Diamino-toluol-sulfat Anm. C	612-030-00-7 74283-36-6	Xn; R20/21/22	Symb.: Xn R: 20/21/22 S. (2)-28		
2,5-Diamino-toluol-sulfat Anm. C	612-030-00-7 228-871-4 6369-59-1	Xn; R20/21/22	Symb.: Xn R: 20/21/22 S: (2)-28		
S-[(4,6-Diamino-1,3,5-triazin-2-yl)-methyl]-O,O-dimethyl-dithio-phosphat Siehe: Menazon					

Stoffidentität		Stoff		Zubereitungen	
Bezeichnung	INDEX-Nr. EWG-Nr. CAS-Nr.	Einstufung	Kennzeichnung	Konzentrationsgrenzen	Einstufung/ Kennzeichnung
1	2	3	4	5	6
o-Dianisidin Siehe: 3,3'-Dimethoxybenzidin					
Salze von o-Dianisidin Siehe: Salze von 3,3'-Dimethoxybenzidin					
Diantimontrioxid Vgl.: Antimontrioxid	051-005-00-X 215-175-0 1309-64-4	Carc. Cat. 3; R40	Symb.: Xn R: 40 S: (2)-22-36		
Diarsenpentaoxid Anm. E	033-004-00-6 215-116-9 1303-28-2	Carc. Cat. 1; R45 T; R23/25	Symb.: T R: 45-23/25 S: 53-45		
Diarsentrioxid Anm. E Vgl.: Arsentrioxid	033-003-00-0 215-481-4 1327-53-3	Carc. Cat. 1; R45 T+; R28 C; R34	Symb.: T+ R: 45-28-34 S: 53-45		
3,6-Diazaoctan-1,8-diamin Vgl.: Triethylentetramin	612-059-00-5 203-950-6 112-24-3	Xn; R21 C; R34 R43	Symb.: C R: 21-34-43 S: (1/2)-26-36/37/39-45	25% ≤ C 10% ≤ C < 25% 5% ≤ C < 10% 1% ≤ C < 5%	C; R21-34-43 C; R34-43 Xi; R36/38-43 Xi; R43
Diazinon (ISO) Vgl.: O,O-Diethyl-O-2-isopropyl-6-methylpyrimidin-4-ylthiophosphat	015-040-00-4 206-373-8 333-41-5	Xn; R22 N; R50-53	Symb.: Xn, N R: 22-50/53 S: (2)-24/25-60-61		
Diazomethan	006-068-00-8 206-382-7 334-88-3	Carc. Cat. 2; R45	Symb.: T R: 45 S: 53-45		
Dibenz[a,h]anthracen	601-041-00-2 200-181-8 53-70-3	Carc. Cat. 2; R45	Symb.: T R: 45 S: 53-45		
Dibenzoylperoxid Vgl.: Benzoylperoxid	617-008-00-0 202-327-6 94-36-0	E; R2 O; R7 Xi; R36 R43	Symb.: E, Xi R: 2-7-36-43 S: (2)-3/7-14-36/37/39		
1,2-Dibrom-3-chlorpropan Anm. E	602-021-00-6 202-479-3 96-12-8	Carc. Cat. 2; R45 Muta. Cat. 2; R46 T; R25 Xn; R48/20/22	Symb.: T R: 45-46-25-48/20/22 S: 53-45		
2,6-Dibrom-4-cyanphenyloctanoat Vgl.: Bromoxyniloctanoat	608-017-00-0 216-885-3 1689-99-2	Repr. Cat. 3; R63 Xn; R21/22	Symb.: Xn R: 21/22-63 S: (2)-36/37		
1,2-Dibrom-2,2-dichlorethyldimethylphosphat Siehe: Naled (ISO)					
1,2-Dibromethan Anm. E Vgl.: Ethylendibromid	602-010-00-6 203-444-5 106-93-4	Carc. Cat. 2; R45 T; R23/24/25 Xi; R36/37/38	Symb.: T R: 45-23/24/25-36/37/38 S. 53-45	20% ≤ C 1% ≤ C < 20% 0.1% ≤ C < 1%	T; R45-23/24/25-36/37/38 T; R45-23/24-25 T; R45-20/21/22
3,5-Dibrom-4-hydroxybenzaldehyd-O-(2,4-dinitrophenyl)oxim Siehe: Bromofenoxim					
3,5-Dibrom-4-hydroxybenzonitril Siehe: Bromoxynil (ISO)					
Dibrommethan Vgl.: Methylenbromid	602-003-00-8 200-824-2 74-95-3	Xn; R20	Symb.: Xn R: 20 S: (2)-24	12.5% ≤ C	Xn; R20
Di-n-butylamin	612-049-00-0 203-921-8 111-92-2	R10 Xn; R20/21/22	Symb.: Xn R: 10-20/21/22 S: (2)		
Di-sec-butylamin	612-049-00-0 210-937-9 626-23-3	R10 Xn; R20/21/22	Symb.: Xn R: 10-20/21-22 S: (2)		
Di-n-butylether	603-054-00-9 205-575-3 142-96-1	R10 Xi; R36/37/38	Symb.: Xi R: 10-36/37/38 S: (2)	10% ≤ C	Xi; R36/37/38
Di-tert-Butylperoxid	617-001-00-2 203-733-6 110-05-4	O; R7 F; R11	Symb.: O, F R: 7-11 S: (2)-3/7-14-16-36/37/39		

Stoffidentität		Stoff		Zubereitungen	
Bezeichnung	INDEX-Nr. EWG-Nr. CAS-Nr.	Einstufung	Kennzeichnung	Konzentrations-grenzen	Einstufung/ Kennzeichnung
1	2	3	4	5	6
Dibutylzinnhydrogenborat	005-006-00-7 401-040-5 75113-37-00	T; R48/25 Xn; R21/22 Xi; R41 N; R50-53 R43	Symb.: T, N R: 21/22-41-43-48/25-50/53 S: (1/2)-22-26-36/37-45-60-61		
Dichlobenil (ISO) Vgl.: 2,6-Dichlorbenzonitril	608-015-00-X 214-787-5 1194-65-6	Xn; R21	Symb.: Xn R: 21 S: (2)-36/37		
Dichlofenthion (ISO) Vgl.: O-2,4-Dichlorphenyl-O,O-diethyl-thiophosphat	015-068-00-7 202-564-5 97-17-6	Xn; R22	Symb.: Xn R: 22 S: (2)		
Dichlofluanid (ISO) Vgl.: N-Dichlorfluormethylthio-N', N'-dimethyl-N-phenylsulfamid	616-006-00-7 214-118-7 1085-98-9	Xi; R36 R43 N; R50-53	Symb.: Xi, N R: 36-43-50/53 S: (2)-22-24-60-61		
Dichlon (ISO) Vgl.: 2,3-Dichlor-1,4-naphthochinon	606-018-00-0 204-210-5 117-80-6	Xn; R22 Xi; R36/38	Symb.: Xn R: 22-36/38 S: (2)-26		
Dichloracetylchlorid	607-067-00-0 201-199-9 79-36-7	C; R35	Symb.: C R: 35 S: (1/2)-9-26-45		
S-2,3-Dichlorallyldiisopropyl-thiocarbamat Siehe: Diallat (ISO)					
3,3'-Dichlorbenzidin Anm. E	612-068-00-4 202-109-0 91-94-1	Carc. Cat. 2; R45 Xn; R21 R43	Symb.: T R: 45-21-43 S: 53-45		
Salze von 3.3'-Dichlorbenzidin Anm. A, E	612-069-00-X	Carc. Cat. 2; R45 Xn; R21 R43	Symb.: T R: 45-21-43 S: 53-45		
1,2-Dichlorbenzol Vgl.: o-Dichlorbenzol	602-034-00-7 202-425-9 95-50-1	Xn; R22 Xi; R36/37/38	Symb.: Xn R: 22-36/37/38 S: (2)-23	20% ≤ C 5% ≤ C < 20%	Xn; R22-36/37/38 Xn; R22
1,3-Dichlorbenzol	602-067-00-7 208-792-1 541-73-1	Xn; R22	Symb.: Xn R: 22 S: (2)		
1,4-Dichlorbenzol Vgl.: p-Dichlorbenzol	602-035-00-2 203-400-5 106-46-7	Xn; R22 Xi; R36/38	Symb.: Xn R: 22-36/38 S: (2)-22-24/25-46		
o-Dichlorbenzol Siehe: 1,2-Dichlorbenzol					
p-Dichlorbenzol Siehe: 1,4-Dichlorbenzol					
2,6-Dichlorbenzonitril Siehe: Dichlobenil (ISO)					
1,4-Dichlorbut-2-en Anm. E	602-073-00-X 212-121-8 764-41-0	Carc. Cat. 2; R45 T+; R26 T; R24/25 C; R34	Symb.: T+ R: 45-24/25-26-34 S: 53-45		
3,7-Dichlorchinolin-8-carbonsäure	607-186-00-8 402-780-1 84087-01-4	R43	Symb.: Xi R: 43 S. (2)-24-37		
Dichlor(dichlorphenyl)methyl methylbenzol, Isomerengemisch	602-072-00-4 278-404-3 76253-60-6	N; R50-53	Symb.: N R: 50/53 S: 60-61		
2,2'-Dichlor-diethylether	603-029-00-2 203-870-1 111-44-4	R10 T+; R26/27/28 Xn; R40	Symb.: T+ R: 10-26/27/28-40 S: (1/2)-7/9-27-38-45	7% ≤ C 1% ≤ C < 7% 0.1% ≤ C < 1%	T+; R26/27/28-40 T; R23/24/25-40 Xn; R20/21/22
3,5-Dichlor-2,4-difluorbenzoyl-fluorid	607-181-00-0 401-800-6 101513-70-6	T; R23 C; R34 Xn; R22 R43 R29 R52-53	Symb.: T, C R: 22-23-29-34-43-52/53 S: (1/2)-26-36/37/39-45-61		

Stoffidentität		Stoff		Zubereitungen	
Bezeichnung	INDEX-Nr. EWG-Nr. CAS-Nr.	Einstufung	Kennzeichnung	Konzentrations-grenzen	Einstufung/ Kennzeichnung
1	2	3	4	5	6
Dichlorodiphenyltrichlorethan Siehe: DDT					
Dichloressigsäure	607-066-00-5 201-207-0 79-43-6	C; R35	Symb: C R: 35 S: (1/2)-26-45		
1,1-Dichlorethan Vgl.: Ethylidendichlorid	602-011-00-1 200-863-5 75-34-3	F; R11 Xn; R22 Xi; R36/37	Symb.: F, Xn R: 11-22-36/37 S: (2)-16-23	20% ≤ C 12,5% ≤ C < 20%	Xn; R22-36/37 Xn; R22
1,2-Dichlorethan Anm. E Vgl.: Ethylenchlorid	602-012-00-7 203-458-1 107-06-2	F; R11 Carc. Cat. 2; R45 Xn; R22 Xi; R36/37/38	Symb.: F, T R: 45-11-22-36/37/38 S: 53-45	25% ≤ C 20% ≤ C < 25% 0.1% ≤ C < 20%	T; R45-22-36/37/38 T; R45-36/37/38 T; R45
1,1-Dichlorethen Anm. D Vgl.: Dichlorethylen	602-025-00-8 200-864-0 75-35-4	F+; R12 Xn; R20-40	Symb.: F+, Xn R: 12-20-40 S: (2)-7-16-29	12.5% ≤ C 1% ≤ C < 12.5%	Xn; R20-40 Xn; R40
1,2-Dichlorethen Vgl.: Dichlorethylen	602-026-00-3 208-750-2 540-59-0	F; R11 Xn; R20	Symb.: F, Xn R: 11-20 S: (2)-7-16-29	12.5% ≤ C	Xn; R20
Dichlorethylen Siehe: 1,2-Dichlorethen					
Dichlorethylen Siehe: 1,1-Dichlorethen					
1,3-Dichlor-5-ethyl-5-methylimida-zolidin-2,4-dion	613-075-00-5 401-570-7 89415-87-2	O; R8 T+; R26 C; R34 Xn; R22 R43 N; R50	Symb.: O, T+, N R: 8-22-26-34-43-50 S: (1/2)-8-26-36/39-45-61		
2,4-Dichlor-3-ethylphenol	604-023-00-2 401-060-4	C; R34 N; R50-53	Symb.: C, N R: 34-50/53 S: (1/2)-26-36/39-45-60-61		
N-Dichlorfluormethylthio-N', N'-dimethyl-N-phenylsulfamid Siehe: Dichlofluanid (ISO)					
N-(Dichlorfluormethylthio)-phthalimid Vgl.: Phthalimido-dichlorfluor-thio-methan	616-012-00-X 211-952-3 719-96-0	Xi; R38	Symb.: Xi R: 38 S: (2)-28		
Dichlorisocyanursäure Vgl.: 1,3-Dichlor-5H-(1,3,5)-triazin-2,4,6-trion	613-029-00-4 220-487-5 2782-57-2	O; R8 Xn; R22 R31 Xi; R36/37	Symb.: O, Xn R: 8-22-31-36/37 S: (2)-8-26-41		
Dichlorisocyanursäure, Natriumsalz Vgl.: 1,3-Dichlor-5H-(1, 3, 5)-tri-azin-2, 4, 6-trion, Natriumsalz	613-030-00-X 220-767-7 2893-78-9	O; R8 Xn; R22 R31 Xi; R36/37	Symb.: O, Xn R: 8-22-31-36/37 S: (2)-8-26-41	10% ≤ C	Xn; R22/31-36/37
Dichlorisocyanursäure, Kaliumsalz Vgl.: 1,3-Dichlor-5H-(1, 3, 5)-triazin-2, 4, 6-trion, Kaliumsalz	613-030-00-X 218-828-8 2244-21-5	O; R8 Xn; R22 R31 Xi; R36/37	Symb.: O, Xn R: 8-22-31-36/37 S: (2)-8-26-41	10% ≤ C	Xn; R22/31-36/37
Dichlormethan, Vgl.: Methylenchlorid	602-004-00-3 200-838-9 75-09-2	Carc. Cat. 3; R40	Symb.: Xn R:40 S: (2)-23-24/25-36/37		
2,2'-Dichlor-4,4'-methylendi, anilin Anm. E Vgl.: 4,4'-Methylen-bis-(2-chloranilin)	612-078-00-9 202-918-9 101-14-4	Carc. Cat. 2; R45 Xn; R22	Symb.: T R: 45-22 S: 53-45		
Salze von 2,2'-Dichlor-4,4'-methylendianilin Anm. A, E Vgl.: Salze von 4,4'-Methylen-bis-(2-chloranilin)	612-079-00-4	Carc. Cat. 2; R45 Xn; R22	Symb.: T R: 45-22 S: 53-45		

Stoffidentität		Stoff		Zubereitungen	
Bezeichnung	INDEX-Nr. EWG-Nr. CAS-Nr.	Einstufung	Kennzeichnung	Konzentrations-grenzen	Einstufung/ Kennzeichnung
1	2	3	4	5	6
4,4-Dichlor-2,2'-methylendiphenol Siehe: Dichlorophen (ISO)					
2,3-Dichlor-1,4-naphthochinon Siehe: Dichlon (ISO)					
1,1-Dichlor-1-nitroethan	610-002-00-9 209-854-0 594-72-9	T; R23/24/25	Symb.: T R: 23/24/25 S: (1/2)-26-45		
Dichloroacetylen	602-069-00-8 7572-29-4	E; R2 Carc. Cat. 3; R40 Xn; R48/20	Symb.: E, Xn, R: 2-40-48/20 S: (2)-36/37		
Dichlorophen (ISO) Vgl.: 4,4'-Dichlor-2,2'-methylendiphenol	604-019-00-0 202-567-1 97-23-4	Xn; R22 Xi; R36	Symb.: Xn R: 22-36 S: (2)-26		
2,4-Dichlorophenol	604-011-00-7 204-429-6 120-83-2	Xn; R22 Xi; R36/38	Symb.: Xn R: 22-36/38 S: (2)-26-28		
1-[[2-(2,4-Dichlorophenyl)-1,3-dioxolan-2-yl]methyl]-1H-1,2,4-triazol Siehe: Azaconazol (ISO)					
1,2-Dichlorpropan Vgl.: Propylendichlorid	602-020-00-0 201-152-2 78-87-5	F; R11 Xn; R20/22	Symb.: F, Xn R: 11-20/22 S: (2)-16-24		
4-(2,4-Dichlorphenoxy)buttersäure	607-083-00-8 202-366-9 94-82-6	Xn; R21/22	Symb.: Xn R: 21/22 S: (2)-36/37		
2,4-Dichlorphenoxyessigsäure Siehe: 2,4-D (ISO)					
2-(2,4-Dichlor-phenoxy)-ethylhydrogensulfat Siehe: Disul					
2-(2,4-Dichlorphenoxy)propionsäure Siehe: Dichlorprop (ISO)					
H1-(3,4-Dichlorphenylimino) thiosemicarbazid	616-016-00-1 5836-73-7	T+; R28	Symb.: T+ R: 28 S: (1/2)-22-36/37-45		
3-(3,4-Dichlorphenyl)-1-methoxy-1-methylharnstoff Siehe: Linuron (ISO)					
2-(3,4-Dichlorphenyl)-4-methyl-1,2,4-oxadiazolidindion	606-033-00-2 243-761-6 20354-26-1	Xn; R21/22 Xi; R36/38	Symb.: Xn R: 21/22-36/38 S: (2)-36/37		
2,4-Dichlorphenyl-4-nitrophenylether Siehe: Nitrofen (ISO)					
O-2,4-Dichlorphenyl-O,O-diethylthiophosphat Siehe: Dichlofenthion (ISO)					
α-2,4-Dichlor-phenyl-α-phenylpyrimidin-5-yl-methanol Siehe: Triarimol					
S-(2,5-Dichlor-phenylthio)-methyl-O,O-diethyl-dithiophosphat Phenkapton					
Dichlorprop (ISO) Vgl: 2-(2,4-Dichlorphenoxy)propionsäure	607-045-00-0 204-390-5 120-36-5	Xn; R21/22 Xi; R38-41	Symb.: Xn R: 21/22-38-41 S: (2)-26-36/37		

Stoffidentität		Stoff		Zubereitungen	
Bezeichnung	INDEX-Nr. EWG-Nr. CAS-Nr.	Einstufung	Kennzeichnung	Konzentrationsgrenzen	Einstufung/ Kennzeichnung
1	2	3	4	5	6
1,3-Dichlor-2-propanol Anm. E	602-064-00-0 202-491-9 96-23-1	Carc. Cat. 2; R45 T; R25 Xn; R21	Symb.: T R: 45-21-45 S: 53-45		
1,1-Dichlorpropen Anm. C	602-031-00-0 209-253-3 563-58-6	F; R11 T; R25	Symb.: F, T R: 11-25 S: (1/2)-16-29-33-45		
1,2-Dichlorpropen Anm. C	602-031-00-0 563-54-2	F; R11 T; R25	Symb.: F, T R: 11—25 S: (1/2)-16-29-33-45		
1,3-Dichlorpropen Anm. D	602-030-00-5 208-826-5 542-75-6	R10 T; R25 Xn; R20/21 Xi; R36/37/38 R43	Symb.: T R: 10-20/21-25-36/37/38-43 S: (1/2)-36/37-45		
3',4'-Dichlorpropionanilid Siehe: Propanil (ISO)					
2,2-Dichlorpropionsäure Vgl.: Dalapon	607-162-00-7 200-923-0 75-99-0	Xn; R22 Xi; R38-41	Symb.: Xn R: 22-38-41 S: (2)-26-39		
Salze von Dichlorprop Anm. A	607-046-00-6	Xn; R20/21/22	Symb.: Xn R: 20/21/22 S: (2)-13		
3,5-Dichlor-4-(1,1,2,2-tetrafluorethoxy)anilin	612-093-00-0 401-790-3 104147-32-2	Xn; R22 N; R50-53	Symb.: Xn, N R: 22-50/53 S: (2)-24/25-26-57-60-61		
2,6-Dichlor (thiobenzamid) Siehe: Chlorthiamid (ISO)					
α,α-Dichlor-toluol Vgl.: Benzalchlorid	602-058-00-8 202-709-2 98-87-3	Carc. Cat. 3; R40 T; R23 Xn; R22 Xi; 37/38-41	Symb.: T R: 22-23-37/38-40-41 S: (1/2)-36/37-38-45		
1-3-Dichlor-5H-(1,3,5)-triazin-2,4,6-trion Siehe: Dichlorisocyanursäure					
1,3-Dichlor-5H-(1,3,5)-triazin-2,4,6-trion, Kaliumsalz Siehe: Dichlorisocyanursäure, Kaliumsalz					
1,3-Dichlor-5H-(1,3,5)-triazin-2,4,6-trion, Natriumsalz Siehe: Dichlorisocyanursäure, Natriumsalz					
2,2-Dichlorvinyldimethylphosphat Siehe: Dichlorvos (ISO)					
O-(2,2-Dichlorvinyl)-O-methyl-O-(2-ethylsulfinyl-ethyl) phosphat	015-077-00-6 7076-53-1	T; R23/24/25	Symb.: T R: 23/24/25 S: (1/2)-13-45		
Dichlorvos (ISO) Vgl.: 2,2-Dichlorvinyldimethylphosphat	015-019-00-X 200-547-7 62-73-7	R; R24/25	Symb.: T R: 24/25 S: (1/2)-23-36/37-45		
Dicofol (ISO) Vgl.: 2,2,2-Trichlor-1,1-bis(4-chlorphenyl)ethanol	603-044-00-4 204-082-0 115-32-2	Xn; R21/22 Xi; R38 R43	Symb.: Xn R: 21/22-38-43 S: (2)-36/37		
Dicophan Siehe: DDT					
Dicrotophos (ISO) Vgl.: (Z)-2-Dimethylcarbamoyl-1-methylvinyldimethylphosphat	015-073-00-4 205-494-3 141-66-2	T+; R28 T; R24	Symb.: T+ R: 24-28 S: (1/2)-28-36/37-45		

Stoffidentität		Stoff		Zubereitungen	
Bezeichnung	INDEX-Nr. EWG-Nr. CAS-Nr.	Einstufung	Kennzeichnung	Konzentrations-grenzen	Einstufung/ Kennzeichnung
1	2	3	4	5	6
Dicumarin Vgl. 3,3'-Methylen-bis (4-hydroxy-cumarin)	607-060-00-2 200-632-9 66-76-2	T; R48/25 Xn; R22	Symb.: T R: 22-48/25 S: (1/2)-37-45		
8,8'-Dicumenylperoxid Vgl.: Dicumylperoxid	617-006-00-X 201-279-3 80-43-3	O; R7 Xi; R36/38	Symb.: O, Xi R: 7-36/38 S: (2)-3/7-14-36/37/39		
Dicumylperoxid Siehe: 8,8'-Dicumenylperoxid					
Dicyan Siehe: Oxalsäuredinitril					
Dicyclohexylamin	612-066-00-3 202-980-7 101-83-7	Xn; R22C; R34	Symb.: C R: 22-34 S: (1/2)-36/37/39-45	25% ≤ C 10% ≤ C < 25% 2% ≤ C < 10%	C; R22-34 C; R34 Xi; R36/38
Dicyclohexylammoniumnitrit	007-009-00-9 221-515-9 3129-91-7	Xn; R20/22	Symb.: Xn R: 20/22 S: (2)-15-41	10% ≤ C	Xn; R20/22
Dicyclohexylmethan-4,4'-diiso-cyanat Anm. 2	615-009-00-0 225-863-2 5124-30-1	T; R23 Xi; R36/37/38 R42/43	Symb.: T R: 23-36/37/38-42/43 S: (1/2)-26-28-38-45	20% ≤ C 2% ≤ C < 20% 0,5% ≤ C < 2%	T; R23-36/37/38-42/ 43 T; R23-42/43 Xn; R20-42/43
Dieldrin (ISO)	602-049-00-9 200-484-5 60-57-11	T +; R27 T; R25-48/25 Carc. Cat. 3; R40 N; R50-53	Symb.: T +, N R: 25-27-40-48/25-50/53 S: (1/2)-22-36/37-45-60-61		
1, 2, 3, 4-Diepoxybutan Vgl.: Butadiendiepoxid	603-060-00-1 215-979-1 1464-53-5	T; R23/24/25 Xi; R36/37/38 Xn; R40 R42/43	Symb.: T R: 23/24/25-36/37/38-40-42/ 43 S: (1/2)-23-24-45	20% ≤ C 1% ≤ C < 20% 0,1% ≤ C < 1%	T; R23/24/25-36/37/ 38-40-42/43 T; R23/24/25-40-42/ 43 Xn; R20/21/22-42/43
Diethanolamin	603-071-00-1 203-868-0 111-42-2	Xi; R36/38	Symb.: Xi R: 36/38 S: (2)-26	10% ≤ C	Xi; R36/38
Salz von Diethanolamin von 4-CPA	607-161-00-1	Xn; R22	Symb.: Xn R: 22 S: (2)		
1,1-Diethoxy-ethan Vgl.: Acetal	605-015-00-1 203-310-6 105-57-7	F; R11 Xi; R36/38	Symb.: F, Xi R: 11-36/38 S: (2)-9-16-33	10% ≤ C	Xi; R36/38
α-(Diethoxyphosphinothioylimino) phenylacetonitril Siehe: Phoxim (ISO)					
Diethylamin	612-003-00-X 203-716-3 109-89-7	F; R11 Xi; R36/37	Symb.: F, Xi R: 11-36/37 S: (2)-16-26-29		
2-Diethylamino-ethanol	603-048-00-6 202-845-2 100-37-8	Xi; R36/37/38	Symb.: Xi R: 36/37/38 S: (2)-28		
2-Diethylaminoethylmethacrylat Anm. D	607-127-00-6 203-275-7 105-16-8	Xn; R20 Xi; R36/38 R43	Symb.: Xn R: 20-36/38-43 S: (2)-26	25% ≤ C 10% ≤ C < 25% 1% ≤ C < 10%	Xn; R20-36/38-43 Xi; R36/38-43 Xi; R43
O-(2-Diethylamino-6-methylpyri-midin-4-yl)-O,O-dimethylthio phosphat Siehe: Pirimiphos-methyl (ISO)					
3-Diethylamino-propylamin Siehe: N,N-Diethyl-1,3-diaminopropan					
2,6-Diethylanilin	612-106-00-X 209-445-7 579-66-8	Xn; R22	Symb.: Xn R: 22 S: (2)-23-24		
N,N-Diethylanilin	612-054-00-8 202-088-8 91-66-7	T; R23/24/25 R33	Symb.: T R: 23/24/25-33 S: (1/2)-28-37-45	5% ≤ C 1% ≤ C < 5%	T; R23/24/25-33 Xn; R20/21/22-33

Stoffidentität		Stoff		Zubereitungen	
Bezeichnung	INDEX-Nr. EWG-Nr. CAS-Nr.	Einstufung	Kennzeichnung	Konzentrations-grenzen	Einstufung/ Kennzeichnung
1	2	3	4	5	6
O,O-Diethyl-O-chinoxalin-2-yl thiophosphat Siehe: Quinalfos (ISO)					
O,O-Diethyl-S-(6-chlor-2-oxobenz (b)1,3-oxalin-3-yl)-methyl-dithiophosphat Siehe: Phosalon					
N,N-Diethyl-1,3-diaminopropan Vgl.: 3-Diethylamino-propylamin	612-062-00-1 203-236-4 104-78-9	R 10 Xn; R21/22 C; R34 R43	Symb.: C R: 10-21/22-34-43 S: (1/2)-26-36/37/39-45	25% ≤ C 10% ≤ C < 25% 5% ≤ C < 10% 1% ≤ C < 5%	C; R21/22-34-43 C; R34-43 Xi; R36/38-43 Xi; R43
O,O-Diethyl-O-2-diethylamino-6-methylpyrimidin-4-ylthio-phosphat Siehe: Pirimphos-ethyl (ISO)					
Diethyl-2,4-dihydroxycyclodi-siloxan-2,4-diyl-bis(tri-methylen)disphosphonat, Tetra-natriumsalz; Reaktionsprodukte mit Dinatriummetasilikat	650-014-00-1 401-770-4	C; R34 Xn; R22	Symb.: C R: 22-34 S: (1/2)-26-36/37/39-45		
Diethyl-1,3-dithietan-2-yliden-phosphoramidat Vgl.: Fosthietan	015-124-00-0 244-437-7 21548-32-3	T+; R27/28	Symb.: T+ R: 27/28 S: (1/2)-36/37-45		
O,O-Diethyldithiobis (thioformiat) Siehe: Dixanthogen					
Diethyl-1,3-dithiolan-2-yliden-phosphoramidat Siehe: Phospholan (ISO)					
Diethylenglykoldiacrylat Anm. D	607-120-00-8 223-791-6 4074-88-8	T; R24 Xi; R36/38 R43	Symb.: T R: 24-36/38-43 S: (1/2)-28-39-45	20% ≤ C 2% ≤ C < 20% 0.2% ≤ C < 2%	T; R24-36/38-43 T; R24-43 Xn; R21-43
Diethylenglykoldinitrat Siehe: Bis(hydroxyethyl)-ether-di-nitrat					
Diethylentriamin Siehe: 3-Azapentan-1,5-diamin					
Diethylether Vgl.: Ether	603-022-00-4 200-467-2 60-29-7	F+; R12 R19	Symb.: F+ R: 12-19 S: (2)-9-16-29-33		
O,O-Diethyl-O-(6-ethoxycarbo-nyl-5-methylpyrazolo(2,3-a)pyri-midin-2-yl)thiophosphat Siehe: Pyrazophos (ISO)					
Diethyl(ethyldimethylsilano-lato)aluminium	013-005-00-8 401-160-8 55426-95-4	F; R14/15-17 C; R35	Symb.: F, C R: 14/15-17-35 S: (1/2)-6-16-30-36/39-43-45		
O,O-Diethyl-S-2-ethylsulfinyl-ethyl-dithiophosphat Siehe: Oxydisulfoton					
O,O-Diethyl-2-ethylthioethyldi-thiophosphat Siehe: Disulfoton (ISO)					
O,O-Diethyl-0-2-ethylthioethyl-thiophosphat Siehe: Demeton-O (ISO)					
Diethyl-S-2-ethylthioethylthio-phosphat Siehe: Demeton-S (ISO)					

Stoffidentität		Stoff		Zubereitungen	
Bezeichnung	INDEX-Nr. EWG-Nr. CAS-Nr.	Einstufung	Kennzeichnung	Konzentrations-grenzen	Einstufung/ Kennzeichnung
1	2	3	4	5	6
O,O-Diethylethylthiomethyldi-thiophosphat Siehe: Phorat (ISO)					
O,O-Diethylisopropylcarbamoyl-methyldithiophosphat Siehe: Prothoat (ISO)					
O,O-Diethyl-O-2-isopropyl-6-methylpyrimidin-4-ylthio-phosphat Siehe: Diazinon (ISO)					
Diethylketon Siehe: Pentan-3-on					
O,O-Diethyl-O-(4-methylcumarin-7-yl)-thiophosphat	015-076-00-0 299-45-6	T+; R26/27/28	Symb.: T+ R: 26/27/28 S: (1/2)-13-28-45		
Diethyl-4-methyl-1,3-dithiolan-2-ylidenphosphoramidat Siehe: Mephosfolan (ISO)					
O,O-Diethyl-O-(3-methyl-1H-pyrazol-5-yl)-phosphat Siehe: Pyrazoxon					
O,O-Diethyl-O-4-methylsulfinyl-phenylthiophosphat Siehe: Fensulfothion (ISO)					
O,O-Diethyl-O-4-nitrophenyl-thiophosphat Siehe: Parathion (ISO)					
Diethyloxalat Vgl.: Oxalsäurediethylester	607-147-00-5 202-464-1 95-92-1	Xn; R22 Xi; R36	Symb.: Xn R: 22-36 S: (2)-23		
O,O-Diethyl-4-oxobenzotriazin-3-ylmethyldithiophosphat Siehe: Azinphos-ethyl (ISO)					
N,N-Diethyl-p-phenylendiamin Siehe: 4-Amino-N,N-diethylanilin					
O,O-Diethyl-O-5-phenylisoxazol-3-ylthiophosphat	015-131-00-9 242-624-8 18854-01-8	T; R24/25	Symb.: T R: 24/25 S: (1/2)-28-36/37-45		
O,O-Diethyl-O-1-phenyl-1,2,4-triazol-3-ylthiophosphat Siehe: Triazophos (ISO)					
O,O-Diethylphthalimidothiophos-phonat	015-120-00-9 225-875-8 5131-24-8	Xi; R38 R43	Symb.: Xi R: 38-43 S: (2)-36/37		
O,O-Diethyl-O-pyrazin-2-ylthio-phosphat Vgl.: Thionazin	015-112-00-5 206-049-6 297-97-2	T+; R27/28	Symb.: T+ R: 27/28 S: (1/2)-36/37/39-38-45		
Diethylsulfat Anm. E	016-027-00-6 200-589-6 64-67-5	Carc. Cat. 2; R45 Muta.Cat.2; R46 Xn; R20/21/22 C; R34	Symb.: T R: 45-46-20/21/22-34 S: 53-45		
O,O-Diethyl-O-7,8,9,10-tetra-hydro-6-oxo-benzo(c)chromen-3-yl-thiophosphat Siehe: Coumithoat (ISO)					
N,N-Diethyl-m-toluamid	616-018-00-2 205-149-7 134-62-3	Xn; R22 Xi; R36/38	Symb.: Xn R: 22-36/38 S: (2)		

Stoffidentität		Stoff		Zubereitungen	
Bezeichnung	INDEX-Nr. EWG-Nr. CAS-Nr.	Einstufung	Kennzeichnung	Konzentrationsgrenzen	Einstufung/ Kennzeichnung
1	2	3	4	5	6
O,O-Diethyl-O-3,5,6-trichlor-2 -pyridylthiophosphat Siehe: Chlorpyriphos (ISO)					
Difenacoum Siehe: 3-(3-Biphenyl-4-yl-1,2,3,4-tetrahydro-1-naphthyl)-4-hydroxycumarin					
Digitoxin Vgl.: 3β,14β-Dihydroxy-5β-carden-20 (22)-olid-3-tridigitoxid	614-022-00-9 200-760-5 71-63-6	T; R23/25 R33	Symb.: T R: 23/25-33 S: (1/2)-45		
2,3-Dihydro-2,2-dimethylbenzofuran-7-ylmethylcarbamat Siehe: Carbofuran (ISO)					
5,10-Dihydro-5,10-dioxonaphtho (2,3-b) (1,4)dithiazin-2,3-dicarbonitril Siehe: Dithianon (ISO)					
2,3-Dihydro-5-methoxy-2-oxo-1, 3,4-thiadiazol-3-ylmethyl-O,O-dimethyldithiophosphat Siehe: Methidathion (ISO)					
5,6-Dihydro-2-methyl-1,4-oxathiin-3-carboxanilid-4,4-dioxid Siehe: Oxycarboxin (ISO)					
1,2-Dihydroxybenzol Vgl.: Brenzcatechin	604-016-00-4 204-427-5 120-80-9	Xn; R21/22 Xi; R36/38	Symb.: Xn R: 21/22-36/38 S: (2)-22-26-37		
1,4-Dihydroxybenzol Vgl.: Hydrochinon	604-005-00-4 204-617-8 123-31-9	Xn; R20/22	Symb.: Xn R: 20/22 S: (2)-24/25-39		
1,3-Dihydroxybenzol Vgl.: Resorcin	604-010-00-1 203-585-2 108-46-3	Xn; R22 Xi; R36/38	Symb.: Xn R: 22-36/38 S: (2)-26	20% ≤ C 10% ≤ C < 20%	Xn; R22-36/38 Xn; R22
3β,14β-Dihydroxy-5β-carden-20 (22)-olid-3-tridigitoxid Siehe: Digitoxin					
5β,14β-Dihydroxy-3β-(β-D-glucopyranosido-4β-D-glucopyranosido-β-D-cymaropyranosido)-19-oxo-card-20 (22)-enolid Siehe: K-Strophantin					
Diisobutylketon Siehe: 2,6-Dimethyl-heptan-4-on					
2,4-Diisocyanat-toluol Anm. C, 2	615-006-00-4 209-544-5 584-84-9	T; R23 Xi; R36/37/38 R42	Symb.: T R: 23-36/37/38-42 S: (1/2)-23-26-28-38-45	20% ≤ C 2% ≤ C < 20% 0.5% ≤ C < 2%	T; R23-36/37/38-42 T; R23-42 Xn; R20-42
2,6-Diisocyanat-toluol Anm. C, 2	615-006-00-4 202-039-0 91-08-7	T; R23 Xi; R36/37/38 R42	Symb.: T R: 23-36/37/38-42 S: (1/2)-23-26-28-38-45	20% ≤ C 2% ≤ C < 20% 0.5% ≤ C < 2%	T; R23-36/37/38-42 T; R23-42 Xn; R20-42
Diisopropanolamin Siehe: 1,1'-Iminodipropan-2-ol					
Di-isopropylamin	612-048-00-5 203-558-5 108-18-9	F; R11 Xi; R36/37/38	Symb.: F, Xi R: 11-36/37/38 S: (2)-9-16		
N,N'-Diisopropyl-diamidophosphorsäure-fluorid Siehe: Mipafox					
Di-isopropylether	603-045-00-X 203-560-6 108-20-3	F; R11 R19	Symb.: F R: 11-19 S: (2)-9-16-33		

Stoffidentität		Stoff		Zubereitungen	
Bezeichnung	INDEX-Nr. EWG-Nr. CAS-Nr.	Einstufung	Kennzeichnung	Konzentrationsgrenzen	Einstufung/ Kennzeichnung
1	2	3	4	5	6
Diisopropylketon Siehe: 2,4-Dimethyl-3-pentanon					
O,O-Diisopropyl-2-phenylsulfonylaminoethyldithiophosphat Siehe: Bensulid (ISO)					
Diketen Siehe: 4-Methylen-2-oxetanon					
Dikupferoxid Vgl.: Kupfer (I)-oxid	029-002-0-X 215-270-7 1317-39-1	Xn; R22	Symb.: Xn R: 22 S: (2)-22		
Dilauroylperoxid	617-003-00-3 203-326-3 105-74-8	O; R7	Symb.: O R: 7 S: (2)-3/7-14-36/37/39		
Dilithium 6-acetamido-4-hydroxy-3-(4-((2-sulfonatooxy)ethylsulfonyl)phenylazo)naphthalin -2-sulfonat	016-043-00-3 401-010-1	R43	Symb.: Xi R: 43 S: (2)-24-37		
Dimefox (ISO) Vgl.: Tetramethylphosphordiamidsäurefluorid	015-061-00-9 204-076-8 115-26-4	T+; R27/28	Symb.: T+ R: 27/28 S: (1/2)-23-28-36/37-38-45		
Dimepranol (INN) Siehe: 1-Dimethylaminopropan-2-ol					
Dimethoat (ISO) Vgl.: O,O-Dimethylmethylcarbamoylmethyldithiophosphat	015-051-00-4 200-480-3 60-51-5	Xn; R21/22	Symb.: Xn R: 21/22 S: (2)-36/37		
3,3'-Dimethoxybenzidin Anm. E Vgl.: o-Dianisidin	612-036-00-X 204-355-4 119-90-4	Carc. Cat. 2; R45 Xn; R22	Symb.: T R: 45-22 S: 53-45		
Salze von 3,3'-Dimethoxy benzidin Anm. A, E Vgl.: Salze von o-Dianisidin	612-037-00-5	Carc. Cat. 2; R45 Xn; R22	Symb.: T R: 45-22 S: 53-45		
1-(3',4'-Dimethoxybenzyl-6,7-dimethoxy-isochinolin Siehe: Papaverin					
1,1-Dimethoxyethan Vgl.: Dimethylacetal	605-007-00-8 208-589-8 534-15-6	F; R11	Symb.: F R: 11 S: (2)-9-16-33		
1,2-Dimethoxy-ethan Vgl.: Dimethylglykol	603-031-00-3 203-794-9 110-71-4	R10 R19 Xn; R20	Symb.: Xn R: 10-19-20 S: (2)-24/25		
2,3-Dimethoxystrychnin Siehe: Brucin					
Dimethylacetal Siehe: 1,1-Dimethoxyethan					
N,N-Dimethylacetamid	616-011-00-4 204-826-4 127-19-5	Xn; R20/21 Xi; R36	Symb.: Xn R: 20/21-36 S: (2)-26-28-36	20% ≤ C 12.5% ≤ C < 20%	Xn; R20/21-36 Xn; R20/21
O,S-Dimethylacetamidothiophosphat Siehe: Acephat (ISO)					
O,S-Dimethylamidothiophosphat Siehe: Methamidophos (ISO)					
2-Dimethylamino-ethanol	603-047-00-0 203-542-8 108-01-0	R10 Xi; R36/37/38	Symb.: Xi R: 10-36/37/38 S: (2)-28		
2-Dimethylaminoethylamin Siehe: 2-Aminoethyldimethylamin					

Stoffidentität		Stoff		Zubereitungen	
Bezeichnung	INDEX-Nr. EWG-Nr. CAS-Nr.	Einstufung	Kennzeichnung	Konzentrations-grenzen	Einstufung/ Kennzeichnung
1	2	3	4	5	6
2-Dimethylaminoethylmeth-acrylat Anm. D	607-132-00-3 220-688-8 2867-47-2	Xn; R21/22 Xi; R36/38 R43	Symb.: Xn R: 21/22-36/38-43 S: (2)-26-28	25% ≤ C 10% ≤ C < 25% 1% ≤ C < 10%	Xn; R21/22-36/38-43 Xi; R36/38-43 Xi; R43
α[4-(4-Dimethylamino-α-[4-[ethyl(3-natriosulfonatobenzyl)amino]phenyl]benzyliden)cyclo-hexa-2,5-dienyliden(ethyl)ammonio] toluol-3-sulfonat Siehe: Benzyl Violet 4B					
3-(N',N'-Dimethylamino-methy-len)-amino-phenyl-N-methylcar-bamat Siehe: Formetanat					
1-Dimethylaminopropan-2-ol Vgl.: Dimepranol (INN)	603-077-00-4 203-556-4 108-16-7	R10 Xn; R22 C; R34	Symb.: C R: 10-22-34 S: (1/2)-23-26-36-45		
3-Dimethylamino-propylamin Siehe: N,N-Dimethyl-1,3-diaminopropan					
3-(Dimethylamino)propylharn-stoff	006-073-00-5 401-950-2 31506-43-1	Xi; R41	Symb.: Xi R: 41 S: (2)-26-39		
4-Dimethylamino-3-tolylmethyl-carbamat Siehe: Aminocarb (ISO)					
4-Dimethylamino-3,5-xylyl-methylcarbamat Siehe: Mexacarbat (ISO)					
N,N-Dimethyl-anilin	612-016-00-0 204-493-5 121-69-7	T; R23/24/25 R33	Symb.: T R: 23/24/25-33 S: (1/2)-28-37-45	5% ≤ C 1% ≤ C < 5%	T; R23/24/25-33 Xn; R20/21/22-33
2,2'-Dimethyl-2,2'-azodipropio-nonitril	608-019-00-1 201-132-3 78-67-1	E; R2 F; R11 Xn; R20/22	Symb.: E, Xn R: 2-11-20/22 S: (2)-3/9-41-47		
3,3'-Dimethylbenzidin Anm. E Vgl.: o-Tolidin	612-041-00-7 204-358-0 119-93-7	Carc. Cat. 2; R45 Xn; R22	Symb.: T R: 45-22 S: 53-45		
N,N'-Dimethyl-benzidin	612-043-00-8 2810-74-4	Xn; R20/21/22	Symb.: Xn R: 20/21/22 S: (2)-22-36		
Salze von 3,3'-Dimethylbenzidin Anm. A, E Vgl.: Salze von o-Tolidin	612-081-00-5	Carc. Cat. 2; R45 Xn; R22	Symb.: T R: 45-22 S: 53-45		
2,2-Dimethyl-1,3-benzodioxol-4-ol	604-022-00-7 400-900-7 22961-82-6	Xi; R41	Symb.: Xi R: 41 S: (2)-24-26-39		
2,2-Dimethyl-1,3-benzodioxol-4-ylmethylcarbamat Siehe: Bendiocarb (ISO)					
α,α-Dimethylbenzyl hydro-peroxid 80% Vgl.: Cumolhydroperoxid 80%	617-002-00-8 201-254-7 80-15-9	O; R7 C; R34 Xn; R20/22	Symb.: O, C R: 7-20/22-34 S: (1/2)-3/7-14-36/37/39-45-50	25% ≤ C 10% ≤ C < 25% 5% ≤ C < 10%	C; R20/22-34 C; R34 Xi; R36/37/38
1,1'-Dimethyl-4,4'-bipyridi-nium Siehe: Paraquat (ISO)					
Dimethylcarbamoylchlorid Anm. E	006-041-00-0 201-208-6 79-44-7	Carc. Cat.2; R45 T; R23 Xn; R22 Xi; R36/37/38	Symb.: T R: 45-22-23-36/37/38 S: 53-45		
1-Dimethylcarbamoyl-5-methylpy-razol-3-yldimethylcarbamat	613-047-00-2 211-420-0 644-64-4	T; R25 Xn; R21	Symb.: T R: 21-25 S: (1/2)-36/37-45		

Stoffidentität		Stoff		Zubereitungen	
Bezeichnung	INDEX-Nr. EWG-Nr. CAS-Nr.	Einstufung	Kennzeichnung	Konzentrations-grenzen	Einstufung/ Kennzeichnung
1	2	3	4	5	6
N',N'-Dimethylcarbamoyl(methylthio)methylenamin-N-methylcarbamat Vgl.: Oxamyl	006-059-00-9 245-445-3 23135-22-0	T+; R26/28 Xn; R21	Symb.: T+ R: 21-26/28 S: (1/2)-36/37-45		
(Z)-2-Dimethylcarbamoyl-1-methylvinyldimethylphosphat Siehe: Dicrotophos (ISO)					
Dimethylcarbonat	607-013-00-6 210-478-4 616-38-6	F; R11	Symb.: F R: 11 S: (2)-9-16		
N,N-Dimethyl-2-(3-(4-chlorphenyl)-4,5-dihydropyrazol-1-ylphenylsulfonyl)ethylamin	613-073-00-4 401-410-6 10357-99-0	Xn; R48/22 R43 N; R51-53	Symb.: Xn, N R: 43-48/22-51/53 S: (2)-24-37-61		
1,4-Dimethylcyclohexan	601-019-00-2 209-663-2 589-90-2	F; R11	Symb.: F R: 11 S: (2)-9-16-33		
N,N-Dimethyl-1,3-diaminopropan Vgl.: 3-Dimethylamino-propylamin	612-061-00-6 203-680-9 109-55-7	R10 Xn; R22 C; R34 R43	Symb.: C R: 10-22-34-43 S: (1/2)-26-36/37/39-45	25% ≤ C 10% ≤ C < 25% 5% ≤ C < 10% 1% ≤ C < 5%	C; R22-34-43 C; R34-43 Xi; R36/38-43 Xi; R43
Dimethyldichlorsilan	014-003-00-X 200-901-0 75-78-5	F; R11 Xi; R36/37/38	Sym.: F, Xi R: 11-36/37/38 S: (2)		
5,5-Dimethyldihydroresorcindimethylcarbamat Siehe: 5,5-Dimethyl-3-oxocyclohex-1-enyldimethylcarbamat					
5,6-Dimethyl-2-dimethylamino-pyrimidin-4-y-N,N-dimethylcarbamat Siehe: Pirimicarb					
2-(4,4-Dimethyl-2,5-dioxooxazolidin-1-yl)-2'-chlor-5'-(2-(2,4-di-tert-pentylphenoxy)butyramido)-4,4-dimethyl-3-oxovaleranilid	616-024-00-5 420-260-4	E; R2 R53	Symb.: E R: 2-53 S: (2)-61		
N,N-Dimethyl-2,2-diphenylacetamid Siehe: Diphenamid (ISO)					
1,2-Dimethyl-3,5-diphenylpyrazoliummethylsulfat	613-056-00-1 256-152-5 43222-48-6	Xn; R22	Symb.: Xn R: 22 S: (2)		
Dimethylether	603-019-00-8 204-065-8 115-10-6	F+; R12	Symb.: F+ R: 12 S: (2)-9-16-33		
N,N-Dimethylformamid Anm. E	616-001-00-X 200-679-5 68-12-2	Repr. Cat. 2; R61 Xn; R20/21 Xi; R36	Symb.: T R: 61-20/21-36 S: 53-45		
Dimethylglykol Siehe: 1,2-Dimethoxy-ethan					
2,6-Dimethyl-heptan-4-on Vgl.: Diisobutylketon	606-005-00-X 203-620-1 108-83-8	R10 Xi; R37	Symb.: Xi R: 10-37 S: (2)-24	10% ≤ C	Xi; R37
1,2-Dimethylhydrazin Anm. E	007-013-00-0 540-73-8	Carc. Cat. 2; R45 T; R23/24/25	Symb.: T R: 45-23/24/25 S: 53-45		
N,N-Dimethylhydrazin Anm. E	007-012-00-5 200-316-0 57-14-7	F; R11 Carc. Cat. 2; R45 T; R23/25 C; R34	Symb.: F, T R: 45-11-23/25-34 S: 53-45		
1,2-Dimethylimidazol	613-034-00-1 217-101-2 1739-84-0	Xn; R22 Xi; R38-41	Symb.: Xn R: 22-38-41 S: (2)-24-26		

Stoffidentität		Stoff		Zubereitungen	
Bezeichnung	INDEX-Nr. EWG-Nr. CAS-Nr.	Einstufung	Kennzeichnung	Konzentrations-grenzen	Einstufung/ Kennzeichnung
1	2	3	4	5	6
2,2-Dimethyl-3-(3-methoxy-2-methyl-3-oxo-prop-1-enyl)-cyclopropan-carbonsäure-O-(+)cis-4 [3-methyl-2-2(penta-2,4-dienyl) -cyclopent-2-en-1-on]-ester Siehe: Pyrethrin II					
Dimethyl-S-2-(1-methylcarbamoylethylthio) ethylthiophosphat Siehe: Vamidothion (ISO)					
O,O-Dimethyl-S-methylcarbamoyl-methylthiophosphat Siehe: Omethoat (ISO)					
O,O-Dimethylmethylcarbamoyl-methyldithiophosphat Siehe: Dimethoat (ISO)					
2,2'-Dimethyl-4,4'-methylenbis (cyclohexylamin)	612-110-00-1 229-962-1 6864-37-5	T; R23/24 Xn; R22 C; R35	Symb.: T, C R: 22-23/24-35 S: (1/2)-26-36/37/39-45		
Dimethyl-1-methyl-2-(methyl-carbamoyl)vinylphosphat Siehe: Monocrotophos (ISO)					
Dimethyl(3-methyl-4-(5-nitro-3 -ethoxycarbonyl-2-thienyl)azo) phenylnitrilodipropionat	607-173-00-7 400-460-6	R43 R52-53	Symb.: Xi R: 43-52/53 S: (2)-24-37-61		
2,2-Dimethyl-3-(2-methyl-prop-1-enyl)-cyclopropancarbonsäure -O-(+)cis-4[3-methyl-2-(penta-2,4-dienyl)-cyclopent-2-en-1-on]-ester Siehe: Pyrethrin I					
3,3-Dimethyl-1-(methylthio)butanon-O-(N-methylcarbamoyl)oxim Vgl.: Thiofanox	006-064-00-6 254-346-4 39196-18-4	T+; R27/28	Symb.: T+ R: 27/28 S: (1/2)-27-36/37-45		
O,O-Dimethyl-O-2-methylthio-ethylthiophosphat Siehe: Demephion-O (ISO)					
Dimethyl-S-2-methylthioethyl-thiophosphat Siehe: Demephion-S (ISO)					
O,O-Dimethyl-O-(4-methylthio-m -tolyl) thiophosphat Siehe: Fenthion (ISO)					
Dimethyl-4-(methylthio)phenyl-phosphat	015-119-00-3 3254-63-5	T+; R27/28	Symb.: T+ R: 27/28 S: (1/2)-28-36/37-45		
O,O-Dimethyl-S-(morpholino-carbonyl)-methyl-dithio-phosphat Siehe: Morphothion					
O,O-Dimethyl-O-4-nitrophenyl-thiophosphat Siehe: Parathion-methyl (ISO)					
Dimethylnitrosamin Anm. E Vgl.: N-Nitrosodimethylamin	612-077-00-3 200-549-8 62-75-9	Carc. Cat. 2; R45 T+; R26 T; R25-48/25	Symb.: T+ R: 45-25-26-48/25 S: 53-45		
O,O-Dimethyl-O-4-nitro-m-tolyl-thiophosphat Siehe: Fenitrothion (ISO)					

Stoffidentität		Stoff		Zubereitungen	
Bezeichnung	INDEX-Nr. EWG-Nr. CAS-Nr.	Einstufung	Kennzeichnung	Konzentrations-grenzen	Einstufung/ Kennzeichnung
1	2	3	4	5	6
7,7-Dimethyl-3-oxa-6-azaoctan-1-ol	603-089-00-X 400-390-6	C; R35 Xn; R22	Symb.: C R: 22-35 S: (1/2)-26-28-36/37/39-45		
O,O-Dimethyl-4-oxobenzotriazin-3-ylmethyldithiophosphat Siehe: Azinphos-methyl (ISO)					
5,5-Dimethyl-3-oxocyclohex-1-enyldimethylcarbamat Vgl.: 5,5-Dimethyldihydroresorcin-dimethylcarbamat	006-010-00-1 204-525-8 122-15-6	T; R25	Symb.: T R: 25 S: (1/2)-36/37-45		
2,4-Dimethyl-3-pentanon Vgl.: Diisopropylketon	606-028-00-5 209-294-7 565-80-0	F; R11	Symb.: F R: 11 S: (2)-16-23		
1,1-Dimethyl-3-(perhydro-4,7-methanoinden-5-yl)harnstoff Siehe: Noruron (ISO)					
N,N-Dimethyl-phenylendiamin (o, m, p) Anm. C	612-031-00-2 28675-03-8 (o) 2836-03-5 (m) 220-623-3 2836-04-6 (p) 202-807-5 99-98-9	T; R23/24/25	Symb.: T R: 23/24/25 S: (1/2)-28-45		
1,1-Dimethylphenyluroniumtri-chloracetat Vgl.: Fenuron-TCA	006-050-00-X 4482-55-7	Xi; R38	Symb.: Xi R: 38 S: (2)		
O,O-Dimethylphthalimidomethyl-dithiophosphat Siehe: Phosmet (ISO)					
Dimethylpropan Vgl.: Neopentan	601-005-00-6 207-343-7 463-82-1	F+; R12	Symb.: F+ R: 12 S: (2)-9-16-33		
2,2-Dimethylpropandiol-1,3-diacrylat Anm. D Vgl.: Neopentylglykoldiacrylat	607-112-00-4 218-741-5 2223-82-7	T; R24 XI; R36/38 R43	Symb.: T R: 24-36/38-43 S: (1/2)-28-39-45	20% ≤ C 5% ≤ C < 20% 1% ≤ C < 5% 0.2% ≤ C < 1%	T; R24-36/38-43 T; R24-43 Xn; R21-43 Xn; R21
N,N'-(2,2-Dimethylpropyliden) hexamethylendiamin	612-092-00-5 401-660-6 1000-78-8	Xi; R38 R43	Symb.: Xi R: 38-43 S: (2)-24-37		
Dimethylsulfamoylchlorid Anm. E	016-033-00-9 236-412-4 13360-57-1	Carc. Cat. 2; R45 T+; R26 Xn; R21/22 C; R34	Symb.: T+ R: 45-21/22-26-34 S: 53-45		
Dimethylsulfat Anm. E	016-023-00-4 201-058-1 77-78-1	Carc. Cat. 2; R45 T+; R26 T; R25 C; R34	Symb.: T+ R: 45-25-26-34 S: 53-45		
N,N-Dimethyl-toluidin Anm. C	612-056-00-9 29256-93-7	T; R23/24/25 R33	Symb.: T R: 23/24/25-33 S: (1/2)-28-36/37-45	5% ≤ C 1% ≤ C < 5%	T; R23/24/25-33 Xn; R20/21/22-33
Dimethyl-2,2,2-trichlor-1-hydroxyethylphosphonat Siehe: Trichlorfon (ISO)					
O,O-Dimethyl-O-2,4,5-trichlor-phenylthiophosphat Siehe: Fenchlorphos (ISO)					
2,6-Dimethyl-4-tridecylmor-pholin Siehe: Tridemorph (ISO)					

Stoffidentität		Stoff		Zubereitungen	
Bezeichnung	INDEX-Nr. EWG-Nr. CAS-Nr.	Einstufung	Kennzeichnung	Konzentrations-grenzen	Einstufung/ Kennzeichnung
1	2	3	4	5	6
1,3-Dimethyl-1-(5-trifluor-methyl-1,3,4-thiadiazol-2-yl) harnstoff Siehe: Thiazfluron (ISO)					
Dimexano Vgl.: Bis (methoxy-thiocarbonoyl)-disulfid	016-024-00-X 215-993-8 1468-37-7	Xn; R22	Symb.: Xn R: 22 S: (2)		
Dinatrium-1-amino-4-(4-benzol-sulfonamido-3-sulfonatoanilino) anthrachinon-2-sulfonat	016-037-00-0 400-350-8 85153-93-1	Xi; R41 R52-53	Symb.: Xi R: 41-52/53 S: (2)-26-39-61		
Dinatrium-N-carboxymethyl-N-(2-(2-hydroxyethoxy)ethyl) glycinat	607-192-00-0 402-360-8 92511-22-3	Xi; R41	Symb.: Xi R: 41 S: (2)-26-39		
Dinatrium 6-((4-chlor-6-(N-methyl)-2-toluidino)-1,3,5-tri-azin-2-ylamino)-1-hydroxy-2-(4-methoxy-2-sulfonatophenylazo) naphthalin-3-sulfonat	016-038-00-6 400-380-1 86393-35-3	R43	Symb.: Xi R: 43 S: (2)-22-24-37		
Dinatrium-[5-[(4'-((2,6-dihy-droxy-3-((2-hydroxy-5-sulfophe-nyl) azo)phenyl)azo) (1,1'-biphe-nyl)-4-yl)azo] salicylato(4-)] cuprat (2-)	611-005-00-8 240-221-1 16071-86-6	Carc. Cat. 2; R45	Symb.: T R: 45 S: 53-45		
Gemisch aus Dinatrium 6-(2,4-dihydroxy-phenylazo)-3-(4-(4-(2,4-di-hydroxyphenylazo) anilino)-3-sulfonatophenylazo)-4-hydroxy-naphthalin-2-sulfonat und Dinatrium-6-(2,4-diaminophenyl-azo)-3-(4-(4-(2,4-diamino-phenylazo) anilino)-3-sulfonato-phenylazo)-4-hydroxynaphthalin -2-sulfonat und Trinatrium-6-(2,4-dihydroxy-phenylazo)-3-(4-(4-(7-(2,4-di-hydroxyphenylazo)-1-hydroxy-3-sulfonato-2-naphthylazo) ani-lino-3-sulfonatophenylazo)-4-hydroxynaphthalin-2-sulfonat	016-040-00-7 400-570-4	Xi; R36	Symb.: Xi R: 36 S: (2)-26		
Dinatriumethylenbisdithio-carbamat Siehe: Nabam (ISO)					
Dinatrium-S,S'-hexan-1,6-diyl-di(thiosulfat) dihydrat	016-044-00-9 401-320-7	R43 R52-53	Symb.: Xi R: 43-52/53 S: (2)-22-24-37-61		
Dinatriummetasilikat	014-010-00-8 229-912-9 6834-92-0	C; R34 Xi; R37	Symb.: C R: 34-37 S: (1/2)-13-24/25 36/37/39-45		
Dinatrium-7-oxabicyclo(2,2,1) heptan-2,3-dicarboxylat Siehe: Endothalnatrium (ISO)					
Dinex Vgl.: 2-Cyclohexyl-4,6-dinitrophenol	609-028-00-3 205-042-5 131-89-5	T; R23/24/25	Symb.: T R: 23/24/25 S: (1/2)-13-45		
Salze und Ester des Dinex Anm. A	609-029-00-9	T; R23/24/25	Symb.: T R: 23/24/25 S: (1/2)-13-45		
Dinickeltrioxid	028-005-00-3 215-217-8 1314-06-3	Carc. Cat. 1; R49 R43	Symb.: T R: 49-43 S: 53-45		
2,4-Dinitroanilin	612-040-00-1 202-553-5 97-02-9	T+; R26/27/28 R33	Symb.: T+ R: 26/27/28-33 S: (1/2)-28-36/37-45		
Dinitrobenzol Anm. C	609-004-00-2 246-673-6 25154-54-5	T+; R26/27/28 R33	Symb.: T+ R: 26/27/28-33 S: (1/2)-28-36/37-45		

Stoffidentität		Stoff		Zubereitungen	
Bezeichnung	INDEX-Nr. EWG-Nr. CAS-Nr.	Einstufung	Kennzeichnung	Konzentrations-grenzen	Einstufung/ Kennzeichnung
1	2	3	4	5	6
4,6-Dinitro-o-kresol Siehe: DNOC					
4,6-Dinitro-2-(3-octyl)phenyl-methylcarbonat- -4,6-dinitro-2-(4-octyl)phenylmethylcarbonat Vgl.: Dinocton-6	609-045-00-6 8069-76-9	Xn; R22	Symb.: Xn R: 22 S: (2)		
Dinitrophenol Anm. C	609-016-00-8 247-096-2 25550-58-7	T; R23/24/25 R33	Symb.: T R: 23/24/25-33 S: (1/2)-28-37-45		
Salze von Dinitrophenol Anm. A	609-017-00-3	T; R23/24/25 R33	Symb.: T R: 23/24/25-33 S: (1/2)-28-37-45		
Dinitrotoluol Anm. C	609-007-00-9 246-836-1 25321-14-6	T; R23/24/25 R33	Symb.: T R: 23/24/25-33 S: (1/2)-28-37-45		
Dinobuton (ISO) Vgl.: 2-sec-Butyl-4,6-dinitrophenyl-isopropylcarbonat	006-028-00-X 213-546-1 973-21-7	T; R25	Symb.: T R: 25 S: (1/2)-37-45		
Dinocap (ISO)	609-023-00-6 254-408-0 39300-45-3	Xn; R22 Xi; R38	Symb.: Xn R: 22-38 S: (2)-37		
Dinocton: Mischung aus Isomeren: Methyl-(2,6-dinitro-4-octylphenyl)-carbonat, Methyl-(2,4-dinitro-6-octyl-phenyl)-carbonat	609-027-00-8 63919-26-6	Xn; R22	Symb.: Xn R: 22 S: (2)		
Dinocton-6 Siehe: 4,6-Dinitro-2-(3-octyl)phenyl-methylcarbonat- -4,6-dinitro-2-(4-octyl)phenylmethylcarbonat					
Dinosam Vgl.: 6-(1-Methyl-butyl)-2,4-dinitro-phenol	609-033-00-0 4097-36-3	T; R23/24/25	Symb.: T R: 23/24/25 S: (1/2)-13-45		
Salz und Ester des Dinosam Anm. A	609-034-00-6	T; R23/24/25	Symb.: T R: 23/24/25 S: (1/2)-13-45		
Dinoseb Anm. E Vgl.: 6-(1-Methyl-propyl)-2,4-di-nitrophenol	609-025-00-7 201-861-7 88-85-7	R44; T; R24/25 Repr. Cat. 2; R61 Repr. Cat. 3; R62 Xi; R36 N; R50-53	Symb.: T, N R: 61-62-24/25-36-44-50/53 S: 53-45-60-61		
Salze und Ester des Dinoseb, mit Ausnahme der namentlich in diesem Anhang bezeichneten Anm. A, E	609-026-00-2	R44 T; R24/25 Repr. Cat. 2; R61 Repr. Cat. 3; R62 Xi; R36	Symb.: T R: 61-62-24/25-36-44 S: 53-45		
Dinoterb Anm. E Vgl.: 2-tert-Butyl-4,6-dinitrophenol	609-030-00-4 215-813-8 1420-07-1	Repr. Cat. 2; R61 T; R24/25 Xi; R36 R44	Symb.: T R: 61-24/25-36-44 S: 53-45		
Salze und Ester des Dinoterb Anm. A, E	609-031-00-X	T; R23/24/25 Repr. Cat. 2; R61	Symb.: T R: 61-23/24/25 S: 53-45		
Dioxacarb Vgl.: 2-(1,3-Dioxolan-2-yl)phenyl-methylcarbamat	006-029-00-5 230-253-4 6988-21-2	T; R25	Symb.: T R: 25 S: (1/2)-37-45		
1,4-Dioxan	603-024-00-5 204-661-8 123-91-1	F; R11-19 Carc. Cat. 3; R40 Xi; R36/37	Symb.: F, Xn R: 11-19-36/37-40 S: (2)-16-36/37	20% ≤ C 1% ≤ C < 20%	Xn; R40-36/37 Xn; R40
1,4-Dioxan-2,3-diyl-O,O,O',O'-tetraethyldi(dithiophosphat) Siehe: Dioxathion (ISO)					

Stoffidentität		Stoff		Zubereitungen	
Bezeichnung	INDEX-Nr. EWG-Nr. CAS-Nr.	Einstufung	Kennzeichnung	Konzentrations-grenzen	Einstufung/ Kennzeichnung
1	2	3	4	5	6
Dioxathion (ISO) Vgl.: 1,4-Dioxan-2,3-diyl-O,O,O',O'-tetraethyldi(dithiophosphat)	015-063-00-X 201-107-7 78-34-2	T+; R26/28 T; R24	Symb.: T+ R: 24-26/28 S: (1/2)-28-36/37-45		
1,3-Dioxolan	605-017-00-2 211-463-5 646-06-0	F; R11	Symb.: F R: 11 S: (2)-16		
2-(1,3-Dioxolan-2-yl)phenyl-methylcarbamat Siehe: Dioxacarb					
Dipenten Siehe: p-Menthadien-1,8(9)					
Diphacinon (ISO) Vgl.: 2-Diphenylacetylindan-1,3-dion	606-038-00-X 201-434-5 82-66-6	T+; R28 T; R48/23/24/25	Symb.: T+ R: 28-48/23/24/25 S: (1/2)-36/37-45		
Diphenamid (ISO) Vgl.: N,N-Dimethyl-2,2-diphenyl-acetamid	616-007-00-2 213-482-4 957-51-7	Xn; R22	Symb.: Xn R: 22 S: (2)		
Diphenyl Siehe: Biphenyl					
2-Diphenylacetylindan-1,3-dion Siehe: Diphacinon (ISO)					
Diphenylamin	612-026-00-5 204-539-4 122-39-4	T; R23/24/25 R33	Symb.: T R: 23/24/25-33 S: (1/2)-28-36/37-45		
Diphenylmethan-4,4'diisocyanat Anm. C, 2	615-005-00-9 202-966-0 101-68-8	Xn; R20 Xi; R36/37/38 R42	Symb.: Xn R: 20-36/37/38-42 S: (2)-26-28-38-45	25% ≤ C 5% ≤ C < 25% 1% ≤ C < 5%	Xn; R20-36/37/38-42 Xn; R36/37/38-42 Xn; R42
Diphenylmethan-2,4'diisocyanat Anm. C, 2	615-005-00-9 227-534-9 5873-54-1	Xn; R20 Xi; R36/37/38 R42	Symb.: Xn R: 20-36/37/38-42 S: (2)-26-28-38-45	25% ≤ C 5% ≤ C < 25% 1% ≤ C < 5%	Xn; R20-36/37/38-42 Xn; R36/37/38-42 Xn; R42
Diphenylmethan-2,2'diisocyanat Anm. C, 2	615-005-00-9 219-799-4 2536-05-2	Xn; R20 Xi; R36/37/38 R42	Symb.: Xn R: 20-36/37/38-42 S: (2)-26-28-38-45	25% ≤ C 5% ≤ C < 25% 1% ≤ C < 5%	Xn; R20-36/37/38-42 Xn; R36/37/38-42 Xn; R42
Diphenylmethandiisocyanat, Isomeren und Homologen Anm. C, 2	615-005-01-6 9016-87-9	Xn; R20 Xi; R36/37/38 R42	Symb.: Xn R: 20-36/37/38-42 S: (2)-26-28-38-45	25% ≤ C 5% ≤ C < 25% 1% ≤ C < 5%	Xn; R20-36/37/38-42 Xn; R36/37/38-42 Xn; R42
Diphosphorpentasulfid Vgl.: Phosphorpentasulfid	015-104-00-1 215-242-4 1314-80-3	F; R11 R29 Xn; R20/22	Symb.: F, Xn R: 11-20/22-29 S: (2)		
Di-n-propylamin	612-048-00-5 205-565-9 142-84-7	F; R11 Xi; R36/37/38	Symb.: F, Xi R: 11-36/37/38 S: (2)-9-16		
Dipropylentriamin Siehe: 4-Azaheptan-1,7-diamin					
Di-n-propylether	603-045-00-X 203-869-6 111-43-3	F; R11 R19	Symb.: F R: 11-19 S: (2)-9-16-33		
Dipropylketon Siehe: 4-Heptanon					
Dipropyl-6,7-methylendioxy-1,2,3,4-tetrahydro-3-methyl-naphthalin-1,2-dicarboxylat	607-168-00-X 83-59-0	T; R24 Xn; R22	Symb.: T R: 22-24 S: (1/2)-36/37-45		
Diquat Vgl.: 1,1'-Ethylen-2,2'-bipyridinium	613-005-00-3 220-433-0 2764-72-9	T; R24/25 Xi; R36/37/38	Symb.: T R: 24/25-36/37/38 S: (1/2)-22-36/37/39-45		
Salze von Diquat Anm. A	613-089-00-1	T; R24/25 Xi; R36/37/38	Symb.: T R: 24/25-36/37/38 S: (1/2)-22-36/37/39-45		

Stoffidentität		Stoff		Zubereitungen	
Bezeichnung	INDEX-Nr. EWG-Nr. CAS-Nr.	Einstufung	Kennzeichnung	Konzentrations-grenzen	Einstufung/ Kennzeichnung
1	2	3	4	5	6
Diquecksilberdichlorid Vgl.: Kalomel	080-003-00-1 233-307-5 10112-91-1	Xn; R22 Xi; R36/37/38	Symb.: Xn R: 22-36/37/38 S: (2)-13-24/25-46		
Dischwefeldichlorid	016-012-00-4 233-036-2 10025-67-9	R14 C; R34 Xi; R37	Symb.: C R: 14-34-37 S: (1/2)-26-45		
Distickstofftetroxid	007-002-00-0 234-126-4 10544-72-6	T+; R26 Xi; R37	Symb.: T+ R: 26-37 S: (1/2)-7/9-26-45		
Disul Vgl.: 2-(2,4-Dichlor-phenoxy)-ethyl-hydrogensulfat	016-025-00-5 205-259-5 149-26-8	Xn; R22 Xi; R38-41	Symb.: Xn R: 22-38-41 S: (2)-26		
Disulfoton (ISO) Vgl.: O,O-Diethyl-2-ethylthioethyldi-thiophosphat	015-060-00-3 206-054-3 298-04-4	T+; R27/28 N; R50-53	Symb.: T+, N R: 27/28-50/53 S: (1/2)-28-36/37-45-60-61		
Dithalliumsulfat	081-003-00-4 231-201-3 7446-18-6	T+; R28 Xi; R38 T; R48/25	Symb.: T+ R: 28-38-48/25 S: (1/2)-13-36/37-45		
Dithianon (ISO) Vgl.: 5,10-Dihydro-5,10-dioxonaphtho (2,3-b) (1,4) dithiazin-2,3-di-carbonitril	613-021-00-0 222-098-6 3347-22-6	Xn; R22	Symb.: Xn R: 22 S: (2)-24		
Diuron	006-015-00-9 206-354-4 330-54-1	Xn; R48/22	Symb.: Xn R: 48/22 S: (2)-22-37		
Dixanthogen Vgl.: O,O-Diethyldithiobis(thiofor-miat)	006-049-00-4 207-944-4 502-55-6	Xn; R22	Symb.: Xn R: 22 S: (2)-24		
DNOC Vgl.: 4,6-Dinitro-o-kresol	609-020-00-X 208-601-1 534-52-1	R44 T+; R27/28 Muta. cat. 3; R40 Xi; R36 R33	Symb.: T+ R: 27/28-33-36-40-44 S: (1/2)-36/37-45		
Ammoniumsalz von DNOC	609-022-00-0 221-037-0 2980-64-5	T+; R26/27/28 R33	Symb.: T+ R: 26/27/28-33 S: (1/2)-13-28-45		
Kaliumsalz von DNOC	609-021-00-5 5787-96-2	T; R23/24/25 R33	Symb.: T R: 23/24/25-33 S: (1/2)-13-45		
Natriumsalz von DNOC	609-021-00-5 219-007-7 2312-76-7	T; R23/24/25 R33	Symb.: T R: 23/24/25-33 S: (1/2)-13-45		
Dodecylguanidiniumacetat Siehe: Dodin (ISO)					
Gemisch aus Dodecyl-3-(2,2,4,4-tetramethyl-21-oxo-7-oxa-3,20-diazadispi-ro(5,1,11,2)henicosan-20-yl)propio-nat (1) und Tetradecyl-3-(2,2,4,4-tetramethyl-21-oxo-7-oxa-3,20-diazadispi-ro(5,1,11,2)henicosan-20-yl)propio-nat (2)	607-174-00-2 400-580-9 1) 85099-51-0 2) 85099-50-9	Xi; R38 N; R51-53	Symb: Xi, N R: 38-51/53 S: (2)-28-61		
Dodecyl-3,4,5-trihydroxybenzoat	607-200-00-2 214-620-6 1166-52-5	R43	Symb.: Xi R: 43 S: (2)-24-37		
Dodemorph (ISO) Vgl.: 4-Cyclododecyl-2,6-dimethylmor-pholin	613-057-00-7 216-474-9 1593-77-7	Xi; R36/37/38	Symb.: Xi R: 36/37/38 S: (2)-26		
Dodin (ISO) Vgl.: Dodecylguanidiniumacetat	607-076-00-X 219-459-5 2439-10-3	Xn; R22 Xi; R36/38	Symb.: Xn R: 22-36/38 S: (2)-26		
Drazoxolon (ISO) Vgl.: 4-(2-Chlorphenylhydrazono)-3-me-thyl-5-isoxazolon	650-008-00-9 227-197-8 5707-69-7	T; R25	Symb.: T R: 25 S: (1/2)-22-24-36/37-45		

Stoffidentität		Stoff		Zubereitungen	
Bezeichnung	INDEX-Nr. EWG-Nr. CAS-Nr.	Einstufung	Kennzeichnung	Konzentrations-grenzen	Einstufung/ Kennzeichnung
1	2	3	4	5	6
Echtgranat-GBC-base Siehe: 4-o-Tolylazo-o-toluidin					
Edifenphos (ISO) Vgl.: Ethyl-S,S-diphenyldithiophosphat	015-121-00-4 241-178-1 17109-49-8	T; R23/24/25	Symb.: T R: 23/24/25 S: (1/2)-28-36/37-45		
Eisentris (dimethyldithiocarbamat) Siehe: Ferbam (ISO)					
Endosulfan (ISO) Vgl.: 1,2,3,4,7,7-Hexachlor-8,9,10-trinor-born-2-en-5,6-ylendimethylsulfit	602-052-00-5 204-079-9 115-29-7	T; R24/25 Xi; R36 N; R50-53	Symb.: T, N R: 24/25-36-50/53 S: (1/2)-28-36/37-45-60-61		
Endothal Vgl.: 7-Oxabicyclo (2,2,1) heptan-2,3-di-carbonsäure	607-150-00-1 205-660-5 145-73-3	T; R25 Xn; R21 Xi; R36/37/38	Symb.: T R: 21-25-36/37/38 S: (1/2)-36/37/39-45		
Endothalnatrium (ISO) Vgl.: Dinatrium-7-oxabicyclo (2,2,1) hep-tan-2,3-dicarboxylat	607-055-00-5 204-959-8 129-67-9	T; R25 Xn; R21 Xi; R36/37/38	Symb.: T R: 21-25-36/37/38 S: (1/2)-36/37/39-45		
Endothion (ISO) Vgl.: S-5-Methoxy-4-oxopyran-2-ylme-thyldimethylthiophosphat	015-049-00-3 220-472-3 2778-04-3	T; R24/25	Symb.: T R: 24/25 S: (1/2)-36/37-45		
Endrin (ISO) Vgl.: 1,2,3,4,10,10-Hexachlor-6,7-epoxy-1,4,4a,5,6,7,8,8a-octahydro-1,4:5,8-di-methanonaphthalin	602-051-00-X 200-775-7 72-20-8	T+; R28 T; R24 N; R50-53	Symb.: T+, N R: 24-28-50/53 S: (1/2)-22-36/37-45-60-61		
Ephedrin Vgl.: L-erythro-2-Methylamino-1-phenyl-propan-1-ol	614-023-00-4 206-080-5 299-42-3	Xn; R22	Symb.: Xn R: 22 S: (2)-22-25		
Salze von Ephedrin Anm. A	614-024-00-X	Xn; R22	Symb.: Xn R: 22 S: (2)-22-25		
Epichlorhydrin Siehe: 1-Chlor-2,3-epoxypropan					
(Epoxyethyl) benzol Siehe: Styroloxid					
1-Epoxyethyl-3,4-epoxycyclohexan Vgl.: Vinylcyclohexan-diepoxid	603-066-00-4 203-437-7 106-87-6	T; R23/24/25 Xn; R40	Symb.: T R: 23/24/25-40 S: (1/2)-23-24-45	1% ≤ C 0.1% ≤ C < 1%	T; R23/24/25-40 Xn; R20/21/22
2,3-Epoxy-1,4,5,6,7,8,8-heptachlor-3a, 4,7,7a-tetrahydro-4,7-methanoin-dan Siehe: Heptachlorepoxid					
1,2-Epoxy-3-phenoxypropan Vgl.: Phenylglycidylether	603-067-00-X 204-557-2 122-60-1	Xn; R21 R43	Symb.: Xn R: 21-43 S: (2)-24/25	25% ≤ C 1% ≤ C < 25%	Xn; R21-43 Xi; R43
1,3-Epoxypropan Vgl.: 1,3-Propylenoxid	603-058-00-0 207-964-3 503-30-0	F; R11 Xn; R20/21/22	Symb.: F, Xn R: 11-20/21/22 S: (2)-9-16-26-29		
1,2-Epoxypropan Siehe: Propylenoxid					
2,3-Epoxy-1-propanol Vgl.: Glycidol	603-063-00-8 209-128-3 556-52-5	T; R23 Xn; R21/22 Xi; R36/37/38 R42/43	Symb.: T R: 23-21/22-36/37/38-42/43 S: (1/2)-45	20% ≤ C 5% ≤ C < 20% 1% ≤ C < 5%	T; R21/22-23-36/37/ 38-42/43 T; R21/22-23-42/43 Xn; R20/21/22-42/43
2,3-Epoxypropylacrylat Anm. D Vgl.: Glycidylacrylat	607-117-00-1 203-440-3 106-90-1	T; R23/24/25 C; R34 R43	Symb.: T R: 23/24/25-34-43 S: (1/2)-26-36/37/39-45	10% ≤ C 5% ≤ C < 10% 2% ≤ C < 5% 0.2% ≤ C < 2%	T; R23/24/25-34-43 T; R23/24/25-36/38- 43 T; R23/24/25-43 Xn; R20/21/22-43

Stoffidentität		Stoff		Zubereitungen	
Bezeichnung	INDEX-Nr. EWG-Nr. CAS-Nr.	Einstufung	Kennzeichnung	Konzentrations-grenzen	Einstufung/ Kennzeichnung
1	2	3	4	5	6
2,3-Epoxypropylmethacrylat Anm. D Vgl.: Glycidylmethacrylat	607-123-00-4 203-441-9 106-91-2	Xn; R20/21/22 Xi; R36/38 R43	Symb.: Xn R: 20/21/22-36/38-43 S: (2)-26-28	25% ≤ C 10% ≤ C < 25% 1% ≤ C < 10%	Xn; R20/21/22-36/38- 43 Xi; R36/38-43 Xi; R43
1,2-Epoxy-3-(tolyloxy)-propan Anm. C Vgl.: Kresylglycidylether	603-056-00-X 247-711-4 26447-14-3	Xi; R38	Symb.: Xi R: 38 S: (2)-26-28	2% ≤ C	Xi; R38
L-6,7-Epoxy-tropyl-tropat Siehe: Scopolamin					
EPTC (ISO) Vgl.: S-Ethyldipropylthiocarbamat	006-030-00-0 212-073-8 759-94-4	Xn; R22	Symb.: Xn R: 22 S: (2)-23		
Erbon (ISO) Vgl.: 2-(2,4,5-Trichlorphenoxy)ethyl- 2,2-dichlorpropionat	607-077-00-5 136-25-4	Xn; R22	Symb.: Xn R: 22 S: (2)		
Erionit	650-012-00-0 12510-42-8	Carc.Cat.1; R45	Symb.: T R: 45 S: 53-45		
L-erythro-2-Methylamino-1-phenyl- propan-1-ol Siehe: Ephedrin					
Eserin Vgl.: Physotigmin	614-020-00-8 200-332-8 57-47-6	T+; R26/28	Symb.: T+ R: 26/28 S: (1/2)-25-45		
Salze von Eserin Anm. A	614-021-00-3	T+; R26/28	Symb.: T+ R: 26/28 S: (1/2)-25-45		
Essigsäure ..% Anm. B	607-002-00-6 200-580-7 64-19-7	R10 C; R35	Symb.: C R: 10-35 S: (1/2)-23-26-45	90% ≤ C 25% ≤ C < 90% 10% ≤ C < 25%	C; R35 C; R34 Xi; R36/38
Essigsäureanhydrid Vgl.: Acetanhydrid	607-008-00-9 203-564-8 108-24-7	R10 C; R34	Symb.: C R: 10-34 S: (1/2)-26-45	20% ≤ C 8% ≤ C < 20%	C; R34 Xi; R36/38
Ethan	601-002-00-X 200-814-8 74-84-0	F+; R12	Symb.: F+ R: 12 S: (2)-9-16-33		
Ethanal Siehe: Acetaldehyd					
Ethandiol Vgl.: Glykol	603-027-00-1 203-473-3 107-21-1	Xn; R22	Symb.: Xn R: 22 S: (2)	25% ≤ C	Xn; R22
Ethandiol-1,2-dimethacrylat Anm. D Vgl.: Ethylenglykoldimethacrylat	607-114-00-5 202-617-2 97-90-5	Xi; R36/37	Symb.: Xi R: 36/37 S: (2)	10% ≤ C	Xi; R36/37
Ethanol Vgl.: Ethylalkohol	603-002-00-5 200-578-6 64-17-5	F; R11	Symb.: F R: 11 S: (2)-7-16		
Ethanolamin Siehe: 2-Amino-ethanol					
Ethanthiol Vgl.: Ethylmercaptan	016-022-00-9 200-837-3 75-08-1	F; R11 Xn; R20	Symb.: F, Xn R: 11-20 S: (2)-16-25		
Ethen Vgl.: Ethylen	601-010-00-3 200-815-3 74-85-1	F+; R12	Symb.: F+ R: 12 S: (2)-9-16-33		
Ether Siehe: Diethylether					
Ethin Siehe: Acetylen					
Ethiofencarb (ISO) Vgl.: 2-Ethylthiomethylphenylmethylcar- bamat	006-048-00-9 249-981-9 29973-13-5	Xn; R22	Symb.: Xn R: 22 S: (2)		

Stoffidentität		Stoff		Zubereitungen	
Bezeichnung	INDEX-Nr. EWG-Nr. CAS-Nr.	Einstufung	Kennzeichnung	Konzentrations-grenzen	Einstufung/ Kennzeichnung
1	2	3	4	5	6
Ethion (ISO) Vgl.: O,O,O',O'-Tetraethyl-S,S'methylen-di (dithiophosphat)	015-047-00-2 209-242-3 563-12-2	T; R25 Xn; R21	Symb.: T R: 21-25 S: (1/2)-25-36/37-45		
Ethirimol (ISO) Vgl.: 5-Butyl-2-ethylamino-6-methylpyri-midin-4-ol	603-086-00-3 245-949-3 23947-60-6	Xn; R21	Symb.: Xn R: 21 S: (2)-36/37		
Ethoat-methyl (ISO) Vgl.: Ethylcarbamoylmethyl-O,O-dime-thyldithiophosphat	015-089-00-1 204-121-1 116-01-8	Xn; R21/22	Symb.: Xn R: 21/22 S: (2)-36/37		
Ethoprophos (ISO) Vgl.: Ethyl-S,S-dipropyldithiophosphat	015-107-00-8 236-152-1 13194-48-4	T+; R27 T; R25	Symb.: T+ R: 25-27 S: (1/2)-36/37/39-45		
2-Ethoxyanilin Anm. C Vgl.: o-Phenetidin	612-039-00-6 202-356-4 94-70-2	T; R23/24/25 R33	Symb.: T R: 23/24/25-33 S: (1/2)-28-36/37-45		
4-Ethoxyanilin Anm. C Vgl.: p-Phenetidin	612-039-00-6 205-855-5 156-43-4	T; R23/24/25 R33	Symb.: T R: 23/24/25-33 S: (1/2)-28-36/37-45		
N-Ethoxycarbonyl-N-methylcarba-moylmethyl-O,O-diethyldithio-phosphat Siehe: Mecarbam (ISO)					
Ethoxychin Vgl.: 6-Ethoxy-2,2,4-trimethyl-1,2-di-hydro-chinolin	613-014-00-2 202-075-7 91-53-2	Xn; R22	Symb.: Xn R: 22 S: (2)-24		
2-Ethoxy-ethanol Anm. E Vgl.: Ethylglykol	603-012-00-X 203-804-1 110-80-5	R10 Repr. Cat. 2; R60-61 Xn; R20/21/22	Symb.: T R: 60-61-10-20/21/22 S: 53-45		
2-Ethoxyethyl-acetat Anm. E Vgl.: Ethylglykolacetat	607-037-00-7 203-839-2 111-15-9	Repr. Cat. 2; R60-61 Xn; R20/21/22	Symb.: T R: 60-61-20/21/22 S: 53-45		
O-6-Ethoxy-2-ethylpyrimidin-4-yl-O,O-dimethylthiophosphat Vgl.: Etrimphos	015-122-00-X 253-855-9 38260-54-7	Xn; R22	Symb.: Xn R: 22 S: (2)		
6-Ethoxy-2,2,4-trimethyl-1,2-di-hydro-chinolin Siehe: Ethoxychin					
Ethylacetat	607-022-00-5 205-500-4 141-78-6	F; R11	Symb.: F R: 11 S: (2)-16-23-29-33		
Ethylacrylat Anm. D	607-032-00-X 205-438-8 140-88-5	F; R11 Xn; R20/21/22 Xi; R36/37/38 R43	Symb.: F, Xn R: 11-20/21/22-36/37/38-43 S: (2)-9-16-33-36/37	25% ≤ C 5% ≤ C < 25% 1% ≤ C < 5%	Xn; R20/21/22-36/37/38-43 Xi; R36/37/38-43 Xi; R43
Ethylalkohol Siehe: Ethanol					
Ethylamin	612-002-00-4 200-834-7 75-04-7	F+; R12 Xi; R36/37	Symb.: F+, Xi R: 12-36/37 S: (2)-16-26-29		
2-Ethylamino-4-isopropylamino-6-methylthio-1,3,5-triazin Siehe: Ametryn (ISO)					
N-Ethylanilin	612-053-00-2 203-135-5 103-69-5	T; R23/24/25 R33	Symb.: T R: 23/24/25-33 S: (1/2)-28-37-45		
Ethylbenzol	601-023-00-4 202-849-4 100-41-4	F; R11 Xn; R20	Symb.: F, Xn R: 11-20 S: (2)-16-24/25-29	25% ≤ C	Xn; R20

Stoffidentität		Stoff		Zubereitungen	
Bezeichnung	INDEX-Nr. EWG-Nr. CAS-Nr.	Einstufung	Kennzeichnung	Konzentrations-grenzen	Einstufung/ Kennzeichnung
1	2	3	4	5	6
Ethyl-N-benzoyl-N-(3,4-dichlorphenyl)-DL-alaninat Siehe: Benzoylprop-ethyl (ISO)					
Ethyl-bromacetat	607-069-00-1 203-290-9 105-36-2	T+; R26/27/28	Symb.: T+ R: 26/27/28 S: (1/2)-7/9-26-45		
Ethylbromid Siehe: Bromethan					
2-Ethylbutanol	603-051-00-2 202-621-4 97-95-0	Xn; R21/22	Symb.: Xn R: 21/22 S: (2)	25% ≤ C	Xn; R21/22
Ethylbutylketon Siehe: Heptan-3-on					
Ethylcarbamat Siehe: Urethan (INN)					
Ethylcarbamoylmethyl-O,O-dimethyldithiophosphat Siehe: Ethoat-methyl (ISO)					
Ethyl-chloracetat	607-070-00-7 203-294-0 105-39-5	T; R23/24/25	Symb.: T R: 23/24/25 S: (1/2)-7/9-45		
Ethyl-chlorformiat	607-020-00-4 208-778-5 541-41-3	F; R11 T; R23 Xi; R36/37/38	Symb.: F, T R: 11-23-36/37/38 S: (1/2)-9-16-33-45		
Ethylchlorid Siehe: Chlorethan					
1-(2-Ethylcyclohexanoxy)-2,3-epoxypropan Vgl.: Ethylcyclohexylglycidylether	603-068-00-5 130014-35-6	Xi; R36/38 R43	Symb.: Xi R: 36/38-43 S: (2)-26-28-37/39	20% ≤ C 1% ≤ C < 20%	Xi; R36/38-43 Xi; R43
Ethylcyclohexylglycidylether Siehe: 1-(2-Ethylcyclohexanoxy)-2,3-epoxypropan					
Ethyl-5-(1,2,3,5,6,7,8,9,10,10-decachlor-4-hydroxypentacyclo-(5,2,1,0 < 2,6 > .0 < 3,9 > .0 < 5,8 >) dec-4-yl)-4-oxovalerat Siehe: Kelevan (ISO)					
Ethyl-4,4'-dichlorbenzilat Siehe: Chlorobenzilat (ISO)					
Ethyl-2-(dimethoxythiophosphinoylthio)-2-phenylacetat Siehe: Phenthoat (ISO)					
Ethyldimethylamin	612-076-00-8 209-940-8 598-56-1	F+; R12 Xn; R20/22 C; R34	Symb.: F+, C R: 12-20/22-34 S: (1/2)-3-16-26-36-45		
Ethyl-trans-3-dimethylaminoacrylat	607-185-00-2 402-650-4 924-99-2	R43	Symb.: Xi R: 43 S: (2)-24-37		
S-Ethyl-N-(dimethylaminopropyl)thiocarbamathydrochlorid Vgl.: Prothiocarb-hydrochlorid	006-061-00-X 243-193-9 19622-19-6	Xn; R22	Symb.: Xn R: 22 S: (2)		
S-Ethyldipropylthiocarbamat Siehe: EPTC (ISO)					
Ethylen Siehe: Ethen					
1,1'-Ethylen-2,2'-bipyridinium Siehe: Diquat					

Stoffidentität		Stoff		Zubereitungen	
Bezeichnung	INDEX-Nr. EWG-Nr. CAS-Nr.	Einstufung	Kennzeichnung	Konzentrations-grenzen	Einstufung/ Kennzeichnung
1	2	3	4	5	6
Ethylenbis(trichloracetat)	602-068-00-2 219-732-9 2514-53-6	Xi; R38	Symb.: Xi R: 38 S: (2)		
Ethylenchlorhydrin Siehe: 2-Chlor-ethanol					
Ethylenchlorid Siehe: 1,2-Dichlorethan					
Ethylendiamin Siehe: 1,2-Diamino-ethan					
Ethylendiammonium-O,O-bis-(octyl)dithiophosphat, Isomerengemisch	015-141-00-3 400-520-1	C; R34 Xn; R22 N; R50-53	Symb.: C, N R: 22-34-50/53 S: (1/2)-24/25-26-28-39-45-60-61		
Ethylendibromid Siehe: 1,2-Dibromethan					
Ethylenglykoldimethacrylat Siehe: Ethandiol-1,2-dimethacrylat					
Ethylenimin Anm. D, E Vgl.: Aziridin	613-001-00-1 205-793-9 151-56-4	F; R11 Carc. Cat. 2; R45 Muta. Cat. 2; R46 T+; R26/27/28 C; R34	Symb.: F, T+ R: 45-46-11-26/27/28-34 S: 53-45		
Ethylenoxid Anm. E Vgl.: Oxiran	603-023-00-X 200-849-9 75-21-8	F+; R12 Carc. Cat. 2; R45 Muta. Cat. 2; R46 T; R23 Xi; R36/37/38	Symb.: F+, T R: 45-46-12-23-36/37/38 S: 53-45		
Ethylenthioharnstoff Anm. E Vgl. Imidazolidin-2-thion	613-039-00-9 202-506-9 96-45-7	Repr. Cat. 2; R61 Xn; R22	Symb.: T R: 61-22 S: 53-45		
Ethylformiat	607-015-00-7 203-721-0 109-94-4	F; R11	Symb.: F R: 11 S: (2)-9-16-33		
Ethylglykol Siehe: 2-Ethoxy-ethanol					
Ethylglykolacetat Siehe: 2-Ethoxyethyl-acetat					
2-Ethylhexan-1,3-diol Vgl.: Octylenglykol	603-087-00-9 202-377-9 94-96-2	Xi; R36	Symb.: Xi R: 36 S: (2)-26		
2-Ethylhexylacrylat Anm. D	607-107-00-7 203-080-7 103-11-7	Xi; R37/38 R43	Symb.: Xi R: 37/38-43 S: (2)-24-37	20% ≤ C 1% ≤ C < 20%	Xi; R37/38-43 Xi; R43
2-Ethylhexyl-3,5-bis(1,1-dimethyl-ethyl)-4-hydroxyphenylmethyl-thioacetat	607-203-00-9 279-452-8 80387-97-9	Repr. Cat. 2; R61 R43	Symb.: T R: 61-43 S: 53-45		
O-Ethylhydroxylamin	007-015-00-1 402-030-3 624-86-2	F; R11 T; R23/24/25 Xn; R48/20 Xi; R36 N; R50 R43	Symb.: F, T, N R: 11-23/24/25-36-43-48/20-50 S: (1/2)-16-26-36/37/39-38-45-61		
Ethylidendichlorid Siehe: 1,1-Dichlorethan					
O-Ethyl-O-2-isopropoxycarbonyl-phenyl-N-isopropylthiophosphor-amidat Siehe: Isofenphos (ISO)					

Stoffidentität		Stoff		Zubereitungen	
Bezeichnung	INDEX-Nr. EWG-Nr. CAS-Nr.	Einstufung	Kennzeichnung	Konzentrations-grenzen	Einstufung/ Kennzeichnung
1	2	3	4	5	6
O-Ethyl-O-[(2-isopropoxycarbo-nyl)-1-methyl]vinyl(ethylami-do)thiophosphat	015-136-00-6 250-517-2 31218-83-4	T; R25	Symb.: T R: 25 S: (1/2)-37-45		
Ethyllaktat	607-129-00-7 202-598-0 97-64-3	R10	Symb.: R: 10 S: (2)-23		
Ethylmercaptan Siehe: Ethanthiol					
Ethyl-methacrylat Anm. D	607-071-00-2 202-597-5 97-63-2	F; R11 Xi; R36/37/38 R43	Symb.: F, Xi R: 11-36/37/38-43 S: (2)-9-16-29-33		
Ethylmethylether	603-020-00-2 540-67-0	F+; R12	Symb.: F+ R: 12 S: (2)-9-16-33		
3-Ethyl-4-(1-methyl-imidazol-5-yl-methyl)tetrahydrofuran-2-on Siehe: Pilocarpin					
Ethylmethylketon Siehe: Butanon					
Ethylmethylketoxim Siehe: 2-Butanonoxim					
Ethyl-4-methylthio-m-tolyl-N-isopropylphosphoramidat Siehe: Fenamiphos (ISO)					
Ethylnitrat	007-007-00-8 210-903-3 625-58-1	E; R2	Symb.: E R: 2 S: (2)-23-24/25		
Ethylnitrit	007-006-00-2 203-722-6 109-95-5	E; R2 Xn; R20/21/22	Symb.: E, Xn R: 2-20/21/22 S: (2)		
O-Ethyl-O-4-nitrophenylphenylthio-phosphonat	015-036-00-2 218-276-8 2104-64-5	T+; R27/28 N; R50-53	Symb.: T+, N R: 27/28-50/53 S: (1/2)-22-36/37-45-60-61		
(Ethyl-3-oxobutanoato-O'1,O'3)(2-dimethylaminoethanolato)(1-methoxy-2-propanolato)alumini-um(III), dimerisiert	013-006-00-3 402-370-2	R10 Xi; R41	Symb.: Xi R: 10-41 S: (2)-26-39		
S-Ethyl-1-perhydroazepinthioat Siehe: Molinat (ISO)					
O-Ethylphenylethyldithiophos-phonat Siehe: Fonofos (ISO)					
Ethylpropionat	607-028-00-8 203-291-4 105-37-3	F; R11	Symb.: F R: 11 S: (2)-16-23-29-33		
N-(1-Ethylpropyl)-2,6-dinitro-3,4-xylidin	609-042-00-X 254-938-2 40487-42-1	Xn; R22	Symb.: Xn R: 22 S: (2)		
Ethyl-S,S-diphenyldithiophosphat Siehe: Edifenphos (ISO)					
Ethyl-S,S-dipropyldithiophosphat Siehe: Ethoprophos (ISO)					
S-2-Ethylsulfinyl-ethyl-O;O-dimethyl-dithiophosphat	015-065-00-0 2703-37-9	T+; R26/27/28	Symb.: T+ R:: 26/27/28 S: (1/2)-13-28-45		
S-2-Ethylsulfinyl-ethyl-O,O-dimethyl-thiophosphat Siehe: Oxydemethon-methyl					
S-2-Ethylsulfinyl-isopropyl-O,O-dimethylthiophosphat	015-075-00-5 2635-50-9	T; R23/24/25	Symb.:T R: 23/24/25 S: (1/2)-13-45		

Stoffidentität		Stoff		Zubereitungen	
Bezeichnung	INDEX-Nr. EWG-Nr. CAS-Nr.	Einstufung	Kennzeichnung	Konzentrations-grenzen	Einstufung/ Kennzeichnung
1	2	3	4	5	6
S-Ethylsulfinylmethyl-O,O-di-isopropyldithiophosphat	015-128-00-2 5827-05-4	T+; R27 T; R25	Symb.: T+ R: 25-27 S: (1/2)-28-36/37-45		
S-2-Ethylsulfonylethyldimethyl-thiophosphat Siehe: Demeton-S-methylsulfon					
S-2-Ethylthioethyl-O,O-dimethyl-dithiophosphat Siehe: Thiometon (ISO)					
O-2-Ethylthioethyl-O,O-diemthyl-thiophosphat Siehe: Demeton-O-methyl (ISO)					
S-2-Ethylthioethyldimethyl-thiophosphat Siehe: Demeton-S-methyl (ISO)					
2-Ethylthiomethylphenylmethyl-carbamat Siehe: Ethiofencarb (ISO)					
O-Ethyl-O-2,4,5-trichlorphenylethyl-thiophosphonat Siehe: Trichloronat (ISO)					
Etrimphos Siehe: O-6-Ethoxy-2-ethylpyrimidin-4-yl-O,O-dimethylthiophosphat					
Extrakte (Erdöl), leichte naphthenhaltige Destillat-Lösungsmittel	649-001-00-3 265-102-1 64742-03-6	Carc. Cat. 2; R45	Symb.: T R: 45 S: 53-45		
Extrakte (Erdöl) leichte paraffinhaltige Destillat-Lösungsmittel	649-003-00-4 265-104-2 64742-05-8	Carc. Cat. 2; R45	Symb.: T R: 45 S: 53-45		
Extrakte (Erdöl), leichtes Vakuum Gasöl Lösungsmittel	649-005-00-5 295-341-7 91995-78-7	Carc. Cat. 2; R45	Symb.: T R: 45 S: 53-45		
Extrakte (Erdöl), schwere naphthenhaltige Destillat-Lösungsmittel	649-004-00-X 265-111-0 64742-11-6	Carc. Cat. 2; R45	Symb.: T R: 45 S: 53-45		
Extrakte (Erdöl), schwere paraffinhaltige Destillat-Lösungsmittel	649-002-00-9 265-103-7 64742-04-7	Carc. Cat. 2; R45	Symb.: T R: 45 S: 53-45		
Fenaminosulf (ISO) Vgl.: Natrium-4-dimethylaminoben-zoldiazosulfonat	611-003-00-7 205-419-4 140-56-7	T; R25 Xn; R21	Symb: T R: 21-25 S: (1/2)-36/37-45		
Fenamiphos (ISO) Vgl.: Ethyl-4-methylthio-m-tolyl-N-iso-propylphosphoramidat	015-123-00-5 244-848-1 22224-92-6	T+; R28 T; R24	Symb.: T+ R: 24-28 S: (1/2)-23-28-36/37-45		
Fenazaflor (ISO) Vgl.: Phenyl-5,6-dichlor-2-trifluormethyl-benzimidazol-1-carboxylat	613-015-00-8 238-134-9 14255-88-0	Xn; R21/22	Symb.: Xn R: 21/22 S: (2)-36/37		
Fenbutatinoxid Siehe: Bis(tris(2-methyl-2-phenylpro-pyl)zinn)oxid					
Fenchlorphos (ISO) Vgl.: O,O-Dimethyl-O-2,4,5-trichlorphe-nylthiophosphat	015-052-00-X 206-082-6 299-84-3	Xn; R21/22	Symb.: Xn R: 21/22 S: (2)-25-36/37		
Fenitrothion (ISO) Vgl.: O,O-Dimethyl-O-4-nitro-m-tolylthio-phosphat	015-054-00-0 204-524-2 122-14-5	Xn; R22 N; R50-53	Symb.: Xn, N R: 22-50/53 S: (2)-60-61		

Stoffidentität		Stoff		Zubereitungen	
Bezeichnung	INDEX-Nr. EWG-Nr. CAS-Nr.	Einstufung	Kennzeichnung	Konzentrations-grenzen	Einstufung/ Kennzeichnung
1	2	3	4	5	6
Fenoprop (ISO) Vgl.: 2-(2,4,5-Trichlorphenoxy)propion-säure	607-047-00-1 202-271-2 93-72-1	Xn; R22 Xi; R38	Symb.: Xn R: 22-38 S: (2)-37		
Salze von Fenoprop Anm. A	607-048-00-7	Xn; R20/21/22	Symb.: Xn R: 20/21/22 S: (2)-13		
Fenson Vgl.: (4-Chlorphenyl)-benzolsulfonat	650-003-00-1 201-274-6 80-38-6	Xn; R22 Xi; R36	Symb.: Xn R: 22-36 S: (2)-24-26		
Fensulfothion (ISO) Vgl.: O,O-Diethyl-O-4-methylsulfinylphe-nylthiophosphat	015-090-00-7 204-114-3 115-90-2	T+; R27/28	Symb.: T+ R: 27/28 S: (1/2)-23-28-36/37-45		
Fenthion (ISO) Vgl.: O,O-Dimethyl-O-(4-methylthio-m-tolyl)thiophosphat	015-048-008 200-231-9 55-38-9	T; R25 Xn; R21 N; R50-53	Symb.: T, N R: 21-25-50/53 S: (1/2)-36/37-45-60-61		
Fentinacetat (ISO) Vgl.: Triphenylzinnacetat	050-003-00-6 212-984-0 900-95-8	T+; R26 T; R 24/25 Xi; R36/38 R43 N; R50-53	Symb.: T+, N R: 24/25-26-36/ 38-43-50/53 S: (1/2)-36/37-45-60-61		
Fentinhydroxid (ISO) Vgl.: Triphenylzinnhydroxid	050-004-00-1 200-990-6 76-87-9	T+; R26 T; R24/25 Xi; R36/38 N; R50-53	Symb.: T+, N R: 24/25-26-36/38-50/53 S: (1/2)-36/37- 45-60-61		
Fenuron-TCA Siehe: 1,1-Dimethylphenyluroniumtri-chloracetat					
Ferbam (ISO) Vgl.: Eisentris (dimethyldithiocarbamat)	006-051-00-5 238-484-2 14484-64-1	Xi; R36/37/38	Symb.: Xi R: 36/37/38 S: (2)		
Fettsäuren, Tallöl, Reaktionsprodukte mit Iminodiethanol und Borsäure	649-007-00-6 400-160-5	Xi; R38 N; R51-53	Symb.: Xi, N R: 38-51/53 S: (2)-28-37-61		
Fluenetil (ISO) Vgl.: 2-Fluorethylbiphenyl-4-ylacetat	607-078-00-0 4301-50-2	T+; R27/28	Symb.: T+ R: 27/28 S: (1/2)-28-36/37-45		
Fluor	009-001-00-0 231-954-8 7782-41-4	R7 T+; R26 C; R35	Symb.: T+, C R: 7-26-35 S: (1/2)-7/9-36-45		
2-Fluoracetamid	616-002-00-5 211-363-1 640-19-7	T+; R28 T; R24	Symb.: T+ R: 24-28 S: (1/2)-36/37-45		
2-Fluorethylbiphenyl-4-ylacetat Siehe: Fluenetil (ISO)					
Fluorsulfonsäure	016-018-00-7 232-149-4 7789-21-1	Xn; R20 C; R35	Symb.: C R: 20-35 S: (1/2)-26-45		
2-Fluor-5-trifluormethylpyridin	613-071-00-3 400-290-2 69045-82-5	R10 R43 R52-53	Symb.: Xi R: 10-43-52/53 S: (2)-24-37-61		
Fluorwasserstoff	009-002-00-6 231-634-8 7664-39-3	T+; R26/27/28 C; R35	Symb.: T+, C R: 26/27/28-35 S: (1/2)-7/9-26-36/ 37/39-45		
Fluorwasserstoffsäure ...% Anm. B Vgl.: Flußsäure ...%	009-003-00-1 231-634-8 7664-39-3	T+; R26/27/28 C; R35	Symb.: T+, C R: 26/27/28-35 S: (1/2)-7/9-26-36/37-45	C≥7% 1%≤C<7% 0.1%≤C<1%	T+, C; R26/27/28-35 T, C; R23/24/25-34 Xn; R20/21/22-36
Flüssige Luft	008-002-00-3	O; R8 C; R34	Symb.: O, C R: 8-34 S: (1/2)-21-45		
Flüssiger Sauerstoff	008-001-00-8 231-956-9 7782-44-7	O; R8 C; R34	Symb.: O, C R: 8-34 S: (1/2)-21-45		
Flußsäure ...% Siehe: Fluorwasserstoffsäure ...%					

Stoffidentität		Stoff		Zubereitungen	
Bezeichnung	INDEX-Nr. EWG-Nr. CAS-Nr.	Einstufung	Kennzeichnung	Konzentrations-grenzen	Einstufung/ Kennzeichnung
1	2	3	4	5	6
Folpet Siehe: N-(Trichlormethylthio)phthalimid					
Fonofos (ISO) Vgl.: O-Ethylphenylethyldithiophosphonat	015-091-00-2 213-408-0 944-22-9	T+; R27/28 N; R50-53	Symb.: T+, N R: 27/28-50/53 S: (1/2)-28-36/37-45-60-61		
Formaldehyd ...% Anm. B, D	605-001-00-5 200-001-8 50-00-0	T; R23/24/25 C; R34 Carc. Cat. 3; R40 R43	Symb.: T R: 23/24/25-34-40-43 S: (1/2)-26-36/37-45-51	25% ≤ C 5% ≤ C < 25% 1% ≤ C < 5%	T; R23/24/25-34-40-43 Xn; R 20/21/22-36/37/38-40-43 Xn; R40-43
Formetanat Vgl.: 3-(N',N'-Dimethylamino-methylen)-amino-phenyl-N-methylcarbamat	006-031-00-6 244-879-0 22259-30-9	T+; R28	Symb.: T+ R: 28 S: (1/2)-22-36/37-45		
Formetanathydrochlorid	006-052-00-0 245-656-0 23422-53-9	T+; R28	Symb.: T+ R: 28 S: (1/2)-22-36/37-45		
Formothion (ISO) Vgl.: N-Formyl-N-methylcarbamoylmethyl-O,O-dimethyldithiophosphat	015-057-00-7 219-818-6 2540-82-1	Xn; R21/22	Symb.: Xn R: 21/22 S: (2)-36/37		
N-Formyl-N-methylcarbamoylmethyl-O,O-dimethyldithiophosphat Siehe: Formothion (ISO)					
Fosthietan Siehe: Diethyl-1,3-dithietan-2-ylidenphosphoramidat					
Fuberidazol Vgl.: 2-(2-Furyl)-benzimidazol-1,3	613-016-00-3 223-404-0 3878-19-1	Xn; R22	Symb.: Xn R: 22 S: (2)-22		
Fumarsäure	607-146-00-X 203-743-0 110-17-8	Xi; R36	Symb.: Xi R: 36 S: (2)-26		
Furfural Siehe: 2-Furyl-methanal					
Furfurylalkohol	603-018-00-2 202-626-1 98-00-0	Xn; R20/21/22	Symb.: Xn R: 20/21/22 S: (2)	5% ≤ C	Xn; R20/21/22
2-(2-Furyl)-benzimidazol-1,3 Siehe: Fuberidazol					
2-Furyl-methanal Vgl.: Furfural	605-010-00-4 202-627-7 98-01-1	T; R23/25	Symb.: T R: 23/25 S: (1/2)-24/25-45	5% ≤ C 1% ≤ C < 5%	T; R23/25 Xn; R20/22
gelber Phosphor Siehe: Tetraphosphor					
Glucochloralose Siehe: Chloralose (INN)					
Glycerintrinitrat Vgl.: Nitroglycerin	603-034-00-X 200-240-8 55-63-0	E; R3 T+; R26/27/28 R33	Symb.: E, T+ R: 3-26/27/28-33 S: (1/2)-33-35-36/37-45		
Glycidol Siehe: 2,3-Epoxy-1-propanol					
Glycidylacrylat Siehe: 2,3-Epoxypropylacrylat					
Glycidylmethacrylat Siehe: 2,3-Epoxypropylmethacrylat					
Glykol Siehe: Ethandiol					

Stoffidentität		Stoff		Zubereitungen	
Bezeichnung	INDEX-Nr. EWG-Nr. CAS-Nr.	Einstufung	Kennzeichnung	Konzentrations-grenzen	Einstufung/ Kennzeichnung
1	2	3	4	5	6
Glykoldinitrat Vgl.: Nitroglykol	603-032-00-9 211-063-0 628-96-6	E; R2 T+; R26/27/28 R33	Symb.: E, T+ R: 2-26/27/28-33 S: (1/2)-33-35-36/37-45		
Glyoxal (...%) Anm. B	605-016-00-7 203-474-9 107-22-2	Xi; R36/38	Symb.: Xi R: 36/38 S: (2)-26-28	10% ≤ C	Xi; R36/38
Glyphosin (ISO) Vgl.: N,N-Bis(phosphonomethyl)glycin	015-125-00-6 219-468-4 2439-99-8	Xi; R41	Symb.: Xi R: 41 S: (2)-26		
Guajakol Vgl.: 2-Methoxyphenol	604-031-00-6 201-964-7 90-05-1	Xn; R22 Xi; R36/38	Symb.: Xn R: 22-36/38 S: (2)-26		
Guanidinhydrochlorid Siehe: Guanidiniumchlorid					
Guanidiniumchlorid Vgl.: Guanidinhydrochlorid	607-148-00-0 200-002-3 50-01-1	Xn; R22 Xi, R36/38	Symb.: Xn R: 22-36/38 S: (2)-22		
Guazatin (ISO) Vgl.: 1,1'-Iminobis(octamethylen)diguanidin	612-087-00-8 236-855-3 13516-27-3	Xn; R21/22 Xi; R36/38	Symb.: Xn R: 21/22-36/38 S: (2)-36/37		
HCH (ISO) Anm. C Vgl.: BHC (ISO)	602-042-00-0 210-168-9 608-73-1	T; R25 Xn; R21 Carc. Cat. 3; R40	Symb.: T R: 21-25-40 S: (1/2)-22-36/37-45		
Heptachlor (ISO) Vgl.: 1,4,5,6,7,8,8-Heptachlor-3a,4,7,7a-tetrahydro-4,7-methanoinden	602-046-00-2 200-962-3 76-44-8	T; R24/25 Carc. Cat. 3; R40 R33 N; R50-53	Symb.: T, N R: 24/25-33-40-50/53 S: (1/2)-36/37-45-60-61		
Heptachlorepoxid Vgl.: 2,3-Epoxy-1,4,5,6,7,8,8-heptachlor-3a,4,7,7a-tetrahydro-4,7-methanoindan	602-063-00-5 213-831-0 1024-57-3	T; R25 Carc. Cat. 3; R40 R33	Symb.: T R: 25-33-40 S: (1/2)-36/37-45		
1,4,5,6,7,8,8-Heptachlor-3a,4,7,7a-tetrahydro-4,7-methanoinden Siehe— Heptachlor (ISO)					
Heptan Anm. C	601-008-00-2 205-563-8 142-82-5	F; R11	Symb.: F R: 11 S: (2)-9-16-23-29-33		
2-Heptanon	606-024-00-3 203-767-1 110-43-0	R10 Xn; R22	Symb.: Xn R: 10-22 S: (2)-23	25% ≤ C	Xn; R22
Heptan-3-on Vgl.: Ethylbutylketon	606-003-00-9 203-388-1 106-35-4	R10 Xn; R20 Xi; R36	Symb.: Xn R: 10-20-36 S: (2)-24		
4-Heptanon Vgl.: Dipropylketon	606-027-00-X 204-608-9 123-19-3	R10	Symb.: R: 10 S: (2)-23		
Heptansäure	607-196-00-2 203-838-7 111-14-8	C; R34	Symb.: C R: 34 S: (1/2)-26-28-36/37/39-45		
Heptenophos (ISO) Vgl.: 7-Chlorbicyclo(3.2.0)hepta-2,6-dien-6-yldimethylphosphat	015-126-00-1 245-737-0 23560-59-0	T; R25	Symb.: T R: 25 S: (1/2)-23-28-37-45		
Gemisch aus 5-Heptyl-1,2,4-triazol-3-ylamin und 5-Nonyl-1,2,4-triazol-3-ylamin	613-077-00-6 401-940-8	Xn; R22 Xi; R36 N, R51-53	Symb.: Xn, N R: 22-36-51/53 S: (2)-22-26-61		
Hexachloraceton	606-032-00-7 204-129-5 116-16-5	Xn; R22	Symb.: Xn R: 22 S: (2)-24/25		
Hexachlorbenzol Anm. E	602-065-00-6 204-273-9 118-74-1	Carc. Cat. 2; R45 T; R48/25	Symb.: T R: 45-48/25 S: 53-45		
γ-1,2,3,4,5,6-Hexachlor-cyclohexan Siehe: Lindan					

Stoffidentität		Stoff		Zubereitungen	
Bezeichnung	INDEX-Nr. EWG-Nr. CAS-Nr.	Einstufung	Kennzeichnung	Konzentrations-grenzen	Einstufung/ Kennzeichnung
1	2	3	4	5	6
1,2,3,4,5,6-Hexachlorcyclohexan Siehe: HCH (ISO)					
1,2,3,4,10,10-Hexachlor-6,7-epoxy-1,4,4a,5,6,7,8,8a-octahydro-1,4:5,8-di-methanonaphthalin Siehe: Endrin (ISO)					
1,2,3,4,10,10-Hexachlor-1,4,4a,5,8,8a-hexahydro-1,4-endo-5,8-endo-dime-thano-naphthalin siehe: Isodrin (nicht als ISO-Kurzname anerkannt)					
1,4,5,6,7,7-Hexachlorobicy-clo[2,2,1]-hept-5-en-2,3-dicarbon-säureanhydrid	607-101-00-4 204-077-3 115-27-5	Xi; R36/37/38	Symb.: Xi R: 36/37/38 S: (2)-25	1% ≤ C	Xi; R36/37/38
Hexachlorophen Siehe: 2,2'-Methylen-bis-(3,4,6-trichlorphe-nol)					
1,2,3,4,7,7-Hexachlor-8,9,10-trinor-born-2-en-5,6-ylendimethylsulfid Siehe: Endosulfan (ISO)					
N-Hexadecyl (oder octadecyl)-N-hexadecyl (oder octadecyl)benzamid	616-023-00-X 401-980-6	Xi; R38 R43	Symb.: Xi R: 38-43 S: (2)-24-37		
Hexafluorokieselsäure ...% Anm. B Vgl.: Kieselfluorwasserstoffsäure ...%	009-011-00-5 241-034-8 16961-83-4	C; R34	Symb.: C R: 34 S: (1/2)-26-27-45	10% ≤ C 5% ≤ C < 10%	C; R34 Xi; R36/38
Hexafluorpropen Vgl.: Perfluorpropylen	602-061-00-4 204-127-4 116-15-4	Xn; R20 Xi; R37	Symb.: Xn R: 20-37 S: (2)-41		
Hexafluorsilikate, mit Ausnahme der namentlich in diesem Anhang bezeichneten Anm. A	009-013-00-6	Xn; R22	Symb.: Xn R: 22 S: (2)-13-24/25	10% ≤ C	Xn; R22
Hexahydrophthalsäureanhydrid Siehe: 1,2-Cyclohexandicarbonsäurean-hydrid					
1β, 3β, 5β,11β,14β,19-Hexahydroxy-[20(22)-cardenolid]-3-L-rhamnosid Siehe: g-Strophantin					
Hexamethylendiamin	612-104-00-9 204-679-6 124-09-4	Xn; R21/22 Xi; R37 C; R34	Symb.: C R: 21/22-34-37 S: (1/2)-22-26-36/37/39-45		
Hexamethylen-1,6-diisocyanat Anm. 2	615-011-00-1 212-485-8 822-06-0	T; R 23 Xi; R36/37/38 R42/43	Symb.: T R: 23-36/37/38-42/43 S: (1/2)-26-28-38-45	20% ≤ C 2% ≤ C < 20% 0.5% ≤ C < 2%	T; R23-36/37/38-42/43 T; R23-42/43 Xn; R20-42/43
Hexamethylentetramin Siehe: Methenamin					
Hexamethylphosphorsäuretriamid	015-106-00-2 211-653-8 680-31-9	Carc. Cat. 2; R45 Muta. Cat. 2; R46	Symb.: T R: 45-46 S: 53-45		
n-Hexan	601-037-00-0 203-777-6 110-54-3	F; R11 Xn; R48/20	Symb.: F, Xn R. 11-48/20 S: (2)-9-16-24/25-29-51	5% ≤ C	Xn; R 48/20
Hexanatrium 7-(4-(4-(4-(2,5-disulfonatoanili-no)-6-fluor-1,3,5-triazin-2-ylami-no)-2-methylphenylazo)-7-sulfona-tonaphthylazo)naphthalin-1,3,5-tri-sulfonat	016-047-00-5 401-650-1 85665-96-9	R43	Symb.: Xi R: 43 S: (2)-22-24-37		

Stoffidentität		Stoff		Zubereitungen	
Bezeichnung	INDEX-Nr. EWG-Nr. CAS-Nr.	Einstufung	Kennzeichnung	Konzentrationsgrenzen	Einstufung/ Kennzeichnung
1	2	3	4	5	6
1,6-Hexandioldiacrylat Anm. D	607-109-00-8 235-921-9 13048-33-4	Xi; R36/38 R43	Symb.: Xi R: 36/38-43 S: (2)-39	20% ≤ C 1% ≤ C < 20%	Xi; R36/38-43 Xi; R43
Hexan-1,6-diylbis(3-(3-benzotriazol-2-yl-5-tert-butyl-4-hydroxy-phenyl)propionat)	607-193 00-6 402-930-6 84268-08.6	R53	Symb.: R: 53 S: 61		
Hexan: Isomerengemisch (mit weniger als 5% n-Hexan) Anm. C	601-007-00-7 203-777-6	F; R11	Symb.: F R: 11 S: (2)-9-16-23-29-33		
Hexanitrodiphenylamin-Ammoniumsalz Siehe: Ammonium-bis(2,4,6-trinitro-phenyl)amin					
1-Hexanol	603-059-00-6 203-852-3 111-27-3	Xn; R22	Symb.: Xn R: 22 S: (2)-24/25	25% ≤ C	Xn; R22
2-Hexanon Vgl.: Methyl-n-butylketon	606-030-00-6 209-731-1 591-78-6	F; R11 T; R48/23	Symb.: F, T R: 11-48/23 S: (1/2)-9-16-29-45-51	10% ≤ C 1% ≤ C < 10%	T; R48/23 Xn; R48/20
Hexyl Siehe: Bis(2,4,6-trinitro-phenyl)-amin					
Hydrazin Anm. E	007-008-00-3 206-114-9 302-01-2	R10 Carc. Cat. 2; R45 T; R23/24/25 C; R34 R43	Symb.: T R: 45-10-23/24/25-34-43 S: 53-45	25% ≤ C 10% ≤ C < 25% 3% ≤ C < 10% 1% ≤ C < 3% 0.1% ≤ C < 1%	T; R45-23/24/25-34-43 T; R45-20/21/22-34-43 T; R45-20/21/22-36/38-43 T; R45-43 T; R45
Salze von Hydrazin Anm. A, E	007-014-00-6	Carc. Cat. 2; R45 T; R23/24/25 R43	Symb.: T R: 45-23/24-25-43 S: 53-45		
Hydrazobenzol Anm. E	007-021-00-4 204-563-5 122-66-7	Carc. Cat. 2; R45 Xn; R22	Symb.: T R: 45-22 S: 53-45		
Hydrochinon Siehe: 1,4-Dihydroxybenzol					
Hydrogenbromid Vgl.: Bromwasserstoff	035-002-00-0 233-113-0 10035-10-6	C; R35 Xi, R37	Symb.: C R: 35-37 S: (1/2)-7/9-26-45		
Hydrogennatrium-N-carboxylato-ethyl-N-octadec-9-enylmaleamat	607-188-00-9 402-970-4	R43 R52-53	Symb.: Xi R: 43-52/53 S: (2)-24-37-61		
2-Hydroxybiphenyl Siehe: Biphenyl-2-ol					
4-Hydroxy-3-(3-(4'-brom-4-biphenylyl)-1,2,3,4-tetrahydro-1-naphthyl)cumarin Vgl.: Brodifacoum	607-172-00-1 259-980-5 56073-10-0	T+; R27/28 T; R48/24/25	Symb.: T+ R: 27/28-48/24/25 S: (1/2)-36/37-45		
4-Hydroxy-3,5-diiodbenzonitril Siehe: Ioxynil (ISO)					
2-Hydroxy-ethyl-acrylat Anm. D	607-072-00-8 212-454-9 818-61-1	T; R24 C; R34 R43	Symb.: T R: 24-34-43 S: (1/2)-26-36/39-45	10% ≤ C 5% ≤ C < 10% 2% ≤ C < 5% 0.2% ≤ C < 2%	T; R24-34-43 T; R24-36/38-43 T; R24-43 Xn; R21-43
2-Hydroxyethylmethacrylat Anm. D	607-124-00-X 212-782-2 868-77-9	Xi; R36/38 R43	Symb.: Xi R: 36/38-43 S: (2)-26-28	20% ≤ C 1% ≤ C < 20%	Xi; R36/38-43 Xi; R43
2-Hydroxyethyloctylsulfid Siehe: 2-(Octylthio)ethanol					
4-Hydroxy-4-methyl-pentan-2-on Vgl.: Diacetonalkohol	603-016-00-1 204-626-7 123-42-2	Xi; R36	Symb.: Xi R: 36 S: (2)-24/25	10% ≤ C	Xi; R36

Stoffidentität		Stoff		Zubereitungen	
Bezeichnung	INDEX-Nr. EWG-Nr. CAS-Nr.	Einstufung	Kennzeichnung	Konzentrations-grenzen	Einstufung/ Kennzeichnung
1	2	3	4	5	6
2-Hydroxymethyltetrahydrofuran Siehe: Tetrahydrofurfurylalkohol					
4-Hydroxy-2-[3-oxo-1-(2-furyl)-butyl]-cumarin Siehe: Coumafuryl					
4-Hydroxy-3-(3-oxo-1-phenyl)-butyl-cumarin Siehe: Warfarin					
Hydroxypropylacrylat [Gemisch aus (1) und (2)] Anm. C, D	607-108-00-2 247-118-0 25584-83-2 (1) 220-852-9 2918-23-2 (2) 213-663-8 999-61-1	T; R23/24/25 C; R34 R43	Symb.: T R: 23/24/25-34-43 S: (1/2)-26-36/39-45	10% ≤ C 5% ≤ C < 10% 2% ≤ C < 5% 0.2% ≤ C < 2%	T; R23/24/25-34-43 T; R23/24/25-36/38-43 T; R23/24/25-43 Xn; R20/21/22-43
Hydroxypropylmethacrylat [Gemisch aus (1) und (2)] Anm. D	607-125-00-5 (1) 213-090-3 923-26-2 (2) 220-426-2 2761-09-3	Xi; R36/38	Symb.: Xi R: 36/38 S: (2)-26-28	10% ≤ C	Xi; R36/38
5-(α-Hydroxy-α-2-pyridylbenzyl-7-α-2-pyridylbenzyliden)-bicyclo[2.2.1]hept-5-ene-2,3-di-carboximid siehe: Norbormid (ISO)					
4-Hydroxy-3-(1,2,3,4-tetrahydro-1-naphthyl)cumarin Siehe: Coumatetralyl (ISO)					
Hyoscyamin Vgl.: L-Tropyl-tropat	614-012-00-4 202-933-0 101-31-5	T+; R26/28	Symb.: T+ R: 26/28 S: (1/2)-24-45		
Salze von Hyoscyamin Anm. A	614-013-00-X	T+; R26/28	Symb: T+ R: 26/28 S: (1/2)-24-45		
Imidazolidin-2-thion Siehe: Ethylenthioharnstoff					
1,1'-Iminobis(octamethylen)-diguanidin Siehe: Guazatin (ISO)					
1,1'-Iminodipropan-2-ol Vgl.: Diisopropanolamin	603-083-00-7 203-820-9 110-97-4	Xi; R26	Symb.: Xi R: 36 S: (2)-26		
Iodmethan Siehe: Methyliodid					
Ioxynil (ISO) Vgl.: 4-Hydroxy-3,5-diiodbenzonitril	608-007-00-6 216-881-1 1689-83-4	Repr. Cat. 3; R63 T; R25 Xn; R21	Symb.: T R: 21-25-63 S: (1/2)-36/37-45		
Ioxyniloctanoat Siehe: 4-Cyan-2,6-diiodophenyloctanoat					
Isobenzan (ISO) Vgl.: 1,3,4,5,6,7,8,8-Octachlor-1,3,3a,4,7,7a-hexahydro-4,7-methanoisobenzofuran	602-053-00-0 206-045-4 297-78-9	T+; R27/28	Symb.: T+ R: 27/28 S: (1/2)-28-36/37-45		
Isobuttersäure	607-063-00-9 201-195-7 79-31-2	Xn; R 21/22	Symb.: Xn R: 21/22 S: (2)		
Isobutylacetat Anm. C	607-026-00-7 203-745-1 110-19-0	F; R11	Symb.: F R: 11 S: (2)-16-23-29-33		

Stoffidentität		Stoff		Zubereitungen	
Bezeichnung	INDEX-Nr. EWG-Nr. CAS-Nr.	Einstufung	Kennzeichnung	Konzentrations-grenzen	Einstufung/ Kennzeichnung
1	2	3	4	5	6
Isobutyl-2-(4-(4-chlorphenoxy)-phenoxy)propionat	607-160-00-6 51337-71-4	Xn; R22	Symb.: Xn R: 22 S: (2)		
Isobutyl-3,4-epoxybutyrat	607-191-00-5 401-920-9 100181-71-3	Xi, R38 N; R50-53 R43	Symb.: Xi, N R: 38-43-50/53 S: (2)-24-28-36/37-60-61		
4,4'-Isobutylethylidendiphenol	604-024-00-8 401-720-1 6807-17-6	Xi; R36 N; R50-53	Symb.: Xi, N R: 36-50/53 S: (2)-26-60-61		
Isobutylisopropyldimethoxysilan	014-009-00-2 402-580-4 111439-76-0	R10 Xn; R20 Xi; R38	Symb.: Xn R: 10-20-38 S: (2)-25-26-36/37		
Isobutylnitrit	007-017-00-2 208-819-7 542-56-3	F; R11 Xn; R20/22	Symb.: F, Xn R: 11-20/22 S: (2)-16-24-46		
Isobutyrylchlorid	607-140-00-7 201-194-1 79-30-1	F; R11 C; R35	Symb.: F, C R: 11-35 S: (1/2)-16-23-26-36-45		
3-Isocyanatmethyl-3,5,5-trimethyl-cyclohexylisocyanat Anm. 2 Vgl.: Isophorondiisocyanat	615-008-00-5 223-861-6 4098-71-9	T; R23 Xi; R36/37/38 R42/43	Symb.: T R: 23-36/37/38-42/43 S: (1/2)-26-28-38-45	20% ≤ C 2% ≤ C < 20% 0.5% ≤ C < 2%	T; R23-36/37/38-42/43 T; R23-42/43 Xn; R20-42/43
Isodrin (nicht als ISO-Kurzname anerkannt) Vgl.: 1,2,3,4,10,10-Hexachlor-1,4,4a,5,8,8a-hexahydro-1,4-endo-5,8-endo-dimethano-naphthalin	602-050-00-4 207-366-2 465-73-6	T +; R26/27/28	Symb.: T + R: 26/27/28 S: (1/2)-13-28-45		
Isofenphos (ISO) Vgl.: O-Ethyl-O-2-isopropoxycarbonyl-phenyl-N-isopropylthiophosphor-amidat	015-129-00-8 246-814-1 25311-71-1	T; R24/25	Symb.: T R: 24/25 S: (1/2)-36/37-45		
Isopentan Anm. C Vgl.: Methylbutan	601-006-00-1 201-142-8 78-78-4	F; R11	Symb.: F R: 11 S: (2)-9-16-29-33		
Isophoron Siehe: 3,5,5-Trimethyl-2-cyclohexen-(1)-on					
Isophoron diamin Vgl.: 3-Aminomethyl-3,5,5-trimethyl-cyclohexylamin	612-067-00-9 220-666-8 2855-13-2	Xn; R21/22 C; R34 R43	Symb.: C R: 21/22-34-43 S: (1/2)-26-36/37/39-45	25% ≤ C 10% ≤ C < 25% 5% ≤ C < 10% 1% ≤ C < 5%	C; R21/22-34-43 C; R34-43 Xi; R36/38-43 Xi; R43
Isophorondiisocyanat Siehe: 3-Isocyanatmethyl-3,5,5-trimethyl-cyclohexylisocyanat					
Isopren Siehe: 3-Methyl-1,3-butadien					
Isoprocarb (ISO) Vgl.: o-cumenylmethylcarbamat	006-053-00-6 220-114-6 2631-40-5	Xn; R22	Symb.: Xn R: 22 S: (2)		
Isopropanolamin Siehe: 1-Aminopropan-2-ol					
Isopropenylbenzol vgl: α-Methylstyrol	601-027-00-6 202-705-0 98-83-9	R10 Xi; R36/37	Symb.: Xi R: 10-36/37 S: (2)	25% ≤ C	Xi, R36/37
2-Isopropoxy-ethanol Vgl.: Isopropylglykol	603-013-00-5 203-685-6 109-59-1	Xn; R20/21 Xi; R36	Symb.: Xn R: 20/21-36 S: (2)-24/25	25% ≤ C 20% ≤ C < 25%	Xn; R20/21-36 Xi; R36
2-Isopropoxyphenylmethyl-carbamat Siehe: Propoxur (ISO)					
Isoproylacetat Anm. C	607-024-00-6 203-561-1 108-21-4	F; R11	Symb.: F R: 11 S: (2)-16-23-29-33		

Stoffidentität		Stoff		Zubereitungen	
Bezeichnung	INDEX-Nr. EWG-Nr. CAS-Nr.	Einstufung	Kennzeichnung	Konzentrations-grenzen	Einstufung/ Kennzeichnung
1	2	3	4	5	6
Isopropylalkohol Siehe: 2-Propanol					
Isopropylamin Siehe: 2-Aminopropan					
6-Isopropylamino-2-methylamino-4-methylthio-1,3,5-triazin Siehe: Desmetryn (ISO)					
Isopropylbenzol Anm. C Vgl.: Cumol	601-024-00-X 202-704-5 98-82-8	R10 Xi; R37	Symb.: Xi R: 10-37 S: (2)	25% ≤ C	Xi; R37
3-Isopropyl-2,1,3-benzothiadiazin-4-on-2,2-dioxid Siehe: Bentazon (ISO)					
Isopropylchloracetat	607-206-00-5 203-301-7 105-48-6	R10 T; R25 Xi; R36/37/38	Symb.: T R: 10-25-36/37/38 S: (1/2)-26-37/39-45		
Isopropylformiat Anm. C	607-016-00-2 210-901-2 625-55-8	F; R11	Symb.: F R: 11 S: (2)-9-16-33		
Isopropylglykol Siehe: 2-Isopropoxy-ethanol					
4,4'-Isopropylidendiphenol	604-030-00-0 201-245-8 80-05-7	Xi; R36/37/38 R43	Symb.: Xi R: 36/37/38-43 S: (2)-24-26-37		
1-Isopropyl-3-methylpyrazol-5-yldimethylcarbamat	006-009-00-6 204-318-2 119-38-0	T+; R27/28	Symb.: T+ R: 27/28 S: (1/2)-28-36/37/39-45		
3-(4-Isopropylphenyl)-1,1-dimethyl-harnstoff Siehe: Isoproturon					
S-2-Isopropylthioethyl-O,O-dimethyldithiophosphat	015-130-00-3 36614-38-7	T; R24/25	Symb.: T R: 24/25 S: (1/2)-28-36/37-45		
5-Isopropyl-3-tolylmethylcarbamat Siehe Promecarb (ISO)					
Isoproturon Vgl.: 3-(4-Isopropylphenyl)-1,1-dimethyl-harnstoff	006-044-00-7 251-835-4 34123-59-6	Carc. Cat. 3; R40 Xn; R22	Symb.: Xn R: 22-40 S: (2)-36/37		
Jod	053-001-00-3 231-442-4 7553-56-2	Xn; R20/21	Symb.: Xn R: 20/21 S: (2)-23-25		
Jodessigsäure	607-068-00-6 200-590-1 64-69-7	T; R25 C; R35	Symb.: T, C R: 25-35 S: (1/2)-22-36/37/39-45		
3-Jodpropen Vgl.: Allyljodid	602-054-00-6 209-130-4 556-56-9	R10 C; R34	Symb.: C R: 10-34 S: (1/2)-7-26-45		
Jodwasserstoff ... % Anm. B	053-002-01-6	C; R34	Symb.: C R: 34 S: (1/2)-26-45	25% ≤ C 10% ≤ C < 25%	C; R34 Xi; R36/38
Jodwasserstoff, wasserfrei	053-002-00-9 233-109-9 10034-85-2	C; R35 Xi; R37	Symb.: C R: 35-37 S: (1/2)-7/9-26-45		
Jodylbenzol	053-003-00-4 696-33-3	E; R1	Symb.: E R: 1 S: (2)-35		
Kalium	019-001-00-2 231-119-8 7440-09-7	R14 F; R15 C; R34	Symb.: F, C R: 14/15-34 S: (1/2)-5*-8-43-45		

* Angabe des S5 ist nicht erforderlich, falls in anderer Weise sicher verpackt

Stoffidentität		Stoff		Zubereitungen	
Bezeichnung	INDEX-Nr. EWG-Nr. CAS-Nr.	Einstufung	Kennzeichnung	Konzentrationsgrenzen	Einstufung/ Kennzeichnung
1	2	3	4	5	6
Kaliumbromat Anm. E	035-003-00-6 231-829-8 7758-01-2	O; R9 Carc. Cat. 2; R45 T; R25	Symb.: T, O R: 45-9-25 S: 53-45		
Kaliumchlorat	017-004-00-3 223-289-7 3811-04-9	O; R9 Xn; R20/22	Symb.: O, Xn R: 9-20/22 S: (2)-13-16-27		
Kaliumchromat Anm. 3	024-006-00-8 232-140-5 7789-00-6	Xi; R36/37/38 R43	Symb.: Xi R: 36/37/38-43 S: (2)-22-28	20% ≤ C 0,5% ≤ C < 20%	Xi; R36/37/38-43 Xi; R43
Kaliumcyanat	615-016-00-9 209-676-3 590-28-3	Xn; R22	Symb.: Xn R: 22 S:: (2)-24/25		
Kaliumdichromat Anm. 3	024-002-00-6 231-906-6 7778-50-9	Xi; R36/37/38 R43	Symb.: Xi R: 36/37/38-43 S: (2)-22-28	20% ≤ C 0,5% ≤ C < 20%	Xi; R36/37/38-43 Xi; R43
Kaliumfluorid	009-005-00-2 232-151-5 7789-23-3	T; R23/24/25	Symb.: T R: 23/24/25 S: (1/2)-26-45		
Kaliumhydrogendifluorid	009-008-00-9 232-156-2 7789-29-9	T; R25 C; R34	Symb.: T, C R: 25-34 S: (1/2)-22-26-37-45	10% ≤ C 1% ≤ C < 10% 0,1% ≤ C < 1%	T, C; R25-34 C; R22-34 Xi; R36/38
Kaliumhydrogensulfat	016-056-00-4 231-594-1 7646-93-7	C; R34 Xi; R37	Symb.: C R: 34-37 S: (1/2)-26-36/37/39-45		
Kaliumhydroxid Vgl.: Ätzkali	019-002-00-8 215-181-3 1310-58-3	C; R35	Symb.: C R: 35 S: (1/2)-26-37/39-45	5% ≤ C 2% ≤ C < 5% 0,5% ≤ C < 2%	C; R35 C; R34 Xi; R36/38
Kalium-2-hydroxycarbazol-1-carboxylat	607-180-00-5 401-630-2 96566-70-0	Xn; R22 Xi; R36-37 R52-53	Symb.: Xn R: 22-36/37-52/53 S: (2)-22-26-61		
Kalium mu-fluoro-bis-triethylaluminium)	009-017-00-8 400-040-2 12091-08-6	F; R11-14/15 C; R35 Xn, R20	Symb.: F, C R: 11-14/15-20-35 S: (1/2)-16-30-36/39-43-45		
Kaliumnatrium-5-(4-chlor-6-(N-(4-(4-chlor-6-(5-hydroxy-2,7-disulfonato-6-(2-sulfonato phenylazo)-4-naphthylamino)-1,3,5-triazin-2-ylamino)phenyl-N-methyl)amino)-1,3,5-triazin-2-ylamino)-4-hydroxy-3-(2-sulfonatophenylazo)naphthalen-2,7-di sulfonat	016-050-00-1 402-150-6	Xi; R36 R43	Symb.: Xi R: 36-43 S: (2)-22-24-26-37		
Kaliumnitrit	007-011-00-X 231-832-4 7758-09-0	O; R8 T; R25	Symb.: O, T R: 8-25 S: (1/2)-45	5% ≤ C 1% ≤ C < 5%	T; R25 Xn; R22
Kaliumperchlorat	017-008-00-5 231-912-9 7778-74-7	O; R9 Xn; R22	Symb.: O, Xn R: 9-22 S: (2)-13-22-27		
Kaliumpermanganat	025-002-00-9 231-760-3 7722-64-7	O; R8 Xn; R22	Symb.: O, Xn R: 8-22 S: (2)		
Kaliumpolysulfide	016-007-00-7 253-390-1 37199-66-9	R31 C; R34	Symb.: C R: 31-34 S: (1/2)-26-45		
Kaliumsulfid	016-006-00-1 215-197-0 1312-73-8	R31 C; R34	Symb.: C R: 31-34 S: (1/2)-26-45		
Kalomel **Vgl.:** **Diquecksilberdichlorid**					
Kelevan (ISO) Vgl.: Ethyl-5-(1,2,3,5,6,7,8,9,10,10-decachlor-4-hydroxypentacyclo-(5,2,1,0 <2,6> .0 <3,9> .0 <5,8>) dec-4-yl)-4-oxovalerat	607-079-00-6 4234-79-1	T; R24 Xn; R22	Symb.: T R: 22-24 S: (1/2)-36/37-45		
Kieselfluorwasserstoffsäure . . . % Siehe: Hexafluorokieselsäure . . . %					
Knallquecksilber Siehe: Quecksilberfulminat					

Stoffidentität		Stoff		Zubereitungen	
Bezeichnung	INDEX-Nr. EWG-Nr. CAS-Nr.	Einstufung	Kennzeichnung	Konzentrations-grenzen	Einstufung/ Kennzeichnung
1	2	3	4	5	6
Kohlendisulfid Vgl.: Schwefelkohlenstoff	006-003-00-3 200-843-6 75-15-0	F; R11 Repr. Cat. 3; R62-63 T; R48-23 Xi; R36/38	Symb.: F, T R: 11-36/38-48/23-62-63 S: 16-33-36/37-45	20% ≤ C 1% ≤ C < 20% 0,2% ≤ C < 1%	T; R36/38-48/23-62-63 T; R48/23-62-63 Xn; R48/20
Kohlenmonoxid	006-001-00-2 211-128-3 630-08-0	F + ; R12 T; R23	Symb.: F + , T R: 12-23 S: (1/2)-7-16-45		
Kohlenwasserstoffe, C26-55, aromatenreich	649-006-00-0 307-753-7 97722-04-8	Carc. Cat. 2; R45	Symb.: T R: 45 S 53-45		
Kresol (o,m,p) Anm. C	604-004-00-9 215-293-2 1319-77-3 (o) 202-423-8 95-48-7 (m) 203-577-9 108-39-4 (p) 203-398-6 106-44-5	T; R24/25 C; R34	Symb.: T R: 24/25-34 S: (1/2)-36/37/39-45	5% ≤ C 1% ≤ C < 5%	T; R24/25-34 Xn, R21/22-36/38
Kresylglycidylether Siehe: 1,2-Epoxy-3-(tolyloxy)-propan					
Kupfer (I)-chlorid	029-001-00-4 231-842-9 7758-89-6	Xn; R22	Symb.: Xn R: 22 S: (2)-22		
Kupfernaphthenat	029-003-00-5 215-657-0 1338-02-9	R10 Xn; R22	Symb.: Xn R: 10-22 S: (2)		
Gemisch aus Kupfer (I)-O,O-diisopropyldithio-phosphat und Kupfer (I)-O-isopropyl-O-(4-methylpent-2-yl)-dithiophosphat und Kupfer (I)-O,O-bis(4-methylpent-2-yl) dithiophosphat	015-145-00-5 401-520-4	N; R50-53	Symb.: N R: 50/53 S: 60-61		
Kupfer (I)-oxid Siehe: Dikupferoxid					
Kupfersulfat	029-004-00-0 231-847-6 7758-98-7	Xn; R22 Xi; R36/38	Symb.: Xn R: 22-36/38 S: (2)-22		
Leptophos (ISO) Vgl.: O-4-Brom-2,5-dichlorphenyl-O-methylphenylthiophosphonat	015-093-00-3 244-472-8 21609-90-5	T; R25-39/25 Xn; R21	Symb.: T R: 21-25-39/25 S: (1/2)-25-36/37/39-45		
Lindan Vgl.: γ-1,2,3,4,5,6-Hexachlor-cyclohexan	602-043-00-6 200-401-2 58-89-9	T; R23/24/25 Xi; R36/38 N; R50-53	Symb.: T, N R: 23/24/25-36/38-50/53 S: (1/2)-13-45-60-61		
Linuron (ISO) Vgl.: 3-(3,4-Dichlorphenyl)-1-methoxy-1-methylharnstoff	006-021-00-1 206-356-5 330-55-2	Carc. Cat. 3; R40	Symb.: Xn R: 40 S: (2)-36/37		
Lithium	003-001-00-4 231-102-5 7439-93-2	F; R14/15 C; R34	Symb.: F, C R: 14/15-34 S: (1/2)-8-43-45		
Lithium-Aluminiumhydrid	001-002-00-4 240-877-9 16853-85-3	F; R15	Symb.: F R: 15 S: (2)-7/8-24/25-43		
Lithiumnatriumhydrogen-4-amino-6-(5-(5-Chlor-2,6-difluorpyrimidin-4-ylamino)-2-sulfonatopheny-lazo)-5-hydroxy-3-(4-(2-(sulfonato-oxy) ethylsulfonyl) pheny-lazo) naphthalin-2,7-disulfonat	016-045-00-4 401-560-2 108624-00-6	R43	Symb.: Xi R: 43 S: (2)-22-24-37		
Magnesiumalkyle n = 1-5 Anm. A	012-003-00-4	R14 F; R17 C; R34	Symb.: F, C R: 14-17-34 S: (1/2)-16-43-45		
Magnesiumphosphid	015-005-00-3 235-023-7 12057-74-8	F; R15/29 T + ; R28	Symb.: F, T + R: 15/29-28 S: (1/2)-22-43-45		

Stoffidentität		Stoff		Zubereitungen	
Bezeichnung	INDEX-Nr. EWG-Nr. CAS-Nr.	Einstufung	Kennzeichnung	Konzentrations-grenzen	Einstufung/ Kennzeichnung
1	2	3	4	5	6
Magnesiumpulver (nicht stabilisiert)	012-001-00-3 231-104-6 7439-95-4	F; R15-17	Symb.: F R: 15-17 S: (2)-7/8-43		
Magnesiumpulver (phlegmatisiert) oder -späne	012-002-00-9 231-104-6	F; R11-15	Symb.: F R: 11-15 S: (2)-7/8-43		
Malathion (ISO) Vgl.: 1,2-Bis(ethoxycarbonyl)ethyl- O,O-dimethyldithiophosphat	015-041-00-X 204-497-7 121-75-5	Xn; R22	Symb.: Xn R: 22 S: (2)-24		
Maleinsäure	607-095-00-3 203-742-5 110-16-7	Xn; R22 Xi; R36/37/38	Symb.: Xn R: 22-36/37/38 S: (2)-26-28-37		
Maleinsäureanhydrid	607-096-00-9 203-571-6 108-31-6	Xn; R22 Xi; R36/37/38 R42	Symb.: Xn R: 22-36/37/38-42 S: (2)-22-28-39	25% ≤ C 10% ≤ C < 25% 1% ≤ C < 10%	Xn; R22-36/37/ 38-42 Xn; R36/37/38-42 Xn; R42
Malonsäuredinitril	608-009-00-7 203-703-2 109-77-3	T; R23/24/25	Symb.: T R: 23/24/25 S: (1/2)-23-27-45		
Mangandioxid Vgl.: Braunstein	025-001-00-3 215-202-6 1313-13-9	Xn; R20/22	Symb.: Xn R: 20/22 S: (2)-25		
Mangansulfat	025-003-00-4 232-089-9 7785-87-7	Xn; R48/20/22	Symb.: Xn R: 48/20/22 S: (2)-22		
Mannithexanitrat Vgl.: Nitromannit	603-036-00-0 239-924-6 15825-70-4	E; R3	Symb.: E R: 3 S: (2)-35		
MCPA (ISO) Vgl.: 4-Chlor-o-tolyloxyessigsäure	607-051-00-3 202-360-6 94-74-6	Xn; R22 Xi; R38-41	Symb.: Xn R: 22-38-41 S: (2)-26-37-39		
Salze und Ester von MCPA Anm. A	607-052-00-9	Xn; R20/21/22	Symb.: Xn R: 20/21/22 S: (2)-13		
MCPB (ISO) Vgl.: 4-(4-Chlor-o-tolyloxy)buttersäure	607-053-00-4 202-365-3 94-81-5	Xn; R22	Symb.: Xn R: 22 S: (2)-24/25		
Salze und Ester von MCPB Anm. A	607-054-00-X	Xn; R22	Symb.: Xn R: 22 S: (2)-24/25		
Mecarbam (ISO) Vgl.: N-Ethoxycarbonyl-N-methylcarba- moylmethyl-O,O-diethyldithio- phosphat	015-045-00-1 219-993-9 2595-54-2	T; R24/25	Symb.: T R: 24/25 S: (1/2)-36/37-45		
Mecoprop (ISO) Vgl.: 2-(4-Chlor-o-tolyloxy)propionsäure	607-049-00-2 202-264-4 93-65-2	Xn; R22 Xi; R38-41	Symb.: Xn R: 22-38-41 S: (2)-26-37/39		
Salze von Mecoprop Anm. A	607-050-00-8	Xn; R20/21/22	Symb.: Xn R: 20/21/22 S: (2)-13		
Medinoterbacetat (ISO) Vgl.: 6-Tert.butyl-3-methyl-2,4-dinitro- phenylacetat	607-166-00-9 219-634-6 2487-01-6	T; R25 Xn; R21	Symb.: T R: 21-25 S: (1/2)-36/37-45		
Menazon Vgl.: S-[4,6-Diamino-1,3,5-triazin- 2-yl)-methyl]-O,O-dimethyl-dithio- phosphat	015-053-00-5 201-123-4 78-57-9	Xn; R22	Symb.: Xn R: 22 S: (2)		
p-Menthadien-1,8(9) Vgl.: Dipenten	601-029-00-7 205-341-0 138-86-3	R10 Xi; R38	Symb.: Xi R: 10-38 S: (2)-28	25% ≤ C	Xi; R38
8-p-Menthanylhydroperoxid	617-012-00-2 201-281-4 80-47-7	O; R7 C; R34 Xn; R20	Symb.: O, C R: 7-20-34 S: (1/2)-3/7-14-36/37/39-45	25% ≤ C 10% ≤ C < 25% 5% ≤ C < 10%	C; R20-34 C; R34 Xi; R36/37/38
Mephosfolan (ISO) Vgl.: Diiethyl-4-methyl-1,3-dithiolan- 2-ylidenphosporamidat	015-094-00-9 213-447-3 950-10-7	T+; R27/28	Symb.: T+ R: 27/28 S: (1/2)-36/37/39-45		

Stoffidentität		Stoff		Zubereitungen	
Bezeichnung	INDEX-Nr. EWG-Nr. CAS-Nr.	Einstufung	Kennzeichnung	Konzentrations-grenzen	Einstufung/ Kennzeichnung
1	2	3	4	5	6
Mercaptodimethur (ISO) Vgl.: Metiocarb	006-023-00-2 217-991-2 2032-65-7	T; R25	Symb.: T R: 25 S: (1/2)-22-37-45		
Mesitylen Vgl.: 1,3,5-Trimethylbenzol	601-025-00-5 203-604-4 108-67-8	R10 Xi; R37	Symb.: Xi R: 10-37 S: (2)	25% ≤ C	Xi; R37
Mesityloxid Siehe: 4-Methyl-3-penten-2-on					
Metaldehyd Siehe: 2,4,6,8-Tetramethyl-1,3,5,7-tetraoxa-cycloctan					
Metam-Natrium Vgl.: Natrium-N-methyl-dithiocarbamat	006-013-00-8 205-293-0 137-42-8	Xn; R21/22 R31 Xi; R41	Symb.: Xn R: 21/22-31-41 S: (2)-26-36/37/39		
Metanilsäure Siehe: 3-Amino-benzolsulfonsäure					
Methacrylate mit Ausnahme der namentlich in diesem Anhang bezeichneten	607-134-00-4	Xi; R36/37/38	Symb.: Xi R: 36/37/38 S: (2)-26-28	10% ≤ C	Xi; R36/37/38
Methacrylnitril Anm. D Vgl.: 2-Methyl-2-propennitril	608-010-00-2 204-817-5 126-98-7	F; R11 T; R23/24/25 R43	Symb.: F, T R: 11-23/24/25-43 S: (1/2)-9-16-18-29-45	1% ≤ C 0.2% ≤ C < 1%	T; R23/24/25-43 Xn; R20/21/22-43
Methacrylsäure Anm. D	607-088-00-5 201-204-4 79-41-4	C; R34	Symb.: C R: 34 S: (1/2)-15-26-45	25% ≤ C 2% ≤ C < 25%	C; R34 Xi; R36/38
Methamidophos (ISO) Vgl.: O,S-Dimethylamidothiophospat	015-095-00-4 233-606-0 10265-92-6	T+; R28 T; R24 Xi; R36	Symb.: T+ R: 24-28-36 S: (1/2)-22-28-36/37-45		
Methan	601-001-00-4 200-812-7 74-82-8	F+; R12	Symb.: F+ R: 12 S: (2)-9-16-33		
Methanol Vgl.: Methylalkohol	603-001-00-X 200-659-6 67-56-1	F; R11 T; R23/25	Symb.: F, T R: 11-23/25 S: (1/2)-7-16-24-25	20% ≤ C 3% ≤ C < 20%	T; R23/25 Xn; R20/22
Methansulfonsäure	607-145-00-4 200-898-6 75-75-2	C; R34	Symb.: C R: 34 S: (1/2)-26-36-45		
Methanthiol Vgl.: Methylmercaptan	016-021-00-3 200-822-1 74-93-1	F+; R12 Xn; R20	Symb.: F+, Xn R: 12-20 S: (2)-16-25		
Methenamin Vgl.: Hexamethylentetramin	612-101-00-2 202-905-8 100-97-0	F; R11 R42/43	Symb.: F, Xn R: 11-42/43 S: (2)-16-22-24-37		
Methidathion (ISO) Vgl.: 2,3-Dihydro-5-methoxy-2-oxo-1,3,4-thiadiazol-3-ylmethyl-O,O-dimethyldithiophosphat	015-069-00-2 213-449-4 950-37-8	T+; R28 Xn; R21	Symb.: T+ R: 21-28 S: (1/2)-22-28-36/37-45		
2-Methoxy-anilin Anm. E Vgl.: o-Anisidin	612-035-00-4 201-963-1 90-04-0	Carc. Cat. 2; R45 T+; R26/27/28 R33	Symb.: T+ R: 45-26/27/28-33 S: 53-45		
4-Methoxy-anilin Vgl.: p-Anisidin	612-112-00-4 203-254-2 104-94-9	T+; R26/27/28 R33	Symb.: T+ R: 26/27/28-33 S: (1/2)-28-36/37-45		
3-Methoxybutylacetat	607-202-00-3 224-644-9 4435-53-4	Xi; R36	Symb.: Xi R: 36 S: (2)-25		
2-(Methoxycarbonylhydrazonomethyl)-chinoxalin-1,4-dioxid Siehe: Carbadox (INN)					
2-Methoxycarbonyl-1-methylvinyl-dimethylphosphat Siehe: Mevinphos (ISO)					

Stoffidentität		Stoff		Zubereitungen	
Bezeichnung	INDEX-Nr. EWG-Nr. CAS-Nr.	Einstufung	Kennzeichnung	Konzentrations-grenzen	Einstufung/ Kennzeichnung
1	2	3	4	5	6
2-Methoxy-ethanol Anm. E Vgl.: Methylglykol	603-011-00-4 203-713-7 109-86-4	R10 Repr. Cat. 2; R60-61 Xn; R20/21/22	Symb.: T R: 60-61-10-20/21/22 S: 53-45		
2-Methoxyethyl-acetat Anm. E Vgl.: Methylglykolacetat	607-036-00-1 203-772-9 110-49-6	Repr. Cat. 2; R60-61 Xn; R20/21/22	Symb.: T R: 60-61-20/21/22 S: 53-45		
2-Methoxyethylcarbamoylmethyl-O,O-dimethyldithiophosphat Siehe: Amidithion (ISO)					
2-Methoxyethylquecksilberchlorid	080-009-00-4 204-659-7 123-88-6	T; R25-48/25 C; R34	Symb.: T R: 25-34-48/25 S: (1/2)-36/37/39-45		
2-Methoxy-1-methylethylacetat	607-195-00-7 203-603-9 108-65-6	R10 Xi; R36	Symb.: Xi R: 10-36 S: (2)-25		
4-Methoxy-4-methyl-2-pentanon Vgl.: Diacetonalkoholmethylether	606-023-00-8 203-512-4 107-70-0	R10	Symb.: R: 10 S: (2)-23		
4-Methoxy-2-nitro-anilin Vgl.: 2-Nitro-p-anisidin	612-038-00-0 202-547-2 96-96-8	T+; R26/27/28 R33	Symb.: T+ R: 26/27/28-33 S: (1/2)-28-36/37-45		
S-5-Methoxy-4-oxopyran-2-ylmethyldimethylthiophosphat Siehe: Endothion (ISO)					
2-Methoxyphenol Siehe: Guajakol					
1-Methoxy-2-propanol Vgl.: Propylenglykolmonomethylether	603-064-00-3 203-539-1 107-98-2	R10	Symb.: R: 10 S: (2)-24		
Methylacetat	607-021-00-X 201-185-2 79-20-9	F; R11	Symb.: F R: 11 S: (2)-16-23-29-33		
Methylacetoacetat Vgl.: Acetessigsäuremethylester	607-137-00-0 203-299-8 105-45-3	Xi; R36	Symb.: Xi R: 36 S: (2)-26		
Methylacrylamidomethoxyacetat (mit ≥0.1% Acrylamid) Anm. E	607-190-00-X 401-890-7 77402-03-0	Carc. Cat. 2; R45 Muta. Cat. 2; R46 Xn; R22 Xi; R36	Symb.: T R: 45-46-22-36 S: 53-45		
Methylacrylat Anm. D	607-034-00-0 202-500-6 96-33-3	F; R11 Xn; R20/22 Xi; R36/37/38	Symb.: F, Xn R: 11-20/22-36/37/38 S: (2)-9-16-33	10% ≤ C 5% ≤ C < 10%	Xn; R20/22-36/37/38 Xi; R36/37/38
Methylalkohol Siehe: Methanol					
2-Methyl-allylchlorid Siehe: 3-Chlor-2-methylpropen					
Methylamin (mono-(1), di-(2) und tri-(3)) Anm. C	612-001-00-9 (1) 200-820-0 74-89-5 (2) 204-697-4 124-40-3 (3) 200-875-0 75-50-3	F+; R12 Xi; R36/37	Symb.: F+, Xi R: 12-36/37 S: (2)-16-26-29		
2-Methylamino-ethanol Vgl.: N-Methylethanolamin	603-080-00-0 203-710-0 109-83-1	C; R34	Symb.: C R: 34 S: (1/2)-23-26-36-45		
Methylamylalkohol Siehe: 4-Methyl-pentan-2-ol					
N-Methyl-anilin	612-015-00-5 202-870-9 100-61-8	T; R23/24/25 R33	Symb.: T R: 23/24/25-33 S: (1/2)-28-37-45		

Stoffidentität		Stoff		Zubereitungen	
Bezeichnung	INDEX-Nr. EWG-Nr. CAS-Nr.	Einstufung	Kennzeichnung	Konzentrations-grenzen	Einstufung/ Kennzeichnung
1	2	3	4	5	6
2-Methylaziridin Anm. E Vgl.: Propylenimin	613-033-00-6 200-878-7 75-55-8	F; R11 Carc. Cat. 2; R45 T+; R26/27/28 Xi; R41	Symb.: F, T+ R: 45-11-26/27/28-41 S: 53-45		
Methylazoxymethylacetat Siehe: (Methyl-ONN-azoxy)-methylacetat					
(Methyl-ONN-azoxy)-methylacetat Vgl.: Methylazoxymethylacetat	611-004-00-2 .209-765-7 592-62-1	Carc. Cat. 2; R45 Repr. Cat. 2; R61	Symb.: T R: 45-61 S: 53-45		
Methylbenzimidazol-2-ylcarbamat Siehe: Carbendazim (ISO)					
DL-α-Methylbenzylamin	612-107-00-5 210-545-8 618-36-0	Xn; R21/22 C; R34	Symb.: C R: 21/22-34 S: (1/2)-26-28-36/37/39-45		
Methylbromid Siehe: Brommethan					
2-Methyl-1,3-butadien Anm. D Vgl.: Isopren	601-014-00-5 201-143-3 78-79-5	F+; R12	Symb.: F+ R: 12 S: (2)-9-16-29-33		
Methylbutan Siehe: Isopentan					
2-Methylbutanol-2 Vgl.: tert-Pentanol	603-007-00-2 200-908-9 75-85-4	F; R11 Xn; R20	Symb.: F, Xn R: 11-20 S: (2)-9-16-24/25	25% ≤ C	Xn; R20
3-Methylbutan-2-on Vgl.: Methylisopropylketon	606-007-00-0 209-264-3 563-80-4	F; R11	Symb.: F R: 11 S: (2)-9-16-33		
Methyl-1-(butylcarbamoyl)benzi-midazol-2-ylcarbamat Siehe: Benomyl (ISO)					
6-(1-Methyl-butyl)-2,4-dinitrophe-nol Siehe: Dinosam					
Methyl-n-butylketon Siehe: 2-Hexanon					
3-(1-Methylbutyl)phenylmethylcar-bamat 3-(1-Ethylpropyl)phenyl-methylcarbamat (3:1) Siehe: Bufencarb (ISO)					
7-(N-Methyl-carbamoyloxy)-2-me-thyl-2,3-dihydro-benzofuran Siehe: Decarbofuran					
Methyl-3-(chinoxalin-2-ylmethy-len)carbazat-1,4-dioxid Siehe: Carbadox (INN)					
Methylchloracetat Vgl.: Chloressigsäuremethylester	607-205-00-X 202-501-1 96-34-4	R10 T; R23/25 Xi; R37/38-41	Symb.: T R: 10-23/25-37/38-41 S: (1/2)-26-37/39-45		
Methyl-2-chlor-3-(4-chlorphe-nyl)propionat Siehe: Chlorfenprop-methyl (ISO)					
Methyl-chlorformiat	607-019-00-9 201-187-3 79-22-1	F; R11 T; R23 Xi; R36/37/38	Symb.: F, T R: 11-23-36/37/38 S: (1/2)-9-16-33-45		
Methylchlorid Siehe: Chlormethan					

Stoffidentität		Stoff		Zubereitungen	
Bezeichnung	INDEX-Nr. EWG-Nr. CAS-Nr.	Einstufung	Kennzeichnung	Konzentrations-grenzen	Einstufung/ Kennzeichnung
1	2	3	4	5	6
Methylchloroform Siehe: 1,1,1-Trichlorethan					
Methylcyclohexan	601-018-00-7 203-624-3 108-87-2	F; R11	Symb.: F R: 11 S: (2)-9-16-33		
2-Methylcyclohexanol	603-010-00-9 209-512-0 583-59-5	Xn; R20	Symb.: Xn R: 20 S: (2)-24/25	25% ≤ C	Xn; R20
2-Methylcyclohexanon	606-011-00-2 209-513-6 583-60-8	R10 Xn; R20	Symb.: Xn R: 10-20 S: (2)-25	25% ≤ C	Xn; R20
Methyl-2-(4-(2,4-dichlorphe-noxy)phenoxy)propionat	607-165-00-3 257-141-8 51338-27-3	Xn; R22	Symb.: Xn R: 22 S: (2)		
Methyl 3,4-dichlorphenylcarbamat	006-062-00-5 1918-18-9	Xn; R22	Symb.: Xn R: 22 S: (2)		
N-Methyldiethanolamin Siehe: 2,2'-Methyliminodiethanol					
Methyl-α-((4,6-dimethoxypyrimi-din-2-yl)ureidosulfonyl)-o-toluat	607-178-00-4 401-340-6 83055-99-6	R43 N; R51-53	Symb.: Xi, N R: 43-51/53 S: (2)-24-37-61		
6-Methyl-1,3-dithiolo(4,5-b)chino-xalin-2-on	606-036-00-9 219-455-3 2439-01-2	Xi; R36 R43	Symb.: Xi R: 36-43 S: (2)-24-37		
4.4'-Methylen-bis-(2-chloranilin) Siehe: 2,2-Dichlor-4,4'-methylendianilin					
Salze von 4,4'-Methylen-bis(2-chloranilin) Siehe: Salze von 2,2'-Dichlor-4,4'-methylendianilin					
3,3'-Methylen-bis(4-hydroxycuma-rin) Siehe: Dicumarin					
Gemisch aus 1,1'-(Methylenbis(4,1-pheny-len))dipyrrol-2,5-dion und N-(4-(4-(2,5-Dioxopyrrol-1-yl)benzyl)phenyl)acetamid und 1-(4-(-4-(5-Oxo-2H-2-furyliden-amino)benzyl)phenyl)pyrrol-2,5-dion	613-085-00-X 401-970-1	R43 N; R50-53	Symb.: Xi, N R: 43-50/53 S: (2)-24-37-60-61		
2,2'-Methylen-bis-(3,4,6-tri-chlorphenol) Vgl.: Hexachlorophen	604-015-00-9 200-733-8 70-30-4	T; R24/25	Symb.: T R: 24/25 S: (1/2)-20-37-45	2% ≤ C 0.2% ≤ C < 2%	T; R24/25 Xn; R21/22
Methylenbromid Siehe: Dibrommethan					
Methylenchlorid Siehe: Dichlormethan					
4,4'-Methylen diphenyldigly-cidylether Vgl.: Bis(4,4'-glycidyloxyphenyl)-propan	603-073-00-2 216-823-5 1675-54-3	Xi; R36/38 R43	Symb.: Xi R: 36/38-43 S: (2)-28-37/39	5% ≤ C 1% ≤ C < 5%	Xi; R36/38-43 Xi; R43
4,4'-Methylendi-o-toluidin Anm. E	612-085-00-7 212-658-8 838-88-0	Carc. Cat. 2; R45 Xn; R22 R43	Symb.: T R: 45-22-43 S: 53-45		
4-Methylen-2-oxetanon Anm. D Vgl.: Diketen	606-017-00-5 211-617-1 674-82-8	R10 Xn; R20	Symb.: Xn R: 10-20 S: (2)-3		

Stoffidentität		Stoff		Zubereitungen	
Bezeichnung	INDEX-Nr. EWG-Nr. CAS-Nr.	Einstufung	Kennzeichnung	Konzentrations-grenzen	Einstufung/ Kennzeichnung
1	2	3	4	5	6
N-Methylethanolamin Siehe: 2-Methylamino-ethanol					
Methylformiat	607-014-00-1 203-481-7 107-31-3	F+; R12	Symb.: F+ R: 12 S: (2)-9-16-33		
Methylglykol Siehe: 2-Methoxy-ethanol					
Methylglykolacetat Siehe: 2-Methoxyethyl-acetat					
5-Methyl-3-heptanon	606-020-00-1 208-793-7 541-85-5	R10 Xi; R36/37	Symb.: Xi R: 10-36/37 S: (2)-23	10% ≤ C	Xi; R36/37
5-Methyl-2-hexanon	606-026-00-4 203-737-8 110-12-3	R10	Symb.: R: 10 S: (2)-23		
1-Methylimidazol	613-035-00-7 210-484-7 616-47-7	Xn; R21/22 C; R34	Symb.: C R: 21/22-34 S: (1/2)-26-36-45		
2,2'-Methyliminodiethanol Vgl.: N-Methyldiethanolamin	603-079-00-5 203-312-7 105-59-9	Xi; R36	Symb.: Xi R: 36 S: (2)-24		
Methyliodid Vgl.: Iodmethan	602-005-00-9 200-819-5 74-88-4	Carc. Cat. 3; R40 Xn; R21 T; R23/25 Xi; R37/38	Symb.: T R: 21-23/25-37/38-40 S: (1/2)-36/37-38-45		
Methylisobutylketon Siehe: 4-Methyl-pentan-2-on					
Methylisocyanat	615-001-00-7 210-866-3 624-83-9	F+; R12 T; R23/24/25 Xi; R36/37/38	Symb.: F+, T R: 12-23/24-/25-36/37/38 S: (1/2)-9-30-43-45		
Methylisopropylketon Siehe: 3-Methylbutan-2-on					
Methylisothiocyanat	615-002-00-2 209-132-5 556-61-6	T; R23/25 C; R34 R43	Symb.: T R: 23/25-34-43 S: (1/2)-36/37-38-45		
Methyllaktat	607-092-00-7 208-930-0 547-64-8	R10	Symb: R: 10 S: (2)-23		
Methylmercaptan Siehe: Methanthiol					
Methyl-methacrylat Anm. D	607-035-00-6 201-297-1 80-62-6	F; R11 Xi; R36/37/38 R43	Symb.: F, Xi R: 11-36/37/38-43 S: (2)-9-16-29-33	20% ≤ C 1% ≤ C < 20%	Xi; R36/37/38-43 Xi; R43
Methyl-2-(3-(4-methoxy-6-methyl-1,3,5-triazin-2-yl)3-methylureidosulfonyl)benzoat	607-177-00-9 401-190-1 101200-48-0	R43	Symb.: Xi R: 43 S: (2)-22-24-37		
exo-(+/—)-1-Methyl-2-(2-methylbenzyloxy)-4-isopropyl-7-oxabicyclo(2.2.1)heptan	603-093-00-1 402-410-9 87818-31-3 89368-00-3	Xn; R20 N; R51-53	Symb.: Xn, N R: 20-51/53 S: (2)-22-61		
2-Methyl-1-(4-methylthiophenyl)-2-morpholinopropan-1-on	606-041-00-6 400-600-6 71868-10-5	Xn; R22 N; R51-53	Symb.: Xn, N R: 22-51/53 S: (2)-22-61		
2-Methyl-2-(methylthio)propionaldehyd-O-(methylcarbamoyl)oxim Siehe: Aldicarb (ISO)					
Methyl-2-(2-nitrobenzyliden)acetoacetat	607-175-00-8 400-650-9 39562-27-1	R43 N; R51-53	Symb.: Xi, N R: 43-51/53 S: (2)-24-37-61		
1-Methyl-3-nitro-1-nitrosoguanidin Anm. E	612-083-00-6 200-730-1 70-25-7	Carc. Cat. 2; R45 Xn; R20 Xi; R36/38	Symb.: T R: 45-20-36/38 S: 53-45		

Stoffidentität		Stoff		Zubereitungen	
Bezeichnung	INDEX-Nr. EWG-Nr. CAS-Nr.	Einstufung	Kennzeichnung	Konzentrations-grenzen	Einstufung/ Kennzeichnung
1	2	3	4	5	6
1-Methyl-5-norbornen-2,3-di-carbonsäureanhydrid Anm. C	607-106-00-1 123748-85-6	Xn; R22 Xi; R36/37/38 R42	Symb.: Xn R: 22-36/37/38-42 S: (2)-39	25% ≤ C 10% ≤ C < 25% 1% ≤ C < 10%	XN; R22-36/37/38-42 Xn; R36/37/38-42 Xn; R42
Methyloxiran Siehe: Propylenoxid					
2-Methyl-2,4-pentandiol	603-053-00-3 203-489-0 107-41-5	Xi; R36/38	Symb.: Xi R: 36/38 S: (2)	10% ≤ C	Xi; R36/38
4-Methyl-pentan-2-ol Vgl.: Methylamylalkohol	603-008-00-8 203-551-7 108-11-2	R10 Xi; R37	Symb: Xi R: 10-37 S: (2)-24/25	25% ≤ C	Xi; R37
4-Methyl-pentan-2-on Vgl.: Methylisobutylketon	606-004-00-4 203-550-1 108-10-1	F; R11	Symb.: F R: 11 S:(2)-9-16-23-33		
4-Methyl-3-penten-2-on Vgl.: Mesityloxid	606-009-00-1 205-502-5 141-79-7	R10 Xn; R20/21/22	Symb.: Xn R: 10-20/21/22 S: (2)-25	5% ≤ C	Xn; R20/21/22
3-(3-Methylpent-3-yl)isoxazol-5-ylamin	613-074-00-X 401-460-9 82560-06-3	T; R23/25 Xi; R41 R52-53	Symb.: T R: 23/25-41-52/53 S: (1/2)-22-26-36/37/39-45-61		
2-Methyl-1-pentylpyridinium-bromid	613-082-00-3 402-690-2	Xn; R21/22 R52-53	Symb.: Xn R: 21/22-52/53 S: (2)-36/37-61		
4-Methyl-m-phenylendiamin Anm. E Vgl.: 2,4-Toluylendiamin	612-099-00-3 202-453-1 95-80-7	Carc. Cat. 2; R45 T; R25 Xn; R21 Xi; R36 R43	Symb.: T R: 45-21-25-36-43 S: 53-45		
2-Methyl-m-phenylendiamin Vgl.: 2,6-Toluylendiamin	612-111-00-9 212-513-9 823-40-5	Muta. Cat. 3; R40 Xn; R21/22 R43	Symb.: Xn R: 21/22-40-43 S: (2)-24-36/37		
2-Methyl-4-phenylpentanol	603-092-00-6 402-770-7 92585-24-5	R43 N; R51-53	Symb.: Xi, N R: 43-51/53 S: (2)-24-37-61		
S-2-Methylpiperidinocarbonyl methyl-O,O-dipropyldithiophos-phat Siehe: Piperophos (ISO)					
2-Methylpropanol-2 Vgl.: tert-Butylalkohol	603-005-00-1 200-889-7 75-65-0	F; R11 Xn; R20	Symb.: F, Xn R: 11-20 S: (2)-9-16	25% ≤ C	Xn; R20
2-Methyl-2-propennitril Siehe: Methacrylnitril					
Methylpropionat	607-027-00-2 209-060-4 554-12-1	F; R11	Symb.: F R: 11 S: (2)-16-23-29-33		
2-Methylpropylacrylat Anm. D	607-115-00-0 203-417-8 106-63-8	R10 Xn; R20/21 Xi; R38 R43	Symb.: Xn R: 10-20/21-38-43 S: (2)-9-24-37	25% ≤ C 10% ≤ C < 25% 1% ≤ C < 10%	Xn; R20/21-38-43 Xi; R38-43 Xi; R43
6-(1-Methyl-propyl)-2,4-di-nitrophenol Siehe: Dinoseb					
2-Methylpropylmethacrylat Anm. D	607-113-00-X 202-613-0 97-86-9	R10 Xi; R36/37/38 R43	Symb.: Xi R: 10-36/37/38-43 S: (2)-24-37	20% ≤ C 1% ≤ C < 20%	Xi; R36/37/38-43 Xi; R43
(3-Methyl-1H-pryrazol-5-yl)-N,N-dimethyl-carbamat	006-040-00-5 2532-43-6	T; R23/24/25	Symb.: T R: 23/24/25 S: (1/2)-13-45		
2-Methylpyridin Vgl.: 2-Picolin	613-036-00-2 203-643-7 109-06-8	R10 Xn; R20/21/22 Xi; R36/37	Symb.: Xn R: 10-20/21/22-36/37 S: (2)-26-36		

Stoffidentität		Stoff		Zubereitungen	
Bezeichnung	INDEX-Nr. EWG-Nr. CAS-Nr.	Einstufung	Kennzeichnung	Konzentrationsgrenzen	Einstufung/ Kennzeichnung
1	2	3	4	5	6
4-Methylpyridin Vgl.: 4-Picolin	613-037-00-8 203-626-4 108-89-4	R10 T; R24 Xn; R20/22 Xi; R36/37/38	Symb.: T R: 10-20/22-24-36/37/38 S: (1/2)-26-36-45		
N-Methyl-2-pyrrolidon	606-021-00-7 212-828-1 872-50-4	Xi; R36/38	Symb.: Xi R: 36/38 S: (2)-41	10% ≤ C	Xi; R36/38
o-Methylstyrol Vgl.: 2-Vinyl-toluol	601-028-00-1 210-256-7 611-15-4	Xn; R20	Symb.: Xn R: 20 S: (2)-24	25% ≤ C	Xn; R20
α-Methylstyrol Siehe: Isopropenylbenzol					
Methyl-3-sulfamoyl-2-thenoat	607-182-00-6 402-050-2	R43	Symb.: Xi R: 43 S: (2)-24-37		
2-Methyl-5-(1,1,3,3-tetramethylbutyl)hydrochinon	604-027-00-4 400-530-6	Xi; R41 N; R51-53 R43	Symb.: Xi, N R: 41-43-51/53 S: (2)-24/25-26-37-61		
N-Methyl-2,4,6-N-tetranitroanilin Vgl.: Tetryl	612-017-00-6 207-531-9 479-45-8	E; R2 T; R23/24/25 R33	Symb.: E, T R: 2-23/24/25-33 S: (1/2)-35-45		
1-Methylthioethylidenamin-methylcarbamat	006-045-00-2 240-815-0 16752-77-5	T+; R28	Symb.: T+ R: 28 S: (1/2)-22-36/37-45		
4-Methylthio-3,5-xylylmethylcarbamat Siehe: Mercaptodimethur (ISO)					
N-Methyl-toluidin (o,m,p) Anm. C	612-055-00-3 84875-83-2 (o) 210-260-9 611-21-2 (m) 211-795-0 696-44-6 (p) 210-769-6 623-08-5	T; R23/24/25 R33	Symb.: T R: 23/24/25-33 S: (1/2)-28-36/37-45		
5-Methyl-1,2,4-triazolo(3,4-b)benzo-1,3-thiazol Vgl.: Tricyclazol	611-007-00-9 255-559-5 41814-78-2	Xn; R22	Symb.: Xn R: 22 S: (2)		
Methyltrichlorsilan	014-004-00-5 200-902-6 75-79-6	R14 F; R11 Xi; R36/37/38	Symb.: F, Xi R: 11-14-36/37/38 S: (2)-26-39	1% ≤ C	Xi; R36/37/38
4-(1 (oder 4 oder 5 oder 6)-Methyl-8,9,10-trinorborn-5-en-2-yl)pyridin, Isomerengemisch	613-079-00-7 402-520-6	Xn; R21/22 Xi; R38 N; R50-53 R43	Symb.: Xn, N R: 21/22-38-43-50/53 S: (2)-36/37-60-61		
Methylvinylether Anm. D	603-021-00-9 203-475-4 107-25-5	F+; R12	Symb.: F+ R: 12 S: (2)-9-16-33		
Metiocarb Siehe: Mercaptodimethur (ISO)					
Metolcarb (ISO) Vgl.: m-Tolylmethylcarbamat	006-056-00-2 214-446-0 1129-41-5	Xn; R22	Symb.: Xn R: 22 S: (2)		
Metribuzin (ISO) Vgl.: 4-Amino-6-tert-butyl-3-methylthio-1,2,4-triazin-5-on	606-034-00-8 244-209-7 21087-64-9	Xn; R22	Symb.: Xn R: 22 S: (2)		
Mevinphos (ISO) Vgl.: 2-Methoxycarbonyl-1-methylvinyldimethylphosphat	015-020-00-5 232-095-1 7786-34-7	T+; R27/28	Symb.: T+ R: 27/28 S: (1/2)-23-28-36/37-45		
Mexacarbat (ISO) Vgl.: 4-Dimethylamino-3,5-xylylmethylcarbamat	006-054-00-1 206-249-3 315-18-4	T+; R28 Xn; R21	Symb.: T+ R: 21-28 S: (1/2)-36/37-45		

Stoffidentität		Stoff		Zubereitungen	
Bezeichnung	INDEX-Nr. EWG-Nr. CAS-Nr.	Einstufung	Kennzeichnung	Konzentrations-grenzen	Einstufung/ Kennzeichnung
1	2	3	4	5	6
Mipafox Vgl.: N,N'-Diisopropyl-diamido-phosphorsäure-fluorid	015-062-00-4 206-742-3 371-86-8	T+; R39/26/27/28	Symb.: T+ R: 39/26/27/28 S: (1/2)-13-45		
Mischung von Salpetersäure und Schwefelsäure . . .% HNO3 Anm. B Vgl.: Nitriersäure	007-005-00-7 51602-38-1	O; R8 C; R35	Symb.: O, C R: 8-35 S:(1/2)-23-26-30-36-45		
Molinat (ISO) Vgl.: S-Ethyl-1-perhydroazepinthioat	613-051-00-4 218-661-0 2212-67-1	Xn; R22	Symb.: Xn R: 22 S: (2)-24		
Molybdäntrioxid	042-001-00-9 215-204-7 1313-27-5	Xn; R48/20/22 Xi; R36/37	Symb.: Xn R:36/37-48/20/22 S: (2)-22-25		
Monochlorpentan Anm. C Vgl.: Amylchlorid	602-022-00-1 29656-63-1	F; R11 Xn; R20/21/22	Symb.: F, Xn R: 11-20/21/22 S:(2)-9-29	25%≤C	Xn; R20/21/22
Monocrotophos (ISO) Vgl.: Dimethyl-1-methyl-2-(methyl-carbamoyl)vinylphosphat	015-072-00-9 230-042-7 6923-22-4	T+; R28 T; R24	Symb.: T+ R: 24-28 S: (1/2)-23-36/37-45		
Monofluoracetate, lösliche Anm. A	607-082-00-2	T+; R28	Symb.: T+ R: 28 S: (1/2)-20-22-26-45		
Monofluoressigsäure	607-081-00-7 205-631-7 144-49-0	T+; R28	Symb.: T+ R: 28 S: (1/2)-20-22-26-45		
Monolinuron (ISO) Vgl.: 3-(4-Chlorphenyl)-1-methoxy-1-methylharnstoff	006-032-00-1 217-129-5 1746-81-2	Xn; R22	Symb.: Xn R: 22 S: (2)-22		
Monuron (ISO) Vgl.: 3-(4-Chlorphenyl)-1,1-dimethyl-harnstoff	006-042-00-6 205-766-1 150-68-5	Xn; R22 Carc. Cat. 3; R40	Symb.: Xn R: 22-40 S: (2)-36/37		
Monuron-TCA Siehe: 3-(4-Chlorphenyl)-1,1-dimethyluro-niumtrichloracetat					
Morfamquat (ISO) Vgl.: 1,1'-bis(3,5-Dimethylmorpholino-carbonylmethyl)-4,4'-bipyridilium	613-018-00-4	Xn; R22 Xi; R36/37/38	Symb.: Xn R: 22-36/37/38 S: (2)-22-36		
Salze von Morfamquat Anm. A	613-091-00-2	Xn; R22 Xi; R36/37/38	Symb.: Xn R: 22-36/37/38 S: (2)-22-36		
Morpholin	613-028-00-9 203-815-1 110-91-8	R10 Xn; R20/21/22 C; R34	Symb.: C R: 10-20/21/22-34 S: (1/2)-23-36-45	25%≤C 10%≤C<25% 1%≤C<10%	C; R20/21/22-34 C; R34 Xi; R36/38
Morpholin-4-carbonylchlorid	613-041-00-X 239-213-0 15159-40-7	R14 Carc. Cat. 3; R40 R36/38	Symb.: Xn R: 14-36/38-40 S: (2)-26-30-36-38		
Morphothion Vgl.: O,O-Dimethyl-S-(morpholinocarbo-nyl)-methyl-dithiophosphat	015-058-00-2 205-628-0 144-41-2	T; R23/24/25	Symb.: T R: 23/24/25 S: (1/2)-13-45		
MPMC Siehe: Xylylcarb (ISO)					
MTMC Siehe: Metolcarb (ISO)					
Nabam (ISO) Vgl.: Dinatriumethylenbisdithio-carbamat	006-014-00-3 205-547-0 142-59-6	Xn; R22 Xi; R38	Symb.: Xn R: 22-38 S: (2)-13		
Naled (ISO) Vgl.: 1,2-Dibrom-2,2-dichlorethyldi-methylphosphat	015-055-00-6 206-098-3 300-76-5	Xn; R21/22 Xi; R36/38	Symb.: Xn R: 21/22-36/38 S: (2)-36/37		

Stoffidentität		Stoff		Zubereitungen	
Bezeichnung	INDEX-Nr. EWG-Nr. CAS-Nr.	Einstufung	Kennzeichnung	Konzentrations-grenzen	Einstufung/ Kennzeichnung
1	2	3	4	5	6
2-Naphthol Vgl.: β-Naphthol	604-007-00-5 205-182-7 135-19-3	Xn; R20/22	Symb.: Xn R: 20/22 S: (2)-24/25		
1-Naphthol	604-029-00-5 201-969-4 90-15-3	Xn; R21/22 Xi; R37/38-41	Symb.: Xn R: 21/22-37/38-41 S: (2)-22-26-37/39		
β-Naphthol Siehe: 2-Naphthol					
1-Naphthylamin	612-020-00-2 205-138-7 134-32-7	Xn; R22	Symb.: Xn R: 22 S: (2)-24		
2-Naphthylamin Anm. E	612-022-00-3 202-080-4 91-59-8	Carc. Cat. 1; R45 Xn; R22	Symb.: T R: 45-22 S: 53-45	25% ≤ C 0.01% ≤ C < 25%	T; R45-22 T; R45
Salze von 2-Naphthylamin Anm. A, E	612-071-00-0	Carc. Cat. 1; R45 Xn; R22	Symb.: T R: 45-22 S: 53-45		
1,5-Naphthylendiamin	612-089-00-9 218-817-8 2243-62-1	Carc. Cat. 3; R40	Symb.: Xn R: 40 S: (2)-36/37		
Naphthylen-1,5-diisocyanat	615-007-00-X 221-641-4 3173-72-6	Xn; R20 Xi; R36/37/38 R42	Symb.: Xn R: 20-36/37/38-42 S: (2)-26-28-38-45		
Naphthylindandion Vgl.: 2-(1-Naphthyl)-indan-1,3-dion	606-015-00-4 1786-03-4	T; R25	Symb.: T R: 25 S: (1/2)-13-45		
2-(1-Naphthyl)-indan-1,3-dion Siehe: Naphthylindandion					
1-Naphthylmethylcarbamat Siehe: Carbaryl (ISO)					
1-(1-Naphthyl)-2-thioharnstoff Siehe: Antu (ISO)					
Natrium	011-001-00-0 231-132-9 7440-23-5	F; R14/15 C; R34	Symb.: F, C R: 14/15-34 S: (1/2)-5*-8-43-45		
Natrium-(1-(5-(4-(4-anilino-3-sulfophenylazo)-2-methyl-5-methylsulfonamidophenylazo)-4-hydroxy-2-oxido-3-(phenylazo)phenylazo)-5-nitro-4-sulfonato-2-naphtholato)eisen(II)	611-009-00-X 401-220-3	Xn; R20 R52-53	Symb.: Xn R: 20-52/53 S: (2)-61		
Natriumazid	011-004-00-7 247-852-1 26628-22-8	T+; R28 R32	Symb.: T+ R: 28-32 S: (1/2)-28-45		
Natriumbiphenyl-2-yloxid	604-021-00-1 205-055-6 132-27-4	Xn; R22 Xi; R38-41	Symb.: Xn R: 22-38-41 S: (2)-22-26		
Natriumcarbonat	011-005-00-2 207-838-8 497-19-8	Xi; R36	Symb.: Xi R: 36 S: (2)-22-26		
Natriumchloracetat Siehe: Natriumsalz von Chloressigsäure					
Natrium-3-chloracrylat	607-167-00-4 4312-97-4	Xn; R21/22	Symb.: Xn R: 21/22 S: (2)-36/37		
Natriumchlorat	017-005-00-9 231-887-4 7775-09-9	O; R9 Xn; R22	Symb.: O, Xn R: 9-22 S: (2)-13-17-46		
Natriumcyanat	011-006-00-8 213-030-6 917-61-3	Xn; R22	Symb.: Xn R: 22 S: (2)-24/25		
Natrium dehydracetat Siehe: Natrium-1-(3,4-dihydro-6-methyl-2,4-dioxo-2H-pyran-3-yliden)ethanolat					

* Angabe des S5 ist nicht erforderlich, falls in anderer Weise sicher verpackt

Stoffidentität		Stoff		Zubereitungen	
Bezeichnung	INDEX-Nr. EWG-Nr. CAS-Nr.	Einstufung	Kennzeichnung	Konzentrations-grenzen	Einstufung/ Kennzeichnung
1	2	3	4	5	6
Natrium-3,5-dichlor-2-(5-cyan-2,6-bis(3-hydroxypropylamino)-4-methylpyridin-3-ylazo)benzolsulfonat	016-048-00-0 401-870-8	Xi; R41 R52-53	Symb.: Xi R: 41-52/53 S: (2)-26-61		
Natriumdichlorisocyanatdihydrat	613-030-01-7 220-767-7 51580-86-0	Xn; R 22 R31 Xi; R36/37	Symb.: Xn R: 22-31-36/37 S: (2)-8-26-41		
Natriumdichromat Anm. 3	024-004-00-7 234-190-3 10588-01-9	Xi; R36/37/38 R43	Symb.: Xi R: 36/37/38-43 S: (2)-22-28	20% ≤ C 0.5% ≤ C < 20%	Xi; R36/37/38-43 Xi; R43
Natrium-1-(3,4-dihydro-6-methyl-2,4-dioxo-2H-pyran-3-yliden)ehtanolat Vgl.: Natrium dehydracetat	607-164-00-8 224-580-1 4418-26-2	Xn; R22	Symb.: Xn R: 22 S: (2)		
Natrium-4-dimethylaminobenzoldiazosulfonat Siehe: Fenaminosulf (ISO)					
Natriumdithionit	016-028-00-1 231-890-0 7775-14-6	R7 R31 Xn; R22	Symb.: Xn R: 7-22-31 S: (2)-7/8-26-28-43		
Natriumfluoracetat	607-169-00-5 200-548-2 62-74-8	T+; R26/27/28	Symb.: T+ R: 26/27/28 S: (1/2)-13-22-36/37-45		
Natriumfluorid	009-004-00-7 231-667-8 7681-49-4	T; R25 Xi; R36/38 R32	Symb.: T R: 25-32-36/38 S: (1/2)-22-36-45		
Natriumhydrid	001-003-00-X 231-587-3 7646-69-7	F; R15	Symb.: F R: 15 S: (2)-7/8-24/25-43		
Natriumhydrogendifluorid	009-007-00-3 215-608-3 1333-83-1	T; R25 C; R34	Symb.: T, C R: 25-34 S: (1/2)-22-26-37-45	10% ≤ C 1% ≤ C < 10% 0.1% ≤ C < 1%	T, C; R25-34 C; R22-34 Xi; R36/38
Natriumhydrogensulfat	016-046-00-X 231-665-7 7681-38-1	C; R34 Xi; R37	Symb.: C R: 34-37 S: (1/2)-26-36/37/39-45		
Natriumhypochloritlösung . . .% Cl aktiv Anm. B	017-011-00-1 231-668-3 7681-52-9	C; R34 R31	Symb.: C R: 31-34 S: (1/2)-28-45-50	10% ≤ C* 5% ≤ C < 10%* *%Cl aktiv	C; R31-34 Xi; R31-36/38
Natrium-o-isopropyl-dithiocarbonat Siehe: Proxan-Natrium					
Natriumnitrit	007-010-00-4 231-555-9 7632-00-0	O; R8 T; R25	Symb.: O, T R: 8-25 S: (1/2)-45	5% ≤ C 1% ≤ C < 5%	T; R25 Xn; R22
Natrium-N-methyl-dithio-carbamat Siehe: Metam-Natrium					
Natriumperchlorat	017-010-00-6 231-511-9 7601-89-0	O; R9 Xn; R22	Symb.: O, Xn R: 9-22 S: (2)-13-22-27		
Natriumperoxid	011-003-00-1 215-209-4 1313-60-6	O; R8 C; R35	Symb.: O, C R: 8-35 S: (1/2)-8-27-39-45		
Natriumpolysulfide	016-010-00-3 215-686-9 1344-08-7	R31 C; R34	Symb.: C R: 31-34 S: (1/2)-26-45		
Natriumsalz von Chloressigsäure Vgl.: Natriumchloracetat	607-158-00-5 223-498-3 3926-62-3	T; R25 Xi; R38	Symb.: T R: 25-38 S: (1/2)-22-37-45		
Natriumsulfid	016-009-00-8 215-211-5 1313-82-2	R31 C; R34	Symb.: C R: 31-34 S: (1/2)-26-45		
Natriumtrichloracetat Siehe: TCA					
Natrium 4-(2,4,4-trimethylpentylcarbonyloxy)benzolsulfonat	016-054-00-3 400-030-8	T; R23-48/23 Xn; R22 Xi; R36/37 R43	Symb.: T R: 22-23-36/37-43-48/23 S: (1/2)-22-24-36-45		

Stoffidentität		Stoff		Zubereitungen	
Bezeichnung	INDEX-Nr. EWG-Nr. CAS-Nr.	Einstufung	Kennzeichnung	Konzentrations-grenzen	Einstufung/ Kennzeichnung
1	2	3	4	5	6
Natriumhydroxid	011-002-00-6 215-185-5 1310-73-2	C; R35	Symb.: C R: 35 S: (1/2)-26-37/39-45	$5\% \le C$ $2\% \le C < 5\%$ $0.5\% \le C < 2\%$	C; R35 C; R34 Xi; R36/38
Neopentan Siehe: Dimethylpropan					
Neopentylglykoldiacrylat Siehe: 2,2-Dimethylpropandiol-1,3-diacry-lat					
Nickel	028-002-00-7 231-111-4 7440-02-0	Carc. Cat. 3; R40 R43	Symb.: Xn R: 40-43 S: (2)-22-36		
Nickelcarbonat	028-010-00-0 222-068-2 3333-67-3	Carc. Cat. 3; R40 Xn; R22 R43	Symb.: Xn R: 22-40-43 S: (2)-22-36/37		
Nickeldihydroxid	028-008-00-X 235-008-5 12054-48-7	Carc. Cat. 3; R40 Xn; R20/22 R43	Symb.: Xn R: 20/22-40-43 S: (2)-22-36		
Nickeldioxid	028-004-00-8 234-823-3 12035-36-8	Carc. Cat. 1; R49 R43	Symb.: T R: 49-43 S: 53-45		
Nickelmonoxid	028-003-00-2 215-215-7 1313-99-1	Carc. Cat. 1; R49 R43	Symb.: T R: 49-43 S: 53-45		
Nickelsulfat	028-009-00-5 232-104-9 7786-81-4	Carc. Cat. 3; R40 Xn; R22 R42/43	Symb.; Xn R: 22-40-42/43 S: (2)-22-36/37		
Nickelsulfid	028-006-00-9 240-841-2 16812-54-7	Carc. Cat. 1; R49 R43	Symb.: T R: 49-43 S: 53-45		
Nickeltetracarbonyl Anm. E	028-001-00-1 236-669-2 13463-39-3	F; R11 Carc. Cat. 3; R40 Repr. Cat. 2; R61 T+; R26	Symb.: F, T+ R: 61-11-26-40 S: 53-45		
Nikotin	614-001-00-4 200-193-3 54-11-5	T+; R27 T; R25	Symb.: T+ R: 25-27 S: (1/2)-36/37-45		
Nikotinsalze Anm. A	614-002-00-X	T+; R26/27/28	Symb.: T+ R: 26/27/38 S: (1/2)-13-28-45		
N-Isopropyl-N-phenyl-2-chlor-acetamid Siehe: Propachlor					
Nitrapyrin (ISO) Vgl.: 2-Chlor-6-trichlormethyl-pyridin	006-057-00-8 217-682-2 1929-82-4	Xn; R22	Symb.: Xn R: 22 S: (2)-24		
Nitriersäure Siehe: Mischung von Salpetersäure und Schwefelsäure . . .% HNO3					
1,1',1''-Nitrilotripropan-2-ol Vgl.: Triisopropanolamin	603-097-00-3 204-528-4 122-20-3	Xi, R36	Symb.: Xi R: 36 S: (2)-26		
5-Nitroacenaphthen	609-037-00-2 210-025-0 602-87-9	Carc. Cat. 2; R45	Symb.: T R: 45 S: 53-45		
Nitroanilin (o.m.p.) Anm. C	612-012-00-9 (o) 201-855-4 88-74-4 (m) 202-729-1 99-09-2 (p) 202-810-1 100-01-6	T; R23/24/25 R33	Symb.: T R: 23/24/25-33 S. (1/2)-28-36/37-45		

Stoffidentität		Stoff		Zubereitungen	
Bezeichnung	INDEX-Nr. EWG-Nr. CAS-Nr.	Einstufung	Kennzeichnung	Konzentrations-grenzen	Einstufung/ Kennzeichnung
1	2	3	4	5	6
Nitrobenzol	609-003-00-7 202-716-0 98-95-3	T+; R26/27/28 R33	Symb.: T+ R: 26/27/28-33 S: (1/2)-28-36/37-45	7% ≤ C 1% ≤ C < 7% 0.2% ≤ C < 1%	T+; R26/27/28-33 T; R23/24/25-33 Xn; R20/21/22-33
4-Nitrobiphenyl	609-039-00-3 202-204-7 92-93-3	Carc. Cat. 2; R45	Symb.: T R: 45 S: 53-45		
Nitroethan	609-035-00-1 201-188-9 79-24-3	R10 Xn; R20/22	Symb.: Xn R: 10-20/22 S: (2)-9-25-41	12.5% ≤ C	Xn; R20/22
Nitrofen (ISO) Vgl.: 2,4-Dichlorphenyl-4-nitro-phenylether	609-040-00-9 217-406-0 1836-75-5	Carc. Cat. 2; R45 Repr. Cat. 2; R61	Symb.: T R: 45-61 S: 53-45		
Nitroglycerin Siehe: Glycerintrinitrat					
Nitroglykol Siehe: Glykoldinitrat					
Nitromannit Siehe: Mannithexanitrat					
Nitromethan	609-036-00-7 200-876-6 75-52-5	R5-10 Xn; R22	Symb.: Xn R: 5-10-22 S: (2)-41	12.5% ≤ C	Xn; R22
2-Nitronaphathalin	609-038-00-8 209-474-5 581-89-5	Carc. Cat. 2; R45	Symb.: T R: 45 S: 53-45		
2-Nitro-p-anisidin Siehe: 4-Methoxy-2-nitro-anilin					
Nitropenta Siehe: Pentaerythrittetranitrat					
4-Nitrophenol Vgl.: p-Nitrophenol	609-015-00-2 202-811-7 100-02-7	Xn; R20/21/22 R33	Symb.: Xn R: 20/21/22-33 S: (2)-28		
p-Nitrophenol Siehe: 4-Nitrophenol					
2-Nitropropan Anm. E	609-002-00-1 201-209-1 79-46-9	R10 Carc. Cat. 2; R45 Xn; R20/22	Symb.: T R: 45-10-20/22 S: 53-45	25% ≤ C 0.1% ≤ C < 25%	T; R45-20/22 T; R45
1-Nitropropan	609-001-00-6 203-544-9 108-03-2	R10 Xn; R20/21/22	Symb.: Xn R: 10-20/21/22 S: (2)-9	5% ≤ C	Xn; R20/21/22
4-Nitrosoanilin	612-011-00-3 211-535-6 659-49-4	Xn; R20/21/22	Symb.: Xn R: 20/21/22 S: (2)-25-28		
N-Nitrosodimethylamin Siehe: Dimethylnitrosamin					
Nitrosodipropylamin Anm. E	612-098-00-8 210-698-0 621-64-7	Carc. Cat. 2; R45 Xn; R22	Symb.: T R: 45-22 S: 53-45		
2,2'-(Nitrosoimino)bisethanol	612-090-00-4 214-237-4 1116-54-7	Carc. Cat. 2; R45	Symb.: T R: 45 S: 53-45		
Nitrotoluidin Anm. C	612-025-00-X 201-924-9 89-62-3 60999-18-0	T; R23/24/25 R33	Symb.: T R: 23/24/25-33 S: (1/2)-28-36/37-45		
2-Nitrotoluol Anm. C	609-006-00-3 201-853-3 88-72-2	T; R23/24/25 R33	Symb.: T R: 23/24/25-33 S: (1/2)-28-37-45		
4-Nitrotoluol Anm. C	609-006-00-3 202-808-0 99-99-0	T; R23/24/25 R33	Symb.: T R: 23/24/25-33 S: (1/2)-28-37-45		

Stoffidentität		Stoff		Zubereitungen	
Bezeichnung	INDEX-Nr. EWG-Nr. CAS-Nr.	Einstufung	Kennzeichnung	Konzentrations-grenzen	Einstufung/ Kennzeichnung
1	2	3	4	5	6
Nitrozellulose mit höchstens 12.6% Stickstoff	603-037-01-3	F; R11	Symb.: F R: 11 S: (2)-16-33-37/39		
Nitrozellulose mit mehr als 12.6% Stickstoff	603-037-00-6	E; R3 R1	Symb.: E R. 1-3 S. (2)-35		
Nonansäure	607-197-00-8 203-931-2 112-05-0	C; R34	Symb.: C R: 34 S: (1/2)-26-28-36/37/39-45		
Norbormid (ISO) Vgl.: 5-(α-Hydroxy-α-2-pyridylbenzyl -7-α-2-pyridylbenzyliden)bicyclo [2.2.1]hept-5-ene-2,3-dicarboximid	650-004-00-7 213-589-6 991-42-4	Xn; R22	Symb.: Xn R: 22 S: (2)		
5-cis-Norbornen-2,3-dicarbon-säureanhydrid	607-105-00-6 204 957 7 129-64-6	Xi; R36/37/38	Symb.: Xi R: 36/37/38 S: (2)-39	1% ≤ C	Xi; R36/37/38
2-Norbornylacrylat Anm. D	607-121-00-3 10027-06-2	Xn; R21 Xi; R38 R43	Symb.: Xn R: 21-38-43 S: (2)-28	25% ≤ C 10% ≤ C < 25% 1% ≤ C < 10%	Xn; R21-38-43 Xi; R38-43 Xi; R43
Noruron (ISO) Vgl.: 1,1-Dimethyl-3-(perhydro-4, 7-methanoinden-5-yl)harnstoff	006-058-00-3 2163-79-3	Xn; R22	Symb.: Xn R: 22 S: (2)		
1,3,4,5,6,7,8,8-Octachlor-1,3, 3a,4,7,7a-hexahydro-4,7-methanoisobenzofuran Siehe: Isobenzan (ISO)					
1,2,4,5,6,7,8,8-Octachlor-3a,4, 7,7a-tetrahydro-4,7-methano-indan Siehe: Chlordan (ISO)					
Octametylpyrophosphoramid Siehe: Schradan (ISO)					
Octan Anm. C	601-009-00-8 203-892-1 111-65-9	F; R11	Symb.: F R: 11 S: (2)-9-16-29-33		
Octylenglykol Siehe: 2-Ethylhexan-1,3-diol					
2-(Octylthio)ethanol Vgl.: 2-Hydroxyethyloctylsulfid	603-088-00-4 222-598-4 3547-33-9	Xi; R41	Symb.: Xi R: 41 S: (2)-26		
Octyl-3,4,5-trihydroxybenzoat	607-199-00-9 213-853-0 1034-01-0	Xn; R22 R43	Symb.: Xn R: 22-43 S: (2)-24-37		
Oleum . . .% SO3 Anm. B	016-019-00-2	R14 C; R35 Xi; R37	Symb.: C R: 14-35-37 S: (1/2)-26-30-45		
Omethoat (ISO) Vgl.: O,O-Dimethyl-S-methylcarbamoyl methylthiophosphat	015-066-00-6 214-197-8 1113-02-6	T; R25 Xn; R21	Symb.: T R: 21-25 S: (1/2)-23-36/37-45		
Organische Quecksilberverbin-dungen mit Ausnahme der namentlich in diesem Anhang bezeichneten Anm. A, 1	080-004-00-7	T+; R26/27/28 R33	Symb.: T+ R: 26/27/28-33 S: (1/2)-13-28-36-45	1% ≤ C 0.5% ≤ C < 1% 0.05% ≤ C < 0.5%	T+; R26/27/28-33 T; R23/24/25-33 Xn; R20/21/22-33
Osmiumtetraoxid	076-001-00-5 244-058-7 20816-12-0	T+ R26/27/28 C; R34	Symb.: T+ R: 26/27/28-34 S: (1/2)-7/9-26-45		
7-Oxabicyclo(2,2,1)heptan-2,3-dicarbonsäure Siehe: Endothal					
Oxalsäure	607-006-00-8 205-634-3 144-62-7	Xn; R21/22	Symb.: Xn R: 21/22 S: (2)-24/25	5% ≤ C	Xn; R21/22
Salze von Oxalsäure Anm. A	607-007-00-3	Xn; R21/22	Symb.: Xn R: 21/22 S: (2)-24/25	5% ≤ C	Xn; R21/22

Stoffidentität		Stoff		Zubereitungen	
Bezeichnung	INDEX-Nr. EWG-Nr. CAS-Nr.	Einstufung	Kennzeichnung	Konzentrations-grenzen	Einstufung/ Kennzeichnung
1	2	3	4	5	6
Oxalsäurediethylester Siehe: Diethyloxalat					
Oxalsäuredinitril Vgl.: Dicyan	608-011-00-8 207-306-5 460-19-5	F; R11 T; R23	Symb.: F, T R: 11-23 S: (1/2)-23-45		
Oxamyl Siehe N',N'-Dimethylcarbamoyl(methyl-thio)methylenamin-N-methyl-carbamat					
Oxiran Siehe: Ethylenoxid					
Oxycarboxin (ISO) Vgl.: 5,6-Dihydro-2-methyl-1,4-oxythiin-3-carboxanilid-4,4-	006-060-00-4 226-066-2 5259-88-1	Xn; R22	Symb.: Xn R: 22 S: (2)		
Oxydemethon-methyl Vgl: S-2-Ethylsulfinyl-ethyl-O,O-dimethyl-thiophosphat	015-046-00-7 206-110-7 301-12-2		Symb.: T R: 24/25 S: (1/2)-23-36/37-45		
Oxydiethylenbis(chlorformiat)	607-141-00-2 203-430-9 106-75-2	Xn; R22 Xi; R38-41	Symb.: Xn R: 22-38-41 S: (2)-23-26		
Oxydisulfoton Vgl.: O,O-Diethyl-S-2-ethylsulfinyl-ethyl-dithiophosphat	015-096-00-X 219-679-1 2497-07-6	T+; R28 T; R24	Symb.: T+ R: 24-28 S: (1/2)-28-36/37-45		
Papaverin Vgl.: 1-(3',4'-Dimethoxybenzyl-6,7-dimethoxy-isochinolin	614-018-00-7 200-397-2 58-74-2	Xn; R22	Symb.: Xn R: 22 S. (2)-22		
Salze von Papaverin Anm. A	614-019-00-2 ~~58-74-2~~	Xn; R22	Symb.: Xn R: 22 S: (2)-22		
Paraldehyd Siehe: 2,4,6-Trimethyl-1,3,5-trioxan					
Paraquat (ISO) Vgl.: 1,1'-Dimethyl-4,4'-bipyridi-nium	613-006-00-9 225-141-7 4685-14-7	T; R24/25 Xi; R36/37/38	Symb.: T R: 24/25-36/37/38 S: (1/2)-22-36/37/39-45		
Salze von Paraquat Anm. A	613-090-00-7	T; R24/25 Xi; R36/37/38	Symb.: T R: 24/25-36/37/38 S: 22-36/37/39-45		
Parathion (ISO) Vgl.: O,O-Diethyl-O,4-nitrophenyl-thiophosphat	015-034-00-1 200-271-7 56-38-2	T+; R27/28 N; R50-53	Symb.: T+, N R: 27/28-50/53 S: (1/2)-28-36/37-45-60-61		
Parathion-methyl (ISO) Vgl.: O,O-Dimethyl-O,4-nitrophenyl-thiophosphat	015-035-00-7 206-050-1 298-00-0	T+; R28 T; R24	Symb.: T+ R: 24-28 S: (1/2)-28-36/37-45		
PCB Siehe: Polychlorierte Biphenyle					
Pebulat (ISO) Vgl.: S-Propylbutyl (ethyl) thiocar-bamat	006-034-00-2 214-215-4 1114-71-2	Xn; R22	Symb.: Xn R: 22 S: (2)-23		
Pentachlorbenzol	602-074-00-0 210-172-0 608-93-5	F: R11 Xn; R22	Symb.: F, Xn R: 11-22 S: (2)-41-46-50		
Pentachlorethan	602-017-00-4 200-925-1 76-01-7	Carc. Cat. 3; R40 T; R48/23	Symb.: T R: 40-48/23 S: (1/2)-23-36/37-45	1% ≤ C 0,2% ≤ C < 1%	T; R40-48/23 Xn; R48/20
Pentachlor-naphthalin Anm. C	602-041-00-5 215-320-8 1321-64-8	Xn; R21/22 Xi; R36/38	Symb.: Xn R: 21/22-36/38 S: (2)-35		
Pentachlornitrobenzol Siehe: Quintozene (ISO)					

Stoffidentität		Stoff		Zubereitungen	
Bezeichnung	INDEX-Nr. EWG-Nr. CAS-Nr.	Einstufung	Kennzeichnung	Konzentrations-grenzen	Einstufung/ Kennzeichnung
1	2	3	4	5	6
Pentachlorphenol	604-002-00-8 201-778-6 87-86-5	Carc. Cat. 3; R40 T+; R26 T; R24/25 Xi; R36/37/38 N; R50-53	Symb.: T+, N R: 24/25-26-36/37/38-40-50 53 S: (1/2)-22-36/37-45-52-60- 61		
Salze von Pentachlorphenol Anm. A	604-003-00-3	Carc. Cat. 3; R40 T+; R26 T; R24/25 Xi; R36/37/38 N; R50/53	Symb. T+, N R: 24/25-26-36/37/38-40-50/ 53 S: (1/2)-22-36/37-45-52-60- 61		
Pentaerythrittetranitrat Vgl.: Nitropenta	603-035-00-5 201-084-3 78-11-5	E; R3	Symb.: E R: 3 S: (2)-35		
Pentaerythrittriacrylat Anm. D	607-110-00-3 222-540-8 3524-68-3	Xi; R36/38 R43	Symb.: Xi R: 36/38-43 S: (2)-39	20% ≤ C 1% ≤ C < 20%	Xi; R36/38-43 Xi; R43
Pentaethylenhaxemin Siehe: 3, 6, 9, 12-Tetraazatetradecan- 1,14-diamin					
Pentaeythrittetraacrylat Anm. D	607-122-00-9 225-644-1 4986-89-4	Xi; R36/38 R43	Symb.: Xi R: 36/38-43 S: (2)-26-39	20% ≤ C 1% ≤ C < 20%	Xi; R36/38-43 Xi; R43
6-(1-α, 5a-β, 8a-β, 9-Pentahy- droxy-7-β-isopropyl-2-β, 5-β, 8- β-trimethylperhydro-8b-α, 9- epoxy-5, 8-ethanocyclopenta- (1,2-b)indenyl)pyrrol-2-car- boxylat Vgl.: Ryania	613-061-00-9 239-732-2 15662-33-6	Xn; R21/22	Symb.: Xn R: 21/22 S: (2)-36/37		
Pentan Anm. C	601-006-00-1 203-692-4 109-66-0	F; R11	Symb.: F R: 11 S: (2)-9-16-29-33		
Pentanatrium-5-anilino-3-(4-(4- (6-chlor-4-(3-sulfonatoanilino)- 1,3,5-triazin-2-ylamino)-2,5- dimethylphenylazo)-2,5- disulfonatophenylazo)-4-hydroxy- naphthalin-2,7-disulfonat	016-035-00-X 400-120-7	Xi; R36	Symb.: Xi R: 36 S: (2)-22-26		
2,4-Pentandion	606-029-00-0 204-634-0 123-54-6	R10 Xn; R22	Symb.: Xn R: 10-22 S: (2)-21-23-24/25	25% ≤ C	Xn; R22
tert-Pentanol Siehe: 2-Methylbutanol-2					
Pentan-3-on Vgl.: Diethylketon	606-006-00-5 202-490-3 96-22-0	F; R11	Symb.: F R: 11 S: (2)-9-16-33		
Pentrit Siehe: Pentaerythrittetranitrat					
Pentylacetat Anm. C Vgl.: Amylacetat	607-130-00-2 211-047-3 628-63-7	R10	Symb.: R: 10 S: (2)-23		
Gemisch aus Pentylmethylphosphinat und 2-Methylbutylmethylphosphinat	015-144-00-X 402-090-0 87025-52-3	C; R34	Symb.: C R: 34 S: (1/2)-26-36/37/39-45		
Pentylnitrit	007-020-00-0 207-332-7 463-04-7	F; R11 Xn; R20/22	Symb.: F, Xn R: 11-20/22 S: (2)-16-24-46		
Perchlorethylen Siehe: Tetrachlorethylen					
Perchlorsäure ... % Anm. B	017-006-00-4 231-512-4 7601-90-3	R5 O; R8 C; R35	Symb.: O, C R: 5-8-35 S: (1/2)-23-26-36-45	50% ≤ C 10% ≤ C < 50% 1% ≤ C < 10% C ≥ 50%	C; R35 C; R34 Xi; R36/38 O; R5-8

Stoffidentität		Stoff		Zubereitungen	
Bezeichnung	INDEX-Nr. EWG-Nr. CAS-Nr.	Einstufung	Kennzeichnung	Konzentrations-grenzen	Einstufung/ Kennzeichnung
1	2	3	4	5	6
Peressigsäure . . . % Siehe: Peroxyessigsäure . . . %					
Perfluidon Siehe: 1,1,1-Trifluor-N-(4-phenylsul-fonyl-o-tolyl)methansulfonamid					
Perfluorpropylen Siehe: Hexafluorpropen					
Permethrin Siehe: 3-Phenoxybenzyl-3-(2,2-dichlor-vinyl)-2-dimethylcyclopropan-carbamat					
Peroxyessigsäure . . . % Anm. B, D Vgl.: Peressigsäure . . . %	607-094-00-8 201-186-8 79-21-0	R10 O; R7 Xn; R20/21/22 C; R35	Symb.: O, C R: 7-10-20/21/22-35 S: (1/2)-3/7-14-36/37/39-45	10% ≤ C 5% ≤ C < 10% 1% ≤ C < 5%	C; R20/21/22-35 C; R34 Xi; R36/37/38
1,10-Phenanthrolin	613-092-00-8 200-629-2 66-71-7	T; R25	Symb.: T R: 25 S: (1/2)-45		
o-Phenetidin Siehe: 2-Ethoxyanilin					
p-Phenetidin Siehe: 4-Ethoxyanilin					
Phenkapton Vgl.: S-(2,5-Dichlor-phenylthio)-methyl-O,O-diethyl-dithiophosphat	015-037-00-8 218-892-7 2275-14-1	T; R23/24/25	Symb.: T R: 23/24/25 S: (1/2)-13-45		
Phenol	604-001-00-2 203-632-7 108-95-2	T; R24/25 C; R34	Symb.: T R: 24/25-34 S: (1/2)-28-45	5% ≤ C 1% ≤ C < 5%	T; R24/25-34 Xn; R21/22-36/38
3-Phenoxybenzyl-3-(2,2-dichlor-vinyl)-2-dimethylcyclopropan-carbamat Vgl.: Permethrin	613-058-00-2 258-067-9 52645-53-1	Xn; R22	Symb.: Xn R: 22 S: (2)		
2-Phenoxyethanol	603-098-00-9 204-589-7 122-99-6	Xn; R22 Xi; R36	Symb.: Xn R: 22-36 S: (2)-26		
Phenthoat (ISO) Vgl.: Ethyl-2-(dimethoxythiophosphi-noylthio)-2-phenylacetat	015-097-00-5 219-997-0 2597-03-7	Xn; R21/22	Symb.: Xn R: 21/22 S: (2)-22-36/37		
Phenyl-5,6-dichlor-2-trifluor-methylbenzimidazol-1-car-boxylat Siehe: Fenazaflor (ISO)					
Phenylendiamin Anm. C	612-028-00-6 25265-76-3	T; R23/24/25 R43	Symb.: T R: 23/24/25-43 S: (1/2)-28-45	5% ≤ C 1% ≤ C < 5%	T; R23/24/25-43 Xn; R20/21/22-43
1,3-Phenylendiamin-dihydro-chlorid Anm. C	612-029-00-1 208-790-0 541-69-5	T; R23/24/25	Symb.: T R: 23/24/25 S: (1/2)-28-45		
1,4-Phenylendiamin-dihydro-chlorid Anm. C	612-029-00-1 210-834-9 624-18-0	T; R23/24/25	Symb.: T R: 23/24/25 S: (1/2)-28-45		
1-Phenylethyl-3-(dimethoxyphos-phinyloxy) isocrotonat Siehe: Crotoxyphos (ISO)					
Phenylglycidylether Siehe: 1,2-Epoxy-3-phenoxypropran					
Phenylhydrazin	612-023-00-9 202-873-5 100-63-0	T; R23/24/25 Xi; R36	Symb.: T R: 23/24/25-36 S: (1/2)-28-45		

Stoffidentität		Stoff		Zubereitungen	
Bezeichnung	INDEX-Nr. EWG-Nr. CAS-Nr.	Einstufung	Kennzeichnung	Konzentrations-grenzen	Einstufung/ Kennzeichnung
1	2	3	4	5	6
Phenyloxiran Siehe Styroloxid					
1-Phenyl-3-pyrazolidon	606-022-00-2 202-155-1 92-43-3	Xn; R22	Symb.: Xn R: 22 S: (2)		
Phenylquecksilberacetat	080-011-00-5 200-532-5 62-38-4	T; R25-48/24/25 C; R34	Symb.: T R: 25-34-48/24/25 S: (1/2)-23-24/25-37-45		
Phenylquecksilberhydroxid-phenylquecksilbernitrat	080-008-00-9 8003-05-2	T; R25-48/24/25 C; R34 Xi; R37 R44	Symb.: T R: 25-34-37-44-48/24/25 S: (1/2)-23-24/25-37-45		
6-Phenyl-1,3,5-triazin-2,4-diamin Vgl.: Benzoguanamin	613-038-00-3 202-095-6 91-76-9	Xn; R22	Symb.: Xn R: 22 S: (2)		
Phorat (ISO) Vgl.: O,O-Diethylethylthiomethyldi-thiophosphat	015-033-00-6 206-052-2 298-02-2	T+; R27/28	Symb.: T+ R: 27/28 S: (1/2)-28-36/37-45		
Phosacetim (ISO) Vgl.: O,O-Bis(4-chlorphenyl)-N-acetimidoylthiophosphoramidat	015-092-00-8 223-874-7 4104-14-7	T+; R27/28	Symb.: T+ R: 27/28 S: (1/2)-28-36/37-45		
Phosalon Vgl.: O,O-Diethyl-S-(6-chlor-2-oxo-benz(b)1,3-oxalin-3-yl)-methyl-dithiophosphat	015-067-00-1 218-996-2 2310-17-0	T; R25 Xn; R21	Symb.: T R: 21-25 S: (1/2)-36/37-45		
Phosgen Siehe: Carbonylchlorid					
Phosmet (ISO) Vgl.: O,O-Dimethylphthalimidomethyl-dithiophosphat	015-101-00-5 211-987-4 732-11-6	Xn; R21/22	Symb.: Xn R: 21/22 S: (2)-22-36/37		
Phosnichlor Vgl.: O-(4-Chlor-3-nitro-phenyl)-O,O-dimethyl-thiophosphat	015-043-00-0 5826-76-6	Xn; R20/21/22	Symb.: Xn R: 20/21/22 S: (2)-13		
Phosphamidon Vgl.: (2-Chor-3-diethylamino-1-methyl-3-oxo-prop-1-en-yl)-di-methyl-phosphat	015-022-00-6 236-116-5 13171-21-6	T+; R28 T; R24 Muta. Cat.3; R40	Symb.: T+ R: 24-28-40 S: (1/2)-23-36/37-45		
Phosfolan (ISO) Vgl.: Diethyl-1,3-dithiolan-2-yliden-phosphoramidat	015-111-00-X 213-423-2 947-02-4	T+; R27/28	Symb.: T+ R: 27/28 S: (1/2)-28-36/37-45		
Phosphoroxidchlorid Vgl.: Phosphorylchlorid	015-009-00-5 233-046-7 10025-87-3	C; R34 Xi; R37	Symb.: C R: 34-37 S: (1/2)-7/8-26-45		
Phosphorpentachlorid	015-008-00-X 233-060-3 10026-13-8	C; R34 Xi; R37	Symb.: C R: 34-37 S: (1/2)-7/8-26-45		
Phosphorpentasulfid Siehe: Diphosphorpentasulfid					
Phosphorpentoxid	015-010-00-0 215-236-1 1314-56-3	C; R35	Symb.: C R: 35 S: (1/2)-22-26-45		
Phosphorsäure . . % Anm. B	015-011-00-6 231-633-2 7664-38-2	C; R34	Symb.: C R: 34 S: (1/2)-26-45	25% ≤ C 10% ≤ C < 25%	C; R34 Xi; R36/38
Phosphorsesquisulfid Siehe: Tetraphosphortrisulfid					
Phosphortribromid	015-103-00-6 232-178-2 7789-60-8	R14 C; R34 Xi; R37	Symb.: C R: 14-34-37 S: (1/2)-26-45		

Stoffidentität		Stoff		Zubereitungen	
Bezeichnung	INDEX-Nr. EWG-Nr. CAS-Nr.	Einstufung	Kennzeichnung	Konzentrations-grenzen	Einstufung/ Kennzeichnung
1	2	3	4	5	6
Phosphortrichlorid	015-007-00-4 231-749-3 7719-12-2	C; R34 Xi; R37	Symb.: C R: 34-37 S: (1/2)-7/8-26-45		
Phosphorylchlorid Siehe: Phosphoroxidchlorid					
Phoxim (ISO) Vgl.: α-(Diethoxyphosphinothioylimino) phenylacetonitril	015-100-00-X 238-887-3 14816-18-3	Xn; R22	Symb.: Xn R: 22 S: (2)-36		
Phthalimido-dichlorfluor-thiomethan Siehe: N-(Dichlorfluormethylthio) phthalimid					
Phthalsäureanhydrid	607-009-00-4 201-607-5 85-44-9	Xi; R36/37/38	Symb.: Xi R: 36/37/38 S: (2)	5% ≤ C	Xi; R36/37/38
Physotigmin Siehe: Eserin					
4-Picolin Siehe: 4-Methylpyridin					
2-Picolin Siehe: 2-Methylpyridin					
Pikraminsäure Siehe: 2-Amino-4,6-dinitro-phenol					
Pikrinsäure Siehe 2,4,6-Trinitrophenol					
Salze der Pikrinsäure Anm. A	609-010-00-5	E; R3 T; R23/24/25	Symb.: E, T R: 3-23/24/25 S: (1/2)-28-35-37-45		
Pilocarpin Vgl. 3-Ethyl-4-(1-methyl-imidazol-5-yl-methyl)tetrahydrofuran-2-on	614-016-00-6 202-128-4 92-13-7	T+; R26/28	Symb.: T+ R: 26/28 S: (1/2)-25-45		
Salze von Pilocarpin Anm. A	614-017-00-1	T+; R26/28	Symb.: T+ R: 26/28 S: (1/2)-25-45		
Pindon Vgl.: 2-Pivaloyl-indan-1,3-dion	606-016-00-X 201-462-8 83-26-1	R; R25-48/25	Symb.: T R: 25-48/25 S: (1/2)-37-45		
Piperazin	612-057-00-4 203-808-3 110-85-0	C; R34	Symb.: C R: 34 S: (1/2)-26-36-45		
2-Piperazin-1-ylethylamin	612-105-00-4 205-411-0 140-31-8	Xn; R21/22 C; R34 R43	Symb.: C R: 21/22-34-43 S: (1/2)-26-36/37/39-45		
Piperidin	613-027-00-3 203-813-0 110-89-4	F; R11 T; R23/24 C; R34	Symb.: F, T R: 11-23/24-34 S: (1/2)16-26-27-45	5% ≤ C 1% ≤ C < 5%	T; R23/24-34 Xn; R20/21-36/38
Piperophos (ISO) Vgl.: S-2-Methylpiperidinocarbonyl-methyl-O,O-dipropyldithiophosphat	015-133-00-X 24151-93-7	Xn; R22	Symb.: Xn R: 22 S: (2)		
Pirimicarb Vgl.: 5,6-Dimethyl-2-dimethylamino-pyrimidin-4-y-N,N-demethyl-carbamat	006-035-00-8 245-430-1 23103-98-2	T; R25	Symb.: T R: 25 S: (1/2)-22-37-45		
Pirimiphos-methyl (ISO) Vgl.: O-(2-Diethylamino-6-methylpyrimidin-4-yl-)-O,O-dimethylthiophosphat	015-134-00-5 249-528-5 29232-93-7	Xn; R22	Symb.: Xn R: 22 S: (2)		

Stoffidentität		Stoff		Zubereitungen	
Bezeichnung	INDEX-Nr. EWG-Nr. CAS-Nr.	Einstufung	Kennzeichnung	Konzentrations-grenzen	Einstufung/ Kennzeichnung
1	2	3	4	5	6
Pirimiphos-ethyl (ISO) Vgl: O,O-Diethyl-O-2-diethylamino-6-methylpyrimidin-4-ylthiophosphat	015-099-00-6 245-704-0 23505-41-1	T; R25 Xn; R21	Symb.: T R: 21-25 S: (1/2)-23-36/37-45		
2-Pivaloyl-indan-1,3-dion Siehe: Pindon					
Polychlorierte Biphenyle Anm. C Vgl.: PCB	602-039-00-4 215-648-1 1336-36-3	R33 N; R50-53	Symb.: Xn, N R: 33-50/53 S: (2)-35-60-61	0.005% ≤ C	Xn; R33
Polyethylenamine	612-065-00-8	Xn; R21/22 C; R34 R43	Symb.: C R: 21/22-34-43 S: (1/2)-26-36/37/39-45	25% ≤ C 10% ≤ C < 25% 5% ≤ C < 10% 1% ≤ C < 5%	C; R21/22-34-43 C; R34-43 Xi; R36/38-43 Xi; R43
Profenofos Siehe: O-(4-Brom-2-chlorphenyl)-O-ethyl-S-propylthiophosphat					
Profluralin (ISO) Vgl.: N-(Cyclopropylmethyl)-α,α,α-trifluor-2,6-dinitro-N-propyl-p-toluidin	613-059-00-8 247-656-6 26399-36-0	Xi; R36	Symb.: Xi R: 36 S: (2)		
Promecarb (ISO) Vgl.: 5-Isopropyl-3-tolylmethylcarbamat	006-037-00-9 220-113-0 2631-37-0	T; R25	Symb.: T R: 25 S: (1/2)-24-37-45		
Propachlor Vgl.: N-Isopropyl-N-phenyl-2-chloracetamid	616-008-00-8 217-638-2 1918-16-7	Xn; R22 Xi; R36 R43	Symb.: Xn R: 22-36-43 S: (2)-24-37		
Propan	601-003-00-5 200-827-9 74-98-6	F+; R12	Symb.: F+ R: 12 S: (2)-9-16-33		
Propanal Vgl: Propionaldehyd	605-018-00-8 204-623-0 123-38-6	F; R11 Xi; R36/37/38	Symb.: F, Xi R: 11-36/37/38 S: (2)-9-16-29		
Propanil (ISO) Vgl.: 3',4'-Dichlorpropionanilid	616-009-00-3 211-914-6 709-98-8	Xn; R22	Symb.: Xn R: 22 S: (2)-22		
1-Propanol Anm. C Vgl.: Propylalkohol	603-003-00-0 200-746-9 71-23-8	F; R11	Symb.: F R: 11 S: (2)-7-16		
2-Propanol Anm. C Vgl.: Isopropylalkohol	603-003-00-0 200-661-7 67-63-0	F; R11	Symb.: F R: 11 S: (2)-7-16		
3-Propanolid Anm. E Vgl.: 1,3-Propiolacton	606-031-00-1 200-340-1 57-57-8	Carc. Cat. 2; R45 T+; R26 Xi; R36/38	Symb.: T+ R: 45-26-36/38 S: 53-45		
1,3-Propansulton Anm. E	016-032-00-3 214-317-9 1120-71-4	Carc. Cat. 2; R45 Xn; R 21/22	Symb.: T R: 45-21/22 S: 53-45		
Propargit (ISO) Vgl.: 2-(4-tert-Butylphenoxy) cyclohexylprop-2-ynylsulfit	607-151-00-7 219-006-1 2312-35-8	Xn; R22 Xi; R36	Symb.: Xn R: 22-36 S: (2)-24		
Propargylalkohol Siehe: Prop-2-in-1-ol					
Propazin	613-067-00-1 205-359-9 139-40-2	Carc. Cat. 3; R40	Symb.: Xn R: 40 S: (2)-36/37		
Propen Vgl.: Propylen	601-011-00-9 204-062-1 115-07-1	F+; R12	Symb.: F+ R: 12 S: (2)-9-16-33		

Stoffidentität		Stoff		Zubereitungen	
Bezeichnung	INDEX-Nr. EWG-Nr. CAS-Nr.	Einstufung	Kennzeichnung	Konzentrationsgrenzen	Einstufung/ Kennzeichnung
1	2	3	4	5	6
2-(3-(Prop-1-en-2-yl)phenyl) prop-2-ylisocyanat	006-074-00-0 402-440-2 2094-99-7	T+; R26 C; R34 Xn; R48/20 N; R50-53 R42/43	Symb.: T+, N R: 26-34-42/43-48/20-50/ 53 S:(1/2)-7-15-28-36/37/39- 38-45-60-61		
Prop-2-in-1-ol Vgl: Propargylalkohol	603-078-00-X 203-471-2 107-19-7	R10 T: R23/24/25 C; R34	Symb.: T R: 10-23/24/25-34 S: (1/2)-26-28-36-45		
1,3-Propiolacton Siehe: 3-Propanolid					
Propionaldehyd Siehe: Propanal					
Propionsäure...% Anm. B	607-089-00-0 201-176-3 79-09-4	C; R34	Symb.: C R: 34 S: (1/2)-23-36-45	25% ≤ C 10% ≤ C < 25%	C; R34 Xi; R36/37/38
Propionsäureanhydrid	607-010-00-X 204-638-2 123-62-6	C; R34	Symb.: C R: 34 S: (1/2)-26-45	25% ≤ C 10% ≤ C < 25%	C; R34 Xi; R36/38
Propionylchlorid	607-093-00-2 201-170-0 79-03-8	F; R11 R14 C; R34	Symb.: F, C R: 11-14-34 S: (1/2)-9-16-26-45		
Propoxur (ISO) Vgl.: 2-Isopropoxyphenylmethylcarbamat	006-016-00-4 204-043-8 114-26-1	T; R25	Symb.: T R: 25 S: (1/2)-37-45		
Propylacetat Anm. C	607-024-00-6 203-686-1 109-60-4	F; R11	Symb.: F R: 11 S: (2)-16-23-29-33		
Propylalkohol Siehe: 1-Propanol					
Propylbenzol Anm. C	601-024-00-X 203-132-9 103-65-1	R10 Xi; R: 37	Symb.: Xi R: 10-37 S: (2)	25% ≤ C	Xi; R37
Propylbromid Siehe: 1-Brompropan					
S-Propylbutyl (ethyl) thiocarbamat Siehe: Pebulat (ISO)					
n-Propylchlorformiat Vgl.: Chlorameisensäurepropylester	607-142-00-8 203-687-7 109-61-5	R10 T; R23 C; R34	Symb.: T R: 10-23-34 S: (1/2)-26-36-45		
S-Propyldipropylthiocarbamat Vgl.: Vernolat	006-066-00-7 217-681-7 1929-77-7	Xn; R22	Symb.: Xn R: 22 S: (2)		
Propylen Siehe: Propen					
Propylencarbonat	607-194-00-1 203-572-1 108-32-7	Xi; R36	Symb.: Xi R: 36 S: (2)		
1,2-Propylendiamin	612-100-00-7 201-155-9 78-90-0	R10 Xn; R21/22 C; R35	Symb.: C R: 10-21/22-35 S: (1/2)-26-37/39-45		
Propylendichlorid Siehe: 1,2-Dichloropropan					
Propylenglykolmonomethylether Siehe: 1-Methoxy-2-propanol					
Propylenimin Siehe: 2-Methylaziridin					
Propylenoxid Anm. E Vgl.: 1,2-Epoxypropan	603-055-00-4 200-879-2 75-56-9	F+; R12 Carc. Cat. 2; R45 Xn; R20/21/22 Xi; R36/37/38	Symb.: F+, T R: 45-12-20/21/22-36/37/38 S: 53-45		

Stoffidentität		Stoff		Zubereitungen	
Bezeichnung	INDEX-Nr. EWG-Nr. CAS-Nr.	Einstufung	Kennzeichnung	Konzentrations-grenzen	Einstufung/ Kennzeichnung
1	2	3	4	5	6
1,3-Propylenoxid Siehe: 1,3-Epoxypropan					
Propylenthioharnstoff	613-070-00-8 2122-19-2	Carc. Cat. 3; R40	Symb.: Xn R: 40 S: (2)-36/37		
Propylformiat Anm. C	607-016-00-2 203-798-0 110-74-7	F; R11	Symb.: F R: 11 S: (2)-9-16-33		
n-Propylglykol Siehe: 2-(Propyloxy)ethanol					
Exo-4-isopropyl-1-methyl-1,4-epoxycyclohexan-2-ol	603-091-00-0 402-470-6 107133-87-9 87172-89-2	O; R8 Xn; R22 Xi; R36	Symb.: O, Xn R: 8-22-36 S: (2)-26		
2-(Propyloxy)ethanol Vgl.: n-Propylglykol	603-095-00-2 220-548-6 2807-30-9	R10 Xn; R21 Xi; R36	Symb.: Xn R: 10-21-36 S: (2)-24/25-36/37		
Propylpropionat	607-030-00-9 203-389-7 106-36-5	R10	Symb.: R: 10 S: (2)		
Propyl-3,4,5-trihydroxybenzoat	607-198-00-3 204-498-2 121-79-9	Xn; R22 R43	Symb.: Xn R: 22-43 S: (2)-24-37		
Prothiocarb-hydrochlorid Siehe: S-Ethyl-N-(dimethylaminopropyl) thiocarbamathydrochlorid					
Prothoat (ISO) Vgl.: O,O-Diethylisopropylcarbamoyl-methyldithiophosphat	015-032-00-0 218-893-2 2275-18-5	T+; R27/28	Symb.: T+ R: 27/28 S: (1/2)-28-36/37-45		
Proxan-Natrium Vgl.: Natrium-o-isopropyl-dithio-carbonat	006-024-00-8 205-443-5 140-93-2	Xn; R22 Xi; R38	Symb.: Xn R: 22-38 S: (2)-13		
Pyrazon Siehe: 5-Amino-4-chlor-2-phenyl-pyridazin-3-on					
Pyrazophos (ISO) Vgl.: O,O-Diethyl-O-(6-ethoxycarbo-nyl-5-methylpyrazolo (2,3-a)pyri-midin-2-yl)thiophosphat	015-137-00-1 236-656-1 13457-18-6	Xn; R22	Symb.: Xn R: 22 S: (2)		
Pyrazoxon Vgl: O,O-Diethyl-O-(3-methyl-1H-pyrazol-5-yl)-phosphat	015-023-00-1 108-34-9	T+; R26/27/28	Symb.: T+ R: 26/27/28 S: (1/2)-13-28-45		
Pyrethrine einschließlich Cinerine	613-022-00-6	Xn; R20/21/22	Symb.: Xn R: 20/21/22 S: (2)-13		
Pyrethrin I Vgl.: 2,2-Dimethyl-3-(2-methyl-prop-1-enyl)-cyclopropancarbonsäure -O-(+)cis-4[3-methyl-2-(penta-2,4-dienyl)-cyclopent-2-en-1-on]-ester	613-023-00-1 204-455-8 121-21-1	Xn; R20/21/22	Symb.: Xn R: 20/21/22 S: (2)-13		
Pyrethrin II Vgl.: 2,2-Dimethyl-3-(3-methoxy-2-me-thyl-3-oxo-prop-1-enyl)-cyclo-propan-carbonsäure-O-(+)cis-4 [3-methyl-2-2(penta-2,4-dienyl) -cyclopent-2-en-1-on]-ester	613-024-00-7 204-462-6 121-29-9	Xn; R20/21/22	Symb.: Xn R: 20/21/22 S: (2)-13		
Pyridin	613-002-00-7 203-809-9 110-86-1	F; R11 Xn; R20/21/22	Symb.: F, Xn R: 11-20/21/22 S: (2)-26-28	5% ≤ C	Xn; R20/21/22
Pyrogallol Siehe: 1,2,3-Trihydroxybenzol					

Stoffidentität		Stoff		Zubereitungen	
Bezeichnung	INDEX-Nr. EWG-Nr. CAS-Nr.	Einstufung	Kennzeichnung	Konzentrations-grenzen	Einstufung/ Kennzeichnung
1	2	3	4	5	6
Pyromellitsäuredianhydrid Vgl.: 1,2,4,5-Benzoltetracarbonsäure-dianhydrid	607-098-00-X 201-898-9 89-32-7	Xi; R36/37/38	Symb.: Xi R: 36/37/38 S: (2)-25	1% ≤ C	Xi; R36/37/38
Quecksilber	080-001-00-0 231-106-7 7439-97-6	T; R23 R33	Symb.: T R: 23-33 S: (1/2)-7-45		
Quecksilberalkyle Anm. A, 1	080-007-00-3	T+; R26/27/28 R33	Symb.: T+ R: 26/27/28-33 S: (1/2)-13-28-36-45	0.5% ≤ C 0.1% ≤ C < 0.5% 0.05% ≤ C < 0.1%	T+; R26/27/28-33 T; R23/24/25-33 Xn; R20/21/22-33
Quecksilberdichlorid	080-010-00-X 231-299-8 7487-94-7	T+; R28 C; R34 T; R48/24/25	Symb.: T+ R: 28-34-48/24/25 S: (1/2)-36/37/39-45		
Quecksilberfulminat Vgl.: Knallquecksilber	080-005-00-2 211-057-8 628-86-4	E; R3 T; R23/24/25 R33	Symb.: E, T R: 3-23/24/25-33 S: (1/2)-3-34-35-45		
Quecksilber(II)-oxidcyanid	080-006-00-8 215-629-8 1335-31-5	E; R3 T; R23/24/25 R33	Symb.: E, T R: 3-23/24/25-33 S: (1/2)-28-35-45		
Quecksilberverbindungen, anorganische, mit Ausnahme von Quecksilber(II)sulfid (Zinnober) und der namentlich in diesem Anhang bezeichneten Anm. A, 1	080-002-00-6	T+; R26/27/28 R33	Symb.: T+ R: 26/27/28-33 S: (1/2)-13-28-45	2% ≤ C 0.5% ≤ C < 2% 0.1% ≤ C < 0.5%	T+; R26/27/28-33 T; R23/24/25-33 Xn; R20/21/22-33
Quinalfos (ISO) Vgl.: O,O-Diethyl-O-chinoxalin-2-yl-thiophosphat	015-138-00-7 237-031-6 13593-03-8	T; R25 Xn; R21	Symb.: T R: 21-25 S: (1/2)-22-36/37-45		
Quintozene (ISO) Vgl.: Pentachlornitrobenzol	609-043-00-5 201-435-0 82-68-8	R43	Symb.: Xi R: 43 S: (2)-24-37		
Reaktionsprodukt: Bisphenol-A-Epichlorhydrinharze mit durchschnittlichem Molekulargewicht ≤ 700	603-074-00-8 25068-38-6	Xi; R36/38 R43	Symb.: Xi R: 36/38-43 S: (2)-28-37/39	5% ≤ C 1% ≤ C < 5%	Xi; R36/38-43 Xi; R43
Resmethrin (ISO) Vgl.: 5-Benzyl-3-furylmethyl-(+-)-cis-trans-chrysanthemat	613-060-00-3 233-940-7 10453-86-8	Xn; R22	Symb.: Xn R: 22 S: (2)		
Resorcin Siehe: 1,3-Dihydroxybenzol					
Resorcinoldiglycidylether Siehe: 1,3-Bis-(2,3-epoxypropoxy) benzol					
Rhodanwasserstoffsäure	615-003-00-8 207-337-4 463-56-9	Xn; R20/21/22 R32	Symb.: Xn R: 20/21/22-32 S: (2)-13		
Salze von Rhodanwasserstoffsäure Anm. A	615-004-00-3	Xn; R20/21/22 R32	Symb.: Xn R: 20/21/22-32 S: (2)-13		
Rotenon	650-005-00-2 201-501-9 83-79-4	T; R25 Xi; R36/37/38	Symb.: T R: 25-36/37/38 S: (1/2)-22-24/25-36-45		
Roter Phosphor	015-002-00-7 231-768-7 7723-14-0	R16 F; R11	Symb.: F R: 11-16 S: (2)-7-43		
Ryania Siehe: 6-(1-α,5a-ß,8a-ß,9-Pentahydroxy-7-ß-isopropyl-2-ß,5-ß,8-ß-trimethylperhydro-8b-α,9-epoxy-5,8-ethanocyclopenta-(1,2-b)indenyl)pyrrol-2-carboxylat					
Sabadilla (ISO) Vgl.: Veratrin	613-062-00-4 8051-02-3	Xi; R36/37/38	Symb.: Xi R: 36/37/38 S: (2)-36/37/39		

Stoffidentität		Stoff		Zubereitungen	
Bezeichnung	INDEX-Nr. EWG-Nr. CAS-Nr.	Einstufung	Kennzeichnung	Konzentrations-grenzen	Einstufung/ Kennzeichnung
1	2	3	4	5	6
Salpetersäure ...% Anm. B	007-004-00-1 231-714-2 7697-37-2	O; R8 C; R35	Symb.: O, C R: 8-35 S: (1/2)-23-26-36-45	20% C 5% ≤ C < 20% C ≥ 70%	C; R35 C; R34 O;R8
Salzsäure ...% Anm. B	017-002-01-X 231-595-7	C; R34 Xi; R37	Symb.: C R: 34-37 S: (1/2)-26-45	25% ≤ C 10% ≤ C < 25%	C; R34-37 Xi; R36/37/38
Schradan (ISO) Vgl.: Octamethylpyrophosphoramid	015-026-00-8 205-801-0 152-16-9	T+; R27/28	Symb.: T+ R: 27/28 S: (1/2)-36/37-38-45		
Schwefeldichlorid	016-013-00-X 234-129-0 10545-99-0	R14 C; R34 Xi; R37	Symb.: C R: 14-34-37 S: (1/2)-26-45		
Schwefeldioxid	016-011-00-9 231-195-2 7446-09-5	T; R23 Xi; R36/37	Symb.: T R: 23-36/37 S: (1/2)-7/9-45		
Schwefelkohlenstoff Siehe: Kohlendisulfid					
Schwefelsäure ...% Anm. B	016-020-00-8 231-639-5 7664-93-9	C; R35	Symb.: C R: 35 S: (1/2)-26-30-45	15% ≤ C 5% ≤ C < 15%	C; R35 Xi; R36/38
Schwefeltetrachlorid	016-014-00-5 13451-08-6	R14 C; R34 Xi; R37	Symb.: C R: 14-34-37 S: (1/2)-26-45		
Schwefelwasserstoff	016-001-00-4 231-977-3 7783-06-4	F+; R12 T+; R26	Symb.: F+, T+ R: 12-26 S: (1/2))-7/9-16-45		
Scopolamin Vgl.: L-6,7-Epoxy-tropyl-tropat	614-014-00-5 200-090-3 51-34-3	T+; R26/27/28	Symb.: T+ R: 26/27/28 S: (1/2)-25-45		
Salze von Scopolamin Anm. A	614-015-00-0	T+; R26/27/28	Symb.: T+ R: 26/27/28 S: (1/2)-25-45		
Secbumeton (ISO) Vgl.: 2-sec-Butylamino-4-ethylamino-6-methoxy-1,3,5-triazin	613-063-00-X 247-554-1 26259-45-0	Xn; R22 Xi; R36	Symb.: Xn R: 22-36 S: (2)		
Selen	034-001-00-2 231-957-4 7782-49-2	T; R23/25 R33	Symb.: T R: 23/25-33 S: (1/2)-20/21-28-45		
Selenverbindungen mit Ausnahme von Cadmiumsulfoselenid Anm. A	034-002-00-8	T; R23/25 R33	Symb.: T R: 23/25-33 S: (1/2)-20/21-28-45		
Silbernitrat	047-001-00-2 231-853-9 7761-88-8	C; R34	Symb.: C R: 34 S: (1/2)-26-45		
Siliciumchloroform Siehe: Trichlorsilan					
Siliciumtetrachlorid	014-002-00-4 233-054-0 10026-04-7	R14 Xi; R36/37/38	Symb.: Xi R: 14-36/37/38 S: (2)-7/8-26		
Simazin	612-088-00-3 204-535-2 122-34-9	Carc. Cat. 3; R40	Symb.: Xn R: 40 S: (2)-36/37		
Simetryn (ISO) Vgl.: 2,4-Bis(ethylamino)-6-methyl-thio-1,3,5-triazin	613-065-00-0 213-801-7 1014-70-6	Xn; R22	Symb.: Xn R: 22 S: (2)		
2,2'-Spirobi(6-Hydroxy-4,4,7-trimethylchroman)	604-026-00-9 400-270-3	N; R51-53	Symb.: N R: 51/53 S: 61		
Stickstoffdioxid	007-002-00-0 233-272-6 10102-44-0	T+; R26 Xi; R37	Symb.: T+ R: 26-37 S: (1/2)-7/9-26-45		
Strontiumchromat Anm. E	024-009-00-4 232-142-6 7789-06-2	Carc. Cat. 2; R45 Xn; R22	Symb.: T R: 45-22 S: 53-45		
g-Strophantin Vgl.: 1ß,3ß,5ß,11ß,14ß,19-Hexa-hydroxy-[20(22)-cardenolid]-3-L-rhamnosid	614-025-00-5 211-139-3 630-60-4	T; R23/25 R33	Symb.: T R: 23/25-33 S: (1/2)-45		

Stoffidentität		Stoff		Zubereitungen	
Bezeichnung	INDEX-Nr. EWG-Nr. CAS-Nr.	Einstufung	Kennzeichnung	Konzentrationsgrenzen	Einstufung/ Kennzeichnung
1	2	3	4	5	6
K-Strophantin Vgl.: 5ß,14ß-Dihydroxy-3ß-(ß-D-glucopyranosido-4ß-D-glucopyranosido-ß-D-cymaropyranosido)-19-oxo-card-20(22)-enolid	614-026-00-0 234-239-9 11005-63-3	T; R23/25 R33	Symb.: T R: 23/25-33 S: (1/2)-45		
Strychnin	614-003-00-5 200-319-7 57-24-9	T+; R27/28	Symb.: T+ R: 27/28 S: (1/2)-36/37-45		
Strychninsalze Anm. A	614-004-00-0	T+; R26/28	Symb.: T+ R: 26/28 S: (1/2)-13-28-45		
Styphninsäure Siehe: 2,4,6-Trinitroresorcin					
Styrol Anm. D	601-026-00-0 202-851-5 100-42-5	R10 Xn; R20 Xi; R36/38	Symb.: Xn R: 10-20-36/38 S: (2)-23	12.5% ≤ C	Xn; R20-36/38
Styroloxid Anm. E Vgl.: (Epoxyethyl)benzol	603-084-00-2 202-476-7 96-09-3	Carc. Cat. 2; R45 Xn; R21 Xi; R36	Symb.: T R: 45-21-36 S: 53-45		
Sulfallat (ISO) Anm. E Vgl.: 2-Chlorallyldiethyldithiocarbamat	006-038-00-4 202-388-9 95-06-7	Carc. Cat. 2; R45 Xn; R22	Symb.: T R: 45-22 S: 53-45		
Sulfaminsäure Siehe: Amidosulfonsäure					
Sulfanilsäure Siehe: 4-Amino-benzolsulfonsäure					
Sulfolan Siehe: Tetrahydrothiophen-1,1-dioxid					
Sulfotep (ISO) Vgl.: O,O,O,O-Tetraethyldithiopyrophosphat	015-027-00-3 222-995-2 3689-24-5	T+; R27/28	Symb.: T+ R: 27/28 S: (1/2)-23-28-36/37-45		
Sulfurylchlorid	016-016-00-6 232-245-6 7791-25-5	R14 C; R34 Xi; R37	Symb.: C R: 14-34-37 S: (1/2)-26-45		
Sulfuryldifluorid	009-015-00-7 220-281-5 2699-79-8	T; R23/25 Xi; R36/37/38	Symb.: T R: 23/25-36/37/38 S: (1/2)-23-37/38-45		
2,4,5-T (ISO) Vgl.: 2,4,5-Trichlorphenoxyessigsäure	607-041-00-9 202-273-3 93-76-5	Xn; R22 Xi; R36/37/38	Symb.: Xn R: 22-36/37/38 S: (2)-24		
Salze und Ester der 2,4,5-T Anm. A	607-042-00-4	Xn; R22 Xi; R36/37/38	Symb.: Xn R: 22-36/37/38 S: (2)-24		
2,3,6-TBA (ISO) Vgl.: 2,3,6-Trichlorbezoesäure	607-152-00-2 200-026-4 50-31-7	Xn; R22	Symb.: Xn R: 22 S: (2)-22		
TCA Vgl.: Natriumtrichloracetat	607-005-00-2 211-479-2 650-51-1	Xn; R22	Symb.: Xn R: 22 S: (2)-24-25		
Tebuthiuron (ISO) Vgl.: 1-(5-tert-Butyl-1,3,4-thiadiazol-2-yl)-1,3-dimethylharnstoff	616-020-00-3 251-793-7 34014-18-1	Xn; R22	Symb.: Xn R: 22 S: (2)-37		
Tecnazen (ISO) Vgl.: 1,2,4,5-Tetrachlor-3-nitrobenzol	609-044-00-0 204-178-2 117-18-0	R43	Symb.: Xi R: 43 S: (2)-24-37		
TEPP (ISO) Vgl.: Tetraethylpyrophosphat	015-025-00-2 203-495-3 107-49-3	T+; R27/28	Symb.: T+ R: 27/28 S: (1/2)-36/37/39-38-45		
Terbufos Siehe: S-tert-Butylthiomethyl-O,O-diethyldithiophosphat					

Stoffidentität		Stoff		Zubereitungen	
Bezeichnung	INDEX-Nr. EWG-Nr. CAS-Nr.	Einstufung	Kennzeichnung	Konzentrations-grenzen	Einstufung/ Kennzeichnung
1	2	3	4	5	6
Terbumeton (ISO) Vgl.: 2-tert-Butylamino-4-ethylamino -6-methoxy-1,3,5-triazin	613-066-00-6 251-637-8 33693-04-8	Xn; R22	Symb.: Xn R: 22 S: (2)		
Terpentinöl	650-002-00-6 232-350-7 8006-64-2	R10 Xn; R20/21/22	Symb.: Xn R: 10-20/21/22 S: (2)	25% ≤ C	Xn; R20/21/22
3,6,9,12-Tetraazatetradecan-1,14-diamin Vgl.: Pentaethylenhexamin	612-064-00-2 223-775-9 4067-16-7	C; R34 R43	Symb.: C R: 34-43 S: (1/2)-26-36/37/39-45	10% ≤ C 5% ≤ C < 10% 1% ≤ C < 5%	C; R34-43 Xi; R36/38-43 Xi; R43
1,1,2,2-Tetrabromethan Vgl.: Acetylentetrabromid	602-016-00-9 201-191-5 79-27-6	T+; R26 Xi; R36	Symb.: T+ R: 26-36 S: (1/2)-24-27-45	20% ≤ C 7% ≤ C < 20% 1% ≤ C < 7% 0.1% ≤ C < 1%	T+; R26-36 T+; R26 T; R23 Xn; R20
1,1,2,2-Tetrachlorethan	602-015-00-3 201-197-8 79-34-5	T+; R26/27	Symb.: T+ R: 26/27 S: (1/2)-38-45	7% ≤ C 1% ≤ C < 7% 0.1% ≤ C < 1%	T+; R26/27 T; R23/24 Xn; R20/21
Tetrachlorethylen Vgl.: Perchlorethylen	602-028-00-4 204-825-9 127-18-4	Carc. Cat. 3; R40	Symb.: Xn R: 40 S: (2)-23-36/37	1% ≤ C	Xn; R40
Tetrachlorisophthalonitril Siehe: Chlorothalonil (ISO)					
Tetrachlorkohlenstoff Siehe: Tetrachlormethan					
Tetrachlormethan Vgl.: Tetrachlorkohlenstoff	602-008-00-5 200-262-8 56-23-5	T; R23/24/25-48/23 Carc. Cat. 3; R40 N; R59	Symb.: T, N R: 23/24/25-40-48/23-59 S: (1/2)-23-36/37-45-59-61	1% ≤ C 0.2% ≤ C < 1%	T; R23/24/25-40-48/23 Xn; R20/21/22-48/20
1,2,4,5-Tetrachlor-3-nitro-benzol Siehe: Tecnazen (ISO)					
2,3,5,6-Tetrachloro-4-(methyl-sulfonyl)pyridin Siehe: 2,3,5,6-Tetrachloro-pyridyl-4-methylsulfon					
Tetrachlor-p-benzochinon Vgl.: Chloranil	602-066-00-1 204-274-4 118-75-2	Xi; R36/38	Symb.: Xi R: 36/38 S: (2)-37		
2,3,4,6-Tetrachlorphenol	604-013-00-8 200-402-8 58-90-2	T; R25 Xi; R36/38	Symb.: T R: 25-36/38 S: (1/2)-26-28-37-45	20% ≤ C 5% ≤ C < 20% 0.5% ≤ C < 5%	T; R25-36/38 T; R25 Xn; R22
2,3,5,6-Tetrachloro-pyridyl-4-methylsulfon Vgl: 2, 3, 5, 6-Tetrachloro-4-(methyl-sulfonyl)pyridin	613-032-00-0 236-035-5 13108-52-6	Xn; R21/22 Xi; R36 R43	Symb.: Xn R: 21/22-36-43 S: (2)-26-28		
Tetrachlorterephthalonitril	608-016-00-5 401-550-8 1897-41-2	R43 R53	Symb.: Xi R: 43-53 S: (2)-24-37-61		
O,O,O,O-Tetraethyldithiopyro-phosphat Siehe: Sulfotep (ISO)					
Tetraethylenpentamin Siehe: 3,6,9-Triazaundecan-1,11-di-amin					
O,O,O',O'-Tetraethyl-S,S'me-thylendi (dithiophosphat) Siehe: Ethion (ISO)					
Tetraethylpyrophosphat Siehe: TEPP (ISO)					
Tetraethylsilikat	014-005-00-0 201-083-8 78-10-4	R10 Xn; R20 Xi; R36/37	Symb.: Xn R: 10-20-36/37 S: (2)		

Stoffidentität		Stoff		Zubereitungen	
Bezeichnung	INDEX-Nr. EWG-Nr. CAS-Nr.	Einstufung	Kennzeichnung	Konzentrationsgrenzen	Einstufung/ Kennzeichnung
1	2	3	4	5	6
Tetrafluorborsäure . . .% Anm: B Vgl.: Borfluorwasserstoffsäure . . .%	009-010-00-X 240-898-3 16872-11-0	C; R34	Symb.: C R: 34 S: (1/2)-26-27-45	25% ≤ C 10% ≤ C < 25%	C; R34 Xi; R36/38
Tetrahydro-3,5-dimethyl-1,3,5-thiadiazin-2-thion Siehe: Dazomet (ISO)					
Tetrahydrofuran	603-025-00-0 203-726-8 109-99-9	F; R11-19 Xi; R36/37	Symb.: F, Xi R: 11-19-36/37 S: (2)-16-29-33	25% ≤ C	Xi; R36/37
Tetrahydrofurfurylalkohol Vgl: 2-Hydroxymethyltetrahydrofuran	603-061-00-7 202-625-6 97-99-4	Xi; R36	Symb.: Xi R: 36 S: (2)-39	10% ≤ C	Xi; R36
3a,4,7,7a-Tetrahydro-4,7-methanoinden	601-044-00-9 201-052-9 77-73-6	F; R11 Xn; R20/22 Xi; R36/37/38	Symb.: F, Xn R: 11-20/22-36/37/38 S: (2)-36/37		
1,2,3,4-Tetrahydro-1-naphthylhydroperoxid Vgl: 1-Tetralinhydroperoxid	617-004-00-9 212-230-0 771-29-9	O; R7 C; R34 Xn; R22	Symb.: O, C R: 7-22-34 S: (1/2)-3/7-14-36/37/39-45	25% ≤ C 10% ≤ C < 25% 5% ≤ C < 10%	C; R22-34 C; R34 Xi; R36/37/38
1,2,3,4-Tetrahydronaphthalin Vgl.: Tetralin	601-045-00-4 204-340-2 119-64-2	Xi; R36/38 R19	Symb.: Xi R: 19-36/38 S: (2)-26-28		
1,2,3,6-Tetrahydro-N-(1,1,2,2-tetrachlorethylthio)phthalimid Siehe: Captafol (ISO)					
Tetrahydrophthalsäureanhydrid	607-099-00-5 201-605-4 85-43-8	Xi; R36/37	Symb.: Xi R: 36/37 S: (2)-25	1% ≤ C	Xi; R36/37
Tetrahydrothiophen	613-087-00-0 203-728-9 110-01-0	F; R11 Xn; R20/21/22 Xi; R36/38	Symb.: F, Xn R: 11-20/21/22-36/38 S: (2)-16-23-36/37		
Tetrahydrothiophen-1,1-dioxid Vgl.: Sulfolan	016-031-00-8 204-783-1 126-33-0	Xn; R22	Symb.: Xn R: 22 S: (2)-25	25% ≤ C	Xn; R22
N,N',N",N"'-Tetrakis(4,6-bis(butyl-(N-methyl-2,2,6,6-tetramethylpiperidin-4-yl)amino)triazin-2-yl)-4,7-diazadecan-1,10-diamin	613-078-00-1 401-990-0 106990-43-6	R43 N; R51-53	Symb.: Xi, N R: 43-51/53 S: (2)-22-24-37-61		
Tetralin Siehe: 1,2,3,4-Tetrahydronapthalin					
1-Tetralinhydroperoxid Siehe: 1,2,3,4-Tetrahydro-1-naphthylhydroperoxid					
N,N,N',N'-Tetramethylethylendiamin	612-103-00-3 203-744-6 110-18-9	F; R11 Xn; R20/22 C; R34	Symb.: F, C R: 11-20/22-34 S: (1/2)-16-26-36/37/39—45		
Tetramethylphosphordiamidsäurefluorid Siehe: Dimefox (ISO)					
N,N,N',N'-Tetramethyl-p-phenylendiamin	612-032-00-8 202-831-6 100-22-1	Xn; R20/21/22	Symb.: Xn R: 20/21/22 S: (2)-28		
2,4,6,8-Tetramethyl-1,3,5,7-tetraoxacycloctan Vgl.: Metaldehyd	605-005-00-7 203-600-2 108-62-3	R10 Xn; R22	Symb.: Xn R: 10-22 S: (2)-13-25-46		
Tetranatrium-4-amino-3,6-bis(5-(6-chlor-4-(2-hydroxyethylamino)-1,3,5-triazin-2-ylamino)-2-sulfonatophenylazo)-5-hydroxynaphthalin-2,7-sulfonat (mit > 35% Natriumchlorid und Natriumacetat)	016-055-00-9 400-510-7	Xi; R41 R43	Symb.: Xi R: 41-43 S: (2)-22-24-26-37/39		

Stoffidentität		Stoff		Zubereitungen	
Bezeichnung	INDEX-Nr. EWG-Nr. CAS-Nr.	Einstufung	Kennzeichnung	Konzentrations-grenzen	Einstufung/ Kennzeichnung
1	2	3	4	5	6
Tetranatrium-5-benzamido-3-(5-(4-fluor-6-(1-sulfonato-2-naphthylamino)-1,3,5-triazin-2-ylamino)-2-sulfonatophenylazo)-4-hydroxynaphthalin-2,7-disulfonat	016-042-00-8 400-790-0 85665-97-0	Xi; R36/38 R43	Symb.: Xi R: 36/38-43 S: (2)-22-24/25-37		
Tetranatrium-2-(6-chlor-4-(4-(2,5-dimethyl-4-(2,5-disulfonatophenylazo)phenylazo)-3-ureidoanilino)-1,3,5-triazin-2-ylamino)benzol-1,4-disulfonato	016-039-00-1 400-430-2	R43	Symb.: Xi R: 43 S: (2)-22-24-37		
Tetranatrium 5'-(4,6-dichlor-5-cyanpyrimidin-2-ylamino)-4'-hydroxy-2,3'-azodinaphthalin-1,2',5,7'-disulfonat	016-036-00-5 400-130-1	R42 N; R51—53	Symb.: Xn, N R: 42-51/53 S: (2)-22-61		
Tetranatrium-3,3'-(piperazin-1,4-diylbis((6-chlor-1,3,5-triazin-4,2-diyl)imino(2-acetamido)-4,1-phenylenazo))bis (naphthalin-1,5-disulfonat)	016-034-00-4 400-010-9 81898-60-4	R43	Symb.: Xi R: 43 S: (2)-22-24-37		
1,2,3,4-Tetranitrocarbazol	613-003-00-2 6202-15-9	E: R1 Xn; R20/21/22	Symb.: E, Xn R: 1-20/21/22 S: (2)-35		
Tetranitronaphthalin Anm. C	609-014-00-7 55810-18-9	E; R2 Xn; R20/21/22 R33	Symb.: E, Xn R: 2-20/21/22-33 S: (2)-35		
Tetraphosphor Vgl.: weißer Phosphor	015-001-00-1 12185-10-3	F; R17 T+; R26/28 C; R35	Symb.: F, T+, C R: 17-26/28-35 S: (1/2)-5-26-28-45		
Tetraphosphortrisulfid Vgl.: Phosphorsesquisulfid	015-012-00-1 215-245-0 1314-85-8	F; R11 Xn; R 22	Symb.: F, Xn R: 11-22 S: (2)-7-16-24/25		
O,O,O',O'-Tetrapropyldithiopyrophosphat	015-081-00-8 221-817-0 3244-90-4	Xn; R21/22	Symb.: Xn R: 21/22 S: (2)-36/37		
Tetryl Siehe: N-Methyl-2,4,6-N-tetranitroanilin					
Thallium	081-001-00-3 231-138-1 7440-28-0	T+; R26/28 R33	Symb.: T+ R: 26/28-33 S: (1/2)-13-28-45		
Thalliumverbindungen, mit Ausnahme der namentlich in diesem Anhang bezeichneten Anm: A	081-002-00-9	T+; R26/28 R33	Symb.: T+ R: 26/28-33 S: (1/2)-13-28-45		
Thiazfluron (ISO) Vgl.: 1,3-Dimethyl-1-(5-trifluormethyl-1,3,4-thiadiazol-2-yl) harnstoff	616-021-00-9 246-901-4 25366-23-8	Xn; R22	Symb.: Xn R: 22 S: (2)		
Thioacetamid Anm. E	616-026-00-6 200-541-4 62-55-5	Carc. Cat. 2; R45 Xn; R22 Xi; R36/38	Symb.: T R: 45-22-36/38 S: 53-45		
Thiobencarb Siehe: S-4-Chlorbenzyldiethylthiocarbamat					
Thiocarbamid Siehe: Thioharnstoff					
Thiocarbonylchlorid Vgl.: Thiophosgen	607-201-00-X 207-341-6 463-71-8	T; R23 Xn; R22 Xi; R36/37/38	Symb.: T R: 22-23-36/37/38 S: (1/2)-7-9-36/37-45		
Thiochinox Vgl.: S,S-Chinoxalin-2,3-diyl-trithiocarbonat	613-019-00-X 202-272-8 93-75-4	Xn; R22	Symb.: Xn R: 22 S: (2)-24		
Thiocyclam-oxalat Siehe: Bis(1,2,3-trithiacyclohexyldimethylammonium)oxalat					

Stoffidentität		Stoff		Zubereitungen	
Bezeichnung	INDEX-Nr. EWG-Nr. CAS-Nr.	Einstufung	Kennzeichnung	Konzentrations-grenzen	Einstufung/ Kennzeichnung
1	2	3	4	5	6
2,2'-Thiodiethanol Vgl.: Thiodiglykol	603-081-00-6 203-874-3 111-48-8	Xi; R36	Symb.: Xi R: 36 S: (2)		
Thiodiglykol Siehe: 2,2'-Thiodiethanol					
Thiofanox Siehe: 3,3-Dimethyl-1-(methylthio)butanon-O-(N-methylcarbamoyl)oxim					
Thioglykolsäure	607-090-00-6 200-677-4 68-11-1	T; R23/24/25 C; R34	Symb.: T R: 23/24/25-34 S: (1/2)-25-27-28-45	10% ≤ C 5% ≤ C < 10% 2% ≤ C < 5% 0.2% ≤ C < 2%	T; R23/24/25-34 T; R23/24/25-36/38 T; R23/24/25 Xn; R20/21/22
Thioharnstoff Vgl.: Thiocarbamid	612-082-00-0 200-543-5 62-56-6	Carc. Cat. 3; R40 Xn; R22	Symb.: Xn R: 22-40 S: (2)-22-24-36/37		
Thiometon (ISO) Vgl.: S-2-Ethylthioethyl-O,O-dimethyl-dithiophosphat	015-050-00-9 211-362-6 640-15-3	T; R25 Xn; R21	Symb.: T R: 21-25 S: (1/2)-36/37-45		
Thionazin Siehe: O,O-Diethyl-O-pyrazin-2-ylthiophosphat					
Thionylchlorid	016-015-00-0 231-748-8 7719-09-7	R14 C; R34 Xi; R37	Symb.: C R: 14-34-37 S: (1/2)-26-45		
Thiophanat-methyl	006-069-00-3 245-740-7 23564-05-8	Muta. Cat. 3; R40	Symb.: Xn R: 40 S: (2)-36/37		
Thiophosgen Siehe: Thiocarbonylchlorid					
Thiram Vgl.: Bis(dimethyl-thiocarbamoyl)-disulfid	006-005-00-4 205-286-2 137-26-8	Muta. Cat. 3; R40 Xn; R20/22 Xi; R36/37 R43	Symb.: Xn R: 20/22-36/37-40-43 S: (2)-36/37		
Thymol	604-032-00-1 201-944-8 89-83-8	Xn; R22 C; R34	Symb.: C R: 22-34 S: (1/2)-26-28-36/37/39		
Titantetrachlorid	022-001-00-5 231-441-9 7550-45-0	R14 C; R34 Xi; R36/37	Symb.: C R: 14-34-36/37 S: (1/2)-7/8-26-45		
TNT Siehe: 2,4,6-Trinitrotoluol					
o-Tolidin Siehe: 3,3'-Dimethylbenzidin					
Salze von o-Tolidin Siehe: Salze von 3,3'-Dimethylbenzidin					
4-Toluensulfonylisocyanat Vgl.: Tosylisocyanat	615-012-00-7 223-810-8 4083-64-1	R14 Xi; R36/37/38 R42	Symb.: Xn R: 14-36/37/38-42 S: (2)-26-28-30	5% ≤ C 1% ≤ C < 5%	Xn; R36/37/38-42 Xn; R42
m-Toluidin Anm. C	612-024-00-4 203-583-1 108-44-1	T; R23/24/25 R33	Symb.: T R: 23/24/25-33 S: (1/2)-28-36/37-45		
o-Toluidin Anm. E	612-091-00-X 202-429-0 95-53-4	Carc. Cat. 2; R45 T; R23/25 Xi; R36	Symb.: T R: 45-23/25-36 S: 53-45		
p-Toluidin Anm. C	612-024-00-4 203-403-1 106-49-0	T; R23/24/25 R33	Symb.: T R: 23/24/25-33 S: (1/2)-28-36/37-45		
Toluol	601-021-00-3 203-625-9 108-88-3	F; R11 Xn; R20	Symb.: F, Xn R: 11-20 S: (2)-16-25-29-33	12.5% ≤ C	Xn; R20

Stoffidentität		Stoff		Zubereitungen	
Bezeichnung	INDEX-Nr. EWG-Nr. CAS-Nr.	Einstufung	Kennzeichnung	Konzentrations-grenzen	Einstufung/ Kennzeichnung
1	2	3	4	5	6
p-Toluolsulfonsäure (mit höchstens 5% Schwefelsäure)	016-030-00-2 203-180-0 104-15-4	Xi; R36/37/38	Symb.: Xi R: 36/37/38 S: (2)-26-37	20% ≤ C	Xi; R36/37/38
p-Toluolsulfonsäure (mit mehr als 5% Schwefelsäure)	016-029-00-7	C, R34	Symb.: C R: 34 S: (1/2)-26-37/39-45	25% ≤ C 10% ≤ C < 25%	C; R34 Xi; R36/38
2,4-Toluylendiamin Siehe: 4-Methyl-m-phenylendiamin					
2,6-Toluylendiamin Siehe: 2-Methyl-m-phenylendiamin					
4-o-Tolylazo-o-toluidin Vgl.: 4-Amino-2',3-dimethylazobenzol	611-006-00-3 202-591-2 97-56-3	Carc. Cat. 2; R45 R43	Symb.: T R: 45-43 S: 53-45		
m-Tolylmethylcarbamat Siehe: Metolcarb (ISO)					
Tosylchloramid-natrium Siehe: Chloramin T					
Tosylisocyanat Siehe: 4-Toluensulfonylisocyanat					
Triadimefon (ISO) Vgl.: 1-(4-Chlorphenoxy)-3,3-di-methyl-1-(1,2,4-triazol-1-yl)-butanon	606-037-00-4 256-103-8 43121-43-3	Xn; R22	Symb.: Xn R: 22 S: (2)		
Trialkylborane Anm. A	005-004-00-6	F; R17 C; R34	Symb.: F, C R: 17-34 S: (1/2)-7-23-26-36/37/39-43-45		
Triallat (ISO) Vgl.: S-2,3,3-Trichlorallyldiiso-propylthiocarbamat	006-039-00-X 218-962-7 2303-17-5	Xn; R22	Symb.: Xn R: 22 S: (2)		
Triamiphos (ISO) Vgl.: 5-Amino-3-phenyl-1,2,4-triazol-1-yl-N,N,N',N'-tetramethyl-phosphonsäurediamid	015-024-00-7 1031-47-6	T+; R27/28	Symb.: T+ R: 27/28 S: (1/2)-22-28-36/37-45		
Triarimol Vgl.: α-2,4-Dichlor-phenyl-α-phenyl-pyrimidin-5-yl-methanol	603-043-00-9 26766-27-8	Xn; R22	Symb.: Xn R: 22 S: (2)		
3,6,9-Triazaundecan-1,11-di-amin Vgl.: Tetraethylenpentamin	612-060-00-0 203-986-2 112-57-2	Xn; R21/22 C; R34 R43	Symb.: C R: 21/22-34-43 S: (1/2)-26-36/37/39-45	25% ≤ C 10% ≤ C < 25% 5% ≤ C < 10% 1% ≤ C < 5%	C; R21/22-34-43 C; R34-43 Xi; R36/38-43 Xi; R43
1,2,4-Triazol-3-ylamin Siehe: Amitrol (ISO)					
Triazophos (ISO) Vgl.: O,O-Diethyl-O-1-phenyl-1,2,4-triazol-3-ylthiophosphat	015-140-00-8 245-986-5 24017-47-8	T; R24/25	Symb.: T R: 24/25 S: (1/2)-23-36/37-45		
Tribleibis(orthophosphat) Anm. E	082-006-00-3 231-205-5 7446-27-7	Repr. Cat. 1; R60-61 Xn; R48/22 R33	Symb.: T R: 60-61-33-48/22 S: 53-45		
Tribrommethan Vgl.: Bromoform	602-007-00-X 200-854-6 75-25-2	T; R23 Xi; R36/38	Symb.: T R: 23-36/38 S: (1/2)-28-45		
Tributyl (2,4-dichlorbenzyl) phosphoniumchlorid Siehe: Chlorphoniumchlorid (ISO)					
Tributylphosphat	015-014-00-2 204-800-2 126-73-8	Xn; R22	Symb.: Xn R: 22 S: (2)-25		

Stoffidentität		Stoff		Zubereitungen	
Bezeichnung	INDEX-Nr. EWG-Nr. CAS-Nr.	Einstufung	Kennzeichnung	Konzentrations-grenzen	Einstufung/ Kennzeichnung
1	2	3	4	5	6
Tributyl-Zinnverbindungen Anm. A, 1	050-008-00-3	T; R25-48/23/ 25 Xn; R21 Xi; R36/38	Symb.: T R: 21-25-36/38-48/23/25 S: (1/2)-35-36//37/39-45	1% ≤ C 0.25% ≤ C < 1%	T; R21-25-36/38-48/ 23/25 Xn; R22-48/20/22
Trichloracetaldehyd-monohydrat Siehe: Chloralhydrat					
Trichloracetonitril	608-002-00-9 208-885-7 545-06-2	T; R23/24/25	Symb.: T R: 23/24/25 S: (1/2)-45		
S-2,3,3-Trichlorallyldiiso- propylthiocarbamat Siehe: Triallat (ISO)					
2,3,6-Trichlorbenzoesäure Siehe: 2,3,6-TBA (ISO)					
1,1,1-Trichlor-2,2-bis(4-chlor Siehe: DDT					
2,2,2-Trichlor-1,1-bis(4-chlor- phenyl)ethanol Siehe: Dicofol (ISO)					
Trichloressigsäure	607-004-00-7 200-927-2 76-03-9	C; R35	Symb.: C R: 35 S: (1/2)-24/25-26-45	10% ≤ C 5% ≤ C < 10% 1% ≤ C < 5%	C; R35 C; R34 Xi; R36/38
1,1,1-Trichlorethan Anm. F Vgl.: Methylchloroform	602-013-00-2 200-756-3 71-55-6	Xn; R20 N; R59	Symb.: Xn, N R: 20-59 S: (2)-24/25-59-61		
1,1,2-Trichlorethan	602-014-00-8 201-166-9 79-00-5	Xn; R20/21/22	Symb.: Xn R: 20/21/22 S: (2)-9	5% ≤ C	Xn; R20/21/22
(R)-1,2-O-(2,2,2-Trichlorethyl Siehe: Chloralose (INN)					
Trichlorfon (ISO) Vgl.: Dimethyl-2,2,2-trichlor-1- hydroxyethylphosphonat	015-021-00-0 200-149-3 52-68-6	Xn; R22 R43	Symb.: Xn R: 22-43 S: (2)-24-37		
Trichlorisocyanursäure Vgl.: 1,3,5-Trichlor-1,3,5-triazin- 2,4,6-trion	613-031-00-5 201-782-8 87-90-1	O; R8 Xn; R22 R31 Xi; R36/37	Symb.: O, Xn R: 8-22-31-36/ 37 S: (2)-8-26-41		
Trichlormethan Vgl.: Chloroform	602-006-00-4 200-663-8 67-66-3	Xn; R22-48/20/22 Xi; R38 Carc. Cat. 3; R40	Symb.: Xn R: 22-38-40-48/20/22 S: (2)-36/37	20% ≤ C 5% ≤ C < 20% 1% ≤ C < 5%	Xn; R22-38-40-48/20/ 22 Xn; R22-40-48/20/ 22 Xn; R40
N-(Trichlormethylthio) phthalimid Vgl.: Folpet	613-045-00-1 205-088-6 133-07-3	Carc. Cat. 3; R40 Xi; R36 R43	Symb.: Xn R: 36-40-43 S: (2)-36/37		
Trichlor-nitro-methan Vgl.: Chlorpikrin	610-001-00-3 200-930-9 76-06-2	Xn; R22 T+; R26 Xi; R36/37/38	Symb.: T+ R: 22-26-36/37/38 S: (1/2)-36/37-38-45		
Trichloroethylen	602-027-00-9 201-167-4 79-01-6	Carc. Cat. 3; R40	Symb.: Xn R: 40 S: (2)-23-36/37	1% ≤ C	Xn; R40
Trichloronat (ISO) Vgl.: O-Ethyl-O-2,4,5-trichlorphenyl- ethylthiophosphonat	015-098-00-0 206-326-1 327-98-0	T+; R28 T; R24	Symb.: T+ R: 24-28 S: (1/2)-23-28-36/37-45		
2,4,6-Trichlorphenol	604-018-00-5 201-795-9 88-06-2	Carc. Cat. 3; R40 Xn; R22 Xi; R36/38	Symb.: Xn R: 22-36/38-40 S: (2)-36/37		
2,4,5-Trichlorphenol	604-017-00-X 202-467-8 95-95-4	Xn; R22 Xi; R36/38 N; R50-53	Symb.: Xn, N R: 22-36/38-50/53 S: (2)-26-28-60-61	20% ≤ C 5% ≤ C < 20%	Xn; R22-36/38 Xi; R36/38

Stoffidentität		Stoff		Zubereitungen	
Bezeichnung	INDEX-Nr. EWG-Nr. CAS-Nr.	Einstufung	Kennzeichnung	Konzentrations-grenzen	Einstufung/ Kennzeichnung
1	2	3	4	5	6
2,4,5-Trichlorphenoxyessig-säure Siehe: 2,4,5-T (ISO)					
2-(2,4,5-Trichlorphenoxy) ethyl-2,2-dichlorpropionat Siehe: Erbon (ISO)					
2-(2,4,5-Trichlorphenoxy) propionsäure Siehe: Fenoprop (ISO)					
2,3,6-Trichlorphenylessigsäure Siehe: Chlorfenac (ISO)					
1,2,3-Trichlorpropan Anm. D	602-062-00-X 202-486-1 96-18-4	Xn; R20/21/22	Symb.: Xn R:20/21/22 S: (2)-37/39		
Trichlorsilan Vgl.: Siliciumchloroform	014-001-00-9 233-042-5 10025-78-2	F; R15-17	Symb.: F R: 15-17 S: (2)-24/25-43		
α,α,α-Trichlor-toluol Anm. E	602-038-00-9 202-634-5 98-07-7	Carc. Cat. 2; R45 T; R23 Xn; R22 Xi; R37/38-41	Symb.: T R: 45-22-23-37/38-41 S: 53-45		
2,4,6-trichlor-1,3,5-triazin Vgl.: Cyanurylchlorid	613-009-00-5 203-614-9 108-77-0	Xi; R36/37/38	Symb.: Xi R: 36/37/38 S: (2)-28		
1,3,5-Trichlor-1,3,5-triazin-2,4,6-trion Siehe: Trichlorisocyanursäure					
Tricyclazol Siehe: 5-Methyl-1,2,4-triazolo(3,4-b) benzo-1,3-thiazol					
S-(Tricyclo(5,2,1,O'2,6)deca-3-en-8(oder 9)-yl-O-(isopropyl oder isobutyl oder 2-ethyl-hexyl)-O-(isopropyl oder isobutyl oder 2-ethylhexyl) di-thiophosphat	015-146-00-0 401-850-9	N; R50-53	Symb.: N R: 50/53 S: 60-61		
Tri(cyclohexyl)zinnhydroxid Siehe: Chyhexatin (ISO)					
Tricyclohexyl-Zinnverbindun-gen, mit Ausnahme der namentlich in diesem Anhang bezeichneten Anm. A, 1	050-012-00-5	Xn; R20/21/22	Symb.: Xn R: 20/21/22 S: (2)-26-28	1% ≤ C	Xn; R20/21/22
Tridemorph (ISO) Vgl.: 2,6-Dimethyl-4-tridecylmor-pholin	613-020-00-5 246-347-3 24602-86-6	Xn; R21/22	Symb.: Xn R: 21/22 S: (2)-25-36/37		
2,4,6-Tri(dimethylaminomethyl) phenol	603-069-00-0 202-013-9 90-72-2	Xn; R22 Xi; R36/38	Symb.: Xn R: 22-36/38 S: (2)-26-28		
Triethoxyisobutylsilan	014-007-00-1 402-810-3 17980-47-1	Xi; R38	Symb.: Xi R: 38 S: (2)-24		
Triethylamin	612-004-00-5 204-469-4 121-44-8	F; R11 Xi; R36/37	Symb.: F, Xi R: 11-36/37 S: (2)-16-26-29		
Triethylenglykoldiacrylat Anm. D	607-126-00-0 216-853-9 1680-21-3	Xi; R36/38 R43	Symb.: Xi R: 36/38-43 S: (2)-26-28	20% ≤ C 1% ≤ C < 20%	Xi; R36/38-43 Xi; R43
Triethylentetramin Siehe: 3,6-Diazaoctan-1,8-diamin					
Triethylphosphat	015-013-00-7 201-114-5 78-40-0	Xn; R22	Symb.: Xn R: 22 S: (2)-25		

Stoffidentität		Stoff		Zubereitungen	
Bezeichnung	INDEX-Nr. EWG-Nr. CAS-Nr.	Einstufung	Kennzeichnung	Konzentrations-grenzen	Einstufung/ Kennzeichnung
1	2	3	4	5	6
Triethyl-Zinnverbindungen, mit Ausnahme der namentlich in diesem Anhang bezeichneten Anm. A, 1	050-006-00-2	T+; R26/27/28	Sym.: T+ R: 26/27/28 S: (1/2)-26-27-28-45	0.5% ≤ C 0.1% ≤ C < 0.5% 0.05% ≤ C < 0.1%	T+; R26/27/28 T; R23/24/25 Xn; R20/21/22
Trifenmorph (ISO) Vgl.: 4-tritylmorpholin	613-052-00-X 215-812-2 1420-06-0	Xn; R22	Symb.: Xn R: 22 S: (2)-22-24		
Trifluoressigsäure ...% Anm. B	607-091-00-1 200-929-3 76-05-1	Xn; R20 C; R35	Symb.: C R: 20-35 S: (1/2)-9-26-27-28-45	10% ≤ C 5% ≤ C < 10% 1% ≤ C < 5%	C; R20-35 C; R34 Xi; R36/38
1,1,1-Trifluor-N-(4-phenylsulfonyl-o-tolyl)methansulfonamid Vgl.: Perfluidon	616-019-00-8 253-718-3 37924-13-3	Xn; R22 Xi; R36	Symb.: Xn R: 22-36 S (2)		
α,α,α-Trifluor-toluol	602-056-00-7 202-635-0 98-08-8	F; R11	Symb.: F R: 11 S: (2)-16-23		
Trifluralin (ISO) (mit < 0,5 ppm NPDA)	609-046-00-1 216-428-8 1582-09-8	Xi; R36 R43	Symb.: Xi R: 36-43 S: (2)-24-37		
Trihexyl-Zinnverbindungen, mit Ausnahme der namentlich in diesem Anhang bezeichneten Anm. A, 1	050-010-00-4	Xn; R20/21/22	Symb.: Xn R: 20/21/22 S: (2)-26-28	1% ≤ C	Xn; R20/21/22
1,2,3-Trihydroxybenzol Vgl.: Pyrogallol	604-009-00-6 201-762-9 87-66-1	Xn; R20/21/22	Symb.: Xn R: 20/21/22 S: (2)	10% ≤ C	Xn; R20/21/22
1,1,1-Trihydroxymethylpropyltriacrylat Anm. D Vgl.: Trimethylolpropantriacrylat	607-111-00-9 239-701-3 15625-89-5	Xi; R36/38 R43	Symb.: Xi R: 36/38-43 S: (2)-39	20% ≤ C 1% ≤ C < 20%	Xi; R36/38-43 Xi; R43
Triisopropanolamin Siehe: 1,1',1''-Nitrilotripropan-2-ol					
Trikresylphosphat (mmm, mmp, mpp, ppp) Anm. C	015-016-00-3 201-105-6 78-32-0	Xn; R21/22	Symb.: Xn R: 21/22 S: (2)-28	5% ≤ C	Xn; R21/22
Trikresylphosphat (ooo, oom, oop, omm, omp, opp) Anm. C	015-015-00-8 201-103-5 78-30-8	T; R39/23/24/25	Symb.: T R: 39/23/24/25 S: (1/2)-20/21-28-45	1% ≤ C 0.2 ≤ C < 1%	T; R39/23/24/25 Xn; R40/20/21/22
Trimellitsäureanhydrid Vgl.: 1,2,4-Benzoltricarbonsäureanhydrid	607-097-00-4 209-008-0 552-30-7	Xi; R36/37/38 R42	Symb.: Xn R: 36/37/38-42 S: (2)-22-28	10% ≤ C 0.3% ≤ C < 10%	Xn; R36/37/38-42 Xn; R42
S-(3-Trimethoxysilyl)propyl-19-isocyanoato-11-(6-isocyanatohexyl)-10,12-dioxo-2,9,11,13-tetraazanonadecanthioat	607-184-00-7 402-290-8 85702-90-5	R10 R42/43	Symb.: Xn R: 10-42/43 S: (2)-23-24-37		
1,2,4-Trimethylbenzol	601-043-00-3 202-436-9 95-63-6	R10 Xn; R20 Xi; R36/37/38	Symb.: Xn R: 10-20-36/37/38 S: (2)-26		
1,3,5-Trimethylbenzol Siehe: Mesitylen					
1,7,7-Trimethylbicyclo(2,2,1)hept-2-ylthiocyanatoacetat	615-015-00-3 204-081-5 115-31-1	Xn; R22	Symb.: Xn R: 22 S: (2)-24/25		
Trimethylborat	005-005-00-1 204-468-9 121-43-7	R10 Xn; R21	Symb.: Xn R: 10-21 S: (2)-23-25		
3,5,5-Trimethyl-2-cyclohexen-(1)-on Vgl.: Isophoron	606-012-00-8 201-126-0 78-59-1	Xi; R36/37/38	Symb.: Xi R: 36/37/38 S: (2)-26	25% ≤ C	Xi; R36/37/38
Trimethylendiamintetraessigsäure	607-189-00-4 400-400-9 1939-36-2	Xn; R22 Xi; R36	Symb.: Xn R: 22-36 S: (2)-22-26		
2,2,4-Trimethylhexamethylen-1,6-diisocyanat Anm. C, 2	615-010-00-6 241-001-8 16938-22-0	T; R23 Xi; R36/37/38 R42	Symb.: T R: 23-36/37/38-42 S: (1/2)-26-28-38-45	20% ≤ C 2% ≤ C < 20% 0.5% ≤ C < 2%	T; R23-36/37/38-42 T; R23-42 Xn; R20-42

Stoffidentität		Stoff		Zubereitungen	
Bezeichnung	INDEX-Nr. EWG-Nr. CAS-Nr.	Einstufung	Kennzeichnung	Konzentrations-grenzen	Einstufung/ Kennzeichnung
1	2	3	4	5	6
2,4,4-Trimethylhexamethylen-1,6-diisocyanat Anm. C, 2	615-010-00-6 239-714-4 15646-96-5	T; R23 Xi; R36/37/38 R42	Symb.: T R: 23-36/37/38-42 S: (1/2)-26-28-38-45	20% ≤ C 2% ≤ C < 20% 0.5% ≤ C < 2%	T; R23-36/37/38-42 T; R23-42 Xn; R20-42
1,3a,8-Trimethyl-5-methyl-carbamoyloxy-1,2,3,3a,8,8a-hexahydropixiolo [2,3-b] indol Siehe: Eserin					
Trimethylolpropantriacrylat Siehe: 1,1,1-Trihydroxymethylpropyl-triacrylat					
2,4,4-Trimethyl-1-penten	601-031-00-8 203-486-5 107-39-1	F; R11	Symb.: F R: 11 S: (2)-9-16-29-33		
2,4,6-Trimethyl-1,3,5 trioxan Vgl.: Paraldehyd	605-004-00-1 204-639-8 123-63-7	F; R11	Symb.: F R: 11 S: (2)-9-16-29-33		
Trimethylxanthen Siehe: Coffein					
Trimethyl-Zinnverbindungen, mit Ausnahme der namentlich in diesem Anhang bezeichneten Anm. A, 1	050-005-00-7	T + ; R26/27/28	Symb.: T + R: 26/27/28 S: (1/2)-26-27-28-45	0.5% ≤ C 0.1% ≤ C < 0.5% 0.05% ≤ C < 0.1%	T + ; R26/27/28 T; R23/24/25 Xn; R20/21/22
Trinatrium-(6-anilino-2-(5-nitro-2-oxidophenylazo)-3-sulfonato-1-naphtholato) (4-sulfonato-1,1'-azodi-2,2' naphtholato) chromat (1-)	024-013-00-1 402-500-8	Xi; R41 N; R51-53	Symb.: Xi, N R: 41-51/53 S: (2)-26-39-61		
Trinatriumbis (7-acetamido-2-(4-nitro-2-oxidophenylazo)-3-sulfonato-1-naphtholato) chromat (1-)	024-012-00-0 400-810-8	Muta. Cat.3; R40	Symb.: Xn R: 40 S: (2)-22-36/37		
Trinatriumbis (2-(5-chlor-4-nitro-2-oxidophenylazo)-5-sulfonato-1-naphtholato) chromat (1-)	024-014-00-1 402-870-0 93952-24-0	Xi; R41 R52-53	Symb.: Xi R: 41-52/53 S: (2)-26-39-61		
Trinatrium 7-(4-(6-fluor-4-(-2-(2-vinylsulphonylethoxy) ethyl-amino)-1,3,5-triazin-2-ylamino)-2-ureidophenylazo) naphthlin-1,3,6-trisulfonat	016-051-00-7 402-170-5 106359-91-5	R43	Symb.: Xi R: 43 S: (2)-22-24-37		
Trinickeldisulfid	028-007-00-4 234-829-6 12035-72-2	Carc. Cat. 1; R49 R43	Symb.: T R: 49-43 S: 53-45		
2,4,6-Trinitroanisol	609-011-00-0 606-35-9	E; R2 Xn; R20/21/22	Symb.: E, Xn R: 2-20/21/22 S: (2)-35		
Trinitrobenzol Anm. C	609-005-00-8 25377-32-6	E; R2 T + ; R26/27/28 R33	Symb.: E, T + R: 2-26/27/28-33 S: (1/2)-35-45		
Trinitrokresol Anm. C	609-012-00-6 28905-71-7	E; R2 R4 Xn; R20/21/22	Symb.: E, Xn R: 2-4-20/21/22 S: (2)-35		
2,4,6-Trinitrophenol Vgl.: Pikrinsäure	609-009-00-X 201-865-9 88-89-1	E; R2 R4 T; R23/24/25	Symb.: E, T R: 2-4-23/24/25 S: (1/2)-28-35-37-45		
2,4,6-Trinitroresorcin Vgl.: Styphninsäure	609-018-00-9 201-436-6 82-71-3	E; R2 R4 Xn; R20/21/22	Symb.: E, Xn R: 2-4-20/21/22 S: (2)-35		
2,4,6-Trinitrotoluol Vgl.: TNT	609-008-00-4 204-289-6 118-96-7	E; R2 T; R23/24/25 R33	Symb.: E, T R: 2-23/24/25-33 S: (1/2)-35-45		
TNT Siehe: 2,4,6-Trinitrotoluol					
Trinitroxylol Anm. C	609-013-00-1 67297-26-1	E; R2 Xn; R20/21/22 R33	Symb.: E, Xn R: 2-20/21/22-33 S: (2)-35		

Stoffidentität		Stoff		Zubereitungen	
Bezeichnung	INDEX-Nr. EWG-Nr. CAS-Nr.	Einstufung	Kennzeichnung	Konzentrationsgrenzen	Einstufung/ Kennzeichnung
1	2	3	4	5	6
Trioctyl-Zinnverbindungen, mit Ausnahme der in diesem Anhang bezeichneten Anm. A, 1	050-013-00-0	Xi; R36/37/38	Symb.: Xi R: 36/37/38 S: (2)	1% ≤ C	Xi; R36/37/38
1,3,5-Trioxan Vgl.: Trioxymethylen	605-002-00-0 203-812-5 110-88-3	Xn; R22	Symb.: Xn R: 22 S: (2)-24/25		
5-(3,6,9-Trioxa-2-undecyloxy) benzo(d)-1,3-dioxolan	613-064-00-5 51-14-9	Xn; R22	Symb.: Xn R: 22 S: (2)		
Trioxymethylen Siehe: 1,3,5-Trioxan					
Tripentyl-Zinnverbindungen, mit Ausnahme der namentlich in diesem Anhang bezeichneten Anm. A, 1	050-009-00-9	Xn; R20/21/22	Symb.: Xn R: 20/21/22 S: (2)-26-28	1% ≤ C	Xn; R20/21/22
Triphenylphosphit	015-105-00-7 202-908-4 101-02-0	Xi; R36/38	Symb.: Xi R: 36/38 S: (2)-28	5% ≤ C	Xi; R36/38
Triphenylzinnacetat Siehe: Fentinacetat (ISO)					
Triphenylzinnhydroxid Siehe: Fentinhydroxid (ISO)					
Triphenyl-Zinnverbindungen, mit Ausnahme der namentlich in diesem Anhang bezeichneten Anm. A,1	050-011-00-X	T; R23/24/25	Symb.: T R: 23/24/25 S: (1/2)-26-27-28-45	1% ≤ C 0.25% ≤ C < 1%	T; R23/24/25 Xn; R20/21/22
Tripropyl-Zinnverbindungen, mit Ausnahme der namentlich in diesem Anhang bezeichneten Anm. A,1	050-007-00-8	T; R23/24/25	Symb.: T R: 23/24/25 S: (1/2)-26-27-28-45	0.5% ≤ C 0.1% ≤ C < 0.5%	T; R23/24/25 Xn; R20/21/22
Tris(2-chlorethyl)phosphat	015-102-00-0 204-118-5 115-96-8	Xn; R22 Xi; R36/38	Symb.: Xn R: 22-36/38 S: (2)	25% ≤ C	Xn; R22-36/38
(Tris(chlormethyl)phthalocyaninato)kupfer(II), Reaktionsprodukte mit N-methylpiperazin und Methoxyessigsäure	029-005-00-6 401-260-1	Xi; R36	Symb.: Xi R: 36 S: (2)-26		
Tris(1-dodecyl-3-methyl-2-phenylbenzimidazolium)hexacyanferrat	615-014-00-8 7276-58-6	Xn; R22	Symb.: Xn R: 22 S: (2)-24		
4-Tritylmorpholin Siehe: Trifenmorph (ISO)					
Trizinat Siehe: Blei-2,4,6-Trinitroresorcinat					
Trizinkdiphosphid	015-006-00-9 215-244-5 1314-84-7	F; R15/29 T+; R28 R32	Symb.: T+, F R: 15/29-28-32 S: (1/2)-3/9/14-30-36/37-45		
DL-Tropyl-tropat Siehe: Atropin					
L-Tropyl-tropat Siehe: Hyoscyamin					
Uran	092-001-00-8 231-170-6 7440-61-1	T+; R26/28 R33	Symb.: T+ R: 26/28-33 S: (1/2)-20/21-45		
Uranverbindungen Anm. A	092-002-00-3	T+; R26/28 R33	Symb.: T+ R: 26/28-33 S: (1/2)-20/21-45		
Urethan (INN) Vgl.: Ethylcarbamat	607-149-00-6 200-123-1 51-79-6	Carc. Cat. 2; R45	Symb.: T R: 45 S: 53-45		

Stoffidentität		Stoff		Zubereitungen	
Bezeichnung	INDEX-Nr. EWG-Nr. CAS-Nr.	Einstufung	Kennzeichnung	Konzentrations-grenzen	Einstufung/ Kennzeichnung
1	2	3	4	5	6
Valeriansäure	607-143-00-3 203-677-2 109-52-4	C; R34	Symb.: C R: 34 S: (1/2)-26-36-45		
Valinamid	616-025-00-0 402-840-7 20108-78-5	Xi; R36 R43	Symb.: Xi R: 36-43 S: (2)-24-26-37		
Vamidothion (ISO) Vgl.: Dimethyl-S-2-(1-methylcarbamoyl-ethylthio)ethylthiophosphat	015-059-00-8 218-894-8 2275-23-2	T; R25 Xn; R21	Symb.: T R: 21-25 S: (1/2)-36/37-45		
Vanadiumpentoxid	023-001-00-8 215-239-8 1314-62-1	Xn; R20	Symb.: Xn R: 20 S: (2)-22		
Veratrin Siehe: Sabadilla (ISO)					
Vernolat Siehe: S-Propyldipropylthiocarbamat					
Vinylacetat Anm. D	607-023-00-0 203-545-4 108-05-4	F; R11	Symb.: F R: 11 S: (2)-16-23-29-33		
Vinylbromid Siehe: Bromethen					
Vinylchlorid Anm. D Vgl.: Chlorethylen	602-023-00-7 200-831-0 75-01-4	F+; R12 Carc. Cat. 1; R45	Symb.: F+, T R: 45-12 S: 53-45		
Vinylcyclohexan-diepoxid Siehe: 1-Epoxyethyl-3,4-epoxycyclohexan					
2-Vinyl-toluol Siehe: o-Methylstyrol					
Warfarin Anm. E Vgl.: 4-Hydroxy-3-(3-oxo-1-phenyl)-butyl-cumarin	607-056-00-0 201-377-6 81-81-2	Repr. Cat. 1; R61 T; R48/25	Symb.: T R: 61-48/25 S: 53-45		
Wasserstoff	001-001-00-9 215-605-7 1333-74-0	F+; R12	Symb.: F+ R: 12 S: (2)-9-16-33		
Wasserstoffperoxid in Lösung ...% Anm. B	008-003-00-9 231-765-00 7722-84-1	O; R8 C; R34	Symb.: O, C R: 8-34 S: (1/2)-3-28-36/39-45	20% ≤ C 5% ≤ C < 20% C ≥ 60%	C; R34 Xi; R36/38 O; R8
weißer Phosphor Siehe: Tetraphosphor					
Xylenol Anm. C	604-006-00-X 215-089-3 1300-71-6	T; R24/25 C; R34	Symb.: T R: 24/25-34 S: (1/2)-28-45		
Xylidin Anm. C	612-027-00-0 215-091-4 1300-73-8	T; R23/24/25 R33	Symb.: T R: 23/24/25-33 S: (1/2)-28-36/37-45		
Xylol (o,m,p) Anm. C	601-022-00-9 215-535-7 1330-20-7 (o) 202-422-2 95-47-6 (m) 203-576-3 108-38-3 (p) 203-396-5 106-42-3	R10 Xn; R20/21 Xi; R38	Symb.: Xn R: 10-20/21-38 S: (2)-25	20% ≤ C 12.5% ≤ C < 20%	Xn; R20/21-38 Xn; R20/21
Xylylcarb (ISO) Vgl.: 3,4-Xylylmethylcarbamat	006-055-00-7 219-364-9 2425-10-7	Xn; R22	Symb.: Xn R: 22 S: (2)		
3,5-Xylylmethylcarbamat	006-067-00-2 2655-14-3	Xn; R22	Symb.: Xn R: 22 S: (2)		

Stoffidentität		Stoff		Zubereitungen	
Bezeichnung	INDEX-Nr. EWG-Nr. CAS-Nr.	Einstufung	Kennzeichnung	Konzentrationsgrenzen	Einstufung/ Kennzeichnung
1	2	3	4	5	6
3,4-Xylylmethylcarbamat Siehe: Xylylcarb (ISO)					
Zinkalkyle Anm. A	030-004-00-8	R14 F; R17 C; R34	Symb.: F, C R: 14-17-34 S: (1/2)-16-43-45		
Zink-bis(N,N-dimethyl-dithiocarbamat) Siehe: Ziram					
Zinkchlorid	030-003-00-2 231-592-0 7646-85-7	C; R34	Symb.: C R: 34 S: (1/2)-7/8-28-45		
Zinkchromate, einschließlich Zinkkaliumchromat Anm. A, E	024-007-00-3	Carc. Cat. 1; R45 Xn; R22 R43	Symb.: T R: 45-22-43 S: 53-45		
Zink-2-hydroxy-5-C13-18-alkyl-benzoat	607-183-00-1 402-280-3	Xi; R36/38 N; R51-53	Symb.: Xi, N R: 36/38-51/53 S: (2)-26-61		
Zinkpulver — Zinkstaub (nicht stabilisiert)	030-001-00-1 231-175-3 7440-66-6	F; R15-17	Symb.: F R: 15-17 S: (2)-7/8-43		
Zinkpulver — Zinkstaub (stabilisiert)	030-002-00-7	R10 F; R15	Symb.: R: 10-15 S: (2)-7/8-43		
Zinksulfat	030-006-00-9 231-793-3 7733-02-0	Xi; R36/38	Symb.: Xi R: 36/38 S: (2))-22-25		
Zinn(II)methansulfonat	050-018-00-8 401-640-7 53408-94-9	C; R34 Xn; R22 R43	Symb.: C R: 22-34-43 S: (1/2)-22-26-36/37/39-45		
Zinntetrachlorid	050-001-00-5 231-588-9 7646-78-8	C; R34 Xi; R37	Symb.: C R: 34-37 S: (1/2)-7/8-26-45		
Ziram Vgl.: Zink-bis(N,N-dimethyl-dithiocarbamat)	006-012-00-2 205-288-3 137-30-4	Muta. Cat. 3; R40 Xn; R22 Xi; R36/37/38	Symb.: Xn R: 22-36/37/38-40 S: (2)-36/37		
Zirkoniumpulver (nicht stabilisiert)	040-001-00-3 231-176-9 7440-67-7	F; R15-17	Symb.: F R: 15-17 S: (2)-7/8-43		
Zirkoniumpulver (stabilisiert)	040-002-00-9	F; R15	Symb.: R: 15 S: (2)-7/8-43		

Stichwortverzeichnis

Die fetten Ziffern weisen auf die Stellen hin, zu denen das betreffende Stichwort eingehender besprochen ist. Im Stichwortverzeichnis sind nicht berücksichtigt das Kapitel 8 (Wichtige Fachausdrücke und Abkürzungen: s. Seite 391ff.) sowie die alphabetisch angeordneten Stoffe und Zubereitungen der Stoffliste ab Seite 407.

A

B

C

D

E

H

I

L

M

N

O

P

Q

R

S

T

U

V

W

X

Z